# Sammlung

der

für die Königl. Preuß. Rheinprovinz
seit dem Jahre 1813
hinsichtlich der Rechts- und Gerichtsverfassung
ergangenen

# Gesetze, Verordnungen, Ministerial-Rescripte 2c.

Im Auftrage Eines hohen Ministerii der Gesetzgebung
und Justizverwaltung der Rheinprovinz.

Von

F. A. Lottner,
Königl. Justizrath.

Zweiter Band.

Berlin,
Sandersche Buchhandlung.
1834.

# V.

# 1820.

## Gesetze, Verordnungen, Rescripte.

### 354.

**Errichtung der Immediat-Commission zur Justiz-Organisation in den neuen Provinzen zu Berlin und Uebergang der Justiz-Verwaltungs-Angelegenheiten an das Justiz-Ministerium.**

Seine Majestät, unser allergnädigster Herr, haben geruhet, den mitunterzeichneten Staatsminister von Beyme von allen übrigen Geschäften außer der Revision der Gesetze, vor jetzt zu dispensiren, die Organisation der Gerichtsbehörden commissarisch dem wirklichen Geheimen Ober-Justiz-Rath von Diederichs, in finanzieller Hinsicht dem wirklichen Geheimen Ober-Finanzrath Rother und dem Geheimen Staatsrath Daniels unter der Leitung des Herrn Fürsten Staatskanzlers Durchlaucht zu übertragen und die Geschäfte, welche dem mitunterzeichneten Staats-Minister von Beyme bisher als Justiz-Minister über einzelne Landestheile oblagen, dem mitunterzeichneten Staats-Minister von Kircheisen zu überweisen.

Dem königlichen Geheimen Ober-Revisions-Rath und ersten General-Advocaten, Herrn Bölling, wird dies hierdurch zur Nachricht und Achtung bekannt gemacht, und hat derselbe den königlichen rheinischen Appellationshof von dem Inhalte dieses Rescripts in Kenntniß zu setzen, und die Staatsprocuratoren bei den Kreisgerichten hiernach anzuweisen. Berlin, den 3. Januar 1820.

Der Minister zur Revision der Gesetzgebung und Justiz-Organisation in den neuen Provinzen v. Beyme.

Der Justiz-Minister v. Kircheisen.

An
den königlichen Geheimen Ober-Revisions-Rath und ersten General-Advocaten bei dem rheinischen Appellations-Gerichtshofe, Herrn Bölling zu Cöln.

## 355.

### Hinterlegung der Succumbenzgelder in Cassationssachen.

In den von dem Cassationshofe zu Düsseldorf ressortirenden Cassationssachen wurden die Succumbenzgelder bei dem dortigen Obersecretair; in den zum Revisionshofe zu Coblenz gehörigen Sachen aber bei den betreffenden königlichen Domainen-Empfängern deponirt. Da nun bis zur Emanation der Revisionsordnung das bei dem Revisionshofe zu Coblenz statt gefundene Verfahren dem zu Berlin für die Rheinprovinzen errichteten königlichen Revisionshofe vorgeschrieben ist, so wird hierdurch zur Nachricht und Achtung der dabei interessirten Partheien bekannt gemacht, daß die Succumbenzgelder innerhalb des ganzen Gerichtsbezirks des jetzigen rheinischen Appellations-Gerichtshofes, ohne Unterschied, bei den betreffenden Domainen- und Einregistrirungs-Empfängern hinterlegt werden müssen.

Die Rückerstattung der Succumbenzgelder geschieht demnächst auf Beibringung eines Auszuges des Erkenntnisses, welches dieselbe verordnet und gegen Rückgabe der bei der Hinterlegung empfangenen Quittung.

Die bereits im ehemaligen Secretariat des Cassationshofes zu Düsseldorf deponirten Succumbenzgelder sollen dagegen an die dortige Regierungs-Haupt-Casse abgegeben werden, mit Ausnahme jedoch der in Sachen Johann Breiderbach zu Olpe und Georg Dahl und Franz Funke wider Theodor Orbann deponirten Gelder, welche an die Regierungs-Haupt-Casse zu Cöln überliefert werden, weil die hinterlegenden Partheien im Bezirk Cöln wohnen.

Die genannten Regierungs-Haupt-Cassen werden demnächst zufolge einer darüber mit den betreffenden königlichen hochlöblichen Regierungen getroffenen Vereinbarung über jedes einzelne Depositum eine Quittung ausstellen. Diese Quittungen werden sodann an den königlichen Revisionshof in Berlin gesandt, dort zu den betreffenden Acten an die Stelle der frühern Quittungen gelegt, und letztere den Anwälten der Partheien zurückgegeben werden.

Cöln, den 10. Januar 1820.

Der Geheime Ober-Revisions-Rath und erste General-Advocat

Bölling.

## 356.

**Ausdehnung des mit den königl. bayerschen und großherzogl. hessischen und badischen Regierungen wegen Beförderung gerichtlicher Insinuationen abgeschlossenen Uebereinkommens auf die alten Provinzen.**

Die Bestimmungen der unter dem 14. September und 19. December v. J. Ihnen abschriftlich zugefertigten Uebereinkunft der diesseitigen Regierung mit denen des Königreichs Bayern und der Großherzogthümer Baden und Hessen wegen schnellerer Beförderung der gerichtlichen Insinuations-Sachen sind mit Uebereinstimmung des königlichen Ministerii der auswärtigen Angelegenheiten auch auf die übrigen preußischen Provinzen ausgedehnt worden. Sie erhalten daher unter abschriftlicher Mittheilung der diesfalls ergehenden Circular-Verfügung den Auftrag, den betreffenden Requisitionen sowohl der diesseitigen als der gedachten ausländischen Gerichtsbehörden in vorkommenden Fällen Genüge zu leisten. Berlin, den 17. Januar 1820.

Der Justiz-Minister
v. Kircheisen.

An
den königlichen ersten General-Advocaten bei dem rheinischen Appellationshofe, Herrn Geheimen Revisions-Rath Bölling zu Cöln.

### a.

Aus den abschriftlichen Anlagen (No. 335 u. 351.) wird dem königlichen Kammergericht und den königlichen Oberlandesgerichten zu ersehen gegeben, welche Uebereinkunft

mit der königl. bayerschen,
mit der großherzoglich hessischen,
ingleichen
mit der großherzoglich badenschen Regierung

wegen des gerichtlichen Verkehrs zwischen den beiderseitigen Staaten getroffen worden ist.

Wenn solche gleich zunächst nur für die Rheinprovinzen berechnet worden, so findet sie dennoch, ihrem Inhalte und ihrer allgemeinen Tendenz nach, auf die übrigen königlichen preußischen Provinzen ebenfalls Anwendung. So wie daher die gedachten Regierungen hiernach das Recht haben, sich mit ihren Insinuationssachen, welche außerhalb der Rheinprovinzen nach den übrigen preußischen Staaten bestimmt sind, an den General-Procurator des Appellationshofes zu Cöln zu wenden, so stehet eine gleiche Befugniß auch den diesseitigen Gerichten zu. Das königliche Kammergericht und die königlichen Oberlandesgerichte werden daher angewiesen, in vorkommenden Fällen die Insinuations-Sachen, welche für die Gerichtsbezirke der oben genannten Regierungen bestimmt sind, an den gedachten General-Procurator oder an den zur Zeit dessen Stelle vertretenden ersten General-Advocaten, Geheimen Revisionsrath Bölling zu adressiren.

Wofern es jedoch in einzelnen Fällen zur Abkürzung der Communicationen von denselben dienlicher gefunden werden sollte, sich unmittelbar mit ihren Requisitionen an die ihnen bekannten ausländischen Gerichte in den gedachten Staaten zu wenden, so soll ihnen zwar solches, da bei dem ganzen Abkommen hauptsächlich eine möglichste Abkürzung des Communications-Verfahrens bezweckt wird, unbenommen bleiben; jedoch haben die Gerichte sodann auf die in den Conventionen enthaltenen Bestimmungen wegen der Kosten und Portofreiheit gehörige Rücksicht zu nehmen.

Der General-Advocat des Appellationshofes zu Cöln ist von dieser Verfügung in Kenntniß gesetzt worden.

Berlin, den 17. Januar 1820. Der Justiz-Minister
An v. Kircheisen.
das königliche Kammergericht,
das Ober-Appellations-Gericht zu Posen
und an sämmtliche königliche Ober-Landesgerichte.

## 357.

### Portofreiheit für die an das Banco-Comtoir zu Cöln zu versendenden Pupillengelder.

Ich übersende Ihnen, Herr General-Advocat, hierneben Abschrift eines Schreibens des Herrn Chef-Präsidenten der Haupt-Bank und Staats-Secretair Friese nebst Anlage

wegen Bewilligung der Portofreiheit für die an das königliche Banco-Comtoir zu Cöln zu versendenden Pupillen-Gelder

zur Nachricht und um sowohl die General-Depositen-Commission zu Düsseldorf als die Gerichts-Behörden davon in Kenntniß zu setzen.

Berlin, den 28. Januar 1820. Der Justiz-Minister
An v. Kircheisen.
den königlichen ersten General-Advocaten
bei dem Appellationshofe zu Cöln.

a.

Des Herrn Staats-Ministers von Beyme Excellenz haben mir unterm 26. October v. J. eine am 16. desselb. M.

an den Geheimen Ober-Revisions-Rath und ersten General-Advocaten, Herrn Bölling zu Cöln erlassene Verfügung, die Belegung der Pupillen-Gelder bei dem Banco-Comtoir zu Cöln betreffend, mitgetheilt, welche die Bemerkung enthält, daß wegen Bewilligung der Portofreiheit für diese Gelder, eine Communication zwischen des General-Postmeisters Herrn von Seegebarth Excellenz und mir statt finden werde.

Diese ist erst jetzt beendigt, und ich gebe mir die Ehre, Ew. Excellenz hierbei das Schreiben des Herrn General-Postmeisters von Seegebarth Excellenz vom 20. v. M., wonach die Postämter in den Rheinprovinzen und im Großherzogthum Berg die Anweisung erhalten haben, die von den Friedensrichtern und der General-Depositen-Casse zu Düsseldorf an das besagte Comtoir versendeten Pupillen-Gelder, wenn sie als solche bezeichnet und mit dem Dienstsiegel der Friedensrichter versehen sind, portofrei zu befördern, mit dem ganz ergebensten Ersuchen, in Abschrift zu übersenden, darnach das Erforderliche an die Justiz-Behörden in den Rheinprovinzen gefälligst verfügen zu wollen.

Berlin, den 6. Januar 1820.

An Friese.

des königl. Geheimen Staats- und Justiz-Ministers Herrn von Kircheisen Excellenz.

## b.

Ew. Hochwohlgeboren benachrichtige ich auf das gefällige Schreiben vom 23. v. M. ergebenst, daß ich die Post-Aemter in den Rheinprovinzen, mit Einschluß der des Großherzogthums Berg angewiesen habe, die Geldversendungen der Friedensrichter in vormundschaftlichen Angelegenheiten an das Banco-Comtoir zu Cöln und von diesem an jene zurück, wenn sie als Pupillengelder bezeichnet und mit dem Siegel der Friedensrichter versehen sind, portofrei zu befördern, dagegen aber bei Versendungen der General-Deposital-Commission zu Düsseldorf, welche sich in der Regel nur mit Verwaltung gerichtlicher Deposital-Gelder befaßt, nur dann die Portofreiheit eintreten zu lassen, wenn die Versendungen zur Banque und von dieser zurück, von ihr oder dem Banco-Comtoir ausdrücklich als Pupillengelder bezeichnet sind.

Berlin, den 20. December 1819.

An v. Seegebarth.

des königl. Staats-Secretairs und Chef-Präsidenten rc. Herrn Friese Hochwohlgeboren.

## 358.

### Beschlagnahme der Handelsbücher bei Verdacht einer Steuerdefraudation.

Sie werden, Herr General-Advocat, aus dem in originali sub lege remissionis anliegenden Schreiben des Herrn Finanz-Ministers vom 17. c. nebst Anlage ersehen, daß die königliche Regierung zu Aachen ihre Bedenken darüber aufgestellt hat, ob die Bestimmungen des Staats-Ministerii vom 13. October v. J. über die Beschlagnahme und Nachsehung der Bücher der Kaufleute durch Verwaltungs-Beamte bei gegründeten Anzeigen von verübten Steuer-Defraudationen auch auf die Rheinprovinzen anwendbar sind, und daß dieselbe jene Bedenken aus dem Art. 15. des Code de commerce entnimmt. Es kann aber diese allegirte Gesetzstelle da nicht zur Richtschnur dienen, wo es sich von der Untersuchung eines Vergehens, so wie von Ergreifung der zur Feststellung des corporis delicti dienlichen Maaßregeln handelt. Hier treten die Vorschriften der correctionellen oder Criminal-Proceßordnung ein, und es scheint demnach keinem Zweifel zu unterliegen, daß die Friedensrichter sich auf Antrag und Denunciation der Verwaltungs-Behörde der Versiegelung der Handlungsbücher unterziehen müssen.

Von vorstehendem Gesichtspunkte ausgegangen, beauftrage ich Sie, die Friedensgerichte so wie die königlichen Procuratoren danach anzuweisen, und mir, wie solches geschehen, anzuzeigen, oder sich über die etwanigen Gegengründe zu äußern.

Berlin, den 29. Januar 1820.

Der Justiz-Minister
v. Kircheisen.

An
den ersten Herrn General-Advocaten
bei dem Appellationshofe zu Cöln.

### a.

In Betreff der Frage:

ob und in wie fern bei gegründeten Anzeigen einer verübten Steuerdefraudation oder heimlichen Einbringung verbotener Gegenstände die Verwaltungsbehörde befugt sei, die Bücher der Kaufleute durch ihre Beamten in Beschlag nehmen und nachsehen zu lassen?

sind sämmtliche königliche Regierungen, der Entscheidung Eines hochlöblichen Staats-Ministerii vom 13. October v. J. gemäß, durch das Euer Excellenz unterm 22. November v. J. abschriftlich mitgetheilte Circulare von eben dem Dato dahin instruirt worden,

1) daß wenn die Vorlegung der Handelsbücher verweigert wird, solches jedesmal als Berufung auf richterliche Untersuchung anzunehmen, und in diesem Falle die Sache an die betreffende Gerichtsbehörde abzugeben sei;

2) daß die Maaßregel der Versiegelung der Bücher zwar anzuwenden, solche jedoch in der Regel ausschließlich nur von der Justizbehörde zu vollstrecken sei, als Ausnahme aber die Versiegelung nur in dem Falle der Verwaltungsbehörde zustehe, wenn alsbald keine Gerichtsperson zu haben ist.

Hiergegen hat die Regierung zu Aachen in dem abschriftlich beikommenden Berichte vom 22. v. Mts. Bedenken aufgestellt, welche mir aber nicht haltbar zu sein scheinen, theils weil die allegirte Bestimmung des Code de commerce eigentlich nur die Privat-Verhältnisse, das Circular-Rescript hingegen die Ausmittelung eines Vergehens betrifft, und Jedermann sich im Beschuldigungsfalle davon zu reinigen verpflichtet, mithin auch die dazu erforderlichen Beweise dem Inquirenten vorzulegen gehalten ist, theils weil der Art. 15. des Code de commerce gleich darauf ausspricht:

dans le cours d'une contestation la représentation de livres peut être ordonnée par le juge même d'office à l'effet d'en extraire ce qui concerne le différent

und auch nach Art. 16. der Richter die Vorlegung der Bücher verlangen kann.

Dieß veranlaßt mich, Euer Excellenz ganz ergebenst um Dero erleuchtetes Sentiment zu ersuchen, ob die Bestimmungen des Staats-Ministerii nicht auch auf die Rhein-Provinzen, in welchen die französische Gerichts-Verfassung gilt, anzuwenden sein werden. Berlin, den 17. Januar 1820.

An v. Klewitz.

den königlichen wirklichen Geheimen Staats- und Justiz-Minister Herrn v. Kircheisen, Excellenz.

## b.

### Die Beschlagnahme und Nachsehung der Bücher der Kaufleute durch Verwaltungsbeamte, bei gegründeten Anzeigen einer verübten Steuer-Defraudation oder förmlicher Einbringung verbotener Gegenstände betreffend.

Euer Excellenz haben uns mittelst Circulair-Verfügung

vom 22. November d. J. die über den rubricirten Gegenstand vom königlichen hohen Staats-Ministerium erfolgte Entscheidung, zur Nachachtung und um hiervon die Ober-Zoll- und Steuer-Aemter durch schriftliche Verfügung in Kenntniß zu setzen, zuzufertigen geruhet. So sehr wir es uns auch zur Pflicht machen, den hohen Vorschriften überall zu genügen, so haben wir doch mit der Befolgung jener Auflage annoch Anstand nehmen und Eurer Excellenz zuvor hierdurch berichtlich anzeigen zu müssen geglaubt, daß diese hohe Ministerial-Verfügung mit der hier noch bestehenden Gesetzgebung in Widerspruch stehen, und daher in der Ausführung schwierig fallen, und leichtlich Unannehmlichkeiten herbeiführen dürfte. Der Code de commerce bestimmt Tit. 2. Art. 14. sqq. daß selbst von den Gerichten nur in Successions-Sachen, wegen Gütergemeinschaft, oder wo es auf Trennung und Abtheilung einer Societät ankommt, und bei Fallimenten auf Mittheilung der Bücher und Inventarien der Handelsleute solche erkannt werden dürfen, und die Gerichtsordnungen legen, in den Contraventionssachen, und da wo es auf Anlegung von Siegeln ankommt, nur den Friedensgerichten die Befugniß dazu bei. Im Voraus läßt sich demnach, daß weder die Gerichte auf Versiegelung und Vorlegung der Bücher der Handelsleute bei Fällen des Verdachtes von Zolldefraudationen oder heimlicher Einbringung verbotener Gegenstände erkennen, noch daß die Denunciaten sich solche von den Verwaltungsbeamten gefallen lassen werden, die gegründete Besorgniß hegen.

Das gedachte Verfahren wird demnach als Verwaltungsmaaßregel nicht statthaben können, die Behauptung desselben ein Gesetz erfordern, und ohne dieses jede Forderung zur Vorlegung der Bücher die Verwaltung in Gefahr setzen compromittirt zu werden.

Eurer Excellenz weisem Ermessen stellen wir demnach gehorsamst anheim, ob nicht von der Anwendung der fraglichen Ministerial-Entscheidung in den königlichen Rhein-Provinzen, so lange daselbst noch die französische Gesetzgebung fortbestehen wird, zu abstrahiren, oder sonst ein desfallsiges Gesetz zu erwirken sein möchte? und wir sehen darüber einer hochgefälligen Resolution ehrerbietigst entgegen.

Aachen, den 22. December 1819.

Königliche Regierung.

## 359.

Berichterstattung unter Anschluß eines Acten-Extractes in allen Criminalfällen, wo auf lebenslängliche Einsperrung oder Todesstrafe erkannt worden, Seitens der General-Procuratur des Appellationshofes an das Justiz-Ministerium.

Indem Ihnen, Herr General-Advocat, die mit dem Berichte vom 4. v. Mts. eingesendeten Acten in Sachen wider den, wegen Schriftverfälschung zur Brandmarkung und zehnjähriger Zuchthausstrafe verurtheilten Carl Schaaf zur weiteren Verfügung remittirt werden, wird Ihnen zugleich eröffnet, daß es nach erfolgter Aufhebung der Straf-Milderungs-Commission der Einreichung der Acten zur Bestätigung fortan nur in den Fällen bedarf, wo auf lebenslängliche Einsperrung oder Todesstrafe erkannt worden ist. In diesem Falle muß in Gefolge einer bereits an den hiesigen Cassationshof ergangenen, hierneben abschriftlich beigelegten Verfügung vom 30. Juli a. pr. (326) jedesmal dem Begleitungsbericht ein vollständiger Acten-Extract beigefügt werden, wonach Sie sich Ihrerseits für die Folge zu achten haben. Berlin, den 8. Februar 1820.

An den ersten Herrn General-Advocaten bei dem Appellationshofe zu Cöln.

Der Justiz-Minister v. Kircheisen.

## 360.

Strafbestimmungen gegen ausgetretene Militairpflichtige.

Nach der Anzeige der Regierung zu N. hat im verflossenen Jahre der größte Theil der zum Dienst im stehenden Heere ausgehobenen jungen Leute aus dem Kreise N. sich seiner Verpflichtung durch den Uebertritt über die Grenze und die Auswanderung nach Frankreich entzogen. Um diesem Uebel für die Folge und wenn der in dem Pariser Frieden stipulirte Termin der unbeschränkten Befugniß, den Wohnsitz zu verändern, abgelaufen ist, vorzubeugen, kommt es auf eine strenge Handhabung der in Bezug auf die Bestrafung ausgetretenen Militairpflichtigen, bestehenden Gesetze an. Die Verordnung wegen Aufhebung des Edicts vom 2. Juli 1812 und wegen der Auswanderungen überhaupt vom 15. September 1818 verweist in dieser Hinsicht auf die Vorschriften des Allgemeinen Landrechts, und da diese Verordnung für alle Provinzen des Staats gegeben worden; so hat es kein Bedenken, daß auch die darin in Bezug genommenen Strafbestimmungen des Allgemeinen Landrechts in den Rheinprovinzen ebenfalls zur Anwendung kommen müssen.

Was die Form des gerichtlichen Verfahrens betrifft; so muß nach dem Art. 8. des Gesetzes vom 6. Floreal J. XI. der Dienstpflichtige, welcher sich nach gehöriger Aufforderung nicht stellt, von dem Präfecten, also jetzt von der Regierung als Refractair erklärt werden. Der Beschluß, wodurch dieses geschieht, wird dem Staats-Procurator mitgetheilt, welcher in dreien Tagen die Verurtheilung in die gesetzlich feststehenden Strafen bei dem Kreisgericht erwirkt, und dieses Urtheil wird auf Betreiben der Regierung vollzogen.

Der Herr Geheime Ober-Revisions-Rath und erste General-Advocat Bölling wird veranlaßt, die Staats-Procuratoren und Kreisgerichte auf diese Bestimmungen aufmerksam zu machen, um darnach in vorkommenden Fällen zu verfahren. Berlin, den 14. Februar 1820.

An den Herrn Geheimen Ober-Revisions-Rath und ersten General-Advocaten Bölling in Cöln.

Der Justiz-Minister v. Kircheisen.

## 361.

### Beschlagnahme der Handelsbücher bei Verdacht einer Steuer-Defraudation.

Auf Euer Excellenz geehrtes Schreiben vom 17. v. Mts. die Beschlagnahme und Nachsehung der Bücher der Kaufleute durch Verwaltungsbeamte bei gegründeten Anzeigen einer verübten Steuer-Defraudation oder heimlichen Einbringung verbotener Gegenstände betreffend,

ist auf meine Veranlassung die in Abschrift anliegende Verfügung an die rheinischen Staats-Procuratoren durch den ersten General-Advocaten bei dem rheinischen Appellationshofe zu Cöln erlassen worden, welche ich Denenselben zur gefälligen Kenntnißnehmung ganz ergebenst mitzutheilen mich beehre. Berlin, den 25. Februar 1820.

An des königlichen Geheimen Staats- und Finanz-Ministers Herrn v. Klewitz, Excellenz.

v. Kircheisen.

a.

Es hat sich die Frage erhoben, ob und in wie fern bei gegründeten Anzeigen einer verübten Steuer-Defraudation oder heimlicher Einbringung verbotener Gegenstände die Verwaltungsbehörde befugt sei, die Bücher der Kaufleute durch ihre Beamten in Beschlag nehmen und nachsehen zu lassen?

Sämmtliche königliche Regierungen sind hierauf, der Entscheidung eines hohen Staats-Ministeriums vom 13. October v. J. gemäß, dahin instruirt worden:

1) daß wenn die Vorlegung der Handelsbücher verweigert wird, solches jedesmal als Berufung auf richterliche Untersuchung anzunehmen, und in diesem Falle die Sache an die betreffende Gerichtsbehörde abzugeben sei;

2) daß die Maaßregel der Versiegelung der Bücher zwar anzuwenden, solche jedoch in der Regel ausschließlich nur von der Justizbehörde zu vollstrecken sei, als Ausnahme aber die Versiegelung nur in dem Falle der Verwaltungsbehörde zustehe, wenn alsbald keine Gerichtsperson zu haben ist.

In Betreff dieser Instruction hat man nun den Zweifel aufgeworfen, ob dieselbe nicht mit den Bestimmungen, welche der Handels-Codex über die Auflegung der Handelsbücher enthält, im Widerspruch stehe, und ob daher nicht von der Anwendung derselben, in den königlichen Rheinprovinzen so lange abzusehen sei, als daselbst noch die französische Gesetzgebung unverändert fortbesteht.

Man bezog sich nämlich auf den Art. 14. des gedachten Handlungsgesetzbuches, nach welchem die Mittheilung anders nicht als in den darin ausgedrückten Fällen verordnet werden solle.

Allein diese Bestimmung hat nur die Privat-Verhältnisse zwischen den streitenden Civil-Partheien zum Gegenstande, und kann da nicht in Anwendung kommen, wo es sich von Ausmittelung eines Vergehens, oder von Ergreifung einer zur Feststellung des Thatbestandes dienlichen Maaßregel handelt. Hier müssen die Vorschriften der Criminal-Proceß-Ordnung eintreten, und es kann doch wohl keinem Zweifel unterliegen, daß, wenn von der Untersuchung eines einem Kaufmann angeschuldigten Vergehens oder Verbrechens die Rede ist, der inquirirende Richter sich der Handlungsbücher desselben zu bemächtigen befugt sei, wenn solche die Ausmittelung der Wahrheit befördern zu können scheinen. Die Art. 36 und 87 der Criminal-Proceß-Ordnung sind hierüber entscheidend.

Zudem handelt es sich hier nicht einmal von einer der Gegenparthei zu machenden Mittheilung (Communication) der Bücher, sondern von der Offenlegung derselben vor dem untersuchenden Richter, und eine solche Offenlegung kann nach ausdrücklicher Bestimmung des Art. 15. des Handelsgesetzbuchs selbst im Civil-Proceß verordnet werden.

Kann diesemnach bei gegründeten Anzeigen einer verübten Steuer-Defraudation die Nachsehung der Bücher des angeschuldigten Handelsmannes unstreitig statt haben; so muß auch die vorläufige Beschlagnahme derselben zugelassen werden, weil sonst dem Beschuldigten Zeit gelassen würde, die Bücher bei Seite zu schaffen oder abzuändern.

In diesem Sinne haben mir des wirklichen Geheimen Staats- und Justiz-Ministers Herrn v. Kircheisen Excellenz unterm 29. Januar l. J. zu rescribiren und zu entscheiden geruhet:

daß die Friedensrichter anzuweisen, sich allemal auf Antrag und Denunciation der Verwaltungsbehörde der Versiegelung der Handlungsbücher zu unterziehen.

Ich ersuche Sie demnach, Herr ꝛc. diese Weisung schleunigst an die Friedensgerichte gelangen zu lassen.

Cöln, den 12. Februar 1820.

Der Geheime Oberrevisionsrath und erster General-Advocat
Bölling.

An
die königlichen Herren Ober-Staats- und Criminal-Procuratoren.

## 362.

### Beschlagnahme der Handelsbücher bei Verdacht einer Steuer-Defraudation.

Ich benachrichtige Sie, Herr General-Advocat, auf Ihren Bericht vom 11. d. M.

die Beschlagnahme der Handlungsbücher in Steuer-Contraventionsfällen betreffend,

daß ich die an den interimistischen Criminal-Procurator zu Coblenz erlassene Verfügung überall genehmige, und es Ihnen überlasse, die Friedensrichter so wie die königlichen Procuratoren gleichmäßig anzuweisen.

Berlin, den 26. März 1820.

Der Justiz-Minister
v. Kircheisen.

An
den ersten Herrn General-Advocaten bei dem Appellationshofe zu Cöln.

### a.

Auf die in Ihrem Bericht vom 26. v. M. vorgetragene Anfrage, die Beschlagnahme der Kaufmannsbücher in Steuer-Defraudations-Sachen betreffend, erwiedere ich Ihnen,

Herr Criminal-Procurator, daß auch nach meiner Ansicht der Friedensrichter nur dann dem Antrage der Steuerbehörde auf Versiegelung der Bücher eines Handelsmanns zu willfahren habe, wenn die Denunciation ein bestimmtes Steuer-Vergehen zum Gegenstande hat, und daß der Antrag die Bücher eines Kaufmannes zu versiegeln, weil man Verdacht habe, daß derselbe defraudire, nicht berücksichtigt werden könne.

Dieses scheint auch aus der Entscheidung des Staats-Ministeriums vom 13. October klar hervorzugehen. Wenn die Vorlegung der Handelsbücher verweigert wird, so soll solches jedesmal als Berufung auf richterliche Untersuchung angesehen werden und in diesem Falle die Sache an die betreffende Gerichtsbehörde abgegeben werden.

Es wird also hier vorausgesetzt, daß wirklich eine Untersuchung über ein bestimmtes Steuervergehen angehoben sei.

Ich werde indeß gegenwärtige vorläufige Bescheidung Einem hohen Justiz-Ministerium zur Prüfung und etwaigen Berichtigung vorlegen. Cöln, den 11. März 1820.

Der Geheime Oberrevisionsrath und erste General-Advocat
Bölling.

An
den königlichen Criminal-Procurator
zu Coblenz.

## 363.

**Errichtung von Schandpfählen zur Vollstreckung der Contumacialerkenntnisse gegen Deserteurs.**

Sie erhalten, Herr General-Advocat, ein Schreiben des königl. General-Auditoriats vom 23. v. Mts. nebst der Anlage desselben, so wie sie eingegangen ist, unter Bezugnahme auf die Verfügung vom 7. December v. J. und mit der Anweisung, dem Herrn Staats-Procurator bei dem Kreisgerichte zu Coblenz aufzugeben, den Requisitionen der Militair-Gerichte in Beziehung auf die in der Heimath der Deserteurs öffentlich auszuhängenden Edictal-Vorladungen zu genügen, damit die Einleitung der Desertions- und Confiscations-Processe nicht dadurch aufgehalten werde.

Die in der Verfügung vom 7. December a. pr. vorläufig angedeutete Königliche Bestimmung ist bereits erfolgt, wie Sie solches aus der in Abschrift beigefügten Allerhöchsten Kabinets-Ordre vom 14. Februar c. ersehen werden. Ueber die Art der Ausführung hat der Chef der Justiz mit dem königlichen Ministerium des Innern eine Communication eröffnet, von deren Erfolg Sie demnächst in Kenntniß gesetzt werden sollen. Berlin, den 4. April 1820.

An den ersten Herrn General-Advocaten bei dem Appellationshofe zu Cöln.

Der Justiz-Minister v. Kircheisen.

a.

Bei der Nothwendigkeit, zum Behuf der Vollstreckung der Contumacial-Erkenntnisse gegen Deserteurs von Truppentheilen in den Rheinprovinzen, ein Verfahren festzusetzen, bestimme Ich auf den Mir deshalb gemachten Vortrag, daß in den Divisions-Hauptquartieren Coblenz, Cöln, Trier und Düsseldorf und in den rheinischen Festungen, an die Stelle der Galgen, ein bleibender Schandpfahl in der Nähe einer Militairwacht aufgestellt werde, an welchem das Bildniß oder der Name des Entwichenen anzuheften ist.

Ich gebe den Ministerien des Innern und des Krieges anheim, die Behörden wegen Auswahl schicklicher Plätze zu diesem Behuf zu instruiren, dem Justiz-Ministerio aber: die dortigen Civil-Justiz-Behörden anzuweisen, den Requisitionen der Militairgerichte in Desertions- und Confiscations-Processen zu genügen. Berlin, den 14. Februar 1820.

An die Ministerien der Justiz, des Innern und des Krieges.

Friedrich Wilhelm.

## 364.

Fortsetzung der vom Fiscus angestrengten Klagen wegen der in den von Frankreich abgetretenen Provinzen zum Vortheil des französischen Schatzes von Holzkäufern ausgestellten Wechsel.

Das königliche Ministerium der auswärtigen Angelegenheiten hat sich, in dem in Abschrift anliegenden Schreiben vom 8. März c. über die ebenfalls in Abschrift angebogene Anfrage des königlichen Ober-Präsidii zu Coblenz vom 11. Februar c.

ob die auf Zahlung der von einem gewissen Hoffmann rückständigen Holzkaufgelder, worauf er vier in Paris befindliche Wechsel in gleichen Terminen, und zu Ende des März, Junius, September und December 1814 zahlbar ausgestellt hat, von dem Fiscus bei der Regierung zu Trier angebrachte Klage fortgesetzt werden soll?

näher geäußert. Diese Aeußerung ist aus dem Grunde bejahend ausgefallen, weil, sobald die Schuld an und für sich eingeräumt wird, die nach dem März 1814 fällig gewordenen Termine, in Folge der mit Frankreich geschlossenen Conventionen, dem diesseitigen Fiscus nicht entzogen werden können, der Umstand, aber daß die Wechsel noch in Händen der französischen Regierung sind, nichts zur Sache thut, das Recht des Fiscus auf den Betrag der Wechsel gedachter Art, nur aus dem Gesichtspunkte, ob überhaupt eine wirkliche Schuld und eine dieser entgegenstehende Forderung vorhanden sei? zu beurtheilen ist, und es dabei keinesweges auf Erörterungen über die Ansprüche des französischen Gouvernements, welche von dem Schuldner eingewendet werden, ankommen kann.

Indem Ihnen, Herr General-Advocat, diese ganz richtige Ansicht des königl. Ministerii der auswärtigen Angelegenheiten bekannt gemacht wird, werden Sie in Verfolg des Rescripts vom 27. December v. J. aufgefordert, die königl. Staats-Procuratoren bei den rheinischen Justizhöfen unter Bezugnahme auf den vorliegenden Fall hiernach im allgemeinen zu instruiren und durch sie die Gerichtsbehörden zu ihrer Direction bei vorkommenden Fällen davon in Kenntniß setzen zu lassen. Berlin, den 12. April 1820.

An den ersten Herrn General-Procurator bei dem Appellationshofe zu Cöln.

Der Justiz-Minister v. Kircheisen.

a.

Unter Bezugnahme auf die früheren Communicationen mit Euer Excellenz dem Herrn Staats-Minister und Minister des Schatzes und für das Staats-Credit-Wesen, imgleichen auf das Schreiben des unterzeichneten Ministeriums an den Herrn Staats-Minister v. Beyme vom 14. September v. J., die in den von Frankreich abgetretenen Provinzen zum Vortheile des französischen Schatzes von Holzkäufern ausgestellten Wechsel betreffend, beehre ich mich, Euren Excellenzien hiebei Abschrift eines von dem königlichen Ober-Präsidium in Coblenz erstatteten Berichts, die Beilagen desselben aber urschriftlich, ganz ergebenst mitzutheilen. Er betrifft einen Fall, der von den früher vorgekommenen Fällen sich nur darin unterscheidet, daß nicht das französische Gouvernement, sondern der diesseitige Fiscus den Betrag der von einem preußisch gewordenen Unterthanen, dem Peter Hoffmann zu Dreisbach, ausgestellten Holzwechsel in Anspruch nimmt, wobei der Schuldner als Oppositions-Kläger gegen einen von der ehemaligen Domainen-Direction in Trier unter dem 31. Januar 1815 ausgestellten, und von dem dortigen Tribunal erster Instanz für executorisch erklärten Zahlungsbefehl gerichtlich aufgetreten ist. Die Sache ist sowohl bei ihrer ersten Einleitung, als auch in den spätern Verhandlungen nicht mit der gehörigen Ordnung und Klarheit behandelt worden. Gleichsam auf gutes Glück verlangte die Domainen-Direction, weil sie den Betrag der von dem ꝛc. Hoffmann ausgestellten Holzwechsel nicht kannte, die Summe von 10,000 Fr.; beschränkte sodann, als der ꝛc. Hoffmann nur für 3,500 Fr. Wechsel ausgestellt zu haben behauptete, ihre Forderung auf letztere Summe, und scheint sich nicht weiter um die Verification der Schuld bekümmert zu haben, wozu selbst der Verklagte in seiner Vorstellung vom 22. October 1817 nähere Veranlassung gegeben hat. Sodann hätten von Seiten der Regierung zu Trier die erheblichen Einwendungen des Schuldners von den unerheblichen wohl mehr getrennt werden, und die Fragen herausgehoben werden müssen, worüber eine gerichtliche Entscheidung allein stattfinden kann. Endlich ist auch nach dem Abschlusse der Convention mit Frankreich vom 20. November 1815 die Forderung des Fiscus zu ausgedehnt.

Nach der Ansicht des unterzeichneten Ministeriums können keine Art Schuldner der ehemaligen französischen Regierung in den von derselben an Preußen abgetretenen Provinzen der diesseitigen Anspruchnahme unter dem Vorwande sich entziehen, daß ihnen die über ihre Schulden sprechenden Original-Dokumente, Wechsel und dergleichen vorgelegt werden müssen. Bei dem Eintritt der verbündeten Mächte in das französische Gebiet, fiel alles vorgefundene Staats-Vermögen, auch Activ-Forderungen nicht ausgenommen, unter die Beschlagnahme der Eroberer, diese eigneten sich in dieser Eigenschaft dasselbe zu, auch wurden die Schuldner des französischen Gouvernements hierüber allenthalben vollständig belehrt und vor unbefugten Zahlungen an französische Cassen gewarnt. Sie durften nur an die verbündeten Mächte zahlen, wogegen ihnen völlige Garantie gegen etwanige Ansprüche des französischen Schatzes entweder ausdrücklich zugesagt wurde, oder doch, wo dies etwa nicht der Fall gewesen, es sich von selbst verstand. In den Provinzen, welche definitiv von Frankreich entfernt worden sind, kann nach der Abtretung noch weniger, als vorher, eine Frage über das Recht hierzu entstehen; das vorige Verhältniß ist nicht geändert durch den Friedensschluß, welcher im Gegentheil Land und was darin an Staatseigenthum begriffen war, mit dem einzigen im Art. 25. der Convention vom 20. November 1815 gemachten Vorbehalt abtrat. Ein jeder wirklicher Schuldner Frankreichs muß daher seine Schuld dem diesseititigen Fiscus, wenn dieser es verlangt, abtragen, und ist zu der Einwendung, daß dem französischen Schatze die Zahlung gebühre, einer Einwendung de jure tertii gar nicht befugt, noch weniger aber kann der Fiscus es sich gefallen lassen, daß Gerichte über den Werth oder Unwerth einer solchen Einwendung entscheiden, da dies auf eine Prüfung und Auslegung diplomatischer Verhandlungen und Staats-Verträge mit fremden Mächten hinauslaufen würde, welche den Gerichten, die hierzu nicht auf dem erforderlichen Standpunkte stehen, gar nicht überlassen werden kann. Die Gerichte können mithin in den gedachten Fällen nur darüber entscheiden, ob eine Schuld an sich noch vorhanden ist.

Im vorliegenden Falle gestehet der rc. Hoffmann ein, der französischen Regierung über die Total-Summe von 3,500 Fr. vier Wechsel in gleichen Terminen, und zu Ende des März, Junius, September und December 1814 zahlbar, für Holzkäufe ausgestellt zu haben.

Vor der Convention mit Frankreich vom 20. November 1815 wurde mit Recht der Anspruch an den Schuldner auf diese ganze Summe gerichtet, dagegen mußten späterhin die Bestimmungen des Art. 25. dieser Convention, soweit das Eroberungsrecht der Verbündeten an gewissen Activ-Forderungen des französischen Schatzes dadurch modificirt wurde, eine Berücksichtigung finden, welche verabsäumt worden ist. Es kömmt nach jenem Artikel darauf an, ob der Schuldner bereits durch den Abschluß des Friedens vom 30. Mai 1814, oder erst durch den spätern vom 20. November 1815 aufgehört hat, französischer Unterthan zu sein. Im letztern Falle hat der Fiscus wegen der vor dem 20. November 1815 fällig gewesenen, und bis dahin noch nicht eingezogenen Wechsel gar keinen Anspruch an den Schuldner. Im erstern Falle hingegen, welcher der wahrscheinlichere ist, gebührt der Betrag des ersten, bereits zu Ende des März 1814 fällig gewesenen Wechsels dem französischen Schatze, wogegen die Termine vom Junius, September und December 1814 dem diesseitigen Fiscus verfallen sind, daher kann man auch die Behauptung des Schuldners, daß er den ersten Wechsel bereits längst eingelöset habe, dahin gestellt sein lassen. Die späteren Termine aber, kann er sich nicht entziehen, auf die erhobene Klage zu zahlen, sobald er, wie geschehen, die Schuld selbst einräumt. Der Einwand, daß die französische Regierung zuvor die Wechsel an Preußen herausgeben müsse, die Behauptung, daß erstere die Wechsel bereits im Jahre 1813 an Privatpersonen indossirt habe, mithin keine Rechte darauf an

Preußen habe übertragen können, und andere dergleichen Behauptungen sind exceptiones de jure tertii, worauf der Fiscus gegen den Schuldner sich gar nicht einzulassen braucht, da dieser an die Zahlung seiner übrigens unzweifelhaften Schuld nichts, als die sich von selbst verstehende Bedingung zu knüpfen berechtigt ist, daß er dafür auch gegen andere Ansprüche aus demselben Schuldverhältnisse, und namentlich gegen die vorgeblichen Indossatorien der Wechsel, von Seiten des Staats geschützt und vertreten werde. Es ist daher auch gar nicht nöthig, wie das königliche Ober-Präsidium zu Coblenz meint, im vorliegenden Falle, lieber auf die Fortsetzung des Processes Verzicht zu leisten, um abzuwarten, ob die französische Regierung nicht noch zur Herausgabe der zurückbehaltenen Wechsel zu vermögen sein wird, was sie schon einmal abgelehnt hat, ohne jedoch dabei ihrer Seits eine Fortdauer ihrer Forderungen zu behaupten. Der Besitz dieser Wechsel thut nichts zur Sache, auch ist keine dem diesseitigen Interesse nachtheilige Entscheidung der Gerichtsbehörden in diesem Falle, und in ähnlichen zu befürchten, wenn letztere angewiesen werden, das Recht des diesseitigen Fiscus auf den Betrag der Wechsel gedachter Art, nur aus dem Gesichtspunkte, ob überhaupt eine Schuld und eine dieser entgegenstehende Forderung vorhanden? zu beurtheilen, keinesweges aber auf die Erörterungen über die Ansprüche des französischen Gouvernements, welche von dem Schuldner eingewendet werden, sich einzulassen.

Das unterzeichnete Ministerium glaubt hiernach Ew. rc. dem Herrn Staats- und Justiz-Minister, ganz ergebenst anheimstellen zu müssen, die Staats-Procuratoren bei den rheinischen Justizhöfen unter Bezugnahme auf den vorliegenden Fall, geneigt mit näherer Anweisung versehen, und über die Grenzen, innerhalb welcher die Befugniß der Gerichte zum Erkenntnisse über die diesseitigen fiscalischen Ansprüche auf die Beträge der zum Vortheile des französischen Schatzes ehemals ausgestellten Holzwechsel, eingeschlossen bleiben muß, belehren zu wollen. Was die diesseitige Forderung im vorliegenden Falle betrifft, so werden Ew. rc. der Herr Staats- und Schatz-Minister es wohl für angemessen erachten, die Regierung zu Trier dahin anzuweisen, daß dieselbe, nach näherer Aufklärung des Sachverhältnisses, mindestens den Anspruch auf den Betrag des schon zu Ende März 1814 fällig gewesenen Wechsels gänzlich aufhebe.

Euer Excellenzien ersuche ich ganz ergebenst, von den getroffenen Verfügungen zur weitern Belehrung des Herrn Staats-

Ministers von Ingersleben, mich gefälligst in Kenntniß setzen zu wollen. Berlin den 8. März 1820.

Ministerium der auswärtigen Angelegenheiten.

An
des königlichen Staats- und Justiz-Ministers
Herrn von Kircheisen und
des königlichen Staats- und Schatz-Ministers
Herrn Grafen von Lottum Excellenzien.

## b.

Die königliche Regierung hat nun in Folge der, auf Ew. &c. Veranlassung vom 16. November pr. erlassenen Verfügung, die s. p. r. anliegenden Proceß-Acten eingesandt, um zu bestimmen, ob die, auf Zahlung der von einem gewissen Hoffmann rückständigen Holzkaufgelder, worauf er Wechsel ausgestellt hat, die sich in Paris befinden, von dem Fiscus angestellte Klage fortgesetzt oder zurückgenommen werden soll?

Da der Hoffmann den Einwand macht, daß er durch seine Wechsel von aller Verbindlichkeit zur Zahlung an die preußische Casse befreit sei; so wird die Frage, welche Ew. &c. bisher zum Vortheil des Fiscus entschieden haben, bei Fortsetzung des Processes c. Hoffmann, der richterlichen Prüfung unterworfen werden, und da solche leicht eine, dem Allerhöchsten Interesse nachtheilige Entscheidung zur Folge haben kann, welche zugleich für alle andere Fälle als Präjudiz gelten würde, so ist es sehr wichtig, auf die Fortsetzung des Processes gegen den Hoffmann Verzicht zu leisten, wenn irgend zu erwarten ist, daß auf diplomatischem Wege Frankreich zur Herausgabe der Wechsel zu vermögen sein dürfte.

Ew. &c. bitte ich ganz ergebenst um schleunige Veranlassungsmaaßregeln. Coblenz, den 11. Februar 1820.

An v. Ingersleben.
Ein königliches hohes Ministerium der auswärtigen Angelegenheiten.

## 365.

### Zahl der bei jedem Gerichte anzustellenden Advocat-Anwälte.

1) Die Zahl der Advocaten-Anwälte in den rheinischen Provinzen wird einstweilen auf folgende Weise festgestellt:

a) Bei dem rheinischen Appellationshofe auf 20,

b) bei den Gerichten der ersten Instanz

zu Cöln . . auf 21,

bei den Gerichten der ersten Instanz

| | | |
|---|---|---|
| zu Düsseldorf | . | auf 20, |
| = Aachen | . . | = 17, |
| = Trier | . . | = 18, |
| = Coblenz | . . | = 18, |
| = Cleve | . . | = 7. |

Sollte die Erfahrung lehren, daß diese Anzahl bei einigen Gerichten im Verhältniß zu den gewöhnlich dort vorkommenden Geschäften nicht hinreiche, oder zu groß sei, so wird das königliche Justiz-Ministerium sie im ersten Falle vermehren, und im zweiten dadurch vermindern, daß die zuerst erledigten Stellen, bis die erforderliche Zahl erreicht ist, unbesetzt bleiben.

2) Die Ernennung der Anwälte bleibt dem königlichen Justiz-Ministerium vorbehalten.

Ueber die Frage, wie groß die Anzahl sein müsse, wird der rheinische Appellationshof zu seiner Zeit nach eingeholtem Gutachten der Gerichte der ersten Instanz berichten.

3) Um gründlich hierbei urtheilen zu können, wird auf der Kanzlei eines jeden Gerichts, den Appellationshof mit eingeschlossen, ein besonderes Verzeichniß geführt, worin jeder Anwalt mit Bemerkung der Proceßsachen, worin er im Laufe des Jahres vor und nach als Anwalt aufgetreten ist, angemerkt und weiter hinzugefügt wird, ob er allein oder unter dem Beistande eines Advocaten die Sache vorgetragen habe, und ob für oder wider seinen Clienten erkannt worden.

4) Wer in den Rheinprovinzen in die Matrikel der Advocaten entweder schon vor der gegenwärtigen Verordnung aufgenommen ist, oder künftig darin aufgenommen und zur Advocatur zugelassen werden wird, hat schon dadurch, er sei zugleich Anwalt oder nicht, das Recht, bei dem Appellationshofe sowohl, als bei den übrigen Gerichten als Advocat aufzutreten. Er kann gleichwohl, wenn er nicht beide Eigenschaften in sich vereinigt, nur in Beistand eines zur Sache gehörig bestellten und bei dem Gericht in Eid und Pflichten stehenden Anwaltes zugelassen werden.

5) Kein Advocat verliert dieses Recht dadurch, daß er zugleich bei einem andern Gericht oder bei dem rheinischen Appellationshofe als Anwalt angestellt ist; er ist gleichwohl verbunden, in den Sachen, die er als Anwalt zu besorgen hat, und für die Zeit, daß er an einem andern Gerichte beschäftigt ist, einen seiner Collegen zu substituiren und sich durch ihn vertreten zu lassen.

6) Diejenigen, die bis zu der gegenwärtigen Einrichtung

des Justiz-Wesens aus Mangel an der erforderlichen Qualification nur als Anwälte auftreten konnten und auch dermalen in das Verzeichniß der Anwälte wieder aufgenommen worden, sind nur in dieser Eigenschaft wieder angestellt und behalten zwar die nach den bestehenden Gesetzen ihnen zukommenden Rechte u. s. w., werden gleichwohl dadurch den Advocaten nicht gleich geachtet.

7) Wer an einem Gerichte, wo er nicht schon als Advocat persönlich bekannt ist, in dieser Eigenschaft auftreten will, hat sich vor der Audienz, unter Vorzeigung seiner Matrikel, bei dem Präsidenten zu legitimiren.

8) Die Matrikel aller Advocaten wird bei dem rheinischen Appellationshofe geführt und dem Justiz-Minister eingesendet. Die durch Sterbefälle oder anderweite Beförderung dabei vorfallenden Veränderungen hat das öffentliche Ministerium am Schlusse eines jeden Jahres dem Justiz-Minister ebenfalls anzuzeigen.

9) Ueber die Qualification zur Advocatur und zum Amte eines Anwaltes wird eine besondere Verordnung vorbehalten. Vorläufig gelten deshalb folgende Bestimmungen:

a) Wer in die Matrikel der Advocaten aufgenommen zu werden verlangt, muß zwanzig Jahre alt sein, und durch Zeugnisse beweisen, daß er wenigstens drei Jahre lang auf einer Universität sich der Rechtsgelehrsamkeit gewidmet, und nachher zwei Jahre lang bei einem immatrikulirten Advocaten oder Anwalte die Praxis erlernt hat.

b) Die Prüfung geschieht von einem Präsidenten und zwei Räthen des Appellationshofes über alle Theile der Rechtsgelehrsamkeit, und endigt sich mit der Abfassung einer Denkschrift und einem Vortrage aus Criminal-Acten oder mit einer Defensionsschrift.

c) Ueber das Resultat der Prüfung entscheidet der erste Civil-Senat.

d) Niemand wird als Anwalt zugelassen, ohne sich vorher einer besondern Prüfung über die Proceßordnung bei dem Gerichte, wobei er angestellt werden soll, unterworfen zu haben. Die Prüfung geschieht dort ebenfalls von einem Präsidenten und zweien Richtern, und über das Resultat wird in einer Plenar-Versammlung des Gerichts entschieden.

10) Wer als Richter, als Gerichtsschreiber, oder als Notar oder in einer andern Eigenschaft bei einer öffentlichen Verwaltung angestellt ist, kann nicht zugleich das Amt eines Advocaten versehen, die Rechte selbst sind gleichwohl durch

die Annahme einer solchen Stelle nur suspendirt und gehen dadurch nicht verloren.

11) Jeder Anwalt ist schuldig, an dem Orte zu wohnen, wo das Gericht, bei dem er angestellt ist, seinen Sitz hat. Erfüllt er diese Bedingung nicht in den ersten neun Monaten, nachdem ihm seine Anstellung bekannt gemacht worden, so ist diese Ernennung erloschen.

12) Die Ernennungen sind in jedem Regierungs-Bezirke durch die Amtsblätter bekannt zu machen.

Berlin, den 16. April 1820.

v. Hardenberg.

## 366.

### Liquidirung und Anweisung der Strafuntersuchungskosten.

Ew. Hochwohlgeboren communiciren wir den von der königlichen Regierung in Düsseldorf an den Herrn Staats- und Justiz-Minister von Kircheisen in Betreff der Gerichtskosten-Nachweisung für das vierte Quartal des Jahres 1819 erstatteten, an uns abgegebenen Bericht nebst den Anlagen und unserm Anwortschreiben anbei in Abschrift. Da wir die im Circular-Schreiben des Herrn Ober-Procurators Rittershausen ertheilten Anweisungen zur Vorbeugung von Mißbräuchen bei Ansetzung der einzelnen Gebühren und Reisekosten sehr zweckmäßig finden, so wollen Ew. Hochwohlgeboren auch sämmtliche übrigen Staats-Procuratoren zu einer gleichen Maaßregel veranlassen.

Berlin, den 22. April 1820.

Immediat-Commission zur Justiz-Organisation in den neuen Provinzen.

An v. Diederichs.

des königlichen ersten General-Advocaten, Herrn Geheimen Ober-Revisions-Raths Bölling Hochwohlgeboren in Cöln.

### a.

Des Herrn Staats- und Justiz-Ministers von Kircheisen Excellenz haben den von Einer hochlöblichen Regierung in Betreff der Gerichtskosten-Nachweisung für das vierte Quartal des vorigen Jahres erstatteten Bericht, weil der Inhalt die Organisation tangirt, an uns abgeben lassen. Wir sind ganz damit einverstanden, daß soweit der Zweck der Gerichtspflege es gestattet, für die möglichste Erleichterung der Staats-Casse gesorgt und besonders den Mißbräuchen bei Ansetzung der einzelnen Gebühren und Reisekosten vorgebeugt werden muß. In dieser Hinsicht haben wir das uns mitgetheilte Circularschreiben des Ober-Procurators Herrn Rittershausen überaus zweckmäßig gefunden und solches mit dem von Einer königlichen hochlöblichen Regierung an des Herrn Justiz-Ministers Excellenz erstatteten Bericht dem ersten General-Advocaten bei dem rheinischen Appellationshofe, Herrn Geheimen Ober-Revisions-Rath Bölling abschriftlich communicirt, um auch die übrigen Staats-Procuratoren zu einer gleichen Maaßregel zu veranlassen.

Berlin, den 22. April 1820.

An Immediat-Commission rc. rc.

Eine königliche hochlöbliche Regierung zu Düsseldorf.

## b.

Es ist seither, und zwar ziemlich allgemein, eben so willkührlich bei Taxirung, als unförmlich bei Liquidirung und Anweisung der Strafuntersuchungskosten (Justizkosten in engerer Bedeutung) verfahren worden.

Jener Willkühr ist die von den höchsten Behörden schon oft bemerkte Steigerung der Ausgaben hierfür zum großen Theile beizumessen, so wie die Unförmlichkeit der Liquidationen und Anweisungen, die Wirksamkeit ihrer strengen Controllirung oft erschweret, wo nicht vereitelt.

Der Gegenstand ist von dem größten Interesse, und der Sorge des öffentlichen Ministeriums um so mehr anheim gegeben, seitdem ein Theil der durch das Decret vom 18. Juni 1811 angeordneten zweckmäßigen Controllen, in der bestehenden Verfassung zu wirken aufgehört hat.

Dieses veranlaßt mich, die Herren Friedensrichter, und so weit es die übrigen Herren Hülfsbeamten der gerichtlichen Polizei angeht, auch diese auf einige, und zwar die am häufigsten außer Acht gelassene Bestimmungen der verschiedenen Verordnungen über diesen Gegenstand, und die damit collidirenden Mißbräuche und Unförmlichkeiten, im Folgenden aufmerksam zu machen.

§. 1. Die Befugniß, die im Decrete vom 18. Juni 1811 als dringend bezeichneten Strafuntersuchungskosten unmittelbar auf die betreffende Casse, ohne vorherigen Antrag und Mitzeichnung des öffentlichen Ministeriums, und ohne die sonstigen Erfordernisse ihrer Richtigstellung, anzuweisen, ist den richterlichen Personen ausschließlich vorbehalten: mithin den Friedensrichtern nur in Ausführung der ihnen von den Instructionsrichtern delegirten Verrichtungen in Strafsachen, so wie gemeinschaftlich mit den Bürgermeistern, in ihrer Eigenschaft als Polizeirichter, zuständig.

In jedem andern Verhältnisse ist dieselbe, beiden sowohl, als dem öffentlichen Ministerio und dessen übrigen Hülfsbeamten überhaupt, versagt.

§. 2. Außer den gesetzlichen Gebühren der Zeugen bieten sich die Fälle solcher Anweisungen dringender Justizkosten, namentlich den untern richterlichen Personen, nur äußerst selten dar.

Die Gebühren der gerichtlichen Aerzte und Wundärzte für gerichtlich-medizinische Verrichtungen gehören dahin so wenig, als in gewöhnlichen Fällen, die der sonstigen Kunst- und Sachverständigen, so fern dieselben nicht etwa, nur als Zeugen, vernommen werden.

§. 3. Das Gesetz bewilliget nur den im Laufe der Instruction, und zu den Verhandlungen vor öffentlichem Gerichte als Zeugen berufenen Personen, eine Entschädigung für die Erfüllung dieser allgemeinen Bürgerpflicht. Für die in allen Fällen uneidlichen Vernehmungen, im Wege der vorläufigen Informations-Einziehung durch die Beamten der gerichtlichen Polizei, hat keine Entschädigung statt. Doch machen die Aerzte, Wundärzte und andere Sach- und Kunstverständigen, in den Fällen ihrer Zuziehung (Art. 43 u. 44. der Strafgerichtsordnung) hiervon eine ausdrückliche Ausnahme.

§. 4. Nur den auf Antrag des öffentlichen Ministeriums oder von Amtswegen geladenen Zeugen darf die Entschädigung auf den allgemeinen Justizkosten-Fond angewiesen werden. In den Criminal-Anklagesachen allein gestattet das Gesetz (Art. 321. der Strafgerichtsordnung) dem öffentlichen Ministerio die Berufung der von dem Angeklagten vorgeschlagenen Schutzzeugen, zu den Verhandlungen vor öffentlichem Gerichte.

Diesen Fall ausgenommen, müssen sonst in allen übrigen die Angeschuldigten ihre Zeugen unmittelbar laden, und den von ihnen berufenen die Gebühren selbst entrichten.

§. 5. Die Zeugengebühr besteht

a) entweder in Versäumnißkosten;

b) oder in Reisekosten, —

c) in besondern Fällen zugleich auch in Aufenthaltskosten.

§. 6. Versäumnißkosten und Reisekosten können nie zugleich demselben Zahlungsnehmer angewiesen werden. Die Zahlung der einen hebt die der anderen auf. Die Reisekosten sollen gesetzlich zugleich zum Ersatz der Versäumniß dienen.

§. 7. Reisekosten werden nach der ganzen Länge des auf der Hin- und Herreise von den Zeugen zurückzulegenden Weges berechnet.

Sie gebühren nur den Zeugen, deren Wohnort mehr als ein Myriameter (eine große Meile) von dem Orte der Vernehmung entfernt ist. Diejenigen, welche nur 1 Myriameter davon entfernt wohnen, mithin einen Weg von 2 Myriameter (2 Meilen oder 4 Stunden) auf der Hin- und Rückreise zurücklegen müssen, haben keinen Anspruch auf die Reisekosten, sondern allein auf die gesetzliche Gebühr für Versäumniß.

Art. 2. des Decrets vom 7. April 1813. (Bülletin 52. Nr. 144.)

§. 8. Die Aufenthaltskosten werden für die Tage des Mehraufenthalts gezahlt, welche die Zeugen

a) entweder auf ihrer Reise, durch Naturereignisse, persönliche Unfälle u. a. Ursachen,
b) oder an dem Orte des Gerichtes und ihrer Vernehmung durch den Verzug der Verhandlung, zuzubringen genöthigt worden sind. Jener erstere Aufenthalt und die Veranlassung dazu muß jedesmal durch obrigkeitliche Zeugnisse genau nachgewiesen werden.

Die Aufenthaltskosten der beiden Arten können zusammen, und sowohl mit Versäumniß als mit Reisekosten cumulirt werden.

§. 9. Ein gezwungener Mehraufenthalt an dem Orte des Gerichtes und der Vernehmung ist nur dann in dem Sinne des Gesetzes für begründet anzunehmen, wenn die Verhandlung, zu welcher der Zeuge berufen worden, über den in der Ladung bestimmten Tag des Erscheinens hinaus sich erstreckt. Für diesen Tag selbst dürfen aber niemals Aufenthaltskosten bewilligt werden. Eben so irrig ist es, wenn, wie bisher häufig geschehen, Aufenthaltskosten um der großen Entfernung des Zeugen willen, und weil er nicht in einem Tage seine Heimath erreichen könne, bewilliget werden. Das Gesetz schließt diese Rücksicht ganz aus, und bewilliget den Zeugen die Entschädigung hierfür in dem Mehrbetrage der Reisekosten.

§. 10. Das neue Gesetz (Art. 1. des Decrets vom 7. April 1813) hat die frühere Erlaubniß der Zahlung einer doppelten Gebühr an kranke und schwächliche Zeugen zurückgenommen. Für Gefähr und außerordentliche Transportmittel solcher Zeugen bewilligen die Gesetze keine besondere Gebühr, und sind deshalb die richterlichen Personen zu deren Anweisung in keiner Weise ermächtiget.

Desgleichen findet der frühere höhere Satz der Reisekosten während der Wintermonate weder bei Zeugen noch bei andern Demerenten ferner mehr statt.

Art. 4. daselbst.

Dahingegen ist die in dem Art. 97. des Decrets vom 18. Juni 1811 zugestandene Mehrzahlung von dem neueren Gesetze unberührt geblieben.

§. 11. Die Zeugengebühr darf nur denjenigen angewiesen werden

a) welche die Abschrift des Exploits ihrer Ladung beibringen, und dadurch die Identität ihrer Person, und daß die Ladung auf den Antrag des öffentlichen Ministeriums (§. 4.) geschehen sei, nachweisen; und
b) wenn sie dieselbe ausdrücklich begehren;
c) diejenigen, welche im besoldeten Staatsdienste stehen, haben in den Fällen, wo Reisekosten überhaupt statt finden (§. 7.), nur auf diese Anspruch. Weder für Versäumniß, noch für gezwungenen Aufenthalt bewilliget das Gesetz ihnen irgend eine Entschädigung.

§. 12. Die Anweisung der Zeugengebühr muß jedem Zeugen einzeln, auf der Rückseite der von ihm beigebrachten Abschrift seiner Ladung, ausgefertiget werden.

Zu ihrer Förmlichkeit und Vollständigkeit gehöret

a) die Angabe der Gattung der angewiesenen Gebühr; und
b) die Anzeige und Nachweise der Elemente ihrer Berechnung, namentlich bei Reisekosten die Angabe der Entfernung des Wohnorts des Zeugen von der Gerichtsstätte und dem Orte der Vernehmung, zufolge der gesetzlichen Entfernungstabelle. Die gesetzlich erforderlichen Bescheinigungen müssen bezogen und beigefügt werden.

Außerdem fordert das Gesetz die Angabe:

1. daß Zeuge die Gebühr ausdrücklich begehrt habe;
2. ob derselbe im besoldeten Staatsdienste stehet;
3. ob er Schreibens erfahren, und
4. daß keine Civilparthei in der Sache aufgetreten sei, oder die aufgetretene ihre Dürftigkeit gesetzlich nachgewiesen habe (s. §. 22.).

§. 13. Für jeden Zeugen muß einzeln, bei schriftlichen Vernehmungen, am Schlusse des jeden betreffenden Protocollarabschnittes, und bei Vernehmungen vor öffentlichem Gerichte, am Schlusse des Audienzprotocolls, eine kurze aber genaue Angabe darüber aufgenommen werden: ob, sodann welche Gattung der Gebühr und mit wie viel solche dem Zeugen taxirt und angewiesen worden.

§. 14. Die tägliche Erfahrung bewähret immer mehr die Nothwendigkeit einer strengen Aufsicht und Controllirung der Gebühren-Rechnungen der Gerichtsvollzieher.

Ich ersuche deshalb die Herren Friedensrichter, resp. die Herren Bürgermeister in den Kantons-Hauptorten, als Stellvertreter des ö. M. bei den Polizeigerichten, nach Art desjenigen Gebühren-Conto, welches in Gemäßheit des Art. 83. des Decrets vom 18. Juni 1811 in den Parquets des öffentlichen Ministeriums zur Controllirung der pünktlichen Erfüllung und der Gebühren der Gerichtsvollzieher, über die ihnen aufgetragenen Verrichtungen in Strafsachen geführt wird, und wovon das Formular beigefügt ist, eine gleiche Controlle derjenigen Verrichtungen, welche sie ihren Gerichtsvollziehern, bei Ausführung der ihnen delegirten Geschäfte der Herren Instructionsrichter, resp. in Sachen der einfachen Polizei auftragen, und der dafür liquidirten und taxirten Gebühren zuführen; ersteres vierteljährig abzuschließen, und hierher einzusenden, um zur Vergleichung mit den eingehenden Trimester-Rechnungen der Gerichtsvollzieher und zu deren Richtigstellung zu dienen.

§. 15. Die Gerichtsvollzieher müssen mit Ernst angehalten werden, daß sie ihre Gebühren auf den Exploits der Ladungen einzeln und beziehungsweise auf die betreffenden Gesetzesbestimmungen liquidiren.

Diese Exploits sind integrirende Stücke der Verhandlungen, welchen sie angehören, und müssen mit denselben eingesandt werden, um die darauf liquidirten Gebühren in die Schlußrechnung der von den Verurtheilten zu erstattenden Gerichtskosten aufnehmen zu können.

§. 16. Die Gerichtsvollzieher fehlen vornehmlich darin, wie oft bemerkt worden,

a) daß sie für den Ladungsbefehl selbst, dessen Abschrift und Mittheilung es nicht bedarf, Copialgebühren ansetzen, und

b) für Verrichtungen, die sie auf Verlangen der Civilparthei, der Beschuldigten, oder der civilirter verhafteten Personen in Strafsachen übernehmen und ausführen, statt nach der Strafkostentaxe, nach der Civiltaxe ihre Gebühren liquidiren.

Die Herren Friedensrichter müssen diese Mißbräuche, wo sie solche bemerken, rügen, und im Wiederholungsfalle anzeigen, um gegen die Schuldigen nach Art. 86. vergl. mit Art. 64. des Decrets vom 18. Juni 1811 verfahren zu können.

§. 17. Bei Vernehmungen im Wege der Informationseinziehung durch die Hülfsbeamten der gerichtlichen Polizei, müssen in allen Fällen die förmlichen Ladungen der zu vernehmenden Personen vermieden, vielmehr solche durch einfache Benachrichtigungen berufen werden, die ihnen nach Art. 72. des Decrets vom 18. Juni 1811 durch die Agenten der öffentlichen Macht kostenfrei zugestellt werden. Die Bürgermeister, als Polizeirichter in ihren Gemeinden, sind gleichfalls auf dieses einfache Mittel bei ihren Ladungen vom Gesetze (Art. 169 und 170. der Strafgerichtsordnung) verwiesen; gleichwie die förmlichen Ladungen zu den schriftlichen Instructionshandlungen den Agenten der öffentlichen Macht ebenfalls aufgetragen werden können (Art. 72. daselbst), demnach den Herren Friedensrichtern die Verwendung derselben hierfür, in den ihnen delegirten Instructionshandlungen, zur Minderung der Justizkosten, empfohlen wird.

In keinem Falle, er betreffe einen Auftrag des Instructionsrichters, oder eine einfache Polizeisache, dürfen die Friedensrichter, resp. die Stellvertreter des ö. M. die Gerichtsvollzieher ihres Cantons, mit Verrichtungen außerhalb desselben beauftragen. Sie werden dieserhalb auf den Art. 84. des Decrets vom 18. Juni 1811 gewiesen.

§. 18. So oft für Verrichtungen in den durch die gerichtlichen Hülfspolizeibeamten von Amtswegen aufzunehmenden Verhandlungen, oder in denjenigen, welche den Friedensrichtern delegirt worden, Gebühren liquidirt werden, sie mögen als dringende Gerichtskosten unmittelbar angewiesen sein, oder erst am Ende des Quartals zur Berechnung kommen, muß die Liquidation derselben, einfach und auf Freipapier, gleich mit den Verhandlungen eingesandt werden; weil solche sonst leicht in den Schlußrechnungen der zu erstattenden Kosten übersehen werden.

Diese Vorschrift gilt namentlich für alle Fälle, in welchen Aerzte und Wundärzte, oder andere Kunst- und Sachverständige, zu den Verhandlungen adhibirt werden, oder deren Aufnahme zu Reisekosten-Liquidationen für die damit befaßten Beamten Anlaß giebt. Nichts destoweniger aber behält es auch in Absicht dieser Berechnungen, bei deren vorschriftmäßigen vierteljährigen Einsendung in dreifacher Ausfertigung, sein Bewenden.

§. 19. Bei denjenigen Local-Aufnahmen, welche durch die gerichtlichen Hülfspolizeibeamten, mithin auch durch die Friedensrichter in dieser ihrer Eigenschaft vollzogen werden, hat das Gesetz von dem sonstigen Erfordernisse der Zuziehung eines Secretairs Umgang genommen, und können demnach nur jenen Beamten selbst die gesetzlichen Gebühren dafür bewilligt werden.

Nur bei vorkommenden Leichenuntersuchungen ist hiervon, durch die Instruction der k. Immediat-Justiz-Commission vom 4. Februar 1818 §. 5. eine ausdrückliche Ausnahme eingeführt worden.

§. 20. In dem Umlaufsschreiben des Herrn Justizministers vom 17. September 1813 sind die zu befolgenden Grundsätze bei Ertheilung von Ausfertigungen und Auszügen in Strafsachen der verschiedenen Arten genau und ausführlich auseinander gesetzt.

Die Herren Friedens- und Polizeirichter wollen demnach ihre Secretarien auf den Inhalt desselben verweisen, und über dessen stricte Befolgung wachen.

Durch ein späteres Circularschreiben vom 22. Mai 1819 aus dem General-Parquet des vormaligen hiesigen Appellationshofes, ist jedoch der Irrthum rege geworden, daß die Auszüge der Erkenntnisse der einfachen Polizei mit 60 Centimen liquidirt werden dürfen, und der niedrigere Satz von 25 Centimen nur für die Auszüge in Forststrafsachen Anwendung finde.

Das neueste Gesetz vom 7. April 1813 im Art. 7. bestimmt dagegen, daß für alle Auszüge aus Urtheilen in einfachen Polizeisachen, so wie überhaupt für die zum Behuf der Erhebung von Geldbußen und Kosten in allen übrigen Strafsachen mitzutheilende Auszüge, bloß 25 Centimen erhoben werden dürfen.

Die Herren Gerichtsschreiber sind auf diese Bestimmung neuerdings aufmerksam zu machen, und auch hierin vor Ueberschreitungen der gesetzlichen Taxe zu warnen.

§. 21. Die in Forst- und Jagdstrafsachen aufgehenden Kosten sind dem allgemeinen Straf-Justizkosten-Fonds durchaus fremd. Es dürfen demnach keine derselben dahin angewiesen werden.

Die Gerichtsschreiber und Gerichtsvollzieher (imgleichen alle andere Demerenten) müssen über die ihnen aus diesen Sachen her competirenden Gebühren eigene abgesonderte Liquidationen anfertigen, und den Forst-Inspectoren zum ferneren Verfahren damit, und Anweisung auf den dafür bestimmten Fonds einreichen.

Art. 66 und 164. des Decrets vom 22. Juni 1811.

§. 22. In allen Strafsachen der einfachen und der Zuchtpolizei, in welchen eine Civilparthei als solche aufgetreten ist, oder der klagende Theil durch seine Anträge auf Schadenersatz deren Eigenschaft stillschweigend angenommen hat (Art. 66. der Strafgerichts-Ordnung), fallen derselben alle Kosten ohne Ausnahme zur Last, und es findet ihre Anweisung auf den öffentlichen Fonds nicht statt, sofern nicht etwa die Civil-Parthei ihre Armuth in gesetzlicher Weise nachgewiesen haben möchte.

Art. 159. des Decrets vom 18. Juni 1811.

In diesen Fällen darf den Anträgen der Civilparthei durchaus keine Folge eher gegeben werden, bis dahin sie einen von dem Richter und dem Beamten des öffentlichen Ministeriums zu bemessenden baaren Geldbetrag zur Deckung der aufgehenden Kosten, nach ihrer eigenen Wahl, entweder bei der betreffenden Domänen-, Stempel- oder Enregistrements-Casse, oder auf der Gerichtschreiberei niedergelegt hat, auf welchen sodann die aufgehenden Kosten angewiesen werden. Der Ueberrest wird ihr nach geendeter Sache kostenfrei zurückgezahlt.

Indem ich die Herren Friedensrichter und übrigen gerichtlichen Hülfspolizeibeamten, so weit es dieselben betrifft, vorstehend auf einige der bisher fast allgemein außer Acht gelassenen Bestimmungen der bestehenden allgemeinen Verordnungen, und die ihnen entgegenstehenden Mißbräuche, aufmerksam mache, und zur genauen Beobachtung resp. zur strengen Handhabung der ersteren mahne, bemerke ich denselben zugleich, wie sie es sich selbst beizumessen haben würden, wenn sie künftig für alle Mißbräuche und Ueberschreitungen der Taxe, in Gemäßheit des Art. 141 des Decrets vom 18. Juni 1811 verantwortlich sich gehalten, und zu der ihnen darnach obliegenden Erstattung der unrechtmäßig und zu viel taxirten und angewiesenen Beträge, nach Maaßgabe der Art. 172. 173 und 174. daselbst, genöthiget werden möchten. Düsseldorf, den 3. Februar 1820.

An die Herren Friedensrichter und übrigen Hülfsbeamten der gerichtlichen Polizei.

Der königliche Ober-Procurator Rittershausen.

## 367.

### Die Assisenpräsidenten erhalten kein Naturalquartier.

Auf die bei uns von Seiten des Ministeriums des Innern gemachte Anfrage, ob den Assisenpräsidenten Naturalquartier oder Entschädigung zukomme, haben wir uns dahin erklärt, daß die Assisenpräsidenten gegenwärtig Naturalquartier oder eine Entschädigung nicht mehr fordern können, da in dem Etat für den rheinischen Appellationsgerichtshof dem Rath für jede Assise, welcher er präsidirt, eine Entschädigung von 100 Thlr. und außerdem bloß die Erstattung der Reisekosten — worunter lediglich die Transportkosten gemeint sind — bewilligt ist. Ew. Hochwohlgeboren werden demnach dieses allgemein angenommene Princip zur Kenntniß des rheinischen Appellationshofes bringen.

Berlin, den 11. Mai 1820.

Immediat-Commission zur Justiz-Organisation in den neuen Provinzen.
v. Diederichs.

An
den königlichen ersten General-Advocaten
Herrn Geheimen Ober-Revisions-Rath
Bölling in Cöln.

## 368.

### Bezeichnung der Grundgüter bei Veräußerung und Theilung derselben nach Maaßgabe der Grundsteuer-Mutterrollen.

Nach einem von dem königlichen Finanz-Ministerium mitgetheilten Berichte der Regierung zu Cöln wird die Umschreibung der jährlichen Mutationen in den Grundsteuer-Mutter-Rollen dadurch sehr erschwert, daß die Notarien, Gerichtsschreiber u. s. w. bei Aufnahme und Ausfertigung der Contrakte über Veräußerungen und Theilungen der Grundgüter die betreffenden Grundstücke nicht nach Maaßgabe der Steuer-Mutter-Rolle bezeichnen, sondern denselben vielerlei andere örtliche Benennungen und usuelle Bezeichnungen beilegen.

Das königliche Finanz-Ministerium hat daher darauf angetragen, daß die Behörden, welche zur Ausfertigung von Kauf-Contrakten in denjenigen Landestheilen, wo das ehemals französisch-bergische und westphälische Grundsteuer-System besteht, bestellt sind, angewiesen werden möchten, für die Abstellung dieses Uebelstandes zu sorgen.

Diesem gemäß beauftrage ich Sie, Herr General-Advocat, durch die Staats-Procuratoren die Notarien und sonstigen Behörden gemessenst darnach instruiren zu lassen.

Berlin, den 29. Mai 1820.

Der Justiz-Minister
v. Kircheisen.

An
den ersten Herrn General-Advocaten
bei dem Appellationshofe zu Cöln.

## 369.

### Uebereinkommen mit der herzoglich holstein-oldenburgischen Regierung wegen wechselseitiger Beförderung gerichtlicher Insinuationen.

Das königl. Ministerium der auswärtigen Angelegenheiten hat jetzt auch mit der herzoglich holstein-oldenburgischen Regierung ein Abkommen wegen der künftigen Beförderung der gerichtlichen Insinuationen zwischen den gegenseitigen Landestheilen am Rheine getroffen.

Ich übersende Ihnen, Herr General-Advocat, Abschrift der diesseits darüber unter dem 29. April d. J. ausgestellten Ministerial-Erklärung, um hiernach das weiter Erforderliche zu verfügen. Berlin, den 9. Juni 1820.

An den ersten Herrn General-Advocaten bei dem Appellationshofe zu Cöln.

Der Justiz-Minister
v. Kircheisen.

a.

Die königl. preuß. Regierung und die herzogl. holstein-oldenburgische Regierung sind übereingekommen: den bisher stattgehabten Weg der gesandtschaftlichen Vermittelung bei Beförderung gerichtlicher Requisitionen um Ladungen und Insinuationen, die aus den preußischen Provinzen am Rheine in die herzoglich oldenburgischen Lande, und aus dem herzoglich oldenburgischen Fürstenthume Birkenfeld in die königlich preußischen Staaten ergehen, aufzuheben, und eine unmittelbare Communication zwischen gewissen Behörden anzuordnen.

Beide Regierungen haben sich daher über folgende Punkte vereiniget.

1) Die unmittelbare Communication findet statt zwischen dem königl. preuß. General-Procurator des Appellationshofes zu Cöln einerseits, und dem herzogl. oldenburgischen Regierungs-Director zu Birkenfeld andererseits, dergestalt, daß alle von königl. preußischen Gerichten ausgehende, herzoglich oldenburgischen Unterthanen des Fürstenthums Birkenfeld einzuhändigende Verhandlungen von dem General-Procurator zu Cöln an den Regierungs-Director zu Birkenfeld, alle aus den herzoglich oldenburgischen Landen an königlich preußische Unterthanen in den am Rheine gelegenen Provinzen gerichtete und diesen einzuhändigende Verhandlungen aber von dem Regierungs-Director zu Birkenfeld an den General-Procurator zu Cöln zu senden sind.

2) Der General-Procurator zu Cöln sowohl als der Regierungs-Director zu Birkenfeld sorgen für die Weiterbeförderung und für die Einsendung der Empfangsbescheinigungen.

3) Für die Besorgung der Insinuationen, so wie für die ganze jetzt angeordnete Communication sollen gegenseitig

keine Kosten und kein Postporto berechnet werden, sondern es soll jedem der beiderseitigen Staaten überlassen bleiben, ob und welche Kosten er von seinen Unterthanen dafür einziehen will.

Zur Ausführung dieses Punkts wird der Regierungs-Director zu Birkenfeld seine nach Cöln bestimmten Briefe mit der besonderen Bemerkung:

„Herrschaftliche gerichtliche Insinuations-Sachen"

versehen, und die von Cöln an den Regierungs-Director zu Birkenfeld abgehenden Briefe werden dieselbe Bezeichnung führen.

Gegenwärtige Erklärung soll, nachdem sie in gleichlautenden Exemplaren von dem königl. preußischen Ministerium und von dem herzoglich oldenburgischen Ministerium vollzogen worden, durch öffentliche Bekanntmachung in den beiderseitigen Landen Kraft und Wirksamkeit erhalten.

Berlin, den 29. April 1820.

C. Fürst von Hardenberg.

## 370.

### Organisation der Landgerichte zu Cöln, Düsseldorf, Cleve, Coblenz, Aachen, Trier.

Nachdem Seine Königliche Majestät, unser Allergnädigster Herr, mittelst Allerhöchster Immediat-Befehle vom 19. November 1818, und 4. Mai c. an die Stelle der bisher in den Rhein-Provinzen bestandenen, zum Theil schon durch besondere Verfügungen vor und nach aufgelösten Kreisgerichte, die Organisation von 6 Landgerichten zu Cöln, Düsseldorf, Cleve, Coblenz, Aachen und Trier zu verordnen, auch die zur Besetzung dieser Landgerichte erforderlichen Präsidenten und Räthe zu ernennen, und ferner zu befehlen geruhet haben, daß die Einführung dieser Gerichte, soviel möglich, am 1. des nächstkünftigen Monats August erfolgen solle: so wird zur weitern Ausführung der vorgedachten Allerhöchsten Befehle, und auf den Grund der dieserhalb höhern Orts ertheilten Aufträge, von Unterzeichneten bekannt gemacht, wie folgt:

§. 1. Die dermalen zu Cöln, Düsseldorf, Cleve, Coblenz, Aachen, Trier und Simmern noch bestehenden Kreisgerichte sind und bleiben mit dem 31. des laufenden Monats Juli aufgelöst.

§. 2. An ihre Stelle treten mit dem 1. des nächstkünftigen Monats August sechs Landgerichte zu Cöln, Düsseldorf, Cleve, Coblenz, Aachen und Trier.

Der Jurisdictionsbereich eines jeden dieser Landgerichte erstreckt sich über den ganzen Regierungsbezirk, worin dasselbe seinen Sitz hat, mit Ausnahme jedoch des Landgerichts zu Cleve, dessen Gerichtsbarkeit sich, in Gemäßheit der Allerhöchsten Kabinets-Ordre vom 19. November 1818, auf den auf der linken Rheinseite gelegenen Theil des Clevischen Regierungsbezirks beschränkt, und des Landgerichts Coblenz, dessen Gerichtsbarkeit sich einstweilen ebenfalls nur über den auf der linken Rheinseite gelegenen Theil des Coblenzer Regierungsbezirks erstreckt, indem der Justiz-Senat zu Ehrenbreitstein und die damit verbundene Criminal-Commission, desgleichen das Stadtgericht zu Wetzlar und die übrigen auf der rechten Rheinseite befindlichen Amtsgerichte einstweilen und bis zur vorbehaltenen anderweitigen höhern Bestimmung fortfahren, die ihnen verliehene Gerichtsbarkeit in bisheriger Art und Form auszuüben.

Das Stadtgericht zu Wetzlar soll jedoch schon jetzt in seinen Mitgliedern ergänzt, und demselben zugleich die Geschäfte der vormaligen bereits aufgelösten Curatel-Commission vom 1. August c. an, mit übertragen werden.

§. 3. Zu Mitgliedern und Subalternen der vorgedachten sechs Landgerichte und des Stadtgerichts zu Wetzlar sind bis jetzt Allerhöchsten und höchsten Orts folgende Personen ernannt:

I. beim Landgericht zu Cöln, II. zu Düsseldorf, III. zu Cleve, IV. zu Coblenz, V. zu Aachen, VI. zu Trier und VII. beim Stadtgericht zu Wetzlar ꝛc. ꝛc.

§. 4. Die förmliche Installation der genannten 6 Landgerichte und des neu organisirten Stadtgerichts Wetzlar, so wie die Vereidung der ernannten Mitglieder und Beamten geschieht am 1. August c. durch besonders dazu beauftragte Commissarien.

§. 5. Vom Tage der Installirung der Landgerichte (§. 2.) erhalten die Bestimmungen der, durch Ministerial-Rescript vom 13. Januar 1819 bekannt gemachten Allerhöchsten Kabinets-Ordre vom 19. November 1819 ad No. 18. und 19., wegen Bildung einer Kammer für correctionelle Appellations-Sachen, an welche auch zugleich die in letzter Instanz zu entscheidenden Civil-Sachen hinzuverweisen, ihre allgemeine und volle Anwendung.

§. 6. Die, zufolge der neuen Begrenzung der Landgerichte (§. 2.) in verschiedenen Regierungs-, oder Landgerichtsbezirken fallenden Friedensgerichtsbezirke bleiben einstweilen und bis zur Vollendung der friedensgerichtlichen Organisation unverändert bestehen. Nichts destoweniger tritt in allen zur Amtsbefugniß der Landgerichte, Instructions-Richter und der Beamten des öffentlichen Ministeriums gehörigen Fällen schon jetzt die Competenz desjenigen Landgerichts ein, in dessen Bezirk sich diese Fälle ereignen.

Die Friedensrichter sind also verbunden, in ihren von Amtswegen einzureichenden Anzeigen und Berichten sich einzig nach der gegenwärtigen Begrenzung der Landgerichte zu richten, so wie hinwiederum in streitigen Civilsachen der Wohnort des Beklagten, und insofern von einer possessorischen Klage die Rede ist, der Ort, wo das streitige Object gelegen ist, entscheidet, bei welchem Landgericht die Appellation angebracht werden müsse.

§. 7. Der bisherige Amtsbezirk der verschiedenen noch bestehenden Handelsgerichte bleibt bis auf weitere Verfügung unverändert.

Auch die bisherige Competenz der Notarien erleidet durch die gegenwärtige Organisation der Landgerichte keine Veränderung. Dagegen aber werden sämmtliche innerhalb der künftigen Landgerichtsbezirke vorhandene Gerichtsvollzieher einstweilen, und mit Vorbehalt näherer Bestimmung in Betreff der Bestätigung dieser Officianten, zu den verschiedenen Landgerichten übernommen, und dadurch befugt, innerhalb des ganzen Landgerichtsbezirks in den gesetzlich zulässigen Fällen zu instrumentiren.

Die Landgerichte werden denjenigen Gerichtsvollziehern, welche noch keine bestimmte Residenz haben, eine dergleichen vorläufig anweisen.

§. 8. Sämmtliche bei den bisherigen Kreisgerichten zu Cöln, Düsseldorf, Cleve, Coblenz, Aachen und Trier anhängige Civilprocesse werden bei dem Landgerichte, das an ihre Stelle tritt, ohne neue Vorladung der Partheien, fortgesetzt, insofern dieses letztgedachte Landgericht nach den vorgedachten Grenzbestimmungen (§. 2.) in diesen Sachen competent bleibt.

Im entgegengesetzten Falle aber, so wie in allen bei dem ebenfalls aufzulösenden Kreisgericht Simmern anhängigen Civilprocessen sollen folgende Bestimmungen eintreten:

a) Die Parthei, welche eine Sache fortsetzen will, die nunmehr zur Erkenntniß eines Landgerichts gehört, das anderswo seinen Sitz hat, läßt, unter Benennung ihres künftigen Anwalts und unter Beobachtung der gesetzlichen Fristen und übrigen Formen, ihren Gegner an die nunmehr competente Behörde abladen.

b) Aus dem Ablauf der, durch Erkenntniß des bisher competent gewesenen Gerichts bestimmten peremtorischen Fristen, soll einstweilen den Partheien kein Präjudiz erwachsen. Das Landgericht, auf welches die Sache nunmehr übergeht, soll vielmehr, auf Antrag der Partheien, neue Fristen gestatten.

c) Die Frist zur Einlegung der Opposition gegen ein Contumacial-Erkenntniß, welches wider eine mit einem Anwalt versehene Parthei ausgebracht worden, nimmt, insofern sie zur Zeit der Auflösung der bisherigen, im §. 1. genannten Kreisgerichte noch nicht erloschen ist, erst von dem Tage ihren Anfang, wo das Urtheil mit einer neuen Anwalts-Bestellung der succumbirenden Parthei in Person oder in ihrem Domicil insinuirt wird.

d) Die im Art. 162. der Civil-Proceß-Ordnung vorgeschriebene Frist zur Wiederholung der Opposition gegen ein Contumacial-Erkenntniß, welches wider eine mit keinem Anwalt versehene Parthei erlassen worden, nimmt insofern sie zur Zeit der Auflösung der bisherigen Kreisgerichte (§. 1.) noch nicht erloschen ist, erst mit dem Tage ihren Anfang, wo Seitens des Klägers eine neue Anwaltsbestellung — wie ad c — insinuirt wird.

e) Wenn eine Immobiliar-Beschlagnahme zur Zeit der Auflösung der bisherigen Kreisgerichte (§. 1.) bereits im Hypothekenbuche und auf der Gerichtsschreiberei eingetragen, der präparatorische Zuschlag aber noch nicht erfolgt ist, so wird das Verfahren von dem Art. 681. der Civil-Proceß-Ordnung einschließlich an, von demjenigen Landgerichte fortgesetzt oder neuerdings vorgenommen, welchem der betreffende Gerichtssprengel des supprimirten Gerichts zufällt; ist aber der präparatorische Zuschlag bereits erfolgt, so wird von dem succedirenden Gerichte, auf Betreiben der Parthei, ein neuer Termin zur definitiven Versteigerung von wenigstens zweien Monaten bestimmt und geschieht die Bekanntmachung desselben sodann nach der in den Art. 704 und 705 l. c. vorgeschriebenen Form.

Bei Beschlagnahme von constituirten Renten wird ebenso, in dem Falle, wo der präparatorische

Zuschlag bereits statt hatte, von dem succedirenden Gerichte ein neuer Termin zur definitiven Versteigerung angesetzt, und dann nach Anleitung der Art. 649 und 650 l. c. verfahren; im entgegengesetzten Falle aber die Beschlagnahme, von dem Art. 641. incl. an, daselbst verfolgt.

§. 9. Sämmtliche bei den bisherigen Kreisgerichten Cöln, Düsseldorf, Cleve, Coblenz, Aachen und Trier zur Zeit der Auflösung noch anhängige Untersuchungen werden, auf Betreiben des öffentlichen Ministeriums, bei demjenigen Landgericht fortgesetzt, welches nach den jetzigen Grenzbestimmungen §. 2. competent ist.

Appellationen oder Oppositionen gegen contradictorische, oder Contumacial-Erkenntnisse in correctionellen Sachen, in sofern die gesetzliche Frist zur Zeit der Auflösung noch nicht abgelaufen ist, können, nach Gutbefinden, entweder bei den künftigen competenten, oder auch bei derjenigen Staatsbehörde in gesetzlicher Art und Form angemeldet werden, welche bisher in der betreffenden Sache competent war. — Im letzten Falle werden die Verhandlungen zur weitern Entscheidung an die nunmehr competente Behörde abgegeben, von welcher sodann eine Audienz zur weitern Verhandlung der Sache zu bestimmen und der Appellant oder Opponent gehörig dazu vorzuladen ist.

§. 10. Zur Führung der schriftlichen und vorbereitenden Untersuchungen, welche jetzt bei dem Kreisgerichte Simmern anhängig sind, oder künftig in diesem bisherigen Jurisdictionsbezirk vorkommen werden, bleibt ein aus einem Untersuchungsrichter, ferner aus einem Beamten des öffentlichen Ministeriums und aus einem Gerichtsschreiber bestehendes Untersuchungsamt in Simmern zurück.

Bei diesem Untersuchungsamte, und zwar im Parket des dabei angestellten Beamten des öffentlichen Ministeriums, können auch die im vorherigen §. gedachten Rechtsmittel angemeldet werden.

Gedachter Beamter hat alsdann sofort dem königlichen Ober-Procurator zu Coblenz zur weitern Veranlassung davon die Anzeige zu machen.

§. 11. Die Registraturen und Archive der bisherigen Kreisgerichte werden nach Maaßgabe der jetzigen Grenzbestimmungen und auf den Grund der darüber anzufertigenden Verzeichnisse zwischen den verschiedenen Landgerichten vertheilt. Verhandlungen, welche füglich nicht separirt werden können, bleiben an dem Orte, wo sie sich jetzt befinden, und bei dem nachfolgenden Landgericht aufbewahrt.

§. 12. Die Registraturen und Archive des aufzulösenden Kreisgerichts Simmern gehen ganz an das Landgericht Coblenz über, jedoch werden hiervon die Duplicate der Personenstands-Register ausgenommen, welche einstweilen bei dem Untersuchungsamte zu Simmern bleiben, mit der Ermächtigung für den bei dieser Stelle angestellten Gerichtsschreiber, daraus beglaubigte Auszüge ertheilen zu dürfen.

Außerdem werden diesem Untersuchungsamte zu seiner Geschäftsführung das bisherige Kreisgerichts-Local mit den erforderlichen Mobilien, desgleichen die Gefängnisse überwiesen.

§. 13. Die königlichen Präsidenten und Ober-Procuratoren der bisherigen Kreis- und künftigen Landgerichte, desgleichen der Präsident und Staats-Procurator des Kreisgerichts Simmern sind, insoweit es jeden von ihnen betrifft, mit dem Vollzug der gegenwärtigen Bestimmungen, welche auch durch die Amtsblätter zur allgemeinen Kenntniß gebracht werden sollen, beauftragt.

Cöln, den 17. Juni 1820.

Der Geheime Staatsrath und erste Präsident des rheinischen Appellations-Gerichtshofes
Daniels.

Der Geheime Ober-Revisions-Rath und erste General-Advocat des rheinischen Appellations-Gerichtshofes.
Bölling.

## 371.

### Rechtliche Folgen bei Versäumniß der Appellations-Rechtfertigungsfrist in den Proceßsachen aus dem Bereiche des Justizsenats zu Ehrenbreitstein.

Dem königlichen Justiz-Senat wird auf dessen Bericht vom 9. v. Mts. eröffnet, daß der Justiz-Minister um so weniger ein Bedenken dabei findet, daß das Collegium der Versäumniß des fatale zur Rechtfertigung der Appellation die Wirkung der Desertion der Appellation künftig beilegt, als solches der Natur des gemeinen deutschen Processes völlig gemäß ist und darüber unter den besten Proceßschriftstellern auch kein Streit obwaltet, die bisherige Praxis bei dem königl. Justiz-Senate aber nicht durch hinreichende Gründe gerechtfertigt wird.

Berlin, den 19. Juni 1820.

Der Justiz-Minister
v. Kircheisen.

An
den königlichen Justiz-Senat zu Ehrenbreitstein.

## 372.

### Uebereinkommen mit der herzoglich nassauischen Regierung wegen wechselseitiger Beförderung gerichtlicher Insinuationen.

Nachdem mit der herzoglich nassauischen Regierung ein Abkommen wegen der künftigen Beförderung der gerichtlichen Insinuations-Sachen, durch Austausch von Ministerial-Erklärungen getroffen worden ist; so wird dem königl. Geheimen Ober-Revisions-Rath und ersten General-Advocaten Herrn Bölling, die diesseitige Erklärung in Abschrift hierbei übersendet um sich darnach zu achten.

Berlin, den 19. Juni 1820. Der Justiz-Minister
An v. Kircheisen.
den königl. ersten General-Advocaten bei dem Appellationshofe zu Cöln, Herrn Geheimen Ober-Revisions-Rath Bölling zu Cöln.

a.

Die königl. preußische Regierung und die herzogl. nassauische Regierung sind übereingekommen: den bisher stattgehabten Weg der gesandtschaftlichen Vermittelung bei Beförderung gerichtlicher Requisition um Ladungen und Insinuationen, die aus dem einen der beiderseitigen Lande in das andere ergehen, aufzuheben, und eine unmittelbare Communication gewisser, namentlich bezeichneten Gerichtsbehörden, herzustellen. Beide Regierungen haben sich daher über folgende Punkte vereinigt:

1) Die unmittelbare Communication findet statt zwischen dem General-Procurator des königlichen Appellationshofes zu Cöln einerseits, und dem herzoglich nassauischen Hofgerichte zu Dillenburg andererseits, dergestalt, daß alle von königl. preußischen Gerichten ausgehende herzoglich nassauischen Unterthanen einzuhändigende Verhandlungen, von dem General-Procurator zu Cöln, an das vorgenannte herzogliche Hofgericht zu Dillenburg, alle aus dem Herzogthum Nassau an preußische Unterthanen gerichtete und diesen einzuhändigende Verhandlungen aber, von dem genannten herzogl. nassauischen Hofgerichte, an den General-Procurator des Appellationshofes zu Cöln zu senden sind.

2) Der General-Procurator zu Cöln sowohl, als das Hofgericht zu Dillenburg, sorgen für die Weiterbeförderung und für die Einsendung der Empfangsbescheinigungen.

3) Königl. preußischer Seits wird, sobald sich in der Folge wegen eines lebhaften gerichtlichen Verkehrs zwischen

den herzoglich nassauischen Landen und den königl. preußischen Provinzen diesseits der Weser, die Bestellung einer Behörde in diesen Provinzen zur Veranlassung der Insinuationen, der mehrern Beschleunigung wegen wünschenswerth zeigen sollte, diese angeordnet werden.

4) Für die Besorgung der Insinuation, so wie für die ganze jetzt angeordnete Communication, sollen gegenseitig keine Kosten und kein Postporto berechnet werden, sondern es soll jedem der beiderseitigen Staaten überlassen bleiben: ob und welche Kosten er von seinen Unterthanen dafür einziehen will.

Zur Ausführung dieser Punkte wird das herzogl. nassauische Hofgericht seine nach Cöln bestimmten Briefe mit der besondern Bemerkung:

„Herrschaftliche gerichtliche Insinuationssachen"

versehen, und die von Cöln an das Hofgericht zu Dillenburg abgehenden Briefe werden dieselbe Bezeichnung führen.

Gegenwärtige Erklärung soll, nachdem sie in gleichlautenden Exemplaren von dem königl. preußischen Ministerium und von dem herzoglich nassauischen Ministerium vollzogen worden, durch öffentliche Bekanntmachung in den beiderseitigen Landen Kraft und Wirksamkeit erhalten.

Berlin, den 25. März 1820.

C. Fürst v. Hardenberg.

## 373.

Einführung der Vorschriften des Allgemeinen Landrechts und der Criminal-Ordnung wegen der von preußischen Unterthanen im Auslande, oder von Fremden im Inlande oder auch im Auslande begangenen Verbrechen und Vergehen.

Wir Friedrich Wilhelm, von Gottes Gnaden, König von Preußen 2c. 2c.

Um die Grundsätze wegen Untersuchung und Bestrafung der von Unsern Unterthanen im Auslande, imgleichen der von Fremden innerhalb Unserer Staaten oder auch im Auslande begangenen Verbrechen oder Vergehen, in allen Provinzen der Monarchie in Uebereinstimmung zu bringen, verordnen Wir, auf Antrag Unsers Staatsministeriums, nach erfordertem Gutachten Unsers Staatsraths, wie folgt:

1) Die Vorschriften des Allgemeinen Landrechts Th. II. Tit. 20. §. 12 bis 15. einschließlich, imgleichen der Criminal-Ordnung §. 96 bis 98. einschließlich, welche zu dem Ende der gegenwärtigen Verordnung als Anhang beigefügt sind,

sollen von nun an in allen Provinzen der Monarchie, worin die erwähnten Gesetzbücher übrigens noch nicht Gesetzeskraft haben, mit denjenigen Modificationen in Anwendung kommen, welche aus der eigenthümlichen Einrichtung der Gerichte in diesen Provinzen sich von selbst ergeben.

2) Alle, diesen Vorschriften zuwiderlaufende, in den oberwähnten Provinzen bisher gültig gewesenen Gesetze und Verordnungen, namentlich auch die Artikel 5. 6 und 7. des in den Rheinprovinzen noch geltenden Gesetzbuchs über das gerichtliche Verfahren in Strafsachen, sollen dagegen außer Kraft treten.

3) Die Minister der Justiz- und der auswärtigen Angelegenheiten haben für die Beobachtung dieser Verordnung zu sorgen. Besonders wird der Justizminister die Gerichte in den neuen Provinzen mit dem Sinne der Vorschriften des Allgemeinen Landrechts und der Criminalordnung, und mit der Art, wie sie in den alten Provinzen Unserer Monarchie, wo jene Gesetzbücher gelten, angewandt werden, in einer besondern Instruction bekannt machen.

Gegeben Berlin, den 30. Juni 1820.

Friedrich Wilhelm.

a.

Allgemeines Landrecht Theil II. Titel 20. Abschnitt 1. §. 12 bis 15.

§. 12. Nicht nur Unterthanen, sondern auch Fremde, welche innerhalb der Grenze des Staats sich aufhalten, sind sich um die Gesetze desselben zu erkundigen verpflichtet.

§. 13. Dergleichen Fremde, welche innerhalb Landes Verbrechen begehen, werden daher auch nach inländischen Gesetzen bestraft.

§. 14. Fremde aber, wenn sie wegen auswärts begangener Verbrechen zur Strafe gezogen werden sollen, müssen nach den Gesetzen des Orts, wo sie das Verbrechen begangen haben, beurtheilt werden.

§. 15. Doch kommt es allen denen, welche wegen auswärts begangener Verbrechen innerhalb Landes bestraft werden sollen, zu statten, wenn die hiesigen Gesetze eine gelindere Strafe auf das auswärts begangene Verbrechen bestimmt haben.

b.

Criminal-Ordnung Titel I. Abschnitt 3. §. 96 bis 98.

§. 96. Alles was wegen des Gerichtsstandes in Criminalsachen verordnet worden, findet nur alsdann Anwendung, wenn die mehrern bei einer Criminaluntersuchung eintretenden Gerichtsstände sich insgesammt in hiesigen Landen befinden. Ist aber einer oder der andere davon ein ausländisches Gericht, so hat es wegen der Frage: in wie fern die Auslieferung verlangt werden könne? bei den Bestimmungen der mit auswärtigen Staaten bestehenden Verträge, sein Bewenden.

Jedoch ist dabei Folgendes zu beobachten:

1) Jeder Unterrichter, der von einem auswärtigen Gericht einen Verbrecher ausgeliefert erhält, muß, wenn zugleich die Ausstellung von Reversalien de observando reciproco verlangt wird, hierzu die Authorisation bei dem Landes-Justizcollegio nachsuchen, welches bei dem Departement der auswärtigen Angelegenheiten anfrägt.

2) Bei Auslieferung eines Verbrechers an ein auswärtiges Gericht, muß darauf gedrungen werden, daß das Letztere ebenfalls vor der Auslieferung Reversalien ausstelle; es sei denn, daß das Departement der auswärtigen Geschäfte solche in einzelnen vorkommenden Fällen für überflüssig erklärt.

3) Kein Richter darf einen Menschen außer Landes verabfolgen lassen, oder an ein auswärtiges Gericht abliefern, bevor nicht zu dieser Auslieferung die Authorisation des Departements der auswärtigen Angelegenheiten eingeholet worden.

4) Untergerichte müssen diese Authorisation bei dem ihnen vorgesetzten Obergericht nachsuchen, welches letztere über das Verlangen des auswärtigen Richters an das Kabinets-Ministerium gutachtlich berichtet.

5) Wenn nicht durch Verträge ein anderes bestimmt worden, so muß auf die Auslieferung des Verbrechers angetragen werden, wenn derselbe ein Ausländer, und das Verbrechen im Auslande verübt worden ist.

§. 97. Hat ein hiesiger Unterthan ein Verbrechen außerhalb Landes begangen, und das einländische Gericht, welches ihn ergriffen hat, will sich mit Führung der Untersuchung wider ihn nicht befassen, so ist es innerhalb sechs Meilen den Verbrecher an den ordentlichen Richter seines inländischen Wohnorts abzuliefern befugt, und dieser ist die Untersuchung zu übernehmen verpflichtet.

§. 98. Wenn die Handlung des angeschuldigten diesseitigen Unterthans nur nach den auswärtigen und nicht nach den hiesigen Gesetzen strafbar ist, so findet weder Untersuchung noch Bestrafung statt.

## 374.

### Auflösung des Kreisgerichts zu Crefeld.

Nachdem nunmehr die mittelst Allerhöchster Kabinets-Ordre vom 19. November 1818 befohlene Organisation der in den Rheinprovinzen beizubehaltenden Gerichte erster Instanz so weit vollendet ist, daß die Einführung dieser Gerichtsbehörden unter dem Namen:

Königliche Landgerichte

alsbald geschehen wird, und da eine nothwendige Folge dieser neuen Gerichts-Einrichtung, unter andern auch die bereits früher in vorgedachter Allerhöchster Kabinets-Ordre befohlene Auflösung des bisherigen Kreisgerichts Crefeld sein muß, so wird nunmehr höherem Auftrage zufolge, von den Unterzeichneten verfügt, wie folgt:

§. 1. Das bisherige Kreisgericht Crefeld ist und bleibt mit dem zwanzigsten des laufenden Monats Julius aufgelöset, und dessen Geschäfte endigen mit dem 19. dieses Monats.

§. 2. Vom nämlichen Tage an geht der bisherige Gerichtssprengel desselben, insofern solcher zum Regierungs-Bezirk Düsseldorf gehört, an das Landesgericht zu Düsseldorf, insofern er zum Regierungs-Bezirk Cleve gehört, an das Landesgericht zu Cleve, und insofern er in dem Regierungs-Bezirk Aachen gelegen ist, an das Landgericht Aachen über.

§. 3. Zur Führung der Untersuchungen in demjenigen Theil des bisherigen Kreisgerichts-Bezirks Crefeld, welcher künftig mit dem Landgerichts-Bezirk Düsseldorf vereinigt sein wird, bleibt in Folge früherer Allerhöchster Bestimmungen ein Untersuchungs-Amt in Crefeld zurück, welches aus einem aus der Mitte des Landgerichts Düsseldorf dazu deputirten Untersuchungsrichter, ferner aus einem Substituten des Ober-Procurators bei vorgedachtem Landgericht, und endlich aus einem ebenfalls dahin zu committirenden Untersecretair desselben Landgerichts bestehen wird.

Diesem Untersuchungs-Amt wird einstweilen zum Behuf der Geschäftsführung das bisherige Kreisgerichts-Local nebst den Gefängnissen überwiesen.

§. 4. Die Registraturen und Archive des aufgelösten Kreisgerichts gehen nach einem vorher darüber aufzunehmenden Verzeichniß an diejenigen Landgerichte über, welchen nach §. 2. die Gerichtsbarkeit in den einzelnen Theilen des Kreisgerichts Crefeld überwiesen ist. Verhandlungen, welche füglich nicht separirt werden können, sollen einstweilen an das Landgericht Düsseldorf zur Aufbewahrung abgegeben werden.

In gleicher Art und in gleichem Verhältnisse werden auch die bei dem Kreisgericht Crefeld noch in der Untersuchung schwebenden Sachen nebst den etwa gefänglich eingezogenen Inculpaten und den vorhandenen Ueberführungsstücken an die Landgerichte zu Aachen und Cleve abgeführt, oder nach Unterschied dem in Crefeld zurückbleibenden Untersuchungs-Amt überwiesen.

Die Duplicate derjenigen Personenstands-Register des aufgelösten Kreisgerichts, welche künftig zum Landgericht Düsseldorf gehören werden, verbleiben einstweilen bei dem Untersuchungs-Amt zu Crefeld, und der dabei angestellte Gerichtsschreiber ist vorläufig ermächtigt, beglaubigte Auszüge daraus zu ertheilen.

§. 5. Civil-Processe, welche bei dem Kreisgerichte Crefeld am Tage seiner Auflösung anhängig sind, können nur vermöge einer neuen mit einer Anwalts-Bestellung verbundenen Vorladung, welche der Parthei in Person oder in ihrem Domicil insinuirt werden muß, reassumirt werden, und sind hierbei überall die gesetzlichen Fristen und Formen zu beobachten.

§. 6. Aus dem Ablaufe der durch Erkenntnisse der competenten Gerichte bestimmten Fristen, oder derjenigen, welche in Folge dieser Erkenntnisse statt haben, soll den Partheien kein Präjudiz erwachsen. Die betreffenden Gerichte, auf welche die Gerichtsbarkeit des aufgelösten Kreisgerichts übergeht, werden auf Betreiben des einen oder andern Theils neue Fristen gestattet.

§. 7. Die Frist zur Einlegung der Opposition gegen ein Contumacial-Erkenntniß, welches wider eine mit einem Anwalt versehene Parthei ausgebracht worden, nimmt, in sofern solche am Tage der Auflösung des Kreisgerichts Crefeld noch nicht erloschen ist, erst von dem Tage ihren Anfang, wo das Urtheil mit einer neuen Anwalts-Bestellung der succumbirenden Parthei in Person, oder in ihrem Domicil insinuirt wird.

§. 8. Die im Art. 162. der Civil-Proceß-Ordnung vorgeschriebene Frist zur Wiederholung der Opposition gegen ein Contumacial-Erkenntniß, welches wider eine mit keinem Anwalt versehene Parthei erlassen ist, nimmt, insofern sie zur Zeit der Auflösung des Gerichts noch nicht erloschen ist, erst mit dem Tage ihren Anfang, wo Seitens des Klägers eine neue Anwalts-Bestellung insinuirt wird.

§. 9. Wenn eine Immobiliar-Beschlagnahme zur Zeit der Auflösung des Kreisgerichts Crefeld bereits im Hypothekenbuche und auf der Gerichtsschreiberei eingetragen, der präparatorische Zuschlag aber noch nicht erfolgt ist; so wird das Verfahren von dem Artikel 681. der Civil-Proceß-Ordnung einschließlich an, von demjenigen Kreisgerichte fortgesetzt, oder neuerdings vorgenommen, welchem der betreffende Gerichts-Sprengel des supprimirten Gerichts zufällt; ist aber der präparatorische Zuschlag bereits erfolgt, so wird vor dem succedirenden Gerichte auf Betreiben der Parthei ein neuer Termin zur definitiven Versteigerung von wenigstens zweien Monaten bestimmt, und geschieht die Bekanntmachung desselben sodann nach der in den Art. 704 und 705. l. c. vorgeschriebenen Form.

Bei Beschlagnahme von constituirten Renten, wird eben so in dem Falle, wo der präparatorische Zuschlag bereits statt hatte, von dem succedirenden Gericht ein neuer Termin zur definitiven Versteigerung angesetzt, und dann nach Anleitung der Art. 649 und 650. l. c. verfahren, im entgegengesetzten Fall aber die Beschlagnahme vom Art. 641. incl. an, daselbst verfolgt.

§. 10. Appellationen gegen ein Erkenntniß des Kreisgerichts Crefeld in correctionellen Sachen können innerhalb der gesetzlichen Frist, insofern solche zur Zeit der Auflösung noch nicht erloschen ist, auf dem Parket des dortigen Substituten des Staats-Procurators angemeldet werden.

§. 11. Ist in correctionellen Sachen ein Contumacial-Erkenntniß ergangen, wogegen der Verurtheilte das Rechtsmittel der Opposition vor Auflösung des Gerichts eingelegt hat, so wird auf Betreiben des Ober-Procurators beim succedirenden Gerichte eine Audienz zur Verhandlung der Sache ausgewirkt, und der Opponent hierzu gehörig vorgeladen.

§. 12. Die Jurisdiction des zu Crefeld befindlichen Handels-Gerichts bleibt einstweilen und bis zu den darüber vorbehaltenen nähern Bestimmungen innerhalb des ganzen bisherigen Kreisgerichtsbezirks Crefeld unverändert bestehen.

§. 13. Die Herren Präsident und Staats-Procurator des aufzulösenden Kreisgerichts Crefeld, desgleichen die Herren Präsidenten und Ober-Procuratoren der königlichen Landgerichte zu Düsseldorf, Aachen und Cleve, werden mit den weitern zur Auflösung des Kreisgerichts Crefeld, und Uebernahme der Geschäfte erforderlichen Verfügungen, so weit es einen Jeden betrifft, und mit Bezug auf die ertheilten besondern Weisungen beauftragt.

Gegenwärtige Verordnung wird durch Einrückung in die Amtsblätter zur allgemeinen Kenntniß gebracht.

Cöln, den 4. Juli 1820.

Der Geheime Staats-Rath und erste Präsident des rheinischen Appellations-Gerichtshofes
Daniels.

Der Geheime Ober-Revisions-Rath und erste General-Advocat
Bölling.

## 375.

### Uebereinkommen mit der herzoglich sachsen-koburgschen Regierung wegen wechselseitiger Beförderung gerichtlicher Insinuationen.

Sie erhalten, Herr General-Advocat, Abschrift eines mit der herzoglich sachsen-koburgschen Regierung abgeschlossenen Vertrages, wegen der künftigen Beförderung der gerichtlichen Insinuations-Sachen durch Austausch von Ministerial-Erklärungen, um Kenntniß davon zu nehmen, und das weiter Erforderliche hiernach zu verfügen.

Berlin, den 7. Juli 1820.

Der Justiz-Minister
v. Kircheisen.

An
den ersten General-Advocaten bei dem Appellationshofe, Herrn Geheimen Ober-Revisions-Rath Bölling zu Cöln.

a.

Die königlich preußische Regierung ist mit der herzoglich sächsischen Regierung zu Koburg übereingekommen, den bisher stattgehabten Weg der gesandtschaftlichen Vermittelung bei Beförderung gerichtlicher Requisitionen um Ladungen und Insinuationen, die aus einem der beiderseitigen am Rhein gelegenen Landestheile in den andern ergehen, aufzuheben, und eine unmittelbare Communication gewisser Gerichts-Behörden herzustellen. Beide Regierungen haben sich daher über folgende Bestimmungen vereiniget:

1) Die unmittelbare Communication findet statt zwischen dem königl. preußischen General-Procurator des Appellationshofes zu Cöln einerseits, und dem herzoglich sächsischen Staats-Procurator am Landesgericht zu St. Wendel andererseits, dergestalt, daß alle aus der preußischen Rheinprovinz nach dem Fürstenthum Lichtenberg gerichtete Verhandlungen von dem General-Procurator zu Cöln an den Staats-Procurator zu St. Wendel; alle von Lichtenbergschen Gerichten ausgehende, rheinpreußischen Unterthanen einzuhändigende Verhandlungen von dem Staats-Procurator zu St. Wendel an den General-Procurator zu Cöln zu senden sind.

2) Der General-Procurator zu Cöln sowohl, als der Staats-Procurator zu St. Wendel sorgen für die weitere Beförderung und für die Einsendung der Empfangsbescheinigungen.

3) Für die Besorgung der Insinuation, so wie für die ganze jetzt angeordnete unmittelbare Communication sollen gegenseitig keine Kosten und kein Porto berechnet werden, sondern es soll jeder der beiderseitigen Regierungen überlassen bleiben, ob und welche Kosten sie von ihren Unterthanen dafür einziehen will.

Zur Ausführung dieses Punktes werden sich der General-Procurator zu Cöln und der Staats-Procurator zu St. Wendel auf ihren gegenseitigen Briefen der Bezeichnung:

„Herrschaftliche gerichtliche Insinuationssachen"

bedienen.

Gegenwärtige Erklärung soll, nachdem sie in gleichlautenden Exemplaren von dem königl. preußischen und von dem herzoglich sächsischen Ministerium vollzogen und ausgewechselt worden, durch öffentliche Bekanntmachung in den beiderseitigen Landen Kraft und Wirksamkeit erhalten.

Berlin, den 12. Juni 1820.

C. Fürst v. Hardenberg.

## 376.

Einreichung der Deservite der Anwälte im Bezirke des Justiz-Senats zu Ehrenbreitstein vor Abfassung der endlichen Bescheide zur richterlichen Festsetzung.

Da wir bemerkt haben, daß die früher durch gemeine Bescheide des Justiz-Senats in Erinnerung gebrachte Verpflichtung der Anwälte, das Deservit vor Abfassung der endlichen Bescheide zur richterlichen Moderation und Festsetzung zu liquidiren, von denselben in vielen Fällen unbeachtet geblieben ist; so erneuern wir diese gemeinen Bescheide hierdurch dahin: daß künftig sowohl in den rechtshängigen Sachen, welche noch nicht geschlossen sind, als in den noch rechtshängig werdenden Sachen das Deservit der Anwälte vor Abfassung eines jeden endlichen Bescheides bei Gefahr des durch den Bescheid auszusprechenden Verlustes, zur richterlichen Moderation und Festsetzung liquidirt werden soll.

Zugleich machen wir sämmtliche Anwälte unseres Gerichtsbezirks darauf aufmerksam, daß bei der Festsetzung des Deservits unter Vernichtung der Ansätze für Wiederholungen und unnöthige weitläuftige Ausführungen nur auf den nützlichen Inhalt der Schriften Rücksicht genommen werden kann.

Sämmtliche uns untergeordnete Aemter werden hierdurch zugleich angewiesen, die obigen Vorschriften in den bei denselben schwebenden, noch nicht geschlossenen oder noch rechtshängig werdenden Sachen zu befolgen, und die bei denselben ausübenden Anwälte ebenfalls sich nach diesen Vorschriften zu achten. Ehrenbreitstein, den 8. Juli 1820.

Königlicher Justiz-Senat.

Hertel.

## 377.

### Vergütigung der Reisekosten der Assisenpräsidenten.

Auf Ihren an die königliche Immediat-Justiz-Organisations-Commission unterm 12. pr. erstatteten und mir mitgetheilten Bericht,

die Liquidirung der Reisekosten für die Assisenpräsidenten betreffend,

benachrichtige ich Sie, Herr General-Advocat, daß ich das von der obengedachten Commission getroffene Regulativ dahin genehmigt habe, daß die Assisenpräsidenten bloß 3 Pferde, 12 Groschen Wagenmiethe und 6 Groschen Rationsgelder liquidiren dürfen, da das vorübergehende Präsidium bei den Assisen den Appellationsgerichts-Räthen keinen höhern Rang als den ihnen ohnedies zustehenden Rang der Beamten der IV. Classe ertheilen kann. Berlin, den 10. Juli 1820.

An den ersten Herrn General-Advocaten bei dem Appellationshofe in Cöln.

Der Justiz-Minister v. Kircheisen.

## 378.

### Verfahren bei Zoll-Contraventions- und Untersuchungs-Sachen.

Bei Remission der mit Ihrem Berichte vom 27. v. Mts. eingereichten Anlagen eröffne ich Ihnen, Herr General-Advocat, daß ich die von Ihnen erlassenen Verfügungen in Absicht des in Zoll-Contraventions- und Untersuchungs-Sachen zu beobachtenden Verfahrens vollkommen genehmige. Berlin, den 10. Juli 1820.

An den ersten Herrn General-Advocaten bei dem Appellationshofe zu Cöln.

Der Justiz-Minister v. Kircheisen.

a.

Die in Ihrem Bericht vom 22. l. M. geäußerten Bedenklichkeiten, die Verhandlung der Zollstrafsachen betreffend, beruhen hauptsächlich darauf, daß Sie die Steuer-Verwaltung von den Privat-Civil-Partheien nicht unterscheiden.

Die Verwaltungen von Staatsgefällen werden den Civil-Partheien gleichgestellt, d. h. sie haben die Befugniß in den sie betreffenden Processen ebenso zu verfahren, wie diejenigen Privatpersonen, welche sich förmlich als Civil-Parthei constituiren.

Indeß kann allerdings aus diesem Satze allein dasjenige Verfahren nicht vollständig hergeleitet werden, welches dermalen bei Zollcontraventions-Sachen, im eigentlichen Sinne — abgesehen von allen übrigen, dem gewöhnlichen Verfahren unterworfen bleibenden gemeinen Vergehen und Verbrechen — beobachtet werden muß.

Hier wird vielmehr noch, auf die Natur der Sache, auf die Analogie der frühern, auf die hiesige Straf-Proceßordnung berechneten Zollstrafordnungen, vorall aber, auf die altpreußische Gesetzgebung und Proceßordnung zu sehen sein, indem sich vorzüglich auf diese letztern die Bestimmungen der vorliegenden Zoll- und Verbrauchssteuer-Ordnung beziehen, und nur dadurch in ihrem eigentlichen Zweck und in ihrer Absicht erkannt werden können.

Ich habe daher nochmals die allerdings mehrere Schwierigkeiten zeigende Sache, mit Hinsicht auf die vorgedachten verschiedenen Quellen, in nähere Erwägung gezogen, und dabei folgende Resultate — die zugleich die Norm für die Thätigkeit des öffentlichen Ministeriums sein dürften — gefunden:

1) Bloße Contraventionen gegen Steuergesetze, wobei keine sonstigen Vergehen oder Verbrechen concurriren, hat das öffentliche Ministerium von Amtswegen ohne alle Denunciation Seitens der Verwaltungsbehörde nicht zu verfolgen.

Das Gesetz hat Behufs der Denunciation der Steuervergehen eigene Beamten bestellt, und wenn die Verwaltungsbehörde nach dem §. 157. des Gesetzes vom 26. Mai 1818 befugt ist, sogar die Execution rechtskräftiger Erkenntnisse zu sistiren, so folgt schon hieraus, das das öffentliche Ministerium Contraventionen zu verfolgen, nicht befugt sein könne, welche die Verwaltung gar nicht denuncirt.

Es ergiebt sich dieses aber auch noch augenfälliger aus der den Regierungs- und Zoll-Behörden im §. 155. der Zoll- und Verbrauchssteuer-Ordnung gegebenen Befugniß, alle und jede Zollcontraventionen zuerst vor ihr forum zu ziehen und nur dann die Sache an die richterliche Behörde abzugeben, wenn entweder die Administration dies für gut finden, oder der Contravenient ausdrücklich darauf antragen möchte.

Es würde unmöglich sein, diesen Gang der Sachen zu befolgen, wenn es den gerichtlichen Behörden jedesmal gestattet sein sollte, von Amtswegen Untersuchungen gegen Zoll-Contravenienten zu eröffnen.

Ist aber

2) mit einer Zoll-Contravention noch irgend ein anderes gemeines Vergehen und Verbrechen verknüpft; so leidet es kein Bedenken, daß hier sofort von Amtswegen verfahren und auch die gleichzeitig begangene Zoll-Contravention nach den Regeln der Connexität mit zur Untersuchung gezogen werden kann, ohne erst eine desfallsige Denunciation der Verwaltungsbehörde abzuwarten, welche in jedem Fall zur Untersuchung des stattgehabten gemeinen Vergehens incompetent, die Trennung der Contravention von den sonstigen gemeinen Vergehen aber überall nach den gesetzlich bestehenden Regeln der Connexität nicht zulässig sein würde.

In jedem Defraudations-Processe ist die Steuerbehörde, wie bereits zu mehrerenmalen bemerkt worden, in Gemäßheit des Art. 158. des Decrets vom 18. Juni 1811 einer Civil-Parthei gleichzustellen. Aber eben daraus, daß sie einer Civil-Parthei nur gleichgestellt, oder vielmehr von Rechtswegen als solche betrachtet werden soll, folgt ferner ganz natürlich, daß die Steuerbehörde nicht schuldig ist, in jeder besondern Sache ausdrücklich und vorher zu erklären, daß sie sich als Civil-Parthei constituiren wolle, sondern sie kann in jeder Lage der Sache als solche auftreten.

Damit dieses aber auch jedesmal zur gehörigen Zeit geschehen könne, ist es

3) nothwendig, daß so oft die Acten von Seiten der Regierung entweder aus freier Wahl oder auf Anstehen des Beschuldigten, zur weitern Betreibung im gerichtlichen Wege abgegeben werden, sodann jedesmal nicht nur der Beschuldigte sondern auch die Steuerbehörde vorgeladen werden muß.

Erscheint nun die Steuerbehörde auf diese Vorladung nicht — wie ihr dies dann völlig freigestellt ist — so darf aus diesem Nichterscheinen noch keine Verzichtleistung gefolgert werden, sondern die Sache muß nunmehr, in gewöhnlicher rechtlicher Art, auf alleiniges Betreiben des öffentlichen Ministeriums ihren Fortgang behalten.

Denn nach der seiner Zeit mitgetheilten Ministerial-Verfügung vom 5. Juli 1819 gehören dergleichen Steuer-Contraventionen — sobald sie bei Gericht anhängig geworden sind — zum Ressort des correctionellen Gerichts.

Dadurch sind dieselben den Zuchtpolizei-Vergehen gleich gestellt und es müssen daher auch alle darauf Bezug habenden Formen und Vorschriften der Strafgerichts-Ordnung, namentlich auch die Bestimmung des Art. 22 und 182 l. c. — insofern dieselbe nicht bei dieser besondern Classe von Vergehen, durch die Natur der Sache, durch Analogie und besondere Bestimmungen derogirt worden ist — hier ihre volle Anwendung finden.

Dies alles stimmt nicht allein mit dem bekannten Verfahren bei den altpreußischen Gerichten im Wesentlichen überein, indem auch hier eine einmal bei Gericht anhängig gewordene Steuercontravention, ohne weitere Einmischung von Amtswegen fortbetrieben wird, sondern auch nach ehemaligen französischen Douanen-Gesetzen mußten die Staatsprocuratoren vor Errichtung der Prävotalhöfe, bei allen Zollsachen, insofern sie vor das Zuchtpolizei-Gericht gehörten, ex officio verfahren.

Erscheint dagegen die Steuerbehörde auf die an sie ergangene Vorladung durch Bevollmächtigte oder sonst, so muß dieselbe gleich jeder andern Civil-Parthei, neben den in allen Fällen Seitens des öffentlichen Ministeriums zu machenden Anträgen, auch mit ihren besondern Anträgen und Conclusionen gehört werden.

Aber durch folgende eminentere Befugnisse unterscheidet sich wiederum die Steuerbehörde, von jeder andern gewöhnlichen Civil-Parthei:

a) kann dieselbe in jeder Lage der Untersuchung, insofern der Gegenstand eine bloße Steuer-Contravention betrifft, auf Fortsetzung dieser Untersuchung Verzicht leisten.

   Der §. 157. der Zoll- und Verbrauchssteuer-Ordnung spricht in dieser Hinsicht zwar nur von rechtskräftiger Entscheidung, allein der Schluß von dieser größern Befugniß auf die kleinern kann kein Fehlschluß sein.

b) kann die Steuerbehörde nicht bloß Civil-Anträge wegen Entschädigung ꝛc. machen, sondern sie kann auch auf Geldbußen und Confiscation und sogar auf Gefängnißstrafe antragen, und wenn nach diesen Anträgen nicht erkannt werden möchte, so kann

c) dieselbe gleich dem öffentlichen Ministerium dagegen die geeigneten Rechtsmittel einwenden.

Denn wenn gleich in allen übrigen Untersuchungen die

Privat-Civil-Partheien nur solche Anträge machen können, welche ihr Privat-Interesse betreffen, dagegen aber die vindicta publica einzig Sache des öffentlichen Ministeriums ist; so ist doch das Interesse der Verwaltungen öffentlicher Gefälle kein anderes als das Staats-Interesse selbst, welches diese Verwaltungen wahrzunehmen besonders beauftragt sind.

Die Steuerbehörde steht vor Gericht als Civil-Parthei in Ansehung der Form des Verfahrens; der Gegenstand ihrer Klage ist aber öffentliches Staats-Interesse.

Für diese Ansichten spricht schon in der hiesigen Verfassung die Analogie des Art. 202. der Strafgerichts-Ordnung, welcher ad No. 3. der Forstverwaltung ähnliche Befugnisse beilegt; aber auch nach altpreußischer Proceß- und Gerichts-Ordnung ist es bekanntlich bei dergleichen Untersuchungen den Verwaltungen gestattet, dabei durch zweckmäßige Anträge, Angabe von Beweismitteln rc. zu concurriren, und gegen vermeintlich zu gelinde Erkenntnisse, binnen einer bestimmten Frist in höherer Instanz Remedur zu suchen.

Um indeß über alle bisherige in Ansehung dieses Gegenstandes bestandenen Zweifel und Bedenken einmal vorall volle Gewißheit zu erhalten, werde ich dieselben noch heute hohem Justiz-Ministerium zur nähern Erwägung und höhern Entscheidung vorlegen.

Wenn diese letztere, meinen vorstehend entwickelten Ansichten in allen oder einigen Punkten nicht entsprechen möchte, so werde ich Sie, Herr Ober-Procurator, dann sofort benachrichtigen. Einstweilen aber ersuche ich Sie indeß, in vorkommenden Fällen, nach obigen Bemerkungen, als nach vorläufigen Bestimmungen genau zu verfahren.

Cöln, den 27. Juni 1820.

Der Geheime Ober-Revisions-Rath und erste General-Advocat

Bölling.

An
den Herrn Ober-Procurator zu Düsseldorf.

## 379.

Verfahren bei Anwendung der Verordnung vom 30. Juni 1820 wegen der von preußischen Unterthanen im Auslande oder von Fremden im Inlande oder auch im Auslande begangenen Verbrechen oder Vergehen.

In der Verordnung vom 30. Juni d. J. über die Einführung der Vorschriften des Allgemeinen Landrechts Thl. II. Tit. XX. §. 12 bis 15. und der Criminal-Ordnung §. 96 bis 98, wegen der von preußischen Unterthanen im Auslande oder von Fremden im Inlande oder auch im Auslande begangenen Verbrechen, ist §. 3. eine besondere Instruction über den Sinn der Vorschriften des Allgemeinen Landrechts und der Criminal-Ordnung l. c. für die Gerichte in denjenigen Provinzen, woselbst die preußische Gesetzgebung noch nicht zur Anwendung kommt, vorbehalten worden. Da jedoch das bei den preußischen Gerichten hierunter beobachtete Verfahren nach Verschiedenheit der Fälle sehr divergirt, und besonders — was den §. 14. Thl. II. Tit. XX. des Allgemeinen Landrechts betrifft — jederzeit nur mit Rücksicht auf die Natur des begangenen Verbrechens geregelt ist, so haben Sie, Herr General-Advocat, die königl. Procuratoren dahin anzuweisen, in den eintretenden Fällen, wo ein Fremder wegen auswärts begangener Verbrechen zur Strafe gezogen werden soll und die Uebernahme desselben von den auswärtigen Behörden nicht verlangt wird oder sonst nicht zulässig ist, an den Chef der Justiz zu berichten und dessen specielle Entscheidung zu erwarten. Berlin, den 28. Juli 1820.

An den ersten Herrn General-Advocaten bei dem Appellationshofe zu Cöln.

Der Justiz-Minister v. Kircheisen.

## 380.

Landesherrliche Autorisation zur Annahme von Geschenken und Vermächtnissen zu Gunsten der Gemeinden, Kirchen, Wohlthätigkeitsanstalten, desgleichen wegen Veräußerung des Vermögens der Gemeinden 2c.

Sie erhalten, Herr General-Advocat, Abschrift eines von dem königlichen Ministerio des Innern erlassenen Publicandi wegen Veräußerung, Zeit und Erbpachtung des liegenden Vermögens der Gemeinen, Kirchen und Wohlthätigkeitsanstalten in den Rheinprovinzen, mit dem Befehl, die Staats-Anwälde in den gedachten Provinzen darnach zu instruiren und durch sie die Tribunäle davon in Kenntniß setzen zu lassen. Berlin, den 28. Juli 1820.

An den ersten Herrn General-Advocaten bei dem Appellationshofe zu Cöln.

Der Justiz-Minister v. Kircheisen.

### a.

Seine Königliche Majestät von Preußen haben mittelst Allerhöchster Kabinets-Ordre vom 27. August v. J. zu bestimmen geruhet,

daß zur Annahme von Geschenken und Vermächtnissen zu Gunsten der Armen in denjenigen Provinzen, woselbst die französischen Gesetze annoch in Kraft sind, die Allerhöchste Autorisation nicht weiter eingeholt zu werden brauche, vielmehr nach den diesfälligen Vorschriften des Allgemeinen Landrechts verfahren werden könne;

auch diese Bestimmung durch die Allerhöchste Kabinets-Ordre vom 17. Februar d. J. dahin zu erweitern geruhet, daß es

1) bei Veräußerung des liegenden Vermögens der von den Ministerien des Innern und der geistlichen rc. Angelegenheiten ressortirenden Gemeinen, Kirchen und Wohlthätigkeitsanstalten, mithin auch bei dessen Erbverpachtung;
2) bei allen Erwerbungen der gedachten Institute, sie mögen auf einem lästigen Vertrage, oder auf Schenkungen und letztwilligen Dispositionen beruhen;
3) bei der Verschuldung ihres Grundvermögens, bei der Disposition über vorräthige Geldsummen, und bei Vergleichen über streitig gewordene Rechte; und endlich
4) bei Verpachtungen auf längere Zeit, als neun Jahre, der Allerhöchsten Genehmigung nicht weiter bedarf.

Was nun insbesondere die in erstgedachter Kabinets-Ordre bezogenen Vorschriften des Allgemeinen Landrechts wegen Annahme der Geschenke und Vermächtnisse an geistliche und Armen-Anstalten, und milde Stiftungen anlangt; so ist in vorgedachter Beziehung in demselben und im §. 125. des Anhanges, imgleichen in dem durch die Edicten-Sammlung publicirten Hofrescript vom 17. Juli 1806 darüber Folgendes verordnet:

1) wenn einer Kirche, oder andern religiösen und Armenanstalt, oder sonstigen milden Stiftung ein Geschenk oder Vermächtniß zugewendet wird; so sind die Vorsteher in allen Fällen schuldig der resp. geistlichen oder das Armenwesen verwaltenden vorgesetzten Behörde Anzeige davon zu machen. Beträgt das Quantum nur 500 Thlr. oder weniger, so kann von dieser die Bestätigung sofort ohne weitere Rückfrage ausgefertiget werden; andernfalls aber muß darüber an das Ministerium der geistlichen Angelegenheiten, und in Bezug auf die Armenanstalten, an das Ministerium des Innern berichtet, und in keinem Falle darf die Schenkung oder das Vermächtniß ohne vorgängige Immediat-Anfrage abgewiesen werden.
2) Dergleichen Geschenke und Vermächtnisse erhalten erst durch die Genehmigung der betreffenden Staats-

behörde ihre Gültigkeit, und erst mit dem Tage, da diese Bestätigung dem Geschenkgeber oder dessen Erben bekannt gemacht worden, nimmt die Verbindlichkeit zur Entrichtung des Geschenks oder Vermächtnisses ihren Anfang.

3) Kirchen-Vorsteher, welche den obigen Vorschriften zuwider Schenkungen und Vermächtnisse annehmen, ohne davon dem Staate zur Bestätigung Anzeige zu machen, haben fiscalische Strafe verwirkt, und

4) diese Strafe soll, nach Bewandniß der Umstände, von der Hälfte bis zum doppelten Betrage des Werths der angenommenen Sache oder Summe bestimmt werden können.

Berlin, den 9. Juli 1820.

Der Minister des Innern
v. Schuckmann.

## b.

Ich will auf Ihren Bericht vom 6. d. M. das aus drei, zusammen 403 Franken 30 Ct. betragenden Capitalien bestehende Geschenk, welches die Eheleute Mostert zu Königshofen im Bezirk der Regierung zu Cöln der dortigen Armenverwaltung übereignet haben, genehmigen, auch in Absicht der Geschenke und Vermächtnisse an Armenanstalten Meine Bestimmung d. d. Wien, den 29. September 1814 auf diejenigen Provinzen, wo jetzt noch die französische Gesetzgebung gilt, erstrecken. Berlin, den 27. August 1819.

An Friedrich Wilhelm.
den Staats-Minister v. Schuckmann.

## c.

Ich ertheile hierdurch auf Ihren Antrag vom 2. d. M. Meine Genehmigung zur Annahme des von der zu Wernigerode verstorbenen verwittweten Commissions-Räthin Lamberg dem Armen-Fond der Stadt Aschersleben vermachten Capitals von 300 Thlr. Silbergeld in westphälischen Reichsschulden-Amortisations-Cassen-Obligationen. Künftig bedarf es in solchen Fällen Meiner Autorisation nicht weiter, vielmehr sind die Vorschriften des Allgemeinen Land-Rechts in Anwendung zu bringen.

Berlin, den 29. September 1814.

An Friedrich Wilhelm.
den Staats-Minister des Innern v. Schuckmann.

## 381.

### Erneuerung der hypothekarischen Inscriptionen vor Ablauf von zehn Jahren.

Nach dem Artikel 2154. des französischen Civilgesetzbuchs hat eine hypothekarische Einschreibung nur zehn Jahre hindurch rechtliche Wirkung, und muß, wenn sie diese Wirkung behalten soll, vor Ablauf der zehn Jahre erneuert werden.

Um allen Nachtheilen zu begegnen, welche aus der Versäumung jener gesetzlich nothwendigen Erneuerung für die Bewohner der Rheinprovinzen entspringen können, wird die königliche Regierung (zu ꝛc.) hierdurch angewiesen, das Publikum durch die Amtsblätter hierauf aufmerksam zu machen, mit dem Beifügen,

1) daß die Erneuerung der Inscription in allen Fällen von dem Gläubiger, mithin bei den gesetzlichen Hypotheken, von welchen der Art. 2121. des bürgerlichen Gesetzbuchs spricht, von denen zu Gunsten derer sie festgestellt sind, insbesondere aber hinsichtlich des Fiscus von den Behörden bewirkt werden muß, welche die Hypotheken-Bestallung primitiv veranlaßt und den Fiscus diesfalls zu vertreten haben.

2) daß in Absicht der Inscriptions-Gebühren es dabei, daß für die Erneuerung der Hypotheken dieselbe Gebühr, wie für die erste Einschreibung, mithin resp. von 1000 oder von 2000 entrichtet wird, sein Bewenden behält.

Berlin, den 2. August 1820.

Der Justiz-Minister
v. Kircheisen.

Der Finanz-Minister
v. Klewitz.

Circulare
an sämmtliche rheinische Regierungen.

## 382.

### Versorgung gedienter Militairpersonen in der Justizparthie.

Nach einer an das königliche Staats-Ministerium unter dem 7. d. Mts. ergangenen Allerhöchsten Kabinets-Ordre soll, um den Eifer der Soldaten, längere Zeit als Unteroffiziere zu dienen, zu beleben, den Unteroffizieren der Armee die sichere Aussicht zur Anstellung im Civildienste, nachdem sie eine Reihe von Jahren gut gedient haben, eröffnet werden. Des Königs Majestät haben daher zu befehlen geruhet, daß künftig, und wenn keine Wartegeld beziehende

Offizianten oder zu dergleichen Versorgungen berechtigte Individuen mehr vorhanden sind, Kanzellisten- und untere Kalkulatorenstellen, vorzüglich und nach abgelegter Prüfung ihrer Fähigkeit, aus den Unteroffizieren der Armee besetzt werden sollen. Von Seiten des königlichen Kriegs-Ministerii wird die Armee angewiesen werden, den Behörden von denjenigen Truppentheilen, welche in ihrer Nähe sind, durch neun Jahre gut gediente Unteroffiziere, Feldwebel und Wachtmeister zur Prüfung zu überweisen.

Am Schlusse eines jeden Jahrs wollen Seine Königliche Majestät eine allgemeine Uebersicht von den, im Laufe desselben erledigten Kanzellisten- und Unter-Kalkulatoren-Stellen bei den Behörden, und wie sie solche besetzt haben, gewärtigen.

Der Herr Geheime Ober-Revisions-Rath und erste General-Advocat Bölling wird von diesen Allerhöchsten Bestimmungen in Kenntniß gesetzt, um bei den Vorschlägen zur Besetzung der bei denselben erledigt werdenden Unterstellen, hauptsächlich auf die gedachten Personen Rücksicht zu nehmen, und jedesmal bei Abweichungen zu bemerken:

ob von den Militairbehörden keine dazu qualificirte und im Examen bewährte Bewerber nachgewiesen worden.

Am Schlusse des Jahrs hat der Geheime Ober-Revisions-Rath die Verzeichnisse, wie sie erfordert sind, unerinnert an den Justiz-Minister einzusenden.

Berlin, den 11. August 1820.

An den königlichen Geheimen Ober-Revisions-Rath und ersten General-Advocaten bei dem Appellationshofe, Herrn Bölling zu Cöln.

Der Justiz-Minister
v. Kircheisen.

## 383.

Anwendung des Allgemeinen Landrechts, 20sten Titels 2ten Theils, als Singular-Recht für den ganzen Militairstand.

Ich bin mit der in Ihrem Berichte vom 29sten v. M. über das Strafmilderungs-Gesuch des Eduard Büsgen ausgeführten Meinung:

daß der 20ste Titel des 2ten Theils des Allgemeinen Landrechts, nachdem dasselbe durch das Patent vom 14. März 1797 bei sämmtlichen Militairgerichten eingeführt und in den Kriegsartikeln darauf Bezug genommen ist, als Singular-Recht für den ganzen Militairstand, ohne Unterschied der Provinzen oder des temporairen Garnisonortes, so lange betrachtet werden muß, bis die Revision der Militairgesetze vollendet sein wird, einverstanden, und will, daß danach verfahren werde, weshalb Ich auch die gegen den vormaligen Lieutenant Büsgen erkannte 5jährige Zwangsarbeits-Strafe auf zweijährigen Festungsarrest herabsetze und Ihnen danach die weitere Verfügung und Bescheidung des Büsgen auf seine wieder beigefügte Vorstellung überlasse.

Berlin, den 14. September 1820.

An Friedrich Wilhelm.
den Staats- und Justiz-Minister von Kircheisen.

## 384.

### Immatrikulirung sämmtlicher Advocaten.

In Gemäßheit der Bekanntmachung des Herrn Fürsten Staats-Kanzlers Durchlaucht vom 16. April c. ad No. VIII. soll die Matrikel von sämmtlichen innerhalb des rheinischen Appellations-Bezirks, namentlich innerhalb der Landgerichtsbezirke Cöln, Düsseldorf, Cleve, Coblenz, Aachen und Trier fungirenden Advocaten beim rheinischen Appellationsgerichtshofe geführt werden.

Um diese Matrikel vollständig anfertigen zu können, ersuchen wir sämmtliche, in oben genannten Gerichtsbezirken wohnende Herren Advocaten, einschließlich der bereits ernannten Anwälte, uns baldigst und längstens bis zum 1. October c., ihre zur Immatrikulirung erforderliche Legitimations-Papiere urschriftlich vorzulegen, um daraus ersehen zu können:

1) Name und Vorname,
2) Alter,
3) Wohnort,
4) die Zeit, wann? und
5) das Gericht, wo? die erste Immatriculirung als Advocat geschehen ist, und endlich
6) wann und wo zuletzt der Amtseid abgeleistet worden ist?

Da nach No. VII. der vorallegirten Bekanntmachung des Herrn Fürsten Staatskanzlers Durchlaucht die Qualification des bei einem Gericht auftretenden Advocaten nur durch Vorzeigung der erhaltenen Matrikel erwiesen werden kann, so wird diese Bemerkung schon allein hinreichen, sämmtliche Herren Advocaten zur pünktlichen Innehaltung der vorbestimmten Frist zu vermögen, um dadurch zugleich zu verhüten, daß sie nicht bei der ersten Anfertigung der Matrikel übergangen werden. Cöln, den 31. August 1820.

Der Geheime Staats-Rath und erste Präsident des rheinischen Appellations-Gerichtshofes
Daniels.

Der Geheime Ober-Revisions-Rath und erste General-Advocat
Bölling.

## 385.

### Die Trauungen der Militair-Personen.

Auf Ihren Bericht vom 24. Mai d. J. erhalten Sie, Herr General-Advocat, eine von des Königs Majestät erlassene Kabinets-Ordre vom 28. v. M.

die Trauungen der Militair-Personen in den Rheinprovinzen betreffend,

in Abschrift zur weitern Bekanntmachung.

Berlin, den 11. September 1820.

An
den ersten Herrn General-Advocaten
bei dem Appellationsgerichtshofe zu Cöln.

Der Justiz-Minister
v. Kircheisen.

a.

Ich setze auf Ihren Bericht vom 28. Juli d. J. hierdurch fest, daß in den Rheinprovinzen, in denen noch das frühere Recht gilt, bei den Ehen der Militair-Personen, zum Zweck der Aufnahme der Heirathsacte von Seiten des Civilstandsbeamten nicht mehr der Nachweis eines sechsmonatlichen ununterbrochenen Aufenthalts des Bräutigams an dem nämlichen Orte gefordert werden soll. Es soll vielmehr, sobald das Aufgebot gehörig geschehen ist, hinreichend sein, wenn der Bräutigam nachweiset, daß er sich seit sechs Monaten ununterbrochen beim Corps, Regiment oder Bataillon befunden habe, und wenn außerdem ein Attest der competenten Militairbehörde darüber beigebracht wird, daß der Ehe von Seiten des Bräutigams kein bekanntes Hinderniß im Wege stehe. Hiernach haben Sie, ein jeder in seinem Geschäftskreise, das Erforderliche zu verfügen.

Teplitz, den 28. August 1820.

An
den Justiz-Minister von Kircheisen und
den Kriegs-Minister General-Lieutenant von Hake.

Friedrich Wilhelm.

## 386.

### Einsendung der Duplicate der Forststrafprotocolle statt der bisher eingesandten Triplicate.

Den königlichen Friedensgerichten, welchen durch die

Forststrafverordnung d. d. Creuznach den 30. Juli 1814, die Competenz über gewöhnliche Forstfrevel übertragen worden ist, wird hiemit bekannt gemacht, daß nach der jetzt bestehenden Einrichtung im Forst-Rechnungswesen nur ein Exemplar der nach §. 137. der allegirten Verordnung anzufertigenden Forststrafprotocolle Behufs der Einziehung der Strafbeträge, und zum Belege der Rechnung erforderlich ist.

Mit der königlichen Regierung bin ich daher übereingekommen, daß die nach §§. 137 und 153. vorbemerkter Verordnung früherhin dreifach aufzustellenden Forststrafprotocolle künftig von den Forstbeamten nur doppelt angefertigt, und deshalb auch die Erkenntnisse nach §. 144. l. c. von den Friedensrichtern nur in das Duplicat eingetragen werden sollen. Trier, den 20. September 1820.

Der königliche Ober-Procurator
Heintzmann.

An
die Herren Friedensrichter auf dem rechten Moselufer des Bezirks der hiesigen königlichen Regierung.

## 387.

Befugniß des Senats des Appellationshofes für ostrheinische Sachen zur Schärfung der vom Justizsenat zu Ehrenbreitstein zur Bestätigung vorgelegten Criminal-Erkenntnisse.

Der Justiz-Senat hat in einem Bericht vom 27. Juni d. J. bei Gelegenheit eines von dem Senat des königlichen Appellationsgerichtshofes für die ostrheinischen Sachen geschärften Strafurtheils wider die Ehefrau des Conrad Esch gegen diese Befugniß zur Schärfung der ihm von dem Justiz-Senate zur Bestätigung vorgelegten Criminal-Erkenntnisse reclamirt, und ist abschriftlich anliegendermaßen beschieden worden, welches dem königlichen Senate nachrichtlich bekannt gemacht wird.

Berlin, den 6. October 1820.

Der Justiz-Minister
v. Kircheisen.

An
den Senat des königlichen Appellations-Gerichtshofes für die ostrheinischen Sachen eximirten Gerichtsstandes zu Cöln.

### a.

Dem königlichen Justiz-Senate wird auf die Berichte von resp. dem 27. Juni und dem 4. Juli d. J.,

betreffend die Befugnisse des Senats des rheinischen Appellationsgerichtshofes für ostrheinische Sachen zur Schärfung der ihm von dem Collegio zur Bestätigung vorgelegten Criminal-Erkenntnisse, eröffnet, daß der Justiz-Minister es nicht nur der früheren Verfassung, so wie solche in den Verordnungen d. d. Biberach den 27. und Weilburg den 30. September und 18. December 1809 festgesetzt ist, sondern auch dem Besten des Dienstes vollkommen angemessen findet, daß die dem rheinischen Appellationsgerichtshofe zustehende Befugniß zur Bestätigung der Urtheile sowohl das Recht zur Milderung als auch zur Verschärfung in sich faßt. Die von den eingereichten, hierneben zurückgehenden Untersuchungsacten wider die Ehefrau des Conrad Esch genommene Einsicht hat nur dazu dienen können, den Chef der Justiz in der Aufrechthaltung dieses verfassungsmäßigen Verfahrens zu bestärken. Der königliche Justiz-Senat hat daher in diesem und in den ferner vorkommenden Fällen sich danach ohne weiteren Widerspruch zu achten.

Berlin, den 6. October 1820. Der Justiz-Minister
An v. Kircheisen.
den königlichen Justiz-Senat zu Ehrenbreitstein.

## 388.

### Einsendung der Signaturen der Präsidenten der rheinischen Gerichte, Behufs der Attestirung von Documenten Seitens des Justiz-Ministerii.

Da oft Fälle vorkommen, wo die Partheien Vollmachten oder andere Notariats-Documente vorlegen, um Seitens des Justiz-Ministers die Unterschriften der Präsidenten der rheinischen Justiz-Collegien attestiren zu lassen, so beauftrage ich Sie, Herr General-Advocat, die Signaturen von sämmtlichen Präsidien und zwar sowohl der ersten als der Senats- und Landes-Gerichts-Präsidenten einzusenden, und insofern in der Folge eine Veränderung hiermit vorgehet, die Signaturen der Hinzutretenden nachzusenden.

Berlin, den 19. October 1820. Der Justiz-Minister
An v. Kircheisen.
den ersten Herrn General-Advocaten bei dem rheinischen Appellations-Gerichtshofe in Cöln.

## 389.

### Civilgerichtsstand der in den Bundesfestungen Mainz und Luxemburg stationirten Militair-Personen.

Auf Ihre Anfrage vom 20. d. M.
in Betreff des Civil-Gerichtsstandes der in auswärtiger

Garnison, namentlich in den Bundesfestungen Mainz und Luxemburg stationirten Militair-Personen,

erhalten Sie, Herr General-Advocat, Abschrift des Schreibens des königlichen Militair-Justiz-Departements an das General-Commando vom Nieder-Rhein vom 26. Juni 1816 und der Verfügung des Justiz-Ministers an die vormalige Ober-Landesgerichts-Commission zu Cleve vom 25. September desselben Jahres, um daraus die in Absicht des Gerichtsstandes der in den Bundesfestungen befindlichen preußischen Militair-Personen ergangenen Bestimmungen näher zu ersehen.

Berlin, den 30. October 1820. Der Justiz-Minister v. Kircheisen.

An den ersten Herrn General-Advocaten bei dem rheinischen Appellations-Gerichtshofe in Cöln.

a.

Es sind noch Bestimmungen über den Gerichtsstand der zur Garnison in den beiden Bundesfestungen Mainz und Luxemburg gehörigen diesseitigen Militair-Personen und Beamten, in allen bürgerlichen Angelegenheiten nöthig, da es mit zu vielen Schwierigkeiten und mit unverkennbaren Nachtheilen verknüpft sein würde, wenn Civilklagen gegen selbige bei einländischen Gerichtsbehörden anhängig gemacht werden müßten.

Da sich nun in beiden Festungen diesseitige Commandanten und Garnison-Auditeure befinden, so ist bestimmt worden, daß es in Hinsicht des Civil-Gerichtsstandes der zur Garnison gehörigen preußischen Militair-Personen und Beamten, eben so gehalten werden solle, als schon in den isolirt liegenden Festungen Graudenz und Spandau geschieht.

Demzufolge üben die Commandanturgerichte sowohl zu Mainz als zu Luxemburg, die Civil-Jurisdiction über die sämmtlichen diesseitigen Militair-Personen und Beamten dieser Bundesfestungen aus, jedoch unter Aufsicht der gedachten Bundesfestungen zunächst gelegenen königlichen Oberlandesgerichte; für jetzt aber, und bis solche eingerichtet sein werden, unter Aufsicht der königlichen Oberlandesgerichts-Commission zu Cleve, an welche Behörde auch die Appellationen gegen die Erkenntnisse der Commandantur-Gerichte gehen, die mithin, was die Angelegenheiten der Civil-Jurisdiction betrifft, lediglich als Civilgerichte zu betrachten sind und in dieser Hinsicht auch die Handlungen der freiwilligen Gerichtsbarkeit auszuüben haben.

Ein königl. hochlöbliches General-Commando ermangeln wir nicht, hiervon zur gefälligen Bekanntmachung des weitern ergebenst in Kenntniß zu setzen.

Berlin, den 26. Juni 1816.

Militair-Justiz-Departement.
An v. Kircheisen. v. Boyen.
ein königliches hochlöbliches General-Commando am Niederrhein zu Coblenz.

## b.

Der königlichen Oberlandesgerichts-Commission wird auf die Anfrage im Bericht vom 7. v. M.

betreffend die den Commandantur-Gerichten in den Bundesfestungen Mainz und Luxemburg, über die daselbst befindlichen Militair-Personen und Beamten übertragene Ausübung der Civil-Jurisdiction,

im Einverständniß mit dem Herrn Kriegsminister Folgendes eröffnet. Was

ad 1) die auf die Militair-Personen in den gedachten Festungen anzuwendenden Gesetze betrifft: so leidet es kein Bedenken, daß, da das in jenen Festungen stehende preußische Militair dem dortigen Civil-Gouvernement nicht unterworfen ist, und in dieser Rücksicht als ein im Auslande stehendes Militair angesehen werden muß, auf selbiges nicht die dort geltenden, sondern die preußischen Gesetze anzuwenden sind, wobei es dann die Sache der Einwohner der genannten Städte ist, sich, wenn sie sich mit preußischen Militair-Personen in Verträge oder andere Geschäfte einlassen wollen, mit den darüber sprechenden Vorschriften der preußischen Gesetze bekannt zu machen.

ad 2) Ist den Commandantur-Gerichten auch die Regulirung etwaniger Vormundschaften, so weit von den ersten, zur Sicherheit des Vermögens und zum Besten der Curanden zu erlassenden Verfügungen die Rede ist, überlassen. Die fernere Einleitung und Fortsetzung gehört vor die königliche Oberlandesgerichts-Commission, insofern sie sich nicht veranlaßt findet, in einzelnen Fällen aus besondern Gründen den Commandantur-Gerichten die Bearbeitung der Vormundschaft zu delegiren.

ad 3) Ist allerdings die Aufsicht über die Commandantur-Gerichte von der königlichen Oberlandesgerichts-Commission in eben der Art zu führen, wie solches in Absicht der derselben subordinirten Untergerichte gesetzlich ist.

Hiernach hat sich das Collegium in vorkommenden Fällen zu achten.

Berlin, den 25. September 1816.

An die königliche Oberlandesgerichts-Commission zu Cleve.

Der Justiz-Minister
v. Kircheisen.

## 390.

### Befugniß der königlichen Regierungen zu Ertheilung von Legitimationsscheinen quoad delendam maculam.

Der königlichen Regierung wird auf die Anfrage in Ihrem Berichte vom 6. v. M. zu erkennen gegeben, daß Sie nach Vorschrift der auch in den Rheinprovinzen geltenden Regierungs-Instruction vom 23. October 1817 unbedenklich selbst befugt ist, Legitimationsscheine quoad delendam maculam zu ertheilen, daher Sie hiernach sowohl in dem angezeigten speciellen Falle rücksichtlich der N. N. in Braunfels als auch in künftigen ähnlichen Fällen zu verfahren hat.

Berlin, den 1. December 1820.

An die königl. Regierung zu Coblenz.

Der Minister
der Justiz v. Kircheisen. des Innern v. Schuckmann.

## 391.

### Unentgeldliche Lieferung der Amtsblätter an die Justizämter und Voluntärgerichte in dem ostrheinischen Theile der Regierung zu Coblenz.

Auf Veranlassung einer Anfrage der königl. Regierung zu Coblenz haben Ew. Excellenz mittelst geehrten Schreibens vom 27. October d. J. meine Meinung darüber zu wissen gewünscht:

ob die Justiz-Aemter und Voluntär-Gerichte auf der rechten Rheinseite zur Haltung und Bezahlung des Amtsblattes verpflichtet sind?

Nachdem ich vom Senat des rheinischen Appellations-Gerichtshofes für ostrheinische Sachen über diesen Gegenstand gutachtlichen Bericht erfordert, so beehre ich mich, Ew. Excellenz ergebenst zu erwiedern, daß ich in Uebereinstimmung mit jenem Senate die Justiz-Aemter und Voluntär-Gerichte auf dem rechten Rheinufer allerdings für berechtiget halte, die unentgeldliche Lieferung des Amtsblattes zu verlangen.

Denn der §. 7. der Verordnung vom 9. Juni 1819 schreibt ausdrücklich vor:

„Alle Unterbehörden ꝛc. mit Ausnahme der Bürgermeister erhalten das Amtsblatt der betreffenden Regierung unentgeldlich, sind aber auch zur richtigen Ablieferung an ihre Amts-Nachfolger verpflichtet."

Unter dem Ausdrucke „Unterbehörden" sind ohne allen Zweifel die Justiz-Aemter mitbegriffen, und diese ganz natürliche Subsumtion ist wohl um so mehr hier entscheidend, da, insofern die Sporteln der Justiz-Aemter dem Fiscus berechnet werden, diesem doch jedenfalls der Preis des Amtsblatts in Ausgabe gesetzt werden müßte; sofern aber die Sporteln dem Personal der Justiz-Aemter verbleiben, wie solches auch bei den Voluntär-Gerichten der Fall ist, demselben nicht ohne Unbilligkeit zugemuthet werden könnte, für ein dem Amte als Eigenthum verbleibendes Blatt aus seiner Privat-Casse Zahlung zu leisten.

Wenn Ew. Excellenz mit dieser meiner Ansicht einverstanden sind, ersuche ich Dieselben ganz ergebenst, die königliche Regierung hiernach gefälligst bescheiden zu wollen.

Berlin, den 22. December 1820.

An v. Kircheisen.

des königl. Geheimen Staats- und Ministers des Innern Herrn v. Schuckmann Excellenz.

# VI.

# 1821.

## Gesetze, Verordnungen, Rescripte.

### 392.

**Beschlaglegung auf die Gehälter der Civilbeamten.**

Aus Veranlassung des nebst seinen Beilagen abschriftlich angebogenen Schreibens des königl. Finanz-Ministeriums vom 17. November v. J.

betreffend die Beschlaglegung auf die Gehälter der Civilbeamten,

finde ich mich bewogen, die gleichfalls anliegende Circular-Verfügung an die rheinischen Tribunäle zu erlassen. Ich beauftrage Sie, Herr General-Advocat, hiermit solche in den Amtsblättern bekannt zu machen, auch die königl. Procuratoren gemessenst anzuweisen, über deren Befolgung zu wachen.

Berlin, den 6. Januar 1821.

An den ersten Herrn General-Advocaten bei dem rheinischen Appellationsgerichtshofe zu Cöln.

Der Justiz-Minister
v. Kircheisen.

**a.**

Euer Excellenz beehre ich mich, den Bericht der Regierung zu Aachen vom 27. v. M., betreffend die Beschlaglegung auf die Gehälter der Civilbeamten, in Abschrift, die Beilage desselben aber unter verhoffter Zurücksendung, mitzutheilen, und Dieselben um Eröffnung Ihrer erleuchteten Meinung zu ersuchen:

ob die Bekanntmachung der königl. Immediat-Justiz-Commission vom 5. März 1819, welche in Verfolg eines Gesetzes erlassen worden, das vornemlich die Fortsetzung und Sicherheit der Dienstverwaltung angeht, und nicht aus Rücksicht des Privat-Interesse der Beamten erlassen ist, in den Rhein-Provinzen keine Anwendung finde, sondern daselbst nach dem angeführten französischen Gesetze v. 21. Ventose J. IX. zu verfahren und bei Arrestschlägen auf die Gehälter der Beamten zweierlei Grundsätze stattfinden können.

Berlin, den 17. November 1820.

An
des königl. Geheimen Staats- und Justiz-Ministers Herrn v. Kircheisen Excellenz.

v. Klewitz.

## b.

Durch eine in das 14te Stück unseres vorjährigen Amtsblatts aufgenommene Bekanntmachung vom 5. März v. J. hat die damalige Immediat-Justiz-Commission in Folge Verfügung des Herrn Groß-Kanzlers v. Beyme Excellenz vom 19. Februar v. J. erklärt:

Wie nach den jetzt bestehenden administrativen Grundsätzen ein Beschlag auf die Besoldung und die Emolumente eines Civilbeamten nur in dem Maaße gestattet werden kann, daß gegen diejenigen, die nur 400 Thlr. oder weniger Diensteinkünfte haben, überall kein Beschlag zugelassen, bei den übrigen aber der Beschlag auf die Hälfte des nach Abrechnung der 400 Thlr. bleibenden Ueberschusses der Besoldung und Emolumente zulässig ist.

Nun zeigt sich aber, daß die hiesigen Gerichte diese von der Verfügung des französischen Gesetzes vom 21. Ventose J. IX. abweichende Bestimmung für die Provinzen, in welchen das französische Recht gilt, nicht für verbindlich und nicht für anwendbar betrachten. Es spricht darüber das in Abschrift anliegende, uns von dem hiesigen Hauptzoll-Amte vorgelegte Erkenntniß des hiesigen Kreisgerichts wider den Steuer-Aufseher Herperz zu Stolberg. Indem wir diesem Erkenntnisse unangetastet seinen Lauf lassen, achten wir es doch angemessen, Ew. Excellenz mit dieser Ansicht des Gerichts bekannt zu machen, und es Hochdero Erwägung gehorsamst zu unterwerfen, wiefern vielleicht zu veranlassen sei, daß jene Bestimmung vom 19. Februar v. J. auch für die diesseitigen Gerichte in Kraft trete.

Aachen, den 27. October 1820.

Königl. preuß. Regierung.

An
des königl. Staats und Finanz-Ministers Herrn v. Klewitz Excellenz.

c.

Es ist zur Sprache gekommen, daß bei Arrestschlägen auf die Gehälter der Civilbeamten noch in mehreren Fällen von den Gerichten die französischen Gesetze vom 21. Ventose J. IX. zur Anwendung gebracht werden.

Da dies der auf einen Beschluß des königl. Staats-Ministeriums sich gründenden Bekanntmachung vom 5. März 1819 ganz entgegen ist, und es sich hier von einem administrativen Grundsatze handelt, welcher dem Interesse des Königlichen Dienstes zu einer nothwendigen Aegide dient, und bei welchem einleuchtendermaaßen die in dieser Beziehung derogirte französische Verfassung gar nicht mehr beachtet werden kann, so werden sämmtliche Gerichte in den Rhein-Provinzen hiermit angewiesen, sich bei unausbleiblicher Verantwortung in den künftig eintretenden Fällen die gedachte Bekanntmachung zur Richtschnur dienen zu lassen.

Berlin, den 6. Januar 1821.

Circulare an sämmtliche Gerichtshöfe in den Rheinprovinzen.

Der Justiz-Minister v. Kircheisen.

## 393.

### Einsendung von Referenten-Tabellen und Geschäfts-Uebersichten.

Damit ich in dem, mit Ablauf eines jeden Jahres an des Königs Majestät zu erstattenden allgemeinen Berichte über die Justiz-Verwaltung, auf die Rheinprovinzen die erforderliche Rücksicht nehmen kann, sind von den rheinischen Gerichten Tabellen nach den anliegenden Schema's auszufüllen.

Die Tabelle A. begreift alle friedensrichterliche Geschäfte. Ein jeder Friedensrichter fertigt hiernach die Tabelle an, und sendet sie an den betreffenden Ober-Procurator ein, welcher solche in eine General-Tabelle zusammenträgt, und Ihnen einsendet. Die einzelnen Tabellen behält der Ober-Procurator zurück.

Von den Handelsgerichten wird die Tabelle B. ausgefüllt, und direct an Sie eingeschickt.

Die Tabellen C. D. E. haben die Ober-Procuratoren vom Secretariate der Landgerichte anfertigen zu lassen, und Ihnen zu übersenden.

Die Tabelle F. werden Sie selbst durch das Secretariat des Appellationsgerichtshofes besorgen lassen. Auch ist von dem Appellationsgerichtshofe in Absicht der übrigen bei demselben verhandelten Rechtssachen, die nämliche Proceßtabelle anzufertigen, welche sub litt. C. für die Landgerichte vorgeschrieben worden.

Aus allen diesen Tabellen werden Sie demnächst eine General-Tabelle entwerfen, und mir einreichen. Da in letzterer alle Notizen zusammengetragen werden, so bedarf ich nicht der übrigen Tabellen, welche der General-Tabelle zum Grunde liegen.

Weil das Gerichtsjahr in den Rheinprovinzen mit dem 1. November anfängt, und den letzten October endigt; so werden Sie die Ober-Procuratoren anweisen, Ihnen die Tabellen dergestalt zeitig einzusenden, daß ich von Ihnen die General-Tabelle jedesmal im Laufe des Novembers erhalten kann.

Die Landgerichte sind erst im Laufe des letzten Jahres errichtet worden, und die neuen Friedensgerichte sehen erst jetzt ihrer Eröffnung entgegen. Für das abgelaufene Jahr $18\frac{20}{21}$ genügt es daher, wenn Sie bloß für den Appellations-Gerichtshof die Tabellen nach den Schema's sub C. und sub F. anfertigen lassen, und die hieraus gebildete General-Tabelle einreichen, welches binnen 14 Tagen zu bewirken ist.

Was die Rechtssachen aus dem ostrheinischen Theile des Regierungsbezirks Coblenz betrifft: so verbleibt es vorläufig bis zur Organisation dieses Theils der Rheinprovinzen, bei den für die Aemter und den Justiz-Senat bereits vorgeschriebenen Tabellen. Ueber die Rechtsangelegenheiten, welche der Senat des königlichen Appellationsgerichtshofes aus dem ostrheinischen Theile des Regierungsbezirks von Coblenz zu entscheiden hat, haben Sie von dem Secretariat eine besondere tabellarische Uebersicht anfertigen zu lassen, worin die Zahl

1) der überjährigen,

2) der im Laufe des Jahres anhängig gemachten Sachen, dann

3) derjenigen, in welchen im Laufe des Jahres

a) durch Abschlagung, oder

b) durch Erkennung der Appellations-Processe, oder

c) durch Entscheidung nach contradictorischem Verfahren erkannt worden ist, und

4) die Zahl der unerledigt gebliebenen, angegeben wird.

Aus dieser Tabelle, und denjenigen, welche der Justiz-Senat dem ostrheinischen Senate des Appellationsgerichtshofes einzureichen hat, haben Sie eine besondere General-Tabelle anfertigen zu lassen, und mir im November eines jeden Jahres einzureichen. Für das Jahr vom 1. Novemder $18\frac{19}{20}$ genügt es indeß, wenn von dem ostrheinischen Senate des rheinischen Appellationsgerichtshofes, die demselben im gegenwärtigen Rescripte vorgeschriebene Special-Tabelle eingereicht wird, welches binnen 14 Tagen zu bewirken ist.

Binnen gleicher Zeit hat der königliche Appellationsgerichtshof durch Sie, Herr General-Advocat, und zwar für jeden der beiden Civil-Senate, den Anklage-Senat und den ostrheinischen Senat besonders, für den Zeitraum vom 1. November $18\frac{19}{20}$, die Extracte der Distributionsbücher mit einer Recapitulation, welche die Nummern und die Summen der von jedem Mitgliede bearbeiteten, und der in Rest gebliebenen Spruchsachen enthält, einzureichen.

Für die Folge sind diese Referenten-Tabellen vierteljährig, nämlich im Anfange Februar, Mai, August und November einzureichen.

Mit dem nach Vorschrift des Art. 8. des Decrets vom 20. April 1810. mir zu erstattenden Jahresbericht, den Zustand der Rechtspflege und die entdeckten Mißbräuche betreffend, haben Sie zugleich eine Anzeige der im Laufe des Jahres gegen Justizbeamte und Notarien vorgekommenen Disciplinar-Rügen, und wegen Dienst- oder anderer Vergehen gegen dieselben verhängten förmlichen Untersuchungen einzureichen.

Sie haben hiernach die betreffenden Behörden anzuweisen. Berlin, den 8. Januar 1821.

Der Justiz-Minister
v. Kircheisen.

An
den ersten General-Advocaten bei dem rheinischen Appellations-Gerichtshofe, Herrn Geheimen Ober-Revisions-Rath Bölling zu Cöln.

Schema A.

## A.

## Schema

### für die friedensrichterlichen Tabellen.

| Bei der Vergleichskammer wurden | | | Bei dem Friedensgerichte schwebten | | | Hiervon sind | | Zahl der Versammlungen der Familien-Räthe. | Bei dem Polizeigerichte wurden | | | | | | | |
|---|---|---|---|---|---|---|---|---|---|---|---|---|---|---|---|---|
| | | | | | | | | | verhandelt | | | Hiervon sind entschieden | | | | Rechtshängig bleiben. |
| anhängig gemacht. | verglichen. | nicht verglichen. | überjährige Rechtssachen. | diesjährige Rechtssachen. | Gesammtzahl. | entschieden. | unbeendigt geblieben. | | überjährige. | diesjährige. | Gesammtzahl. | durch Freisprechung. | durch Verurtheilung. | durch Verweisung an ein anderes Gericht. | Gesammtzahl der entschiedenen Sachen. | |
| | | | | | | | | | | | | | | | | |

**B.**

**Schema**

**der Tabellen, welche die Handelsgerichte einzureichen haben.**

| Im Laufe des Jahres haben geschwebt | | | Zahl der erlassenen Urtheile. | | | | Unbeendigt sind geblieben. | |
|---|---|---|---|---|---|---|---|---|
| | | | | Definitive | | | | |
| überjährige Rechtssachen. | diesjährige Rechtssachen. | Gesammtzahl. | Vorbescheide. | Contumacial-Urtheile. | Definitiv-Urtheile. | Gesammtzahl. | | |
| | | | | | | | | |

## C.

## Schema

zu den Tabellen, welche die Landgerichte und der rheinische Appellationsgerichtshof in Civilsachen anzufertigen haben.

| Schwebende Civil-Processe. | | | Zahl der erlassenen Urtheile auf Verhandlung in der öffentlichen Sitzung. | | | | | | Unbeendigt sind geblieben. | Zahl der in der Rathskammer erlassenen Urtheile. | Subhastations-Processe. | | | | | Ehescheidungs-Processe. | | | | | | | |
|---|---|---|---|---|---|---|---|---|---|---|---|---|---|---|---|---|---|---|---|---|---|---|---|
| | | | | | | Darunter sind | | | | | | | | Davon sind | | | | | Davon sind abgemacht | | | | |
| | | | | | | | Definitiv Urtheile. | | | | | | | | | | | | durch Erkenntniß, wodurch | | | | |
| Ueberjährige. | Diesjährige. | Gesammtzahl. | Auf mündlichen Vortrag. | Auf schriftliches Verfahren. | Gesammt-Zahl. | Vorbescheide. | Contradictorische Urtheile. | Contumacial Urtheile. | | | Ueberjährige. | Diesjährige. | Gesammtzahl. | abgemacht. | unentschieden geblieben. | Ueberjährige. | Diesjährige. | Gesammtzahl. | die Klage zurückgewiesen worden. | die Ehe geschieden worden. | durch Vergleich. | Gesammtzahl der abgemachten. | Unentschieden sind geblieben. |
| | | | | | | | | | | | | | | | | | | | | | | | |

# D.

## Schema

zur Tabelle, welche die Landgerichte über die vor ihnen verhandelten Untersuchungs=Sachen anzufertigen haben.

| Geschwebt haben | | | | Gesammt-Zahl. | Entschieden mittelst | | | Unentschieden gebliebene Untersuchungs=Sachen. | Zahl der bei dem Appellations=Senate des Landgerichts verhandelten Sachen. | | | Zahl der von dem Appellations=Senate erlassenen Urtheile. | | | In der Appellations-Instanz schwebende Sachen, welche noch nicht entschieden worden. | |
|---|---|---|---|---|---|---|---|---|---|---|---|---|---|---|---|---|
| überjährige | | diesjährige | | | | | | | | | | | | | | |
| Appellationen von den Polizei=gerichten. | Zucht=Polizei=Sachen. | Appellationen von den Polizei=gerichten. | Zucht=Polizei=Sachen. | | Absolution. | Verurtheilung. | Gesammt=Zahl. | | Ueberjährige. | Diesjährige. | Gesammtzahl. | Reformatori=sche. | Confirmatori=sche. | Gesammt=Zahl. | | |
| | | | | | | | | | | | | | | | | |

## E.

## Schema
### zur Tabelle über die Verhandlungen der Assisenhöfe.

| Geschwebt haben vor dem Assisen-Hofe. | Sachen, in denen frei sprechende Urtheile erfolgt sind. | Condemnatorische Urtheile, durch welche erkannt ist auf: | | | | | | Gattung der bestraften Verbrechen. | | | |
|---|---|---|---|---|---|---|---|---|---|---|---|
| | | nicht peinliche Strafen. | Peinliche Strafen. | | | | | Mord und einfacher Todtschlag. | Raub und Diebstahl. | Falsch-Münzerei. | desgl. sind nach den übrigen Arten der Verbrechen die erforderlichen Colonnen hinzuzufügen. |
| | | | Tod. | lebenslängliche Zwangs-Arbeit. | zeitige Zwangs-Arbeit. | Zuchthaus. | andere geringere Strafen. | | | | |
| | | | | | | | | | | | |

F.

Schema

zur Tabelle über die bei dem Anklage-Senate des Appellations-Gerichtshofes verhandelten Sachen.

| Geschwebt haben | | | Entschieden sind durch | | | Gesammtzahl der entschiedenen Sachen. | Unentschieden sind geblieben. | |
|---|---|---|---|---|---|---|---|---|
| Ueberjährige. | Diesjährige. | Gesammtzahl. | Freisprechung. | Anklage. | Verweisung an ein nicht peinliches Gericht. | | | |
| | | | | | | | | |

## 394.

### Straferkenntnisse gegen beurlaubte Landwehrmänner.

Es ist zur Sprache gekommen, daß die Gerichte in den Rhein-Provinzen gegen beurlaubte Landwehrmänner, wegen verübter Diebstähle und anderer entehrenden Verbrechen, auf Gefängnißstrafen erkennen, ohne zugleich die Versetzung in die zweite Classe des Soldatenstandes, den Verlust des Landwehrkreuzes, der Denkmünze u. s. w. in dem Urtheil mit auszusprechen. Da die Königliche Kabinets-Ordre vom 26. August 1819 und die hierauf an sämmtliche Gerichte ergangene Circular-Verfügung des Justiz-Ministers vom 1. November 1819 solches ganz bestimmt feststellt, Seine Königl. Majestät auch in der unterm 14. September a. pr. erlassenen anderweiten Kabinets-Ordre den Allerhöchsten Willen dahin zu erkennen gegeben haben, daß die Militairpersonen in sämmtlichen Provinzen des Königreichs nach gleichen Strafgesetzen behandelt werden sollen: so werden die Gerichtsbehörden in den Rhein-Provinzen hiermit angewiesen, sich nach der obengedachten Allerhöchsten Kabinets-Ordre vom 26. August 1819 und der Ministerial-Verfügung vom 1. November 1819, welche sich dieser Circular-Verordnung nochmals beigedruckt findet, auf das genaueste zu achten.

Berlin, den 10. Januar 1821.

Circulare an sämmtliche rheinischen Gerichts-Behörden.

Der Justiz-Minister
v. Kircheisen.

a.

Des Königs Majestät haben bei der Bestätigung mehrerer kriegsrechtlichen Erkenntnisse gegen beurlaubte Landwehrmänner, wider welche vorher von den Civil-Gerichten erkannt worden, zu bemerken Gelegenheit gehabt, daß von letztgedachten Gerichten in ihren Aussprüchen oft mehrere Bestimmungen übergangen werden, welche die militairischen Strafgesetze nothwendig machen. Wenn es bisher zweifelhaft gewesen ist, ob die Allerhöchste Instruction für die Inspecteurs und Commandeurs der Landwehr vom 10. December 1816 und die darauf gegründete Circular-Verfügung vom 6. Mai 1817 die Civilgerichte berechtige und verpflichte, auf Strafen, die in den Kriegsartikeln vorgeschrieben sind, zu erkennen, so wird dieser Zweifel durch die deshalb an den Justiz-Minister erlassene Allerhöchste Kabinets-Ordre vom 26. August d. J. erledigt, und erhält das rc. folgende Anweisungen:

1) Auf die Versetzung in die zweite Classe des Soldatenstandes muß nicht allein alsdann erkannt werden, wenn der Angeschuldigte eine körperliche Züchtigung verwirkt hat, sondern auch nach den Kriegs-Artikeln 31, 33, 43, 47 und 54 in den darin bezeichneten Fällen.

2) Auf den Verlust des National-Militair-Abzeichens, welches mit der National-Kokarde nicht gleichbedeutend ist, imgleichen des Landwehrkreuzes, ist zu erkennen beim Diebstahl und der Diebeshehlerei.

3) Der Verlust der Kriegs-Denkmünze muß zufolge der Kabinets-Ordre vom 30. October 1814 in allen den Fällen im Erkenntniß festgesetzt werden, in welchen das Verbrechen Cassation oder Ausstoßung des Thäters aus dem Soldatenstande zur Folge hat.

Bei geringeren Vergehen tritt der Verlust der Kriegs-Denkmünzen nur alsdann ein, wenn das National-Militair-Abzeichen oder das Landwehrkreuz verwirkt worden.

4) Da schon Fälle vorgekommen sind, wo die mit dem Vergehen verbundene Ehrenstrafe, als Degradation u. s. w., nicht hat stattfinden können, weil die erkannte Gefängnißstrafe ohne Rücksicht auf die hinzutretende, nach dem 55. Kriegsartikel aber das Strafmaaß verkürzende Degradation, von der Civilbehörde vor deren Festsetzung vollzogen worden; so muß jederzeit, wenn Degradation eintritt und darüber, so wie über die daraus folgende Verkürzung der Freiheitsstrafe von dem Militairgerichte zu entscheiden ist, diese Entscheidung abgewartet und bis dahin die Vollstreckung der Gefängnißstrafe ausgesetzt werden.

Nach diesen Bestimmungen hat das rc. sich nicht allein selbst zu richten, sondern auch solche den Gerichten seines Bezirks zur genauesten Befolgung durch die Amtsblätter bekannt zu machen. Berlin, den 1. November 1819.

Circulare an sämmtliche Justiz-Behörden.

Der Justiz-Minister
v. Kircheisen.

## 395.

Uebereinkommen mit der hessen-homburgischen Regierung und dem Senate der Stadt Frankfurt am Main wegen wechselseitiger Beförderung gerichtlicher Insinuationen.

Bei den Unterhandlungen mit der hessen-homburgischen

Regierung und dem Senate der Stadt Frankfurt am Main, um mit ihnen ein gleiches Abkommen wegen der Beförderung der gerichtlichen Insinuations-Sachen zu Stande zu bringen, wie bereits mit Baiern, Baden, Hessen-Darmstadt, Oldenburg und Koburg getroffen worden ist, haben sich einige Schwierigkeiten gezeigt. Der Senat zu Frankfurt ist zwar in Ansehung des gerichtlichen Verkehrs mit den preußischen Rheinprovinzen darauf eingegangen, daß derselbe zwischen dem königlichen General-Procurator des Appellationshofes zu Cöln und dem Appellationshofe in Frankfurt, welcher dazu Auftrag erhalten hat, statt haben solle, und in Ansehung aller übrigen preußischen Provinzen wünscht derselbe, daß die beiderseitigen Gerichte, ihrer Requisitionen wegen sich unmittelbar nach wie vor ansprechen mögen. Allein was die Porto- und die Kostenfreiheit bei dem gesammten Verkehr betrifft, so hat der erwähnte Senat, wegen besonderer nicht gut zu beseitigenden Verhältnisse den Antrag abgelehnt.

In fast gleicher Art ist die Erklärung der hessen-homburgischen Regierung erfolgt, indem sie für die Beförderung der rheinischen Insinuations-Sachen das landgräfliche Amt Meissenheim und für die übrigen diesseitigen Insinuations-Sachen das Justiz-Amt zu Homburg vor der Höhe und für wichtigere Requisitions-Fälle die Landes-Regierung zu Homburg in Vorschlag gebracht, aber gleichfalls die Porto- und Kosten-Freiheit abgelehnt hat.

Meines Erachtens wird man es hierbei auch bewenden lassen können. Der Zweck, den Ministerien das Geschäft der Beförderung der Insinuations-Sachen abzunehmen und einen kürzeren und doch sichern Weg dafür zu finden, ist damit erreicht, und wenn ausnahmsweise bei Hessen-Homburg und der Stadt Frankfurt die Kosten und das Porto berechnet und erstattet werden müssen, so wird bei den doch nicht sehr oft vorkommenden Insinuations-Fällen dadurch das Geschäft für den General-Procurator in Cöln nicht besonders erschwert werden.

Wenn Ew. Excellenz hiermit geneigt einverstanden sind, so bitte ich ganz ergebenst, darnach den gedachten General-Procurator und die übrigen Gerichts-Behörden mit Anweisung versehen, mich aber vom Verfügten in Kenntniß setzen zu wollen. Berlin, den 12. Januar 1821.

Ministerium der auswärtigen Angelegenheiten.

An

des königl. Staats- und Justiz-Ministers

Herrn von Kircheisen Excellenz.

Abschrift dieses Schreibens, mit dessen Inhalt sich der Justiz-Minister einverstanden erklärt, wird dem königl. ersten Herrn General-Advocaten zur Nachricht und Achtung und um die übrigen Staats-Procuratoren darnach zu instruiren brevi manu mitgetheilt.

Berlin, den 31. Januar 1821.

An den königl. ersten Herrn General-Advocaten am Appellationsgerichtshofe zu Cöln.

Der Justiz-Minister v. Kircheisen.

## 396.

### Befugniß der Gerichtsvollzieher zur Ausübung ihres Amts auf beiden Rhein-Ufern.

In der Bekanntmachung vom 14. September 1819, die Aufhebung des Kreisgerichts zu Mülheim betreffend, wurde §. 9. verfügt:

> In Absicht der Gerichtsvollzieher in den Bezirken der Gerichte zu Cöln und Mülheim, bleibt es wegen der bestehenden Verschiedenheit der Sportel-, Stempel- und Enregistrements-Verfassung noch zur Zeit bei der bisherigen Scheidung ihrer Befugnisse nach den Grenzen dieser Bezirke, so, daß sie einstweilen, wie bisher, nur innerhalb des ihnen bis jetzt angewiesenen Wirkungskreises zu Vorladungen an das erste Instanzgericht zu Cöln und ihren sonstigen Verrichtungen befugt sind.

Wenn es bei dem ersten Uebergang von der alten zur neuen Verfassung zweckmäßig war, einen Unterschied zwischen den auf dem rechten und auf dem linken Rheinufer wohnenden Gerichtsvollziehern zu machen, und jeden auf den ihm bisher angewiesenen Kreis zu beschränken, so kann doch jetzt, nachdem die Organisation der Landgerichte vollendet ist, und jeder Gerichtsvollzieher Muße genug hatte, sich mit den Gesetzen bekannt zu machen, die er auf dem einen oder dem andern Rheinufer zu beobachten hat, dieser Unterschied unbedenklich aufgehoben werden.

Es wird daher im Auftrag der königl. Immediat-Commission zur Justiz-Organisation in den neuen Provinzen Folgendes festgestellt:

1) Die Gerichts-Vollzieher sind befugt, ihr Amt in dem ganzen Bezirk des Landgerichts, bei welchem sie immatriculirt sind, auf dem rechten wie auf dem linken Rheinufer auszuüben.

2) Da nicht einerlei Gesetze auf beiden Rhein-Ufern in Beziehung auf die Amtsverrichtungen der Gerichtsvollzieher und die hierbei zu beobachtende Form eingeführt sind, so versteht sich von selbst, daß jeder Gerichts-Vollzieher, der sich dieser ihm gestatteten Befugniß bedienen will, sich mit den Gesetzen des Ortes, wo er zu instrumentiren gedenkt, bekannt machen müsse, und sich in keinem Falle durch Unwissenheit oder Irrthum entschuldigen könne, wenn er in irgend einem Stücke ihnen zuwider handeln sollte.

3) Um in dieser Hinsicht die Aufsicht der vorgesetzten Behörde zu erleichtern, soll jeder auf beiden Ufern instrumentirende Gerichts-Vollzieher ein zweifaches Repertorium führen, das eine für die auf dem rechten, das andere für die auf dem linken Rheinufer vollzogene Acte. Jedes dieser Repertorien ist nach den auf dem resp. Rheinufer geltenden Vorschriften einzurichten.

4) Die gesetzlichen Bestimmungen in Beziehung auf die Executoren bei den Friedensgerichten, müssen auch ferner beobachtet werden.

Cöln, den 31. Januar 1821.

Der Geheime Staats-Rath und erste Präsident des rheinischen Appellations-Gerichtshofes
Daniels.

Der Geheime Ober-Revisions-Rath und erste General-Advocat
Bölling.

## 397.

Gleichstellung der Gebühren-Taxe der Anwälte, Gerichtsschreiber ꝛc. zu Düsseldorf und Trier, mit denen zu Coblenz und Cleve.

Da es nach Ihrem Berichte vom 18. v. M. keinem Zweifel unterworfen ist, daß die als Notarien, Anwälte und Gerichtsvollzieher fungirenden Beamten bei den Appelhöfen zu Düsseldorf und Trier nicht mehr berechtiget sind, eine höhere Gebühren-Taxe zu beziehen, nachdem die dasigen Appellationshöfe aufgehoben sind, und nur die Taxe, welche zu Coblenz und Cleve von jeher gesetzlich war, auch für Trier und Düsseldorf gelten darf, so authorisire ich Sie, Herr General-Advocat, die vorgeschlagene Verfügung zur Abstellung des angezeigten gesetzwidrigen Mißbrauchs, der durch keinen Besitzstand gerechtfertiget werden kann, zu erlassen. Berlin, den 5. Februar 1821.

An den ersten Herrn General-Advocaten bei dem rheinischen Appellations-Gerichtshofe zu Cöln.

Der Justiz-Minister v. Kircheisen.

## 398.

### Liquidation der von den Gerichten zum Vortheil des Fiscus ausgesprochenen Gerichtskosten.

Nach der französischen Gesetzgebung sollen die Gerichtsschreiber bei den Tribunälen und Gerichten, jedesmal, wenn in Untersuchungssachen ein Angeklagter zur Erstattung der Gerichtskosten an den Staat verurtheilt wird, die Liquidation dieser Kosten aufstellen und an die betreffende Casse zur Erhebung übergeben. Nach dem in Abschrift anliegenden Berichte der Regierung von Coblenz vom 5. d. M. sind aber die Gerichtsschreiber oft sehr nachlässig in der Erfüllung dieser Verbindlichkeit, daher denn der Herr Finanz-Minister in dem abschriftlich beigefügten Schreiben vom 30. pr. den Justiz-Minister ersucht hat, die zur Abhülfe dieser Beschwerde erforderlichen Maaßregeln zu treffen.

Es wird jedoch nur darauf ankommen, daß den betreffenden Gerichtsbeamten die pünktliche Befolgung der über diesen Gegenstand vorhandenen gesetzlichen Vorschriften empfohlen, und von Seiten des öffentlichen Ministeriums hierauf gehalten werde.

Jene Vorschriften sind in den Artikeln 163 und 164 des Decrets vom 18. Juni 1811 enthalten:

Art. 163. Für jede Criminal-, correctionelle oder Polizeisache, soll ein Verzeichniß der festgesetzten Kosten gefertiget werden.

Kann dieses Verzeichniß in den Freilassungsbefehl oder in das Verdammungs-, Absolutions- oder Lossprechungs-Urtheil nicht eingerückt werden, so soll der competente Richter unter dem bemeldeten Verzeichniß gegen denjenigen, wogegen es sich gebührt, einen executorischen Befehl erlassen.

Art. 164. Der Secretair soll dem beim Enregistrement angestellten und mit der Eintreibung beauftragten Empfänger in der kürzesten Zeitfrist einen Auszug des Decrets, oder des Urtheils oder Erkenntnisses, insoweit es die Festsetzung oder Verurtheilung zur Rückerstattung betrifft, oder eine Abschrift des im vorhergehenden Artikel erwähnten Executorial-Decrets zustellen.

Sie werden daher, Herr General-Advocat, beauftragt, dafür Sorge zu tragen, daß diesen gesetzlichen Bestimmungen überall genau nachgekommen werde, und hierzu die Ober-Procuratoren und Secretariats-Beamten anzuweisen.

Berlin, den 9. Februar 1821.

An den ersten Herrn General-Advocaten beim rheinischen Appellations-Gerichtshofe zu Cöln.

Der Justiz-Minister
v. Kircheisen.

a.

Durch das französische Decret vom 18. Juni 1811 sind die Gerichtsschreiber bei den sämmtlichen Tribunälen und Gerichten angewiesen, jedesmal, wenn bei criminellen, correctionellen oder Polizei-Proceduren ein Angeklagter zur Erstattung der Gerichtskosten an den Staat verurtheilt wird, die Liquidation dieser Kosten aufzustellen und an die betreffende Casse zur Erhebung zu übergeben. Schon unter der französischen Regierung aber scheinen die Gerichtsschreiber in der Erfüllung dieser Verbindlichkeit oft nachlässig gewesen zu sein, und der Justiz-Minister war daher genöthigt, die Ober-Procuratoren, Procuratoren &c. aufzufordern, für die Befolgung dieser Vorschrift zu sorgen, wie Ew. Excellenz aus der anliegenden gedruckten Instruction des General-Domainen-Directors vom 22. Juni 1813 hochgefälligst ersehen werden.

Die nämliche Nachlässigkeit von Seiten der Gerichtsschreiber wird auch jetzt noch öfters bemerkt, und es kommen uns nicht selten Strafurtheile in Criminal- oder zuchtpolizeilichen Sachen zur Erhebung zu, worin es heißt:

der N. N. wird verurtheilt zu einer Strafe von ...... Franken und zu den Kosten,

ohne daß der Betrag dieser Kosten in dem Urtheil, oder in einer nachträglich gehörig festgesetzten Liquidation angegeben wäre.

Wir erlauben uns daher Ew. Excellenz gehorsamst zu bitten, des Herrn Justiz-Ministers Excellenz hochgefälligst veranlassen zu wollen, die königlichen Ober-Procuratoren und Procuratoren auf der linken Rheinseite, so wie bei dem rheinischen Revisionshofe in Berlin anzuweisen, dafür zu sorgen, daß die Gerichtsschreiber jedesmal, wenn ein Angeklagter zur Erstattung von Kosten an den Staat verurtheilt wird, auch nach den Acten die Liquidation dieser zu erstattenden Kosten aufstellen und den Betrag entweder in der Ausfertigung der Urtheile angeben oder die gedachte Liquidation durch den Präsidenten oder betreffenden Richter feststellen und sodann an uns gelangen lassen.

Coblenz, den 5. Januar 1821.

An Die Regierung.

des königlichen Geheimen Staats- und Finanz-Ministers Herrn von Klewitz Excellenz.

## b.

In dem, nebst einer Beilage, mit der Bitte um gefällige Rücksendung, urschriftlich angeschlossenen Berichte vom 5. d. M. trägt die Regierung zu Coblenz darauf an, daß die Ober-Procuratoren und Procuratoren auf dem linken Rheinufer, so wie bei dem rheinischen Revisionshofe hieselbst, angewiesen werden möchten, dafür zu sorgen, daß die Gerichtsschreiber jedesmal, wenn ein Angeklagter zur Erstattung von Kosten an den Staat verurtheilt wird, auch nach den Acten die Liquidation dieser Kosten aufstellen und den Betrag entweder in der Ausfertigung des Urtheils angeben, oder die Liquidation durch den Präsidenten oder den betreffenden Richter feststellen und sodann an die Regierung gelangen lassen.

Ew. Excellenz ersuche ich ganz ergebenst, nach diesem, wie es scheint, völlig begründeten Antrage, gefälligst verfügen und davon mich benachrichtigen zu wollen.

Berlin, den 30. Januar 1821.

An v. Klewitz.

des königlichen wirklichen Geheimen Staats- und Justiz-Ministers Herrn v. Kircheisen Excellenz.

## 399.

Uebereinkommen mit der hessen-homburgischen Regierung wegen wechselseitiger Beförderung gerichtlicher Insinuationen.

In der Anlage erhalten Sie, Herr General-Advocat, Abschrift eines Schreibens des königl. Ministerii der auswärtigen Angelegenheiten vom 9. d. M.

die nähere mit Hessen-Homburg getroffene Vereinbarung wegen der gerichtlichen Insinuation aus oder nach dem Homburgschen betreffend,

in Verfolg der Ihnen unter dem 31. v. M. gemachten Mittheilung über den nemlichen Gegenstand zur Nachricht und Achtung. Berlin, den 15. Februar 1821.

An den ersten Herrn General-Advocaten am rheinischen Appellations-Gerichtshofe zu Cöln.

Der Justiz-Minister v. Kircheisen.

a.

Nach einer so eben an das Ministerium der auswärtigen Angelegenheiten gelangten Erklärung ist die hessen-homburgische Regierung nunmehr ganz in den diesseitigen Vorschlag wegen der Beförderung der gerichtlichen Insinuations-Sachen eingegangen, und es ändert sich daher in dieser Beziehung die Euer Excellenz in meinem Schreiben vom 12. v. M. gemachte Mittheilung dahin ab:

daß die diesseitigen Insinuations-Sachen durch den königlichen General-Procurator des Appellationshofes zu Cöln, je nachdem sie nach dem jenseits oder diesseits rheinischen Gebietstheile von Hessen-Homburg bestimmt sind, an das landgräfliche Ober-Amt zu Meissenheim oder an die landgräfliche Regierung zu Homburg, die aus Hessen-Homburg nach den preußischen Staaten bestimmten Insinuanda aber von den erwähnten beiden hessischen Gerichten an den General-Procurator zu Cöln gelangen, daß bei dieser ganzen Communication weder Porto noch andere Kosten berechnet und erstattet, und die beiderseitigen Briefe mit den Bezeichnungen: „Herrschaftliche gerichtliche Insinuations-Sachen" versehen werden sollen.

Die hessen-homburgische Regierung hat gleich bei Abgabe dieser Erklärung den Wunsch ausgedrückt, daß darnach alsbald verfahren werden möchte. Meines Erachtens wird dies ohne alles Bedenken geschehen, und überhaupt durch eine diesseitige schließliche gesandtschaftliche Erklärung die Sache für abgemacht angenommen werden können, ohne erst bei der Unbedeutsamkeit des Gegenstandes besondere Ministerial-Erklärungen, wie bei den andern deutschen Staaten, mit welchen über diesen Gegenstand verhandelt worden ist, auszutauschen.

Ew. Excellenz ersuche ich daher im Fall des gehofften Einverständnisses ganz ergebenst: von der mit Hessen-Homburg getroffenen Vereinbarung den General-Procurator in Cöln und die übrigen Gerichtsbehörden in Kenntniß setzen und mich davon geneigtest benachrichtigen zu wollen.

Berlin, den 9. Februar 1821.

Ministerium der auswärtigen Angelegenheiten.

An
des königl. Geheimen Staats- und Justiz-Ministers Herrn v. Kircheisen Excellenz.

## 400.

Die beim Justiz-Senat zu Coblenz eingehenden Proceßschriften und Vorstellungen müssen von einem Advocaten des Collegii unterschrieben sein.

Da seit einiger Zeit öfters sowohl einzelne Proceßschriften, als auch und vorzüglich einzelne Vorstellungen und Memorialien aller Art, ohne weder auf den verordneten Stempelbogen geschrieben, noch von einem hiesigen Anwalte unterschrieben zu sein, von den betreffenden Personen selbst bei uns eingereicht werden, dieses aber den schon ältern Verordnungen eben so sehr zuwider ist, als dadurch Unordnung und Mißbrauch häufig erzeuget wird, als finden wir uns dadurch veranlaßt, hiermit zu Jedermanns Wissenschaft bekannt zu machen: daß forthin weder einzelne Proceßschriften noch irgend andere Vorstellungen und schriftliche Eingaben, wenn solche nicht von einem bei den untenbenannten Collegio angestellten Anwalte unterzeichnet, oder nicht auf den gehörigen Stempelbogen geschrieben, oder aber bei etwa vorwaltender Armuth nicht mit einem gerichtlichen Unvermögenheitsatteste belegt sind, von uns oder unserer Kanzlei angenommen, sondern sofort ohne Decretur zurück gegeben werden sollen.

Coblenz, den 16. Februar 1821.

Königlicher Justiz-Senat.

Wurzer. Hertel.

## 401.

Verpflichtung der Anwälte des Justiz-Senats zu Coblenz zur Betreibung der von ihnen ohne Vorschußleistung der Partheien angenommenen Sachen.

Es hat sich schon mehreremale ereignet, daß durch die Präliminar-Verhandlungen der Anwälte mit den Partheien über zu leistenden Vorschuß und dergleichen, die Appellationsfristen versäumt worden sind. Ob wir nun gleich die dem Anwalte zustehende freie Wahl: die Sache, welche ihm zum Betriebe angetragen wird, anzunehmen oder auszuschlagen —

irgend zu beschränken nicht gemeint sind, so finden wir uns doch, zu Abwendung der den Partheien durch solche Fristversäumnisse zugehenden Nachtheile, dadurch veranlaßt, unsere Anwälte, zufolge des in der Natur der Sache gegründeten Verhältnisses, hiermit darauf aufmerksam zu machen, daß, sobald ein Anwalt den ihm offerirten Betrieb einer Sache nicht ohne Weiteres definitiv ablehnt, und dem Offerenten dieses sofort kund thut, vielmehr sich mit demselben in Unterhandlungen über zu leistenden Vorschuß, oder sonstige zu erfüllende Bedingnisse einläßt, dieser Anwalt während dieser Unterhandlungen schlechthin gehalten sei, die Sache einstweilen zu betreiben, und namentlich die dabei vorkommenden Fristen zu wahren.

Zuwiderhandlungen werden wir in vorkommenden Fällen nach Beschaffenheit der Sache nicht nur gebührend rügen, sondern auch in jedem Falle den säumigen Anwalt für allen seiner Parthei dadurch verursachten Schaden verantwortlich halten. Coblenz, den 23. Februar 1821.

Der königliche Justiz-Senat.

Wurzer. Hertel.

## 402.

### Straferkenntnisse gegen beurlaubte Landwehrmänner.

Auf Ihren Bericht vom 3. d. Mts., die Straferkenntnisse gegen beurlaubte Landwehrmänner betreffend, eröffne ich Ihnen, Herr General-Advocat, daß ich gegen den von Ihnen eingereichten Entwurf der Instruction für die königlichen Ober-Procuratoren nichts zu erinnern finde, daher Sie das weiter Erforderliche dieserhalb zu veranlassen haben.

Berlin, den 23. Februar 1821.

An den ersten Herrn General-Advocaten beim rheinischen Appellations-Gerichtshofe zu Cöln.

Der Justiz-Minister v. Kircheisen.

### a.

### Instruction für die königlichen Ober-Procuratoren.

Die abschriftlich hier beiliegende Circular-Verfügung des hohen Justiz-Ministeriums vom 10. Januar 1821 nebst früherer Circular-Verfügung vom 1. November 1819 wird gemäß der mir zugekommenen Weisung durch die Amtsblätter zur Anweisung der Gerichte bekannt gemacht werden. Hierbei halte ich jedoch vor allem es nöthig, Ihnen, Herr Ober-

Procurator, einige Ansichten mitzutheilen, welchen ich Sie nachzukommen ersuche.

Vor's erste muß ich Ihnen bemerken, daß die Befugniß der Gerichte, in den geeigneten Fällen die Versetzung in die zweite Classe des Soldatenstandes so wie den Verlust des Landwehrkreuzes, des National-Militair-Abzeichens und der Kriegsdenkmünzen auszusprechen, auf keine Weise bezweifelt werden kann.

Es handelt sich hierbei nämlich von Anwendung besonderer Bestimmungen, die aus dem eigenen Militair-Verhältnisse der vor Gericht stehenden Personen herrühren, und deren Anwendung also nothwendig dem Civilgerichte anheim stellt, da diese Personen nach Allerhöchster Verfügung ihrer gewöhnlichen Gerichtsbarkeit mit der Auflage unterworfen bleiben, daß auf die Anforderungen des Militairverhältnisses bei dem Straferkenntnisse Rücksicht genommen werde.

Ich muß es Ihnen, Herr Ober-Procurator, daher noch zur besondern Pflicht machen, daß Sie gegen jedes Urtheil die dienlichen Rechtsmittel ergreifen, welches diese Befugniß der Gerichte in Zweifel ziehen und bestreiten, so wie aus solchem Grunde auf besagte zusätzliche Strafverfügungen zu erkennen weigern werde.

Sodann darf ich nicht unterlassen, Sie darauf aufmerksam zu machen, daß Sie bei Criminalfällen Ihren Antrag nur auf den Verlust der Kriegsdenkmünze zu richten haben werden. Denn bei Verbrechen, die eine durch die hiesigen Gesetze ausgesprochene Criminalstrafe nach sich ziehen, macht es die dermalige Verfassung unthunlich, daß zugleich auf eine Versetzung in die zweite Classe des Soldatenstandes und den Verlust des Landwehrkreuzes angetragen werde, indem nach den Artikeln 28 und 34 des Strafgesetzbuchs, jede darin vorgesehene Criminalstrafe eine Unwürdigkeit in der Armee oder als Soldat zu dienen mit sich führt und von Rechtswegen nach sich zieht.

Schließlich muß ich Sie, Herr Ober-Procurator, ersuchen, dahin zu sehen, daß nicht bloß bei correctionellen Diebstählen, sondern auch bei jenen mit einer bloßen correctionellen Strafe zu belegenden Vergehen, bei welchen sich ehrwidrige Gesinnungen zeigen, die Versetzung in die zweite Classe des Soldatenstandes so wie der Verlust des Landwehrkreuzes und der Kriegsdenkmünzen ausgesprochen werde. Daß hierauf bei Diebstählen und Diebshehlerei selbst wenn nur eine correctionelle Gefängnißstrafe angesetzt wird, zu erkennen sei, steht wohl außer allem Zweifel, aber auch jene andern Vergehen, welche in Hinsicht der Gesinnung so sie verrathen, sich als entehrend darstellen, erfordern es, daß nach Maaßgabe der bestehenden Verfügungen die Versetzung in die zweite Classe des Soldatenstandes, so wie der Verlust des Landwehrkreuzes und der Kriegsdenkmünzen in Antrag gebracht werde.

Nur durch eine solche Anwendung der besagten Verfügungen läßt sich jene Gleichförmigkeit in den das Militair-Verhältniß betreffenden Strafbestimmungen herbeiführen, auf welche nach dem in der Kabinets-Ordre vom 14. September 1820 ausgesprochenen Allerhöchsten Willen Sr. Majestät unnachläßlich hingearbeitet werden muß.

## 403.

### Uebernahme der Untersuchungen gegen Landwehrmänner Seitens der Civil-Justizbeamten.

Auf Ihren Bericht vom 27. December v. J.,
betreffend die Uebernahme der Untersuchungen gegen Landwehrmänner Seitens der Civil-Justizpersonen,
eröffne ich Ihnen, Herr General-Advocat, daß auf die von Ihnen unter dem 15. December an den königlichen Ober-Procurator zu Aachen erlassene Verfügung abzuwarten ist, ob die Militairbehörde ihr Ansuchen erneuern wird. Was dagegen die im §. 34. der Instruction für die Inspecteure und Commandeure der Landwehr vom 10. December 1816 vorgeschriebene Zuziehung der Civil-Justizbedienten bei den danach abzuhaltenden monatlichen Kriegesgerichtstagen berifft, so ist solche durch die Verfügung vom 13. October pr. nicht aufgehoben. Es muß daher der darauf gegründeten Requisition des Herrn General-Majors v. Tippelskirch ein Genüge geleistet werden, und findet auch für diese Hülfsleistung keine Remuneration des Civilrichters statt.

Berlin, den 26. Februar 1821.

An den ersten Herrn General-Advocaten bei dem rheinischen Appellations-Gerichtshofe zu Cöln.

Der Justiz-Minister
v. Kircheisen.

### a.

Des Königs Majestät haben mittelst einer an Allerhöchstdero Kriegs-Ministerium erlassenen Kabinets-Ordre zu bestimmen geruhet: daß die Brigade-Commandeure der Landwehr hinführo überall ihren Aufenthalt in dem Staabsquartiere ihrer resp. Divisionen nehmen sollen. In Gefolge dessen sind von Seiten der königlichen General-Commandos die Brigade-Commandeure angewiesen worden:

daß sie die Civil-Justizbeamten, die ihnen, in Ermangelung von Auditeuren in ihren Wohnsitzen, zur Führung der bei den Landwehrstäben vorkommenden Untersuchungen, beigegeben worden, nunmehr von diesem Geschäfte entbinden und die denselben noch gebührende Vergütigung durch das betreffende königliche Ober-Landesgericht auf dem gebräuchlichen Wege in Antrag bringen lassen, indem die Auditeure der Divisionen, nach dem Eintreffen der Landwehrbrigade-Commandeure in die Divisionsquartiere die qu. Geschäfte fortan allgemein zu besorgen haben.

Hiervon werden Sie, Herr Geheimer Ober-Revisions-Rath und erster General-Advocat, in Kenntniß gesetzt, um die Liquidationen nach den bisherigen Sätzen für die Civil-Justizbeamten, welche mit der Führung der Untersuchungen wider Landwehrmänner, bei den Stäben beauftragt gewesen sind, einzureichen, sobald die diesfälligen Functionen dieser Beamten aufhören. Berlin, den 13. October 1820.

An den königlichen Geheimen Ober-Revisions-Rath und ersten General-Advocaten bei dem Appellationshofe Herrn Bölling zu Cöln.

Der Justiz-Minister
v. Kircheisen.

## 404.

Die Strafgesetze und das Verfahren bei Verbrechen und Vergehungen gegen den Staat und dessen Oberhaupt und bei Dienstvergehen der Verwaltungsbeamten.

Die in Ihrem Berichte vom 28. vorigen Monats entwickelten Grundsätze, daß in Beziehung auf die Strafgesetze, welche die Majestät des Souverains und die innere Ruhe des Staats gegen frevelhafte Angriffe und Umtriebe sichern, in Meiner Monarchie nur Ein inneres Staatsrecht gelten könne, und daß zu demselben die Strafgesetze für diese Gattung von Verbrechen wesentlich gehören, daß mithin die darauf sich beziehenden Bestimmungen des Allgemeinen Landrechts und der Criminal-Ordnung in allen Meinen Staaten gelten müssen, sind so sehr in der Natur der Sache, als in Meiner durch das Besitzergreifungs-Patent für Meine rheinischen Provinzen ausgesprochenen Absicht gegründet, daß Ich sie durchaus genehmige und bestätige, und demgemäß bestimme:

1) daß auch in den rheinischen Provinzen die Untersuchung der Verbrechen und Vergehungen gegen den

Staat und dessen Oberhaupt, so wie der Dienstvergehen der Verwaltungsbeamten nach den Vorschriften der Allgemeinen Criminalordnung vom 11. December 1805 und den nach ihrer Publikation ergangenen Erläuterungen und näheren Bestimmungen geführt werden sollen;

2) daß alle Einwohner der Rheinprovinzen und die darin sich aufhaltenden Individuen, welche wegen Verbrechen oder Vergehen gegen den Staat oder dessen Oberhaupt zur Untersuchung gezogen werden, in den Fällen, in welchen Ich zu deren Untersuchung oder Entscheidung eine eigene Behörde niedergesetzt habe, lediglich vor dieselbe gestellt, und zur Untersuchung oder Bestrafung gezogen werden sollen;

3) daß von nun an wegen dieser, unter 2. gedachten Verbrechen und Vergehen lediglich die, im Allgemeinen Landrechte Thl. II. Tit. XX. §. 91. bis §. 213. und den darauf sich beziehenden Erläuterungen festgesetzten Strafen angewendet, jedoch frühere Fälle nach dem Gesetze, welches die mildere Strafe bestimmt, bestraft werden sollen; und

4) daß in Ansehung aller Verwaltungsbeamten in den Rheinprovinzen die Bestimmungen des Allgemeinen Landrechts Thl. II. Tit. XX. §. 323. bis §. 508. incl., in so weit sie in den alten Provinzen Meines Reichs noch gültig sind, mit den sie ergänzenden Vorschriften, jedoch ebenfalls unter der am Schlusse des Numeri 3., wegen früherer Fälle bemerkten Bestimmung, angewendet werden sollen.

Ich beauftrage Sie, den Justiz-Minister, diese Meine Willensmeinung den Gerichtsbehörden zur Nachachtung vorzuschreiben, und Sie, den Staats-Minister v. Schuckmann, wegen der Bestimmung unter 4. das etwa Erforderliche zu veranlassen. Berlin, am 6. März 1821.

An Friedrich Wilhelm.
die Ministerial-Commission.

## 405.

Einsendung der Cassationsgesuche und Untersuchungsacten an den General-Procurator des rheinischen Cassationshofes.

Die Einsendung der Cassationsgesuche und Untersuchungsacten an den Chef der Justiz, welche durch den Art. 423. der französischen Criminal-Proceß-Ordnung vorgeschrieben ist, ziehet, ohne einen wesentlichen Nutzen zu erzeugen, einen unnöthigen Aufenthalt in dem Fortgange der Sache nach sich.

Sie werden daher beauftragt, Herr General-Advocat, die sämmtlichen Staats-Anwälde dahin anzuweisen, daß sie fortan dergleichen Gesuche, unter Beifügung der betreffenden Verhandlungen, sofort an den königlichen General-Procurator bei dem Cassationshofe absenden, um die weiteren amtlichen Anträge darin zu machen, und in zweifelhaften Fällen, wo das Cassationsgesuch von einem Staats-Anwalde selbst eingelegt ist, an mich zu berichten.

Die Remission der Acten an Sie, Herr General-Advocat, so wie die Zufertigung der von dem Cassationshofe ausgesprochenen Urtheile wird vor wie nach von meinem Ministerium ausgehen. Berlin, den 10. März 1821.

An den ersten königlichen Herrn General-Advocaten zu Cöln.

Der Justiz-Minister v. Kircheisen.

Aus der abschriftlichen Anlage gebe ich Ihnen, Herr General-Procurator, zur Nachricht und Achtung zu ersehen, was ich

wegen der künftighin unmittelbar an Sie zu bewirkenden Einsendung der Cassationsgesuche, so wie der betreffenden Untersuchungsacten

an den ersten königlichen General-Advocaten zu Cöln erlassen habe. Berlin, den 10. März 1821.

An den königlichen Herrn General-Procurator bei dem Revisions- nnd Cassationshofe hieselbst.

Der Justiz-Minister v. Kircheisen.

## 406.

### Beitritt der Justizbeamten zur allgemeinen Wittwenverpflegungsanstalt.

Da die Organisation der Gerichte im Großherzogthum Nieder-Rhein theils beendigt ist, theils in kurzer Zeit ganz beendiget sein wird, so sind die Hindernisse gehoben, welche mich auf den Bericht der Immediat-Justiz-Commission vom 28. November 1816 bestimmt haben, unter dem 7. December desselben Jahres es zu genehmigen, daß die Heiraths-Consense für die Justiz-Beamten in den Rheinprovinzen nicht vom Beitritt zur allgemeinen Wittwenverpflegungsanstalt abhängig gemacht würden.

Es müssen daher jetzt die Bestimmungen, welche hierüber durch die Allerhöchsten Kabinets-Befehle vom 18. October 1800, vom 17. Juli 1816 und 3. September 1817 getroffen worden sind, auch dort zur Ausübung kommen und kein Justiz-Beamter, jedoch mit Ausschluß der Advocaten, Notarien und Huissiers, getraut werden, wenn er nicht den Obliegenheiten der gedachten Kabinets-Ordre genügt.

In dieser Hinsicht beauftrage ich Sie, Herr General-Advocat, die erforderlichen Bekanntmachungen durch die Amtsblätter zu veranlassen und es zu bewirken, daß die Personenstands-Beamten, und im ostrheinischen Theile des Coblenzer Regierungs-Departements die Pfarrer, die Anweisung erhalten, keinen der gedachten Justiz-Beamten ehelich zu verbinden und zu trauen, in so fern nicht der Consens der competenten Behörde beigebracht worden ist. In Ansehung der Behörden, welche zur Ertheilung dieses Consenses competent sein sollen, wird bestimmt, daß der Consens der Friedensrichter, der Unterrichter im ostrheinischen Theile des Coblenzer Bezirks und der Unterbeamten in allen Gerichten, von der Genehmigung des General-Procurators beim rheinischen Revisionshofe oder seines Stellvertreters abhängig sein soll, dagegen ist der Consens für die übrigen Beamten höhern Ranges, so wie für die Procuratoren bei mir einzuholen.

Die den Consens ertheilenden Behörden müssen dahin sehen, daß diejenigen, welche denselben unter dem Versprechen des Beitritts erhalten, auch diese Verpflichtung erfüllen, und eventualiter durch Strafbefehle oder Gehaltsabzüge zur Genügung der Verpflichtung dazu angehalten werden.

Zugleich erhalten Sie Abschrift der am 9. August 1819 an das Oberlandesgericht zu Glogau erlassenen Verfügung, wegen der Bezahlung der Beiträge zur allgemeinen Wittwenverpflegungsanstalt, und des Schreibens vom 9. August 1819 an die allgemeine Wittwen-Verpflegungs-Casse, um daraus zu ersehen, welche Bestimmungen wegen der Berichtigung der Beiträge zu treffen. Berlin, den 12. März 1821.

An den ersten Herrn General-Advocaten bei dem rheinischen Appellations-Gerichtshofe zu Cöln.

Der Justiz-Minister
v. Kircheisen.

a.

Da die allgemeine Wittwenverpflegungsanstalt bei ihrer Casse keine Geldsendungen von außerhalb Berlin annimmt, so ist, wie die Bekanntmachung derselben vom 16. Januar c. ergiebt, bestimmt worden, daß zur Erleichterung der bei der Anstalt associirten Beamten die Haupt-Instituten und

Communal-Cassen bei den Regierungen die Beiträge der Beamten annehmen werden. Damit nun diese nicht zu sehr belästigt werden, ist es zweckmäßig, den Regierungen bekannt zu machen, welche Justiz-Officianten, die aus königlichen Cassen Gehalt empfangen, ihre Beiträge durch die Regierung berichtigen wollen, damit deren Beiträge, von den Zuschußgeldern, welche die Regierungen zur Justiz-Verwaltung zahlen, in Abzug gebracht und der Wittwen-Casse übersandt werden, dagegen aber die Beamten die Quittungen über den gezahlten Wittwencassen-Beitrag als Gehaltszahlung erhalten. Das königliche Oberlandesgericht hat daher alle besoldete Justizbeamten seines Departements, welche ihre Ehefrauen bei der allgemeinen Wittwencasse eingekauft haben, aufzufordern, sich zu erklären, ob sie die Beiträge durch die Regierung berichtigt zu sehen wünschen, und von denen, welche die Vortheile dieser Einrichtung genießen wollen, der Regierung zu Liegnitz ein Verzeichniß mitzutheilen, welches den Namen des Beamten, die Nummer seines Recognitionsscheins, den Betrag des zu zahlenden Beitrages und die Casse, aus der er sein Gehalt bezieht, enthält, und sich mit der Regierung wegen der Zahlungen zu einigen. Es wird zwar niemand, der seine Beiträge regelmäßig hier berichtigen läßt, gezwungen werden, sich seine Beiträge vom Gehalte abziehen zu lassen, indessen hat doch das Collegium diese Einrichtung möglichst zu befördern, da der Staat ein Interesse dabei hat, daß die Beiträge der Beamten gehörig entrichtet werden, damit nicht durch leichtsinnige Beamte, welche die Entrichtung der Beiträge unterlassen, das Recht der Wittwen auf Pension verloren gehe, und die Wittwen alsdann dem Staate zur Last fallen. Uebrigens bleibt es aber bei der Bestimmung, daß die Justizbedienten, welche mit ihren Beiträgen im Rückstande bleiben, das Recht der freiwilligen Entrichtung verlieren und sich gefallen lassen müssen, daß ihnen die Beiträge vom Gehalte abgezogen werden. Berlin, den 9. August 1819.

An das königliche Oberlandesgericht zu Glogau.

Der Justiz-Minister v. Kircheisen.

## 407.

### Legalisationsverfahren der nach Frankreich gehenden Urkunden.

In der abschriftlichen Anlage erhalten Sie, Herr General-Advocat, das Schreiben des königlichen Ministerii der auswärtigen Angelegenheiten vom 19. dieses Monats, betreffend das Legalisations-Verfahren bei allen, aus königl. preuß. Provinzen nach Frankreich gehenden Actenstücken,

um demgemäß die erforderlichen Anträge bei den rheinischen Justizbehörden zu machen. Berlin, den 31. März 1821.

An den königlichen Geheimen Ober-Revisions-Rath und ersten General-Advocaten Herrn Bölling zu Cöln.

Der Justiz-Minister
v. Kircheisen.

a.

Der Herr Gesandte zu Paris hat sich darüber beklagt, daß ihm aus königlichen Provinzen Actenstücke zur Beglaubigung vorkommen, die mit andern Unterschriften als mit denjenigen, welche demselben bereits vorliegen, versehen sind. Es zeichneten z. B. oft Regierungs-Räthe und Appellations-Gerichts-Räthe für und in Abwesenheit der Herren Präsidenten, Directoren und General-Advocaten, ohne daß ihm die Unterschriften der ersteren bekannt gemacht worden wären.

Da nun in solchen Fällen der Gesandte die Legalisirung verweigern muß, wodurch nicht nur der Geschäftsgang verzögert wird, sondern auch dadurch manchmal für die Interessenten Nachtheile entstehen können, so beehre ich mich Ew. Excellenz ganz ergebenst zu ersuchen, die königlichen Landes-Justiz-Collegien geneigtest anhalten zu wollen, daß sie dem eingeführten Legalisations-Verfahren: „bei allen nach Frankreich gehenden Actenstücken sich keiner andern Unterschrift zur Vollziehung oder Legalisation zu bedienen, als derjenigen, welche dem Gesandten zu Paris vorliegen," genau nachkommen, und wenn seit Ertheilung der diesem Gesandten vorliegenden Unterschriften, eine Veränderung in jenem Personale eingetreten sein sollte, darüber Anzeige machen und neue Unterschriften einsenden. Berlin, den 19. März 1821.

Ministerium der auswärtigen Angelegenheiten.

An des königlichen Geheimen Staats- und Justiz-Ministers Herrn v. Kircheisen Excellenz.

## 408.

### Sind Minderjährige im ostrheinischen Theile der Regierung zu Coblenz durch Verheirathung als großjährig zu betrachten?

Dem Senat des königlichen rheinischen Appellations

Gerichtshofes für ostrheinische Sachen eximirten Gerichtsstandes wird auf dessen Bericht vom 15. d. M. über die von dem Justiz-Senat zu Ehrenbreitstein aufgeworfene Frage:

ob und in wiefern Minderjährige durch die Heirath als großjährig anzusehen sind?

eröffnet, daß der Justiz-Minister es nicht für angemessen hält, daß, bevor durch eine allgemeine Bestimmung die Gesetzgebung in dem ostrheinischen Theil des Coblenzer Regierungsbezirks festgestellt ist, über einen so speciellen Gegenstand abändernde provisorische Gesetze in Antrag gebracht werden. Der Chef der Justiz pflichtet daher der von dem königl. Senat des rheinischen Appellations-Gerichtshofes geäußerten Meinung bei,

daß vorläufig die bisherigen Gesetze noch ferner zur Entscheidungs-Norm dienen müssen.

Das Collegium wird authorisirt, den Justiz-Senat nach dieser Ansicht zu bescheiden.

Berlin, den 31. März 1821. Der Justiz-Minister
v. Kircheisen.

An
den Senat des königl. Appellationsgerichtshofes für ostrheinische Sachen eximirten Gerichtsstandes zu Cöln.

## 409.

### Vorladung von Ausländern als Zeugen in Untersuchungen.

Auf die in Ihrem Berichte vom 22. v. M.,

betreffend die Vorladungen auswärtiger Zeugen in der Untersuchungssache wider N. N.

aufgeworfene Frage:

ob sich das kaiserlich österreichische Gouvernement weigern würde, dortige Unterthanen als Zeugen zu sistiren, wenn sie durch hinreichende Diäten für Reise und Versäumniß entschädigt würden,

bemerke ich im Allgemeinen, daß nach der Verfassung niemand gehalten werden kann, auf Vorladung ausländischer Gerichte als Zeuge zu erscheinen, sondern in der Regel seine Vernehmung nur durch die Gerichte, unter welchen er stehet, zu veranlassen ist. Die von Ihnen vorgeschlagene außerordentliche Verausgabung der durch solche Vorladungen ausländischen Zeugen erwachsenden Kosten erscheint ganz unthunlich. Ich beauftrage Sie vielmehr, Herr General-Advocat, die Verfügung zu treffen, daß der Instructions-Richter in allen dergleichen Fällen einen statum causae anfertige, um nach Anleitung desselben die Vernehmung der auswärtigen Zeugen durch Requisition ihrer Gerichte zu bewirken und von den darüber abgehaltenen gehörig zu beglaubigenden Verhandlungen im Fortgange des Verfahrens den nöthigen Gebrauch zu machen. Eine Ausnahme hiervon kann nur alsdann Platz greifen, wenn der Inculpat vermögend genug ist, die in Rede stehenden Kosten zu tragen und die vorgeladenen auswärtigen Zeugen sich gegen die ihnen zu bewilligende Vergütigung freiwillig zu gestellen bereit sind. Es läßt sich erwarten, daß unter dieser Voraussetzung weder die österreichische, noch eine sonstige auswärtige Behörde sich weigern wird, die Sistirung der vorgeladenden Zeugen zuzulassen.

Berlin, den 4. April 1821. Der Justiz-Minister
v. Kircheisen.

An
den ersten Herrn General-Advocaten bei dem rheinischen Appellations-Gerichtshofe zu Cöln.

## 410.

Einsendung der Referenten-Tabellen von den beim Anklage-Senate des Appellationshofes verhandelten Sachen.

Auf Ihren Bericht vom 20. v. M.

die Einsendung der Proceß- und Referenten-Tabellen des rheinischen Appellationsgerichtshofes betreffend,

veranlasse ich Sie, Herr General-Advocat, in Verfolg des Nachweises ad E. für die baldige Erledigung der unerledigt gebliebenen 23 Sachen aus den vormals nassauischen Landestheilen zu sorgen.

Uebrigens ist dem Chef der Justiz sehr wohl bekannt gewesen, daß in den bei den dortigen Gerichten mündlich verhandelten Sachen, entweder der Präsident oder ein von ihm beauftragter Rath die in den vorhergegangenen Audienzen vorgetragenen Sachen reassumirt und die Entscheidung redigirt. Indessen müssen für die Folge über diese Distribution förmliche Listen gehalten werden, und verbleibt es in dieser Hinsicht bei der Verfügung vom 8. Januar c. und der Ihnen darin ertheilten Anweisung, so daß die Referenten-Tabellen vierteljährig im Anfange Februar, Mai, August und November einzureichen sind. Da nicht weniger bei dem Anklage-Senat die von dem öffentlichen Ministerium zum Vortrag zu bringenden Sachen einem der Räthe zugestellt werden, um sich vorher daraus zu informiren, und bei dem Vortrag gemeinschaftlich mit dem öffentlichen Ministerio die nöthigen Bemerkungen machen zu können, so müssen auch

Referenten-Listen von dem Anklage-Senate zu den in dem Rescripte vom 8. Januar d. J. bestimmten Terminen eingereicht werden.

Berlin, den 9. April 1821. Der Justiz-Minister
v. Kircheisen.

An
den ersten Herrn General-Advocaten bei dem rheinischen Appellations-Gerichtshofe zu Cöln.

## 411.

### Untersuchungs-Verfahren bei Dienstvergehen der Verwaltungs-Beamten.

Auf die in Ihrem Berichte vom 24. v. M.

die Allerhöchste Verordnung über die Strafgesetze und Verfahren bei Majestäts-Verbrechen und bei Dienst-Vergehen der Verwaltungs-Beamten betreffend,

aufgestellten Zweifel und gemachten Anfragen, wird Ihnen, Herr General-Advocat, Folgendes eröffnet:

Sie glauben, daß die dortigen Gerichte noch eine nähere Instruction über die Ausführung und Anwendung der Verordnung zu erwarten hätten. Einer solchen Instruction bedarf es nicht; die Allerhöchste Kabinets-Ordre spricht die Nothwendigkeit derselben nicht aus, sondern sagt bloß, daß die Königliche Willensmeinung den Gerichtsbehörden zur Nachachtung vorgeschrieben werden solle.

Nachdem die gedachte Kabinets-Ordre in der Gesetzsammlung aufgenommen worden ist, müssen sich die Justizbehörden ohne specielle Vorschrift des Justiz-Ministers darnach achten.

Für die rechtshängigen Untersuchungen wegen solcher Verbrechen, welche gegen den Staat und dessen Oberhaupt begangen sind, finden sich bereits besondere Commissionen unter der Leitung der Allerhöchst ernannten Ministerial-Commission angeordnet.

Für diejenigen Arten der Untersuchungen, welche Dienstvergehen der Verwaltungsbeamten betreffen, wird auf vorgängige Anzeige und nach allenfallsiger vorheriger Communication mit der betreffenden Verwaltungsbehörde das Weitere von dem Chef der Justiz festgestellt werden.

Zu diesem Behuf will ich eine bestimmte Anzeige von Ihnen gewärtigen,

ob und gegen welche Beamten dergleichen Untersuchungen wegen eigentlicher Dienstvergehen gegenwärtig obschweben und in welcher Lage sie sich befinden?

Die Einwirkung des öffentlichen Ministeriums kann — den Vorschriften der zur Anwendung kommenden preußischen Criminal-Ordnung unbeschadet — vor wie nach dabei eintreten, so weit es auf die erste Einleitung der Untersuchung und auf die Aufsicht über die rasche und zweckmäßige Führung derselben, so wie auf die Vollstreckung der Erkenntnisse ankommt. Auch können nach geschlossener Instruction die Anträge des öffentlichen Ministeriums schriftlich zu den Acten gegeben werden. Hinsichtlich der Instruction treten die Vorschriften der Criminal-Ordnung ein,

daß unter dem allgemeinen Ausdruck: „Verwaltungs-Beamte" auch alle übrigen Staatsbeamten und namentlich die Justizbeamten zu begreifen sind; dies hat nach Th. II. Tit. 10. §. 68. und Th. II. Tit. 20. §. 365. des Allgemeinen Landrechts kein Bedenken.

In Absicht der Frage, ob die jetzt anhängigen Untersuchungen gegen mehrere Verwaltungs- und Finanz-Beamten noch in bisheriger Art und Form fortzusetzen oder ebenfalls jetzt gleich schon in die vorgeschriebene neue Form zu bringen und einzuleiten sein möchten? werde ich entscheiden, sobald die oben erforderten Nachweisungen der rechtshängigen Untersuchungen eingegangen sein werden.

Sobald übrigens bei einer Untersuchung es sich von einem bloßen nach der rheinischen Verfassung eintretenden Disciplinar-Vergehen gegen Justizbediente handelt, so kann es in den eintretenden Fällen vor wie nach bei den dort bestehenden Vorschriften verbleiben. Jedoch will ich in jedem besondern Falle Ihrem Berichte zur weitern Bescheidung entgegensehen.

Berlin, den 16. April 1821. Der Justiz-Minister v. Kircheisen.

An den ersten Herrn General-Advocaten bei dem rheinischen Appellations-Gerichtshofe zu Cöln.

## 412.

### Verfahren bei Vergehungen der mit Urlaubspässen in der Heimath verbleibenden Ersatzmannschaften.

Seine Majestät der König haben mittelst Allerhöchster Kabinets-Ordre vom 13. d. M. festzusetzen geruhet:

daß die, in Folge des jetzigen Beurlaubungs-Systems nach erfolgter Aushebung und Vereidigung bis zur wirklichen Einstellung, mit Urlaubspässen in der Heimath verbleibenden Ersatzmannschaften, während ihres

Aufenthalts daselbst und bis zur wirklichen Einstellung bei ihren Truppentheilen, gleich den in ihrer Heimath befindlichen Landwehrmännern und zur Kriegsreserve gehörigen Soldaten des stehenden Heeres, der Civilgerichtsbarkeit unterworfen bleiben sollen.

Es finden daher in Bezug auf das Verfahren bei Vergehungen, welche von solchen beurlaubten Ersatzmannschaften verübt werden, alle diejenigen Vorschriften Anwendung, welche wegen des Verfahrens bei Vergehungen der beurlaubten Landwehrmänner und der zur Kriegsreserve gehörigen Soldaten ertheilt worden sind.

Hiernach haben die Gerichte in den Rhein-Provinzen, denen Sie, Herr General-Advocat, diese Bestimmung durch die Amtsblätter bekannt zu machen haben, sich zu achten.

Berlin, den 21. April 1821.

An den königlichen Geheimen Ober-Revisions-Rath und ersten General-Advocaten des Appellationsgerichtshofes, Herrn Bölling zu Cöln.

Der Justiz-Minister
v. Kircheisen.

a.

Um die Gerichtsbarkeit der Ersatzmannschaften außer Zweifel zu stellen, welche in Folge des jetzigen Beurlaubungs-Systems nach erfolgter Aushebung und Vereidigung, bis zur wirklichen Einstellung mit Urlaubspässen in der Heimath verbleiben, bestimme Ich auf Ihren gemeinschaftlichen Bericht vom 11. d. M., daß diese Mannschaften, während ihres Aufenthalts daselbst und bis zur wirklichen Einstellung bei ihren Truppentheilen, gleich den in ihrer Heimath befindlichen Landwehrmännern und den Kriegsreserve-Mannschaften des stehenden Heeres, der Civilgerichtsbarkeit unterworfen bleiben und bei Vergehungen, nach Vorschrift der Instruction für die vormaligen Landwehr-Inspecteure vom 10. December 1816 A. §. 27, gegen sie zu verfahren ist. Ich überlasse Ihnen die Bekanntmachung dieser Bestimmung. Berlin, den 13. April 1821.

An die Staats-Minister v. Kircheisen und v. Hake.

Friedrich Wilhelm.

## 413.

### Entschädigung an Diäten und Reisekosten für Verwaltungs-Beamte.

Auf Ihre Berichte von resp. dem 24. November v. J. und dem 15. Januar d. J.

wegen Feststellung der Entschädigung an Diäten und Reisekosten für Verwaltungsbeamte,

erhalten Sie, Herr General-Advocat, Abschrift des diesfallsigen Schreibens der königlichen Ministerien des Innern und der Finanzen vom 12. pr., um daraus die Grundsätze zu entnehmen, welche die gedachten königlichen Ministerien über diesen Gegenstand aufgestellt haben, und mit denen ich ganz einverstanden bin.

Sie haben nunmehr demgemäß die königlichen Staats-Procuratoren zu instruiren und in vorkommenden Fällen darnach zu verfahren. Berlin, den 2. Mai 1821.

An den königlichen General-Advocaten bei dem rheinischen Appellationsgerichtshofe zu Cöln.

Der Justiz-Minister v. Kircheisen.

a.

Euer Excellenz haben in dem geehrten Schreiben vom 15. Februar d. J. bevorwortet, daß in der Regel kein Verwaltungsbeamter ohne Genehmigung seiner vorgesetzten Behörde angehalten werden dürfe, über Gegenstände seines Amts, so wie über die dasselbe betreffende Verwaltung, ein Zeugniß abzulegen, und daß er selbst in eintretenden speciellen Fällen nur schuldig sei, eine schriftliche Aeußerung nach Pflicht und Gewissen, sowie unter Bezugnahme auf seinen geleisteten Diensteid, abzugeben. Wir sind hiermit völlig einverstanden und ersuchen Euer Excellenz ergebenst, darnach die Justizbehörden in den Rhein-Provinzen gefälligst anweisen zu lassen.

Es ändert sich hierdurch das Verhältniß der Sache und der Gesichtspunkt, aus welchem dieselbe früher betrachtet worden ist, dahin, daß nur noch wenige Reisen in gerichtlichen Angelegenheiten vorkommen können, mithin der Gegenstand des Berichts der Regierung zu Aachen vom 29. Januar v. J. im Allgemeinen als erledigt erscheint. Sollte dessen ungeachtet ausnahmsweise der Fall eintreten, daß ein Beamter in dienstlicher Hinsicht vor einem auswärtigen (nicht in loco domicilii, oder außerhalb seines Wirkungskreises befindlichen) Gerichte persönlich erscheinen müßte; so wird dies immer nur als eine commissarische Diensthandlung, die derselbe, nach dem Vorstehenden, nur in Gefolge Auftrags seiner vorgesetzten Dienstbehörde verrichten darf, angesehen, und werden ihm daher auch diejenigen Diäten gewährt werden müssen, welche ihm die Gesetze für Dienstreisen und Handlungen solcher Art zubilligen. In diesen Fällen werden die Vorgesetzten und resp. Auftrag ertheilenden Behörden aber auch befugt sein, diejenigen Kosten für die Staats-Cassen zu reclamiren, welche nach den bestehenden gesetzlichen Vorschriften zu einer Erstattung geeignet sind und treten sodann die Staats-Fonds in die Cathegorie eines solchen Privati, der Behufs des Erscheinens vor Gericht, einen größeren Reise-Aufwand machen muß, als er wieder zu fordern berechtigt ist.

Ganz nach diesen Grundsätzen wird man auch die in criminalibus vorkommenden Amtsreisen ꝛc. der Beamten beurtheilen und den Uebelstand ausgleichen können, der in den Rheinprovinzen dadurch fühlbar geworden ist, daß mit den feststehenden Diäten und resp. Reise-Vergütungssätzen nicht ausgereicht werden kann.

Es bedarf wohl keiner Erwähnung, daß zwischen den Justiz- und den sonstigen Verwaltungsbeamten nur in so fern ein Unterschied statt finden kann, als die schon bestehenden besondern Vorschriften einen solchen machen, und für gewisse Dienstgeschäfte besondere Vergütungs-Sätze festgestellt haben.

Die gelegentlich mit zur Erörterung gekommene Frage:
welche Reise-Vergütung ꝛc. den Beamten in dem Falle zu gewähren sein dürfte, wenn sie als Privati oder als Sachverständige ꝛc. vor Gericht erscheinen?

ist durch die bereits bestehenden Gesetze entschieden, denen sich alle Beamte ohne Unterschied und ohne Ausnahme unterwerfen müssen.

Die von Euer Excellenz vorgeschlagene Classification der verschiedenen Beamten für den Fall, daß denselben Diäten ꝛc. zuzubilligen sind, dürfte, wenn im obigen Sinne verfahren wird, nicht nöthig sein.

In Ansehung der Sporteltaxe vom 23. August 1815, sind wir überdies der Meinung, daß dieselbe in den Rheinprovinzen nicht ohne Königliche Genehmigung auf die in Rede stehenden Vergütungen wird angewendet werden können, indem sie gewissermaßen in das Privat-Eigenthum eingreift, auch die Ansprüche der Beamten auf die Forderung eines schon feststehenden Diäten- und Reise-Vergütungs-Satzes für auswärtige commissarische Geschäfte aufhebt. Gegen die Anwendung derselben würden daher in vorkommenden Fällen nicht bloß die Verwaltungsbeamten, wenn ihnen darnach weniger zu Theil würde, als sie sonst zu fordern berechtigt sind, sondern auch die Partheien und Angeschuldigten, wenn sie angehalten werden sollten, mehr zu bezahlen als sie nach den bestehenden Gesetzen verpflichtet sind, reclamiren können.

Es wird daher in den speciellen Fällen, wo die königliche Casse derartige Kosten tragen muß, zu beurtheilen bleiben: ob die Bestimmung vom 28. Februar 1816, oder für die Justizbeamten die Sporteltaxe, oder eine sonstige Vorschrift über Dienstgeschäfte und Dienstreisen, angewendet werden könne. Berlin, den 12. April 1821.

An v. Schuckmann. v. Klewitz.
des königl. wirklichen Geheimen Staats- und
Justiz-Ministers Herrn v. Kircheisen Excellenz.

## 414.

### Untersuchungs-Verfahren bei Dienstvergehen der Verwaltungs-Beamten.

Auf Ihren Bericht vom 28. v. M.,
das Untersuchungsverfahren gegen Verwaltungs-Beamte betreffend,
nehme ich keinen Anstand, Ihnen, Herr General-Advocat, Folgendes zu Ihrer Direction zu eröffnen:

Da Se. Majestät den Allerhöchsten Willen bestimmt darüber ausgesprochen haben, daß fortan alle Dienst-Vergehungen der Verwaltungs-Beamten in den Rheinprovinzen nach Vorschrift der preußischen Criminal-Proceß-Ordnung untersucht und die in dem Allgemeinen Preußischen Landrechte rc. festgestellten Strafen gegen sie zur Anwendung gebracht werden sollen, so genehmige ich, Ihrem Vorschlage gemäß:

1) daß die Entscheidung in allen Untersuchungssachen dieser Art in erster Instanz durch die in der Zahl von fünf Mitgliedern votirende correctionelle Appellations-Kammer des Landgerichts, in der Vertheidigungs-Instanz aber durch einen der in der Zahl von sieben Richtern entscheidenden Civil-Senate des dortigen Appellations-Gerichtshofes künftig erfolge;
2) daß die nach Art. 127. der Strafgerichts-Ordnung für alle andere Untersuchungs-Sachen bestimmte Rathskammer der Landgerichte ebenfalls und vorbehaltlich des Recurses an den dortigen Accusations-Senat, zur Regulirung der im Laufe der Untersuchung vorkommenden Anfragen des Instructions-Richters oder sonstiger Incident-Punkte ermäßiget wird;
3) daß die Einwirkung des öffentlichen Ministeriums, so weit es mit den Vorschriften der Criminal-Ord-

nung verträglich ist, dabei unverrückt bleibt, und dasselbe auch insbesondere mit seinen Anträgen bei allen Verfügungen, welche von den Gerichten erlassen werden, stets zu hören ist.

Ich authorisire Sie, Herr General-Advocat, die Gerichtsbehörden durch die dabei fungirenden Staats-Anwälde, von obiger Feststellung zu ihrer Nachachtung in Kenntniß zu setzen, und hinsichtlich der Competenz des dortigen Appellationshofes mit dem Herrn Geheimen Staats-Rath und ersten Appellations-Gerichts-Präsidenten Daniels die weiteren Vorkehrungen zu treffen.

So viel den zur besondern Vorbescheidung mir vorgetragenen Criminal-Fall des Post-Secretair N. N. anbelangt; so leidet es nach der hier zur Anwendung kommenden Disposition des Allgem. Landrechts Th. II. Tit. 20. §. 333 ꝛc. kein Bedenken, daß das von dem N. N. begangene Verbrechen als ein Dienst-Vergehen angesehen werden muß, da es in genauester Verbindung mit seinen amtlichen Functionen und Verpflichtungen verübt worden ist.

Wenn nun in Gefolge des ergangenen Cassations-Urtels die Sache auf ihren vorigen Standpunkt zurückgeführt ist und hiernach angenommen werden muß, daß darin zur Zeit kein geschlossenes Untersuchungs-Verfahren und kein richterliches Erkenntniß vorhanden ist, überdem aber gegenwärtig eine gelindere Strafe als die des französischen Strafgesetzbuchs gegen ihn zur Anwendung kommen dürfte, so eignet sich dieser Criminal-Fall auch in Conformität der Allerhöchsten Kabinets-Ordre vom 6. März d. J. nicht mehr zur Cognition der Assisen, vielmehr muß die Sache in eben der Art behandelt werden, wie ich solches in dem Eingange des gegenwärtigen Rescripts sub 1. 2 und 3. festgestellt habe.

Hiernach werden Sie ungesäumt für die Aufbestellung der zum 21. d. M. bestellten Zeugen sorgen, auch den Herrn Präsidenten Mathieu, welcher diesfalls bei mir angefragt hat, davon in Kenntniß setzen und das weiter Erforderliche verfügen. Berlin, am 7. Mai 1821.

An den ersten königlichen Herrn General-Advocaten zu Cöln.

Der Justiz-Minister v. Kircheisen.

## 415.

**Verfahren in Contraventionsfällen gegen das Gesetz vom 23. Juni 1806 in Betreff des Landfuhrwesens.**

Mit der in der Anlage Ihres Berichts vom 27. v. M.

über das Verfahren in Contraventionsfällen gegen das Gesetz vom 23. Juni 1806 in Betreff des Landfuhr-Wesens

vorgetragenen Ansicht bin ich dahin durchaus einverstanden: daß die Bürgermeister in solchen Fällen nach wie vor befugt sind, Strafresolute abzufassen, indem durch das Ressort-Reglement vom 20. Juli 1818 zwar die Gerichte erster Instanz den vormaligen Präfectur-Räthen für die Entscheidung die Recurse gegen jene Straf-Resolute subrogirt worden, hierdurch aber in der Befugniß der Bürgermeister keine Aenderung getroffen ist.

Demgemäß habe ich dem königlichen Handels-Ministerium auf sein Schreiben vom 27. Februar c. geantwortet, und beauftrage Sie, Herr General-Advocat, daß sowohl in der Angelegenheit des N. N., als auch in allen ähnlichen Untersuchungs-Sachen wegen Contraventionen wider das Gesetz vom 23. Juni 1806 in Betreff des Landfuhrwesens, nach Ihrer dem Ober-Procurator bei dem königlichen Landgerichte zu Coblenz gegebenen Anweisung verfahren werde.

Berlin, den 7. Mai 1821. Der Justiz-Minister
v. Kircheisen.

An
den ersten Herrn General-Advocaten bei dem rheinischen Appellations-Gerichtshofe zu Cöln.

## 416.

### Beitritt der Justiz-Beamten zur allgemeinen Wittwen-Verpflegungs-Anstalt.

Auf Ihren Bericht vom 27. v. M.

den Beitritt der Justiz-Beamten zur allgemeinen Wittwen-Verpflegungs-Anstalt betreffend,

eröffne ich Ihnen, Herr General-Advocat, daß es die Absicht gewesen ist, wie auch der Inhalt der Verfügung ergiebt, die Bestimmungen wegen des Einkaufs der Justiz-Officianten in die allgemeine Wittwen-Verpflegungs-Anstalt auf alle Gerichtspersonen im Bezirke des dortigen Appellations-Gerichtshofes auszudehnen; daher genehmige ich die von Ihnen erlassene Bekanntmachung. Nur vermisse ich darin die Festsetzungen der Allerhöchsten Kabinets-Ordre vom 3. September 1817, wonach auch den 60jährigen oder kranken Beamten, welche heirathen wollen, der Consens ohne Nachweis des Beitritts zur Wittwen-Verpflegungs-Anstalt ertheilt werden kann, wenn ihre Frauen auf die Pension gehörig verzichten. Dieses ist in vorkommenden Fällen jedesmal zu beachten.

Berlin, den 11. Mai 1821.

Der Justiz-Minister
v. Kircheisen.

An
den ersten Herrn General-Advocaten bei dem rheinischen Appellations-Gerichtshofe in Cöln.

a.

Da die Organisation der Gerichte in dem Bezirk des rheinischen Appellationsgerichtshofes theils beendigt ist, theils in kurzer Zeit ganz beendigt sein wird, so haben des Herrn Justiz-Ministers Excellenz durch Rescript vom 12. März l. J. zu verfügen geruhet:

daß die Allerhöchsten Kabinets-Befehle vom 18. October 1800, vom 17. Juli 1816 und vom 3. September 1817, den Beitritt der Civilbeamten zur allgemeinen Wittwen-Verpflegungs-Casse betreffend, welche sich in den Regierungsblättern bereits abgedruckt finden, nunmehro auch auf die Justiz-Beamten angewendet werden sollen.

Es wird demnach in Auftrag Seiner Excellenz hiermit zur Nachachtung für sämmtliche betreffende königliche Justizbeamten Folgendes bekannt gemacht:

1) Jeder wirklich angestellte Justizbeamte, welcher heirathen will, ist gehalten, bei der betreffenden Behörde den Heiraths-Consens nachzusuchen, und dabei eine bestimmte Erklärung abzugeben, mit welcher Summe er seine künftige Gattin in die Wittwen-Casse einkaufen wolle; bei Ermangelung einer solchen Erklärung wird ihm der Consens verweigert.
2) Denjenigen Beamten, welche nicht über 250 Reichsthaler jährlicher Diensteinnahme haben, wird der Consens auch ohne Beitritt zur Wittwen-Verpflegungs-Gesellschaft ertheilt, aber nur gegen einen von beiden Verlobten gemeinschaftlich auszustellenden Revers, daß die künftige Wittwe auf Pension aus Staatsfonds keinen Anspruch machen will.
3) Ganz ausgenommen von der Verbindlichkeit, den Heiraths-Consens nachzusuchen, sind die Advocaten, Anwalte, Notarien und Gerichtsvollzieher.
4) Die zur Ertheilung des Consenses competenten Behörden sind des Herrn Justiz-Ministers Excellenz: für die Räthe der Gerichtshöfe und Landgerichte, so wie für die Beamten des öffentlichen Ministeriums; und der General-Procurator beim rheini-

schen Revisionshofe oder dessen Stellvertreter: für die Friedensrichter, Unterrichter im ostrheinischen Theile des Coblenzer Bezirkes, und die Unterbeamten in allen Gerichten.

5) Diejenigen Beamten, welche die eingegangene Verpflichtung des Beitritts zur Wittwencasse nicht erfüllen, werden durch Strafbefehle oder Gehaltsabzüge dazu angehalten.

6) Es steht den Beamten frei, die Zahlungen in Berlin zu leisten, oder ihre Beiträge bei den Regierungscassen zu berichtigen, nach Unterschied durch angemessene Gehaltsabzüge berichtigen zu lassen, worüber sich dieselben bei der Nachsuchung des Consenses zu erklären haben.

7) Die Herren Beamten des Civilstandes und bezugsweise die Herren Pfarrer werden angewiesen, keine Ehe eines zur Nachsuchung des Consenses verpflichteten Justizbeamten zu vollziehen, der nicht mit dem Heiraths-Consense der betreffenden Behörde versehen ist. Cöln, den 27. April 1821.

Der Geheime Ober-Revisions-Rath und erste General-Advocat

Bölling.

## 417.

### Untersuchungsverfahren bei Dienstvergehen der Verwaltungs-Beamten.

In weiterer Ausführung der Allerhöchsten Verordnung vom 6. März c., wodurch des Königs Majestät Ihren Allerhöchsten Willen unter andern auch dahin auszusprechen geruht haben:

daß fortan alle Dienst-Vergehungen der Verwaltungs-Beamten in den Rheinprovinzen, nach Vorschrift der preußischen Criminal-Proceß-Ordnung untersucht, und die in dem Allgemeinen Landrecht, so wie in spätern Verordnungen festgestellten Strafen gegen jene Beamten zur Anwendung gebracht werden sollen;

haben des Herrn Justiz-Ministers Excellenz durch Rescript vom 7. c. näher zu verfügen geruhet:

1) daß die Entscheidung in allen Untersuchungssachen, wegen Dienstvergehen der Verwaltungs-Beamten in erster Instanz, durch die in der Zahl von fünf Mitgliedern votirenden correctionellen Appellations-Kammern der königlichen Landgerichte; in der Ver-

theidigungs-Instanz aber, durch einen der in der Zahl von sieben Richtern entscheidenden Civil-Senate des königlichen rheinischen Appellationsgerichtshofes erfolgen soll;

2) daß die nach Art. 127. der hiesigen Strafgerichts-Ordnung, für alle andere Untersuchungssachen bestimmte Rathskammer der Landgerichte, ebenfalls und vorbehaltlich des Recurses an den Accusations-Senat des rheinischen Appellations-Gerichtshofes, zur Regulirung der im Laufe der Untersuchung vorkommenden Anfragen der Instructions-Richter, oder sonstiger Incident-Punkte, ermächtigt sein soll; endlich

3) daß die Einwirkung des öffentlichen Ministeriums, so weit es mit den Vorschriften der preußischen Criminal-Ordnung verträglich ist, dabei unverrückt bleiben, und dasselbe auch insbesondere mit seinen Anträgen bei allen Verfügungen, welche von den Gerichten erlassen werden, stets gehört werden soll.

Es werden demnach vorstehende nähere Verfügungen hierdurch zur allgemeinen Kenntniß gebracht, und die Behörden angewiesen, sich darnach auf das genaueste zu achten.

Cöln, den 23. Mai 1821.

Der Geheime Staatsrath und erste Präsident
Daniels.

Der Geheime Ober-Revisions-Rath und erste General-Advocat
Bölling.

## 418.

### Aufhebung des Untersuchungsamts zu Mühlheim.

Nachdem des Herrn Justiz-Ministers Excellenz mittelst Rescripts vom 18. Mai c., die Auflösung des bisher noch in Mühlheim zurückgebliebenen Untersuchungs-Amts zu beschließen, und den bisherigen Amtsbezirk dieses Untersuchungs-Amts theils dem hiesigen, theils aber dem Untersuchungs-Amte zu Bonn beizulegen, auch den Unterzeichneten zur weitern Ausführung dieses Beschlusses Auftrag zu ertheilen geruhet haben; so wird hierdurch verfügt und bekannt gemacht, wie folgt:

§. 1. Das bisher in Mühlheim bestandene Untersuchungs-Amt wird mit dem 9ten des laufenden Monats Juni aufgehoben.

§. 2. Die bisher zu gedachtem Untersuchungsamt committirt gewesenen Beamten werden mit diesem Tage ihre

Functionen bei demselben einstellen, und auf ihren Posten beim Landgericht Cöln zurückkehren.

§. 3. Von dem bisherigen Amtsbezirk des nunmehr aufgelöseten Untersuchungs-Amts Mühlheim werden

a) die Kantone: Mühlheim, Bensberg, Lindlar, Gummersbach und Wipperfürth zum Untersuchungs-Amte Cöln, — dagegen

b) die Kantone: Königswinter, Eitorf, Siegburg, Hennef, Homburg und Waldbroel zum Untersuchungs-Amt Bonn gelegt, und dergestalt verwiesen, daß die aus genannten Kantonen bereits anhängig geworden, oder künftig daselbst vorkommenden Untersuchungen vom 10. des laufenden Monats Junius an zur Competenz der Untersuchungs-Aemter Cöln oder Bonn, nach Maaßgabe der vorstehenden Vertheilung, gehören sollen.

§. 4. Nach dieser Ressortbestimmung (§. 3.) wird die gesammte, sowohl currente als reponirte, Registratur des bisherigen Untersuchungsamts Mühlheim an das Landgericht Cöln und nach Unterschied an das Untersuchungsamt zu Bonn abgeliefert.

Diese Ablieferung geschieht in nämlicher Art, wie im §. 4. der Bekanntmachung vom 14. September 1819 wegen Auflösung des vormaligen Kreisgerichts Mühlheim vorgeschrieben war, auf den Grund doppelter Verzeichnisse, und zwar durch die dermaligen Beamten des aufgelösten Untersuchungs-Amts.

§. 5. Auch die Duplicate der Personenstands-Register werden auf gleiche Weise zwischen dem hiesigen Landgericht und dem Untersuchungsamt zu Bonn vertheilt, und behält in Ansehung derjenigen Kantone, welche (§. 3.) dem Untersuchungsamt Bonn beigelegt worden sind, der §. 5. der gedachten Bekanntmachung vom 14. September seine fortwährende Anwendung.

Dagegen werden die im §. 4. der gedachten Verordnung No. 2. erwähnten, bei dem aufgelösten Untersuchungsamt Mühlheim zurückgelassenen, an Private gehörigen Acten und Papiere, nunmehr ohne Unterschied, auf den Grund doppelter Verzeichnisse an das königliche Landgericht Cöln abgeliefert.

§. 6. Die Herren Präsident und Ober-Procurator des hiesigen königlichen Landgerichts, sodann die königlichen Instructions-Richter und Procuratoren, sowohl bei dem aufgelösten Untersuchungs-Amt Mühlheim als auch bei den an die Stelle tretenden Untersuchungsämtern Cöln und Bonn, werden von diesen Bestimmungen Kenntniß nehmen und zugleich mit weiterer Ausführung derselben, so weit es jeden betrifft, beauftragt, insbesondere zu den nöthigen Verfügungen wegen schleuniger Fortsetzung der bereits anhängigen Untersuchungen angewiesen.

§. 7. Die gegenwärtigen Verfügungen sollen zugleich durch Einrückung in die Regierungs-Amtsblätter zur allgemeinen Kenntniß gebracht werden.

Cöln, den 4. Juni 1821.

Der Geheime Staatsrath und erste Präsident
Daniels.

Der Geheime Ober-Revisions-Rath und erste Genearl-Advocat
Bölling.

## 419.

### Competenz der Friedensgerichte.

Wir Friedrich Wilhelm, von Gottes Gnaden, König von Preußen rc. rc.

Thun kund und fügen hiermit zu wissen:

In Unserm Kabinetsbefehl vom 19. November 1818, die Justiz-Verfassung in den Rheinprovinzen betreffend, haben Wir die Grundzüge bestimmt, wie die Friedensgerichte, mit Hinsicht auf den erweiterten Geschäftskreis der übrigen Justizbehörden, eingerichtet, und mit diesen in nähere Uebereinstimmung gebracht werden sollen. Um diesen Zweck, so viel es die noch bestehende Rechtsverfassung gestattet, zu erreichen, haben Wir auf den, im Einverständniß mit dem Justizminister, von dem Staatskanzler gemachten, und von der Justizabtheilung Unseres Staatsraths mitberathenen Antrag, für dienlich erachtet, in den bisherigen gesetzlichen Bestimmungen über die Competenz der Friedensrichter einige Abänderungen zu treffen, dieselbe in einigen Punkten zu erweitern, und auch hierin eine größere Gleichförmigkeit in den verschiedenen Landestheilen der Rheinprovinzen einzuführen. Wir verordnen daher wie folgt:

§. 1. Die Competenz der Friedensgerichte in streitigen Rechtssachen, soll nach den bisherigen, in den Rheinprovinzen bestehenden Gesetzen, beurtheilet werden. Doch wird die Summe, über welche sie ohne Appellation erkennen, auf Zwanzig Thaler preußisch Courant, und diejenige, worüber sie in blos persönlichen und Mobiliarsachen mit Appellation erkennen, auf Dreihundert Thaler bestimmt.

§. 2. Die Ladungen vor das Friedensgericht, werden von dem Friedensrichter erlassen und unterzeichnet, sowohl in den Sachen, die zu seiner richterlichen Competenz gehören, als auch in solchen, worin seine Amtsverrichtungen auf den bloßen Sühnversuch beschränkt sind.

§. 3. Die Zustellung der Ladung geschieht in der gesetzlichen Form durch den Gerichts-Executor, welcher das Original des Insinuations-Actes auf die Ladung schreibt. Nur dieser Insinuations-Act ist der Einregistrirung unterworfen.

§. 4. In ihrer Eigenschaft als Polizeirichter erkennen die Friedensrichter, mit Ausschließung der Bürgermeister, über alle Forstfrevel, welche nur eine Geldstrafe oder eine Gefängnißstrafe von höchstens fünf Tagen nach sich ziehen.

§. 5. Die Verfolgung der Forstfrevel geschieht, wie bisher, durch die Forstverwaltung, auf deren Betreiben die Angeschuldigten vor das Polizeigericht gestellt werden.

§. 6. Die Amtsverrichtungen des öffentlichen Ministeriums versehen die Polizeicommissaire, die Bürgermeister oder ihre Adjuncten, den in der Criminal-Proceß-Ordnung Art. 144. enthaltenen Bestimmungen gemäß.

Doch kann ein Forstbeamter, bis zum Grade eines Revierförsters einschließlich, den Sitzungen beiwohnen, in der bei den Landgerichten bisher üblichen Art.

§. 7. Wider die ausgesprochenen Urtheile, findet die Berufung nach Maaßgabe der Criminal-Proceß-Ordnung Art. 172. statt.

§. 8. Uebrigens hat es sowohl in Ansehung dieses, als der übrigen Rechtsmittel, und so viel die Form des Verfahrens überhaupt betrifft, bei den bisherigen Gesetzen sein Bewenden.

§. 9. Bei Untersuchung und Bestrafung der Holzdiebstähle, soll jedoch Unsere Verordnung vom heutigen Tage, diesen Gegenstand betreffend, auch in den Rheinprovinzen beobachtet werden.

§. 10. So oft der Forstfrevel entweder an und für sich, oder weil er mit einem andern Vergehen oder Verbrechen verbunden ist, eine schwerere Strafe, als die §. 4. erwähnte, zur Folge hat, gehört die Sache vor das competente Zucht-, Polizei- oder Criminalgericht.

§. 11. Die Friedensrichter erkennen gleichfalls ausschließlich über alle Contraventionen gegen die Jagd- und Fischereigesetze, insofern die Strafe das §. 4. bestimmte Strafmaaß nicht übersteigt, und die Uebertretung mit keinem andern Verbrechen oder Vergehen verbunden ist. Auch diese Sachen werden vor das Polizeigericht gebracht, unter Beobachtung des gewöhnlichen Verfahrens, und der in dieser Verordnung in Beziehung auf die Forstfrevel enthaltenen Modificationen.

§. 12. Sobald die neu organisirten Friedensgerichte in Thätigkeit treten, sollen auch die nunmehr zu ihrer Competenz gehörenden Rechtsstreitigkeiten und Vergehen an dieselben gebracht, die bei den Landgerichten schon anhängigen Sachen jedoch bei letzteren fortgesetzt und beendigt werden. Als anhängig sind diejenigen Sachen zu betrachten, worin bereits eine Ladung, sei es an den Beklagten, oder den Beschuldigten, oder an Zeugen, ergangen, und dem einen oder andern gehörig zugestellt worden ist.

§. 13. Gegenwärtige Verordnung soll in allen Rheinprovinzen, den ostrheinischen Theil des Regierungsbezirks Coblenz ausgenommen, gesetzliche Kraft haben. Alle frühere Gesetze und Verordnungen, insofern sie entgegengesetzte Verfügungen enthalten, werden hierdurch aufgehoben.

Urkundlich ist diese Verordnung eigenhändig von Uns vollzogen, und mit Unserm Königlichen Insiegel bedruckt worden. Gegeben Berlin, den 7. Juni 1821.

Friedrich Wilhelm.

## 420.

### Untersuchung und Bestrafung des Holzdiebstahls.

Wir Friedrich Wilhelm, von Gottes Gnaden, König von Preußen ꝛc. ꝛc.

Die bisherigen Gesetze wider die Holzdiebstähle haben theils wegen ihrer Verschiedenheit und Unbestimmtheit, theils auch wegen des in Anwendung gebrachten gewöhnlichen gerichtlichen Verfahrens, welches weder mit der Natur noch mit der großen Menge der zur Untersuchung kommenden Vergehen dieser Art in angemessener Beziehung steht, die beabsichtigte Wirkung nicht erreicht. Um von dieser Seite die neuerlich zur Beförderung eines regelmäßigen Forsthaushalts, und zur Sicherung eines nachhaltigen Ertrages der Forsten getroffenen Anordnungen zu ergänzen, verordnen Wir daher, nach erfordertem Gutachten Unsers Staatsraths, für den gesammten Umfang Unserer Monarchie, auch diejenigen Provinzen und Landestheile nicht ausgenommen, in welchen das Allgemeine Landrecht noch keine gesetzliche Kraft hat, mit Aufhebung aller früheren, über diesen Gegenstand ergangenen Bestimmungen, sowohl überhaupt, als auch der in den Forstordnungen deshalb enthaltenen Vorschriften insonderheit, wie folgt:

§. 1. Die Strafe des einfachen, mit keinen erschwerenden Umständen begleiteten Holzdiebstahls besteht, neben dem Ersatz des taxmäßigen Werths des entwendeten Holzes und neben den Pfandgeldern, wo solche observanzmäßig hergebracht sind, in der Erlegung des vierfachen Betrages jenes Werths, welcher dem Waldeigenthümer anheim fällt.

§. 2. Wenn der Diebstahl zur Nachtzeit verübt worden ist, tritt die Strafe des sechsfachen Werths ein.

§. 3. Auch bei der Wiederholung des Vergehens zum zweiten und drittenmal, nach erfolgter Bestrafung des früheren Diebstahls, soll die im vorstehenden §. 2. bestimmte Strafe eintreten, und wenn die wiederholte Entwendung zur Nachtzeit geschehen ist, dieselbe um den achtfachen Werth bestraft werden.

§. 4. Wenn der Holzdieb nicht vermögend ist, die Geldstrafe ganz oder zum Theil zu erlegen, tritt Gefängnißstrafe ein, wobei Fünf Thaler Geldstrafe achttägigem Gefängniß der Regel nach gleich geachtet werden.

§. 5. Diese Gefängnißstrafe kann nach der Wahl des Waldeigenthümers, nach dessen jedesmaligem Bedürfniß, in Forstarbeit von gleicher Dauer verwandelt werden. Wegen der Art der Forstarbeit, wegen des etwa zu ihrer Verrichtung anzuwendenden Zwanges, und der dabei eintretenden Aufsicht, werden, mit Rücksicht auf die Verschiedenheit der einzelnen Provinzen, besondere Bestimmungen von den Regierungen und Landes-Justizcollegien erlassen werden.

Der Waldeigenthümer ist, wenn er die Strafarbeit wählt, verpflichtet, den hierzu Verurtheilten während der Dauer derselben nothdürftig zu verpflegen, und ist wegen des Maaßes und der Art der Beköstigung gleichfalls das Nöthige in der vorgedachten Art besonders zu bestimmen. Bei der Gefängnißstrafe hingegen liegt die Verpflegung des Verurtheilten dem Waldeigenthümer, als solchem, nicht ob, sondern selbige ist, wenn der Verurtheilte sich nicht selbst zu verpflegen vermag, als eine Last der Gerichtsbarkeit zu betrachten, und aus denselben Fonds zu leisten, aus welchen andere Strafgefangene leichterer Art verpflegt werden müssen.

§. 6. Die Untersuchung und Bestrafung der Holzdiebstähle steht dem gewöhnlichen Gericht, in dessen Bezirk der beschädigte Forst gelegen ist, zu, wenn es auch sonst zur Ausübung der peinlichen Gerichtsbarkeit nicht befugt ist. In denjenigen Theilen der westlichen Provinzen, wo die Polizeigerichte der Friedensrichter vorhanden sind, wird diesen Gerichten die Untersuchung und Bestrafung übertragen.

§. 7. Auf die Gefängnißstrafe und Forstarbeit wird sogleich für den etwanigen Unvermögensfall mit erkannt.

§. 8. Bei der Instruction und Entscheidung soll folgendes abgekürzte Verfahren eintreten.

§. 9. Es soll dazu bei jedem Gericht ein fester, zu bestimmten Zeiten wiederkehrender Gerichtstag ein für allemal bestimmt, und solcher öffentlich bekannt gemacht werden.

§. 10. Bei den in collegialischer Form bestehenden Gerichten soll zur Abhaltung dieser Gerichtstage und zur Aburtelung der auf denselben vorkommenden Holzdiebstähle, ein Abgeordneter des Gerichts als Forstrichter bestellt, und diesem ein Gerichtsschreiber beigegeben werden.

§. 11. An diesen Gerichtstagen übergeben die auf Unsern Forsten angestellten verwaltenden Forstbedienten dem Gericht ein zwiefaches Verzeichniß sämmtlicher, in ihren Revieren vorgefallenen Holzdiebstähle, welches in tabellarischer Form und fortlaufenden Nummern, die Anzeige

1) des Namens, Gewerbes und des Wohn- und Aufenthaltsortes des Entwenders;
2) des Gegenstandes und dessen taxmäßigen Werths;
3) der näheren Umstände, als der Zeit und des Orts der Entwendung und Ertappung; ob die Entwendung zum erstenmale oder wiederholt und bei Nachtzeit verübt; ob sie mit Gewalt und Wiedersetzlichkeit bei der Betreffung verbunden sei rc.
4) der Zeugen und sonstigen etwanigen Beweismittel, falls der Forstbeamte die Entwendung nicht selbst ausgemittelt hat, und der etwa abgepfändeten Sachen, und
5) eine besondere Colonne zu dem weiterhin (§§. 13. 26. und 33.) bemerkten Zwecke,

enthalten muß. Dies Verzeichniß kann entweder von dem Oberförster oder dem Unterförster aufgestellt, muß aber im ersten Falle von dem Unterförster, welcher den Holzdiebstahl entdeckt hat, mit unterschrieben werden.

§. 12. Ein Exemplar dieses Verzeichnisses bleibt bei dem Gerichtsprotocoll, und das andere Exemplar wird den Forstbeamten, sobald der Richter in selbigem die fünfte Colonne ausgefüllt hat (§. 26.), zurückgegeben.

§. 13. Auf den Grund dieses Verzeichnisses muß das Gericht, und bei den Polizeigerichten in den westlichen Provinzen das öffentliche Ministerium, die Angeschuldigten zu dem nächsten Gerichtstage durch den Gerichtsdiener oder Gerichtsvollzieher mittelst eines den Vorzuladenden einzuhändigenden abschriftlichen Auszuges, aus dem tabellarischen Verzeichniß vorfordern lassen. Der Gerichtsdiener oder der Gerichtsvollzieher bescheinigt in der fünften Colonne des bei dem

Gericht zurückbleibenden Verzeichnisses die gehörig geschehene Vorladung, mit Angabe der Person, welcher der Auszug des Verzeichnisses zugestellt worden, und des Tages, an welchem es geschehen ist. Die Behändigung der Ladung darf nicht in den letzten acht Tagen vor dem Gerichtstage geschehen, widrigenfalls darauf kein Contumacial-Erkenntniß ergehen kann, oder dem erscheinenden Angeschuldigten, auf dessen Begehren, die Vertagung bis zum folgenden Gerichtstage nicht verweigert werden darf.

§. 14. Der Forstbeamte, welcher die Holzdiebstähle entdeckt und ausgemittelt hat, muß unaufgefordert an dem Gerichtstage zugegen sein, und die etwa abgepfändeten Sachen dem Gericht übergeben.

§. 15. An jedem Gerichtstage wird ein fortlaufendes Protocoll über die vorgekommenen Holzdiebstähle, mit Bezug auf die Nummer des Verzeichnisses, geführt.

§. 16. Zuvörderst werden die erschienenen Angeschuldigten einzeln vernommen, und bei einem jeden wird sofort das Erkenntniß mündlich ausgesprochen und zum Protocoll niedergeschrieben, worauf zur Vernehmung und Aburtelung der Folgenden auf gleiche Weise übergegangen wird.

§. 17. Alsdann werden gegen die Nichterschienenen die Entschädigung und Strafe in contumaciam festgesetzt und protocollirt. Jedem derselben wird der ihn betreffende Auszug des Protocolls abschriftlich, mit der Unterschrift des Gerichtsschreibers beglaubiget, behändigt, und solches durch den Gerichtsdiener oder Gerichtsvollzieher auf gleiche Weise, wie §. 13. gemeldet, am Rande des Protocolls vermerkt.

§. 18. Das von jedem Gerichtstage besonders zu führende Protocoll wird am Schlusse vom Richter und Gerichtsschreiber und den anwesenden Forstbeamten unterzeichnet. In den westlichen Provinzen geschieht solches ebenfalls von den, das öffentliche Ministerium bei den Polizeigerichten versehenden Beamten.

§. 19. Wenn der am Gerichtstage anwesende Angeschuldigte die That in Abrede stellt, so genügt die Angabe des gehörig beeidigten Forstbedienten, welcher ihn aus eigener Wahrnehmung der That bezüchtiget, zu seiner Verurtheilung, falls er nicht seine Unschuld durch einen gesetzlich zulässigen Gegenbeweis auszuführen vermag. Dies muß aber am anstehenden Gerichtstage geschehen, und er des Endes entweder seine Vertheidigungszeugen freiwillig gestellen, oder binnen den ihm (§. 13.) freigelassenen acht Tagen deren Vorladung bei dem Richter auswirken.

§. 20. Jeder Forstbeamte, welchem die Ausmittelung

der Holzdiebstähle und deren Anzeige obliegt, soll darauf vor dem Gericht, bei welchem er in dieser Eigenschaft zu erscheinen hat, oder, falls sein Revier in mehrere Gerichtsbezirke fällt, bei dem Gerichte seines Wohnorts dahin eidlich verpflichtet werden:

> daß er die Holzdiebstähle, welche in dem Forstrevier, wobei er angestellt ist, vorfallen, und zu seiner Kenntniß kommen, mit aller Treue, Wahrheit und Gewissenhaftigkeit anzeigen, und was er über die Thatumstände des Vergehens, und über dessen Urheber und Theilnehmer aus eigener Ansicht wahrgenommen, oder durch fremde Mittheilung erfahren habe, mit genauer Unterscheidung angeben wolle.

Dies Verpflichtungsprotocoll wird in der Gerichtsregistratur aufbewahrt, und es werden davon, falls der Forstbeamte bei mehreren Forstgerichten aufzutreten hat, demselben so viel Ausfertigungen ertheilt, als außerdem noch Forstgerichte vorhanden sind, bei welchen diese Ausfertigungen niedergelegt werden. Nur der Angabe eines solchergestalt vereideten Forstbeamten wird die gerichtliche Beweiskraft (§. 19.) beigelegt, wenn er aus eigner Wahrnehmung den Angeschuldigten der That bezüchtiget.

§. 21. Um diese Beweiskraft nicht zu schwächen, sollen die Forstbeamten da, wo es bisher statt fand, nicht weiter einen Denunciantenantheil an den Geldstrafen genießen und die observanzmäßigen Pfandgelder zur Casse, wohin die Forstgefälle fließen, eingezogen werden.

§. 22. Gegen die ausgesprochenen Urtheile findet ohne Unterschied, ob es Contumacial-Erkenntnisse, oder ob selbige nach Vernehmung des Angeschuldigten ergangen sind, kein Rechtsmittel statt, wenn die Geldstrafe unter Fünf Thaler beträgt. Bei Gegenständen von Fünf Thalern und drüber soll ohne weitere Rücksicht auf die Höhe der Verurtheilung, nur ein Niederschlagungs- oder Milderungsgesuch zulässig sein.

§. 23. Dies Gesuch muß von den bei der Verurtheilung anwesenden Angeschuldigten sofort am Gerichtstage, bei Verlust des Rechtsmittels, angemeldet werden; den in contumaciam Verurtheilten ist dazu eine zehntägige Frist, vom Tage der Behändigung des Erkenntnisses an gerechnet, gestattet.

§. 24. Zur Entscheidung über das Gesuch werden das Gerichtsprotocoll und das Verzeichniß an den Oberrichter eingesendet, welcher den Bescheid darauf am nächsten Gerichtstage ertheilen muß.

In den §§. 6. 13. und 18. gedachten westlichen Provinzen soll der Anklage-Senat des Appellationshofes über diese Gesuche entscheiden.

§. 25. Eine neue Untersuchung findet nicht statt, sondern das Gesuch kann blos darauf gegründet werden, daß entweder das Erkenntniß nichtig, oder eine unrichtige Strafe auf die vom vorigen Richter vorausgesetzte That angewendet worden.

§. 26. Zum Behuf der Vollstreckung des Erkenntnisses dient das dem Forstbeamten (§. 12.) zurückgegebene Verzeichniß. In dessen fünfter Colonne wird nämlich vom Gerichtsschreiber das ausgesprochene Erkenntniß eingetragen, wenn kein Niederschlagungs- oder Milderungsgesuch eingelegt, oder dieses vom Oberrichter verworfen worden; sonst wird der Inhalt des auf das Gesuch ergangenen abändernden Bescheides eingetragen. Die in dieser fünften Colonne eingetragenen Vermerke werden durch die Unterschrift des Richters und Gerichtsschreibers, und das beizudrückende Gerichtssiegel beglaubigt. In den westlichen Provinzen geschiehet solches ebenfalls von dem, das öffentliche Ministerium bei den Polizeigerichten versehenden Beamten.

§. 27. Auf den Grund dieses, von den Forstbeamten der betreffenden Casse zuzustellenden Verzeichnisses zieht letztere die zuerkannten Entschädigungen und Geldstrafen in gleicher Art, wie ihre übrigen Gefälle, ein. Ist die Beitreibung wegen Unvermögenheit des Verurtheilten fruchtlos gewesen; so ertheilt die Casse darüber ein Zeugniß, was dem Oberförster zugestellt wird, damit dieser von der für diesen Fall erkannten Forstarbeit Gebrauch machen kann. Wird darauf verzichtet, so bescheinigt dies der Oberförster unter dem Zeugniß der Casse, und sendet dasselbe an das Gericht, welches erkannt hat, oder in den §. 6. erwähnten Theilen der westlichen Provinzen, an das öffentliche Ministerium des Polizeigerichts, was alsdann die Gefängnißstrafe nach dem Erkenntniß vollstreckt.

§. 28. Das in dieser Verordnung vorgeschriebene Verfahren soll auch auf Holzdiebstähle in Gemeine- und Privatforsten angewendet, und den Förstern der Gemeinen und der Privat-Forsteigenthümer ein gleicher gerichtlicher Glauben, wie Unsern Forstbeamten (§. 19.) in dem daselbst gedachten Falle gewährt werden, wenn die Förster auf Lebenszeit bestellt, und sie eben so, wie §. 20. vorgeschrieben, vor Gericht vereidet worden, welchen Falls sie jedoch ebenfalls an Pfand- und Strafgeldern keinen Antheil haben dürfen. Mangelt eines dieser Erfordernisse, so haben die Aussagen der gedachten Förster nur diejenige Beweiskraft, welche ihnen nach den bereits geltenden Gesetzen beizulegen ist.

§. 29. Die Gemeinen treiben die ihnen zuerkannten Entschädigungen und Geldstrafen, wenn der Verurtheilte zur Gemeine gehört, durch ihre Gemeinecassen auf die nämliche Weise, wie ihre Gemeinegefälle, ein, und lassen, im Fall die Beitreibung fruchtlos ist, darüber ähnliche Zeugnisse, wie §. 27. vorgeschrieben ist, dem Gericht, oder dem öffentlichen Ministerium zugehen. Wenn die Verurtheilten aber nicht zur Gemeine gehören, so werden die Entschädigungen und Geldstrafen auf dem sonst gewöhnlichen Wege beigetrieben, der überall eintritt, wenn die Entschädigungen und Geldstrafen einem Privat-Forstbesitzer zuerkannt sind.

§. 30. Nach dreimal erfolgter Bestrafung eines einfachen Holzdiebstahls, soll die vierte und fernere Entwendung dieser Art mit einer Einsperrung von vier Wochen bis zu zwei Jahren in einem Arbeits- oder Besserungshause geahndet werden.

§. 31. Sind bei einem Holzdiebstahl Gewaltthätigkeiten von dem Gepfändeten ausgeübt, oder ist dieselbe sonst mit einem Vergehen oder Verbrechen begleitet, so treten die gemeinen Strafgesetze ein.

§. 32. In Ansehung der Entwendungen des bereits gefällten, im Walde oder an den Ablagen stehenden Nutz- oder andern Holzes, so wie des Schwemm- oder Flößholzes behält es bei den Strafbestimmungen der §§. 1140 bis 1144 des 20sten Titels, Theil II. des Allgemeinen Landrechts, mit Weglassung der körperlichen Züchtigung, und in denjenigen Provinzen, worin das Allgemeine Landrecht noch nicht eingeführt ist, bei den dort geltenden Strafgesetzen sein Bewenden.

§. 33. In obigen drei Fällen (§§. 30. 31. und 32.) tritt das gewöhnliche peinliche oder in den §. 24. gedachten westlichen Provinzen auch, nach Unterschied, das correctionelle Verfahren ein. Finden sich daher in dem Verzeichniß (§. 11.) Entwendungen, welche diesen Charakter an sich tragen, so muß der Richter solche an die competente Behörde zur Untersuchung verweisen, und dazu sofort die nöthigen Einleitungen treffen, oder die Untersuchung selbst veranlassen, wenn er dazu competent ist. Daß dies geschehen sei, wird in der fünften Colonne des Verzeichnisses bemerkt.

§. 34. Bei der Untersuchung und Aburtelung der einfachen Holzdiebstähle sollen keine Sporteln und Einregistrirungsgebühren statt finden.

Urkundlich ist diese Verordnung von Uns eigenhändig vollzogen, und mit Unserm Königlichen Insiegel bedruckt worden.

Gegeben Berlin, den 7. Juni 1821.

Friedrich Wilhelm.

## 421.

### Verwandlung der erkannten Geldbuße und Kosten beim Unvermögen des Angeschuldigten in verhältnißmäßige Gefängnißstrafe.

Wenngleich das von Ihnen einberichtete Verfahren gegen den Tüncher Bürger der buchstäblichen Vorschrift der Criminal-Proceß-Ordnung Art. 197. gemäß und der verlängerte Arrest hiernach gesetzlich gerechtfertiget ist, so haben doch Se. Königliche Majestät durch die in beglaubter Abschrift anliegende Kabinets-Ordre vom 10. März d. J. den Allerhöchsten Willen dahin zu erkennen gegeben, daß zur Abstellung dieses mit der Gerechtigkeit nicht zu vereinigenden Verfahrens von mir die nöthigen Anordnungen getroffen werden sollen.

Demgemäß beauftrage ich Sie, Herr General-Advocat, die königlichen Procuratoren dahin zu instruiren:

daß in allen Fällen, wo die erkannten Geldstrafen und Kosten wegen Unvermögen des Angeschuldigten nicht beigetrieben werden können,

auf Niederschlagung der letztern, so wie auf verhältnißmäßige Substituirung einer Gefängnißstrafe statt der erkannten Geldbuße bei mir angetragen werde.

Berlin, den 7. Juni 1821.

An den ersten königlichen Herrn General-Advocaten zu Cöln.

Der Justiz-Minister v. Kircheisen.

### a.

Es ist unverantwortlich, daß irgend einer Meiner Unterthanen, der eine Geldbuße von 1 Thaler und etliche Thaler Gerichtskosten nicht aufzubringen vermag, auf unbestimmte Zeit ins Gefängniß gesetzt wird; dies ist mit dem Tüncher Bürger, nach seiner beiliegenden Vorstellung der Fall, welcher, wie er angiebt und nach den Anlagen der Vorstellung bereits 11 Monate im Gefängniß zu Prüm gesessen hat. Ich will daher, daß derselbe unverzüglich aus dem Arrest entlassen werde, und trage Ihnen hierdurch auf, solche Anordnungen zu treffen, daß ein solcher Fall nicht wieder vorkommen kann, auch gebe Ich Ihnen die ernsthafteste Rüge dieses Verfahrens anheim. Berlin, den 10. März 1821.

An den Staats- und Justiz-Minister v. Kircheisen.

Friedrich Wilhelm.

## 422.

### Qualification zu Amtsschreiber- oder richterlichen Posten im Bereiche des Justiz-Senats zu Coblenz.

Der nach zurückgelegter erster Prüfung bei dem Stadtgerichte zu Wetzlar als Accessist zugelassene N. N. hat bei dem Justiz-Minister darauf angetragen, daß, im Falle bei dem dortigen Stadt- oder einem andern ersten Instanzgerichte eine Assessor-Stelle zu besetzen wäre, auf ihn Rücksicht genommen werden möchte. Es ist ihm hierauf der Bescheid ertheilt worden, daß die zurückgelegte erste Prüfung nur die Wirkung gehabt, daß er Behufs seiner practischen Ausbildung als Accessist bei den Justiz-Collegien zugelassen worden; bevor er aber zur Uebernahme eines richterlichen oder Amtsschreiber-Postens für qualificirt erachtet werden könnte, müßte er eine zweite Prüfung zurücklegen, und in sofern er als Assessor bei dem Justizsenate, oder einem Landgerichte, oder als Justizrath bei dem Stadtgerichte zu Wetzlar angestellt zu werden wünsche, habe er sogar noch, nach zurückgelegter zweiten Prüfung sich dem examini rigoroso zu unterwerfen. Wegen der zweiten Prüfung ist er mit seinen Anträgen an den Senat des königlichen rheinischen Appellationsgerichtshofes für die ostrheinischen Sachen gewiesen worden. Indem das Collegium hiervon in Kenntniß gesetzt wird, um, sobald der N. N. die Admission zu der zweiten Prüfung nachsucht, solche zu veranlassen und hiernächst über den Ausfall zu berichten, so wird derselbe zugleich bei dieser Gelegenheit angewiesen, hierüber eine allgemeine Verfügung zu erlassen und solche zur Kenntniß des Justiz-Senats zu Coblenz und der demselben untergeordneten Gerichtsbehörden zu bringen.

Berlin, den 15. Juni 1821.

An den Senat des königlichen rheinischen Appellationsgerichtshofes für ostrheinische Sachen eximirten Gerichtsstandes zu Cöln.

Der Justiz-Minister v. Kircheisen.

## 423.

Die Assisen-Präsidenten müssen eine Abschrift des über die Visitation der Gefängnisse aufzunehmenden Protocolls der General-Procuratur des Appellhofes mittheilen.

In den Anlagen erhalten Sie, Herr General-Advocat, ein Schreiben des königlichen Ministerii des Innern vom 11. v. M. nebst einem Berichte der Regierung zu N., beide in Abschrift,

die Beschwerden des Appellationsgerichts-Raths N. als Präsidenten der Assisen daselbst, rücksichtlich des dortigen Gefangenhauses betreffend.

In Beziehung auf die bereits unter dem 22. November 1819 an Sie ergangene Verfügung haben Sie davon Kenntniß zu nehmen und das weiter Erforderliche dieserhalb zu veranlassen.

Um auch ähnlichen Reibungen der Verwaltungs- und Justizbehörden vorzubeugen, finde ich es am zweckmäßigsten, daß die Assisen-Präsidenten Ihnen jederzeit eine Abschrift des Protocolls, so sie über den Befund der Gefängnisse aufnehmen, brevi manu zugehen lassen, damit Sie sodann die erforderliche Communication mit den betreffenden Verwaltungs-Behörden einleiten und nöthigenfalls mit Beifügung Ihres Gutachtens, sofern es meiner unmittelbaren Einwirkung bedarf, an mich berichten können. Sie werden authorisirt, demgemäß das Nöthige zu veranlassen.

Berlin, den 18. Juni 1821.

Der Justiz-Minister
v. Kircheisen.

An
den ersten königlichen Herrn General-Advocaten bei dem rheinischen Appellations-Gerichtshofe zu Cöln.

## 424.

Absetzung der Erkenntnisse mit Entscheidungsgründen in Sachen aus dem ostrheinischen Theile des Regierungsbezirks Coblenz; Verfahren bei Abfassung der Urtheile.

Auf Veranlassung einer durch den Herrn Fürsten Staats-Kanzler mitgetheilten Beschwerde des kaiserlich österreichischen Hof- und Staats-Kanzlers Herrn Fürsten v. Metternich sind in der bei dem königlichen rheinischen Revisions- und Cassationshofe verhandelten Sache des Oberforstmeisters Jäger wider den Banquier Baruch die Acten von dem Präsidio erfordert worden. Bei dieser Gelegenheit ist auch die Frage zur Sprache gekommen, aus welchen Gründen der rheinische Revisions- und Cassationshof, als Ober-Appellations-Gericht in den Sachen aus dem ostrheinischen Theile des Regierungsbezirks Coblenz, und die übrigen Gerichtsbehörden dieses Landestheils den abgefaßten Urtheilen keine Entscheidungsgründe beifügen, so wie das Verfahren, welches das Präsidium des rheinischen Revisions- und Cassationshofes bei Distribution der Acten zum Spruch, und das Collegium bei Abfassung der Urtheile beobachtete.

Auf den deshalb vom Präsidio erstatteten Bericht vom 21. d. M. sieht sich der Chef der Justiz veranlaßt, dem Collegio in Beziehung auf die beiden vorgedachten Gegenstände folgende Anweisung zu ertheilen:

I. Es ergiebt sich zwar aus dem was unter No. 1. des Präsidialberichts vorgetragen worden, daß das bisherige Verfahren, wonach die Urtheile ohne Entscheidungsgründe ausgefertiget, jedoch solche den Partheien auf Erfordern nicht verweigert werden, auf keinem ausdrücklichen Gesetze beruhet, sondern observanzmäßig sei.

Wenn jedoch in dem Berichte hinzugefügt wird, daß die Partheien schon durch Inspection der Acten Kenntniß von Entscheidungsgründen erlangen könnten, indem die Relationen offen bei denselben liegen, so erhält diese Bemerkung durch die Bestimmung des §. 60. der Ober-Appellations-Gerichts-Ordnung eine Modification, indem hiernach die Vota, Relationen und Rescripte von den Acten entfernt werden müssen, bevor solche den Anwälten der Partheien vorgelegt werden.

Da indessen nach dem Vortrage im Berichte den Partheien auf Erfordern die Entscheidungsgründe nicht geweigert werden, so ist es zweckmäßiger, wenn die Erkenntnisse sogleich mit Gründen abgesetzt und den Partheien zugefertigt werden.

Das ist auch schon deshalb nothwendig, weil das Collegium die von dem Referenten in Antrag gebrachte Disposition oft aus andern, oder doch in einzelnen Punkten modificirten Gründen annimmt, und die Bemerkung dieser Modificationen nicht füglich in Concluso mit der erforderlichen Ausführlichkeit geschehen kann, so daß es nach Verlauf einiger Zeit sehr schwierig wird, die Gründe anzugeben, welche eigentlich das Collegium zu dem Urtheile bewogen haben.

Hiernach hat sich der königl. rheinische Revisions- und Cassationshof zu achten, und ist auch demgemäß der Senat des rheinischen Appellationsgerichtshofes für die ostrheinischen

Sachen von dem Justiz-Minister angewiesen worden, um selbst dieser Verfügung Folge zu leisten und das Erforderliche an den Justiz-Senat, das Stadtgericht zu Wetzlar und die Justizämter zu erlassen.

Was nun ferner

II. das Verfahren bei Distribution der Acten zum Spruche und bei Abfassung der Urtheile anlangt; so wird nach Erwägung des vom Präsidio unter No. 4. seines Berichts erstatteten Vortrages hierdurch festgesetzt:

Für den Fall, da es bloß auf Erkennung oder Abschlagung der Appellations-Processe ankommt, kann es bei der Bestimmung des §. 19. der Ober-Appellations-Gerichts-Ordnung verbleiben. Wenn dagegen Appellations-Processe erkannt werden, und nach geschlossenem Schriftwechsel die Sache definitiv abgeurtheilt werden soll, so ist ein Unterschied zu machen,

a) ob das streitige Object die Summe von 500 Thl. Preuß. Courant überschreite, oder

b) ob dies nicht der Fall ist.

Im ersten Falle (sub a.) ist stets ein Referent und ein Correferent zu ernennen. Die Relation des erstern ist versiegelt dem Präsidenten zuzustellen, welcher sie bis zur Aburtheilung der Sache versiegelt asserviren läßt. Wenn in diesem ersten Falle duae conformes abgeändert werden sollen, so ist das im §. 7. Tit. 15. Thl. I. der Allgemeinen Gerichts-Ordnung für die preußischen Staaten festgesetzte Verfahren zu beobachten. Im zweiten Falle (sub b.) verbleibt es bei der Bestimmung des §. 19. der Ober-Appellations-Gerichts-Ordnung, mit der einzigen Ausnahme, daß wenn duae conformes abgeändert werden sollen, stets vor Abfassung des Beschlusses ein zweiter Referent ernannt werden muß.

Berlin, den 25. Juni 1821.

An den königl. rheinischen Revisions- und Cassationshof.

Der Justiz-Minister
v. Kircheisen.

---

Es ist aus einem Berichte des hiesigen Revisions- und Cassationshofes ersehen worden, daß es in den ostrheinischen Landestheilen des Coblenzer Regierungsbezirks in gleicher Art, als bei den vormaligen Reichsgerichten und mehreren andern deutschen Justizhöfen von jeher üblich gewesen ist, daß die Urtheile ohne Entscheidungsgründe ausgefertiget, die Entscheidungsgründe jedoch den Partheien auf Erfordern nicht geweigert werden.

Es ist das Erforderliche hiernach an den Revisions- und Cassationshof verfügt worden, und wird der Senat des königlichen Appellationsgerichtshofes für ostrheinische Sachen des Regierungsbezirks Coblenz ebenfalls angewiesen, dieser Verfügung Folge zu leisten und das Erforderliche an den Justiz-Senat, das Stadtgericht zu Wetzlar und die ostrheinischen Justizämter des Coblenzer Regierungsbezirks zu veranlassen. Berlin, den 25. Juni 1821.

An den Senat des königlichen rheinischen Appellations-Gerichtshofes für ostrheinische Sachen des Regierungsbezirks Coblenz zu Cöln.

Der Justiz-Minister v. Kircheisen.

## 425.

### Verlautbarung der Ehescheidungen in Beziehung auf anderweite Verheirathung.

Die in Ihrem Berichte vom 11. April c.
die Ehescheidungen und deren Verlautbarung in Beziehung auf eine anderweite Verheirathung betreffend,
gemachten Vorschläge haben mich zu einer vorgängigen Communication mit dem königlichen Ministerium der geistlichen Angelegenheiten veranlaßt. Wie sich dasselbe in der Sache geäußert hat, werden Sie, Herr General-Advocat, aus der abschriftlichen Anlage ersehen. Ich finde nunmehr kein Bedenken, die von Ihnen in Antrag gebrachte Circular-Verordnung in der Art zu erlassen, wie solche in dem Anschlusse abgefaßt ist, und authorisire Sie, solche durch Einrückung in die Amtsblätter zur Kenntniß der Gerichtsbehörden zu bringen, auch die königlichen Procuratoren darnach zu instruiren. Sollten in der Ausführung Schwierigkeiten entstehen, so will ich Ihren fernern Bericht erwarten.

Berlin, den 25. Juni 1821.

An den ersten Herrn General-Advocaten bei dem rheinischen Appellations-Gerichtshofe zu Cöln.

Der Justiz-Minister v. Kircheisen.

### a.

Um die gesetzwidrige Abschließung anderweiter Ehen zwischen noch nicht rechtskräftig geschiedenen Personen möglichst zu verhüten, ist es nöthig gefunden, die Verhandlungen und Untersuchungen, welche in den Ehescheidungssachen nach erfolgtem Scheidungs-Urtheil, der von den Civilbeamten auszusprechenden und zu vollziehenden definitiven Scheidung, in Gemäßheit der Artikel 264 und 265 des Civil-Gesetzbuchs vorhergehen müssen, künftig durch den Präsidenten des betreffenden Landgerichts geschehen zu lassen.

Demzufolge wird auf Veranlassung einer unter dem 20. November v. J. ergangenen Allerhöchsten Kabinets-Ordre und in Einverständniß mit dem Ministerium der geistlichen Angelegenheiten hierdurch festgesetzt:

1) Der die Scheidung verfolgende Theil hat innerhalb der im Art. 264. des Civilgesetzbuchs bestimmten und nach Art. 265. l. c. zu berechnenden zweimonatlichen Frist, die Rechtskraft des die definitive Scheidung authorisirenden Urtheils bei dem Präsidenten des betreffenden Landgerichts nachzuweisen.

2) Innerhalb derselben Frist und vor derselben Präsidialbehörde hat der requirirende Theil zugleich den Gegentheil zur Vorbringung seiner etwanigen, gegen die schließliche Vollziehung der Scheidung noch habenden Einreden, auf einen von dem Präsidenten vorher zu bestimmenden Tag vorladen zu lassen.

3) Sobald die Rechtskraft des Scheidungs-Urtheils nachgewiesen und von dem gehörig vorgeladenen Gegentheil entweder gar keine oder durchaus unerhebliche und unzulässige Einreden gemacht sind, ertheilt der Präsident innerhalb 24 Stunden nach Ablauf des ad 2. bestimmten Termins ein Attest, daß der definitiven Vollziehung der Ehescheidung nichts weiter entgegenstehe, und bestimmt in diesem Attest zugleich die Zeit, innerhalb welcher dasselbe nach Vorschrift der oben allegirten Artikel des Civil-Gesetzbuchs, welche hierunter keine Abänderung erleiden, bei den Civilstandsbeamten eingereicht werden muß.

4) Auf den Grund dieses Attestes wird sodann von diesem letzteren Beamten die schließliche Scheidung ohne weitere Förmlichkeiten und Untersuchung ausgesprochen, und in das dafür bestimmte Register eingetragen, auch beiden Theilen eine Ausfertigung dieser Eintragung ertheilt, um sich dadurch bei etwaniger Eingehung einer zweiten Ehe zu legitimiren.

5) Die Vorschriften des Art. 294. des Civilgesetzbuchs in Betreff der Scheidung auf den Grund wechselseitiger Einwilligung leiden durch gegenwärtige Verordnungen keine Abänderung, sondern behalten ihre

fortwährende unveränderte Anwendung und Vollziehung. Berlin, den 25. Juni 1821.

Der Justiz-Minister
v. Kircheisen.

## 426.

### Ertheilung der Heiraths-Consense für Friedensrichter, Unterrichter und Unterbeamte durch die General-Procuratur des Appellhofes.

Es ist meine Absicht, daß Sie, Herr General-Advocat, die Heiraths-Consense für die Friedensrichter, die Unterrichter im ost-rheinischen Theile des Coblenzer Bezirks und die Unter-Beamten in allen Gerichten, womit der General-Procurator bei dem hiesigen rheinischen Revisions- und Cassationshofe, nach der Verfügung vom 12. März d. J. beauftragt war, künftighin in Ihrer Qualität als Stellvertreter des General-Procurators bei dem königlichen rheinischen Appellations-Gerichtshofe ertheilen. Sie haben daher die rheinischen Beamten mit den erforderlichen Anweisungen zu versehen, indem Sie ihnen bekannt machen, daß die Verfügung vom 12. März dahin erklärt worden ist.

Berlin, den 25. Juni 1821.

An
den ersten Herrn General-Advocaten bei dem rheinischen Appellations-Gerichtshofe zu Cöln.

Der Justiz-Minister
v. Kircheisen.

## 427.

### Ascension der Gerichtsschreiber und Parketschreiber.

Es ist zweckmäßig, daß bei Besetzung der Gerichtsschreiberstellen theils nach der Wichtigkeit der Stellen, theils nach dem damit verknüpften Diensteinkommen eine Ascension beobachtet werde.

Bei den Vorschlägen zu den Landgerichtsschreiberstellen ist daher vorzüglich auf verdiente Friedensgerichtsschreiber und Landgerichtsparketschreiber, bei Besetzung der Secretarienstellen bei dem Appellationsgerichtshofe auf den Parketschreiber des General-Procurators und auf verdiente Landgerichtsschreiber Rücksicht zu nehmen.

Bei Besetzung der Obergerichtsschreiberstellen bei den Landgerichten verdienen zunächst diejenigen Subjekte, die schon früher Obergerichtsschreiber gewesen und jetzt bei Zusammenziehung der Gerichte nicht wieder als solche angestellt werden konnten, dann die zu Obergerichtsschreibern qualificirten Secretarien bei dem Appellationsgerichtshofe, und endlich die ausgezeichnetern Landgerichtsschreiber den Vorzug.

Bei Besetzung der Parketschreiberstellen bei dem Appellationsgerichtshofe sind auf die Landgerichts-Parketschreiber, und bei Besetzung der Parketschreiberstellen bei den Laudgerichten und der Friedensgerichtsschreiberstellen, zunächst auf qualificirte Wartegelder-Officianten, dann auf die nicht etatsmäßig besoldeten, jedoch vereideten überzähligen Gehülfen im Secretariat des Appellationsgerichtshofes und auf dem Parket des General-Procurators, hiernächst auf dergleichen Gehülfen bei der Gerichtsschreiberei der Landgerichte und im Parket der Ober-Procuratoren, und erst in Ermangelung solcher qualificirten Subjekte, auf die Gehülfen der Friedensgerichtsschreiber zu recurriren.

Es versteht sich jedoch von selbst, daß, wenn ein Friedensgerichtsschreiber sich um eine Parketschreiberstelle bewirbt, ersterer vor den nicht etatsmäßig besoldeten Gehülfen jeder Art den Vorzug verdient.

Hiernach haben Sie nicht bloß selbst Ihre Vorschläge einzurichten, sondern diese Grundsätze auch zur Kenntniß des Appellationsgerichtshofes und durch die Ober-Procuratoren zur Kenntniß der Landgerichte und der Friedensgerichte zu bringen.

Berlin, den 2. Juli 1821. Der Justiz-Minister
v. Kircheisen.

An
den königlichen ersten Präsidenten des rheinischen Appellationsgerichtshofes, Herrn Geheimen Staasrath Daniels und den ersten General-Advocaten, Geheimen Ober-Revisionsrath Bölling zu Cöln.

## 428.

### Verbot des Betriebs eines Gewerbes durch Gerichts-Vollzieher.

Aus der abschriftlichen Anlage werden Sie, Herr Präsident und Herr General-Advocat, ersehen, daß in den Rheinprovinzen von einigen Gewerbetreibenden darüber Klage geführt wird, daß unter andern Gerichtsvollzieher ihrem Gewerbe Eintracht thun.

Da das Decret d. d. Dresden, den 14. Juni 1813, im 41. Artikel den Huissiers, bei Strafe des Verlustes ihres Amts, die Betreibung der Gast- und Schankwirthschaft, das Halten eines Kaffeehauses, einer Tabagie oder einer Billardstube, selbst auf den Namen ihrer Frauen, untersagt, so haben Sie, Herr General-Advocat, Kraft Ihres Amtes, strenge auf die Befolgung dieser Vorschrift zu sehen und die königlichen Ober-Procuratoren hiernach anzuweisen.

Außerdem haben Sie sich beide darüber gutachtlich zu äußern, ob nicht die nämliche Vorschrift auf die Notarien anzuwenden sei, und ob es nicht zweckmäßig sein dürfte, die unmittelbare oder mittelbare Betreibung mehrerer anderer Gewerbe außer den oben genannten den Notarien und Gerichtsvollziehern zu verbieten.

Berlin, den 6. Juli 1821.

An den ersten Herrn Präsidenten und den ersten Herrn General-Advocaten bei dem rheinischen Appellations-Gerichtshofe zu Cöln.

Der Justiz-Minister v. Kircheisen.

## 429.

### Die Handelsgerichte und deren Wirksamkeit.

In Gefolg höhern Auftrags bringen Unterzeichnete hiermit zur öffentlichen Kenntniß, daß des Herrn Fürsten Staats-Kanzlers Durchlaucht zur Erledigung bisheriger Zweifel, mittelst Rescripts vom 25. Mai c. in Betreff der Handelsgerichte und deren Wirksamkeit, folgende Bestimmungen zu erlassen geruhet haben:

§. 1. Die Gerichtsbarkeit der Handelsgerichte zu Cöln, Aachen, Coblenz und Trier wird sich künftig, zufolge des Art. 616. des Handels-Gesetzbuchs, über die ganzen Landesgerichts-Bezirke erstrecken, in welchen dieselben ihren Sitz haben.

§. 2. Eine Ausnahme von dieser Regel (§. 1.) macht das Landgericht Düsseldorf, in dessen Bezirk sich mehrere Handelsgerichte befinden, dessen Ressort künftig, wie folgt, bestimmt sein soll:

a) Die Gerichtsbarkeit des Handelsgerichts zu Elberfeld bleibt in ihrem bisherigen Umfange vor der Hand fortbestehend.

b) Das Handelsgericht zu Crefeld dehnt die Grenzen seiner Gerichtsbarkeit über den ganzen, auf dem linken Rheinufer belegenen Theil des Landgerichts-Bezirks von Düsseldorf aus.

c) Das Landgericht zu Düsseldorf soll fortfahren, in demjenigen auf der rechten Rheinseite gelegenen Theile seines Bezirks die Gerichtsbarkeit in Handelssachen auszuüben, in welchem es auch bisher dazu befugt gewesen ist.

§. 3. Das Landgericht zu Cleve, in dessen Bezirk kein besonderes Handelsgericht vorhanden ist, wird seine Gerichtsbarkeit in Handelssachen künftig auch über diejenigen Theile seines Gerichtsbezirks erstrecken, welche bisher in Handelssachen der Jurisdiction des Handelsgerichts Crefeld unterworfen gewesen sind.

§. 4. Vorstehende Bestimmungen — §. 1 bis 3 — treten gleich nach verordneter Bekanntmachung durch die Amtsblätter in Anwendung; die bei den einzelnen Handelsgerichten bereits schwebenden Sachen werden jedoch bei dem Gerichte, wo sie anhängig sind, bis zur Entscheidung einschließlich fortgesetzt.

§. 5. Sämmtliche königliche Landgerichte in den Rheinprovinzen, desgleichen die darin befindlichen Handelsgerichte, werden eingeladen, sich nach den Grundsätzen, wie sie hier festgestellt sind, bei Ausübung ihrer resp. Gerichtsbarkeiten überall auf das Genaueste zu richten.

Cöln, den 7. Juli 1821.

| Der erste Präsident, Geheimer Staatsrath | Der erste General-Advocat, Geheimer Ober-Revisionsrath |
|---|---|
| Daniels. | Bölling. |

## 430.

### Aufhebung der Art. 27 bis 32 des Decrets vom 30. Januar 1811 wegen Bezuges vacanter Gehälter.

Aus dem vom ersten Präsidenten des rheinischen Appellationsgerichtshofes und Ihnen, Herr General-Advocat, in Betreff der von dem Appellations- und Landgerichtsrath N. nachgesuchten Gratification unterm 10. v. M. erstatteten Bericht und aus der demselben abschriftlich beigefügten Aeußerung des Landgerichts-Präsidenten und des Ober-Procurators zu Düsseldorf ist ersehen worden, daß die dortigen Justizbehörden und Beamten von der Ansicht ausgehen, als sei die Verfügung der französischen Gesetze noch in Anwendung, nach welcher die Beamten, welche die Stellen anderer verhinderter oder abgegangener Beamten, mit welchen höhere Gehälter verbunden sind, einstweilen wahrnehmen, einen Rechtsanspruch auf das höhere Gehalt haben sollen, und zwar nach Verschiedenheit der Fälle auf das ganze oder auch halbe Differenzquantum.

Dies ist jedoch nicht der Fall. Da Seine Majestät jetzt die Gehälter der rheinischen Justizbeamten definitiv regulirt und auskömmlich bestimmt haben, auch die durch Vacanzen ersparten Gehälter andere Bestimmungen haben, endlich jene

Festsetzung der französischen Gesetze mit den diesseitigen Verwaltungsgrundsätzen, welche mit Einführung der neuen Etats auch für die Rheinprovinzen gültige Kraft haben, nicht vereinbar sind, so hat kein Justizbeamter, der am Orte seiner Bestimmung einstweilen eine andere Stelle commissarisch verwaltet, einen Rechtsanspruch auf das ganze oder einen Theil des mit jener Stelle verknüpften höhern Gehalts. Es sind demnach die Art. 27 bis 32 des französischen Decrets vom 30. Januar 1811 außer Anwendung gesetzt. Denn da der Anfang des Gehaltsbezuges bei der Ausfertigung jeder Bestallung besonders bestimmt wird, so fällt der Art. 27. des gedachten Decrets, wornach die Gehälter vom Tage der Eidesleistung an laufen, von selbst weg.

Die Art. 28 bis 32 stehen aber der Ausführung der Allerhöchsten Kabinets-Ordre vom 27. April 1816, wegen der Gnadenbewilligungen an die Hinterbliebenen der Beamten, entgegen und widersprechen den Bestimmungen, vermöge deren die Gehälter bei den Collegien vierteljährlich vorausbezahlt werden; sie sind ferner durch die Vorschrift des Diäten-Regulativs vom 28. Februar 1816 (Allgemeine Gesetzsammlung pag. 113.), aufgehoben, worin §. 1. No. 2. verordnet ist, daß angestellte Staatsbeamte, welche Gehalt beziehen, oder auch ohne denselben auf Beförderung arbeiten, verpflichtet sind, jeden Auftrag an ihrem Aufenthaltsort ohne weitere Vergütung auszurichten.

Es muß daher die interimistische Wahrnehmung der Stelle eines verstorbenen, entlassenen, suspendirten oder abgesetzten Beamten bei den nunmehr völlig organisirten Gerichtshöfen und der Staatsbehörde durch die übrigen dabei angestellten Staatsdiener unentgeldlich geschehen.

Die Anordnung einer commissarischen Vertretung für außerordentliche Fälle, und ob aus besondern Gründen ausnahmsweise eine Remuneration für commissarisch übertragene Geschäfte, welche am Aufenthaltsort der Beamten vorgenommen werden, statt findet, und wie viel, bleibt für jeden einzelnen Fall der Bestimmung des Chefs der Justiz überlassen.

Hiernach haben Sie sich bei Ihren Vorschlägen zu achten und auch diese Grundsätze, nach welchen für die Folge zu verfahren ist, zur Kenntniß des Appellationsgerichtshofes und durch die Ober-Procuratoren zur Kenntniß der Land- und Friedensgerichte zu bringen. Berlin, den 16. Juli 1821.

An den königlichen ersten General-Advocaten des rheinischen Appellationsgerichtshofes, Herrn Geheimen Ober-Revisions-Rath Bölling in Cöln.

Der Justiz-Minister
v. Kircheisen.

## 431.

### Vorladung der Verwaltungsbeamten zur Ablegung eines gerichtlichen Zeugnisses.

Auf den von Ihnen, Herr General-Advocat, unter dem 5. d. Mts. erstatteten Bericht

die Zeugnisse königlicher Beamten in Untersuchungs-Sachen betreffend,

und nach Erwägung der darin entwickelten Gründe, habe ich nichts dagegen, daß das, was die Vorschriften der Allgemeinen Gerichts-Ordnung Thl. I. Tit. X. §. 179 und 203. No. 2. und die Criminal-Ordnung §. 335. in Bezug auf die Vorladung und Vernehmung der königlichen Beamten feststellen, in den Rheinprovinzen ebenfalls zur Anwendung gebracht werde. Jedoch muß die vorgesetzte Behörde, bei welcher der vorzuladende Beamte fungirt, jederzeit von dessen Vorladung mit Bemerkung des Gegenstandes zeitig benachrichtiget werden. Berlin, den 23. Juli 1821.

An den ersten Herrn General-Advocaten beim rheinischen Appellations-Gerichtshofe zu Cöln.

Der Justiz-Minister
v. Kircheisen.

## 432.

### Organisation der Friedensgerichte.

Seine Majestät der König haben mittelst Allerhöchster Kabinets-Ordre vom 9. Juni c. die Organisation der Friedensgerichte zu genehmigen und diejenige Eintheilung der Friedensgerichts-Bezirke zu beschließen geruhet, welche in dem hierunten stehenden Verzeichnisse sub I. näher angegeben ist.

Die Richter und Gerichtsschreiber dieser Friedensgerichte sind hierauf — wie das Verzeichniß sub II. nachweiset — von des Herrn Justiz-Ministers Excellenz, unterm 22. Juni a. c. ernannt worden.

In Ansehung der nach diesem Verzeichniß sub II. noch unbesetzt gebliebenen Stellen werden ebenfalls die höchsten Verfügungen alsbald erfolgen.

Auf den Grund dieser den Unterzeichneten mitgetheilten Allerhöchsten und höchsten Bestimmungen und zugleich unter Berücksichtigung der Allerhöchsten Verordnung vom 7. Juni c., die Competenz der Friedensgerichte betreffend, wird hierdurch in Gemäßheit des dazu erhaltenen höchsten Auftrages Folgendes näher verfügt und bekannt gemacht:

§. 1. Die jetzt in den Rheinprovinzen vorhandenen Friedensgerichte, desgleichen die in Cöln und Aachen bestehenden besondern Polizeigerichte, sind und bleiben mit dem 31. August des laufenden Jahres aufgelöset.

§. 2. An deren Stelle treten mit dem 1. September dieses Jahres neue Friedensgerichte, und zwar an denjenigen Orten und für diejenigen Bezirke, welche in dem Eingangs gedachten Verzeichniß sub I. näher benannt und angegeben sind.

§. 3. Die nöthig gefundene Anordnung periodischer Gerichtssitzungen in den entferntern Theilen einzelner Friedensgerichtsbezirke, die Auswahl der Gemeinden, welche daran Theil nehmen sollen, endlich die Bestimmung der Zeit und der Wiederholung dieser periodischen Gerichtssitzungen bleibt der nähern Bestimmung des Herrn Justiz-Ministers Excellenz vorbehalten. — Bis dahin werden also die friedensgerichtlichen Geschäfte des ganzen Bezirks an dem Hauptorte, wo das Gericht seinen Sitz hat, verhandelt.

§. 4. Die Competenz der neu errichteten Friedensgerichte wird durch die, mit dem 1. September des laufenden Jahres gleichfalls in Kraft tretende Allerhöchste Verordnung vom 7. Juni c., so wie durch die übrigen neben dieser Verordnung noch bestehen gebliebenen Gesetze und Vorschriften bestimmt.

§. 5. Es wird erwartet, daß zur Zeit der Auflösung der jetzt bestehenden Friedensgerichte (§. 1.) alle bis dahin bei denselben anhängig gewordenen, sowohl Civil- als Untersuchungs-Sachen abgemacht sein werden.

Wo dies aber in einzelnen Fällen nicht möchte geschehen können, werden die dermaligen friedensgerichtlichen Beamten angewiesen, ihren Nachfolgern bis zum 1. September ein vollständiges Verzeichniß der etwa noch schwebenden Sachen, zugleich mit den betreffenden etwa vorhandenen Separat-Acten und Stücken zu überliefern, damit in Gemäßheit des §. 2. der Verordnung vom 7. Juni c. von den künftigen competenten Friedensrichtern auf jedesmaliges Anrufen der Partheien oder auch — wie in Untersuchungs-Sachen — von Amtswegen neue Ladungen oder Verfügungen zur Fortsetzung der Sache erlassen werden können.

Gleichfalls ist von den dermaligen Beamten bei Auflösung der jetzigen Friedensgerichte (§. 1.) ein vollständiges Verzeichniß sämmtlicher bei denselben schwebenden und bekannt gewordenen Vormundschaften anzufertigen und sammt den etwa darüber vorhandenen besondern Verhandlungen und Protocollen an diejenigen Friedensgerichte, welche künftig ganz oder zum Theil an die Stelle der jetzigen treten werden, abzugeben.

Die betreffenden Herren Ober-Procuratoren werden auf die Ausführung dieser Vorschrift mit Strenge halten, und ist denselben zu dem Ende von den dermaligen friedensgerichtlichen Beamten gleichzeitig ein Duplum der vorstehend gedachten Verzeichnisse einzusenden.

§. 6. Die ältern friedensgerichtlichen Archive, Register und Verhandlungen bis zum Schluß des Jahres 1820 verbleiben einstweilen und bis zur nähern darüber vorbehaltenen Verfügung an den Orten, wo sie bisher aufbewahrt worden.

Die neu organisirten Friedensgerichte, deren künftige Gerichtsbarkeit sich auf diese bisherigen Aufbewahrungs-Orte erstreckt, treten in Ansehung dieses Punktes einstweilen an die Stelle der bisherigen, daselbst bestandenen friedensgerichtlichen Behörden, und sind ebenso befugt, als schuldig, sowohl den Partheien als den übrigen künftig daran mitbetheiligten Friedensgerichten, die erforderlichen Notizen und Auszüge daraus auf Verlangen mitzutheilen.

§. 7. Auch die friedensgerichtlichen Verhandlungen des laufenden Jahres bis zum 31. August c., insofern sie nicht zu den noch schwebenden Sachen gehören, welche in Gemäßheit des vorstehenden §. 5. sofort an die betreffenden neuen Friedensgerichte ausgeliefert werden müssen, werden einstweilen an dem bisherigen Aufbewahrungsorte hinterlegt, nachdem vorher die betreffenden Bücher und Register abgeschlossen sein werden.

In Ansehung der Verhandlungen des laufenden Jahres tritt die am Schlusse des vorhergehenden §. 6. bemerkte Befugniß und Verpflichtung der neu ernannten friedensrichterlichen Beamten ebenfalls ein.

§. 8. Die bisherigen friedensrichterlichen Beamten werden über die reponirten Verhandlungen — §. 6 und 7 — doppelte Verzeichnisse anfertigen und dieselben bis zum 1. September c. den betreffenden königlichen Ober-Procuratoren vorlegen, welche sodann ihrerseits darüber, so wie über die wegen künftiger Aufbewahrung und Vertheilung zu treffenden definitiven Maaßregeln bis zum 1. November hierhin gutachtlich berichten werden.

§. 9. Wegen der Friedensgerichts-Localien, und der erforderlichen Utensilien werden die nähern Bestimmungen vorbehalten. Bis dahin werden die Localien, Bücher und Utensilien der dermaligen Friedensgerichte denjenigen neu organisirten Gerichten überlassen, welche unmittelbar an die Stelle des aufgelösten Gerichts treten werden.

Es sind zu dem Ende dreifache vollständige Verzeichnisse, welche der künftige sowohl als der bisherige Friedensrichter und Friedensgerichtsschreiber zu unterzeichnen hat, anzufertigen.

Eins dieser Verzeichnisse wird bei der Ueberlieferung dem neu organisirten Gericht übergeben, das andere dient den bisherigen Beamten zur Bescheinigung der geschehenen Ablieferung, und das dritte Verzeichniß wird an den betreffenden königlichen Ober-Procurator eingesandt, welcher dann eine weitere Abschrift hierhin gelangen lassen wird.

§. 10. Die Vereidung der neu ernannten und bestätigten Friedensgerichte erfolgt in einer Plenar-Sitzung der betreffenden Landgerichte, welche dazu zeitig vor der auf den 1. September c. bestimmten Einführung der neuen Gerichte einen Audienz-Tag bestimmen und die betreffenden Friedensrichter dazu vorladen werden.

Die so vereidigten Friedensrichter werden demnächst ihrerseits von den Friedensgerichtsschreibern am Tage der Einführung der neuen Gerichte den Eid abnehmen, und damit das Gericht für förmlich constituirt erklären.

Das bei dieser Gelegenheit aufzunehmende Protocoll ist an das betreffende königliche Landgericht einzusenden.

§. 11. Die königlichen Landgerichts-Präsidenten und königlichen Ober-Procuratoren werden demnächst auf die Ausführung aller vorstehenden Bestimmungen halten und seiner Zeit über die pünktliche Vollziehung derselben — zugleich mit Beifügung der sämmtlichen aufgenommenen Verpflichtungs-Protocolle (§. 10.) — hierhin vollständigen Bericht erstatten.

§. 12. Gegenwärtige Verfügung soll höherer Verordnung gemäß durch die betreffenden Regierungs-Amtsblätter zur allgemeinen Kenntniß gebracht werden.

Cöln, den 25. Juli 1821.

| Der Geheime Staats-Rath und erste Präsident des rheinischen Appellations-Gerichtshofes | Der Geheime Ober-Revisions-Rath und erste General-Advocat beim rheinischen Appellations-Gerichtshofe |
|---|---|
| Daniels. | Bölling. |

(Umstehend folgt nur das ad 1. bezogene Ort-Verzeichniß.)

## Territorial-Eintheilung der Friedensgerichte in den Rhein-Provinzen.

### A. Landgerichts-Bezirk Cöln.

| No. | Verwaltungs-Kreis. | Friedens-Gericht zu | No. | Bestandtheile desselben. Bürgermeisterei. |
|---|---|---|---|---|
| I. | Stadtkreis Cöln. | 1. Cöln No. I. | 1 | Cöln, 1. und 2. Viertel, |
| | | 2. Cöln No. II. | 2 | Cöln, 3. und 4. Viertel, |
| II. | Landkr. Cöln. | 3. Cöln No. III. | 3 | Brühl, |
| | | | 4 | Effern, |
| | | | 5 | Frechen, |
| | | | 6 | Rondorf, |
| | | | 7 | Hürth, |
| | | 4. Cöln No. IV. | 8 | Freimersdorf, |
| | | | 9 | Loevenich, |
| | | | 10 | Longerich, |
| | | | 11 | Müngersdorf, |
| | | | 12 | Pulheim, |
| | | | 13 | Worringen, |
| | | | 14 | Stommeln, |
| | | | 15 | Deutz. |
| III. | Bonn. | 5. Bonn No. I. | 1 | Bonn, |
| | | | 2 | Poppelsdorf, |
| | | | 3 | Vilich, |
| | | 6. Bonn No. II. | 4 | Hersel, |
| | | | 5 | Sechtem, |

| No. | Verwaltungs-Kreis. | Friedens-Gericht zu | No. | Bestandtheile desselben. Bürgermeisterei. |
|---|---|---|---|---|
| | | | 7 | Esch, |
| | | | 8 | Bergheim. |
| | | 11. Kerpen. | 9 | Kerpen. |
| | | | 10 | Türnich, |
| | | | 11 | Blatzheim, |
| | | | 12 | Buir, |
| | | | 13 | Syndorf, |
| | | | 14 | Heppendorf. |
| VII. | Mühlheim. | 12. Mühlheim. | 1 | Mühlheim, |
| | | | 2 | Heumar, |
| | | | 3 | Merheim, |
| | | | 4 | Wahn. |
| | | 13. Bensberg. | 5 | Bensberg, |
| | | | 6 | Gladbach, |
| | | | 7 | Roesrath, |
| | | | 8 | Odendahl, |
| | | | 9 | Overath. |
| VIII. | Wipperfürth. | 14. Wipperfürth. | 1 | Kürten, |
| | | | 2 | Klüppelberg, |
| | | | 3 | Wipperfürth, |
| | | | 4 | Olpe, |
| | | 15. Lindlar. | 5 | Lindlar. |

| | | | | |
|---|---|---|---|---|
| IV. | Rheinbach. | 7. Rheinbach mit period. Sitzungen in Münstereifel. | 1 | Adendorf, |
| | | | 2 | Ollheim, |
| | | | 3 | Rheinbach, |
| | | | 4 | Cuchenheim, |
| | | | 5 | Münstereifel. |
| V. | Lechenich. | 8. Lechenich. | 1 | Erp, |
| | | | 2 | Friesheim, |
| | | | 3 | Gimnich, |
| | | | 4 | Lechenich, |
| | | | 5 | Lommersum, |
| | | | 6 | Liblar, |
| | | | 7 | Weilerswist. |
| | | 9. Zülpich. | 8 | Commern, |
| | | | 9 | Entzen, |
| | | | 10 | Euskirchen, |
| | | | 11 | Frauenberg, |
| | | | 12 | Nemmenich, |
| | | | 13 | Satzvey, |
| | | | 14 | Sinzenich, |
| | | | 15 | Wachendorf, |
| | | | 16 | Wichterich, |
| | | | 17 | Zülpich. |
| VI. | Bergheim. | 10. Bergheim. | 1 | Königshoven, |
| | | | 2 | Pütz, |
| | | | 3 | Caster, |
| | | | 4 | Bedburg, |
| | | | 5 | Hüchelhoven, |
| | | | 6 | Paffendorf, |
| | meisterei Oberpleis. | | 4 | Sieglahr, |
| | | | 5 | Wahlscheid, |
| | | 17. Königswinter. | 6 | Königswinter, |
| | | | 7 | Obercassel, |
| | | | 8 | Menden. |
| X. | Hennef mit Einschluß der zum Kreise Siegburg gehörigen Bürgermeisterei Oberpleis. | 18. Hennef. | 1 | Hennef, |
| | | | 2 | Lauthausen, |
| | | | 3 | Neunkirchen, |
| | | | 4 | Uckerath, |
| | | | 5 | Oberpleis. |
| | | 19. Eitorf. | 1 | Ruppichteroth, |
| | | | 2 | Eitorf, |
| | | | 3 | Herchen, |
| | | | 4 | Much. |
| XI. | Waldbroel. | 20. Waldbroel. | 1 | Dattenfeld, |
| | | | 2 | Denklingen, |
| | | | 3 | Eckenhagen, |
| | | | 4 | Morsbach, |
| | | | 5 | Waldbroel. |
| XII. | Homburg. | 21. Homburg standesherrlich. | 1 | Drabenderhöh, |
| | | | 2 | Marienberghausen, |
| | | | 3 | Nümbrecht, |
| | | | 4 | Wiehl. |
| XIII. | Gimborn. | 22. Gummersbach. | 1 | Gimborn, |
| | | | 2 | Gummersbach, |
| | | | 3 | Marienheide, |
| | | | 4 | Neustadt, |
| | | | 5 | Ründeroth. |

B. Landgerichts-Bezirk Düsseldorf.

| No. | Verwaltungs-Kreis. | Friedens-Gericht zu | No. | Bestandtheile desselben. Bürgermeisterei. |
|---|---|---|---|---|
| I. | Düsseldorf, Stadtkreis. | 1. Düsseldorf. | 1 | Düsseldorf. |
| II. | Düsseldorf, Landkreis. | 2. Gerresheim. | 1 | Hilden, |
| | | | 2 | Hubbelrath, |
| | | | 3 | Gerresheim, |
| | | | 4 | Benrath, |
| | | 3. Ratingen. | 5 | Kaiserswerth, |
| | | | 6 | Angermund, |
| | | | 7 | Eckamp, |
| | | | 8 | Mintard, |
| | | | 9 | Ratingen. |
| III. | Elberfeld. | 4. Elberfeld I. | 1 | Elberfeld, Stadt. |
| | | 5. Elberfeld II. | 2 | Sämmtliche zur Bürgermeisterei Elberfeld gehörigen Außenorte, |
| | | | 3 | Kronenberg, |
| | | 6. Barmen. | 4 | Barmen, |
| | | 7. Velbert. | 5 | Velbert, |
| | | | 6 | Hardenberg, |
| | | 8. Mettmann. | 7 | Mettmann, |
| | | | 8 | Wülfrath, |
| | | | 9 | Haan, |
| | | | 10 | Sonnborn. |
| IV. | Solingen | 9. Solingen | 1 | Solingen. |

| No. | Verwaltungs-Kreis. | Friedens-Gericht zu | No. | Bestandtheile desselben. Bürgermeisterei. |
|---|---|---|---|---|
| | | | 6 | Frimersheim, |
| | | | 7 | Lanck, |
| | | | 8 | Langst, |
| | | | 9 | Linn, |
| | | | 10 | Osterath, |
| | | | 11 | Strümp, |
| | | | 12 | Uerdingen. |
| VII. | Gladbach. | 17. Neersen. | 1 | Viersen, |
| | | | 2 | Neersen, |
| | | | 3 | Schiefbahn, |
| | | 18. Gladbach. | 4 | Gladbach, |
| | | | 5 | Unterniedergeburt, |
| | | | 6 | Oberniedergeburt, |
| | | | 7 | Obergeburt, |
| | | | 8 | Corschenbroich, |
| | | | 9 | Kleinenbroich, |
| | | 19. Odenkirchen. | 10 | Odenkirchen, |
| | | | 11 | Dahlen, |
| | | | 12 | Rheydt, |
| | | | 13 | Schelsen, |
| | | | 14 | Liedberg. |
| VIII. | Grevenbroich | 20. Bedburdick. | 1 | Bedburdick, |
| | | | 2 | Garzweiler, |
| | | | 3 | Jüchen, |
| | | | 4 | Kelzenberg, |
| | | | 5 | Neukirchen, |

| | | | | |
|---|---|---|---|---|
| | | 10. Richrath. | 6 | Höhscheid, |
| | | | 7 | Richrath, |
| | | | 8 | Monheim, |
| | | 11. Opladen. | 9 | Opladen, |
| | | | 10 | Burscheid, |
| | | | 11 | Schlebusch, |
| | | | 12 | Witzhelden. |
| V. | Lennep. | 12. Ronsdorf. | 1 | Ronsdorf, |
| | | | 2 | Remscheid, |
| | | | 3 | Lütringhausen, |
| | | 13. Lennep. | 4 | Lennep, |
| | | | 5 | Rade v. Wald, |
| | | | 6 | Hückeswagen, |
| | | 14. Wermelskirchen. | 7 | Wermelskirchen, |
| | | | 8 | Dabringhausen, |
| | | | 9 | Burg. |
| VI. | Crefeld. | 15. Crefeld. | 1 | Crefeld, |
| | | | 2 | Kleinkempen sammt Anrad, |
| | | | 3 | Willich, |
| | | 16. Uerdingen. | 4 | Bockum, |
| | | | 5 | Fischeln, |

| | | | | |
|---|---|---|---|---|
| | | …broich. | 9 | Eringhoven, |
| | | | 10 | Frimersdorf, |
| | | | 11 | Grevenbroich, |
| | | | 12 | Gusdorf, |
| | | | 13 | Hemmerden, |
| | | | 14 | Hülchrath, |
| | | | 15 | Wevelinghofen. |
| IX. | Neuß. | 22. Neuß. | 1 | Neuß, |
| | | | 2 | Holzheim, |
| | | | 3 | Grefrath, |
| | | | 4 | Glehn, |
| | | | 5 | Büttgen, |
| | | | 6 | Karst, |
| | | | 7 | Büderich, |
| | | | 8 | Heerdt, |
| | | 23. Nievenheim. | 9 | Grimlinghausen, |
| | | | 10 | Norff, |
| | | | 11 | Zons, |
| | | | 12 | Dormagen, |
| | | | 13 | Nievenheim, |
| | | | 14 | Nettesheim, |
| | | | 15 | Rommerskirchen. |

## C. Landgerichts-Bezirk Cleve.

| | | | | |
|---|---|---|---|---|
| I. | Cleve. | 1. Cleve. | 1 | Cleve, |
| | | | 2 | Keeken, |
| | | | 3 | Griethausen, |
| | | | 4 | Materborn, |
| | | | 5 | Cranenburg, |
| | | | 6 | Niel, |

| | | | | |
|---|---|---|---|---|
| | | | 7 | Grieth, |
| | | | 8 | Till, |
| | | 2. Goch. | 9 | Keppelen, |
| | | | 10 | Goch, |
| | | | 11 | Pfalzdorf, |
| | | | 12 | Asperden, |

## C. Landgerichts-Bezirk Cleve.

| No. | Verwaltungs-Kreis. | Friedensgericht zu | No. | Beſtandtheile deſſelben. Bürgermeiſterei. | No. | Verwaltungs-Kreis. | Friedensgericht zu | No. | Beſtandtheile deſſelben. Bürgermeiſterei. |
|---|---|---|---|---|---|---|---|---|---|
| | | | 13 | Keſſel, | | | | 14 | Bluyn, |
| | | | 14 | Uedem, | | | | 15 | Schaephuyſen, |
| | | | 15 | Calcar, | | | | 16 | Beurdt, |
| | | | 16 | Appeldorn. | | | | 17 | Neukirchen, |
| II. | Geldern. | 3. Geldern. | 1 | Geldern, | | | | 18 | Repelen, |
| | | | 2 | Kevelaer, | | | 7. Xanten. | 19 | Büderich, |
| | | | 3 | Weeze, | | | | 20 | Veen, |
| | | | 4 | Kervenheim, | | | | 21 | Sonsbeck, |
| | | | 5 | Capellen, | | | | 22 | Labbeck, |
| | | | 6 | Iſſum, | | | | 23 | Marienbaum, |
| | | | 7 | Sevelen, | | | | 24 | Wardt, |
| | | | 8 | Pont, | | | | 25 | Xanten. |
| | | | 9 | Walbeck, | IV. | Kempen. | 8. Kempen. | 1 | Kempen, |
| | | 4. Wachtendenk. | 10 | Wamkum, | | | | 2 | Vorſt, |
| | | | 11 | Stroehlen, | | | | 3 | Oedt, |
| | | | 12 | Nieukerk, | | | | 4 | St. Hubert, |
| | | | 13 | Aldekerk, | | | | 5 | Thoenisberg, |
| | | | 14 | Wachtendonk, | | | | 6 | Huds, |
| | | | 15 | Hinsbeck, | | | | 7 | St. Thönis, |
| | | | 16 | Leuth. | | | 9. Dülken. | 8 | Dülken, |
| III. | Rheinberg. | 5. Rheinberg. | 1 | Rheinberg, | | | | 9 | Kirſpelwaldniel, |
| | | | 2 | Budberg, | | | | 10 | Burgwaldniel, |
| | | | 3 | Orſoy, | | | | 11 | Amern St. Georg, |
| | | | 4 | Vierquartieren, | | | | 12 | Amern St. Anton, |
| | | | 5 | Camp, | | | | 13 | Süchteln, |
| | | | 6 | Heurtſtgen, | | | | 14 | [illegible] |

| | | | | | | | | | |
|---|---|---|---|---|---|---|---|---|---|
| | | | 11 | Homberg, | | | | 19 | Kaldenkirchen, |
| | | | 12 | Emmerich, | | | | 20 | Breyell. |
| | | | 13 | Capellen, | | | | | |

## D. Landgerichts-Bezirk Coblenz.

| | | | | | | | | | |
|---|---|---|---|---|---|---|---|---|---|
| I. | Ahrweiler. | 1. Ahrweiler. | 1 | Ahrweiler, | | | 10. Lützerath. | 7 | Lützerath. |
| | | | 2 | Gelsdorf, | V. | Zell. | 11. Zell. | 1 | Zell, |
| | | | 3 | Altenahr, | | | | 2 | Senheim, |
| | | 2. Sinzig. | 4 | Sinzig, | | | 12. Trarbach. | 3 | Trarbach, |
| | | | 5 | Niederbreisig, | | | | 4 | Sohren. |
| | | | 6 | Remagen, | VI. | Simmern. | 13. Simmern. | 1 | Simmern, ausschließlich des Bez. Laubach, |
| | | | 7 | Königsfeld. | | | | | |
| II. | Adenau. | 3. Adenau. | 1 | Adenau, | | | | | |
| | | | 2 | Antweiler, | | | | 2 | Rheinbellen, |
| | | 4. Virneburg. | 3 | Virneburg, | | | | 3 | Ohlweiler, |
| | | | 4 | Kellberg, | | | 14. Kirchberg. | 4 | Kirchberg, |
| | | | 5 | Kempenich. | | | | 5 | Gemünden, |
| III. | Mayen. | 5. Mayen. | 1 | Mayen, | | | 15. Castellaun. | 6 | Castellaun, |
| | | | 2 | St. Johann, | | | | 7 | Laubach. |
| | | 6. Andernach. | 3 | Andernach, | VII. | Creuznach. | 16. Creuznach. | 1 | Creuznach, |
| | | | 4 | Burgbrohl, | | | | 2 | Huffelsheim, |
| | | 7. Münstermayfeld. | 5 | Münstermayfeld und Sevenich, | | | | 3 | Langenlonsheim, |
| | | | | | | | | 4 | Mandel, |
| | | | 6 | Polch. | | | 17. Stromberg. | 5 | Stromberg, |
| IV. | Cochem. | 8. Cochem. | 1 | Cochem, | | | | 6 | Waldagesheim, |
| | | | 2 | Eller, | | | | 7 | Windesheim, |
| | | | 3 | Kaisersesch, | | | | 8 | Wallhausen, |
| | | 9. Treis. | 4 | Treis, | | | 18. Kirn mit periodischen Gerichtssitzungen in Sobernheim. | 9 | Sobernheim, |
| | | | 5 | Carden, | | | | 10 | Monzingen, |
| | | | 6 | Pommern. | | | | 11 | Winterburg, |

## D. Landgerichts-Bezirk Coblenz.

| No. | Verwaltungs-Kreis. | Friedens-Gericht zu | No. | Bestandtheile desselben. Bürgermeisterei. | No. | Verwaltungs-Kreis. | Friedens-Gericht zu | No. | Bestandtheile desselben. Bürgermeisterei. |
|---|---|---|---|---|---|---|---|---|---|
| | | | 12 | wirn. | | | | 8 | Boppard. |
| VIII. | St. Goar. | 19. St. Goar mit period. Gerichtssitzungen zu Bacharach. | 1 | Bacharach, | | | | 9 | Obergondershausen, |
| | | | 2 | Niederheimbach, | | | | 10 | Brodenbach. |
| | | | 3 | Oberwesel, | IX. | Coblenz. | 21. Coblenz. | 1 | Coblenz, |
| | | | 4 | St. Goar, | | | 22. Metternich. | 2 | Kassenheim, |
| | | | 5 | Pfalzfeld, | | | | 3 | Winningen, |
| | | | 6 | Wiebelsheim, | | | | 4 | Rhens, |
| | | 20. Boppard. | 7 | Halsenbach, | | | | 5 | St. Sebastian. |

## E. Landgerichts-Bezirk Aachen.

| No. | Verwaltungs-Kreis. | Friedens-Gericht zu | No. | Bestandtheile desselben. Bürgermeisterei. | No. | Verwaltungs-Kreis. | Friedens-Gericht zu | No. | Bestandtheile desselben. Bürgermeisterei. |
|---|---|---|---|---|---|---|---|---|---|
| I. | Aachen, Stadtkr. | 1. Aachen, No. I. | 1 | Aachen, | | | | 13 | Myhl, |
| | | | | | | | | 14 | Oberbruch, |
| II. | Aachen, Landkr. | 2. Aachen, No. II. | 2 | Alsdorf, | | | | 15 | Radtheim, |
| | | | 3 | Herzogenrath, | | | | 16 | Saeffelen, |
| | | | 4 | Merkstein, | | | | 17 | Tüdderen, |
| | | | 5 | Rimburg, | | | | 18 | Waldenrath, |
| | | | 6 | Bardenberg, | | | | 19 | Waldfeucht, |
| | | | 7 | Würselen, | | | | 20 | Wassenberg, |
| | | | 8 | Richterich, | | | | 21 | Wehr. |
| | | | 9 | Laurensberg, | III. | Erkelenz. | 7. Erkelenz. | 1 | Doveren, |
| | | | 10 | Weiden, | | | | 2 | Erkelenz, |
| | | | 11 | Haaren, | | | | 3 | Gevenich, |
| | | | 12 | Pannesheide, | | | | 4 | Immerath, |
| | | 3. Burtscheid. | 13 | Brand, | | | | 5 | Keyenberg, |
| | | | 14 | Burtscheid, | | | | 6 | Kleingladbach, |
| | | | 15 | Cornelymünster, | | | | 7 | Koerrenzig, |

| | | | | |
|---|---|---|---|---|
| | | ler. | 20 | Gressenich, |
| | | | 21 | Hoengen, |
| | | | 22 | Stolberg, |
| | | | 23 | Eschweiler. |
| III. | Geilenkirchen. | 5. Geilenkirchen. | 1 | Baeßweiler, |
| | | | 2 | Birgden, |
| | | | 3 | Bracheln, |
| | | | 4 | Frelenberg, |
| | | | 5 | Gangelt, |
| | | | 6 | Geilenkirchen, |
| | | | 7 | Immendorf, |
| | | | 8 | Puffendorf, |
| | | | 9 | Randerath, |
| | | | 10 | Scherpenseel, |
| | | | 11 | Schummerquartier, |
| | | | 12 | Teveren, |
| | | | 13 | Uebach, |
| | | | 14 | Wurm. |
| IV. | Heinsberg. | 6. Heinsberg. | 1 | Aphoven, |
| | | | 2 | Birgelen, |
| | | | 3 | Braunsrath, |
| | | | 4 | Breberen, |
| | | | 5 | Dremmen, |
| | | | 6 | Haaren, |
| | | | 7 | Haverdt, |
| | | | 8 | Heinsberg, |
| | | | 9 | Hilfrath, |
| | | | 10 | Karken, |
| | | | 11 | Kirchhoven, |
| | | | 12 | Millen, |
| | | zungen in Niederkrüchten. | 12 | Elmpt, |
| | | | 13 | Niederkrüchten, |
| | | | 14 | Wegberg. |
| VI. | Jülich. | 9. Jülich. | 1 | Hambach, |
| | | | 2 | Hottorf, |
| | | | 3 | Jülich, |
| | | | 4 | Rodingen, |
| | | | 5 | Steinstraß, |
| | | | 6 | Titz, |
| | | 10. Altenhoven mit period. Gerichtssitzungen zu Linnich. | 7 | Altenhoven, |
| | | | 8 | Barmen, |
| | | | 9 | Coßlar, |
| | | | 10 | Dürwiß, |
| | | | 11 | Ederen, |
| | | | 12 | Freyaldenhoven, |
| | | | 13 | Inden, |
| | | | 14 | Kirchberg, |
| | | | 15 | Linnich, |
| | | | 16 | Roerdorf, |
| | | | 17 | Setterich, |
| | | | 18 | Siersdorf, |
| | | | 19 | Weltz. |
| VII. | Düren. | 11. Düren. | 1 | Arnoldsweiler, |
| | | | 2 | Birgel, |
| | | | 3 | Birkesdorf, |
| | | | 4 | Düren, |
| | | | 5 | Echtz, |
| | | | 6 | Lamersdorf, |
| | | | 7 | Langerwehe, |
| | | | 8 | Merken, |

## E. Landgerichts-Bezirk Aachen.

| No. | Verwaltungs-Kreis. | Friedens-Gericht zu | No. | Bestandtheile desselben. Bürgermeisterei. | No. | Verwaltungs-Kreis. | Friedens-Gericht zu | No. | Bestandtheile desselben. Bürgermeisterei. |
|---|---|---|---|---|---|---|---|---|---|
| | | | 9 | Merzenich, | | | | 2 | Bullingen, |
| | | | 10 | Niederzier, | | | | 3 | Buttgenbach, |
| | | | 11 | Nothberg, | | | | 4 | Malmedy, |
| | | | 12 | Pier, | | | | 5 | Weismes. |
| | | | 13 | Weißweiler, | XI. | St. Vieth. | 16. St. Vieth. | 1 | Amel, |
| | | | 14 | Pinsfeld, | | | | 2 | Crombach, |
| | | | 15 | Noervenich, | | | | 3 | Lommersweiler, |
| | | | 16 | Ollesheim, | | | | 4 | Manderfeld, |
| | | | 17 | Straaß, | | | | 5 | Meirode, |
| | | 12. Niedeggen. | 18 | Stockheim, | | | | 6 | Reche, |
| | | | 19 | Kelz, | | | | 7 | Reuland, |
| | | | 20 | Bergstein, | | | | 8 | St. Vieth, |
| | | | 21 | Bürvenich, | | | | 9 | Schönberg, |
| | | | 22 | Drove, | | | | 10 | Thommen. |
| | | | 23 | Froitzheim, | XII. | Gemünd. | 17. Gemünd. | 1 | Bleibuir, |
| | | | 24 | Füßenich, | | | | 2 | Dreiborn, |
| | | | 25 | Niedeggen, | | | | 3 | Eick, |
| | | | 26 | Stevernich, | | | | 4 | Gemünd, |
| | | | 27 | Wollersheim. | | | | 5 | Heimbach, |
| VIII. | Montjoie. | 13. Montjoie. | 1 | Dedenborn, | | | | 6 | Wallenthal, |
| | | | 2 | Eicherscheid, | | | | 7 | Wolseiffen, |
| | | | 3 | Höfen, | | | | 8 | Keldenich, |
| | | | 4 | Ingenbroich, | | | | 9 | Reifferscheid, |
| | | | 5 | Kalterherberg, | | | | 10 | Hellenthal, |
| | | | 6 | Kesternich, | | | | 11 | Call, |
| | | | 7 | Lammersdorf, | | | | 12 | Schleiden, |

| | | | | | | | | | |
|---|---|---|---|---|---|---|---|---|---|
| | | | 12 | Simmerath. | | | heim. | 17 | Dollendorf, |
| IX. | Eupen. | 14. Eupen. | 1 | Eupen, | | | | 18 | Hollerath, |
| | | | 2 | Eynatten, | | | | 19 | Lommersdorf, |
| | | | 3 | Herzogenrode, | | | | 20 | Tondorf, |
| | | | 4 | Kettenis, | | | | 21 | Udenbreth, |
| | | | 5 | Lontzen, | | | | 22 | Cronenburg, |
| | | | 6 | Moresnet, | | | | 23 | Marmagen, |
| | | | 7 | Raeren, | | | | 24 | Dahlen, |
| | | | 8 | Walhorn. | | | | 25 | Wahlen, |
| X. | Malmedy. | 15. Malmedy. | 1 | Bellevaux, | | | | 26 | Holzmühlheim. |

F. Landgerichts-Bezirk Trier.

| | | | | | | | | | |
|---|---|---|---|---|---|---|---|---|---|
| I. | Daun. | 1. Daun. | 1 | Daun, | | | | 7 | Schoenecken, |
| | | | 2 | Strohn, | | | | 8 | Bleyalf, |
| | | | 3 | Gillenfeld, | | | | 9 | Winterscheid, |
| | | | 4 | Uedersdorf, | | | | 10 | Auw, |
| | | | 5 | Weidenbach, | | | | 11 | Stadtkyll, |
| | | | 6 | Sommersbach, | | | | 12 | Mürlenbach, |
| | | | 7 | Dockweiler, | | | | 13 | Steffelen, |
| | | 2. Hillesheim. | 8 | Gerolstein, | | | | 14 | Hallschlag, |
| | | | 9 | Rockeskyll, | | | 4. Waxweiler. | 15 | Harspelt, |
| | | | 10 | Hillesheim, | | | | 16 | Dasburg, |
| | | | 11 | Lissendorf, | | | | 17 | Daleiden, |
| | | | 12 | Kerpen. | | | | 18 | Eschfeld, |
| II. | Prüm. | 3. Prüm. | 1 | Prüm, | | | | 19 | Leidenborn, |
| | | | 2 | Niederprüm, | | | | 20 | Habscheid, |
| | | | 3 | Olzheim, | | | | 21 | Olmscheid, |
| | | | 4 | Budesheim, | | | | 22 | Artzfeld, |
| | | | 5 | Rommersheim, | | | | 23 | Lichtenborn, |
| | | | 6 | Wallersheim, | | | | 24 | Ringhouscheid, |

F. Landgerichts-Bezirk Trier.

| No. | Verwaltungs-Kreis. | Friedens-Gericht zu | No. | Bestandtheile desselben. Bürgermeisterei. | No. | Verwaltungs-Kreis. | Friedens-Gericht zu | No. | Bestandtheile desselben. Bürgermeisterei. |
|---|---|---|---|---|---|---|---|---|---|
| | | | 25 | Waxweiler, | | | | 7 | Croeff, |
| | | | 26 | Lünebach, | | | | 8 | Bengel, |
| | | | 27 | Pronsfeld, | | | | 9 | Osan, |
| | | | 28 | Dingdorf, | | | 9. Manderscheid. | 10 | Laudscheid, |
| | | | 29 | Burbach. | | | | 11 | Spang, |
| III. | Bittburg. | 5. Bittburg. | 1 | Bickendorf, | | | | 12 | Manderscheid, |
| | | | 2 | Biersdorf, | | | | 13 | Bettenfeld, |
| | | | 3 | Wiesmannsdorf, | | | | 14 | Eisenschmitt, |
| | | | 4 | Rittersdorf, | | | | 15 | Seinsfeld, |
| | | | 5 | Fließem, | | | | 16 | Gransdorf, |
| | | | 6 | Bittburg, | | | | 17 | Oberkayl, |
| | | | 7 | Oberweiß, | | | | 18 | Niederofflingen, |
| | | | 8 | Bettingen, | | | | 19 | Laufeld. |
| | | | 9 | Meßerich, | V. | Bernkastel. | 10. Bernkastel. | 1 | Bernkastel, |
| | | | 10 | Dockendorf, | | | | 2 | Lieser, |
| | | | 11 | Stockem, | | | | 3 | Mülheim, |
| | | | 12 | Peffingen, | | | | 4 | Zeltingen. |
| | | | 13 | Alsdorf, | | | 11. Rhaunen mit period. Gerichtssitzungen in Morbach. | 5 | Rhaunen, |
| | | | 14 | Meckel, | | | | 6 | Morbach, |
| | | | 15 | Schankweiler, | | | | 7 | Wirschweiler, |
| | | | 16 | Bollendorf, | | | 12. Neumagen. | 8 | Neumagen, |
| | | | 17 | Ernzen, | | | | 9 | Niederemmel, |
| | | | 18 | Irrel. | | | | 10 | Talling, |
| | | 6. Dudeldorf. | 19 | Neidenbach, | | | | 11 | Thalfang, |
| | | | 20 | Seffern, | | | | 12 | Meerscheid. |
| | | | 21 | Malberg, | VI. | Trier, | 13. Trier. | 1 | Trier. |

| | | | | | | | |
|---|---|---|---|---|---|---|---|
| | | | 26 Ordorf, | | | | 4 Irsch, |
| | | | 27 Dudeldorf, | | | | 5 Oberemmel, |
| | | | 28 Speicher, | | | | 6 Conz, |
| | | | 29 Auw, | | | | 7 Wasserlisch, |
| | | | 30 Idenheim, | | | | 8 Igel, |
| | | 7. Neuerburg. | 31 aus Ringhouscheid, | | | | 9 Rablingen, |
| | | | 32 aus Olmscheid, | | | | 10 Welschbillig, |
| | | | 33 Ammeldingen, | | | | 11 Trierweiler, |
| | | | 34 Carlshausen, | | | | 12 Aach, |
| | | | 35 Coxhausen, | | | 15. Hermeskeil. | 13 Hermeskeil, |
| | | | 36 Lahr, | | | | 14 Otzenhausen, |
| | | | 37 Neuerburg, | | | | 15 Kell, |
| | | | 38 Outscheid, | | | | 16 Farschweiler, |
| | | | 39 Bausterdt, | | | | 17 Beuren, |
| | | | 40 Mettendorf, | | | 16. Schweich | 18 Heidenburg, |
| | | | 41 Weidingen, | | | | 19 Schweich, |
| | | | 42 Crúchter, | | | | 20 Schleidweiler, |
| | | | 43 Nusbaum, | | | | 21 Trittenheim, |
| | | | 44 Wallendorf, | | | | 22 Leiwen, |
| | | | 45 Falkenstein, | | | | 23 Longuich, |
| | | | 46 Geichingen, | | | | 24 Mehring. |
| | | | 47 Kbrverich, | VIII. | Saarburg. | 17. Saarburg. | 1 Saarburg, |
| | | | 48 Roth, | | | | 2 Canzem, |
| | | | 49 Keppershausen. | | | | 3 Zertt, |
| IV. | Wittlich. | 8. Wittlich. | 1 Wittlich, | | | | 4 Irsch, |
| | | | 2 Neuerburg, | | | | 5 Nittel. |
| | | | 3 Salmrohr, | | | 18. Freudenburg. | 6 Freudenburg, |
| | | | 4 Hetzerath, | | | | 7 Meurig, |
| | | | 5 Sechtem, | | | | 8 Sinz, |
| | | | 6 Heidweiler, | | | | 9 Nennig, |

## F. Landgerichts-Bezirk Trier.

| No. | Verwaltungs-Kreis. | Friedens-Gericht zu | No. | Bestandtheile desselben. Bürgermeisterei. | No. | Verwaltungs-Kreis. | Friedens-Gericht zu | No. | Bestandtheile desselben. Bürgermeisterei. |
|---|---|---|---|---|---|---|---|---|---|
| | | | 10 | Borg, | | | | 11 | Bettingen, |
| | | | 11 | Perl, | | | | 12 | Lebach, |
| | | | 12 | Orschholz. | | | 23. Waller-fangen. | 13 | Oberesch, |
| IX. | Merzig. | 19. Merzig. | 1 | Besseringen, | | | | 14 | Rehlingen, |
| | | | 2 | Bietzen, | | | | 15 | Ihn, |
| | | | 3 | Hausbach, | | | | 16 | Ittersdorf, |
| | | | 4 | Heilbringen, | | | | 17 | Wallerfangen. |
| | | | 5 | Merzig, | XI. | Saarbrükken. | 24. Saar-brücken. | 1 | Saarbrücken, |
| | | | 6 | Wahlen, | | | | 2 | Ludweiler, |
| | | | 7 | aus Orschholz, | | | | 3 | Arnual, |
| | | | 8 | Duppenweiler, | | | | 4 | Voelklingen, |
| | | | 9 | aus Dellingen, | | | | 5 | Kleinblittersdorf, |
| | | | 10 | Haustadt, | | | | 6 | Gersweiler. |
| | | | 11 | Scheuerwald, | | | 25. Duttwei-ler. | 7 | Sellerbach, |
| | | 20. Wadern. | 12 | Losheim, | | | | 8 | Heusweiler, |
| | | | 13 | Crettenich, | | | | 9 | Duttweiler, |
| | | | 14 | Wadern, | | | | 10 | Bismischheim, |
| | | | 15 | Weyerweiler. | | | | 11 | aus Neunkirchen. |
| X. | Saarlouis. | 21. Saar-louis. | 1 | Saarlouis, | XII. | Ottweiler. | 26. Ottwei-ler. | 1 | Drei Gemeinden aus Thelfy |
| | | | 2 | Lisdorf, | | | | 2 | Eppelborn, |
| | | | 3 | Fraulautern, | | | | 3 | aus Limbach, |
| | | | 4 | Berus, | | | | 4 | aus Tholey, |
| | | | 5 | Ueberherrn, | | | | 5 | Ueberroth, |
| | | | 6 | Differten, | | | | 6 | Dirmingen, |
| | | | 7 | Schwalbach, | | | | 7 | Neunkirchen, |
| | | 22. Lebach. | 8 | Nalbach, | | | | 8 | Ottweiler, |
| | | | 9 | Saarwellingen, | | | | 9 | Stennweiler, |
| | | | | | | | | 10 | Nechtelfangen |

## 433.

Den Advocat-Anwälden des Landgerichts zu Coblenz ist die Praxis bei dem dortigen Justiz-Senat gestattet.

Auf Ihren Bericht vom 16. d. Mts., dessen Original-Anlagen hierneben zurück erfolgen, genehmige ich, daß den Advocat-Anwälden zu Coblenz die gebetene Praxis bei dem Justiz-Senate gestattet werde, und veranlasse ich Sie, das weiter Erforderliche dieserhalb zu verfügen.

Berlin, den 27. Juli 1821.

Der Justiz-Minister
v. Kircheisen.

An
den ersten Herrn Präsidenten und den ersten Herrn General-Advocaten bei dem königl. rheinischen Appellationsgerichtshofe zu Cöln.

## 434.

Aufnahme eines Protocolls über das Eingeständniß des Angeschuldigten in den Untersuchungen, in welchen auf Todesstrafe oder lebenslängliche Zwangsarbeit erkannt worden.

Da Seine Majestät der König in allen Untersuchungs-Sachen, in welchen es der Allerhöchsten Bestätigung bedarf, also in denen, da auf Todesstrafe, oder lebenslängliche Beraubung der Freiheit erkannt ist, in den Acten-Extracten, welche Allerhöchstdenselben überreicht werden müssen, die erforderliche Bemerkung darüber gewärtigen:

> ob der Beschuldigte die That eingestanden, oder seines Ableugnens ungeachtet, durch Beweis überführt worden,

die Untersuchungs-Acten nach dem rheinischen Proceß-Verfahren jedoch bloß die Verhandlungen über die vorläufige schriftliche Untersuchung enthalten: so werden Sie, Herr General-Advocat, hierdurch angewiesen, die Assisenhöfe zu veranlassen:

> daß bei den Untersuchungs-Sachen, in welchen auf Todesstrafe, oder lebenslängliche Zwangsarbeit erkannt werden könnte, in solchen Fällen, da die Angeschuldigten, welche während der schriftlichen Untersuchung, das ihnen zur Last gelegte Verbrechen ganz, oder in Absicht des jene Strafe bedingenden Umstandes geleugnet haben, ein Bekenntniß des Verbrechens oder dieses Umstandes ablegen, über das Bekenntniß eine Registratur erfolge,

und solche dem Protocoll über die öffentliche Verhandlung inserirt werde. Berlin, den 30. Juli 1821.

An den königlichen ersten General-Advocaten des rheinischen Appellations-Gerichtshofes, Herrn Geheimen Ober-Revisions-Rath Bölling zu Cöln.

Der Justiz-Minister
v. Kircheisen.

## 435.

### Verpflichtung der Friedensrichter zur Haltung der Gesetz-Sammlung.

Das königl. General-Postamt hat unter dem 2. Februar d. J. darauf angetragen, daß die Friedensrichter, Gerichtsschreiber, Notarien und Gerichtsvollzieher in den Rhein-Provinzen zur Haltung der Gesetzsammlung angewiesen werden möchten, jedoch auf mein Schreiben vom 16. desselben Monats sich damit einverstanden erklärt, daß die Ausführung dieser Maaßregel ausgesetzt bleibe, bis die gedachten Beamten definitiv bestellt sind.

Da nun die Friedensgerichte jetzt definitiv in den dortigen Gegenden organisirt sind, so beauftrage ich Sie, Herr General-Advocat, die Friedensrichter anzuweisen, daß sie vom Tage der Eröffnung der neu organisirten Friedensgerichte, also vom 1. September d. J. an, in Gemäßheit des §. 2. litt. h. der Verordnung vom 9. Juni 1819, die Allgemeine Gesetzsammlung auf ihre Kosten halten.

Berlin, den 30. Juli 1821.

An den ersten Herrn General-Advocaten bei dem rheinischen Appellations-Gerichtshofe zu Cöln.

Der Justiz-Minister
v. Kircheisen.

## 436.

### Form der Acten-Extracte in allen Untersuchungen, in welchen auf Todesstrafe oder lebenslängliche Zwangsarbeit erkannt worden.

Der von dem königlichen rheinischen Revisions- und Cassationshofe in Untersuchungs-Sachen wider den wegen zwiefachen Mordes und Beraubung des Ermordeten zum Tode verurtheilten N. N. erstattete Bericht und insbesondere der demselben beigefügte Actenauszug veranlassen den Justiz-Minister dem Collegio folgende Anweisung zu ertheilen.

Es ist bereits mittelst Verfügung vom 30. Juli 1819

dem königlichen Revisions- und Cassationshofe von des Herrn Staats-Ministers v. Beyme Excellenz der Auftrag ertheilt worden, daß in denjenigen Untersuchungs-Sachen, in welchen es der Immediat-Bestätigung bedarf, nämlich in allen Criminalfällen, wo auf lebenslängliche Zwangsarbeit oder Todesstrafe erkannt worden ist, unmittelbar nach verworfenem Cassationsgesuche und bevor die Acten remittirt werden, solche mit dem vorschriftsmäßigen Berichte und dem Acten-Extracte eingereicht werden, und behält es hierbei auch zuvörderst für die Folge sein Bewenden.

Was nun die innere und äußere Form der Acten-Extracte anlangt, so wird dem Collegio das Ministerial-Rescript vom 23. November 1810 abschriftlich mitgetheilt, worin die Bestimmungen hierüber enthalten sind, um sich hiernach für die Folge zu achten, wobei noch die Anweisung hinzugefügt wird, daß in den Acten-Extracten nie auf das besonders erstattete Gutachten Beziehung genommen werden darf, da die Acten-Extracte ohne Beifügung des Gutachtens an Seine Majestät vorgelegt werden müssen, und jene daher so abzufassen sind, daß sie zur Uebersicht der Sache hinreichen.

Insbesondere aber ist es unumgänglich nothwendig, daß dem Rescripte vom 23. November 1810 gemäß,

wenn das Geständniß ganz fehlt, oder wenn das Geständniß des Angeschuldigten von dem ausgemittelten Hergang der Sache abweicht, jenen Mangel und diese Abweichungen, wenn auch so kurz als die Vollständigkeit erlaubt, bemerkt werden.

Dem Chef der Justiz ist es nicht unbekannt, daß bloß die vorläufigen Verhandlungen in den rheinischen Untersuchungen, die an den königlichen Cassationshof als solchen gelangen, schriftlich erstattet werden, und daß gerade diejenigen, worauf das Urtheil der Geschwornen gegründet wird, mündlich erfolgen. Der Justiz-Minister ist auch mit dem Collegio darüber ganz einverstanden, daß eine Erörterung

in wie weit der Beweis geführt ist oder nicht

mit dem rheinischen Criminal-Processe ganz unverträglich ist, und

daß auf eine Beurtheilung der Motive des von den Geschwornen gesetzlich auf den Grund der mündlichen Verhandlungen bloß nach ihrer Ueberzeugung gefällten Ausspruchs nicht eingegangen werden kann und darf,

so wie auch darüber kein Zweifel obwaltet,

daß sehr oft bei den mündlichen Verhandlungen Geständnisse erfolgen, oder solche Beweise hinzutreten, von welchen die schriftlichen vorläufigen Verhandlungen nichts enthalten.

Seine Majestät der König verlangen jedoch in jeder Criminal-Sache, in welcher es auf die Allerhöchste Bestätigung ankommt, Vortrag darüber:

ob der Beschuldigte die That eingestanden, oder seines Ableugnens ungeachtet, durch Beweise überführt worden ist.

Ueber diesen Punkt muß daher in den Acten-Extracten Auskunft enthalten sein, wobei in allen Sachen, wo das Geständniß fehlt, es zweckmäßig sein wird, in den Acten-Extracten kurz zu bemerken:

daß der Ausspruch der Geschwornen, da solcher vorzüglich auf die öffentlichen mündlichen Verhandlungen beruhet, als demselben ganz angemessen und richtig vorausgesetzt werden muß.

Um den königlichen Revisions- und Cassationshof in den Stand zu setzen, auch von den Geständnissen in den öffentlichen Verhandlungen, welche von solchen Angeklagten, die früher geleugnet haben, Kenntniß zu erhalten, sind die Assisenhöfe durch den ersten General-Advocaten des rheinischen Appellations-Gerichtshofes zu Cöln angewiesen worden:

daß bei den Untersuchungs-Sachen, in welchen auf Todesstrafe oder lebenslängliche Zwangsarbeit erkannt werden könnte, in solchen Fällen, da die Angeschuldigten, welche während der schriftlichen Untersuchung das ihnen zur Last gelegte Verbrechen ganz, oder in Absicht des jene Strafe bedingenden Umstandes geleugnet haben, ein Bekenntniß des Verbrechens oder dieses Umstandes ablegen, über das Bekenntniß eine Registratur erfolge, und solche dem Protocoll über die öffentliche Verhandlung inserirt werde.

Mit Beziehung auf die gegenwärtige Anweisung ist auch ein anderer Acten-Extract in der Untersuchungs-Sache wider N. N. einzureichen, zu welchem Zwecke die Untersuchungs-Acten hierneben remittirt werden.

Berlin, den 30. Juli 1821.

An den königlichen rheinischen Revisions- und Cassationshof.

Der Justiz-Minister
v. Kircheisen.

a.

Es ist in mehreren Fällen bemerkt worden, daß die in Untersuchungs-Sachen eingereichten, zur Vorlegung bei Sr. Königl. Majestät bestimmten Acten-Extracte nicht diejenige äußere und innere Einrichtung haben, welche ihrem Zwecke entspricht. Der Justiz-Minister findet sich dadurch veranlaßt, über diesen Gegenstand Folgendes im Allgemeinen festzusetzen:

Zuvörderst wird auf die Allerhöchste Kabinets-Ordre vom 15. Juli a. pr. Bezug genommen, nach welcher es der unmittelbaren Bestätigung eines Criminal-Erkenntnisses nur alsdann bedarf, wenn auf Todesstrafe oder auf lebenswierige Beraubung der Freiheit erkannt worden. Es ist daher, insofern es auf die Quantität der Strafe ankommt, nur in jenen Fällen die Einreichung von Acten-Extracten erforderlich.

Was hiernächst die äußere Form der Extracte betrifft, so enthalten sie

1) die Ueberschrift:
Auszug aus den Acten in der Untersuchungs-Sache wider N. N.
2) Die letzte Periode des Extracts wird vermittelst eines Strichs mit der Unterschrift desjenigen Collegii verbunden, welches in der Sache erkannt oder ein Gutachten abgegeben hat. Hierauf folgen die Unterschriften sämmtlicher bei der Aburtelung zugegen gewesener Mitglieder dieses Collegii.
3) Der Beifügung des Orts und Datums der Abfassung bedarf es nicht.
4) Die Acten-Extracte müssen vorzüglich gut geschrieben sein.

In Absicht der innern Form oder der Art der Ausarbeitung können keine allgemeinen Regeln gegeben werden. Es kommt dabei alles auf eine gut geordnete, actenmäßige deutliche und möglichst kurze Erzählung des facti an. Wenn das Geständniß des Angeschuldigten von dem ausgemittelten Hergange der Sache abweicht, so müssen diese Abweichungen bemerkt werden. Ist ein Widerruf des Geständnisses erfolgt, so ist auch darüber und über die Gründe desselben das Nöthige anzuführen. Auf die Erzählung des facti erfolgt die Anzeige des richterlichen Ausspruchs und des Gesetzes, worauf sich dieser Ausspruch gründet. Findet das urtheilende Collegium Veranlassung zu einem Begnadigungsantrage; so ist letzterer am Schlusse des Extracts mit Bemerkung der Motive noch beizufügen.

Je mehr Sorgfalt die Ausarbeitung einer solchen, alle wesentliche Momente der That umfassenden und zugleich kurzen und deutlichen Darstellung erfordert; destomehr wird von den Referenten erwartet, daß sie dieses Geschäft nicht, wie zuweilen geschehen ist, als eine Nebensache betrachten. Es versteht sich hiebei von selbst, daß der entworfene Extract in dem Collegio vorgelesen werden muß, damit die übrigen Mitglieder Gelegenheit erhalten, Abänderungen oder Zusätze in Antrag zu bringen.

Uebrigens hat ein jedes Collegium, von welchem ein zur Immediat-Bestätigung gelangendes Erkenntniß abgefaßt oder in der Sache ein Gutachten abgegeben worden, dem Erkenntnisse oder Gutachten einen Extract beizufügen, ohne Unterschied der Fälle, ob in erster oder zweiter Instanz erkannt und ob ein solcher Extract schon von einem andern Collegio eingereicht worden ist oder nicht.

Berlin, den 23. November 1810.

An das königl. Kammergericht. An sämmtliche Oberlandesgerichte.

Der Justiz-Minister v. Kircheisen.

## 437.

### Instruction bei Avocation der im Archiv des vormaligen Reichs-Kammergerichts zu Wetzlar befindlichen Acten.

Durch den abschriftlich angehängten Beschluß der hohen deutschen Bundes-Versammlung vom 25. Januar d. J. ist bestimmt worden, daß das Archiv des ehemaligen kaiserlichen und Reichs-Kammergerichts eine Reihe von wenigstens 20 Jahren unter der Direction der Bundes-Versammlung und in der von dieser angeordneten Verwahrung bleibt. Während jenes Zeitraums werden aus demselben einzelne Acten jedoch nur auf besonderes Verlangen, nach festgesetzten Bestimmungen, ausgeliefert, bis die gänzliche Auseinandersetzung wegen dieses Archivs erfolgt sein wird.

Zur Verwahrung des Archivs, Auslieferung der Acten, und zur Vorbereitung der Auseinandersetzung, ist eine eigene Commission angeordnet, welche aus zwei sachkundigen, zu Wetzlar wohnenden Männern besteht. Das eine Mitglied dieser Commission wird von Seiten der Bundes-Versammlung, das andere von der preußischen Regierung ernannt.

Letzteres ist bereits geschehen, und der Stadtgerichts-Director Krauß zu Wetzlar zum preußischen Commissarius bestimmt worden.

Derselbe hat nun auf Erfordern vollständige Verzeichnisse über die, bei dem vormaligen Reichs-Kammergerichte geführten, die Krone Preußen betreffenden Activ- und Passiv-Processe gefertigt und eingereicht, aus welchen nach dem Concluso des königl. Staats-Ministerii, Auszüge für diejenigen Landes-Justiz-Behörden, zu deren Bereich die Processe gehören, angefertigt, und denselben zur Einsicht für die Interessenten, durch das Justiz-Ministerium mitgetheilt, Seitens desselben auch die gedachten Gerichtsbehörden mit einer Instruction für den Fall versehen werden sollen, daß bei ihnen von den Partheien auf Avocation der im Reichs-Kammergerichtlichen Archive befindlichen Acten angetragen würde.

Dem zu Folge werden die genannten Gerichtsbehörden die für sie bestimmten Auszüge durch eine besondere Verfügung vom heutigen Tage mitgetheilt erhalten, für den obgedachten Fall aber, daß auf Avocation der Acten bei ihnen angetragen werden sollte, wird ihnen mit Beziehung und Verweisung auf den Beschluß der hohen deutschen Bundes-Versammlung vom 25. Januar d. J., folgende Instruction ertheilt:

1) Wenn eine Untergerichts-Behörde um Avocation der im vormaligen Reichs-Kammergerichtlichen Archive verwahrten Acten von einer hierzu berechtigten Parthei angegangen wird, so hat sich dieselbe an das vorgesetzte Landes-Justiz-Collegium, und in den Rhein-Provinzen an den General-Procurator des rheinischen Appellations-Gerichtshofes zu wenden, von welchem alsdann, so wie für den Fall, wenn die Parthei sich unmittelbar an das competente Landes-Justiz-Collegium oder den gedachten General-Procurator wendet, ein Avocations-Schreiben an die zur Verwahrung des vormaligen Reichs-Kammergerichtlichen Archivs zu Wetzlar bestellte Commission, zur Zeit zu Händen des Stadtgerichts-Directors Krauß zu erlassen ist.

2) In diesem Schreiben sind, nach Maaßgabe der den betreffenden Landes-Justiz-Behörden mitgetheilten Auszüge aus den Acten-Verzeichnissen, die zu avocirenden Acten auf folgende Weise genau zu bezeichnen:

Durch Angabe

a) des Namens des Klägers und des Beklagten, und wenn mehrere Partheien als Kläger oder Beklagte aufgetreten, sämmtliche Partheien,
b) des Streit-Objects,
c) der Proceß-Gattung,
d) des Jahres, in welchem der Proceß am Reichs-Kammergerichte eingeführt worden.

3) In dem Avocations-Schreiben ist zugleich die Art der Empfangnahme bemerklich zu machen.

4) Bis zur endlichen Auseinandersetzung des Archivs sind als Aushändigungs-Gebühren für die, in einer einzelnen Sache verhandelten Acten überhaupt, und ohne Berück-

sichtigung deren Größe, Fünf Gulden im 24 Fl. Münzfuße für einzelne Stücke, als Testamente, Verträge 2c., welche nicht einen Theil von Acten — als von welchen solche nie getrennt werden dürfen — ausmachen, Ein Fl. 30 Kreuzer zu entrichten. Die Ausantwortung übergebener Privilegien Landes-Proceß-Polizei-Ordnungen und Statuten, ist von der Gebühr befreit.

Rückständige Protocollar-Urtheils- und Foliirungs-Gebühren können nicht gefordert werden.

Dagegen treten zu den oben bemerkten Gebühren, die nach Maaßgabe der Stärke der Acten bald mehr oder weniger betragenden Emballage-Kosten.

5) Der Gesammtbetrag der Aushändigungs-Gebühren und Kosten wird von dem Kanzlei-Tax-Amte des Archivs in ein Verzeichniß gebracht und vom Postamte zu Wetzlar vorschußweise entnommen.

6) Durch den oben angezogenen Beschluß der Bundes-Versammlung ist zwar bestimmt worden:

ad 8) daß, wenn ehemalige Reichslande, welche bei dem Kammergerichte mit einander in Streitigkeiten verwickelt waren, jetzt unter einem und demselben Souverain vereinigt sind, die desfallsigen Acten an das oberste Gericht des letztern auf dessen Verlangen sofort, und

ad 12) Testamente, wenn der Testator mit Tode abgegangen, an das oberste Gericht des Landes, wo derselbe gewohnt, oder die Erbschaft gelegen, auszuantworten.

Bei der eigenthümlichen Verfassung der diesseitigen Gerichte und deren Competenz, ist für die königl. preußischen Staaten die Einrichtung getroffen worden, daß in den vorangeführten Fällen, die Abforderung der Acten und Testamente unter den vorgeschriebenen Bedingungen, von den competenten Landes-Justiz-Behörden, und wenn in dem unter No. 8. angeführten Fall, die ehemaligen jetzt mit der preußischen Monarchie vereinigten Reichslande in den Departements von verschiedenen Landes-Justiz-Behörden liegen, von diesen gemeinschaftlich erfolgen soll.

Nach den in der gegenwärtigen Instruction enthaltenen Vorschriften, haben die betreffenden Landes-Justiz-Behörden sich selbst zu achten, und ihre untergeordnete Gerichts-Behörden anzuweisen.

Berlin, den 3. August 1821.

Der Justiz-Minister
v. Kircheisen.

a.

## Extract
aus dem Protocoll der deutschen Bundes-Versammlung. Dritte Sitzung. Geschehen Frankfurt den 25. Januar 1821.

§. 15.

Reichs-Kammergerichts-Archiv.

(1ste Sitz. §. 7. v. J. 1821.)

Präsidium trägt vor, es habe sich in den Abstimmungen in Betreff des Archivs des ehemaligen kaiserlichen und Reichs-Kammergerichts und der Ausscheidung desselben ersehen, und schlage vor, den diesen Abstimmungen vollkommen entsprechenden Commissions-Antrag in der ersten diesjährigen Sitzung §. 7. zum Beschluß zu erheben.

Sämmtliche Stimmen waren damit einverstanden; daher Beschluß:

1) das Archiv des ehemaligen kaiserlichen und Reichs-Kammergerichts verbleibt eine Reihe von wenigstens 20 Jahren unter der Direction der Bundes-Versammlung, in der von dieser angeordneten Verwahrung; während dieses Zeitraums werden aus demselben einzelne Acten, jedoch nur auf besonderes Verlangen, nach festgesetzten Bestimmungen ausgeliefert; zugleich soll die gänzliche Auseinandersetzung vorbereitet werden.

2) Zur Aufbewahrung des Archivs werden die, dem königl. preußischen Hofe eigenthümlich zustehenden, ehemaligen Kameral-Gebäude, dessen Anerbieten gemäß, ferner benutzt, und derselbe wird auch das erforderliche Local zu der Actenausscheidung und Auslieferung neben dem Archiv-Gebäude anweisen lassen.

3) Zur Verwahrung des Archivs, Auslieferung der Acten, und zur Vorbereitung der Auseinandersetzung, ist eine eigene Commission angeordnet, welche aus zwei sachkundigen zu Wetzlar wohnenden Männern besteht. Das eine Mitglied der Commission wird von Seiten der Bundes-Versammlung ernannt. Die Ernennung des andern Mitglieds wird der königl. preußischen Regierung überlassen. Die ernannten Commissarien stellen der Bundes-Versammlung eidliche Reverse wegen treuer und gewissenhafter Besorgung dieses ihnen aufgetragenen Geschäfts aus, und wählen sich zur Hülfleistung pensionirte ehemalige Kammergerichts-Kanzlei-Personen, welche nach erfolgter Genehmigung der Bundes-Versammlung, auf den hierüber zu erstattenden Bericht, von ihnen selbst mittelst Handgelübde verpflichtet werden.

Die Commission führt die Benennung:

Zu dem Reichs-Kammergerichtlichen Archive von der deutschen Bundes-Versammlung verordnete Commission, und bedient sich eines mit gleicher Inschrift versehenen Siegels.

4) Diejenigen Acten, welche nach dem Kammergerichtlichen Verfahren zu Extrajudicial-Sachen gehören, mithin durch die Reproduction noch nicht gemeinschaftlich geworden, vielmehr alleiniges Eigenthum des exhibirenden Theils verblieben sind, können dem letztern oder dessen Nachfolger selbst verabfolgt werden.

5) Acten in noch nicht entschiedenen Judicial-Sachen zwischen Privaten, mithin solche, welche durch die Reproduction gemeinschaftliches Eigenthum der Partheien geworden sind, können weder an den einen, noch an den andern Theil, noch an beide zugleich, auf deren alleiniges Anmelden ausgeliefert werden, sondern es ist hierzu ein Ersuchen desjenigen Gerichts, welches jetzo in der Sache zu erkennen haben würde, erforderlich. Die Interessenten haben sich also zunächst an dieses Gericht zu wenden, von welchem dann die Beurtheilung und erforderliche Berichtigung der Legitimation, so wie die nöthige Benachrichtigung aller Theilhaber gewärtigt wird.

6) Werden Acten in bereits abgeurtheilten Sachen verlangt, so ist eben das zu beobachten, was in dem nächstvorhergehenden §. festgesetzt ist.

7) Ist die Competenz eines Gerichts zweifelhaft oder streitig, oder concurriren mehrere Gerichte, so hat die Commission an die Bundes-Versammlung gutachtlichen Bericht zu erstatten und Entschließung zu gewärtigen.

8) Wenn ehemalige Reichslande, welche bei dem Kammergerichte mit einander in Streitigkeiten verwickelt waren, jetzt unter einem und dem nemlichen Souverain vereinigt sind, so können die desfallsigen Acten an das oberste Gericht des letztern, auf dessen Verlangen, sofort ausgeantwortet werden.

9) Acten, welche Streitsachen von Privaten gegen Souveraine betreffen, können an die Gerichte dieser, vor welchen jetzo Recht genommen werden muß, nur mit Vorwissen jener oder ihrer Nachfolger, ausgeliefert werden, welchen daher das Ansuchen um Auslieferung, bevor diese geschieht, von der Commission kund gemacht, oder daß solches in anderer Weise geschehen, nachgewiesen werden muß.

10) In Streitsachen unter den Souverainen selbst, ist die Auslieferung der Acten von einem Uebereinkommen der-

in Streit befangen gewesenen, oder noch befangenen Regierungen abhängig.

11) Werden Acten, zu welchen Depositen gehören, ausgeliefert, so sind diese zugleich mit auszuantworten.

12) Testamente, wenn der Testator noch am Leben ist, werden an diesen, wenn derselbe aber mit Tode abgegangen ist, an das oberste Gericht des Landes, wo derselbe gewohnt, oder die Erbschaft gelegen — Verträge und Schuldverschreibungen werden an die contrahirenden Theile oder deren Nachfolger, unter wechselseitiger Einwilligung — übergebene Privilegien und Statuten, an die Exhibenten oder deren Nachfolger, ausgehändigt.

13) Sind die beiden Commissarien in einem einzelnen Falle verschiedener Meinung, oder scheint ihnen die Sache sonst zweifelhaft, so haben dieselben an die Bundes-Versammlung Bericht zu erstatten, und Entschließung abzuwarten. Gegen Verfügungen der Commission kann der Recurs an die Bundes-Versammlung mit suspensiver Wirkung ergriffen werden.

14) Die Judicial-Acten, welche ausgeliefert werden sollen, werden vorher gehörig inrotulirt; der Inrotulation können die Interessenten, welchen überlassen bleibt, wegen der Zeit Erkundigung einzuziehen, und desfalls keine besondere Vorladung zu erwarten haben, selbst oder durch legitimirte Stellvertreter beiwohnen, auch Abschrift des Actenrotulus verlangen.

Die Gerichte werden bei ihrem Ersuchen zugleich die Art der Empfangnahme bemerklich machen; in anderen Fällen kann eine Ausantwortung nur an die Interessenten selbst, oder an deren mit Special-Gewalt zu versehende Bevollmächtigte geschehen. Ueber eine jede Auslieferung muß Empfangs-Bescheinigung ertheilt werden.

15) Während dieses Auslieferungsgeschäfts hat die Commission alle diejenigen ihr zur Hand kommenden Acten, deren Aufbewahrung im Ganzen oder zum Theil nach ihrem Dafürhalten ohne allen Nutzen sein würde, besonders zu reponiren, und solche mit dienlicher Erläuterung in ein, von Zeit zu Zeit an die Bundes-Versammlung einzuschickendes Verzeichniß zu bringen.

16) Die Commission führt über ihre Verrichtungen ein eigenes Protocoll, zu welchem auch die Bescheinigungen über geschehene Auslieferungen registrirt werden, und erstattet von sechs zu sechs Monaten Bericht über den Fortgang des Geschäfts an die Bundes-Versammlung.

17) Inspection der Acten ist nur den bei einer Sache

Interessirten, die sich als solche gehörig legitimirt haben, oder deren mit Special-Gewalt versehenen Bevollmächtigten, in Gegenwart eines Mitgliedes der Commission oder eines Gehülfen derselben verstattet. Für die Inspection der Acten sind die rückständigen Protocoll-Gebühren so wenig als die sonst von den Archivarien privativ bezogenen Aufsuchungs-Gebühren zu bezahlen; dagegen und statt aller Gebühr, sind für eine jede Sitzung, insofern solche nicht länger, als drei Stunden dauert, Ein Gulden 30 Kreuzer im 24 Fl. Fuße zu entrichten.

18) Bis zur endlichen Auseinandersetzung des Archivs sind als Aushändigungs-Gebühr für die in einer einzelnen Sache verhandelten Acten überhaupt, und ohne Berücksichtigung deren Größe, Fünf Gulden im 24 Fl. Münzfuße für einzelne Stücke, als Testamente, Verträge ꝛc., welche nicht einen Theil von Acten — als von welchem solche nie getrennt werden dürfen — ausmachen, 1 Fl. 30 Kreuzer zu entrichten. Die Ausantwortung übergebener Privilegien, Landes-Proceß-Polizei-Ordnungen und Statuten ist von jeder Gebühr befreit.

Rückständige Protocollar-Urtheils- und Foliirungs-Gebühren können nicht gefordert werden.

19) Ueber die also bestimmten Aushändigungs-Gebühren ist von der Commission besondere Rechnung zu führen, und diese von 6 Monaten zu 6 Monaten, neben dem §. 16. gedachten Berichte, an die Bundes-Versammlung einzuschicken. Die bereits vorhandenen Kanzlei-Taxgelder hat die Commission ebenmäßig in Verwahrung zu nehmen, und eine abgesonderte Berechnung derselben der ersten Rechnung über die neue Einnahme beizulegen.

20) Aus dem Ertrage dieser Einnahme wird die Remuneration der Commissarien und derjenigen, welche Hülfe leisten, sammt den Kosten für Feuerung, Schreibmaterialien und dergl. bestritten; die Bestimmung der Art der Vertheilung nach Abzug der genannten Kosten, bleibt vorbehalten.

21) Wegen der Kammergerichtlichen Bibliothek wird die Bundes-Versammlung dereinst besondere Entschließung fassen.

Hiernächst machte Präsidium den weitern Antrag, die zur Erstattung des Vortrages über das Reichs-Kammergerichts-Archiv ernannte Commission, welche aus den Herren Bundestags-Gesandten v. Martens, v. Berg und Syndicus Danz besteht, zu ersuchen, ihre Verrichtung in der Art fortzusetzen, daß sie mit der in Wetzlar niederzusetzenden Commission der hohen Bundes-Versammlung die Correspondenz übernehme, dieselbe instruire und die erforderlichen Vorträge an die Versammlung erstatte, — zu diesem Ende schlage Präsidium vor, die erwähnte Commission mit noch 2 Mitgliedern zu vermehren.

Sämmtliche Gesandtschaften stimmten diesem Antrage bei, und in der hierauf angestellten Wahl wurden der kaiserlich österreichische präsidirende Herr Gesandte

Graf v. Buol-Schauenstein,

und der königlich preußische Herr Gesandte

Graf von der Golz,

zu Mitgliedern auserseheu. ꝛc.

## 438.

### Untersuchungsverfahren bei Dienstvergehen der Verwaltungsbeamten.

Auf den von Ihnen, Herr General-Advocat, unter dem 10. v. Mts. erstatteten Bericht über das in Gemäßheit der Allerhöchsten Verordnung vom 6. März d. J. einzuleitende Verfahren gegen Verwaltungsbeamte, wird Ihnen in Absicht der verschiedenen, darin vorgetragenen Anfragen, Folgendes eröffnet:

Die bei den dortigen Gerichtshöfen darüber entstandenen Zweifel:

I. ob die auf Verwaltungsbeamte lautende Bestimmung des Gesetzes auch auf die zu den eigentlichen Verwaltungsbeamten nicht gehörigen Individuen ausgedehnt werden könne?

sind völlig unbegründet. Nach dem Sprachgebrauch der preußischen Gesetzgebung sind sämmtliche Civilbeamte ohne Unterschied als Verwaltungsbeamte zu betrachten, und die Königliche Kabinets-Ordre vom 6. März c., deren Motive sich theils im Eingange derselben ausdrücken, theils dem Chef der Justiz, mit Hinsicht auf den an des Königs Majestät vorgängig erstatteten Ministerial-Bericht vom 28. Februar c. ganz genau bekannt sind, hat keine Classe der Civil-Beamten von der Anwendung der darin enthaltenen Bestimmungen ausnehmen wollen.

II. Die Meinung mehrerer dortigen Landgerichte so wie des Accusations-Senats des rheinischen Appellations-Gerichtshofes,

daß, da die in der Allerhöchsten Verordnung allegirten §§. 91—213 Tit. 20. Thl. II. des Allgemeinen Land-Rechts sämmtlich mehr oder weniger auf die innere Ruhe und Sicherheit des Staats Einfluß haben, und das Gesetz hier nicht wie in Ansehung der Beamten geschehen, eine ausdrückliche Einschränkung hinzugefügt hat, alle unter die Bestimmungen jener §§. fallenden strafbaren Handlungen, namentlich auch unerlaubte Selbsthülfe §. 157. seq. l. c., Erbrechung der Gefängnisse §. 160. seq. l. c., Widerstand gegen die Obrigkeit §. 166. l. c. und selbst Landstreicherei §. 191. seq., an die entweder schon bestehenden oder noch zu errichtenden Special-Commissionen gewiesen werden müssen;

ist unrichtig und wird durch die in der Königlichen Kabinets-Ordre ersichtliche Hinweisung auf die §§. 91 — 213 l. c. keinesweges gerechtfertiget. Alle Vergehungen, welche hierin bezeichnet werden, müssen nach der preußischen Criminal-Ordnung und dem Allgemeinen Land-Recht resp. untersucht und beurtheilt werden; vor die Special-Commission gehören nur diejenigen, welche in besondern Fällen dahin verwiesen werden.

**III.** In Betreff der Frage:

inwiefern eine in der dortigen Criminal-Proceß-Ordnung gegründete, der Criminal-Ordnung de 1805 aber ganz unbekannte Berufung **a minima** dem öffentlichen Ministerium zustehen,

insbesondere:

wie es mit den jetzt in zweiter Instanz anhängigen Fällen gehalten werden soll?

wird Ihnen eröffnet, daß die Berufung **a minima** in den Fällen, welche nach der preußischen Criminal-Proceß-Ordnung instruirt werden, nicht statt findet. Hiervon werden jedoch diejenigen Untersuchungs-Sachen ausgenommen, welche jetzt in **appellatorio** schweben und nach der bisherigen dortigen Verfassung behandelt worden sind.

**IV.** Sie wünschen darüber belehrt zu werden:

wie es mit den geringen, eine Entsetzung nicht zur Folge habenden Dienstvergehen der königlichen Verwaltungs-Beamten gehalten werden soll, welche in den übrigen Provinzen des Reichs nicht nach Vorschrift der Criminal-Ordnung, sondern nur nach Maaßgabe des 35. Titels der Allgemeinen Gerichts-Ordnung §. 34. seq. zu behandeln und zu untersuchen sein würden?

Es dient Ihnen hierauf zur Resolution, daß die Dienstvergehen jener Art bei der in der Criminal-Ordnung enthaltenen Bezugnahme auf die Allgemeine Gerichts-Ordnung auch lediglich nach den Vorschriften dieser letzteren, in Verbindung mit der Maaßgabe des Anhangs §. 253. seq. behandelt werden müssen.

Die von Ihnen befürchtete Gesetzesverwirrung wird

nicht eintreten, sobald die dortigen Justizbedienten — wie es ihre Pflicht erheischt — sich mit der preußischen Gerichts-Ordnung und Criminal-Verfassung gehörig bekannt machen.

Wo besondere Bedenken eintreten, ist es die Sache der Staats-Anwälde, bei Ihnen anzufragen und Ihre Bescheidung zu erwarten.

In den gegen die rheinischen Justizbedienten vorkommenden Disciplinar-Sachen kann das nach dasiger Verfassung bestehende Verfahren fernerhin beobachtet werden.

V. Soviel Ihre Anfrage betrifft:

welches Verfahren beobachtet werden soll, wenn der wegen eines Dienstvergehens zur Untersuchung gezogene Beamte noch Complicen hat, die zur Cathegorie der Beamten nicht gehören?

so hat es bei der Ihnen bereits zugegangenen Entscheidung,

daß die etwa eintretende Complicität anderer Personen, welche zur Cathegorie der Beamten nicht gehörig sind, weder den Gang des Verfahrens ändere, noch auf die materielle Behandlung Einfluß haben darf,

sein Bewenden.

In wiefern es thunlich und räthlich ist, in einzelnen Fällen die Untersuchung gegen die Complicen so lange auszusetzen, bis die Untersuchung gegen die inculpirten Beamten geschlossen ist, um sodann auf den Grund und mit Hülfe der verhandelten Acten das weitere Verfahren wider jene ersteren fortsetzen zu können, bleibt dem vernünftigen Ermessen des instruirenden Richters so wie des denselben inspicirenden Staats-Anwaldes überlassen.

Auch versteht es sich von selbst, daß die gedachten Complicen sich ihrer Vernehmung,

wofern sie von dem Richter, der die Untersuchung wider die Beamten führt, nöthig befunden wird,

nicht entziehen dürfen.

Der Unterschied der Strafgesetze ist hierbei gar nicht zu beachten. Er kann, nach Verschiedenheit der Fälle, den Beamten eben so fühlbar als den Complicen werden. Hierauf kommt mithin um so weniger etwas an, als selbst in einem Staate, in welchem eine völlige Einheit der Gesetzgebung und des Verfahrens herrscht, dennoch die Ansichten und Urtheile der Gerichtshöfe eine oft sehr abweichende Anwendung der Strafgesetze zu Tage bringen.

VI. In Betreff der allgemeinen Frage:

wie die von Beamten außerhalb des Amts begangenen

gemeinen Verbrechen und Vergehen bestraft werden sollen?

hat sich der Königliche Wille deutlich und bestimmt dahin ausgesprochen:

daß nur die Dienstvergehen der Beamten, sowie die Verbrechen gegen den Staat und dessen Oberhaupt nach Vorschrift der preußischen Criminal-Gerichts-Ordnung untersucht und nach Maaßgabe des Allgemeinen Land-Rechts

Thl. II. Tit. 20. §. 91—213 und §. 323—508

bestraft werden sollen.

Hinsichtlich aller übrigen Vergehen hat es bei der dortigen Verfahrungsart und Gesetzgebung sein Bewenden.

Hiernach haben sich die Gerichtshöfe zu achten, ohne durch eine Kritik der Gesetzgebung, zu der sie nicht berufen sind, sich irre führen zu lassen und sich in Betrachtungen zu verlieren, welche auf die Erfüllung ihrer richterlichen Function gar nicht influiren dürfen.

Der Justiz-Minister findet die Königliche Kabinets-Ordre vom 6. März c. in ihren einzelnen Dispositionen so klar, daß es der Einholung einer authentischen Declaration in keiner einzigen Beziehung bedarf. Auch kann der Chef der Justiz sich über die von Ihnen behauptete Nothwendigkeit,

die gedachte Kabinets-Ordre in Bezug auf die Untersuchung und Bestrafung der Vergehungen der Verwaltungsbeamten zu suspendiren,

keinesweges einverstanden erklären.

Sie werden vielmehr angewiesen, der vorstehenden Entscheidung gemäß zu verfahren und die Staats-Anwälde darnach gemessenst zu instruiren.

Ueber die in dem eingereichten Verzeichnisse namhaft gemachten Untersuchungen bedarf es hiernach keiner besondern Ministerialbestimmung.

Auch werden Ihre speciellen Berichte in den Untersuchungs-Sachen wider N. N. dadurch erledigt.

Alle diese Untersuchungen müssen nach den Ihnen heute eröffneten allgemeinen Grundsätzen eingeleitet werden, daher Ihnen auch die Acten und Anlagen sämmtlicher Berichte mit dieser Verfügung remittirt werden.

Ferneren Anfragen will ich nur in den Fällen entgegen sehen, wo es zweifelhaft sein kann,

1) ob gegen Justizbediente ein bloßes Disciplinar- oder ein wirkliches Criminal-Verfahren einzuleiten ist.

2) ob die Instruction der Sache an die von der Mi-

nisterial-Commission ressortirende Special-Commission verwiesen werden soll.

Berlin, den 7. August 1821.

An den ersten Herrn General-Advocaten bei dem rheinischen Appellations-Gerichtshofe in Cöln.

Der Justiz-Minister v. Kircheisen.

## 439.

### Einsendung der Acten in allen wegen Münzverbrechen verhandelten Untersuchungen.

3) ad No. 6. in Sachen des Franz Markowitz, Christina Moritz und Christina Erhards, wegen Verfälschung von Scheidemünze, Verfertigung falscher preußischer Thalerstücke und Verbreitung derselben, sind die Untersuchungs-Acten einzusenden, damit solche dem königlichen Ministerio des Innern und der Polizei vorgelegt werden können. Ein Gleiches muß zu dem nämlichen Zwecke in allen Untersuchungs-Sachen wegen Münzverbrechen, nach rechtskräftig beendigter Sache geschehen, mag ein verdammendes, oder absolutorisches Erkenntniß erfolgt sein. Hiernach haben Sie die königl. Ober-Procuratoren zu instruiren, doch muß die Einreichung durch Sie geschehen. Berlin, den 13. August 1821.

Extract aus dem Rescript an den ersten Herrn General-Advocaten bei dem rheinischen Appellations-Gerichtshofe in Cöln.

Der Justiz-Minister v. Kircheisen.

## 440.

### Verfahren bei Dienstvergehen der Gerichtsvollzieher.

Auf Ihren Bericht vom 21. Juni c. wird unter Zurücksendung der Anlagen und Acten und mit Bezug auf die General-Verfügung vom 7. d. Mts. über das Verfahren gegen Verwaltungsbeamte, der von Ihnen, Herr General-Advocat, gemachte Antrag,

> daß in diesem gegen den Gerichtsvollzieher N. N. wegen Dienstvergehen eingeleiteten Verfahren wie in allen ähnlichen, die Disciplin der Gerichtsvollzieher betreffenden Fällen, bei dem dortigen auf die Natur und das Wesen des Instituts berechneten Vorschriften sein Bewenden behalten möge,

genehmigt und haben Sie hiernach das weiter Erforderliche zu veranlassen. Berlin, den 14. August 1821.

An den ersten Herrn General-Advocaten bei dem rheinischen Appellations-Gerichtshofe zu Cöln.

Der Justiz-Minister v. Kircheisen.

## 441.

### Vorladung der Beamten zur Ablegung eines gerichtlichen Zeugnisses.

Auf den von Ihnen, Herr General-Advocat, am 4. dieses Monats erstatteten anderweiten Bericht

die Vorladung der Beamten zur Ablegung eines gerichtlichen Zeugnisses betreffend,

eröffne ich Ihnen, daß es keiner besondern Bestimmung in Absicht der Bestrafung des auf den Grund des Diensteides abgelegten falschen Zeugnisses bedarf. Denn wer in Dienstsachen ein falsches Zeugniß ablegt, begeht implicite zugleich ein Dienstvergehen und muß daher nach der Allerhöchsten Kabinets-Ordre vom 6. März c. beurtheilt werden.

Soviel die Verfügung vom 23. v. Mts.,

daß die vorgesetzte Behörde, bei welcher der vorzuladende Beamte fungirt, jederzeit vor dessen Vorladung mit Bemerkung des Gegenstandes zeitig benachrichtigt werden muß,

anbelangt; so kann nach Ihrem Antrage in dringenden Fällen eine Ausnahme davon gestattet werden. Ist jedoch die Behörde des Vorzuladenden am Orte des Gerichts, so steht der gleichzeitigen Anzeige an dieselbe kein Hinderniß entgegen.

Die königlichen Procuratoren müssen dem Angeschuldigten so wie der Civil-Parthei in jedem vorkommenden Falle die Eröffnung machen, daß die Zeugen-Vorladungen der Beamten durch das öffentliche Ministerium geschehen müssen.

Damit auch aus der Anordnung:

daß bei allen königlichen Beamten, wenn sie bloß über eigentliche Amtssachen vernommen werden, statt Ausschwörung des gewöhnlichen Zeugeneides eine Hinverweisung auf den Diensteid genügen soll,

einzelne Angeklagte oder Verurtheilte künftig keinen Nichtigkeitsgrund suchen mögen, ist Ihrem Antrage gemäß, der hiesige königliche Revisions- und Cassationshof mit der erforderlichen Verfügung versehen worden.

Berlin, den 22. August 1821.

An den ersten Herrn General-Advocaten bei dem rheinischen Appellations-Gerichtshofe zu Cöln.

Der Justiz-Minister v. Kircheisen.

---

Es ist auf einem Bericht des ersten königlichen General-Advocaten bei dem rheinischen Appellations-Gerichtshofe

die Vorladung der königlichen Beamten zur Ablegung eines gerichtlichen Zeugnisses betreffend,

festgesetzt worden, daß das, was die Vorschrift der Allgemeinen Gerichtsordnung Thl. 1. Tit. 10. §. 179 und 203 No. 2. und die Criminal-Ordnung §. 335. in Bezug auf die Vorladung und Vernehmung der Beamten vorschreiben, in den Rheinprovinzen ebenfalls zur Anwendung gebracht, und also

bei allen königlichen Beamten, wenn sie bloß über eigentliche Amtssachen vernommen werden, statt Ausschwörung des gewöhnlichen Zeugeneides eine Hinverweisung auf den Diensteid genügen soll.

Indem ich Ihnen solches nachrichtlich bekannt mache, theile ich Ihnen zugleich in der abschriftlichen Beilage die Verfügung mit, welche auf einen anderweiten diesfallsigen Bericht unter dem heutigen dato an den ersten General-Advocaten erlassen ist. Berlin, den 22. August 1821.

An den Herrn Präsidenten und den Herrn General-Procurator bei dem königlichen rheinischen Revisions- und Cassationshofe.

Der Justiz-Minister v. Kircheisen.

## 442.

### Verfahren bei Gesuchen um Wiederverleihung der National-Kokarde.

Da der, nach der Verordnung vom 22. Februar 1813 und den declarirenden Bestimmungen vom 30. September 1813 und 28. März 1816 bei den darin bezeichneten Verbrechen, zu erkennende lebenslängliche Verlust des Rechts, die National-Kokarde zu tragen, in vielen Fällen als eine zu harte Bestrafung erscheint, auch dem, welcher seine sonstige Strafe erduldet hat und ernstlich gesonnen ist, wieder ein nützliches Mitglied der bürgerlichen Gesellschaft zu werden, daran liegen muß, wieder zum Besitz des ihm entzogenen Rechts zur Kokarde zu gelangen, so will Ich über die Bedingungen unter denen die Gesuche um Wiederverleihung der National-Kokarde bei Mir anzubringen sind und über das dabei zu beobachtende Verfahren Folgendes festsetzen. Im Allgemeinen ist Jedem, gegen den auf Verlust der National-Kokarde erkannt worden, nach Erduldung der außerdem ihm auferlegten Strafe gestattet, die Wiederaufhebung jenes Verlustes nachzusuchen, jedoch erst nach Verlauf von 6 Monaten, von dem Tage des beendigten Zuchthaus- oder Festungs-Arrestes abgerechnet. Der Bestrafte hat dies Gesuch, unter Beifügung eines Attestes über seine gute Aufführung in der Strafanstalt, bei dem betreffenden Landrath, oder wo in einer Commune ein eigener, von dem Landrath unabhängiger Polizei-Director existirt, bei letzterem anzubringen. Derselbe nimmt die sonst noch erforderlichen Zeugnisse auf, zieht weitere Erkundigungen ein, wo er es nöthig findet, und vernimmt die Communalbehörde des Orts, in welchem der Provocant nach wieder erlangter Freiheit sein Domicil genommen hat. Auf den Grund der hiernächst von ihm an die Regierung einzureichenden Verhandlungen berichtet diese an die Ministerien der Justiz und des Innern, von welchen Ich sodann den weitern Vortrag erwarte. Finde Ich Mich auf diesen Vortrag bewogen, den Verlust der National-Kokarde wieder aufzuheben, so setzen die Ministerien die Regierung davon in Kenntniß, welche sodann dem Vorstand der Commune, in welcher der Provocant sich aufhält, den Auftrag ertheilt, ihm in einer Versammlung der Communalbehörde die Kokarde wieder zu verleihen. Hiernach sind die Behörden zu instruiren.

Berlin, den 23. August 1821.

An die Staats-Minister v. Kircheisen und v. Schuckmann.

Friedrich Wilhelm.

## 443.

### Zulassung preußischer Unterthanen zum Armenrecht in Rhein-Hessen.

Auf den von Ihnen, Herr General-Advocat, erstatteten Bericht vom 10. Januar d. J. wird Ihnen Folgendes eröffnet:

In der Provinz Rhein-Hessen besteht eine großherzoglich hessische Verordnung vom 29. Mai 1819, nach deren dritten Titel

die Verstattung zum Armenrecht der Bewohner anderer Staaten, in deren ganzen Umfang für rheinhessische Unterthanen dasselbe gilt, zu Theil werden soll.

In den preußischen Staaten wird bei der Verstattung zum Armenrecht sowohl da, wo die Allgemeine Gerichts-Ordnung gilt, als in den Rheinprovinzen, nach den ergangenen General-Gouvernements-Verordnungen zwischen Einländern und Ausländern kein Unterschied gemacht, und nachdem zwischen dem königlichen Ministerio der auswärtigen Angelegenheiten und der großherzoglich hessischen Gesandtschaft über diesen Gegenstand überhaupt Mittheilungen gepflogen, ist von Seiten der letzteren die Versicherung ertheilt, daß das großherzogliche Staats-Ministerium wegen Zulassung königlich preußischer Unterthanen zum Armenrecht, insbesondere auch wegen der Wittwe N. N. zu Cöln das Erforderliche ohne Aufenthalt verfügen werde.

Berlin, den 3. September 1821.

An den ersten königlichen Herrn General-Advocaten bei dem rheinischen Appellations-Gerichtshofe zu Cöln.

Der Justiz-Minister
v. Kircheisen.

## 444.

### Fiscalisches Verfahren bei Wechselstempel-Contraventionen.

Seine, des Herrn Justiz-Ministers Excellenz haben durch hohes Rescript vom 7. August letzthin zu befehlen geruhet, daß in Hinsicht des fiscalischen Verfahrens bei Wechselstempel-Contraventionen von Seiten des öffentlichen Ministeriums die Anträge dahin gerichtet werden sollen, daß zur Begründung desselben gegen die, in den königlichen Rhein-Provinzen wohnenden Wechselstempel-Contravenienten die Vorlegung einer von den königlichen Wechselstempel-Aemtern in den andern Provinzen, vidimirten Abschrift des Wechsels, und eines mit dem Präsentanten aufgenommenen officiellen Protocolls hinreichend erachtet werden müsse.

Wenn daher die nach dem hiesigen Gesetze verwirkte Stempelstrafe wegen Ausstellung oder Endossirung eines Wechsels in den hiesigen Provinzen auf ungestempeltem Papier, der nachher in den alten Provinzen bei einem königlichen Wechselstempel-Amte zur Stempelung präsentirt worden, auf den Grund einer vom besagten Wechselstempel-Amte vidimirten Abschrift des Wechsels, so wie des mit dem Präsentanten aufgenommenen officiellen Protocolles gerichtlich verfolgt wird, so werden Sie, Herr Ober-Procurator, sich in Ihren Anträgen auf diese Verfügung von Ihro, des Herrn Justiz-Ministers Excellenz besonders zu beziehen haben. Zugleich geht Ihnen in Gemäßheit der hohen Bestimmungen der Auftrag zu, sich eintretenden Falls nicht nur mit der, das fiscalische Interesse betreibenden königlichen Regierung zu benehmen, damit gegen jede dieser Verfügung zuwiderlaufende Entscheidung Cassation eingelegt werden kann, sondern mir auch jede Entscheidung dieser Art zur Anzeige zu bringen, um nöthigen Falles die Cassation derselben zur Aufrechthaltung des Gesetzes veranlassen zu können.

Cöln, den 3. September 1821.

Der Geheime Ober-Revisions-Rath und erste General-Advocat

Bölling.

An

die königlichen Ober-Procuratoren zu Cöln, Aachen, Cleve, Düsseldorf, Coblenz und Trier.

## 445.

Gerichtliches Verfahren bei Schuldforderungen an Gemeinden im ostrheinischen Theile des Regierungsbezirks Coblenz.

Dem Senat des königlichen rheinischen Appellations-Gerichtshofes für ostrheinische Sachen des Regierungsbezirks Coblenz wird auf dessen Berichte vom 25. Januar und 14. Juni d. J.

das gerichtliche Verfahren bei den Schuldforderungen an Gemeinden im ostrheinischen Theile des obgedachten Regierungsbezirks, und die Beitreibung dieser Forderungen betreffend,

eröffnet, daß der Justiz-Minister mit des Herrn Ministers des Innern Excellenz über den in Anregung gebrachten Gegenstand Mittheilung gepflogen hat und dem Collegio in Uebereinstimmung mit dem königlichen Ministerium des Innern zu erkennen gegeben wird:

1) Die Verfügung des königlichen Ministerii des Innern vom 28. Mai 1820 hat bloß festgesetzt, daß alles gerichtliche Verfahren gegen verschuldete Gemeinden des linken Rheinufers fernerhin suspendirt bleibt, und ist solche auf die des rechten Rheinufers nicht anwendbar. Es hat eben so wenig in den Absichten als in den Befugnissen der Regierung zu Coblenz gelegen, die Gerichte von der Cognition über die Schuldverbindlichkeiten und den Schuldbetrag auszuschließen. Nach dem nassauischen Gesetze vom 16. und 20. Februar 1809 steht den Regierungen nur das Recht zu, den Gemeinden die veniam litigandi zu ertheilen oder zu

versagen. Letzteres kann in Schuld-Klagsachen der Natur der Sache nach niemals zum Schaden, sondern nur zum Vortheile der Gläubiger, und nur dann geschehen, wenn die Einwendungen der Gemeinden ganz frivol sind, und daher die Regierung in administrativem Wege ohne Kosten und Weitläuftigkeiten die Befriedigung des Gläubigers verfügen kann.

Daß diejenigen Forderungen, welche die Allerhöchste Verordnung vom 3. Januar 1816 bezeichnet, nach den darin enthaltenen, späterhin erläuterten Vorschriften behandelt werden müssen, versteht sich von selbst.

2) Was die Execution der in Schuldensachen publicirten Erkenntnisse anlangt, so kann dieselbe der seitherigen Praxis gemäß, der Regierung überlassen werden.

Ueber die Art der Executions-Vollstreckung ist die Regierung von dem königlichen Ministerium des Innern, nachdem dasselbe sich mit mir vereinigt hat, nach folgenden Grundsätzen zu verfahren, angewiesen worden:

Steuer-Ausschreibungen zum Behuf der Schuldentilgung werden überhaupt nur dann vorkommen, wenn keine activa, besonders keine der Gemeinde entbehrlichen Grundstücke vorhanden sind, welche die Regierung nach ihrer Versicherung ohnehin der Schuldentilgung, sei es durch Verkauf oder durch bessere Benutzung, zu widmen pflegt.

Fehlt es aber an einem Executions-Objecte dieser Art, dann kann bei dem Vorhandensein einer klaren Schuldverbindlichkeit allerdings ein bestimmtes Maas der Anlagen von 3 Steuersiegeln nicht beobachtet, sondern es muß festgestellt werden, was die Gemeinde braucht, um, successiv wenigstens, und ohne ihr Bestehen zu gefährden, die Schuld neben der richtigen Zinszahlung zu tilgen.

Die den Gemeinden durch das nassauische Ministerium nachgelassenen drei Simpeln sind dann als solche Steuern zu betrachten, welche nach dem Gesetze vom 30. Mai v. J. als bereits bestehende, insoweit das Bedürfniß noch obwaltet, ohne weitere Anträge dort erhoben werden können.

Reichen die Gemeinden damit nicht aus, so müssen allerdings auf ihren Antrag, oder auch auf den der Gläubiger, andere Mittel, sei es durch Vermehrung der Simpeln, oder durch Zuschläge zur Mahl- und Schlacht- oder Classensteuer ergriffen, von der Regierung dann aber berichtet werden, damit das königliche Ministerium des Innern sich mit dem königlichen Finanz-Ministerium über die Zulässigkeit der Steuern verständige.

Hiernach hat der Senat des königlichen rheinischen Appellations-Gerichtshofes für ostrheinische Sachen des Regierungsbezirks Coblenz den Justiz-Senat auf seinen Bericht vom 10. August v. J. mit den gehörigen Anweisungen zu versehen. Berlin, den 1. October 1821.

An den Senat des königlichen rheinischen Appellations-Gerichtshofes für ostrheinische Sachen des Regierungsbezirks Coblenz.

Der Justiz-Minister
v. Kircheisen.

## 446.

### Verfahren bei Anstellungsgesuchen.

Es geht eine Menge Gesuche von Friedensrichtern und Gerichtsschreibern um Versetzung, Gehaltsvermehrung und dergleichen, so wie anderer Personen ein, welche Anstellung als Friedensrichter, Gerichtsschreiber, Notarien und Gerichtsvollzieher nachsuchen. In der Regel sind diese Bittschriften bisher Ihnen urschriftlich zur Prüfung der Anträge und vorläufigen Bescheidung der Supplicanten zugefertigt worden, wodurch indessen ein unnöthiger Zeitaufwand entsteht, und der Chef der Justiz ohne Noth mit Anträgen behelligt wird.

Die Besetzung der genannten Stellen wird gegenwärtig in Folge des Ew. Hochwohlgeboren ertheilten besondern Commissorii nur auf Ihren Vorschlag, in der Folge aber wenn die mit der Organisation eingetretene erste Besetzung aller Stellen vollständig geschehen, und Sie Ihren Auftrag vollzogen haben, auf die Vorschläge der Landgerichts-Präsidenten und Ober-Procuratoren an Sie, Herr erster Präsident und erster General-Advocat, geschehen, und von Ihnen zu meiner Entscheidung befördert werden. Ich beauftrage Sie daher, durch die Amtsblätter bekannt machen zu lassen,

> daß in Folge des Ihnen ertheilten Auftrages alle Gesuche um Anstellung, Versetzung und Gehaltsverbesserung bei Friedensgerichten, und alle welche sich darauf beziehen, als Notarien oder Gerichtsvollzieher geprüft oder angestellt zu werden, bei Ihnen, künftig aber, wenn die erste Organisation vollendet, bei dem Präsidenten und Ober-Procurator der königlichen Landgerichte anzubringen seien, und daß darüber bewandten Umständen nach an den Chef der Justiz werde berichtet werden.

Daß Sie authorisirt wären, es zur Kenntniß derjenigen, welche sich an den Chef der Justiz mit dergleichen Gesuchen unmittelbar wenden, zu bringen, daß ihre Eingaben, ohne Verfügung der vorgenannten Behörden remittirt werden würden.

Dies wird von jetzt an geschehen, und haben Sie offenbar unzulässige Anträge gleich zurück zu weisen, die andern aber bei den von Ihnen erforderten Vorschlägen, denen der Chef der Justiz bald entgegen sieht, zu benutzen.

Berlin, den 5. October 1821.

Der Justiz-Minister
v. Kircheisen.

An
den königlichen ersten Präsidenten und ersten General-Advocaten beim Appellations-Gerichtshofe zu Cöln.

## 447.

### Verzicht des fürstlichen Hauses Wittgenstein-Berleburg auf Ausübung der Justiz in der Herrschaft Homburg an der Mark.

Beigehend erhalten Sie Abschrift eines Schreibens des königlichen Finanz-Ministerii vom 24. v. Mts. und dessen Anlage, um daraus zu ersehen, daß das fürstliche Haus Wittgenstein-Berleburg auf die Ausübung der Justiz in der Herrschaft Homburg an der Mark Verzicht geleistet hat.

Berlin, den 5. October 1821.

Der Justiz-Minister
v. Kircheisen.

An
den ersten Herrn Präsidenten und den ersten Herrn General-Advocaten des königlichen rheinischen Appellations-Gerichtshofes zu Cöln.

### a.

Ew. Excellenz beehre ich mich, hierbei einen Auszug aus dem, Behufs Regulirung der standesherrlichen Verhältnisse in der Herrschaft Homburg an der Mark mit dem Bevollmächtigten des standesherrlich Wittgenstein-Berleburgschen Hauses unterm 16. Juli c. abgeschlossenen, von des Königs Majestät mittelst Allerhöchster Kabinets-Ordre vom 23. v. Mts. gut geheißenen Vertrage, zur gefälligen Kenntnißnahme von der Entsagung des fürstlichen Hauses auf die Ausübung der Justiz ganz ergebenst mitzutheilen.

Berlin, den 24. September 1821.

v. Klewitz.

An
des königlichen Geheimen Staats- und Justiz-Ministers Herrn v. Kircheisen Excellenz.

## b.

Im Auftrage des königlichen Finanz-Ministerii ist von dem Geheimen Finanz-Rath Kühne mit dem standesherrlich Wittgenstein-Berleburgschen Kammer-Rath Nausel, auf den Grund der ihm zu solchem Behuf von des Herrn Fürsten von Wittgenstein-Berleburg ertheilten unbedingten Vollmacht über die Regulirung der standesherrlichen Rechte in der Herrschaft Homburg an der Mark, mehrfache Verhandlung gepflogen und dieserhalb heute folgende Uebereinkunft getroffen worden, bei welcher jedoch der königliche Commissarius die Genehmigung des hohen Finanz-Ministerii vorbehält.

§. 1. Der Herr Fürst von Wittgenstein-Berleburg entsagt für sich und seine Nachfolger allen und jeden ihm als Besitzer der standesherrlichen Herrschaft Homburg nach der deutschen Bundesacte, nach dem königlich preußischen Edicte vom 21. Januar 1815 und der Allerhöchsten Instruction vom 30. Mai 1820 zustehenden standesherrlichen Rechten und Gerechtsamen.

§. 2. Als eingeschlossen in diese Entsagung werden betrachtet:

1) die Grundsteuerfreiheit für die standesherrlichen Domainen und Forsten 2c.;
2) der Bezug des Eisenstein-Zehntens;
3) all und jeder Anspruch auf Entschädigung aus Steuerfonds, es sei für Verkürzungen, welche die standesherrlichen Domanial-Intraden durch die neuere Gesetzgebung erlitten haben, oder für Einkünfte, welche vor der Mediatisirung des Gebiets aus dem Steueraufkommen der Unterthanen zu den Patrimonial-Revenüen der Standesherrschaft geflossen sind, oder unter welchem Titel ein solcher Anspruch sonst gedacht werden könnte.

§. 3. Ebenfalls eingeschlossen in diese Entsagung sind alle Verwaltungs-Gerechtsame, welche der Herr Fürst in Bezug auf die vorerwähnten gesetzlichen Bestimmungen im Umfange der Herrschaft Homburg auszuüben befugt sein würde, und sollen vielmehr alle Justiz-, Polizei-, Consistorial- und sonstige Regierungsrechte im Umfang der gedachten Herrschaft ohne alle Dazwischenkunft standesherrlicher Behörden ausgeübt worden.

Speciell entsagt der Herr Fürst dem ihm bisher zuständigen Patronatrecht zu den Pfarrstellen in der Herrschaft, zu Gunsten der Kirchengemeinen, behält sich dagegen ebenfalls speciell vor, die Gerechtsame in Absicht der Beitreibung der Domanial-Gefälle nach Maaßgabe des §. 35. der Allerhöchst vollzogenen Instruction vom 30. Mai anni praeteriti, imgleichen das Präsentations-Recht zu den Richter- oder Justiz-Beamten-Stellen in der Herrschaft Homburg. Mit Rücksicht auf letztern Vorbehalt wird insbesondere die Berücksichtigung der standesherrlicher Seits bereits abgegebenen Präsentation für die dermalen erledigten Stellen des Justiz-Beamten und Gerichts-Schreibers bei vorausgesetzter genügender Qualification der präsentirten Subjecte vorbedungen ꝛc. ꝛc. So geschehen Berlin, den 16. Juli 1821.

Kühne, Geh. Finanz-Rath. — Der fürstl. Wittgensteinsche Special-Bevollmächtigte, Kammer-Rath Rausel.

## 448.

Competenz der Militairgerichte zur Führung der Untersuchungen gegen beurlaubte Landwehrmänner ꝛc. bei Militair- und Civil-Vergehen.

Des Königs Majestät haben mittelst Allerhöchster Kabinets-Ordre vom 10. August c. zu befehlen geruhet:

> daß in den Fällen, in welchen von beurlaubten Landwehrmännern und zur Kriegsreserve gehörigen Soldaten mehrere Vergehen begangen worden, von denen einige z. B. die Desertion als Militairdienstvergehen von dem Militairgerichte, die andern aber von dem Civilgerichte untersucht werden müssen, die Untersuchung sowohl der Militair- als auch der Civilvergehen vor die Militairgerichte gehören sollen.

Hiernach hat sich der Herr Geheime Ober-Revisionsrath und erste General-Advocat bei dem Appellationshofe daselbst zu achten, auch sämmtliche Staatsanwälde mit Anweisung zu versehen. Berlin, den 5. October 1821.

An den königlichen Geheimen Ober-Revisions-Rath und ersten General-Advocaten Herrn Bölling zu Cöln.

Der Justiz-Minister v. Kircheisen.

## 449.

Befugniß der Regierungen zur Einrückung von Steckbriefen in die Amtsblätter ohne vorgängige Zustimmung der Ober-Procuratoren.

Abschrift des nachstehenden Schreibens nebst Beilage erhält der erste königliche General-Advocat in Bezug auf den

Bericht vom 7. August d. J. zur Nachricht, Achtung und weitern Mittheilung an die Staats-Anwälde b. m.

Berlin, den 5. October 1821.

Der Justiz-Minister
v. Kircheisen.

a.

Indem ich mich beehre, Euer Excellenz Abschrift der heute an die Regierung zu Trier und an die übrigen Regierungen in den Rheinprovinzen wegen der Befugniß zur Aufnahme von Steckbriefen in die Amtsblätter, ohne vorgängige Einwilligung der Ober-Procuratoren, im Einverständniß mit Euer Excellenz erleuchtetem Voto vom 11. d. Mts. erlassenen Verfügung ergebenst mitzutheilen, ersuche ich Dieselben zugleich, die Beamten des öffentlichen Ministerii gleichfalls demgemäß geneigtest instruiren zu wollen.

Berlin, den 25. September 1821.

An v. Schuckmann.
des königlichen Geheimen Staats- und Justiz-Ministers Herrn v. Kircheisen Excellenz.

b.

In Uebereinstimmung mit dem königlichen Justiz-Ministerio wird der königlichen Regierung auf Ihre Berichte vom 22. Januar und 20. Mai d. J., wegen der Befugnisse zur Einrückung von Steckbriefen in die Regierungs-Amtsblätter, hiermit Folgendes zum Bescheide eröffnet:

1) Die Einwilligung des Ober-Procurators zu der gedachten Einrückung ist bei der Verfolgung eines Deserteurs nicht erforderlich, dabei jedoch die von der königlichen Regierung selbst gemachte Beschränkung auf wirkliche Deserteurs oder Individuen, welche zur Fahne geschworen haben und in die Regimenter des stehenden Heeres oder der Landwehr einrangirt worden, genau zu beachten.

2) Ebenso kann die Aufnahme der Steckbriefe bei Entweichungen aus den Zucht- und Landarmenhäusern in denen Fällen ohne Genehmigung des öffentlichen Ministerii erfolgen, wo durch Einholung derselben Aufenthalt entsteht; wenn dies aber nicht der Fall ist, muß die Bestimmung des §. 30. der Verfügung des königlichen Staats-Ministerii vom 20. Juli 1818 aufrecht erhalten werden. Da zur Zeit die meisten Sträflinge in den Rheinprovinzen in den Arresthäusern aufbewahrt werden, so wird es beim Entspringen daraus recht eigentlich zu den Amtspflichten des am Orte anwesenden Ober-Procurators oder dessen Stellvertreters ge-

hören, die Steckbriefe schleunigst zu erlassen und für deren unverzügliche Verbreitung durch die Amtsblätter zu sorgen.

3) Bei dem Entspringen von Individuen auf dem Transport von einem Gefängniß zum andern kann die Einrückung des Steckbriefs gleichfalls geschehen; dem Beamten des öffentlichen Ministerii, welchen die Sache angeht, ist aber davon gleichzeitig Nachricht zu geben, um seiner Seits die erforderlichen Maaßregeln zu ergreifen.

4) Endlich ist die Einrückung der Steckbriefe gegen die sous la surveillance de la haute police gesetzten, à la disposition du gouvernement zu stellenden Individuen unbedenklich, da dem Gouvernement die Befugniß zusteht, sie verhaften zu lassen, falls sie sich von dem ihnen angewiesenen Aufenthaltsorte entfernen.

Die königliche Regierung hat sich daher in vorkommenden Fällen nach obigen Vorschriften zu richten.

Berlin, den 25. September 1821.

Der Minister des Innern und der Polizei
v. Schuckmann.

Circulare
an die königlichen rheinischen Regierungen.

## 450.

### Anschaffung des Allgemeinen Landrechts, der preuß. Gerichts- und Criminal-Ordnung und Gesetzsammlung bei den Land- und Friedensgerichten.

Auf Ihren Bericht vom 18. v. Mts. genehmige ich den von Ihnen, Herr General-Advocat, gemachten Antrag dahin, daß die angezeigten preußischen Gesetzbücher, nämlich das Allgemeine Landrecht, die Allgemeine Gerichts-Ordnung nebst Anhang, die Allgemeine Criminal-Ordnung und die Gesetzsammlung angeschafft werden, und zwar für die Staats-Anwälde und Landgerichte aus dem bei den Landgerichten vorhandenen Extraordinario und für die Friedensgerichte aus dem den Friedensrichtern zur Bestreitung der Bureaukosten bewilligten Fonds. Hiernach haben Sie das Erforderliche zu verfügen, auch darauf zu halten, daß die Anschaffung der Bücher wirklich erfolge.

Berlin, den 5. October 1821.

Der Justiz-Minister
v. Kircheisen.

An
den ersten Herrn General-Advocaten
bei dem rheinischen Appellations-Gerichtshofe zu Cöln.

## 451.

### Ehen von Militairpersonen dürfen ohne Heirathsconsense ihrer Vorgesetzten nicht vollzogen werden.

Zufolge des von dem königlichen General-Auditoriat an den Justiz-Minister erlassenen Schreibens vom 20. September c., welches Ihnen, Herr General-Advocat, abschriftlich unter Beifügung der Anlage desselben und der mitgetheilten Acten zugefertiget wird, hat der Ober-Procurator bei dem Landgerichte zu N. es abgelehnt, der Requisition des General-Majors N. ein Genüge zu leisten, welches dahin gegangen ist, die Nichtigkeit der von dem Bombardier N. mit der N. ohne Consens seiner Militair-Vorgesetzten vollzogenen Ehe auf den Grund des 29. Kriegs-Artikels in Antrag zu bringen. Die in dem Schreiben des gedachten Ober-Procurators an den General von Braun vom 28. August c. deshalb angeführten Gründe können aber nicht für erheblich erachtet werden. Die Kriegsartikel enthalten das für sämmtliche Militair-Personen ohne Rücksicht auf ihren Aufenthaltsort und auf die sonst dort Kraft habenden Gesetze geltende Recht, wobei zwischen solchen Bestimmungen, welche rein strafrechtlicher Natur sind, und solchen, die in das Civil-Recht einschlagen, kein Unterschied gemacht werden kann. In dem 29. Kriegs-Artikel ist nun ausdrücklich vorgeschrieben, daß eine ohne Consens des Compagnie-Chefs von einem Soldaten vollzogene Ehe als nichtig erklärt und aufgehoben werden soll. Diese mit der ganzen Verfassung der preußischen Armee in der engsten Verbindung stehende Vorschrift muß bei den in den Rheinprovinzen befindlichen Militair-Personen so gut als bei allen übrigen zur Anwendung kommen, da der Aufenthaltsort des Soldaten dabei etwas ganz zufälliges ist. Da auch die Kriegsartikel in Bezug auf das in den dortigen Provinzen befindliche Militair hinlänglich und vorschriftsmäßig publicirt worden, indem die Soldaten darauf vereidiget worden, so kann es zur Gültigkeit der wegen der nicht consentirten Ehen ertheilten Vorschrift so wenig als wegen der übrigen in den Kriegsartikeln enthaltenen Bestimmungen auf eine besondere Publication ankommen. Eine solche ist auch in den älteren königlichen Provinzen nicht erfolgt, und deren Nothwendigkeit kann aus der den modus publicationis im Allgemeinen betreffenden Verordnung vom 9. Juni 1819 nicht hergeleitet werden. Die Civilgerichte sind vielmehr zur Befolgung jener Vorschriften eben so gut verbunden, wie sie die Bestimmungen des 20. Titels des 2. Theils des Allgemeinen Landrechts auf die in den Rheinprovinzen befindlichen Militair-Personen in den zu ihrer Cognition gelangenden Fällen nach der Allerhöchsten Kabinets-Ordre vom 14. September v. J. anwenden müssen.

Hiernach haben Sie den Ober-Procurator bei dem Landgerichte zu N. anzuweisen, wegen Nichtigkeit der N.schen Ehe die nöthigen Anträge zu machen.

Berlin, den 12. October 1821.

An den ersten Herrn General-Advocaten bei dem rheinischen Appellations-Gerichtshofe zu Cöln.

Der Justiz-Minister v. Kircheisen.

## 452.

### Competenz der Gerichte zur Untersuchung der von beurlaubten Landwehrmännern begangenen Verbrechen.

Die Competenz der Gerichte in den Rheinprovinzen zur Untersuchung und Bestrafung der von beurlaubten Landwehrmännern verübten Vergehungen kann, wie Ihnen Herr General-Advocat, auf Ihren Bericht vom 2. d. M. eröffnet wird, in den einzelnen Fällen nur nach dem in dem 20sten Titel des 2ten Theils des Allgemeinen Landrechts, als dem für die Landwehrmänner geltenden Strafrecht festgesetzten Strafmaaße beurtheilt werden. Hiernach werden z. B. die Diebstähle, deren Strafe nach dem Allgemeinen Landrechte in der Regel nicht bis auf fünfjährige Einsperrung steigt, vor die Zuchtpolizeigerichte gehören. In solchen Fällen dagegen, in welchen die Strafe des zur Untersuchung gekommenen Vergehens, nach dem Allgemeinen Landrechte in ihrem Minimo eine fünfjährige Einsperrung nicht erreicht, in ihrem Maximo aber darüber hinausgehet, muß die Competenz des untersuchenden und entscheidenden Gerichts nach dem Maximo der Strafe bestimmt, mithin die Sache vor die Assisen gebracht werden, welche, wenn sie auch finden sollten, daß in dem concreten Falle eine Criminalstrafe (nach dem Sprachgebrauch der dortigen Gesetze) nicht statt findet, gleichwohl das Erkenntniß abzufassen, und die verwirkte Strafe festzusetzen gehalten sind.

Hiernach haben Sie nunmehr die königl. Procuratoren mit der erforderlichen Anweisung unverzüglich zu versehen.

Berlin, den 19. October 1821.

An den ersten Herrn General-Advocaten bei dem rheinischen Appellations-Gerichtshofe zu Cöln.

Der Justiz-Minister v. Kircheisen.

## 453.

**Bekanntmachung der k. bayerschen Verordnung vom 12. Juli 1808, die von bayerschen Unterthanen außer Landes geschlossenen Ehen.**

Nach demjenigen, was den unterzeichneten Ministerien wegen des Bestehens einer königlich bayerschen Verordnung vom 12. Juli 1808, die von bayerschen Unterthanen außer Landes geschlossenen Ehen betreffend, bekannt geworden ist, finden dieselben es rathsam, daß die auf oben erwähnten Punkt sich beziehenden Stellen jener Verordnung so viel möglich zur Kenntniß der diesseitigen Landeseinwohner gebracht werden.

Zu diesem Zweck wird die königliche Regierung hierdurch angewiesen, nach Maaßgabe des Anschlusses eine Bekanntmachung in das dortige Amts-, auch allenfalls in ein sonstiges Zeitungsblatt einrücken, und die Pfarrer durch die Superintendenten anweisen zu lassen, bei vorkommenden Proclamationen und Trauungen diesseitiger mit königlich bayerschen Unterthanen, die ersteren auf die königlich bayersche Verordnung vom 12. Juli 1808 aufmerksam zu machen, und ihnen die nachtheiligen Folgen einer solchen Ehe vorzuhalten.

Berlin, den 22. October 1821.

| Ministerium der Geistlichen, Unterrichts- und Medicinal-Angelegenheiten. | Justiz-Ministerium. | Ministerium der auswärt. Angelegenheiten. |
|---|---|---|

An
sämmtliche königliche Regierungen.

### a.

Es besteht im Königreich Baiern eine, die Beförderung der Ehen auf dem Lande betreffende, königliche Verordnung vom 12. Juli 1808, in welcher es unter andern heißt:

§. 16. Da Wir durch gegenwärtige Verordnung alle zulässigen Verheirathungen im Lande möglichst begünstigen, so bleibt es den Unterthanen streng verboten, Ehen außer Landes einzugehen.

§. 17. Wer sich dieses Verbots ungeachtet außer Landes trauen läßt, soll bei seiner Rückkehr neben den Wirkungen der Ungültigkeit seiner eingegangenen Ehe, noch mit einer Gefängnißstrafe von Einem Monate belegt werden, wovon er die Kosten zu bezahlen oder abzudienen hat.

Hiernach kann es, in Folge der mit königlich bayerschen Unterthanen außerhalb des Königreichs Bayern geschlossenen Ehen, sich ereignen, daß auch königlich preußische Unterthanen auf eine für sie nachtheilige Art betroffen werden. Es wird daher, um dieses soviel als möglich zu verhüten, der oben stehende Inhalt der königlich bayerschen Verordnung vom 12. Juli 1808 hierdurch zur allgemeinen Kenntniß gebracht.

## 454.

Anwendung der rheinischen Strafgesetze auf Mitschuldige, welche an Vergehungen rheinischer Beamten Theil nehmen.

Beiliegend erhalten Sie, Herr General-Advocat, auf Ihren Bericht vom 18. August c. beglaubte Abschrift der Allerhöchsten Kabinets-Ordre vom 14. c., nach welcher

> die Untersuchung gegen die, den rheinischen Gerichtshöfen unterworfenen Mitschuldigen, welche bei den Vergehungen rheinischer Verwaltungsbeamten concurriren, lediglich nach den Vorschriften der rheinischen Criminal-Ordnung geführt und die dortigen Strafgesetze auf sie zur Anwendung gebracht werden sollen.

Sie haben davon Kenntniß zu nehmen und das weiter Erforderliche dieserhalb an die Staats-Procuratoren zu verfügen. Berlin, den 22. October 1821.

An den ersten Herrn General-Advocaten bei dem rheinischen Appellations-Gerichtshofe in Cöln.

Der Justiz-Minister
v. Kircheisen.

### a.

Auf Ihren Bericht vom 6. October d. J. setze Ich zur Erläuterung Meiner Kabinets-Ordre vom 6. März d. J. hierdurch fest: daß die Untersuchung gegen die den rheinischen Gerichtshöfen unterworfenen Mitschuldigen, welche bei den Vergehungen rheinischer Verwaltungsbeamten concurriren, lediglich nach den Vorschriften der rheinischen Criminalproceßordnung geführt, und die dortigen Strafgesetze auf sie zur Anwendung gebracht werden sollen.

Potsdam, den 14. October 1821.

An den Staats- und Justiz-Minister v. Kircheisen.

Friedrich Wilhelm.

## 455.

### Vorladung der Verwaltungsbeamten zur Ablegung eines gerichtlichen Zeugnisses.

Abschrift dieses Schreibens nebst Beilage erhält **br. m.** der erste königliche Herr General-Advocat in Verfolg der frühern Mittheilung vom 23. Juli zur Nachricht, Achtung und weitern Bekanntmachung an die Staats-Anwälte.

Berlin, den 22. October 1821.

Der Justiz-Minister v. Kircheisen.

a.

Euer Excellenz beehren wir uns, Abschrift der Verfügung, welche wir in Folge Dero geehrten Schreibens vom 14. v. Mts.

die von den Verwaltungsbeamten in den Rheinprovinzen vor den Gerichten abzulegenden Zeugnisse betreffend,

an die Regierungen in den Rheinprovinzen erlassen haben, zur gefälligen Kenntnißnahme mit dem ganz ergebensten Ersuchen zu übersenden, solche den Beamten des öffentlichen Ministerii gefälligst mitzutheilen, um letztere nach dem Inhalte derselben geneigtest mit näherer Anweisung zu versehen, indem wir nach dem, was von Eurer Excellenz bereits an den General-Advocaten zu Cöln verfügt worden ist, Dero Einverständniß voraussetzen zu können glauben. Wir bemerken zugleich ergebenst, daß wir die Verfügung an die Regierungen nur allgemein und ohne specielle Bezugnahme auf die preußischen Gesetze gefaßt haben, weil eine solche Bezugnahme Hinsichts der Rheinprovinzen nur in den Fällen zulässig sein dürfte, für welche des Königs Majestät, wie es z. B. durch die Allerhöchste Kabinets-Ordre vom 6. März 1821, in Betreff der Vergehungen gegen den Staat und dessen Oberhaupt, so wie wegen der Dienstvergehen der Verwaltungs-Beamten geschehen ist, die Anwendbarkeit der diesseitigen Gesetze besonders angeordnet haben.

Berlin, den 8. October 1821.

v. Schuckmann. v. Klewitz.

An
den königlichen Geheimen Staats- und Justiz-Minister Herrn v. Kircheisen Excellenz.

b.

Da die buchstäbliche Ausführung der an die königliche Regierung ergangenen Verfügung vom 9. Mai d. J. wegen der von den Verwaltungsbeamten vor den Gerichten abzulegenden Zeugnisse mit der in den Rheinprovinzen noch bestehenden französischen Gerichts-Verfassung, wie sich aus den desfallsigen näheren Verhandlungen ergeben hat, nicht füglich vereinigt werden kann, so ist beschlossen worden, auf die Anwendung jener Verfügung in Beziehung auf den gedachten Gegenstand nicht weiter zu bestehen. Die königliche Regierung wird daher angewiesen, den Verwaltungsbeamten Ihres Departements näher zu eröffnen, daß es rücksichtlich ihrer vor den Gerichten abzulegenden Zeugnisse bei demjenigen, was darüber durch die allgemeinen Gesetze angeordnet worden, sein Bewenden behalten müsse.

Hierbei wird jedoch noch besonders bemerkt, daß kein Verwaltungsbeamter, was auch sowohl in der französischen als in preußischer Gerichts-Verfassung seine Begründung findet, verpflichtet werden kann und darf, über eigentliche Amts- oder Dienst-Geheimnisse, deren unbedingte Bewahrung er durch seinen Diensteid angelobt hat, ohne vorherige specielle Genehmigung seiner vorgesetzten Dienstbehörde vor Gericht Auskunft zu geben, und daß darüber, was Amtsgeheimniß sei, nicht dem Gerichte, sondern der vorgesetzten Behörde die Entscheidung gebühre. Hieraus folgt ferner, daß die Verwaltungsbeamten nicht angehalten werden können, den Gerichten den Inhalt einer ihnen etwa von ihrer Dienstbehörde ertheilten Instruction oder sonstige zur Publicität nicht geeignete amtliche Verhandlungen, Abstimmungen im Collegio, Berichte an die vorgesetzte Behörde u. s. w. ohne vorherige Autorisation der gedachten Dienstbehörde vorzulegen, um über das, was sie in Gemäßheit einer solchen Instruction gethan haben, Rede und Antwort zu geben.

Der Herr Justiz-Minister hat die betreffenden Beamten des öffentlichen Ministerii zum Theil bereits in diesem Sinne instruirt, und wird dato von den unterzeichneten Ministerien noch besonders ersucht, jenen Beamten die gegenwärtige Verfügung in Abschrift zur Nachricht und mit der Aufforderung mitzutheilen, daß sie in den Fällen, wo ein als Zeuge vor Gericht stehender Verwaltungsbeamter erkläre, daß der Gegenstand, über den er befragt werde, ein Dienstgeheimniß betreffe, von einer desfallsigen fernern Erörterung so lange abzustehen hätten, bis die vorgesetzte Dienstbehörde entschieden haben werde, daß die von dem Gerichte gewünschte Auskunft ertheilt werden könne. Berlin, den 8. October 1821.

Die Ministerien des Innern und der Finanzen.

v. Schuckmann. v. Klewiz.

An

die königlichen rheinischen Regierungen.

## 456.

### Aufräumung der Acten der vormaligen kurkölnischen Hofraths-Dicasterien zu Bonn.

Seit der in dem Jahre 1794 statt gefundenen Verlegung der vormaligen kurkölnischen Hofraths-Dicasterien, auf das rechte Rheinufer, sind in dem Schlosse, jetzigen Universitäts-Gebäude zu Bonn, eine Menge von Papieren zurückgeblieben, welche theils die Verwaltung, theils die Rechtspflege betreffen.

Bei der jetzt statt gehabten Ordnung und Inventarisirung dieser Papiere haben sich unter jenen, welche Justiz-Sachen zum Gegenstande haben, viele gefunden, welche dem Anscheine nach gar keinen Werth mehr haben, und daher vernichtet werden können.

Damit jedoch Jeder, der gegründete Ursache zu haben vermeint, zu fordern, daß einige dieser Papiere zu seinem künftigen Gebrauche länger aufbewahrt werden, in den Stand gesetzt werde, seine Gründe vorzulegen, so wird zur Anbringung desfallsiger Reclamationen hiermit eine peremtorische Frist von drei Monaten mit dem Zusatze bestimmt, daß Reclamationen, welche nach diesem Termine etwa noch vorgebracht werden mögten, nicht weiter berücksichtigt, die betreffenden Papiere vielmehr nach Ablauf des Termins ohne Weiteres nach den Umständen entweder werden veräußert oder mortificirt werden.

Sämmtliche Reclamationen müssen übrigens bei dem vormaligen Hofraths-Secretair Brill in Bonn angebracht werden, welcher mit der vorläufigen Untersuchung derselben beauftragt worden ist. Cöln, den 23. October 1821.

Der Ober-Präsident der Herzogthümer Jülich, Cleve und Berg
Fr. Gr. zu Solms Laubach.

Der Geheime Staatsrath, erster Präsident des Appellations-Gerichtshofes
Daniels.

## 457.

### Einsendung der Signaturen der Gerichts-Präsidenten Behufs der Legalisirung von Urkunden.

Nach nunmehr beendigter Organisation und geschehener Ernennung sämmtlicher Landgerichts-Präsidenten in den Rhein-Provinzen, beauftrage ich Sie, Herr Präsident, die Signaturen derselben und deren Stellvertreter nach Maaßgabe des abschriftlich anliegenden, von dem königlichen Ministerium der auswärtigen Angelegenheiten bereits unter dem 16. October 1819 mitgetheilten Schema's zu erfordern und einzureichen, um solche Behufs der vorkommenden Legalisirung der Urkunden durch das königliche Ministerium der auswärtigen Angelegenheiten an die königliche Gesandtschaft zu Paris gelangen lassen zu können. Bei einem eintretenden Wechsel der Senats-Präsidenten müssen sodann auch jedesmal deren Signaturen anderweit eingereicht werden.

Berlin, den 24. October 1821. Der Justiz-Minister
v. Kircheisen.

An
den königlichen ersten Präsidenten des rheinischen Appellations-Gerichtshofes, Herrn Geheimen Staats-Rath Daniels zu Cöln.

| Schema. | Rubrik, |
| --- | --- |
| 1) Königl. Preuß. Landgericht zu .... | um die etwa undeutlich geschriebenen Namen durch eine Kanzlei-Hand zu wiederholen. |
| (L. S.) Handschrift des Präsidenten. | |
| 2) Königlich Preuß. Landgericht zu .... | |
| (L. S.) Handschrift des Stellvertreters. | |

## 458.

### Feststellung der Hypotheken-Aemter zu Trier, Saarbrücken und Prüm.

Durch Rescript Sr. Excellenz des Herrn Justiz-Ministers vom 5. v. M. wird verordnet, daß sämmtliche Ortschaften der jetzt organisirten Friedensgerichte zu demjenigen Untersuchungs-Amte und zu demjenigen Hypotheken-Verwahrungs-Büreau gehören, zu welchem der jetzige Hauptort des Friedensgerichts bisher gehört hat.

Diesem nach gehören zu dem Untersuchungsamte und Hypotheken-Büreau von Prüm die jetzigen Kantone Prüm, Warweiler, Bittburg, Neuerburg, Dudeldorf, Manderscheid, Daun und Hillesheim.

Zu dem Untersuchungsamte und Hypotheken-Büreau von Trier die beiden Kantone Trier, dann jene von Saarburg, Freudenburg, Schweich, Hermeskeil, Neumagen, Rhaunen, Bernkastel und Wittlich.

Zu dem Untersuchungsamte und Hypotheken-Büreau von Saarbrücken die Kantone Saarbrücken, Duttweiler, Ottweiler, Lebach, Saarlouis, Wallerfangen, Merzig und Wadern.

Welches hiermit zur Kenntniß und Nachachtung, höherer Weisung gemäß, bekannt gemacht wird.

Trier, den 3. November 1821.

Der erste Präsident und der Ober-Procurator des königlichen Landgerichts

Birk. Heintzmann.

## 459.

### Verfahren bei Pensions-Gesuchen.

Unter den Gegenständen, womit der Chef der Justiz durch mehrere an ihn unmittelbar gerichtete Privat-Reclamationen behelligt wird, die dann an die Provinzial-Justiz-Behörde zurückgewiesen werden müssen, gehören auch die Pensions-Gesuche rheinischer Justiz-Beamten. Es wird Ihnen daher wegen Behandlung derselben Folgendes zur Direction eröffnet:

Die Gesuche um Pensionirung sind

1) von den Friedensrichtern, Friedensgerichtsschreibern, Gerichtsvollziehern, so wie den Gerichtsschreibern der Landgerichte und dem Parketschreiber bei dem Präsidenten und Ober-Procurator des betreffenden Landgerichts,

2) von den Mitgliedern der Landgerichte und des öffentlichen Ministerii derselben beim ersten Präsidenten und General-Procurator des rheinischen Appellations-Gerichtshofes, jetzt dem, dessen Stelle vertretenden ersten General-Advocaten anzubringen. An eben dieselben haben die Subaltern-Beamten des Appellationshofes und des Parkets des General-Procurators ihre Gesuche einzureichen.

3) Nur die Mitglieder des Appellations-Gerichtshofes und des Parkets des General-Procurators haben sich deshalb unmittelbar an den Chef der Justiz zu wenden.

Die ad 1 und 2. benannten Beamten haben dann die Gesuche zu prüfen, die verfassungsmäßig erforderlichen Atteste über die Gründe der Pensionirung, das bisherige Diensteinkommen, das Dienstalter u. s. w. zu erfordern und die Pensions-Tabelle nach dem vorschriftsmäßigen Formular auszufüllen.

Diese Tabelle mit den Bescheinigungen ist von den Landgerichts-Präsidenten und Ober-Procuratoren an den ersten Appellationsgerichts-Präsidenten und den die Geschäfte des General-Procurators vertretenden ersten General-Advocaten einzureichen, die sie mit ihrem Gutachten begleitet dem Chef der Justiz einzusenden haben, gleichwie ihnen selbiges in Hinsicht der ad 2. benannten Officianten selbst obliegt.

Die einzelnen Tabellen werden alsdann bei den quartaliter Seiner Königlichen Majestät zur Bewilligung von Pensionen vorzulegenden Listen beachtet werden und dadurch die Gesuche Erledigung finden.

Sie haben hiervon dem königlichen Appellations-Gerichtshof und den Landgerichten, letzteren durch die Ober-Procuratoren Kenntniß zu geben, mit der Anweisung, durch die Amtsblätter den übrigen Beamten, so weit es sie betrifft, das Verfahren bei ihren Gesuchen zu eröffnen.

Was die bei der Organisation außer Thätigkeit gekommenen und in Ruhestand zu versetzenden friedensrichterlichen Beamten und Gerichtsvollzieher betrifft, so bleibt es bei dem Ihnen besonders ertheilten Commissorio.

Berlin, den 9. Novbr. 1821. Der Justiz-Minister v. Kircheisen.

An den ersten Herrn Präsidenten und den ersten Herrn General-Advocaten des königl. rheinischen Appellations-Gerichtshofes zu Cöln.

## 460.

**Notarien, Advocaten, Procuratoren, Anwälde haben keinen Anspruch auf Pension.**

Indem ich Ihnen Abschrift einer wegen Feststellung der Gehalts- und Pensions-Entschädigung der unter der Fremdherrschaft angestellten Huissiers unter dem 14. Mai d. J. erlassenen Verfügung mittheile, eröffne ich Ihnen: daß nach einer im Einverständniß mit dem königlichen Finanz-Ministerium unter dem 6. Januar 1818 erlassenen Bestimmung angenommen worden ist, daß Notarien, Advocaten und Procuratoren, so wie die Anwälde keine Pensions-Ansprüche haben, und daß dieser Grundsatz nachher immer festgehalten worden. Hiernach haben Sie bei dem Ihnen übertragenen Commissorio wegen Organisation des Notariats und des Gerichtsvollzieheramts Ihre Vorschläge zu modificiren.

Berlin, den 16. November 1821. Der Justiz-Minister v. Kircheisen.

An den ersten Herrn Präsidenten und den ersten Herrn General-Advocaten des königl. rheinischen Appellations-Gerichts in Cöln.

### a.

Die Feststellung der von den ehemaligen Huissiers aus der Kabinets-Ordre vom 1. August 1817 hergeleiteten Ansprüche, auf Gewährung ihres frühern Diensteinkommens hat sehr große Schwierigkeiten; da diesen Beamten die Beitreibung ihrer Gebühren ohne vorherige Festsetzung überlassen war, so sind nur wenige im Stande, ihr Diensteinkommen, durch gehörig geführte Register nachzuweisen, und bei denjenigen, wo die Vorlegung der Berechnungen möglich ist, fehlt eine Bürgschaft für die Richtigkeit. Auch läßt sich nicht übersehen, was unter den Gebühren als Reisegelder zu rechnen ist, und welche baare Auslagen von den Huissiers nöthig waren.

Zur Vermeidung der großen Weitläuftigkeiten, welche hiernach mit der Revision der Liquidationen der Huissiers verbunden sein würden, haben des Königs Majestät durch die Allerhöchste Kabinets-Ordre vom 7. d. M. zu bestimmen geruhet, daß bei der Festsetzung der von ehemaligen Huissiers aus der Kabinets-Ordre vom 1. August 1817 abgeleiteten Ansprüche auf eine Berechnung des angeblich frühern Einkommens keine Rücksicht zu nehmen sei, sondern ein Normalsatz zur Abwägung der Entschädigung eintreten solle.

Demgemäß ist mit billiger Rücksicht auf die verschiedenen Verhältnisse und ihre wahrscheinliche Diensteinnahme festgesetzt, daß das Einkommen

a) eines Huissiers audiencier bei den Appellationshöfen und Tribunälen auf . . . . 400 Thlr.
b) eines Huissiers ordinair der Tribunäle auf 300 „
c) eines Friedensgerichts-Huissiers auf . 200 „

für das Jahr anzunehmen ist.

Nach diesen Bestimmungen sind die bisher eingegangenen Liquidationen der Huissiers zu prüfen, und mittelst gutachtlichen Berichts zur Feststellnng der Entschädigungen oder Pensionen baldigst einzureichen. Diese Bestimmung ist den Liquidaten zur Nachricht bekannt zu machen.

Berlin, den 14. Mai 1821. Der Justiz-Minister
An v. Kircheisen.
das königliche Oberlandesgericht
zu Magdeburg, Münster, Hamm rc.

## 461.

### Anzeigen über vorfallende grobe Verbrechen.

Die Polizeibehörden sind gewohnt, grobe vorgefallene Verbrechen unmittelbar anzuzeigen und des Königs Majestät pflegen alsdann vorauszusetzen, daß der Justiz-Minister gleichzeitig davon Kenntniß erhalten, was besonders, unmittelbar nach der That, sehr selten der Fall ist, da die Vorschrift der Criminal-Ordnung §. 261. diese Ausdehnung nicht bekommen hat.

Um diesen Rückfragen genügen zu können, erhalten Sie den Auftrag, wenn Verbrechen dieser Art vorfallen, die ein besonderes Aufsehen in der Provinz erregen, besonders Entleibungen im Duell, Mordthaten, Aufruhr rc., davon unverzüglich dem Justiz-Minister Kenntniß zu geben, welchemnächst es sich finden wird, ob es einer weitern Berichts-Erstattung bedürfe.

Berlin, den 21. November 1821. Der Justiz-Minister
An v. Kircheisen..
den ersten königlichen General-Advocaten
zu Cöln.

## 462.

### Verfahren gegen die im Bereiche der rheinischen Festungen auf Spionerie ertappten Civil-Personen.

Einverstanden mit Euer Excellenz in dem sehr geehrten Schreiben vom 2. d. M. geäußerten Meinung,

daß die erste Vernehmung von denjenigen Civil-Personen, welche im Bereiche der Festungen mit Spioniren oder in sonst militairisch-bösen Absichten betroffen werden, zwar im Beisein der Festungs-Commandanten durch die Garnison-Gerichte geschehen könne, die weitere Untersuchung dagegen sodann dem competenten Gerichte zu überlassen ist,

habe ich demgemäß nicht nur die Commandantur zu Jülich, welche diesen Gegenstand in Anregung gebracht hat, sondern auch alle übrigen Commandanturen der überrheinischen Festungen durch die betreffenden General-Commando's instruiren lassen, und ermangele nicht, Ew. Excellenz hiervon ganz ergebenst in Kenntniß zu setzen.

Berlin, den 30. November 1821.
An v. Hake.
des königlichen Wirklichen Geheimen Staats- und Justiz-Ministers Herrn von Kircheisen Excellenz.

Abschrift dieses Schreibens erhält b. m. zur Nachricht und Achtung, auch zur weitern erforderlichen Verfügung, der erste königliche Herr General-Advocat.

Berlin, den 7. December 1821. Der Justiz-Minister
v. Kircheisen.

## 463.

### Abfassung der Erkenntnisse in Salz-Contraventions-Sachen.

Das königliche Staats-Ministerium hat auf die von

dem königlichen Ministerium des Schatzes zur Entscheidung gestellte Frage:

ob die Verwaltungsbehörde befugt sei, diejenigen Ortschaften, welche sich der Salz-Contrebande wiederholt schuldig machen, der für diesen Fall gesetzlich angedroheten Salz-Conscription zu unterwerfen, oder

ob der diesfälligen Verfügung ein richterliches Verfahren und Erkenntniß vorangehen müsse,

unterm 13. Juni d. J. beschlossen:

daß die Verwaltungs-Behörden in dem gesetzlich bestimmten Falle die Einführung der Salz-Conscription zu verfügen befugt sind, daß aber in den Erkenntnissen über den ersten Contraventionsfall, die Einführung der Salz-Conscription für den Fall einer wiederholten Contrebande, der betreffenden Ortschaft ausdrücklich angedrohet werden soll.

Mit Bezug hierauf und auf die in den Edicten vom 9. Mai und 10. Juni 1816, desgleichen in der Allerhöchsten Kabinets-Ordre vom 9. Mai 1816 (Gesetzsammlung pag. 139. 182 und 141.) ausgesprochenen, beziehungsweise für das Herzogthum Sachsen, für die Provinzen am linken Elbufer bis zur westlichen Grenze der Monarchie und für Schlesien geltenden Bestimmungen, werden Sie, Herr General-Advocat, von diesem Beschlusse in Kenntniß gesetzt und angewiesen, danach bei Abfassung der Erkenntnisse in Salz-Contraventions-Sachen zu verfahren.

Berlin, den 30. November 1821.

An den ersten Herrn General-Advocaten bei dem rheinischen Appellationsgerichtshofe zu Cöln.

Der Justiz-Minister
v. Kircheisen.

## 464.

### Verbot des Betriebs eines Gewerbes durch Justizbeamte.

Aus der in Abschrift anliegenden Verfügung vom 19. Juli c. werden Sie, Herr erster Präsident und Herr erster General-Advocat, mit Mehrerem ersehen, in welcher Art die königlichen Ministerien des Innern und der Finanzen die Regierung zu Cöln über die Frage

ob Staatsdiener die Einwilligung ihrer Dienstvorgesetzten zur Treibung eines Gewerbes bedürfen?

beschieden habe. Da ich kein Bedenken trage, festzusetzen, daß diese Grundsätze auch auf rheinische Justizbeamte jeder Cathegorie sich erstrecken, so haben Sie die Landgerichts-Präsidenten und Ober-Procuratoren danach anzuweisen, damit kein Justiz-Beamte ein Gewerbe treibe, es sei denn, daß er auf Ihren Antrag von mir Dispensation erhalten habe. Auf eine solche Dispensation ist nur in ganz besondern Fällen aus vorzüglich erheblichen Gründen anzutragen.

Diejenigen, welche sie nachsuchen, müssen sich, sofern sie Subalternen der Landgerichte, friedensrichterliche Beamte, Advocaten-Anwälde, Notarien und Gerichts-Vollzieher sind, bei dem Präsidenten und Ober-Procurator des betreffenden Landgerichts, andere Justizbeamte bei Ihnen, Herr Präsident und Herr General-Advocat, unmittelbar melden. Die Präsidenten der Landgerichte und Ober-Procuratoren haben den Antrag mit ihrem Gutachten an Sie zu übersenden, und dann haben Sie, so wie in dem Falle, da die Gesuche unmittelbar bei Ihnen angebracht werden, nach Maaßgabe der Sachlage entweder das Gesuch zurückzuweisen, oder falls Sie es zur Dispensation angethan finden, solches, mit Ihrem Gutachten begleitet, bei mir einzureichen.

Bei Justizbeamten, welche Besitzer von Landgütern sind, folgt jedoch aus diesem Besitz stets die Befugniß, die mit dem Betriebe der Landwirthschaft gewöhnlich verbundenen Gewerbe zu betreiben, ohne daß sie hierzu einer besondern Erlaubniß bedürfen.

Berlin, den 7. December 1821. Der Justiz-Minister
v. Kircheisen.

An
den ersten Herrn Präsidenten und den ersten Herrn General-Advocaten des rheinischen Appellations-Gerichtshofes
zu Cöln.

a.

Der königlichen Regierung wird auf Ihre Anfrage im Berichte vom 4. v. M.

ob Staatsdiener die Einwilligung ihrer Dienstvorgesetzten zur Treibung eines Gewerbes bedürfen?

eröffnet, daß außer der von der königlichen Regierung allegirten Vorschrift des §. 19. des Edicts vom 2. November 1810 wegen des in Rede stehenden Gegenstandes noch eine nähere Bestimmung durch den §. 81. des Edicts vom 7. September 1811, die polizeilichen Verhältnisse der Gewerbe betreffend, für die alten Provinzen ergangen ist, welche den Gewerbsbetrieb der Staatsdiener von der Genehmigung der Dienstvorgesetzten abhängig macht, zugleich aber auch die Festsetzung enthält, daß bei Officianten aus dem Besitze von Landgütern stets auch die Befugniß folge, mit dem Betriebe der Landwirthschaft gewöhnlich verbundene Gewerbe zu treiben.

Wenn nun gleich die erwähnten Vorschriften der Edicte vom 2. November 1810 und 7. September 1811 für die wiedererworbenen und neuen Provinzen keine Gesetzeskraft haben, so hat es doch kein Bedenken, daß solche auch in dem Departement der königlichen Regierung als Disciplinarbestimmungen zur Anwendung gebracht werden, indem es schon in den allgemeinen Verhältnissen der Staatsdiener liegt, daß dieselben ohne Genehmigung ihrer Dienstvorgesetzten kein Gewerbe anfangen dürfen, da nur letztere zu beurtheilen im Stande sind, ob der Betrieb eines Gewerbes mit den Verhältnissen der Staatsdiener als solcher zu vereinigen ist.

Hiernach hat also die königliche Regierung in vorkommenden Fällen zu verfahren. Berlin, den 19. Juli 1821.

Der Minister des Innern v. Schuckmann. Der Finanz-Minister v. Klewitz.

An
die königliche Regierung zu Cöln.

## 465.

### Verpflichtung der Friedensgerichtsschreiber zur Verzeichnung ihrer Gebühren auf den Ausfertigungen.

Auf Ihren Bericht vom 1. d. M. eröffne ich Ihnen, Herr erster General-Advocat, daß ich es sehr zweckmäßig finde, die Friedensgerichtsschreiber, nach Ihrem Antrage, anzuweisen, die Gebühren, so sie beziehen oder zu beziehen haben, auf den betreffenden Ausfertigungen zu bescheinigen.

Dagegen kann das Präjudiz: daß sie sonst so als ob sie zu große Gebühren bezogen angesehen und nach Analogie des Decrets vom 16. Februar 1807 Art. 151. verfolgt werden sollen, nicht hinzugefügt werden, da einerseits die Gerichte Bedenken tragen würden, die Strafe anzuwenden, indem das Gesetz vom 21. Prairial J. VII. in den Landestheilen des vormaligen Großherzogthums Berg nicht promulgirt worden, und ich es andern Theils nicht angemessen finde, zur Beseitigung dieses Bedenkens ein besonderes Gesetz zu extrahiren. Daher muß eine nähere Bestimmung für die Revision der Gesetzgebung vorbehalten werden.

Berlin, den 14. December 1821. Der Justiz-Minister v. Kircheisen.

An
den ersten Herrn General-Advocaten bei dem rheinischen Appellationsgerichtshofe zu Cöln.

## 466.

### Feststellung der Kosten, Rechnungen ꝛc. nach der Münzeintheilung des Thalers zu 30 Silbergroschen.

In Gemäßheit der bereits durch die öffentlichen Blätter erfolgten Bekanntmachung:

> daß nach Maaßgabe des §. 14. des Gesetzes vom 30. September d. J. Seitens des königlichen Staats-Ministerii beschlossen worden, die Rechnungsführung bei sämmtlichen öffentlichen Cassen, nach der Eintheilung des Thalers in 30 Silbergroschen, und des Silbergroschens in 12 Pfennige, schon mit dem 1. Januar 1822 in der ganzen Monarchie eintreten zu lassen,

werden sämmtliche Gerichtsbehörden der Rheinprovinzen hierdurch angewiesen, sofort zu veranlassen, daß vom 1. Januar k. J. ab bei allen von Ihnen abhängigen Sportel- und Depositen- oder sonstigen öffentlichen Cassen, die Cassenbücher, Manualien, Journale, Einnahmebelege, Etats ꝛc. nach der neuen Münzeintheilung eingerichtet, und daß die letztere bei allen Kostenliquidationen, Rechnungen, Cassen-Extracten, Uebersichten und Nachweisungen aller Art, die den Geldverkehr bei öffentlichen Behörden betreffen, beobachtet werde.

Da aber in Vergleichung der Silbergroschen gegen altes Courant, den Thaler zu 24 Ggr., als worauf nur die zur Zeit bestehenden Sporteltaxen berechnet sind, bei Ansetzung von Pfennigen, Bruchpfennige entstehen, welche theils nicht zahlbar sind, und anderntheils nur das Rechnungswesen erschweren; so wird desfalls auf die Vergleichungstabellen der jetzt ausgeprägten neuen Silbergroschen und Kupfermünze, gegen die gegenwärtig noch umlaufenden alten Scheidemünzen, welche die königlichen Oberpräsidien durch die Amtsblätter bekannt machen werden, lediglich verwiesen.

Cöln, den 27. December 1821.

| Der Geheime Staatsrath und erste Präsident | Der Geheime Ober-Revisions-Rath und erste General-Advocat |
|---|---|
| Daniels. | Bölling. |

# VII.

# 1822.

## Gesetze, Verordnungen, Rescripte.

### 467.

**Befugniß der Administrativ=Behörden, Ordnungs= und Disciplinarstrafen zu verhängen.**

Die Regierung zu Coblenz hat über die, zwischen dem Justizamte N. und dem Bürgermeister N. zu N. statt gehabten Streitigkeiten, den abschriftlich anliegenden Bericht an das königliche Ministerium des Innern erstattet, und über die Befugniß des Justizamts, Ordnungsstrafen dem Bürgermeister anzudrohen und gegen ihn festzusetzen, so wie über die des Justiz=Senats zu Coblenz, die Untersuchung gegen den N. zu eröffnen, und die Vorlegung der amtlichen Berichte zu verlangen, angefragt. Das königliche Ministerium des Innern hat sich unter Mittheilung der betreffenden Acten der landräthlichen Behörde und der Regierung zu Coblenz, mit mir darüber in Correspondenz gesetzt, und nach Lage dieser Acten und unter Zufertigung derselben, mit dem Befehle der Remission, eröffne ich dem Senate des königl. rheinischen Appellationsgerichtshofes für ostrheinische Sachen eximirten Gerichtsstandes Folgendes:

Es ist keinem Zweifel unterworfen, daß die Bürgermeister im ostrheinischen Theile des Regierungs=Bezirks Coblenz als Polizei=Beamte den Gerichten nicht subordinirt sind. Die Verfügung des königl. Staats=Ministerii vom 20. Juli 1818 ist, wie deren Inhalt ergiebt, lediglich auf diejenigen Länder berechnet, wo die französische Gerichts=Verfassung besteht, und bestimmt insbesondere und hauptsächlich die Ressort=Angelegenheiten in Betreff derjenigen Sachen und Gegenstände, welche vor die aufgelöseten Präfectur=Räthe gehört haben.

Wenn nach dem Inhalte der Verfügung noch einiger Zweifel obwalten kann, so verschwindet selbiger nach Ansicht der, jenem Reglement vorangegangenen Verhandlungen der

Ministerien, woraus hervorgeht, daß die vormals nassauischen Länder dabei gar nicht beachtet worden.

Alles was der Justiz-Senat zu Coblenz und das Justizamt N. daher aus jenem Reglement ableiten will, ist ganz unpassend. — Aber auch angenommen, das Reglement sei anwendbar, so läßt sich doch nicht wohl absehen, wie sowohl das Justizamt als der Justiz-Senat daraus sein Verfahren rechtfertigen will.

Der §. 35. setzt namentlich ausdrücklich fest:

> daß Polizeibeamte, obschon sie in ihren, die gerichtliche Polizei betreffenden Amtsverrichtungen den gerichtlichen Behörden untergeordnet sind, in Sachen, welche die Disciplin betreffen, den königlichen Regierungen untergeordnet bleiben.

Nur diejenige Behörde, welcher die Disciplin über einen Beamten zusteht, ist aber befugt, Ordnungsstrafen festzusetzen, da diese offenbar Disciplinar-Maaßregeln sind.

Es war daher eine ungebührliche Ausdehnung der Amtsbefugniß des Justiz-Amts N., wenn es Befehle an den Bürgermeister N. erließ und Ordnungsstrafen festsetzte, welche ungesetzlich, und daher niederzuschlagen sind, weshalb der königliche Senat das Erforderliche zu veranlassen hat.

Sehr tadelnswerth war aber das Benehmen des gedachten Amts, daß es, bei der Protestation des Bürgermeisters gegen seine Competenz, sein Verfahren fortsetzte.

Wenn auch der §. 40. der Verordnung vom 20. Juli 1818, auf welche doch das Justizamt sein Verfahren stützt, es nicht ausdrücklich vorschriebe, so erfordert es an und für sich selbst die Dienstordnung und der Anstand, daß bei Competenz-Streitigkeiten, ohne fernere Einschreitungen, die betheiligten Behörden bei der vorgesetzten Oberbehörde anfragen. Der königliche Senat erhält daher den Auftrag, das Justizamt durch den Justiz-Senat zu Coblenz in die Grenzen seiner Amtsgewalt zurückzuführen, und ihm sein unangemessenes Verfahren ernstlich zu verweisen.

Uebrigens hat die Regierung zu Coblenz in der Sache selbst alle Willfährigkeit bewiesen, die Dienstversäumnisse des Bürgermeisters N. mit angemessenen Ordnungsstrafen belegt, und dem Verlangen des Justiz-Senats Folge verschafft. Es behauptet aber der Bürgermeister N., daß eine richtige Behandlung der Feldfrevel-Sachen vor dem Gerichte zu N. nicht erwartet werden kann. Insofern dies gegründet ist, und da es scheint, daß keine besondere Gründe obwalten, weshalb im Kirchspiele N. eine abweichende Verfassung beibehalten werden soll, fällt es auf, daß dem Justizamte die Abstrafung der Feldfrevel nicht auch hier übertragen worden. Der königliche Senat wird daher aufgefordert, über die Gründe jener Abweichung, und ob es nicht rathsam sei, dieselbe aufzuheben, Bericht zu erstatten.

Ueber den eigentlichen Gegenstand der vom Justiz-Senate gegen den Bürgermeister N. eingeleiteten Untersuchung geben die vorliegenden Acten nicht genugsame Aufklärung. Der Senat des königlichen Appellationsgerichtshofes hat das weitere Verfahren zu suspendiren, und unter Einsendung der Untersuchungs-Acten darüber zu berichten, ob, im Falle ein Dienstvergehen Gegenstand der Untersuchung ist, womit ein solcher Exceß verbunden gewesen, der den Thäter, auch wenn er nicht Officiant ist, schon der Ahndung der Gesetze schuldig gemacht hat, da nur in diesem Falle nach §. 47. der, der Regierungs-Instruction vom 23. Octbr. 1817 angehängten Verordnung vom 26. Decbr. 1808, ohne Antrag der Regierung eine Untersuchung zulässig war.

Berlin, den 7. Januar 1822. Der Justiz-Minister
v. Kircheisen.

An
den Senat des königl. rheinischen Appellationsgerichtshofes für ostrheinische Sachen eximirten Gerichtsstandes zu Cöln.

## 468.

### Gerichtsstand eines General-Divisions-Arztes in Criminal- und Injurien-Fällen.

Seine Königliche Majestät haben mittelst der beigefügten Allerhöchsten Kabinets-Ordre vom 7. d. M. an das Militair-Justiz-Departement, zu bestimmen geruhet, daß über einen General-Divisions-Arzt in Criminal- und Injurien-Fällen durch ein Kriegs-Gericht erkannt werden soll. Hiernach haben sämmtliche Gerichts-Behörden sich zu achten.

Berlin, den 11. Januar 1822. Der Justiz-Minister
v. Kircheisen.

An
sämmtliche königliche Justiz-Behörden.

a.

Auf die beigefügte Anfrage des General-Auditoriats habe Ich, besage der abschriftlichen Anlage, bestimmt, daß über einen General-Divisions-Arzt in Criminal- und Injurien-Fällen durch ein Kriegsgericht erkannt werden solle, und mache Ich solches dem Militair-Justiz-Departement hierdurch bekannt. Berlin, den 7. Januar 1822.

An das Militair-Justiz-Departement.

Friedrich Wilhelm.

## 469.

### Verbindlichkeit der Voluntairgerichte zur Haltung der Allgemeinen Gesetzsammlung auf ihre eigene Kosten.

Beigehend erhält der Senat des königl. rheinischen Appellations-Gerichtshofes für ostrheinische Sachen des Regierungs-Bezirks Coblenz Abschrift eines Schreibens des königlichen Ministerii des Innern, vom 11. v. M. nebst Anlage,

betreffend den Anspruch der dortigen Voluntair-Gerichte auf Erstattung der Kosten eines Exemplars der Gesetzsammlung vom Jahre 1816 ab und Bezahlung derselben für die Zukunft aus dem Justiz-Verwaltungs-Fonds,

mit dem Eröffnen, daß die Ansicht des Justiz-Senats zu Coblenz hierüber nicht richtig ist. Die Voluntair-Gerichte des ostrheinischen Theils des Regierungs-Bezirks Coblenz sind in die Cathegorie der Notarien der Landestheile zu stellen, wo das französische Recht noch gilt. Die Notarien müssen aber nach §. 2. litt. g. der Verordnung vom 9. Juni 1819 die Allgemeine Gesetzsammlung auf ihre eigene Kosten anschaffen.

Diese Entscheidung ist mit der Verfügung, welche von dem königl. Ministerium des Innern vom 5. Januar v. J. im Einverständniß mit der, im abschriftlich anliegenden auf den Bericht des Collegii vom 23. November 1820 erlassenen Schreiben vom 22. December desselben Jahres, ausgedrückten Ansicht des Justiz-Ministers in Absicht der unentgeldlichen Lieferung der Amtsblätter an die Voluntair-Gerichte erlassen worden, sehr wohl zu vereinigen. Denn wenn auch hiernach die Voluntair-Gerichte als eine untere Gerichts- und Staats-Behörde zu betrachten sind, so kann doch diese Qualität sie von der Verbindlichkeit, die Allgemeine Gesetz-Sammlung auf ihre eigene Kosten anzuschaffen, nicht befreien, da die untern Staatsbehörden ebenfalls zur Anschaffung der Gesetzsammlung verpflichtet sind, und nur im §. 2. litt. a. in Absicht ihrer bestimmt ist, daß die Anschaffung aus ihren eigenen Fonds bestritten werden muß. Den Voluntair-Gerichten werden aber sämmtliche Sporteln, welche bei ihnen aufkommen, zum Selbstgenuß überlassen, woraus denn von selbst folgt, daß sie auch auf eigene Kosten die Allgemeine Gesetzsammlung zu halten verpflichtet sind.

Hiernach ist der Justiz-Senat zu Coblenz anzuweisen, damit derselbe die erforderlichen Verfügungen an die Voluntair-Gerichte erlasse und hat der königliche Senat die Regierung zu Coblenz in Beziehung auf ihren Bericht vom 20. November pr. von dem Inhalte der gegenwärtigen Verfügung in Kenntniß zu setzen.

Berlin, den 14. Januar 1822. Der Justiz-Minister v. Kircheisen.

An
den Senat des königl. rheinischen Appellations-Gerichtshofes für ostrheinische Sachen des Regierungs-Bezirks Coblenz.

## 470.

### Beitreibung der Domanial-Gefälle durch die Gerichtsvollzieher.

Mit der von Ihnen, Herr erster General-Advocat, und dem ersten Herrn Präsidenten in dem Berichte vom 15. Mai v. J. entwickelten Ansicht wegen Beitreibung der Domanial-Gefälle durch die Gerichtsvollzieher einverstanden, bin ich dieserhalb mit dem königlichen Finanz-Ministerium in Correspondence getreten. Dasselbe hat sich auch gegenwärtig dahin erklärt,

> daß die executive Beitreibung der Domanial-Gefälle künftig wie bisher durch die gewöhnlichen Gerichtsvollzieher in den gesetzlichen Formen geschehen müsse.

Haben die Regierungen über nachlässige Gerichtsvollzieher Beschwerde zu führen, so sind sie durch das königliche Finanz-Ministerium angewiesen, sich an die Ober-Procuratoren zu wenden. Demzufolge werden Sie beauftragt, auch Ihrerseits den Ober-Procuratoren aufzugeben, auf die von den Rentmeistern oder auch von den Regierungen ihnen zukommenden Klagen über säumige Gerichtsvollzieher mit aller Strenge gegen letztere zu verfahren, auch von Zeit zu Zeit ähnliche Aufforderungen an die Gerichts-Vollzieher durch die Amtsblätter ergehen zu lassen, als der Ober-Procurator Berghaus erlassen hat.

Berlin, den 18. Januar 1822. Der Justiz-Minister v. Kircheisen.

An
den ersten Herrn General-Advocaten bei dem rheinischen Appellations-Gerichtshofe zu Cöln.

## 471.

### Verfahren gegen Vagabonden und Bettler.

Die Regierung zu Cleve reichte bei dem königlichen Ministerium des Innern unter dem 30. Mai d. J. einen Bericht ein, worin sie bemerkte, das dortige Landgericht habe auf den Grund der Allerhöchsten Kabinets-Ordre vom 6ten März d. J. bei den zur Verurtheilung vor dasselbe gestellten Vagabonden den Grundsatz ausgesprochen, daß in Hinsicht der auswärtigen Landstreicher künftig der §. 191. Thl. II. Tit. 20. des Allgemeinen Landrechts auch jenseits des Rheins zur Anwendung kommen müsse, und nunmehr auf eine allgemeine Vorschrift über die Frage antrug, von welcher Behörde die Verweisung verfügt, und in welcher Art solche ausgeführt werden soll?

Bei der mir von dem obgedachten königlichen Ministerium gemachten Mittheilung dieses Berichts bemerkte ich, daß, da in dem Publicandum des gesammten königlichen Staats-Ministerii vom 1. December 1819 festgesetzt worden ist,

> daß die Verordnung des provisorischen General-Gouvernements des Großherzogthums Berg vom 9. Februar 1815 und die Verfügungen des vormaligen königlichen Ministerii der Polizei vom 16. Juni und 2. August 1816 nicht weiter in Anwendung gebracht, sondern vielmehr bis dahin, daß hierüber anderweite Anordnungen getroffen werden, es lediglich bei den Vorschriften des französischen Strafgesetzbuchs sein Bewenden behalten soll,

und dieses Publicandum mit Zustimmung des Herrn Fürsten Staats-Kanzlers erlassen worden sei, ich es bedenklich hielte, die Regierung über den zur Sprache gebrachten Gegenstand zu bescheiden, bevor hierüber mit Seiner Durchlaucht communicirt worden sei. Gedachte Communication geschah Namens beider Ministerien dahin, daß, da das Vagabondiren und das Betteln nicht als ein unmittelbares Verbrechen gegen den Staat oder dessen Oberhaupt betrachtet werden könne, in Absicht welcher nach der Kabinets-Ordre vom 6. März die Vorschriften des Allgemeinen Landrechts auch in den Rheinprovinzen zur Anwendung kommen sollen, es noch vor der Hand in Betreff der Landstreicherei und Bettelei bei den Bestimmungen der rheinischen Gesetzgebung zu belassen, wonach dann die Extrahirung einer königlichen Declaration über diesen Gegenstand nicht erforderlich sein würde. Seine Durchlaucht erklärten sich hierüber mit den beiden Ministerien einverstanden, und so ist denn von Seiten des königslichen Ministerii des Innern an die Regierung zu Cleve die in Abschrift anliegende Verfügung erlassen worden, welche Ihnen, Herr General-Advocat, zur Nachricht und Achtung communicirt wird. Berlin, den 24. Januar 1822.

An den ersten Herrn General-Advocaten bei dem königlichen rheinischen Appellationshofe zu Cöln.

Der Justiz-Minister
v. Kircheisen.

a.

Der königlichen Regierung wird auf Ihren Bericht vom 30. Mai d. J., worin dieselbe aus Veranlassung der Allerhöchsten Kabinets-Ordre vom 6. März d. J. auf die Erlassung weiterer Vorschriften in Absicht des in den Rheinprovinzen gegen ausländische Vagabonden zu beobachtenden Verfahrens angetragen hat, nach vorgängiger Communication mit dem königlichen Justiz-Ministerium und näherer Anfrage bei des Herrn Fürsten Staats-Kanzlers Durchlaucht hierdurch eröffnet: daß durch die vorgedachte Allerhöchste Kabinets-Ordre, da in derselben nur von unmittelbaren Verbrechen oder Vergehungen wider den Staat oder dessen Oberhaupt nach der in den §§. 91. und 92. des Allg. Landrechts Thl. II. Tit. 20. vorkommenden Bezeichnung die Rede ist, die in den Rheinprovinzen rücksichtlich der Behandlung ausländischer Vagabonden seither bestandenen Gesetze nicht aufgehoben worden sind, und es daher bei den hierüber in dem Publicandum des königlichen Staats-Ministerii vom 1. December 1819 enthaltenen Vorschriften noch ferner sein Verbleiben behalten muß. Berlin, den 30. October 1821.

An die königliche Regierung zu Cleve.

Der Minister des Innern und der Polizei
v. Schuckmann.

## 472.

### Verfahren bei Executionen aus Civil-Erkenntnissen wider Militairpersonen.

Die bestehende Militair-Verfassung und die Natur des Militairdienstes gestattet nicht, daß eine Execution wider eine Militair-Person unmittelbar von einem Gerichtsvollzieher vollstreckt werde, es sei denn, daß Grundstücke des Schuldners oder ausstehende Forderungen in Beschlag zu nehmen sind. Vielmehr muß das dieserhalb in den ältern königlichen Provinzen nach §. 149. des Anhangs zur Allgemeinen Gerichtsordnung statt findende Verfahren, auch in den Rhein-

Provinzen, soweit es nach der dortigen abweichenden Gerichtsverfassung möglich ist, zur Anwendung gebracht werden. Wenn daher wider eine Militair-Person eine Execution, die nicht auf die Beschlagnahme von Grundstücken oder ausstehenden Forderungen gerichtet ist, vollstreckt werden soll; so hat sich der damit beauftragte Gerichts-Vollzieher an den Staats-Procurator zu wenden, welcher die competente Militairbehörde wegen der Vollstreckung requiriren muß. In dem auf dem rechten Rheinufer belegenen Theile des Regierungsbezirks Coblenz erfolgt die Requisition durch das Civil-Gericht. Das Gehalt einer Militair-Person kann, im Sinne des §. 149. des gedachten Anhangs zur Allgemeinen Gerichtsordnung, nicht zu den ausstehenden Forderungen gerechnet werden, und es wird wegen Beschlagnahme des Gehalts einer Militairperson in den älteren königlichen Provinzen, von Seiten der Civil-Justizbehörden keine unmittelbare Requisition an die Zahlungsbehörde erlassen, daher auch in einem solchen Falle die Sache zum Zwecke einer an die Militairbehörde zu erlassenden Requisition, an den Staats-Procurator zu bringen.

Ich beauftrage Sie hiernach, das Erforderliche an die Staats-Procuratoren zu erlassen.

Berlin, den 25. Januar 1822.

An den ersten General-Advocaten bei dem königl. rheinischen Appellations-Gerichtshofe zu Cöln.

Der Justiz-Minister
v. Kircheisen.

## Auszug
### aus dem Anhange zur Allgemeinen Gerichts-Ordnung.

§. 149. Des aufgehobenen Militairgerichtsstandes in Civil-Sachen ungeachtet können Executionen gegen Militairpersonen mit Ausnahme der Fälle, wenn Grundstücke des Schuldners oder ausstehende Forderungen desselben in Beschlag genommen werden, von den Civilgerichten nicht unmittelbar, sondern nur durch Requisition der Militairgerichte und beziehungsweise des General-Auditoriats, insofern die Schuldner seiner Gerichtsbarkeit bisher unmittelbar untergeordnet gewesen sind, vollstreckt werden. Die Civilgerichte müssen daher den Zahlungsbefehl zwar erlassen, gleichzeitig aber das Militairgericht um die Vollstreckung der Execution nach Ablauf der im Zahlungsbefehl bestimmten Frist ersuchen. Dieses Requisitoriale wird dem Extrahenten der Execution gewöhnlichermaaßen zugestellt, um davon nach Ablauf der Frist, wenn keine Zahlung erfolgt, Gebrauch zu machen.

Die Requisitionen wegen Vollziehung der Execution, wider die bei der Gendarmerie angestellten Militairpersonen werden an den Ober-Brigadier der Provinz erlassen.

§. 150. In Absicht der Executionen gegen die Ehefrauen, Kinder und das Gesinde der Militairpersonen, welche sich bei ihnen am Garnisonorte befinden, ist dasselbe Verfahren zu beobachten.

## 473.

Ausschließung der Oeffentlichkeit der Verhandlungen, in solchen Fällen, worin Moralität und Sittlichkeit dadurch gefährdet werden könnten.

Wir Friedrich Wilhelm, von Gottes Gnaden, König von Preußen &c. &c.

Da das öffentliche Verfahren der Gerichte in den Rheinprovinzen in manchen Fällen der Sittlichkeit nachtheilig werden kann; so verordnen Wir für diese Landestheile, auf den von der Justizabtheilung Unseres Staatsraths mit berathenen Antrag Unseres Justiz-Ministerii, wie folget:

Art. 1. Wenn in einer correctionellen oder Criminalsache, worin auf Anwendung der Artikel 330 bis 340 des Strafgesetzbuchs angetragen wird, das öffentliche Ministerium befindet, daß die öffentliche Verhandlung der Sittlichkeit nachtheilig werden möchte, so hat dasselbe darauf anzutragen, daß für diesen Fall das öffentliche Verfahren aufgehoben werde.

Art. 2. Das Gericht hat auf diesen Antrag, nach vorgängiger Berathung, ein förmliches Urtheil abzufassen, welches jedenfalls in der öffentlichen Sitzung zu verkündigen ist. Bei der Abfassung dieses Urtheils müssen sämmtliche Kammern des Landgerichts concurriren.

Gegeben Berlin, den 31. Januar 1822.

Friedrich Wilhelm.

## 474.

Der von vorgeladenen Beamten abzulegende Zeugen-Eid.

Ihr Bericht vom 22. December v. J.
den von dem als Zeugen vorgeladenen Beamten abzulegenden Eid betreffend,
hat mir Veranlassung gegeben, mit den königlichen Ministerien des Innern und der Finanzen Rücksprache zu nehmen,
wohin die Absicht in der an die rheinischen Regierungen unter dem 8. October v. J. erlassenen Verfügung, in Bezug auf die eidliche Bestärkung der Zeugnisse in Amtssachen, eigentlich gegangen sei?

Wie sich die gedachten Ministerien hierauf geäußert haben, werden Sie aus der abschriftlichen Anlage ersehen. Hiermit kann ich nach nochmaliger Erwägung mich nur als einverstanden erklären und werden Sie auf die Berichte vom 22. December pr. und 29. v. Mts. angewiesen, nicht nur die königlichen Procuratoren danach zu instruiren, sondern auch die Gerichte durch sie davon in Kenntniß setzen.

Berlin, den 11. Februar 1822.

An den ersten königlichen Herrn General-Advocaten bei dem rheinischen Appellations-Gerichtshofe zu Cöln.

Der Justiz-Minister
v. Kircheisen.

a.

Die Absicht der unterzeichneten Ministerien in der an die rheinischen Regierungen erlassenen Verfügung vom 8. October v. J. ist dahin gegangen, daß in Betreff der Beamten bei ihren vor Gericht abzulegenden Zeugnissen keine Ausnahme von der allgemeinen Regel statt finden könne.

Aus diesem Grunde ist in der gedachten Verfügung ausdrücklich gesagt worden, daß es bei demjenigen, was durch die allgemeinen Gesetze angeordnet worden sei, sein Bewenden behalten müsse.

Da nun nach diesen allgemeinen Gesetzen in allen Fällen, wo es auf die eidliche Bestärkung einer Aussage ankommt, der gewöhnliche Zeugeneid erfordert wird, so werden auch die Beamten, sobald sie ein Zeugniß vor Gericht ablegen, den gedachten Zeugeneid um so mehr abzuleisten haben, als die französische Gesetzgebung eine Verweisung auf den Diensteid eines Beamten, wie solche nach diesseitiger Verfassung zulässig ist, nicht kennt. Die Gerichte könnten und würden mithin auch das Zeugniß eines Beamten ohne den gewöhnlichen Zeugeneid nicht als Beweismittel annehmen. In der Sache selbst dürfte es übrigens auch für das Verhältniß des Beamten gleichgültig sein, ob er den ohnehin sehr einfachen gewöhnlichen Zeugeneid ableistet, oder auf seinen Diensteid Bezug nimmt. Berlin, den 26. Januar 1822.

Ministerium des Innern.
v. Schuckmann.

Finanz-Ministerium.
v. Klewitz.

## 475.

### Verfahren bei Wegnahme des Privateigenthums zu öffentlichen Zwecken.

Bei der Wegnahme des Privateigenthums zu öffentlichen

Zwecken, haben sich in den Rheinprovinzen mancherlei Schwierigkeiten dargestellt, die ihren alleinigen Grund in dem Umstande haben, daß die Vorschriften der bestehenden Gesetze nicht pünktlich beachtet wurden. Das königl. Staats-Ministerium hat diese Gesetze einer genauen Prüfung unterworfen und sich dadurch von ihrer Vollständigkeit, ihrer Zweckmäßigkeit, folglich auch von der Nothwendigkeit einer genauen Befolgung überzeugt und hat daraus die Veranlassung genommen, in einer eigenen Instruction die königl. Regierungen auf deren Bestimmungen aufmerksam zu machen.

Sie erhalten in der Anlage eine Abschrift dieser Instruction, um deren Inhalt, soweit er die Gerichte betrifft, den Ober-Procuratoren mitzutheilen. Das Gesetz vom 8ten März 1810 zeichnet den Beamten des öffentlichen Ministeriums und den Gerichten den Weg genau vor, welchen sie zu gehen haben und haben Sie dafür Sorge zu tragen, daß den Bestimmungen dieses Gesetzes überall von den Justizbehörden pünktlich nachgekommen wird, auch die Ober-Procuratoren durch ein Circular hierzu anzuweisen.

Berlin, den 18. Februar 1822.

An
den ersten Herrn General-Advocaten
bei dem Appellations-Gerichtshofe zu
Cöln.

Der Justiz-Minister
v. Kircheisen.

a.

Der Art. 545. des in den Rheinprovinzen noch geltenden Civilgesetzbuchs spricht den, auch in dem Allgemeinen preußischen Landrechte Thl. I. Tit. 11. §. 4. angenommenen allgemeinen Grundsatz aus, daß Niemand zur Abtretung seines Eigenthums gezwungen werden kann, wenn nicht das öffentliche Wohl diese Abtretung erfordert und der Eigenthümer vollständig entschädigt wird.

Ueber die Art der Ausführung dieser gesetzlichen Vorschrift ist in dem Civilgesetzbuche nichts gesagt, diese Lücke aber durch ein späteres Gesetz vom 8. März 1810 ergänzt, welches durch die Verordnung des königlichen Staats-Ministeriums vom 20. Juli 1818 Art. 13. auch für das Herzogthum Berg verbindlich erklärt wurde.

In manchen Punkten sind die Vorschriften dieses Gesetzes gegenwärtig nicht mehr ganz ausführbar; mehrere Vorfälle scheinen außerdem zu beweisen, daß die Bestimmungen des Gesetzes nicht gehörig berücksichtigt werden, welches zu Beschwerden Anlaß geben kann.

Es ist daher den Umständen angemessen, durch eine be-

14 *

stimmte Instruction die pünktliche Vollziehung dieses Gesetzes zu sichern, um dem Eigenthume den nöthigen Schutz angedeihen zu lassen, Beschwerden von Seiten der Betheiligten, Reibungen zwischen den Behörden zu vermeiden und die Ausführung der öffentlichen Arbeiten keiner ungesetzlichen Störung ausgesetzt zu sehen.

Der erste Schritt zur Erreichung dieser wohlthätigen Zwecke geschieht dadurch, daß jede der Behörden, die nach dem Willen des Gesetzes hier zu handeln berufen sind, die Grenzen ihres Wirkens genau kennen lernen, sich bei ihrem Handeln immer in diesen Grenzen halten und so jede Reibung vermeiden.

In dieser Beziehung ist es nun wichtig, drei Hauptpunkte stets vor Augen zu haben.

Der Eigenthümer kann nur zur Abtretung gezwungen werden, wenn das öffentliche Wohl, der öffentliche Nutzen es erfordert. Ob diese wesentliche Bedingung vorhanden sei oder nicht, ist eine Frage, deren Entscheidung nur dem Staats-Oberhaupte zusteht. Der 3te Artikel No. 1. des Gesetzes vom 8. März 1810 sagt deswegen, daß die Ausführung öffentlicher Arbeiten, oder der wegen des öffentlichen Wohls nöthige Ankauf von Gebäuden und Grundstücken, nur von dem Staatsoberhaupte befohlen werden kann. Der Befehl zum Ankaufe ist also an sich schon der Beweis, daß der öffentliche Nutzen ihn erfordert und nöthig macht. Es ist möglich, daß ein solcher Befehl ganz genau das anzukaufende Object bezeichnet, daß bestimmt gesagt ist, daß zur Erweiterung eines öffentlichen Gebäudes, zur Verlängerung einer neuen Straße, zur Vergrößerung eines öffentlichen Platzes, dieses oder jenes Haus, dieses oder jenes Grundstück, angekauft werden soll.

Eine solche genaue Bezeichnung der zu acquirirenden Grundstücke ist aber, von Seiten des Staatsoberhauptes nur selten zu erwarten, weil die genaue Angabe dieser Grundstücke, vor Ausführung der projectirten Arbeiten, selten möglich ist.

Bei der Anlage einer neuen Landstraße kann in der Regel nur im Allgemeinen ihre Richtung angegeben werden, in welcher sie die verschiedenen Gemeinden durchschneidet und wenn hier vom Staatsoberhaupte im Allgemeinen befohlen ist, daß das zur Ausführung der Arbeit nöthige Privat-Eigenthum acquirirt werden soll; so ist der Wille des Gesetzes erfüllt und es ist als ausgemacht anzunehmen, daß der öffentliche Nutzen die Abtretung dieses Privat-Eigenthums erfordert.

Die weitere Ausführung des Allerhöchsten Befehls ist alsdann Sache der königlichen Regierung. Sie hat alsdann die Richtung der Straße auf jedem einzelnen Punkte zu bestimmen, folglich auch dasjenige Grundeigenthum zu bezeichnen, dessen Acquisition nöthig ist.

Dies sagt der Art. 3. No. 2. des Gesetzes vom 8. März 1810 ganz deutlich. Nach seiner Vorschrift soll, wenn die einzelnen zu acquirirenden Grundstücke nicht schon in dem landesherrlichen Befehle enthalten sind, die damalige Provinzial-Verwaltungsbehörde, der Präfekt, also gegenwärtig die königliche Regierung, die Punkte bezeichnen, wo die befohlne Arbeit ausgeführt werden soll, und die einzelnen Eigenthümer benennen, deren Eigenthum zu diesem Zwecke in Anspruch genommen werden soll.

Dieses der königlichen Regierung gegebene Recht ist von großer Bedeutung. Es findet seine Anwendung in allen Fällen, wo eine öffentliche Arbeit befohlen wird, ohne daß zugleich der Ort bestimmt ist, wo sie ausgeführt werden soll. Wenn also von des Königs Majestät befohlen wird, daß in einer Stadt eine neue Kaserne erbaut, oder eine vorhandene nach einem gegebenen Verhältnisse erweitert werden solle; so hat die königliche Regierung den Ort zu bestimmen, wo die neue Kaserne gebaut; sie hat die Richtung zu bestimmen, in welcher die vorhandene erweitert werden wird.

Die Wichtigkeit einer solchen Bestimmung ist an sich schon eine Aufforderung, mit der größten Umsicht zu entscheiden und das Privat-Eigenthum zu ehren, so lange sein Angriff nicht durchaus nöthig ist.

Das Staats-Ministerium darf daher auch erwarten, daß die königliche Regierung dieses ihr verliehene Recht nur mit Vorsicht und nach gründlicher Prüfung der vielseitigen Verhältnisse ausübt. Der königlichen Regierung bleibt es aber auch überlassen, in ihren einzureichenden Vorschlägen und Planen, das Privat-Eigenthum, welches zu öffentlichen Zwecken weggenommen werden muß, schon im Voraus zu bezeichnen, wenn es mit Gewißheit geschehen kann, in welchem Falle alsdann von hier aus das Nähere erfolgen wird.

Um durch einen förmlichen Beschluß mit Sicherheit erklären zu können, welche einzelne Privat-Eigenthümer zur Abtretung ihrer Grundstücke verbunden sind, verordnet der 5te Artikel des Gesetzes vom 8. März 1810, daß vor dem Anfange der Arbeit, von den Baubeamten der königlichen Regierung, oder von den Sachverständigen, welchen die Ausführung der Arbeit anvertraut ist, ein Grundriß gefertigt werde, auf welchem man das Eigenthum eines jeden Einzelnen, welches weggenommen werden soll, genau angegeben findet.

Dieser Grundriß muß auf einen Beschluß der königlichen Regierung gestützt sein, wodurch die Art der Ausführung der befohlenen Arbeit im Allgemeinen festgesetzt ist. Es wird deswegen im Art. 3. No. 2. auch von zwei Beschlüssen der Verwaltungsbehörden gesprochen. In dem ersten wird der Ort, wo ein öffentliches Gebäude aufgeführt werden soll, die Richtung, welche eine neue Straße nehmen soll, angegeben. Dieser erste Beschluß wird bei dem, von den Kunstverständigen zu entwerfenden Plane, dessen im Art. 5. Erwähnung geschieht, zu Grund gelegt; durch diesen Plan erfährt die königliche Regierung ganz genau, welches Privat-Eigenthum weggenommen werden muß, und das, was sie auf diese Art erfährt, muß sie durch einen zweiten förmlichen Beschluß aussprechen, muß also in diesem zweiten Beschlusse jeden Einzelnen nennen, dessen Grundstücke oder Gebäude in Anspruch genommen werden.

Obgleich anzunehmen ist, daß die Verwaltungsbehörde schon bei ihrem ersten Beschlusse alle ihr bekannt gewordene Verhältnisse sorgfältig geprüft hat; so ist diese Prüfung doch immer nur einseitig geblieben, die Betheiligten sind dabei noch nicht gehört worden. Die dem Eigenthume schuldige Achtung erfordert es aber, sie zu hören, und das Gesetz vom 8. März 1810 befiehlt dieses ausdrücklich.

Nach dem 6ten Artikel dieses Gesetzes soll der Grundriß, von welchem oben gesprochen worden und auf welchem jeder einzelne Eigenthümer, der sein Eigenthum abtreten soll, benannt ist, während acht Tagen bei dem Bürgermeister, in dessen Verwaltungsbezirke die wegzunehmenden Güter gelegen sind, zur Einsicht der Betheiligten deponirt werden.

Daß der Grundriß wirklich deponirt sei, daß nun jeder Interessent ihn einsehen könne, ist öffentlich bekannt zu machen und zwar durch Ausrufen in den Gemeinden, nach der an jedem Orte hergebrachten Art und durch Anschlag einer schriftlichen Bekanntmachung an den Kirchen und an dem Gemeindehause. Der Bürgermeister hat über diese geschehenen Bekanntmachungen eine Bescheinigung auszustellen und solche der königlichen Regierung zugehen zu lassen.

Der Termin von acht freien Tagen, während welchen der Plan bei dem Bürgermeister zu jedermanns Einsicht offen liegen soll, fängt an, wenn obige Publicationen sämmtlich geschehen sind.

Bei manchen öffentlichen Arbeiten, besonders bei dem Bau einer Straße, welche mehrere Bürgermeistereien durchschneidet, kann die Befolgung obiger Vorschrift einigen Verzug veranlassen. Dies kann aber an sich kein hinreichender Grund sein, um die Vorschrift selbst zu umgehen, da das Gesetz einmal bestimmt und deutlich befiehlt, daß der Plan bei dem Bürgermeister deponirt werden soll. Die hiermit verbundene Verzögerung läßt sich außerdem in vielen Fällen dadurch beseitigen, daß für jede Bürgermeisterei ein besonderer Grundriß gefertiget wird.

Durch die Deposition des Plans, und die dadurch den Betheiligten gestattete Einsicht will das Gesetz vom 8. März 1810 diese in den Stand setzen, die Bemerkungen vorzutragen, welche sie gegen die von ihnen geforderte Abtretung ihres Eigenthums vorbringen wollen. Wenn aber auch diese Maaßregel sehr gerecht und zweckmäßig ist, so ist es doch auf der andern Seite nicht weniger gerecht, die Grenzen zu bestimmen, binnen welchen die Bemerkungen der Eigenthümer bleiben müssen.

Es würde zu weit führen, und jede Ausführung einer öffentlichen Arbeit würde ins Unendliche verschoben werden, wenn man den Eigenthümern der wegzunehmenden Grundstücke die Befugniß einräumen wollte, über die Zweckmäßigkeit, Nützlichkeit oder Nothwendigkeit einer öffentlichen Arbeit überhaupt sich zu verbreiten und Fragen zu erörtern, welche aus einem höhern, den Einzelnen unbekannten Gesichtspunkte geprüft und entschieden werden müssen und nur aus diesem Gesichtspunkte richtig entschieden werden können.

Der Einzelne muß daher diese Frage unberührt lassen und muß seine Bemerkungen nur darauf beschränken, daß die projectirte Arbeit eben so gut und eben so zweckmäßig auf eine Art ausgeführt werden kann, wobei er seines Eigenthums nicht verlustig wird. Er darf nicht behaupten, daß die Anlegung einer Straße an sich nicht nöthig oder nützlich sei, wohl aber darf er sagen, daß eine andere Linie eben so zweckmäßig oder noch zweckmäßiger sein und bei ihrer Befolgung ihm sein Eigenthum erhalten würde. Er darf nicht sagen, daß die Erbauung einer Kaserne an sich überflüssig sei, aber er darf sagen, daß sie an einem andern, als dem gewählten Orte, eben so gut erbaut werden kann und in dieser letztern Beziehung allein kann die Reclamation des Einzelnen der Gegenstand einer weitern Prüfung werden.

Der Privateigenthümer, welcher, nach Einsicht des Planes, sich zu einer solchen Reclamation berechtigt glaubt, muß sie dem Landrathe überreichen, unter dessen Vorsitze sich eine besondere Commission zur Prüfung aller Reclamationen vereinigt.

Außer dem Landrathe sollen die Mitglieder der Commission sein:

1) der Bürgermeister, in dessen Verwaltnngsbezirke die Grundstücke liegen, gegen deren Wegnahme reclamirt wird,
2) ein Baubeamter, welchen die königliche Regierung zu bezeichnen hat,
3) an die Stelle der zwei Mitglieder des nicht mehr bestehenden Bezirksraths, sollen zwei Eingesessene des Kreises treten, welche durch Rechtlichkeit und Bekanntschaft mit den Verhältnissen, ein unbefangenes richtiges Urtheil erwarten lassen und deren Auswahl der königl. Regierung überlassen bleibt.

Diese Commission kann die reclamirenden Eigenthümer, wenn sie es für gut findet, vor sich erscheinen lassen, um ihre Gründe zu hören.

Findet sie die Reclamation ungegründet, oder die vorgetragenen Gründe zu einer Abänderung des Plans nicht hinreichend, so entwickelt sie in ihrem Sitzungs-Protocolle ihre Motive.

Sind aber die vorgetragenen Gründe des Reclamanten von der Art, daß sie der Commission wichtig genug scheinen, um eine Abänderung in dem ursprünglichen Plane vorzuschlagen; so muß sie, vor Abgabe ihres Gutachtens, auch diejenigen Privat-Eigenthümer hören, deren Eigenthum, im Falle einer Abänderung des Plans, weggenommen werden müßte. So verordnet es der Art. 9. des Gesetzes vom 8. März 1810, und es folgt aus dieser Bestimmung, daß derjenige Eigenthümer, welcher reclamirt und zur Unterstützung seiner Reclamation behauptet, daß die öffentliche Arbeit, ohne Wegnahme seines Eigenthums, ausgeführt werden könne, auch die Art dieser Ausführung näher entwickeln und diejenigen Eigenthümer benennen müsse, welche, im Falle einer Abänderung des Planes, ihr Eigenthum abtreten müßten. Auch diese können gegründete Einsprüche haben, sie müssen also damit gehört werden, um die Gründe der verschiedenen Reclamationen mit Sachkenntniß prüfen und ein Gutachten abgeben zu können, gegen dessen Vollziehung sich nicht neue Schwierigkeiten erheben könnten. Es ist daher auch in dem Art. 9. des angeführten Gesetzes vorgeschrieben, daß, wenn die verschiedenen Eigenthümer unter sich in Widerspruch gerathen, ihre beiderseitigen Gründe in das Protocoll der Commission aufgenommen werden sollen, und daß demnächst erst die Commission ihr motivirtes Gutachten abgiebt.

Die Arbeit der Commission beschränkt sich auf die Begutachtung der eingegangenen Reclamationen. Ihre Protocolle, die Pläne und die nach Art. 8. bei ihr eingereichten Reclamationen sendet der Landrath an die königliche Regierung ein, welche, wenn sie sich von der Regelmäßigkeit des Verfahrens wird überzeugt haben, definitiv entscheidet.

Durch diese Entscheidung der Regierung wird die Art der Ausführung der öffentlichen Arbeit und das zu diesem Zwecke wegzunehmende Privateigenthum bezeichnet, und eine weitere Reclamation findet dagegen nicht statt.

Aber der Eigenthümer muß, wie die Gesetze befehlen, für die Abtretung seines Eigenthums vollständig entschädigt werden und es ist die Sache der königlichen Regierung, die Festsetzung dieser Entschädigung zu bewirken. Sie muß daher vor allem den wirklichen Werth des wegzunehmenden Grundeigenthums kennen zu lernen suchen, und kann hierbei auf den Pachtpreis, oder auch auf die Kaufsumme, welche für die nemlichen oder andern Güter gleicher Art gezahlt wurde, Rücksicht nehmen, sie kann auch, wenn der Eigenthümer sich hiermit einverstanden erklärt, Sachverständige ernennen, welche den Werth bestimmen.

Es können indessen bei einer solchen Abschätzung dennoch Zweifel entstehen, über deren Beseitigung einige Bemerkungen nöthig sind.

Bei dem Straßenbaue läßt sich vor Vollendung der Arbeit selten mit Gewißheit bestimmen, wie viel jeder von seinem Eigenthum abtreten muß; die Festsetzung der Entschädigung in einer runden Summe ist also auch nicht möglich, und es ist also nur von der königlichen Regierung zu bestimmen, wie viel für den Morgen, oder für die Ruthe bezahlt werden soll. Nach vollendeter Arbeit wird auf den Grund dieser Bestimmung der Totalbetrag der Entschädigung festgesetzt. Bei der Wegnahme von Gebäuden wird der Fall oft eintreten, daß zur Ausführung der projectirten Arbeit nur ein Theil dieser Gebäude nöthig ist und daß der andere Theil dem Eigenthümer belassen werden kann.

Für diesen Fall bestimmt der Art. 51. des Gesetzes vom 16. September 1807, daß solche Gebäude ganz acquirirt werden sollen, wenn der Eigenthümer es begehrt; die Abschätzung des Werthes muß sich also, in dieser Supposition, auf das Ganze erstrecken und der, nach vollendeter Arbeit, übrig bleibende Theil wird zum Vortheile des Staats verkauft.

Soll ein Gebäude zu öffentlichen Zwecken weggenommen werden, welches wegen seines Alters, oder aus andern Gründen, nach polizeilichen Vorschriften ohnehin hätte niedergerissen werden müssen; so wird nur der Theil des Platzes, welcher weggenommen wird, bezahlt.

Wenn bei dem Baue einer Brücke oder eines Kanals die Unterdrückung oder Versetzung einer Mühle, oder einer ähnlichen Anlage als nöthig erkannt wird, so ist, ehe zur Festsetzung der Entschädigung geschritten wird, zu untersuchen, ob das Dasein einer solchen Anlage gesetzlich ist, ob die dazu erforderliche Concession ertheilt worden, ob die Anlage der Concession gemäß ausgeführt worden.

Die Ausführung öffentlicher Arbeiten macht es aber auch gewöhnlich nöthig, andere Grundeigenthümer, jedoch nur vorübergehend, des Genusses ihres Eigenthums zu entsetzen, wie dies namentlich bei Anlegung von Nothwegen oder Nothbrücken, bei Stein- und Sandgruben der Fall ist. Auch in diesem Falle ist eine Entschädigung zu leisten. Wird das Land nur vorübergehend, und ohne seine Substanz zu ändern, benutzt; so hat der Eigenthümer auch nur einen Ersatz für den entbehrten Genuß zu fordern und er erhält sein Land in seinem frühern Zustande zurück.

Anders ist es aber bei Stein- und Sandgruben, durch deren Ausbeute der Werth des Grundstücks sich wesentlich vermindern kann. Versteht sich hier der Eigenthümer nicht zu einer gütlichen Vereinbarung über die Entschädigung für den vorübergehenden Genuß seines Grundstücks; so kann er, in den oben bereits angegebenen Formen, zur Abtretung des Eigenthums gezwungen werden und in diesem Falle wird auch die ihm zu leistende Entschädigung, in Gemäßheit des Art. 55. des Gesetzes vom 16. September 1807 festgesetzt.

Sobald nun die königliche Regierung, nach den angeführten Modificationen, den Betrag der zu leistenden Entschädigung wird ausgemittelt haben; so ist der Eigenthümer zu der Erklärung aufzufordern, ob er in die Festsetzung der Entschädigung einwilliget und sich mit derselben begnügen will.

Es lassen sich aber viele Fälle denken, wo die Einwilligung des Eigenthümers allein nicht hinreicht, um die Sache gänzlich zu beendigen.

Es ist möglich, daß dritte Personen, ohne gerade Eigenthümer zu sein, dennoch ein Recht auf den Genuß des wegzunehmenden Grundstücks haben, wie dies bei Usufructuarien, Servituten, Pächtern und Miethern der Fall ist.

Diese Verhältnisse können der Verwaltungsbehörde unbekannt sein und sind ihr wohl in der Regel unbekannt. Es ist also von Seiten der Verwaltungsbehörde der Eigenthümer bei der Regulirung der Entschädigung über das Dasein solcher besonderen Verhältnisse zu befragen. Macht nun der Eigenthümer keine Erklärung, so muß er allein die dritten Personen abfinden, welche durch die Wegnahme des Grundstücks Schaden leiden. Diese rechtliche Folge des Stillschweigens, ist dem Eigenthümer bei der vorerwähnten Vorhaltung ebenfalls bekannt zu machen. Erklärt aber der Eigenthümer, daß auch dritte Personen auf das Grundstück Benutzungsrechte haben; so muß der Staat auch diese abfinden, wodurch sich die Abfindung des Eigenthümers natürlich verhältnißmäßig vermindert. Es versteht sich indessen von selbst, daß die königliche Regierung vor allem sich von der Wahrheit der Ansprüche überzeugen muß. Bei den Pacht- und Mieth-Contracten macht das rheinische Civil-Gesetzbuch einen Unterschied, je nachdem ein solcher Vertrag schriftlich oder nur mündlich abgeschlossen worden. Im letztern Falle, wenn der Vertrag nur mündlich ist, kann dem Pächter oder Miether aufgekündigt werden (Art. 1736). Bei den schriftlichen Verträgen ist zu untersuchen, ob sie ein gewisses Datum haben oder nicht, ob es gewiß ist, daß der vorgelegte Vertrag wirklich so abgeschlossen worden und daß man ihn nicht blos erdichtet hat, um das Entschädigungsquantum zu steigern. Der Vertrag muß daher schon seine legale Existenz zur Zeit gehabt haben, wo, nach Vorschrift des Art. 6. des Gesetzes vom 8. März 1810 der Plan zur Arbeit bei dem Bürgermeister deponirt worden.

Welche Beweise nach den Gesetzen erforderlich sind, um einem Acte ein gewisses Datum zuzugestehen, bestimmt der Art. 1328. des Civilgesetzbuches.

Ein Mieth- oder Pachtvertrag, welcher nach Vorschrift dieses Artikels kein gewisses Datum hat, giebt auch zu einer Entschädigung kein Recht, dagegen muß der Pächter oder Miether, dessen Contract gesetzlich ein gewisses Datum hat, vollständig entschädigt werden und, bis dies geschehen, kann man ihn seines Besitzes nicht entsetzen. (Art. 1743. des Civil-Gesetzbuchs.)

Hinsichtlich der Festsetzung der Entschädigung enthält das Civil-Gesetzbuch ebenfalls genaue Bestimmungen. Enthält ein solcher Pacht- oder Mieth-Contract die Klausel, daß, im Falle eines Verkaufes des Grundstücks, der Miether oder Pächter entsetzt werden kann, ohne daß jedoch das Quantum, oder das Verhältniß der Entschädigung angegeben ist; so wird diese nach Vorschrift des Art. 1744. und der folgenden berechnet. Findet sich jene Klausel nicht in dem Vertrage, so läßt sich das Entschädigungs-Quantum durch Vergleichung des jährlichen Reinertrages mit der Dauer der

Pachtzeit leicht ermitteln, wozu nöthigenfalls Sachverständige zu wählen sind.

Bei dem Falle, wo ein Dritter auf ein wegzunehmendes Grundstück ein Nutznießungsrecht zu haben behauptet, ist vor allen die Wahrheit der Behauptung selbst zu untersuchen und, wenn diese richtig gefunden wird, weiter zu prüfen, welche Dauer dieses Recht hat. Ist die Nutznießung auf eine bestimmte Anzahl von Jahren stipulirt; so besteht die Entschädigung in der Leistung des Reinertrages für jedes Jahr. Hat also jemand noch während 10 Jahren ein Grundstück zu genießen, dessen reiner Ertrag jährlich zehn Thaler ausmacht, so besteht die Entschädigung in hundert Thalern, welche in Zehn Jahren, jedesmal mit Zehn Thalern, zu entrichten sind. Ist aber die Dauer der Nutznießung unbestimmt, z. B. auf die Lebenszeit des Usufructuarius, oder bis zum Eintritte einer ungewissen Bedingung; so ist es sehr nöthig, mit Berücksichtigung der individuellen Verhältnisse, ein gütliches Abkommen zu suchen und, wenn billige Anerbietungen nicht angenommen werden sollten, die Entscheidung den Gerichten anheim zu geben.

Wenn die verschiedenen Interessenten die von der königlichen Regierung als Entschädigung erbotenen Summen als hinreichend annehmen, das ganze Geschäft also in Güte beendigt wird; so werden hierüber in der gewöhnlichen Form die Verträge abgeschlossen, wie dies im Art. 12. des Gesetzes vom 8. März 1810 vorgeschrieben ist. Zur Gültigkeit dieser Verträge ist aber erforderlich, daß die Contrahenten die freie Disposition über ihr Vermögen haben. Wenn also unter den zu öffentlichen Zwecken wegzunehmenden Grundstücken sich auch Eigenthum solcher Personen befindet, welche unter Vormundschaft oder Curatel stehen, so ist die Beobachtung der hierüber bestehenden gesetzlichen Vorschriften sehr nöthig.

Sobald aber die verschiedenen Interessenten in die Abtragung ihrer Grundstücke, oder die von der Regierung anerbotene Entschädigung nicht einwilligen; so muß von den Gerichten darüber erkannt werden und es ist den Verwaltungs-Behörden bis zum ergangenen Urtheile durchaus untersagt, sich einen Angriff auf das Privateigenthum zu erlauben, weil sie dieses Recht nur durch einen Vertrag, oder durch ein Urtheil erwarten können. Die königl. Regierung wird es deswegen selbst zweckmäßig finden, die ihr untergeordneten Baubeamten auf das Gemessenste anzuweisen, diesen Grundsatz nie aus dem Auge zu verlieren, weil sie sich sonst bei jeder Uebertretung persönlich verantwortlich machen.

Die königliche Regierung hat, wenn eine gütliche Vereinigung mit den Interessenten zu erlangen ist, den von ihr nach Art. 3. No. 2. des Gesetzes vom 8. März 1810 gefaßten Beschluß, worin das abzutretende Privat-Eigenthum genau bezeichnet und jeder einzelne Eigenthümer genannt sein muß, an den Ober-Procurator bei dem Landgerichte zu schikken und Abschrift der übrigen Verhandlungen beizufügen.

Der Ober-Procurator legt die Acten dem Landgerichte, nebst seinem Antrage vor, um darüber zu entscheiden.

Das Gesetz vom 8. März 1810 bezeichnet genau die Gegenstände, über welche dem Landgerichte eine Prüfung zustehet. Es sind deren nur zwei; der erste: Beobachtung der vorgeschriebenen Formen; der zweite: Festsetzung der zu leistenden Entschädigung.

Was den ersten Gegenstand betrifft, so sind die Formen, welche die Verwaltung zu beobachten hat, verschieden.

Die wesentlichste derselben ist der gesetzliche Beweis, daß die Wegnahme des Privateigenthums zum öffentlichen Nutzen erfordert wird. Dieser Beweis wird geliefert:

a) durch die landesherrliche Verordnung, wodurch die Ausführung einer öffentlichen Arbeit und der Ankauf des zu dieser Arbeit erforderlichen Privat-Eigenthums befohlen wird;

b) durch den Beschluß der königlichen Regierung über die Art der Ausführung dieser Arbeit, worin das wegzunehmende Privat-Eigenthum genau angegeben ist.

Die Gerichte sind in dieser Beziehung, auf die Prüfung der Frage beschränkt, ob die sub a und b. erwähnten Beweise existiren. Ob die Ausführung einer öffentlichen Arbeit an sich nützlich und zweckmäßig sei? ob die königliche Regierung bei Bestimmung der Art der Ausführung richtig oder unrichtig gehandelt habe? diese Fragen liegen nicht in dem Gebiete der richterlichen Gewalt, und jede Prüfung, welche der Richter sich hierüber anmaßen wollte, würde eine ahndungswerthe Ueberschreitung seiner Befugnisse sein.

Das Staats-Ministerium hat die Beweise vor sich liegen, daß einige Richter die Meinung hegen, als müßte in dem landesherrlichen Befehle zur Ausführung einer öffentlichen Arbeit, auch jedes Privateigenthum speciell genannt sein, welches zum öffentlichen Zwecke weggenommen werden solle. Diese Meinung ist offenbar dem Inhalte des 3. Art. des Gesetzes vom 8. März 1810 nicht gemäß, indem man die specielle Bezeichnung der wegzunehmenden Grundstücke, in dem landesherrlicheu Befehle nur als eine seltene Ausnahme betrachten kann, diese Bezeichnung also in der Regel von der königl. Regierung ausgeht. Der Beweis, daß die Wegnahme des Privat-Eigenthums zum öffentlichen Nutzen geschehen müßte, ist also für die Gerichte vollständig geführt, wenn die sub a und b. erwähnten Urkunden vorgelegt werden.

Eine zweite wesentliche Form, über deren Beobachtung die Gerichte zu erkennen haben, ist die Anfertigung eines Grundrisses, dessen Deposition bei dem betreffenden Bürgermeister und die gesetzlich geschehene Bekanntmachung derselben, nach Vorschrift der Art. 6 und 7. des Gesetzes vom 8. März 1810.

Die königliche Regierung hat in den an den Ober-Procurator zu schickenden Verhandlungen, die genaueste Beobachtung dieser verschiedenen Formen nachzuweisen. Das Landgericht hat diesen Punkt von Amtswegen zu prüfen und muß, wenn es die Formen vernachlässigt findet, alle weitere Fortsetzung der projectirten öffentlichen Arbeit, so weit sie das Privateigenthum betrifft, förmlich untersagen, wie es der 15te Art. des oft angeführten Gesetzes vom 8. März ihm zur Pflicht macht.

Diese den Schutz des Eigenthums bezweckende Vorschrift mag für die königl. Regierung ein Beweis sein, wie wesentlich nöthig es ist, auch nicht eine der verschiedenen Formen zu unterlassen und daß deren gewissenhafte Befolgung den Baubeamten auf das nachdrücklichste anzubefehlen ist.

Die dritte wesentliche Form besteht darin, daß die, gegen den bekannt gemachten Plan eingereichten Reclamationen, von der hierzu berufenen Commission gehörig geprüft, begutachtet und von der königl. Regierung entschieden worden sind.

Der reclamirende Eigenthümer muß beweisen, daß er reclamirt habe; die königliche Regierung muß beweisen, daß sie in dem von dem Gesetze vom 8. März 1810 vorgeschriebenen Wege entschieden habe.

Wie sie entschieden habe, hat das Gericht nicht zu untersuchen, wenn nur bewiesen ist, daß die königliche Regierung in der gesetzlichen Form entschieden hat, daß also keine Reclamation unentschieden geblieben ist.

Findet nun das Gericht, dessen Verfahrungsart hierbei durch die Art. 13 und 14. des Gesetzes vom 8. März 1810 bestimmt ist, daß von Seiten der Verwaltungsbehörde die gesetzlich vorgeschriebenen Formen beobachtet worden, so erklärt es durch ein Urtheil, daß der bisherige Eigenthümer seines Eigenthums entsetzt und dieses dem Staate zugesprochen werde.

Diese Entsetzung und resp. Zuschlagung kann das Gericht nach Art. 19. des angeführten Gesetzes aussprechen, wenn auch hinsichtlich des Betrages der Entschädigung, noch ein Streit zwischen der Verwaltung und dem Eigenthümer entsteht, so bald die Ausführung der projectirten Arbeit an sich dringend, oder die Arbeit von der Art ist, daß der Betrag der Entschädigung vor deren Beendigung nicht genau bestimmt werden kann. Ein unter diesen Umständen erlassenes Urtheil, kann daher auch vollzogen werden, obgleich dagegen von Seiten der entsetzten Eigenthümer ein Rechtsmittel eingelegt worden, wogegen ein solches Rechtsmittel einen Suspensiveffect hat, wenn es gegen das Urtheil gerichtet ist, das über die Beobachtung der Formen, nach Art. 14. des Gesetzes vom 8. März entschieden hat.

Der zweite Hauptgegenstand, worüber die Gerichte zu erkennen haben, ist die Festsetzung der Entschädigung, die dem Eigenthümer zukommt, sofern eine gütliche Uebereinkunft nicht statt finden konnte.

Die hierbei zu befolgenden Grundsätze sind in den Artikeln 16. 17. 18. des oft angeführten Gesetzes deutlich angegeben; es ist auch schon oben bemerkt worden, welche Punkte die königliche Regierung von ihrer Seite hierbei zu prüfen hat, um die dem Eigenthümer anzubietende Entschädigung auf eine Art festzusetzen, welche den Grundsätzen des Rechts angemessen ist und deswegen das Einverständniß der Gerichte hoffen läßt und die Verurtheilung der widersprechenden Eigenthümer in die Kosten des gerichtlichen Verfahrens zur Folge hat.

Wegen der Zahlung der, den Eigenthümern zugesprochenen Entschädigungsgelder, bedarf es hier keiner besondern Weisung, weil bei jedem speciellen Gegenstande deshalb vom vorgesetzten Ministerium das Nöthige verfügt werden wird. Dagegen wird die königliche Regierung, vor jeder Auszahlung, die nöthigen Untersuchungen anstellen, ob die Entschädigung mit Sicherheit an den Eigenthümer bezahlt werden kann, oder ob das Grundstück nicht mit Hypotheken beschwert ist. Da der Staat hier als Käufer des Grundstücks betrachtet wird, so müssen von Seiten der königlichen Regierung auch alle Schritte geschehen, die nach dem Civil-Gesetzbuche dem Käufer anbefohlen sind, welcher sein neu erworbenes Eigenthum von allen Lasten reinigen und sich gegen alle Ansprüche dritter Personen sichern will. Sind mehrere Gläubiger, welche auf die Entschädigungsgelder Anspruch machen und sich ihre Befugniß hiezu gegenseitig bestreiten, oder erhebt sich der Streit zwischen dem Eigenthümer und einem dritten; so wird hierüber, wie in jeder gewöhnlichen Sache, von den Gerichten entschieden. Es versteht sich von selbst, daß die königliche Regierung an diesen Streitigkeiten keinen Antheil nimmt, sondern daß sie sich auf die, den Interessenten zu gebende Erklärung beschränkt, daß das Entschädigungsquantum an denjenigen werde bezahlt werden, welcher sich durch ein rechtskräftiges Urtheil zum Empfange legitimiren würde. In Beziehung auf die Wirkung eines rechtskräftigen Urtheils ist noch zu bemerken, daß der Cassationsrecurs in der Regel keinen Suspensiveffect hat und daß, dieses Recurses ungeachtet, das angegriffene Urtheil vollzogen werden kann; daß aber diese Regel eine Ausnahme leidet, wenn in Gefolge eines solchen Urtheils die Staatscasse eine Zahlung machen soll. In diesem Falle hat die Staatscasse die Befugniß, entweder den vollständigen Beweis zu fordern, daß die Fristen zum Cassationsrecurse abgelaufen sind, ohne daß ein Recurs statt hatte, oder daß der ergriffene Recurs abgeschlagen worden ist.

Kann ein solcher Beweis nicht geliefert werden, so ist die Staats-Casse zur Zahlung nicht verbunden, wenn nicht eine hinlängliche Sicherheit von Seiten des Empfangenden gestellt wird.

Das Gesetz vom 8. März 1810 ist übrigens nur auf dem linken Rheinufer und im Herzogthum Berg verbindlich.

Bei genauer Beobachtung der oben auseinandergesetzten Vorschriften, wird jede schädliche Störung der öffentlichen Arbeiten vermieden werden können und erwartet daher das Staats-Ministerium von den Verwaltungs-Behörden, daß stets nach diesen Vorschriften pünktlich verfahren werde, so wie die Gerichte ihrerseits zur Aufrechthaltung der gesetzlichen Grundsätze das ihrige beizutragen angewiesen werden.

Berlin, den 23. Juli 1821.

Das königliche Geheime Staats-Ministerium.

v. Altenstein. v. Kircheisen. v. Bülow. v. Schuckmann.
v. Lottum. v. Klewitz. v. Bernstorff. v. Hake.

Circulare
an die königl. rheinischen Regierungen.

## 476.

### Schuldwesen der Gemeinen in den Landestheilen des linken Rheinufers.

Wir Friedrich Wilhelm, von Gottes Gnaden, König von Preußen ꝛc. ꝛc.

Zur Herstellung eines festen Rechtszustandes zwischen den Gemeinen des linken Rheinufers, imgleichen der Stadt Wesel, und ihren Gläubigern, und um die verschuldeten Gemeinen in den Stand zu setzen, die Befriedigung der letztern mit Ordnung und Beachtung bereits erworbener Gerechtsame bewirken zu können, ohne ihre Zahlungsunfähigkeit herbeizuführen, ertheilen Wir auf den Antrag Unseres Staats-Ministeriums, und nach vernommenem Gutachten Unsers Staatsraths, folgende Vorschriften:

§. 1. Die französischen Verordnungen wegen Liquidirung und Bezahlung der Schulden der Gemeinen, namentlich das kaiserliche Decret vom 1. October 1804 (9. Vendemiaire des Jahres **XIII.**), zweites Kapitel, und vom 21. August 1810, imgleichen die damit in Verbinduhg stehenden Instructionen ehemaliger französischer Behörden, werden hierdurch gänzlich außer Kraft gesetzt.

§. 2. Die Gemeinen sind verpflichtet, für die ordnungsmäßige Berichtigung ihrer Schulden unter Aufsicht der vorgesetzten Regierung durch Anwendung derjenigen Mittel zu sorgen, welche in dem gegenwärtigen Gesetz hierzu bestimmt werden.

§. 3. Der bisherige Unterschied zwischen alten und neuen Schulden findet fernerhin nicht statt. Vielmehr sind alle Schulden, denen nicht ein gesetzliches Vorzugsrecht zustehet, sowohl in Ansehung der Capitalzahlung als der davon gültigen (§. 4.) Zinsenrückstände, ohne Rücksicht auf die Art oder die Zeit ihrer Entstehung, nach gleichen Grundsätzen zu behandeln.

§. 4. Die Rückstände an Renten und an Zinsen von der vormals alten Schuld, welche vor dem 23. September 1799 (1. Vendemiaire des Jahres **VIII.**) fällig geworden, bleiben niedergeschlagen.

§. 5. Was die in dem Titel **VI.** Art. **XXXVII.** des Decrets vom 1. October 1804 (9. Vendemiaire des J. **XIII.**) erwähnten Amtsschulden betrifft, so ist die daselbst verfügte Theilung derselben da, wo solche noch nicht geschehen, von den Regierungen unter Zuziehung der betreffenden Gemeinen ohne Verzug vorzunehmen. Auf den Grund der hiernach festgesetzten Eintheilung erhält jeder Gläubiger besondere Anweisungen auf eine ihm fernerhin zur Zahlung verpflichtete Gemeine. Will derselbe die ihm angewiesene Gemeine, als zur Berichtigung der Forderung ausschließlich verpflichtet, nicht anerkennen, so muß er sich die Vertheilung der Schuld auf die sämmtlichen Gemeinen, welche den Amtsbezirk ausgemacht haben, und die Ausfertigung von Stück=Obligationen gefallen lassen.

§. 6. Die Gemeinen bleiben von der Berichtigung aller derjenigen Schulden entbunden, mit denen dieselben entweder gegen die Domainen oder gegen die aufgehobenen Körperschaften (corps et communautés) und aufgehobenen geistlichen Stiftungen (corporations religieuses), oder solche andere Wohlthätigkeits=Anstalten, für deren Ausgaben sie aus ihren Einkünften zu sorgen haben, verpflichtet gewesen sind.

Es erstreckt sich jedoch diese Befreiung nicht auf solche Forderungen, welche von einer Gemeine an eine andere Gemeine oder von solchen Kirchen=, Unterrichts= und Wohlthätigkeits=Anstalten gemacht worden, deren Unterhaltung der schuldenden Gemeine nicht obliegt. Diese sind vielmehr die Gemeinen, gleich andern von ihnen gemachten Schulden, zu befriedigen verbunden.

Werden indessen dergleichen Forderungen von Gemeinen, Kirchen=Aerarien und Stiftungen des Auslandes an preußische Gemeinen gemacht, so sind auf dieselben diejenigen Grundsätze anzuwenden, die, wenn preußische Gemeinen und Anstalten dergleichen Forderungen an Gemeinen des auswärtigen Staates hätten, in diesen zur Anwendung kommen würden.

§. 7. Um die Gemeinen desto früher in die Lage zu bringen, ihr Schuldenwesen nach den Umständen und den ihnen zu Gebote stehenden Mitteln in Ordnung zu bringen, und den davon abhängenden Kredit der Gemeine wieder herzustellen und zu befestigen, wird ihnen die Behandlung dieser ihrer Angelegenheit unter der Aufsicht der Regierungen selbst überlassen. Die völlige Regulirung des Schuldenzustandes und die Feststellung des Schuldentilgungsplans soll daher allenthalben durch von ihnen selbst erwählte Bevollmächtigte erfolgen. Wie hierbei zu verfahren, und in welchem Maaße die Regierungen darüber die Aufsicht zu führen haben, wird eine von dem Ministerium des Innern an die letztern zu erlassende allgemeine Anweisung, welche durch die Amtsblätter zur öffentlichen Kenntniß gebracht werden soll, festsetzen.

§. 8. So wie Wir nun sowohl zu den verschuldeten Gemeinen als zu ihren Gläubigern das Vertrauen haben, daß beide Theile, die Verhältnisse erwägend, welche zu der Entstehung und dem unfreiwilligen Anwachs der Schuldenmassen Veranlassung gewesen sind, von selbst geneigt sein werden, durch gütliches Uebereinkommen über den Betrag und die Tilgungsart der Schulden die Zustandebringung und Voll=

ziehung eines festen Plans zu erleichtern, so sollen auch die bereits getroffenen Vergleiche, und was in deren Verfolg festgestellt worden ist, aufrecht erhalten werden.

Es behält daher in allen denjenigen Gemeinen, in welchen, sei es durch Vereinigung mit den Gläubigern, oder durch Festsetzung von Seiten der Regierung, das Schuldenwesen bereits vollständig geordnet worden, und für die Befriedigung der Gläubiger die nöthigen Fonds ausgemittelt sind, dabei sein Bewenden. Weder die Gläubiger noch die Gemeinen können in dem hiernach bestehenden Zustande einseitig eine Abänderung verlangen oder vornehmen.

§. 9. In denjenigen Gemeinen, wo zwar das Schuldenwesen noch nicht in allen seinen Theilen regulirt ist, jedoch zu Verzinsung aller oder eines Theils der bereits anerkannten Schulden die erforderlichen Fonds ausgemittelt sind, und hierzu verwendet werden, ist mit dieser Zinsenzahlung, und da, wo hiernächst auch bereits abschlägliche Capitalzahlung eingerichtet ist, ebenfalls mit dieser bis zur völligen Regulirung unausgesetzt fortzufahren.

§. 10. Für die Fälle jedoch, daß die Gemeinen sich mit den Gläubigern durch Vergleiche über die Zahlungsart und Befriedigung nicht sollten vereinigen können, erachten Wir für nöthig, die Grenzen, innerhalb welchen die letztern ihre Ansprüche geltend machen dürfen, in Folgendem zu bestimmen:

§. 11. Wenn über die Richtigkeit und den Betrag einer Forderung zwischen der Gemeine und dem Gläubiger keine Vereinigung zu treffen ist; so ist es beiden gestattet, die Entscheidung auf dem ordentlichen Rechtswege nachzusuchen.

§. 12. Verzögerungszinsen für die Vergangenheit werden nicht vergütet.

§. 13. Der Zinsenlauf von den bis jetzt unverbrieften oder sonst bis daher (Art. XIX. des Decrets vom 9. Vendemiaire J. XIII.) unverzinsbar gewesenen Forderungen, soll vom 1. Jänner 1822 an, anfangen.

§. 14. Die Höhe des Zinsenfußes ist in Ermangelung eines Abkommens darüber auf vier Procent zu bestimmen. Bei versprochenen Zinsen bewendet es, sowohl was den Zinsfuß als den Verfalltermin, von welchem ab dieselben zu liquidiren und zu berichtigen sind, betrifft, bei dem, was in den Schuldurkunden und Darlehnsverträgen festgesetzt worden ist.

§. 15. So weit eine Gemeine nutzbares Grundvermögen, kündbare Capitalien und andere disponible Gegenstände besitzt, ist dieselbe verpflichtet, solche zum Behuf der Tilgung ihrer Schulden beziehungsweise zu veräußern und einzuziehen, soferne sie keine andere Befriedigungsmittel besitzt. Zu einer solchen Veräußerung soll es daher auch Unserer unmittelbaren Genehmigung ferner nicht bedürfen. Es versteht sich jedoch von selbst, daß hierbei nur von solchen Grundbesitzungen die Rede ist, welche einen wirklichen Frucht- oder Nutzungsertrag gewähren, z. B. Landgüter, Gemeinweiden, Forsten u. s. w., und nicht von solchen, welche bloß zu einem öffentlichen oder gemeinnützigen Gebrauch bestimmt sind, z. B. Rathhäuser, Armenhäuser u. s. w.

§. 16. Zu Vermeidung nachtheiliger Uebereilungen bleibt jedoch der vorgesetzten Regierung vorbehalten, bei solchen Veräußerungen die Form und die Modalitäten des Verkaufs festzusetzen, und den Gläubigern steht in dieser Beziehung blos der Recurs an das Ministerium des Innern zu.

§. 17. Die Erfüllung der im §. 15. den Gemeinen auferlegten Verbindlichkeit, können die Gläubiger gegen die schuldende Gemeine im Wege Rechtens verfolgen, sobald die derselben vorgesetzte Regierung vorher auf diesfälligen Antrag den Befehl zu ihrer Befriedigung erlassen, und die Gemeine demselben nicht innerhalb sechs Wochen Genüge geleistet hat.

§. 18. In Absicht derjenigen Schulden, welche auf vorstehende Weise nicht abgetragen werden, müssen sich die Gläubiger abschlägliche Zurückzahlung neben richtiger Abführung der laufenden Zinsen gefallen lassen, und es muß daher jede Gemeine, die sich in dem Falle befindet, durch Veräußerung ihres dazu geeigneten (§. 15.) Grundeigenthums nicht ihrer Schulden sich entledigen zu können, des Endes einen vollständigen Tilgungsplan ohne Verzug zu Stande bringen.

§. 19. Als Grundsatz zur Anlegung dieses Schuldentilgungsplans dient die Regel, daß die schuldende Gemeine verpflichtet ist, ihre Schulden insgesammt, sowohl was das Capital als die noch gültigen (§. 4.) Zinsrückstände anbetrifft, und zwar letztere in so viel gleichen Theilzahlungen, als während der ganzen Tilgungsfrist laufende Zinstermine eintreten, binnen dreißig Jahren abzutragen, und zu Erreichung dieses Endzwecks diejenigen Summen, welche sie zu Bestreitung ihrer gesammten Communalverpflichtungen aufzubringen hat, bis auf einen Betrag, welcher vierzig Procent von den Principal- oder Elementarsummen der Grund- und der Klassensteuer (oder statt der letztern der ihre Stelle vertretenden Mahl- und Schlachtsteuer) gleichkommt, zu steigern.

§. 20. Sollte die gesammte Schuld einer Gemeine eine solche Anstrengung die vorgedachte Zeit hindurch nicht erfordern, so ist beides, der Betrag der jährlich aufzubringenden

Summen und die Dauer der Tilgung, nach Verhältniß zu vermindern.

§. 21. Sollte aber die vorgeschriebene Anstrengung noch nicht hinreichen, um die Abbürdung der gesammten Schuld in der festgesetzten Frist möglich zu machen, so behalten Wir Uns für einen solchen Fall weitere Bestimmung vor.

§. 22. Es muß vor allem andern das laufende Communalbedürfniß der Gemeine gesichert, und das daran Fehlende durch Umlagen oder sonstige Einnahmequellen vorweg gedeckt werden, wohin auch der Ausfall zu rechnen ist, welcher an den laufenden Gemeine-Einkünften durch Veräußerung des dazu geeigneten Grundvermögens in dem §. 15. gedachten Fall etwa entstehet. Es ist daher überall zunächst ein Communal-Etat zu entwerfen, und den Gläubigern vorzulegen, denen es jedoch unbenommen bleibt, wenn sie dagegen Erinnerungen haben, solche der Regierung, und nöthigenfalls dem Ministerium des Innern, zur Entscheidung anzuzeigen.

§. 23. Die Schuldentilgungspläne müssen vollständig, genau und bestimmt abgefaßt werden, in der Art, daß daraus die Summe, welche jährlich zur Verzinsung und Capitalzahlung während der Tilgungsfrist bestimmt wird, und daraus auf die jährlichen Communal-Etats zu übernehmen ist, klar hervorgeht. Der hierin zur Schuldentilgung ausgeworfene Betrag muß diesem Behufe gewidmet bleiben, und darf unter keinerlei Umständen eine Herabsetzung erleiden. Es bleibt jedoch den künftigen Gemeinevertretern jede andere, den Gläubigern unnachtheilige gesetzliche Vertheilungs- und Aufbringungsart, nicht minder eine Erhöhung des jährlich zur Schuldentilgung ausgesetzten Betrags, vorbehalten.

§. 24. In dem §. 11. bemerkten Falle ist bei Entwerfung des Tilgungsplans anzunehmen, daß eine solche noch nicht anerkannte, sondern zur richterlichen Entscheidung ausgesetzte Schuld wirklich richtig sei, und ihr Betrag, ohne daß der Gläubiger dadurch ein Recht erhält, mit in die Berechnung der Gesammt-Schuldenmasse aufzunehmen. Die Vollstreckung der ergehenden Rechtssprüche bleibt aber auch in diesem Falle ausgesetzt, indem sich die Gläubiger, wenn sie sich wegen der Zahlungsfristen nicht vereinigen, dem festzusetzenden Tilgungsplane unterwerfen müssen.

§. 25. Sowohl zur Erfüllung getroffener Vergleiche mit den Gläubigern, als zur Ausführung der festgestellten Tilgungspläne, dürfen unter Genehmigung der Regierung neue Capitalien auf den Kredit der Gemeine aufgenommen werden, insofern die Regierung sich überzeugt, daß sie die Zahlungsfähigkeit der Gemeine nicht übersteigen. Die in solchem Maaße erborgten Capitalien sollen im Wege des Processes zu jeder Zeit von den Gemeinen, vorbehaltlich der Rechte eines Dritten, aus dem bereitesten Vermögen derselben eingebracht werden können.

§. 26. Die Gläubiger können in Hinsicht der noch unverbrieften und unzinsbaren Forderungen verlangen, daß ihnen darüber Obligationen zu vier vom Hundert, vom 1. Jänner 1822 an zinsbar, ausgestellt werden (§. 13.). Wegen der gültigen Zinsenrückstände aber (§. 19.) sind ihnen auf ihren Antrag unverzinsliche Bekenntnisse, welche die Reihefolge der Zahlungen angeben, auszufertigen.

§. 27. Die Bezahlung der Capitalien selbst findet, sofern das Schuldenwesen einer Gemeine nicht durch Vergleich mit sämmtlichen Gläubigern anders regulirt worden ist, in der Art statt, daß

a) die Hypothekengläubiger, so wie diejenigen, denen ein gesetzliches Vorzugsrecht zustehet, den Gesetzen gemäß vorweg, und

b) alle übrigen Forderungen zu gleichen Rechten befriedigt werden.

Unter gleichberechtigten Gläubigern entscheidet das Loos.

§. 28. Damit die Hoffnung, mit einem Theile der Forderung zur Zahlung zu gelangen, unter den Gläubigern möglichst vertheilt werde, sollen die gleichberechtigten Gläubiger neue Obligationen erhalten, welche auf möglichst kleine Summen von 25, 50 bis 100 Thaler, nach dem Verlangen der Gläubiger, auszustellen sind. Die im §. 27. vorgeschriebene Verloosung ist sodann nicht auf die Forderungen der einzelnen Gläubiger im Ganzen, sondern auf diese neuen Stück-Obligationen, zu richten.

§. 29. Wenn über einen Theil der als richtig anerkannten Gemeinschulden Vergleiche getroffen worden sind, ein anderer Theil aber vollständig gefordert wird, so ist bei Entwerfung des Tilgungsplans der bewilligte Erlaß zu den wirklichen Capital- und Zinsenrückständen hinzuzurechnen. Der Gläubiger, welcher auf den vollen Betrag seiner Forderung bestanden hat, kann an Theilzahlungen nur so viel verlangen, als auf ihn würde gekommen sein, wenn dem Andern kein Erlaß bewilligt worden wäre. Die durch Nachlaß ersparten Summen sollen vorzugsweise zur Erfüllung der Vergleichsbedingungen verwendet werden.

§. 30. Die Art und Weise, wie die zur Schuldentilgung erforderlichen Beiträge bis zu dem im §. 19. bestimmten Betrage aufzubringen sind, können die Gemeinen nach Gutfinden bestimmen. Es ist dazu aber die Genehmigung der Regierung nothwendig, welche nach der von den betreffenden Ministerien zu gebenden Anweisung verfahren wird.

§. 31. In sofern ein Beitrag nach dem Grundeigenthum ausgeschrieben wird, müssen alle Besitzer von Grundstücken, die in der Steuerrolle der Gemeine und ihrer Feldflur begriffen sind, ohne Rücksicht auf ihren persönlichen Wohnsitz, beitragen.

§. 32. So weit Unsere Domainen hierzu beitragspflichtig und die Gemeinen nicht schon durch Uebernahme eines verhältnißmäßigen Theils der Schuld von Seiten des Staats entschädigt sind, soll der Beitrag aus Unsern Domainen-Cassen geleistet werden.

§. 33. Die Besitzer der von der französischen Regierung verkauften Domainen bleiben in Gemäßheit der Kaufbedingungen in Hinsicht dieser Grundstücke von Grundabgaben zu denjenigen Schulden frei, welche bei der Erwerbung der Grundstücke bereits bestanden. Zu den später entstandenen Schulden müssen sie gleich sämmtlichen übrigen Gutsbesitzern beitragen. Wenn aber in einer Gemeine zu Tilgung ihrer Schulden persönliche Abgaben oder indirecte Steuern eingeführt werden, so müssen sie solche, ohne Rücksicht auf den Ursprung der Schulden, gleich allen übrigen Einwohnern tragen.

§. 34. Die Schuldentilgungspläne müssen in allen Fällen, es mögen nun dieselben ganz oder theilweise, auf den Grund abgeschlossener Vergleiche, oder bloß nach den Bestimmungen des gegenwärtigen Gesetzes, angelegt worden sein, der Regierung zur Bestätigung eingereicht werden, welche auch die Ausführung derselben zu beaufsichtigen hat. Nicht minder muß jede Gemeine den bestätigten Plan den Gläubigern durch Zusendurg bekannt machen, so wie hiernächst an ihrem Gemeinehause öffentlich aushängen lassen.

§. 35. Sollten die Gemeinen in Ausführung der Pläne sich säumig erweisen, so haben die Gläubiger deshalb bei den Regierungen Beschwerde zu führen. Im Fall aber diese die Sache binnen sechs Wochen nicht zu ihrer Befriedigung abmacht, steht es ihnen auch frei, im gerichtlichen Wege die säumige Gemeine zur Leistung dessen anhalten zu lassen, was sie nach dem Plane zu leisten schuldig ist.

Urkundlich haben Wir dieses Gesetz Allerhöchsteigenhändig vollzogen, und mit Unserem Königlichen Insiegel versehen lassen. Gegeben Berlin, den 7. März 1822.

Friedrich Wilhelm.

## 477.

### Vorlesung der Zeugenaussagen bei den Assisen.

Auf Ihren Bericht vom 28. v. Mts.

die Vorlesung der Zeugenaussagen bei den Assisen betreffend,

eröffne ich Ihnen, wie ich ganz damit einverstanden bin, daß die Verordnung des ehemaligen General-Gouvernements vom Nieder- und Mittel-Rhein vom Monat October 1814 nur auf diejenigen Departements Anwendung finden kann, für welche sie gegeben worden ist. Dagegen bin ich nicht abgeneigt, die angetragene Modification zu genehmigen,

daß die Verordnung auf die beiden Fälle, daß der Zeuge verstorben oder im Auslande wohnhaft ist, einzuschränken,

auch solche, insofern dazu eine legislative Bestimmung von Ihnen nöthig erachtet werden sollte, höchsten Orts auszuwirken. Jedoch setze ich dabei voraus, daß die preußischen Provinzen, welche der französischen Gesetzgebung und Verfassung nicht unterliegen, nicht etwa unter dem Ausdruck: Ausland, verstanden werden. Hierüber haben Sie sich zugleich bestimmt zu äußern. Berlin, den 15. März 1822.

An den ersten Herrn General-Advocaten bei dem königlichen rheinischen Appellationshofe zu Cöln.

Der Justiz-Minister v. Kircheisen.

## 478.

### Erläuterung der nassauischen Verordnung vom 21. Mai 1781, das Verfahren gegen Abwesende bei Auslieferung ihres Vermögens.

Da die nassauische Verordnung vom 21. Mai 1781, das Verfahren gegen Abwesende, Behufs der Auslieferung ihres Vermögens betreffend, von den zu unserem Gerichtsbezirke gehörigen Justizämtern nicht überall gleichförmig ausgelegt und richtig angewendet worden ist; so haben wir uns dadurch veranlaßt gefunden, folgende nähere Erläuterungen, welche, da sie sich lediglich auf gemeinrechtliche Grundsätze stützen, auch in denjenigen dieser Aemter, in welchen die vorgedachte nassauische Verordnung nicht eingeführt ist, ihre Anwendung finden, — darüber in Folgendem zu ertheilen:

§. 1. Die hier in Rede stehende nassauische Verordnung entziehet weder die Instruction noch die Entscheidung der vorliegenden Sache der Competenz des ordentlichen Richters; sondern will nur: daß, nachdem die erste ordnungsmäßig eingeleitet und bis zur Spruchreife beendigt worden ist, und die letztere die Rechtskraft beschritten hat, die oberrichterliche Behörde in ihrer obervormundschaftlichen Eigenschaft die Sache prüfen und, gleichwie sie die Veräußerung des einem Minderjährigen zugehörigen Gutes durch das darüber von ihr einzuholende **Decretum de alienando** genehmigt, so auch hier die Auslieferung des, ihrer ebenmäßigen obervormundschaftlichen Vorsorge anvertrauten Vermögens des Abwesenden durch ein, vor dem wirklichen Vollzuge dieser Auslieferung bei ihr ebenmäßig einzuholendes **Decretum de extradendo** genehmigen solle.

§. 2. Hiernach und in Folge der allgemeinen Rechts-Bestimmungen von der richterlichen Competenz gehört daher die Verhandlung und Entscheidung der hier in Frage stehenden Sache lediglich vor denjenigen ordentlichen persönlichen Richter des Abwesenden, unter welchem dieser zuletzt gewohnt hat. Hatte derselbe zur Zeit seiner Entfernung noch gar keinen Wohnsitz, so tritt, gleichwie in andern Fällen, so auch hier, der Richter des Geburtsorts an jenes Stelle.

§. 3. Bei dem einen oder dem andern dieser Richter müssen sich daher auch diejenigen, welche das dem Abwesenden zugehörige Vermögen nach Maaßgabe der mehrgedachten nassauischen Verordnung §. 3. 4. entweder sofort eigenthümlich oder vor der Hand nur nutznießlich in Anspruch nehmen wollen, anmelden und ihre desfallsigen Anträge, nach Anweisung des Gesetzes, zu begründen suchen. Vor allem müssen sie nöthigenfalls ihre Legitimation zur Sache schon vorläufig wenigstens insoweit darthun, daß mindestens ihre Anverwandtschaft mit dem Verschollenen im Allgemeinen keinem Zweifel unterliegt.

§. 4. Ueber alles dieses muß der Richter den Curator des Abwesenden zuvörderst vernehmen. Im Falle jedoch dieser zugleich auch der implorantische Theil seie, oder der implorantischen Parthei auch nur pro parte mit angehören sollte, so muß dem Abwesenden zu dieser Verhandlung ein eigener, bei der Sache durchaus nicht betheiligter Litiscurator von Amtswegen sofort angeordnet werden.

§. 5. Hat dieser gegen den Antrag der Imploranten und ihre vorläufige Legitimation nichts zu erinnern, so kann der Richter die in dergleichen Fällen nöthige öffentliche Vorladung sofort erlassen. In derselben muß er: a) Behufs der späterhin nöthigen peremtorischen Feststellung des Legitimationspunktes (unten §. 9. 10.), die als Imploranten aufgetretenen Präsumtiv-Erben namentlich angeben; b) den Abwesenden und seine etwaige nähere Leibes- oder Testaments-Erben auffordern, sich innerhalb der darin bestimmten, nach Maaßgabe des Falles auf kürzere oder längere Dauer hinauszusetzenden, Zeitfrist mit ihren Ansprüchen zu melden; c) den auf den Nichtanmeldungsfall im Gesetz verordneten Rechtsnachtheil ausdrücklich und namentlich angeben. Dergleichen öffentliche Vorladungen können übrigens, wenn gerade mehrere derartige Fälle bei einem Gerichte gleichzeitig zusammentreffen, und das Vermögen des einen und des anderen der Abwesenden nicht über 100 Thlr. preuß. Courant beträgt, zu Ersparung der Kosten in einer und derselben Ausfertigung vereiniget und bekannt gemacht werden.

§. 6. Wenn sich hierauf bis zum Ablaufe der bezielten Präjudicialfrist Niemand gemeldet hat, und demnächst auch die übrigen, im §. 4. des Gesetzes verordneten, Erfordernisse gehörig erledigt sind; so liegt dem Richter ob, über die von den Imploranten in Antrag gebrachte Todeserklärung respective über den von denselben behaupteten Verlauf der gesetzlichen Abwesenheits-Periode rechtlich zu erkennen. In diesem Erkenntnisse muß er zugleich auch die, aus dem einen oder dem andern dieser Fälle entspringenden, rechtlichen Folgen in Bezug auf die von dem Imploranten in Antrag gebrachte Vermögens-Extradition festsetzen, und dasselbe beiden Theilen ordnungsmäßig, und unter Vorbehalt der gesetzlichen Rechtsmittel verkündigen.

§. 7. Findet dagegen der Curator den Antrag der Imploranten entweder überhaupt nicht gesetzlich begründet, oder doch noch zur Zeit nicht zulässig, oder endlich die erforderliche vorläufige Legitimation derselben noch unzureichend; so muß vördersamst über diesen Präjudicialpunkt zwischen den Partheien das Erforderliche verhandelt, und nach geschlossener Verhandlung das rechtliche darüber erkannt, bis nach dessen völliger Erledigung aber die Erlassung der öffentlichen Vorladung und das nach ihr erforderliche weitere Verfahren, so wie das Erkenntniß über die Sache selbst (§. antec.) aufgeschoben werden.

§. 8. Sobald übrigens dieses Erkenntniß die Rechtskraft beschritten hat; so kommt es bezüglich der weitern Verhandlung der Sache darauf an: ob der Abwesende wegen seines siebenzig oder mehrjährigen Alters darin für todt erkläret, und damit den Imploranten dessen Vermögen eigenthümlich zugesprochen, oder aber im entgegengesetzten Falle denselben bloß der einstweilige Nießbrauch dieses Vermögens gegen Caution zuerkannt worden ist. Im ersten Falle höret das bisherige Officium des Curators sofort und völlig, im andern Falle aber nur einstweilig (§. 12. unten) auf, und die nähere peremtorische Berichtigung des Legitimationspunktes kommt an die Reihe.

§. 9. Ist nämlich über die Nähe der Verwandtschaft mit dem Verschollenen und über das daraus fließende Vorzugsrecht auf dessen Vermögen zwischen dem implorantischen Erben kein Streit, und haben sich auch auf die erlassene Vorladung keine weitere Erben gemeldet, die in näherer oder doch in gleich naher Verwandtschaft zu stehen behaupten: so liegt dem Richter bloß ob, jenen die alsbaldige Beischaffung der erforderlichen, obrigkeitlich beglaubigten, Legitimations-Urkunden aufzugeben, solche, nachdem sie ihm eingeliefert worden sind, von Amtswegen zu prüfen, und hiernächst über die Frage: ob der Legitimationspunkt gehörig erledigt, und wem das in Frage stehende Vermögen eigenthümlich oder nutznießlich gegen Caution zu überlassen sei? abermals rechtlich zu erkennen, demnächst dieses Erkenntniß den betheiligten Erb-Interessenten salvis remediis wieder auf die beim Gericht gewöhnliche Art und Weise zu eröffnen.

§. 10. Wenn sich hingegen entweder unter den implorantischen Erben selbst über den Vorzug ihres Erbfolgerechts Streitigkeiten erheben, oder auf die erlassene Vorladung noch andere Erbschafts-Prätendenten sich gemeldet haben, welche ein näheres oder doch gleich nahes Erbrecht behaupten; so muß vördersamst über diesen Incidentpunkt ein eigenes Verfahren eingeleitet, und bis nach dessen Erledigung das vorhin bemerkte Erkenntniß ausgesetzet werden.

§. 11. Sollte übrigens dem Richter über die Vollständigkeit der erbrachten Legitimation in einem oder dem andern Falle irgend ein Bedenken obschweben; so steht ihm, vermöge seines richterlichen Officii, frei, den sich legitimirten Erben noch den Eid: daß ihnen zu dem in Frage stehenden Vermögen weder nähere noch gleich nahe Erben des Abwesenden bekannt seien, — abzufordern.

§. 12. Wenn nun diesem allen nach auch das letztbemerkte Erkenntniß über den Legitimationspunkt und die Vermögensabfolge (§. 9. 10.) die Rechtskraft beschritten, und sodann in den Fällen, wo es sich bloß von der einstweiligen niesbräuchlichen Ueberlassung des Vermögens handelt, auch noch der Cautionspunkt mit nochmaliger Zuziehung des Curators in Ordnung gebracht worden ist, — dann erst ist der oben (§. 1.) gedachte Zeitpunkt vorhanden, in welchem die Sache dem einschlagenden Obergerichte zur obervormundschaftlichen Prüfung und Genehmigung vorgelegt werden muß.

Coblenz, den 15. März 1822.

Circular-Verordnung. Der Justiz-Senat.

## 479.

### Liquidation der Reisekosten und Diäten der Justizbeamten, wenn solche als Zeugen auftreten.

Der von Ihnen unter dem 2. v. Mts. erstattete Bericht,

die Reisekosten und Diäten, welche von Justizbedienten, wenn sie als Zeugen öffentlich auftreten, liquidirt werden, betreffend,

ist eingegangen und vorgetragen worden. Nachdem ich nun daraus Veranlassung genommen, den vorliegenden Gegenstand einer nochmaligen genauen Erwägung zu unterwerfen, so kann ich das königliche Finanz-Ministerium darunter,

daß weder die Sporteltaxe vom 23. August 1815, noch das Diäten-Reglement vom 23. Februar 1816 auf die dortigen Verwaltungs- und Justizbeamten zur Anwendung kommen könne, sondern es lediglich bei der bisher bestandenen Verfassung sein Bewenden behalten müsse,

nicht abstimmen. Die große Verschiedenheit der Verfassung, der eigenthümliche Standpunkt der Geschwornen, die allgemeine Verpflichtung des persönlichen Erscheinens der vorgeladenen Zeugen, die bedeutenden Kosten, welche für den Angeklagten, sowie für die königlichen Cassen ohnehin schon durch die daselbst statt findende Criminal-Procedur entspringen, lassen keine begünstigenden Principien in Bezug auf die Feststellung der Diäten und Reisekosten zu.

Von diesem Gesichtspunkte ausgegangen, kann ich denn auch die eingereichten Liquidationen bei dem Widerspruch der königlichen Regierung, welchem das königliche Finanz-Ministerium beigetreten ist, nicht genehmigen. Vielmehr empfangen Sie solche zurück, um sie nach den bisher bestehenden Grundsätzen rectificiren zu lassen.

Berlin, den 18. März 1822.

An den ersten General-Advocaten bei dem königl. rheinischen Appellations-Gerichtshofe zu Cöln.

Der Justiz-Minister
v. Kircheisen.

## 480.

### Das Forum in Amortisations-Sachen.

Auf Ihren Bericht vom 12. dieses Monats das Forum in Amortisations-Sachen betreffend, wird Ihnen, Herr erster General-Advocat, hiermit eröffnet, daß, da in den Rhein-Provinzen, wo das französische Recht noch in Anwendung ist, die Landgerichte die einzigen zur Aburtheilung von Civil-Sachen in erster Instanz für die Regel ermächtigten Justiz-Collegien sind, indem den Friedensgerichten nur ausnahmsweise in gewissen Fällen eine Competenz zustehet, der Appellationsgerichtshof aber für die Regel bloß die in zweiter Instanz erkennende Behörde bildet, es unbedenklich ist, daß in den Fällen, wo nach der Allgemeinen Gerichts-Ordnung, dem Anhang zu derselben und der Verfügung vom 16. Juni 1819 nicht die besondere Competenz des Kammergerichts und des Oberlandesgerichts zu Naumburg, sondern des Obergerichts eintritt, in dessen Bezirk der letzte bekannte Inhaber des verlornen Instruments wohnt, dasjenige Landgericht, auf welches diese Bestimmung paßt, competent sein muß. Ganz nach gleichen Grundsätzen wird im Großherzogthum Posen verfahren, wo auch bekanntlich kein forum exemtum statt findet, und Friedensgerichte mit einer beschränkten Competenz, Landgerichte, und ein Appellationsgericht existiren. Eine autentische Declaration halte ich jedoch zur Zeit noch nicht nothwendig, da zu hoffen ist, daß die Gerichte auf den Antrag des öffentlichen Ministeriums nach dieser richtigen Meinung verfahren werden.

Bei dieser Gelegenheit wird Ihnen eröffnet, daß da die Ausführung des §. 22. des Edicts vom 16. Juni 1819,

betreffend das Aufgebot rc. verloren gegangener Staats-Papiere,

wonach von Jahr zu Jahr Seitens des königlichen Schatz-Ministerii amtliche Listen der aufgerufenen und mortificirten Staats-Papiere zur öffentlichen Kenntniß gebracht werden sollen, es erforderlich macht, daß die Controlle der Staats-Papiere sofort nach ergangenem rechtskräftigen Erkenntnisse von einer jeden Amortisirung unterrichtet werde, Sie die Ober-Procuratoren zu veranlassen haben, nicht nur eine Nachweisung von den dort seit dem 16. Juni 1819 ergangenen und rechtskräftigen Mortifications-Erkenntnissen dem Justiz-Minister einzureichen, sondern auch künftighin, sofort nachdem ein dergleichen Erkenntniß für rechtskräftig erklärt worden, eine besondere Ausfertigung desselben an die Controlle der Staats-Papiere zu übersenden, damit solche die Löschung sogleich bewirken, die Autorisation des königlichen Schatz-Ministerii zur Ausfertigung eines neuen Documents einholen und solches für die Extrahenten der Amortisation bereit halten, auch die amtlichen Listen vervollständigen kann. Berlin, den 25. März 1822.

An den ersten Herrn General-Advocaten bei dem königlichen rheinischen Appellations-Gerichtshofe zu Cöln.

Der Justiz-Minister
v. Kircheisen.

## 481.

### Verfahren bei Untersuchungen gegen Schullehrer.

Aus der in Abschrift beigefügten Anlage werden Sie ersehen, wie ich mich auf Ihren Bericht vom 28. Februar dieses Jahres,

in Betreff der Beschwerde der Regierung zu N. wegen Einleitung der Untersuchung wider den Schullehrer N.

gegen das königliche Ministerium der geistlichen und Unterrichts-Angelegenheiten geäußert habe. Hiernach haben Sie sich in vorkommenden Fällen zu achten und die Staats-Anwälde demgemäß zu instruiren.

Von dem Ausgang der Untersuchung gegen den N. will ich nach rechtskräftig entschiedener Sache bei Einreichung der Acten Ihrem Berichte entgegen sehen.

Berlin, den 6. April 1822.

An den ersten Herrn General-Advocaten bei dem königlichen rheinischen Appellations-Gerichtshofe in Cöln.

Der Justiz-Minister
v. Kircheisen.

### a.

Die mir von Eurer Excellenz mittelst geehrten Schreibens vom 25. Juni v. J. mitgetheilte Beschwerde der Regierung zu N. vom 19. Mai pr.

die gegen den Schullehrer N. eingeleitete Untersuchung betreffend,

hat mir Veranlassung gegeben, den Bericht des ersten General-Advocaten bei dem königlichen Appellations-Gerichtshofe zu erfordern.

Eurer Excellenz gebe ich mir die Ehre, solchen abschriftlich beigehend zu communiciren. Dieselben werden zuvörderst den Grund der bisherigen Verspätung daraus zu entnehmen belieben, wodurch der Sache selbst übrigens kein wesentlicher

Nachtheil erwachsen ist, da bereits ein Erkenntniß gegen den N. in der Mitte liegt, welches nur auf dem gesetzlichen Wege abgeändert werden, und worin ich mir durch Rescripte einzugreifen nicht erlauben kann. Indeß werde ich sehr gern bereit sein, nach rechtskräftig entschiedener Sache, dem Befund der Umstände nach, bei Seiner Königlichen Majestät auf Niederschlagung der Strafe anzutragen, und mich mit Ew. Excellenz zu diesem Behuf zu einem Immediatbericht zu vereinigen.

Der erste General-Advocat ist von mir angewiesen, den Ausgang der Sache bei Einreichung der Acten, zu seiner Zeit anzuzeigen, und ich werde sodann nicht Umgang nehmen, Ew. Excellenz solche gewünschtermaaßen mitzutheilen.

So viel die künftige Verfahrungsart in Fällen dieser Art anbelangt, so reichen die bestehenden Gesetze vollkommen dafür aus.

Da Euer Excellenz die Schullehrer zu den Verwaltungs-Beamten zu rechnen kein Bedenken finden, so versteht es sich von selbst, daß sie in Gemäßheit der Allerhöchsten Kabinets-Ordre vom 6. März v. J. nach den Maaßgaben der Criminal-Ordnung und des Allgemeinen Landrechts nebst dessen später ergangenen declaratorischen Bestimmungen behandelt werden müssen.

Hiernach findet bei ihren Dienstvergehen, wohin ich die geringeren Excesse bei der ihnen zur Pflicht gemachten Schul-Disciplin, in Einverständniß mit Eurer Excellenz zähle, allerdings nur eine Untersuchung auf Antrag der vorgesetzten Dienstbehörde statt. Wenn aber jener Exceß von so grober Art ist, daß er in ein Vergehen ausartet, welches, abgesehen von der Verletzung der amtlichen Obliegenheiten und Befugnisse des bezüchtigten Schullehrers, eine in den Pönal-Gesetzen ausgesprochene Strafe nach sich ziehet, zu deren Auferlegung nur das Richteramt berechtigt ist, und wobei obendrein der von dem Beschädigten geforderte Schadenersatz zur Sprache kommt, so leuchtet es von selbst ein, daß in einem sich so gestaltenden Falle der Antrag der vorgesetzten Dienstbehörde nicht erst abgewartet zu werden braucht, sondern daß die Beurtheilung der Competenz mit ihren davon abhängigen gesetzlichen Folgen, in Gemäßheit der Verordnung vom 26. December 1808 §. 47. und der Instruction vom 27. Juli 1818 §. 36. lediglich von den Gerichten ausgehen muß.

Eine schärfere Grenzlinie zwischen den Attributen der Verwaltungs- und Gerichtsbehörde läßt sich nicht ziehen.

Daß die Eltern den Schullehrer in angemessener Ausübung der Schuldisciplin hemmen oder durch erdichtete Excesse in Verlegenheit setzen sollen, steht so sehr mit ihrem eigenen Interesse im Widerspruch, daß die Vermuthung jederzeit dagegen streitet. Die Ermittelung der Wahrheit wird in den selten vorkommenden Fällen dieser Art nicht schwierig sein, und das Ansehen des Schullehrers durch die die schuldigen Eltern treffende Strafe sodann um so stärker befestiget werden.

Das Meiste hängt jederzeit von dem Benehmen und der richtigen Haltung der Schullehrer ab. Wo es den letztern an der Fähigkeit gebricht, sich bei ihren Schulkindern in Ansehen und Achtung zu setzen, da werden auch diese so nothwendigen Erfordernisse des Lehreramts durch keine Schuldisciplin herbeigeführt, noch die sittliche Bildung der Kinder befördert werden können.

Der den Gerichten gemachte Vorwurf:

> daß sie durch unbefugte Eingriffe der Schuldisciplin entgegenwirken,

ist mit keiner erwiesenen Thatsache belegt; auch befaßt der Gegenstand zu sehr das allgemeine Interesse, als daß nicht jeder Gerichtsbeamte stets geneigt sein sollte, der Verwaltungsbehörde, zu derem Ressort die Schul-Aufsicht gehört, die primitive Cognition vorzugsweise zu überlassen. — In diesem Sinne habe ich den ersten General-Advocaten Behufs der weitern Anweisung der Staats-Anwälde instruirt.

Berlin, den 6. April 1822.

Der Justiz-Minister
v. Kircheisen.

An
des königlichen Geheimen Staats-Ministers und Ministers der geistlichen, Unterrichts- und Medicinal-Angelegenheiten, Herrn Freiherrn v. Altenstein
Excellenz.

## 482.

### Erläuterung der §§. 5 und 22. des Gesetzes vom 7. Juni 1821 über die Bestrafung der Holzdiebstähle.

Auf Ihre Anfrage vom 22. Februar c.

> die Vollziehung des Gesetzes vom 7. Juni 1821 über die Bestrafung der Holzdiebstähle betreffend,

wird Ihr Antrag ad 1. wegen Verwandlung der Gefängnißstrafe in Forstarbeit dahin genehmigt,

> daß die königlichen Ober-Procuratoren jeder in seinem Bezirke, sich über den fraglichen Gegenstand nach Maaßgabe der erhaltenen Anweisungen, mit den betreffenden

Regierungen in Verbindung setzen, nnd die Resultate demnächst Ihnen zur weitern Veranlassung und schließlichen Vollziehung einsenden.

Was den 2ten Punkt betrifft, so ist der §. 22. der Verordnung vom 7. Juni nicht auf die Fälle zu beziehen, in welchen der Vorgeladene gar keine Kenntniß oder Nachricht von der Citation erhalten hat.

Berlin, den 12. April 1822.

An den ersten Herrn General-Advocaten bei dem königlichen rheinischen Appellations-Gerichtshofe zu Cöln.

Der Justiz-Minister
v. Kircheisen.

a.

Das neue Gesetz über die Untersuchung und Bestrafung des Holzdiebstahls vom 7. Juni c. bietet in den Provinzen des hiesigen Rechts besonders folgende zwei Punkte dar, die einer Erläuterung bedürfen und mich veranlassen, Ew. Excellenz um nähere Instruction zu bitten.

1) Das Gesetz gestattet im §. 5. die Verwandlung der Gefängnißstrafe in Forstarbeit von gleicher Dauer. Wegen der Art derselben, wegen des zu ihrer Vollziehung anzuwendenden Zwanges, der dabei eintretenden Aufsicht, endlich wegen des Maaßes und der Art der zu verabreichenden Beköstigung, sollen besondere Bestimmungen von den Regierungen und Landes-Justiz-Collegien aus Rücksicht auf die Verschiedenheit der einzelnen Provinzen erlassen werden. Schon ist von Seiten der Regierungen zu Düsseldorf und Coblenz dieser Punkt zur Sprache gebracht worden. Ew. Excellenz ist es bekannt: daß die hiesige Gesetzgebung (Civ. Cod. Art. 5.) es den Richtern oder Gerichten, bei ihrer eigenthümlichen Stellung als Spruchcollegien ausdrücklich verbietet, allgemeine Reglements mit legislativen Dispositionen zu erlassen und daß die Ueberschreitung dieser Vorschrift nachdrücklich verpönt ist (Pen. Cod. Art. 127.). Ich bin nun zwar völlig überzeugt, daß die neue specielle Verordnung in Betreff der Holzdiebstähle jedes Bedenken beseitigt, welches die hiesigen Justiz-Collegien aus den erwähnten allgemeinen Verordnungen etwa herleiten könnten, um ihre Concurrenz bei Erlassung des General Reglements abzulehnen; eben so glaube ich, daß die verschiedenen Landgerichte, als die nach dem Gesetz hierzu befugten Landesjustizcollegien anzusehen sind. Denn, wenn sie gleich mit der Bestrafung der Holzdiebstähle nach dem neuen Gesetz nichts zu schaffen haben, sondern nur eine

Section des Appellationshofes nach §. 23. durch ein Niederschlagungs- oder Milderungsgesuch befaßt werden kann: so ist es doch an sich offenbar, daß jene Reglements am füglichsten auf eine Rücksprache zwischen den Deputirten gleichstehender Behörden eines und desselben Bezirks erlassen werden können, und in der That stehen die königlichen Regierungen und Land-Gerichte in der unmittelbarsten Beziehung zu einander.

Indessen bietet die Sache auf einer andern Seite Schwierigkeiten dar. Die hiesigen Richtercollegien selbst haben mit administrativen Maaßregeln nichts zu thun; sie sind dem öffentlichen Ministerium überwiesen. In der That handelt es sich hier von solchen Maaßregeln, und es würde die Erlassung der Reglements sehr erleichtern, wenn dazu eine Rücksprache der verschiedenen Ober-Procuratoren mit den Regierungs-Deputirten genügend befunden würde; nur liegt es in der Natur der hiesigen Einrichtungen: daß die Ober-Procuratoren hierzu noch die besondere Genehmigung des General-Procurators einzuholen und nach dessen besondern Anweisung zu verfahren haben würden. Dieser Meinung ist man unter andern in Trier gewesen und ich halte mich aus den angegebenen Gründen für verpflichtet, bei Ew. Excellenz ganz gehorsamst anzufragen und unvorgreiflichst darauf anzutragen:

> Hochdieselben wollen es geneigtest genehmigen, daß die königlichen Ober-Procuratoren, jeder in seinem Bezirk, sich über den fraglichen Gegenstand nach Maaßgabe der ihnen von hier aus ertheilten Anweisuhgen mit den betreffenden königlichen Regierungen benehmen und die Resultate demnächst hierhin zur weitern Veranlassung und schließlichen Mitvollziehung einsenden, indem ich voraussetze, daß Ew. Excellenz sich eine solche schließliche Vollziehung gemeinschaftlich mit den übrigen hohen Ministerien nicht haben vorbehalten wollen;

obgleich sonst, wenn keine unbekannte Gründe dies hindern möchten, es, besonders nach hiesiger Verfassung, in mannichfacher Hinsicht vorzuziehen sein würde, wenn dergleichen präjudicirliche Bestimmungen, wie die Verpflichtung zu persönlichen Arbeiten, ferner die Wahl dieser Arbeiten, ihre Dauer, und endlich der dabei anzuwendende Zwang von keiner untergeordneten, sondern jedesmal wenigstens von den höchsten Ministerialstellen auf den Grund gutachtlicher Vorschläge der Provinzialbehörden ausgehen könnten; welches ich daher hier noch zur besondern hohen Erwägung zu stellen mir erlaube.

2) Eine zweite besondere Schwierigkeit geht aus der Verfügung des §. 22. der Verordnung vom 7. Juni hervor. Dieser §. gestattet nämlich gegen die ergangenen Urtheile, ohne Unterschied ob sie contradictorisch oder in contumaciam erlassen worden, nur dann ein weiteres Rechtsmittel, wenn die zuerkannte Geldstrafe 5 Thaler oder mehr beträgt. Da nun da, wo die Strafe keine 5 Thaler beträgt, der Fall eintreten kann, daß die gehörige Ladung entweder gar nicht oder in einer solchen Art geschehen ist, daß der Beschuldigte von derselben unmöglich Kenntniß oder Nachricht haben könnte, daß dieser Umstand aber übersehen und statt eine neue Vorladung zu verordnen, ein Strafurtheil ausgesprochen worden ist, so hat sich die Frage erhoben: ob nicht bei solchen, keine 5 Thaler betragenden Strafurtheilen in contumaciam die, in dem Art. 151. der hiesigen Civil-Proceßordnung gestattete Opposition, binnen 10 Tagen nach Zustellung des Urtheils nachgegeben werden dürfte, indem sicher auch bei Anwendung der Allgemeinen Gerichtsordnung dem abwesenden Verurtheilten zu einer Vertheidigung solcher Art die gewöhnlichen Restitutionsmittel würden gestattet werden können. Da indessen die Worte des angeführten §. 22. eine solche, auf die hiesige Civil-Proceß-Ordnung gegründete Opposition nicht zu begründen scheinen, so muß ich vor allem Ew. Excellenz um Belehrung darüber ehrerbietigst bitten:

ob in dem angeführten Verhältnisse diese Opposition für die, nach der Verordnung vom 7. Juni zu verhandelnden Holzdiebstahls-Fälle nachzugeben sein dürfte?

Cöln, den 22. Februar 1822.

Der Geheime Ober-Revisions-Rath und erste General-Advocat Bölling.

An
des königlichen wirklichen Geheimen Staats- und Justiz-Ministers Herrn von Kircheisen Excellenz zu Berlin.

## 483.

### Periodische Gerichts-Sitzungen der Friedensgerichte in den Landgerichts-Bezirken von Cöln, Aachen und Trier.

In weiterer Vollziehung der am 25. Juli v. J., die Organisation der Friedensgerichte betreffend, geschehenen Bekanntmachung §. 3. wird hierdurch wegen Einrichtung der, in verschiedenen Gerichtsbezirken zur größeren Bequemlichkeit der Einsassen angeordneten periodischen Gerichtssitzungen, nach vorher eingeholter und am 18. März c. erfolgter Entscheidung Seiner Excellenz des Herrn Justiz-Ministers Nachstehendes festgesetzt und bekannt gemacht:

§. 1. An den periodischen Gerichtssitzungen

a) zu Münstereifel, im Friedensgerichtsbezirk Rheinbach, Regierungs-Bezirk Cöln, nehmen Theil die Bürgermeistereien Münstereifel und Kuchenheim;

b) zu Niederkrüchten, im Friedensgerichtsbezirk Wegberg, Regierungsbezirk Aachen, die Bürgermeistereien Niederkrüchten und Elmpt;

c) zu Linnich, im Friedensgerichts-Bezirk Aldenhoven, desselben Regierungs-Bezirks, die Bürgermeistereien Linnich, Roerdorf und Welz;

d) zu Morbach, im Friedensgerichts-Bezirk Rhaunen, Regierungs-Bezirk Trier, die Bürgermeistereien Morbach und Hirschweiler.

§. 2. Wegen der im Regierungs-Bezirk Coblenz angeordneten periodischen Gerichtssitzungen zu Sobernheim und Bacharach wird, so viel die Bestimmung der dahin zu verweisenden Bürgermeistereien betrifft, noch die nähere Entscheidung Seiner Excellenz des Herrn Justiz-Ministers vorbehalten.

§. 3. Die periodischen Gerichtssitzungen finden in der Art statt, daß monatlich wenigstens zwei Gerichtstage von vierzehn zu vierzehn Tagen abgehalten werden müssen, an denen sowohl die Civil- als auch Familienraths- und Vergleichssachen, nebst den vorkommenden Polizei- und andern Untersuchungssachen, die der friedensrichterlichen Competenz angehören, nöthigenfalls mit Benutzung der nächstfolgenden Tage zu erledigen sind.

§. 4. Die betreffenden Herren Friedensrichter bestimmen für jeden Monat die Tage, an welchen die im §. 3. angeordneten Sitzungen gehalten werden sollen, durch ein, spätestens beim Ablauf des vorhergehenden Monats zu erlassendes Proclama, welches in dem Sitzungslocal des Haupt- und Filial-Orts zu Jedermanns Nachricht angeheftet wird. Es bleibt ihnen auch unbenommen, die Zahl der Gerichtstage nach Dringlichkeit zu vermehren, so wie eilige Sachen im Hauptsitz des Friedensgerichts zu verhandeln, letzteres jedoch nur alsdann, wenn sämmtliche Interessenten damit einverstanden sind.

Unter der nämlichen Voraussetzung können auch Sachen, die an sich zur Verhandlung im Hauptort des Friedensgerichts geeignet sein würden, bei den periodischen Gerichtssitzungen vorgenommen werden, insofern dies ohne Eintrag der eigentlich und hauptsächlich dahin gehörigen Sachen geschehen kann.

Hiernach haben sich Alle, die Gegenwärtiges betrifft, zu achten. Cöln, den 16. April 1822.

Der Geheime Staats-Rath und erste Präsident
Daniels.

Der Geheime Ober-Revisions-Rath und erste General-Advocat
Bölling.

## 484.

### Verordnung und Taxordnung für die Notarien.

Wir Friedrich Wilhelm, von Gottes Gnaden, König von Preußen ꝛc. ꝛc.

Nachdem in Gemäßheit des von Uns unterm 19. November 1818 genehmigten Planes die Justiz-Organisation in Unsern Rheinprovinzen dermalen in Ausführung gebracht ist, haben Wir die bisher bestandenen Gesetze über das, mit der rheinischen Justiz-Verfassung in engster Verbindung stehende Notariat ebenfalls näher prüfen lassen. Wir verordnen daher, auf den Uns von dem Staatskanzler im Einverständnisse mit dem Justizminister und unter Mitberathung der Justizabtheilung Unseres Staatsrathes hierüber gemachten Vortrag, Folgendes:

Art. 1. Die Notarien sind öffentliche Beamte, welche den Beruf haben, schriftliche Verhandlungen jeder Art auf Verlangen der Betheiligten aufzunehmen, ihnen die Eigenschaft öffentlicher Urkunden zu ertheilen, das Datum derselben zu sichern, solche bei sich aufzubewahren und Ausfertigungen davon zu ertheilen.

Art. 2. Die Zahl derselben wird nach dem Bedürfnisse in der Art bestimmt, daß in Einem friedensgerichtlichen Bezirke nie mehr als fünf Notarien angestellt werden.

Art. 3. Jeder Notar ist verpflichtet, an dem ihm in seiner Bestallung angewiesenen Orte zu wohnen. Im Uebertretungsfalle kann er, wie einer, der sein Amt niederlegt, behandelt, und es kann bei Unserm Justiz-Minister von dem Ober-Procurator bei dem betreffenden Landgerichte auf die Wiederbesetzung der Stelle angetragen werden.

Art. 4. Die Notarien üben ihr Amt in dem ganzen Landgerichtsbezirke aus, in welchem sie ihren Wohnort haben. Sie dürfen außerhalb dieses Bezirks keine Amtshandlungen vornehmen, bei Strafe einer dreimonatlichen Suspension und der Absetzung im Wiederholungsfalle; sie sind außerdem den Betheiligten für allen Schaden verantwortlich.

Art. 5. Kein Notar darf ein anderes öffentliches Amt

bekleiden, noch die Advocatur ausüben, jedoch können sie Mitglieder der Stadt- oder Gemeinde-Räthe, der Armen- und Hospicien-Commissionen und anderer wohlthätiger und gemeinnütziger Anstalten sein, insofern mit der Stelle kein Gehalt verbunden ist.

Art. 6. Zum Notar kann nur der ernannt werden, welcher das 25ste Jahr zurückgelegt, die Rechtswissenschaft während dreier Jahre studiert, ein theoretisches Examen bestanden und sodann ohne Unterbrechung Ein Jahr bei einem Advocaten und Ein Jahr bei einem Notar gearbeitet hat.

Von dieser Vorschrift können nur diejenigen entbunden werden, welche als Justizbeamten bereits im Dienste gestanden haben.

Art. 7. Wer die Stelle eines Notars nachsucht und dem betreffenden Landgerichte den Beweis liefert, daß er dem vorhergehenden Artikel Genüge geleistet hat, muß noch eine zweite Prüfung bestehen, wobei er auch schriftliche Ausarbeitungen zu machen hat.

Art. 8. Die in dem vorhergehenden Artikel erwähnte Prüfung geschieht durch eine Prüfungs-Commission, welche aus zwei Mitgliedern des Landgerichts, welche dieses Gericht bestimmen wird, aus einem Beamten des öffentlichen Ministeriums nach der Wahl des Ober-Procurators und aus zweien der ältesten Notarien, welche das Landgericht ebenfalls bezeichnet, besteht.

Art. 9. Das Protocoll über die stattgehabte mündliche Prüfung und die von dem Candidaten gelieferten schriftlichen Ausarbeitungen werden mit dem Gutachten der Prüfungscommission durch den Oberprocurator Unserm Justizminister eingereicht.

Art. 10. Die Ernennungen der Notarien geschehen durch Unsern Justiz-Minister; die Bestallungen werden dem Ober-Procurator des betreffenden Landgerichts zugesandt, welcher dem Ernannten davon Nachricht giebt. Die Ernennung geschieht auf Lebenszeit.

Art. 11. Vor Antritt seines Amtes und spätestens binnen zwei Monaten vom Tage der ihm bekannt gemachten Ernennung muß der Ernannte, in der öffentlichen Sitzung des Landgerichts, den von allen Beamten zu leistenden Eid ablegen. Im Unterlassungsfalle ist die Ernennung erloschen. Nach der Eidesleistung erhält er von dem Oberprocurator seine Bestallungsurkunde und die geschehene Ernennung wird durch das Amtsblatt bekannt gemacht.

Art. 12. Unmittelbar nach der Eidesleistung hat der neu ernannte Notar auf die Kanzellei der sechs rheinischen

Landgerichte seine Namensunterschrift mit Handzug, wenn er sich eines solchen zu bedienen pflegt, nebst dem Abdrucke seines Siegels niederzulegen und darf weder die Unterschrift noch den Handzug und das Siegel in der Folge ändern, ohne den erwähnten Landgerichten von dieser Aenderung in der angegebenen Art Anzeige zu machen.

Art. 13. Die Notarien sind in Zukunft von der Verbindlichkeit einer Cautionsleistung befreit.

Art. 14. Die Notarien dürfen in den Grenzen ihres Amtsbezirks (Art. 4.) Niemandem ihren Dienst verweigern, vorbehältlich der nachfolgenden Beschränkungen.

Art. 15. Sie dürfen keine Verhandlungen aufnehmen, deren Inhalt gegen ein bestimmtes Strafgesetz anstößt, unter Strafe der Absetzung.

Art. 16. Ist der Inhalt der aufzunehmenden Verhandlung von der Art, daß das Geschäft, ohne gerade strafbar zu sein, dennoch verboten oder ungültig ist, so ist es die Pflicht des Notars, die Interessenten hierüber zu belehren, und wenn sie dennoch bei ihrem Vorsatze bestehen, in der alsdann unweigerlich aufzunehmenden Verhandlung von der ihnen gegebenen Belehrung und ihrer hierauf gemachten Erklärung ausdrückliche Meldung zu thun, widrigenfalls der Notar den Interessenten für den Schaden verantwortlich gemacht werden kann.

Art. 17. Der Notar ist zur Belehrung der Interessenten und deren ausdrücklicher Erwähnung ebenfalls verpflichtet, wenn sie oder Einer derselben zu dem beabsichtigten Geschäfte entweder absolut unfähig sind, oder wenn der Notar wahrnimmt, daß sie die rechtlichen Folgen des Geschäfts zu übersehen nicht im Stande sind.

Art. 18. In der Arbeitsstube eines jeden Notars muß ein Verzeichniß angeheftet sein, worin die Namen, Vornamen, Stand und Wohnort der Personen, welchen innerhalb des Amtsbezirks des Notars (Art. 4.) die Verwaltung ihres Vermögens untersagt, oder welchen ein gerichtlicher Beistand angeordnet ist, mit Angabe der dieses bestimmenden Urtheile und zwar unmittelbar nach der ihm geschehenen Bekanntmachung dieser Urtheile eingeschrieben werden, bei Vermeidung einer Geldbuße von Zehn Thalern für jede Unterlassung, außer der Verpflichtung zum vollständigen Schadensersatze gegen die Contrahenten.

Art. 19. Kein Notar darf eine Verhandlung aufnehmen, bei welcher er selbst oder seine oder seiner Frauen Verwandten oder Verschwägerte in grader Linie in allen Graden und in der Seitenlinie bis zum Grade des Oheims oder Neffen einschließlich, betheiligt sind, oder welche irgend eine Verfügung zu ihrem Vortheile enthalten.

Art. 20. Dieses Verbot erstreckt sich bei Testamenten in der Seitenlinie bis zum vierten Grade einschließlich.

Art. 21. Außer den Fällen, wo die Gesetze für gewisse Geschäfte eigene Förmlichkeiten vorschreiben, werden die Urkunden von zwei Notarien oder Einem Notar mit Zuziehung zweier Zeugen aufgenommen. Diese Zeugen müssen dem Notar persönlich bekannt, volljährig, männlichen Geschlechts und in dem Genuß bürgerlicher Rechte sein, sie müssen im Stande sein, ihren Namen zu schreiben und in dem Bezirke des Landgerichts wohnen, wo die Verhandlung statt hat.

Art. 22. Das im Art. 19. enthaltene Verbot ist auch auf die Verwandtschaft der Zeugen mit den Comparenten oder Interessenten anwendbar. Auch dürfen weder zwei zu Einer Verhandlung zugezogene Notarien unter sich, noch der Notar mit den Zeugen in dem (Art. 19.) angegebenen Grade verwandt sein.

Art. 23. Die Gehülfen und Dienstboten der Betheiligten und der Notarien können bei den Verhandlungen nicht als Zeugen dienen.

Art. 24. Der Name, Stand und Wohnort der bei den Verhandlungen erscheinenden Personen müssen beiden Notarien, wenn deren zwei zugezogen werden, oder dem Einen dazu berufenen Notar bekannt sein, und dieses muß jedesmal in der Verhandlung erklärt werden. Beim Mangel dieser persönlichen Bekanntschaft müssen Namen, Stand und Wohnort der Erscheinenden durch zwei, außer den Instrumentszeugen hinzuzuziehende Zeugen, welche alle für die Instrumentszeugen erforderlichen Eigenschaften haben, in der Verhandlung bescheinigt werden.

Eine Vernachlässigung dieser Vorschrift zieht eine Geldbuße von Fünf und Zwanzig Thalern gegen den Notar und dessen Verbindlichkeit zur vollständigen Entschädigung der Interessenten nach sich.

Art. 25. Alle Notariats-Urkunden müssen angeben:

1) Namen und Wohnort des Notars oder der Notarien.
2) Die Namen, den Stand und Wohnort der Instrumentszeugen und der im Falle des Art. 24. zuzuziehenden Zeugen.

3) Die Namen, den Stand und Wohnort der Interessenten.

4) Den Ort, das Jahr, den Monat und Tag, wo die Verhandlung statt hatte.

Art. 26. Die Notariatsurkunden müssen deutlich, ohne Abkürzung und Lücken geschrieben werden. Alle Angaben von Summen und Zahlen werden mit Buchstaben geschrieben.

Die allenfalls beigebrachten Vollmachten werden der Original-Verhandlung beigeheftet.

Alles bei Vermeidung einer Geldbuße von Fünf und Zwanzig Thalern gegen die Notarien.

Art. 27. Am Schlusse einer jeden Verhandlung muß ausdrücklich erwähnt werden, daß dieselbe den Interessenten vorgelesen worden oder daß sie dieselbe selbst durchgelesen haben.

Art. 28. Die Urkunden werden von den Betheiligten unterschrieben oder mit ihren Handzeichen versehen, alsdann von den Zeugen und dem Notar unterschrieben.

Art. 29. Wenn die Betheiligten des Schreibens unerfahren sind und auch keine Handzeichen machen können, oder wenn sie durch einen andern Umstand verhindert werden, zu unterschreiben oder ihre Handzeichen zu machen, so muß ihrer desfallsigen Erklärung und der angeführten Ursache Erwähnung geschehen.

Gleiche Erwähnung geschieht von der Unerfahrenheit im Schreiben, wenn ein Comparent statt der Unterschrift sich eines bloßen Handzeichens bedient.

Art. 30. Da, wo in der Urkunde ein Zusatz oder eine Veränderung nöthig gefunden wird, soll es an der betreffenden Stelle durch ein Verweisungszeichen angedeutet, der Zusatz oder die Veränderung aber an dem Rande zugeschrieben und so wie es im Art. 28. verordnet ist, besonders unterschrieben werden, bei Strafe der Nichtigkeit dieser Zusätze oder Veränderungen.

Sollte es wegen deren Länge nöthig sein, sie am Ende der Verhandlung zuzusetzen, so sind solche nicht allein, wie oben gesagt, zu unterschreiben, sondern es muß der ausdrücklichen Genehmigung derselben durch die Betheiligten erwähnt werden, bei gleicher Strafe der Nichtigkeit der Zusätze oder Veränderungen.

Art. 31. Im Contexte der Urkunde darf kein Wort überschrieben, weder zwischen die Linien etwas eingeschaltet noch sonst etwas hinzugesetzt werden, bei Strafe der Nichtigkeit der überschriebenen, eingeschalteten oder zugesetzten Worte.

Es darf in der Urkunde nichts radirt werden; ist es nöthig, ein oder mehrere Worte auszustreichen, so muß es in der Art geschehen, daß sie leserlich bleiben. Ihre Anzahl wird am Rande bemerkt, und dieses wie im Art. 30. für die Zusätze bestimmt ist, unterschrieben.

Art. 32. Im Falle einer Zuwiderhandlung gegen die Vorschriften der beiden vorhergehenden Artikel, verfällt der Notar in eine Geldbuße von Fünf und Zwanzig Thalern. Er bleibt den Interessenten für den Schaden verantwortlich und soll im Falle einer betrügerischen Absicht nach den Gesetzen verfolgt werden.

Art. 33. Die Notariats-Urkunden müssen in deutscher Sprache abgefaßt werden, jedoch ist es Unserm Justizminister unbenommen, für diejenigen Bezirke in den Rheinprovinzen wo die deutsche Sprache nicht die gewöhnliche Landessprache ist, Ausnahmen zu machen, welches alsdann durch die Amtsblätter bekannt zu machen ist.

Art. 34. Wenn die Comparenten der deutschen Sprache nicht mächtig sind, die Notarien und Zeugen aber die Sprache derselben verstehen, so wird die Verhandlung auf Begehren neben der deutschen auch in der Sprache der Comparenten aufgenommen und beide Verhandlungen, wie oben verordnet ist, unterschrieben.

Art. 35. Ist aber die Sprache der Comparenten den Notarien und Zeugen, oder auch nur einer dieser Personen nicht bekannt, so müssen die erstern ihre in ihrer Sprache abgefaßte Erklärung dem Notar überreichen, in seiner und der Zeugen Gegenwart unterschreiben und zu deren Uebersetzung einen Dollmetscher wählen. Der Notar nimmt alsdann die Verhandlung in deutscher Sprache, nach der von dem Dollmetscher zu gebenden Uebersetzung auf und läßt solche den Betheiligten durch den Dollmetscher in ihrer Sprache nochmals vortragen und alsdann von ihnen und ihrem Dollmetscher unterschreiben.

Die Beobachtung der Vorschriften dieses Artikels muß durch die Verhandlung des Notars bescheinigt werden.

Die von den Betheiligten in ihrer Sprache überreichte Erklärung bleibt der deutschen Verhandlung des Notars beigeheftet und wird, wie diese letztere, von dem Notar und den Zeugen unterschrieben.

Art. 36. Die Notarien müssen, bei Vermeidung einer

Geldbuße von Zehn Thalern, die in der Verhandlung erwähnten Geldsummen stets zugleich auf preußisches Courant reduciren. Befinden sich die Münzen, deren erwähnt wird, nicht in dem Reductionstarife, so sind die Partheien gehalten, deren Werth in preußischem Gelde auszudrücken. Auf das Vertragsverhältniß der Contrahenten soll die also vorgeschriebene Reduction jedoch keinen Einfluß haben.

Art. 37. Von keiner Urkunde darf die Urschrift an die Interessenten abgegeben werden. Nur in den von der Civil-Proceß-Ordnung vorgesehenen Fällen und mit Beobachtung der dort vorgeschriebenen Formen dürfen die Notarien dieselbe aus der Hand geben.

Art. 38. Nach der Bestimmung des Civilgesetzbuches machen die Notariats-Urkunden unter den Contrahenten und ihren Erben und Nachfolgern vollen Beweis. Sie sind executorisch, wie die Urtheile, wenn sie in der für die Urtheile vorgeschriebenen Form ausgefertigt sind, unbeschadet der Vorschriften des Civilgesetzbuches für den Fall, wo die Falschheit einer solchen Urkunde behauptet wird.

Art. 39. Das Recht, Ausfertigungen oder Auszüge zu ertheilen, steht nur dem Notar zu, welcher in dem Besitze der Urschriften ist. Wird aber die Abschrift eines Acts bei einem Notar hinterlegt, so kann er auch von derselben, jedoch mit Bemerkung der bei ihm geschehenen Deposition, Ausfertigungen ertheilen.

Art. 40. Jedem bei der Verhandlung Betheiligten darf nur Eine Ausfertigung in executorischer Form abgegeben werden, bei Strafe der Dienst-Entsetzung, unbeschadet jedoch der Vorschrift des Art. 844. der Civil-Proceßordnung.

Auf der Urschrift wird die Abgabe jeder Ausfertigung und jeden Auszuges mit Bemerkung des Empfängers und des Tages der Abgabe bemerkt, bei Vermeidung einer Geldbuße von Zehn Thalern.

Art. 41. Die Notarien dürfen nur denjenigen, welche bei den von ihnen aufgenommenen Verhandlungen in eigenen Namen betheiligt sind, und deren Erben und Nachfolgern Ausfertigungen oder Auszüge oder auch nur Kenntniß über den Inhalt der Verhandlung geben, bei Vermeidung einer Geldbuße von Funfzig Thalern und der Dienstentsetzung im Wiederholungsfalle, außer der Verpflichtung zum Schadensersatze gegen die Interessenten, mit Ausnahme jedoch der für gewisse Verhandlungen gegebenen gesetzlichen Bestimmungen oder des Falls, wo von dem Richter ein Anderes verordnet wird.

Art. 42. Jeder Notar muß ein Dienstsiegel führen, mit seinen Namen und Wohnort in der Umschrift, und dem preußischen Adler. Mit diesem Siegel müssen alle Ausfertigungen versehen sein.

Art. 43. Jeder Notar ist verpflichtet, ein von dem Präsidenten des Landgerichts paginirtes und mit dessen Handzuge versehenes Register zu führen, in welches nach Colonnen von jedem von ihm aufgenommenen Acte nach der Zeitfolge und nach fortlaufenden Nummern das Datum, die Natur und Beschaffenheit desselben, der Name, Stand und Wohnort der Betheiligten eingetragen werden. Für jede Unterlassung, so wie für jede unregelmäßige Eintragung, verfällt der Notar in eine Strafe von Zehn Thalern.

Auf jeder Ausfertigung wird die Nummer bemerkt, unter welcher der Act in dies Register eingetragen ist, bei Vermeidung einer Geldbuße von Drei Thalern.

Art. 44. In dem Register, wovon in dem vorhergehenden Artikel gesprochen wird, darf nichts radirt, noch zwischen die Linie eingeschaltet werden, bei Strafe von Zehn Thalern für jede Zuwiderhandlung und vorbehaltlich einer peinlichen Verfolgung im Falle des Betruges.

Art. 45. In den ersten zehn Tagen der Monate Januar, April, Juli und October muß jeder Notar das gedachte Register dem Friedensrichter seines Wohnorts vorlegen, welcher solches für die vorhergehenden drei Monate mit Angabe der Zahl der eingetragenen Acte abschließt und unterschreibt.

Jeder Notar, welcher am 10ten der genannten Monate dieser Vorschrift nicht nachgekommen ist, verfällt für jeden Tag, vom 11ten bis zur Vorlegung seines Registers, in eine Geldbuße von Einem Thaler.

Art. 46. Die Friedensrichter sind bei eigener Verantwortung verbunden, am 11ten der obengenannten Monate dem betreffenden Ober-Procurator die Notarien anzuzeigen, welche der Vorschrift des vorhergehenden Artikels nicht genügt haben.

Art. 47. Die Landgerichte haben auf Betreiben des Ober-Procurators die in dem 45sten Artikel festgesetzten Strafen auszusprechen.

Art. 48. Die bisher bestandenen Notariatskammern

sind aufgelöst und die Aufsicht über die Amtsführung der Notarien gehet auf die Gerichte über.

Art. 49. Die Befugniß der Gerichte, in einzelnen Fällen gegen die Notarien eine in gegenwärtiger Verordnung begründete Geldbuße auszusprechen, wird nach den allgemeinen Grundsätzen über die Competenz der Gerichte begründet.

Art. 50. Die Suspensionen und Dienstentsetzungen der Notarien, so wie die denselben zu ertheilenden Ermahnungen und Verweise, werden von dem Civil-Senate des Landgerichts ihres Wohnorts erkannt, nachdem sie den auf Betreiben des Ober-Procurators vorzuladenden Notar in seiner Vertheidigung gehört haben werden.

Art. 51. Ein Notar, welcher sich eines Vergehens schuldig oder durch seine Handlung und Lebensweise sich der öffentlichen Achtung und des Vertrauens seiner Mitbürger unwürdig macht oder die Gesetze der Ehre und des Anstandes verletzt, kann auf Betreiben des Ober-Procurators von dem Landgerichte suspendirt oder seines Amtes verlustig erklärt werden.

Eine Suspension darf nie auf mehr als drei Monate erkannt werden.

Art. 52. Im Falle der Berufung von einem Urtheile der ersten Instanz, wodurch eine Suspension oder eine Dienstentsetzung ausgesprochen ist, darf der Notar vom Tage der Zustellung dieses Urtheils, bei Vermeidung der im Strafgesetzbuche enthaltenen Strafen und der Nichtigkeit seiner Verhandlungen, sein Amt nicht ausüben, bis in einer höheren Instanz ein Urtheil zu seinem Vortheile ergangen sein wird.

Alle rechtskräftig ausgesprochenen Suspensionen und Entsetzungen werden durch die Amtsblätter der rheinischen Regierungen auf Betreiben des Ober-Procurators bekannt gemacht.

Art. 53. Bei dem Absterben oder der Dienstentsetzung eines Notars muß der Friedensrichter seines Wohnorts alle Dienstpapiere, Urschriften, Repertorien und dergleichen unter Siegel legen und dem Ober-Procurator davon Anzeige machen, auf dessen Antrag alsdann das Landgericht einen in dem nämlichen friedensgerichtlichen Bezirke wohnenden Notar bezeichnet, welchem die unter Siegel liegenden Urkunden nach einem anzufertigenden Verzeichnisse überliefert werden und der, so lange er die Urkunden in Händen hat, auch Ausfertigungen davon ertheilen kann, auf welchen er seine Eigenschaft als einstweiliger Verwahrer anzugeben schuldig ist.

Art. 54. Im Falle einer freiwilligen Niederlegung des Amtes oder der Versetzung eines Notars in einen andern friedensgerichtlichen Bezirk, wird, wie im vorhergehenden Artikel, ein anderer Notar zur Aufbewahrung der Urkunden ernannt, wenn der abgehende Notar nicht selbst denselben bezeichnet hat.

Art. 55. Der Notar, welcher freiwillig oder gezwungen sein Amt niederlegt oder in einen andern friedensgerichtlichen Bezirk versetzt wird, und die Erben eines mit Tode abgegangenen Notars, haben eine Frist von drei Monaten vom Tage der Niederlegung, der Wohnungs-Veränderung oder des Absterbens, um von den Notarien des nämlichen friedensgerichtlichen Bezirks, denjenigen, welchem die Urkunden des abgegangenen oder verstorbenen Notars definitiv übergeben werden sollen, dem Ober-Procurator bei dem Landgerichte zu benennen. Der Ober-Procurator verordnet alsdann, daß dem benannten Notar die Urkunden von dem einstweiligen Verwahrer ausgeliefert werden sollen und macht dieses durch das Amtsblatt bekannt.

Art. 56. Geschieht diese Benennung nicht in der festgesetzten Frist, so soll das Landgericht auf den Antrag des Ober-Procurators einen Notar in dem nämlichen friedensgerichtlichen Bezirke bezeichnen, welchem die Urkunden des abgegangenen Notars definitiv übergeben werden sollen, welches, wie im vorigen Artikel, durch das Amtsblatt bekannt gemacht wird.

Art. 57. Der auf die im vorigen Artikel angegebene Art ernannte Notar darf indessen nicht eher in Besitz der Urkunden gesetzt werden, bis er beweist, daß er sich mit dem abgegangenen Notar oder dessen Erben wegen der demselben noch zukommenden Gebühren und anderer Forderungen vereinbart hat.

Findet diese Vereinigung nicht statt, so soll durch beiderseits gewählte oder von dem Landgerichte ernannte Notarien die Entschädigungssumme festgesetzt werden.

Art. 58. Außer den Fällen, wo die Urkunden wegen Mangel der Qualification des Notars, der entweder den Eid noch nicht geleistet hat, oder suspendirt ist, als ungültig betrachtet werden müssen, sind dieselben auch noch nichtig, wenn dabei die Vorschriften der Art. 4. 19. 20. 21. 22. 23. 25. 27. 28. 29. 35 und 37. nicht beobachtet sind.

Art. 59. Ist jedoch eine nach Vorschrift des vorhergehenden Artikels nichtige Notariatsurkunde von allen Betheiligten unterschrieben, so wird sie als Verhandlung unter Privatunterschrift betrachtet.

Art. 60. Die Notarien sind bei Berechnung ihrer Gebühren an den, der gegenwärtigen Verordnung angehängten Tarif gebunden und sind nicht befugt, mehr, als ihnen in diesem Tarife zugebilligt ist, von den Betheiligten anzunehmen bei Vermeidung der im Strafgesetzbuche enthaltenen Strafen.

Art. 61. Die bereits angestellten Notarien sind der Vorschrift des sechsten Artikels nicht unterworfen.

Art. 62. Im Gefolge der Bestimmung des Art. 13. sind die bereits angestellten Notarien befugt, die von ihnen früher gestellten Amtscautionen in den gesetzlichen Formen zurückzufordern.

Art. 63. Die Registraturen der aufgehobenen Notariatskammern werden an die Ober-Procuratoren bei dem Landgerichte abgegeben, in dessen Bezirke diese Kammern ihren Sitz hatten.

Art. 64. Alle früheren Gesetze über Gegenstände der gegenwärtigen Verordnung sind aufgehoben.

Wir beauftragen Unsern Justiz-Minister mit der Vollziehung dieser Verordnung.

Gegeben Berlin, den 25. April 1822.

Friedrich Wilhelm.

(Umstehend folgt die Tax-Ordnung für die Notarien.)

## Tax-Ordnung für die Notarien.

| Gegenstand der Urkunde oder des Geschäfts. | Bis 50 Rthl. incl. | | | Ueber 50 Rthl. bis 100 Rthl. | | | Ueber 100 Rthl. bis 250 Rthl. | | | Ueber 250 Rthl. bis 500 Rthl. | | | Ueber 500 Rthl. | | |
|---|---|---|---|---|---|---|---|---|---|---|---|---|---|---|---|
| | Rthl. | sgr. | pf. | Rthl. | sgr. | pf. | Rthl. | sgr. | pf. | Rthl. | sgr. | pf. | Rthl. | sgr. | pf. |
| Ablösung einer Rente | — | 15 | — | — | 20 | — | — | 25 | — | 1 | — | — | 1 | 15 | — |
| Abschrift (ausschließlich der Vidimation) für jede Seite zu 25 Zeilen, jede Zeile zu 15 Sylben | — | 3 | — | — | — | — | — | — | — | — | — | — | — | — | — |
| Jede angefangene Zeile wird für voll gerechnet. | | | | | | | | | | | | | | | |
| Abstand a) einseitiger | — | 10 | — | — | 15 | — | — | 20 | — | — | 25 | — | 1 | — | — |
| b) zweiseitiger | — | 15 | — | — | 20 | — | — | 25 | — | 1 | — | — | 1 | 15 | — |
| Alimenten-Kontrakt | 1 | — | — | 1 | 15 | — | 2 | 15 | — | 3 | 20 | — | 4 | 25 | — |
| Anbietung | — | 10 | — | — | 15 | — | — | 20 | — | — | 25 | — | 1 | — | — |
| Anerkennung einer Verbindlichkeit | — | 15 | — | — | 20 | — | — | 25 | — | 1 | — | — | 1 | 15 | — |
| — — bloßen Unterschrift | — | 5 | — | — | 10 | — | — | 15 | — | — | 20 | — | 1 | — | — |
| — — eines unehelichen Kindes | 1 | 20 | — | — | — | — | — | — | — | — | — | — | — | — | — |
| Ankündigung | — | 10 | — | — | 15 | — | — | 20 | — | — | 25 | — | 1 | — | — |
| Anmahnung | — | 10 | — | — | 15 | — | — | 20 | — | — | 25 | — | 1 | — | — |
| Annahme eines Anerbietens oder einer Schenkung | — | 10 | — | — | 15 | — | — | 20 | — | — | 25 | — | 1 | — | — |
| Assekuranz-Kontrakt | — | 15 | — | — | 25 | — | 1 | 5 | — | 1 | 20 | — | 2 | 15 | — |
| Attest | — | 5 | — | — | 10 | — | — | 15 | — | — | 20 | — | 1 | — | — |
| Auktion von Mobilien, Moventien oder Früchten wird nach den Vacationen bezahlt: | | | | | | | | | | | | | | | |
| für die öffentliche Bekanntmachung derselben | — | 5 | — | — | 10 | — | — | 15 | — | — | 20 | — | 1 | — | — |
| für Entwerfung der Bedingungen, wenn sie vom Notar geschieht | — | 10 | — | — | 15 | — | — | 20 | — | — | 25 | — | 1 | — | — |
| für den Empfang und die Auszahlung der Gelder, wenn der Notar dazu beauftragt ist, erhält derselbe: | | | | | | | | | | | | | | | |
| a) Wenn die Auktion nur Einen Tag währt und der ganze | | | | | | | | | | | | | | | |

| | | | | | | | | | | | | | | | |
|---|---|---|---|---|---|---|---|---|---|---|---|---|---|---|---|
| 100 Rthl. ebenfalls . . . . . . . . 4 Prozent | | | | | | | | | | | | | | | |
| Von dem, was darüber ist, bis zu 250 Rthl. 3 = | | | | | | | | | | | | | | | |
| Von dem, was über 250 Rthl. ist, bis 500 = 2 = | | | | | | | | | | | | | | | |
| Von dem, was über 500 Rthl. ist . . . 1 = | | | | | | | | | | | | | | | |
| b) Währt die Auction länger als Einen Tag oder drei Vacationen, so wird die Summe des ganzen Empfanges auf die Tage vertheilt und werden alsdann die obigen Prozente nach Maaßgabe der auf jeden Tag fallenden Summe berechnet. | | | | | | | | | | | | | | | |
| Aufhebung eines Kontrakts . . . . . . . | — | 15 | — | — | 20 | — | — | 25 | — | 1 | 5 | — | 1 | 20 | — |
| Aufkündigung . . . . . . . . . . . | — | 10 | — | — | 15 | — | — | 20 | — | — | 25 | — | 1 | — | — |
| Aufsuchung einer Urkunde, wenn deren Einsicht oder Abschrift, oder eine zweite Ausfertigung verlangt wird. | | | | | | | | | | | | | | | |
| a) Wenn das Jahr der Urkunde angegeben ist . . . . | — | 5 | — | — | — | — | — | — | — | — | — | — | — | — | — |
| b) Wenn mehrere Jahrgänge angegeben werden, worin der Notar aufsuchen muß, für jedes Jahr . . . . | — | 5 | — | — | — | — | — | — | — | — | — | — | — | — | — |
| Auseinandersetzung einer Erbschaft oder Gemeinschaft wird nach den Vacationen bezahlt. | | | | | | | | | | | | | | | |
| Ausfertigung einer Urkunde mit Einschluß der Copialien | | | | | | | | | | | | | | | |
| a) Hauptausfertigung (grosse) für das erste Blatt . . | — | 15 | — | — | — | — | — | — | — | — | — | — | — | — | — |
| für jedes folgende . . . . . . . . . | — | 5 | — | — | — | — | — | — | — | — | — | — | — | — | — |
| b) Einfache Ausfertigung | | | | | | | | | | | | | | | |
| für das erste Blatt . . . . . . . . | — | 10 | — | — | — | — | — | — | — | — | — | — | — | — | — |
| für jedes folgende . . . . . . . . | — | 5 | — | — | — | — | — | — | — | — | — | — | — | — | — |
| c) Wenn ein Notar in Gefolge des Art. 849 der Civil-Proceß-Ordnung bei einem andern Depositar eine Ausfertigung zu machen beauftragt wird, so wird er nach Vacationen bezahlt. Eben so wird es gehalten, wenn der Notar die Urschrift nach Art. 852. der Civil-Proceß-Ordnung vor Gericht vorlegen muß. | | | | | | | | | | | | | | | |
| Auszug aus einer Urkunde mit der Vidimation und den Copialien, für das erste Blatt . . . . . . . | — | 10 | — | — | — | — | — | — | — | — | — | — | — | — | — |

| Gegenstand der Urkunde oder des Geschäfts. | Bis 50 Rthl. incl. | | | Ueber 50 Rthl. bis 100 Rthl. | | | Ueber 100 Rthl. bis 250 Rthl. | | | Ueber 250 Rthl. bis 500 Rthl. | | | Ueber 500 Rthl. | | |
|---|---|---|---|---|---|---|---|---|---|---|---|---|---|---|---|
| | Rthl. | sgr. | pf. | Rthl. | sgr. | pf. | Rthl. | sgr. | pf. | Rthl. | sgr. | pf. | Rthl. | sgr. | pf. |
| für jedes folgende . . . . . . . . . . | — | 5 | — | — | — | — | — | — | — | — | — | — | — | — | — |
| Authorisation . . . . . . . . . . | — | 10 | — | — | 15 | — | — | 20 | — | — | 25 | — | 1 | — | — |
| Beglaubigung einer Unterschrift . . . . . | — | 5 | — | — | 10 | — | — | 15 | — | — | 20 | — | 1 | — | — |
| Beglaubigung einer Abschrift | | | | | | | | | | | | | | | |
| für das erste Blatt . . . . . . . . . . | — | 10 | — | — | — | — | — | — | — | — | — | — | — | — | — |
| für jedes folgende . . . . . . . . . . | — | 1 | — | — | — | — | — | — | — | — | — | — | — | — | — |
| Bekanntmachung . . . . . . . . . . | — | 10 | — | — | 15 | — | — | 20 | — | — | 25 | — | 1 | — | — |
| Bescheinigung . . . . . . . . . . | — | 5 | — | — | 10 | — | — | 15 | — | — | 20 | — | 1 | — | — |
| Besitzergreifung wird nach den Vacationen bezahlt. | | | | | | | | | | | | | | | |
| Bürgschaft . . . . . . . . . . | — | 15 | — | — | 25 | — | 1 | 5 | — | 1 | 20 | — | 2 | 15 | — |
| Caution (siehe Bürgschaft.) | | | | | | | | | | | | | | | |
| Certifikat (siehe Attest.) | | | | | | | | | | | | | | | |
| Cession . . . . . . . . . . | — | 15 | — | — | 20 | — | — | 25 | — | 1 | — | — | 1 | 15 | — |
| Compromiß oder Wahl von Schiedsrichtern . . . . | — | 15 | — | — | 25 | — | 1 | 5 | — | 1 | 20 | — | 2 | 15 | — |
| Conferenz wird nach den Vacationen bezahlt. | | | | | | | | | | | | | | | |
| Consultation desgleichen. | | | | | | | | | | | | | | | |
| Contrakte, die in dieser Taxordnung nicht besonders vorkommen | | | | | | | | | | | | | | | |
| zweiseitige . . . . . . . . . . | — | 15 | — | — | 25 | — | 1 | 5 | — | 1 | 20 | — | 2 | 15 | — |
| einseitige . . . . . . . . . . | — | 15 | — | — | 20 | — | — | 25 | — | 1 | — | — | 1 | 15 | — |
| Darlehns-Kontrakte (siehe Schuldverschreibung.) | | | | | | | | | | | | | | | |
| Delegation . . . . . . . . . . | — | 15 | — | — | 20 | — | — | 25 | — | 1 | — | — | 1 | 15 | — |
| Denunciation . . . . . . . . . . | — | 10 | — | — | 15 | — | — | 20 | — | — | 25 | — | 1 | — | — |
| Depositions-Kontrakt . . . . . . . . | — | 15 | — | — | 25 | — | 1 | 5 | — | 1 | 20 | — | 2 | 15 | — |
| Diäten. | | | | | | | | | | | | | | | |
| Wenn der Notar außerhalb seiner Wohnung einen Act vor= | | | | | | | | | | | | | | | |

| | | | | | | | | | | | | | | | |
|---|---|---|---|---|---|---|---|---|---|---|---|---|---|---|---|
| a. Wenn es innerhalb seines Wohnorts oder nicht über ¼ Stunde von seiner Wohnung entfernt ist . . . . . . | — | 10 | — | — | — | — | — | — | — | — | — | — | — | — | — |
| b. Außerhalb seines Wohnorts oder über ¼ Stunde von seiner Wohnung | | | | | | | | | | | | | | | |
| für einen ganzen Tag . . . . . . . | 2 | 15 | — | — | — | — | — | — | — | — | — | — | — | — | — |
| für einen halben Tag . . . . . . . | 1 | — | — | — | — | — | — | — | — | — | — | — | — | — | — |
| für eine Nacht . . . . . . . . | 1 | — | — | — | — | — | — | — | — | — | — | — | — | — | — |
| Uebrigens dürfen keine Zehrungskosten in Rechnung gebracht werden. | | | | | | | | | | | | | | | |
| Wenn die zur Hin- und Herreise verwendete Zeit 6 Stunden übersteigt, so passiren die Diäten für einen ganzen Tag. Wenn der Notar über 24 Stunden außer seinem Wohnorte zubringen muß, so erhält er für jeden folgenden ganzen oder halben Tag und für jede Nacht die festgesetzten Diäten. | | | | | | | | | | | | | | | |
| Die Reisekosten werden überdies als baare Auslagen besonders vergütet, wenn die Parthei die Abholung und Zurückbringung des Notars nicht selbst besorgt. Bedient der Notar sich seines eigenen Pferdes, so erhält er dafür und für die Fütterung täglich . . . . . . 1 Rthlr. 20 Sgr.<br>und für den halben Tag . . . — = 25 = | | | | | | | | | | | | | | | |
| Diese Vergütung erhält er auch, wenn er bei einer Entfernung von mehr als zwei Stunden zu Fuß reiset und es werden zehn Stunden auf eine Tagereise gerechnet. | | | | | | | | | | | | | | | |
| Ehekontrakt, Ehepakten bei Personen, welche zusammen wahrscheinlich keine 2500 Rthlr. im Vermögen haben . . | 2 | 15 | — | — | — | — | — | — | — | — | — | — | — | — | — |
| Bei solchen, die wahrscheinlich ein größeres Vermögen besitzen | 5 | — | — | — | — | — | — | — | — | — | — | — | — | — | — |
| Ehescheidung auf beiderseitige Einwilligung. | | | | | | | | | | | | | | | |
| Wenn die Mitwirkung der Notarien nach dem Civil-Gesetzbuche erfordert wird, werden sie nach Vacationen bezahlt. | | | | | | | | | | | | | | | |
| Einspruch . . . . . . . . . . | — | 10 | — | — | 15 | — | — | 20 | — | — | 25 | — | 1 | — | — |
| Eintragung ins Hypothekenbuch, für die Anfertigung des da= | | | | | | | | | | | | | | | |

| Gegenstand der Urkunde oder des Geschäfts. | Bis 50 Rthlr. incl. | | | Ueber 50 Rthlr. bis 100 Rthlr. | | | Ueber 100 Rthlr. bis 250 Rthlr. | | | Ueber 250 Rthlr. bis 500 Rthlr. | | | Ueber 500 Rthlr. | | |
|---|---|---|---|---|---|---|---|---|---|---|---|---|---|---|---|
| | Rthlr. | sgr. | pf. | Rthlr. | sgr. | pf. | Rthlr. | sgr. | pf. | Rthlr. | sgr. | pf. | Rthlr. | sgr. | pf. |
| zu erforderlichen Bordereaux und dessen Besorgung an den Hypothekenbeamten . . . . . . . . | — | 5 | — | — | 10 | — | — | 15 | — | — | 20 | — | 1 | — | — |
| Das Porto oder Botenlohn, wenn der Hypothekenbeamte einen andern Wohnort hat, als der Notar, wird besonders vergütet. | | | | | | | | | | | | | | | |
| **Emonitur. Empfang.** Dafür passiren, wenn nicht ein Anderes vereinbart worden, 4 Przt. (siehe jedoch Auktion u. Subhastation.) | | | | | | | | | | | | | | | |
| **Erbtheilungen,** so wie alle bei Gelegenheit derselben nach den Gesetzen von den Notarien aufzunehmende Protocolle und deren Hinterlegung bei Gericht, werden nach Vacationen bezahlt. | | | | | | | | | | | | | | | |
| **Erklärung** | | | | | | | | | | | | | | | |
| a. einseitige . . . . . . . . . . | — | 10 | — | — | 15 | — | — | 20 | — | — | 25 | — | 1 | — | — |
| b. zweiseitige, wenn es kein neuer Kontrakt ist . . . | — | 15 | — | — | 20 | — | — | 25 | — | 1 | — | — | 1 | 15 | — |
| **Ernennung** von Schätzern und Sachverständigen . . | — | 10 | — | — | 15 | — | — | 20 | — | — | 25 | — | 1 | — | — |
| **Erneuerung** eines Kontrakts . . . . . . . | — | 15 | — | — | 20 | — | — | 25 | — | 1 | — | — | 1 | 15 | — |
| **Ersuchen** . . . . . . . . . . . | — | 10 | — | — | 15 | — | — | 20 | — | — | 25 | — | 1 | — | — |
| **Ersuchen um Einwilligung** der Eltern oder Großeltern in eine Heirath, wenn es nach dem Civilgesetzbuche durch Notarien geschehen muß, wird nach Vacationen bezahlt. | | | | | | | | | | | | | | | |
| **Gesellschafts-Vertrag** . . . . . . . . | 1 | — | — | 1 | 15 | — | 2 | 15 | — | 3 | 20 | — | 4 | 25 | — |
| **Grenzbeziehung** wird nach Vacationen bezahlt. | | | | | | | | | | | | | | | |
| **Heiraths-Kontrakt** (siehe Ehekontrakt.) | | | | | | | | | | | | | | | |
| **Hinterlegung** (siehe Depositionskontrakt.) | | | | | | | | | | | | | | | |
| **Inventarium** jeder Art wird nach Vacationen bezahlt. Eben so erhalten die Notarien ihre Bezahlung nach Vacationen, wenn sie | | | | | | | | | | | | | | | |

| | | | | | | | | | | | | | | | |
|---|---|---|---|---|---|---|---|---|---|---|---|---|---|---|---|
| selbst Vortrag machen. | | | | | | | | | | | | | | | |
| Kauf-Kontrakt . . . . . . . . | — | 15 | — | — | 25 | — | 1 | 10 | — | 1 | 20 | — | 2 | 15 | — |
| bei Immobilien über 5000 Rthlr. . . . . . . | 3 | 15 | — | — | — | — | — | — | — | — | — | — | — | — | — |
| bei Immobilien über 10000 Rthlr. . . . . . . | 5 | — | — | — | — | — | — | — | — | — | — | — | — | — | — |
| Lebensschein. . . . . . . . . . | — | 5 | — | — | 10 | — | — | 15 | — | — | 20 | — | 1 | — | — |
| Legalisation einer Urkunde durch den Präsidenten, für Besorgung derselben; | | | | | | | | | | | | | | | |
| Wenn der Notar in dem Orte wohnt, wo sich das Tribunal befindet. . . . . . . . . . . . | — | 10 | — | — | — | — | — | — | — | — | — | — | — | — | — |
| Wenn er außerhalb dieses Ortes wohnt . . . . . | — | 15 | — | — | — | — | — | — | — | — | — | — | — | — | — |
| Im letztern Falle wird auch das Porto und Botenlohn vergütigt. | | | | | | | | | | | | | | | |
| Lizitation | | | | | | | | | | | | | | | |
| bei Auktionen (siehe Auktion), | | | | | | | | | | | | | | | |
| bei Subhastationen (siehe Subhastation), | | | | | | | | | | | | | | | |
| bei Verdingungen an den Mindestfordernden, wie bei Auktionen, | | | | | | | | | | | | | | | |
| bei Verpachtungen wie bei Subhastation. | | | | | | | | | | | | | | | |
| Leibrenten-Kontrakt . . . . . . . . | 1 | — | — | 1 | 15 | — | 2 | 15 | — | 3 | 20 | — | 4 | 25 | — |
| Löschung einer Hypothek, Einwilligung darin . . . | — | 10 | — | — | 15 | — | — | 20 | — | — | 25 | — | 1 | — | — |
| Mieths-Kontrakt . . . . . . . . . | — | 15 | — | — | 25 | — | 1 | 15 | — | 1 | 20 | — | 2 | 15 | — |
| Nachlaß-Remission . . . . . . . . . | — | 10 | — | — | 15 | — | — | 20 | — | — | 25 | — | 1 | — | — |
| Negoziation eines Capitals; dafür passirt, wenn nicht eine geringere Vergütung vereinbart worden, bis zur Summe von 2500 Rthlr. 1 Prozent, von dem, was darüber ist, aber nur ½ Prozent. | | | | | | | | | | | | | | | |
| Notariats-Attest . . . . . . . . . | — | 5 | — | — | 10 | — | — | 15 | — | — | 20 | — | 1 | — | — |
| Obligation (siehe Schuld- und Hypothekenverschreibung.) | | | | | | | | | | | | | | | |
| Opposition (siehe Einspruch.) | | | | | | | | | | | | | | | |
| Pacht-Kontrakt . . . . . . . . . | — | 15 | — | — | 25 | — | 1 | 5 | — | 1 | 20 | — | 2 | 15 | — |
| Wenn die Summe der Pacht-Prästation für die ganze Dauer der Pachtzeit (oder für 20 Jahre, wenn die Pachtzeit länger dauert) beträgt, über 5000 Rthlr. . . . . . . | 3 | 15 | — | — | — | — | — | — | — | — | — | — | — | — | — |
| über 10000 = . . . . . . | 5 | — | — | — | — | — | — | — | — | — | — | — | — | — | — |

| Gegenstand der Urkunde oder des Geschäfts. | Bis 50 Rthlr. incl. | | | Ueber 50 Rthlr. bis 100 Rthlr. | | | Ueber 100 Rthlr. bis 250 Rthlr. | | | Ueber 250 Rthlr. bis 500 Rthlr. | | | Ueber 500 Rthlr. | | |
|---|---|---|---|---|---|---|---|---|---|---|---|---|---|---|---|
| | Rthlr. | sgr. | pf. | Rthlr. | sgr. | pf. | Rthlr. | sgr. | pf. | Rthlr. | sgr. | pf. | Rthlr. | sgr. | pf. |
| Pfand-Kontrakt | — | 15 | — | — | 25 | — | 1 | 5 | — | 1 | 20 | — | 2 | 15 | — |
| Präsentation eines Wechsels oder einer Assignation mit Einschluß des Protestes | — | 10 | — | — | 15 | — | — | 20 | — | — | 25 | — | 1 | — | — |
| Prolongation eines Kontrakts | — | 15 | — | — | 20 | — | — | 25 | — | 1 | — | — | 1 | 15 | — |
| Protestation | — | 10 | — | — | 15 | — | — | 20 | — | — | 25 | — | 1 | — | — |
| Protocoll über die Hinterlegung einer von einem andern Notar en brevet ausgefertigten Urkunde | — | 10 | — | — | 15 | — | — | 20 | — | — | 25 | — | 1 | — | — |
| Quittung | — | 5 | — | — | 10 | — | — | 15 | — | — | 20 | — | 1 | — | — |
| Ratification | — | 10 | — | — | 15 | — | — | 20 | — | — | 25 | — | 1 | — | — |
| Rechnungs-Ablage, wird nach Vacationen bezahlt. | | | | | | | | | | | | | | | |
| Recognition (siehe Anerkennung.) | | | | | | | | | | | | | | | |
| Reisekosten (siehe Diäten.) | | | | | | | | | | | | | | | |
| Rentverschreibung | — | 15 | — | — | 25 | — | 1 | 5 | — | 1 | 20 | — | 2 | 15 | — |
| Rückgabe deponirter Sachen, Gelder oder Urkunden | — | 10 | — | — | 15 | — | — | 20 | — | — | 25 | — | 1 | — | — |
| Rückschein | — | 10 | — | — | 15 | — | — | 20 | — | — | 25 | — | 1 | — | — |
| Renunciation | — | 10 | — | — | 15 | — | — | 20 | — | — | 25 | — | 1 | — | — |
| Schenkung unter den Lebendigen | 1 | — | — | 1 | 15 | — | 2 | 15 | — | 3 | 20 | — | 4 | 25 | — |
| Schuld- und Hypotheken-Verschreibung | — | 15 | — | — | 25 | — | 1 | 5 | — | 1 | 20 | — | 2 | 15 | — |
| Beträgt die Hauptsumme über 5000 Rthlr. | 3 | 15 | — | — | — | — | — | — | — | — | — | — | — | — | — |
| über 10000 = | 5 | — | — | — | — | — | — | — | — | — | — | — | — | — | — |
| Societäts-Vertrag (siehe Gesellschafts-Vertrag.) | | | | | | | | | | | | | | | |
| Subhastation von Immobilien, dieselbe sei freiwillig oder dem Notar von dem Richter aufgetragen, wird nach den Vacationen bezahlt. | | | | | | | | | | | | | | | |
| a) für die öffentliche Bekanntmachung derselben | — | 15 | — | — | 20 | — | — | 25 | — | 1 | — | — | 1 | 15 | — |

| | | | | | | | | | | | | | | | |
|---|---|---|---|---|---|---|---|---|---|---|---|---|---|---|---|
| b) für Entkräftung der Bedingungen, wenn sie vom Notar geschieht . . . . . . . . . . . | — | 15 | — | — | 25 | — | 1 | 5 | — | 1 | 20 | — | 2 | 15 | — |
| für den Empfang und die Auszahlung des Kaufpreises, wenn derselbe dem Notar aufgetragen wird: | | | | | | | | | | | | | | | |
| wenn der Kaufpreis nicht über 200 Rthlr. beträgt 2 Prozent. | | | | | | | | | | | | | | | |
| von dem was darüber ist, bis zu 300 Rthlr. . 1½ = | | | | | | | | | | | | | | | |
| von dem was über 300 Rthlr. ist, bis zu 500 Rthlr. 1 = | | | | | | | | | | | | | | | |
| von dem was über 500 Rtl. ist, bis zu 1500 Rtl. . ¾ = | | | | | | | | | | | | | | | |
| von dem was über 1500 Rtl. ist, bis zu 5000 Rtl. ½ = | | | | | | | | | | | | | | | |
| von dem was über 5000 Rtl. ist, bis zu 10000 Rtl. ¼ = | | | | | | | | | | | | | | | |
| von dem was über 10000 Rtl. ist . . . ⅙ = | | | | | | | | | | | | | | | |
| Substitution . . . . . . . . . . . | — | 10 | — | — | 15 | — | — | 20 | — | — | 25 | — | 1 | — | — |
| Tausch=Kontrakt . . . . . . . . . . | — | 15 | — | — | 25 | — | 1 | 5 | — | 1 | 20 | — | 2 | 15 | — |
| Testament, für die Aufnahme eines öffentlichen, bei einer Person, die wahrscheinlich keine 2500 Rthlr. im Vermögen hat | 3 | — | — | — | — | — | — | — | — | — | — | — | — | — | — |
| Bei einer solchen, die wahrscheinlich ein größeres Vermögen besitzt . . . . . . . . . . . | 5 | — | — | — | — | — | — | — | — | — | — | — | — | — | — |
| Für die Aufnahme eines mystischen im ersten Falle . . | 1 | 15 | — | — | — | — | — | — | — | — | — | — | — | — | — |
| im zweiten Falle . . | 3 | — | — | — | — | — | — | — | — | — | — | — | — | — | — |
| Theilung einer Erbschaft oder Gemeinschaft wird nach den Vacationen bezahlt. | | | | | | | | | | | | | | | |
| Uebergabe eines Grundstücks. Ebenfalls. | | | | | | | | | | | | | | | |
| Vacation. Eine, bestehend aus drei Arbeitsstunden. Währt ein Geschäft keine drei Stunden, so wird dennoch für eine volle Vacation gerechnet . . . . . . . . | 1 | 10 | — | — | — | — | — | — | — | — | — | — | — | — | — |
| Für eine jede Stunde über drei passiren . . . . . | — | 15 | — | — | — | — | — | — | — | — | — | — | — | — | — |
| wobei die angefangene Stunde für voll gerechnet wird. | | | | | | | | | | | | | | | |
| Vacation für die Besorgung der Einregistrirung des Acts, wenn der Notar mit dem Rentmeister in Einem Orte wohnt | — | 5 | — | — | — | — | — | — | — | — | — | — | — | — | — |
| wenn dies nicht der Fall ist . . . . . . . | — | 10 | — | — | — | — | — | — | — | — | — | — | — | — | — |
| Porto oder Botenlohn werden besonders vergütet. | | | | | | | | | | | | | | | |

| Gegenstand der Urkunde oder des Geschäfts. | Bis 50 Rthlr. incl. | | | Ueber 50 Rthlr. bis 100 Rthlr. | | | Ueber 100 Rthlr. bis 250 Rthlr. | | | Ueber 250 Rthlr. bis 500 Rthlr. | | | Ueber 500 Rthlr. | | |
|---|---|---|---|---|---|---|---|---|---|---|---|---|---|---|---|
| | Rthlr. | sgr. | pf. | Rthlr. | sgr. | pf. | Rthlr. | sgr. | pf. | Rthlr. | sgr. | pf. | Rthlr. | sgr. | pf. |
| Verdingung, öffentliche, an den Wenigstfordernden (siehe Licitation.) | | | | | | | | — | | | | | | | |
| Versprechen, einseitiges . . . . . . . . | — | 10 | — | — | 15 | — | — | 20 | — | — | 25 | — | 1 | — | — |
| Verzicht (siehe Renunciation.) | | | | | | | | | | | | | | | |
| Vidimation (siehe Beglaubigung.) | | | | | | | | | | | | | | | |
| Vollmacht . . . . . . . . . . | — | 10 | — | — | 15 | — | — | 20 | — | — | 25 | — | 1 | — | — |
| Vorschüsse, für nothwendige oder dem Notar aufgetragene, kann derselbe 1 Prozent fordern und wenn sie ihm nach geschehener Erinnerung in vier Wochen nicht zurückgezahlt werden, für den Monat ½ Prozent. | | | | | | | | | | | | | | | |
| Vergleich . . . . . . . . . . . | — | 15 | — | — | 25 | — | 1 | 5 | — | 1 | 20 | — | 2 | 15 | — |
| Verpachtung öffentliche (siehe Licitation.) | | | | | | | | | | | | | | | |
| Wiederkauf von Renten (siehe Ablösung.) | | | | | | | | | | | | | | | |
| Widerruf einer einseitigen Erklärung . . . . . | — | 10 | — | — | 15 | — | — | 20 | — | — | 25 | — | 1 | — | — |
| Willenserklärung (siehe Erklärung.) | | | | | | | | | | | | | | | |
| Zeugen, für einen einzelnen Act, der nicht über eine Stunde dauert, erhält jeder Instrumentszeuge 5 Sgr. und für jede folgende Stunde eben so viel, jedoch für den nämlichen Act nicht über Einen Thaler in Einem Tage, wenn auch der Act über 6 Stunden dauern sollte. Wenn ein Zeuge reisen muß, so erhält er für jede auf der Hin= und Herreise zurückgelegte zwei Stunden 15 Sgr. | | | | | | | | | | | | | | | |

## Allgemeine Bemerkungen zu der Tax-Ordnung für die Notarien.

1) Die in dieser Taxordnung nicht aufgeführten Handlungen der Notarien, welche aber doch zu ihrem Amte gehören, werden nach den Vacationen taxirt.

2) In allen Geschäften, welche nach den Vacationen taxirt werden, gebührt den Notarien nichts für die Abfassung des Originals der Urkunde.

3) Für einen Act können am nämlichen Tage höchstens drei Vacationen berechnet werden, es sei denn, daß der Act außer dem Wohnort des Notars aufgenommen werde, in welchem Fall die Gebühren nach der ganzen zu dem Geschäfte wirklich verwendeten Zeit, wenn sie auch über 9 Stunden beträgt, berechnet werden.

4) Wenn die Vacationen bezahlt werden, so wird die zu den vorhergegangenen Konferenzen verwendete Zeit mit in Anschlag gebracht.

5) Die zu der Hin- und Herreise verwendete Zeit wird bei den Vacationen nicht mitgerechnet.

6) Wenn ein Act, der nicht nach den Vacationen taxirt wird, länger als drei Stunden dauert, so passiren für jede folgende angefangene Stunde Funfzehn Silbergroschen über die Taxe.

7) Wird ein angefangener Act ohne Verschulden des Notars nicht vollendet, so werden für jede darauf verwendete Stunde 15 Silbergroschen vergütet, wenn nicht der ganze Act weniger kostet.

8) Bei der Nacht oder vielmehr von 8 Uhr Abends bis 8 Uhr Morgens wird für jeden Act die doppelte Taxe bezahlt. Am Krankenbette einer Parthei wird ebenfalls die doppelte Taxe des Acts gut gethan.

9) Wenn ein Act mehrere Geschäfte zugleich enthält, so wird die Taxe allein nach dem Hauptgeschäft bestimmt.

10) In einem zweiseitigen Contracte wird die Taxe nach dem Werthe desjenigen bestimmt, was von einer Parthei und nicht was von beiden Partheien gegeben oder versprochen oder nachgegeben wird.

11) Wo Prozente bewilliget sind, kann für Diäten und Vacationen nichts gefordert werden. Das angefangene Viertelhundert wird für voll gerechnet, wenn die Summe über 300 Rthlr. steigt.

12) Für die Eintragung ins Repertorium und das dazu erforderliche Stempel-Papier kann der Notar nichts fordern.

13) Die Notarien müssen die verwendete Zeit nebst ihren Gebühren und Auslagen bei Strafe von 5 Rthlr. unter

jedem Protocoll und jeder Ausfertigung gewissenhaft specificiren.

14) Wenn das Gesetz die Zuziehung eines zweiten Notärs erfordert (wie bei der freiwilligen Ehescheidung), so erhält jeder die vollen Gebühren des Acts. Wird aber der zweite Notar anstatt der Zeugen auf Verlangen der Partheien adhibirt, so erhält er außer den Diäten und Reisekosten auch die Hälfte der für den Act festgesetzten Gebühren. Wird er von dem requirirten Notar eigenmächtig anstatt der Zeugen zugezogen, so erhält er blos doppelte Zeugengebühr.

15) Wenn der Gegenstand des Geschäfts nach Gelde geschätzt werden kann, so wird hiernach die Colonne der Taxordnung bestimmt. Ist blos von Zinsen oder sonstigen jährlichen Hebungen ohne Bestimmung eines Capitals die Rede, so richtet sich die Taxe nach dem zwanzigfachen Betrage der jährlichen Einnahme, ausgenommen bei jährlichen Prästationen auf gewisse Zeit, wie bei Pacht- und Miethverträgen, so wie bei Leibrenten und Alimenten-Contracten, wo die Summe der jährlichen Hebungen für die contractmäßige Zeit, wenn ihre Dauer zum voraus bekannt ist, jedoch höchstens nur für Zehn Jahre, und wenn ihre Dauer noch unbekannt ist, immer für Zehn Jahre zusammengerechnet, die Colonne der Taxordnung bestimmt. Ist aber der Gegenstand keiner Schätzung nach Gelde fähig, so tritt die Taxe der 2ten, 3ten, 4ten oder 5ten Colonne ein, je nachdem die Partheien wahrscheinlich keine 2500 Rthlr. oder über 2500 Rthlr. oder über 5000 Rthlr. oder über 15000 Rthlr. oder über 25000 Rthlr. im Vermögen besitzen.

16) Die Bestimmungen des 7ten Kapitels des Decrets vom 16. Februar 1807 sind aufgehoben.

17) Die zwischen den Notarien und den Betheiligten über die Anwendung der Taxordnung entstehenden Streitigkeiten werden vom competenten Landgerichte entschieden.

Gegeben Berlin, den 25. April 1822.

Friedrich Wilhelm.

## 485.

### Bestreitung der Kosten für Anfertigung der Decennal-Civilstands-Tabellen.

Abschrift des Schreibens des königlichen Finanz-Ministerii vom 10. dieses Monats,

die Kosten für die Anfertigung der Decennal-Civilstands-Tabellen betreffend, wird dem ersten Herrn General-Advocaten bei dem königlichen rheinischen Appellations-Gerichtshofe zur Nachricht zugefertigt. Berlin, den 26. April 1822.

An den ersten Herrn General-Advocaten bei dem königlichen rheinischen Appellations-Gerichtshofe zu Cöln.

Der Justiz-Minister v. Kircheisen.

a.

Ew. Excellenz ermangele ich nicht, auf das geehrte Schreiben vom 22. Februar c. die Kosten für die Anfertigung der Decennal-Civilstands-Tabellen betreffend, ganz ergebenst zu benachrichtigen, daß die Regierungen zu Düsseldorf, Coblenz, Trier, Aachen und Cöln heute angewiesen sind, dieselben auf das Haupt-Extraordinarium ihrer Hauptcassen zu übernehmen, so daß nur die Kosten für die Revision der Personenstands-Register, wie bisher, aus den dafür bei der Justiz-Verwaltung besonders ausgesetzten Fonds erfolgen. Berlin, den 10. April 1822.

An des königlichen Wirklichen Geheimen Staats- und Justiz-Ministers, Herrn v. Kircheisen Excellenz.

v. Klewiz.

## 486.

Anzeige bei Verhaftung von Apothekern und Bezirks-Hebammen an die Polizei-Behörde.

Obgleich die Apotheker und solche Bezirks-Hebammen, die allein für einen Ort und dessen Umgegend angestellt sind, nicht als Officianten betrachtet werden können, ihre Stellung zum Publikum es aber in polizeilicher Hinsicht nothwendig macht, daß ihre etwanige Arretirung von Seiten der gerichtlichen Behörden der betreffenden Polizeibehörde, so als wenn es Beamte wären, angezeigt werde, damit diese die nöthigen Anstalten zur Sicherung des Publikums treffe; so wird dem 2c. aufgegeben, sämmtliche Untergerichte seines Departements durch die Amtsblätter anzuweisen, von allen bei denselben etwa vorfallenden Arretirungen solcher Personen, entweder vorher oder doch gleichzeitig die betreffende Polizeibehörde in Kenntniß zu setzen.

Berlin, den 10. Mai 1822.

An den königl. ersten Herrn General-Advocaten beim rheinischen Appellationshofe zu Cöln.

Der Justiz-Minister v. Kircheisen.

## 487.

Die Absendung der Beamten an die auswärtigen Untersuchungs-Aemter erfolgt von dem Justiz-Ministerio.

Extract.

Auch ist bei dieser Gelegenheit dem Präsidenten und dem Ober-Procurator des Landgerichts zu Trier bemerklich zu machen, daß die Einberufung der zu den auswärtigen Untersuchungs-Aemtern deputirten Beamten, und deren Ersetzung durch andere, nur unter Genehmigung des Chefs der Justiz geschehen könne.

Sofern Sie es für nöthig erachten, sind auch die übrigen Landgerichte hierauf aufmerksam zu machen.

Berlin, den 13. Mai 1822. Der Justiz-Minister v. Kircheisen.

An den ersten Herrn Präsidenten und an den ersten Herrn General-Advocaten des königlich rheinischen Appellationsgerichtshofes zu Cöln.

## 488.

In den Erkenntnissen soll der Ausdruck: „Zuchthaus" für Reclusion gebraucht werden.

Auf Ihren Bericht vom 13. vorigen Monats,
das Immediat-Gesuch des Seilers N. zu N., um Begnadigung seiner Ehefrau betreffend,
und der demselben beigefügt gewesenen Acten, hat sich ergeben, daß sich die Assisenhöfe zu Coblenz und Trier des Ausdrucks „Einsperrung" für Reclusion, bedienen, statt daß mehrere andere Assisenhöfe dafür den Ausdruck „Zuchthaus" gebrauchen, welcher auch in die Bergische Uebersetzung des Strafgesetzbuchs aufgenommen worden ist.

Damit zur Vermeidung aller Mißverständnisse überall hierin ein gleiches Verfahren beobachtet werde, und da der Ausdruck: „Zuchthaus" nach der im Artikel 21. von dieser Strafe gemachten Beschreibung der passendere ist; so haben Sie zu veranlassen, daß der Anklage-Senat des königlichen Appellations-Gerichtshofes und die Assisenhöfe, so wie das öffentliche Ministerium denselben für die Folge statt réclusion gebrauchen. Berlin, den 17. Mai 1822.

Der Justiz-Minister v. Kircheisen.

An den ersten Herrn General-Advocaten bei dem königlichen rheinischen Appellations-Gerichtshofe zu Cöln.

## 489.

### Mittheilung der Urtheilsauszüge in Strafsachen an die Regierungen.

Auf Ihren Bericht vom 20. November v. J.
die Mittheilung der Urtheilsauszüge in Strafsachen an die königlichen Regierungen betreffend,
ist das Gutachten des rheinischen Revisions- und Cassationshofes erfordert worden, und wird, nach Eingang desselben, nunmehr Folgendes festgesetzt:

I. In Absicht des ersten Punkts, nämlich der Form, in welcher diese Urtheilsauszüge anzufertigen und mitzutheilen sind, so wird, da die rheinischen Gerichte bisher bei Mittheilung der gedachten Urtheilsauszüge zur Ausführung der betreffenden Vorschriften des Decrets vom 18. Juni 1811 kein gleichförmiges Verfahren beobachtet haben, in dieser Beziehung bestimmt, daß in correctionellen und criminellen Straf-Untersuchungssachen die Urtheils-Auszüge für jede einzelne Sache nach der aus der Beilage A. ersichtlichen Form, nebst zusätzlicher Aufstellung des Kosten-Verzeichnisses an die königlichen Regierungen mitgetheilt werden müssen, und soll für diese Mittheilungen die tabellarische Form nicht ferner statt finden.

II. In Betreff des zweiten Punkts, nämlich der Zeit, binnen welcher die Auszüge oder die Kosten-Verzeichnisse mitzutheilen seien, so begnügt sich der Art. 164. mit der Vorschrift, daß dies in der kürzesten Zeitfrist geschehen soll. Wie sich von selbst versteht, beginnt diese Frist mit dem Augenblicke, wo die Verurtheilung rechtskräftig geworden ist; Tag und Stunde ließ sich unmöglich bestimmen. Thut der Gerichtsschreiber in dieser Hinsicht seine Pflicht, wie sich doch in der Regel von ihm erwarten läßt, so ist dem Gesetze Genüge geleistet, und für das Interesse des Staats möglichst gesorgt. Thut er sie nicht, so giebt es Mittel, ihn für seine Nachlässigkeit zu strafen. Es bedarf also hier keiner nähern Vorschrift.

III. Was den dritten Punkt anbelangt, so wird es jetzt, wo die Appellationen in Correctionell-Sachen bloß an eine andere Kammer des nämlichen Landgerichts gehen, wo die Kostenliquidation von dem Obergerichtsschreiber, oder doch unter seiner Aufsicht aufgestellt wird, und wo dieser es auch ist, welcher das Liquidations-Verzeichniß den königlichen Regierungen mitzutheilen hat, am einfachsten sein, den Betrag der Kosten beider Instanzen in dem letzten Urtheile, oder insofern in dem Appellations-Erkenntnisse die Kosten nicht liquidirt werden konnten, welches nicht leicht der Fall sein mag, in dem darüber anzufertigenden Verzeichnisse zusammen aufzustellen, und das Nämliche kann selbst bei Appellationen in einfachen Polizeisachen geschehen, und haben Sie, Herr erster General-Advocat, hiernach zu verfahren.

Obgleich nun übrigens die Geldbußen eigentlich weder in den Urtheilsauszug noch in das Kostenverzeichniß, wovon im Art. 164. des Decrets die Rede ist, gehören, so ist es doch um so weniger bedenklich, dieselben mit einrücken zu lassen, da schon ehemals die Einregistrirungs-Verwaltung die Vorkehrungen, welche zur Beitreibung der Geldbußen erforderlich waren, unmittelbar zu treffen hatte, und dieses auch jetzt den königlichen Regierungen um so gewisser zusteht, da die Geldbußen so wie die Gerichtskosten in Strafsachen, die das öffentliche Ministerium verfolgt hat, in die nämliche Casse fließen.

IV. Der vierte Punkt scheint durch das Verfahren, welches in dieser Hinsicht nach Ihrer Angabe beobachtet wird, erledigt zu sein; wenigstens bezeichnen Sie blos das Landgericht in N. als dasjenige, bei welchem eine Abweichung von diesem Verfahren sich zu äußern geschienen habe, und bemerken dabei, daß Sie diesem die Beobachtung desselben aufgetragen haben. Dies ist denn auch die Ansicht, welche der königliche Revisions- und Cassationshof bei der Veranlassung, welcher bei dieser Gelegenheit erwähnt wird, an den Tag gelegt hat; und da sich auf diese Weise das Verfahren einförmig gestaltet hat, so ist eine besondere Verordnung um so weniger nothwendig, als allgemeine und umständliche Verfügungen über Gegenstände, deren Ausführung sich von selbst und ohne Schwierigkeit darstellt, die Sachen manchmal anstatt zu erleichtern, erschweren. Mißbräuchen und reellen Inconvenienzen aber, da wo sie sich wirklich in einzelnen zeigen, am füglichsten durch Weisungen abgeholfen werden kann.

V. Der fünfte Punkt endlich bedarf gleichfalls keiner näheren Bestimmung. Es ist freilich denkbar, daß bei der Versendung der Urtheilsauszüge Nachlässigkeit, Verzögerung oder Irrthum eintreten kann; aber vor allem ist das die Frage: haben sich Fälle dieser Art ereignet, und waren sie so häufig, daß allgemeine Maaßregeln dagegen nothwendig werden? Da nun kein solcher Fall angeführt worden ist, und das öffentliche Ministerium, dem das Gesetz die Sorge für die Vollstreckung der Strafurtheile anvertraut hat, ohnehin schon vermöge dieser Attribution befugt ist, ein wachsames Auge auf die richtige Einsendung der in Rede stehenden

Urtheils-Auszüge zu werfen, und die Nachlässigkeiten, die es etwa hierbei wahrnimmt, in dem gesetzlichen Wege zur Rüge zu bringen; so bedarf es auch hier keiner allgemeinen von mir ausgehenden Verordnung.

Berlin, den 24. Mai 1822.

An den ersten Herrn General-Advocaten bei dem königlichen rheinischen Appellations-Gerichtshofe zu Cöln.

Der Justiz-Minister v. Kircheisen.

A.

Auszug aus einem correctionellen Urtheile.

Durch das von der ........ Kammer des königlichen Land-Gerichts zu ........ unterm ...ten ...... 18.. erlassenen Erkenntniß ist
der
aus
wegen
zu einer Geldstrafe von ...... Fr. ..... Ct. desgleichen
zu
und in die Kosten liquidirt auf ... Thl. ... Gr. ... Pf.
verurtheilt worden.

Für die Richtigkeit dieses Auszuges
der Obergerichtsschreiber des Landgerichts.

Geschehen N. den ...... Der Ober-Procurator.

Kosten-Verzeichniß
zur Sache
des öffentlichen Ministeriums gegen rc. rc.

490.

Vollstreckung der kriegsrechtlichen Erkenntnisse gegen Deserteurs hinsichtlich der Vermögens-Confiscation.

Auf Ihren Bericht vom 28. vorigen Monats,
betreffend das bei Vollstreckung der kriegsrechtlichen Erkenntnisse gegen Deserteure zu beobachtende Verfahren,
eröffne ich Ihnen, daß, da die Kriegsartikel gegen die in den Rheinprovinzen befindlichen, oder von dort gebürtigen Militairpersonen Anwendung finden, da ferner nach der Verordnung vom 15. September 1818 §. 3. gegen jeden ausgetretenen Militairpflichtigen auf die Strafe der Confiscation des Vermögens erkannt werden muß, es kein Bedenken hat, die wider Deserteurs ergangenen kriegsrechtlichen Erkenntnisse auch in Bezug auf die Vermögens-Confiscation zu voll-

strecken. Gegen das von der Regierung zu Aachen deshalb in Vorschlag gebrachte Verfahren findet sich unter der von Ihnen bemerkten Modification nichts zu erinnern.

Berlin, den 24. Mai 1822.

An den ersten Herrn General-Advocaten bei dem königlichen rheinischen Appellations-Gerichtshofe zu Cöln.

Der Justiz-Minister v. Kircheisen.

## 491.

### Periodische Gerichtssitzungen der Friedensgerichte in dem Landgerichtsbezirk von Coblenz.

Mit Bezug auf die bereits erlassene allgemeine Bekanntmachung vom 16. April c. wird hierdurch auf den Grund der Verfügungen Seiner Excellenz des Herrn Justiz-Ministers vom 17. Mai c. Folgendes nachträglich festgesetzt:

§. 1. An den periodischen Gerichtssitzungen zu Sobernheim im Friedensgerichtsbezirke Kirn nimmt die Bürgermeisterei Sobernheim und an denen zu Bacharach im Friedensgerichtsbezirke St. Goar die Bürgermeisterei Bacharach und Niederheimbach allein Theil.

§. 2. Die §§. 3 und 4 der zuerst gedachten Bekanntmachung vom 16. April c. werden auch auf die periodischen Gerichtssitzungen zu Sobernheim und Bacharach für executorisch erklärt. Cöln, am 5. Juni 1822.

Der Geheime Staats-Rath und erste Präsident Daniels.

Der Geheime Ober-Revisions-Rath und erste General-Advocat. In dessen Abwesenheit der General-Advocat Baumeister.

## 492.

### Verbot des Betriebs eines Gewerbes durch die Notarien und deren Frauen.

Ihrer in dem Berichte vom 30. v. Mts. über die Frage:

ob den Notarien das Halten der Gasthäuser, Schenkhäuser, Kaffeehäuser, Tabagien und Billarde, und welche anderen Gewerbe auf den Namen ihrer Frauen zu untersagen sei,

vorgetragenen gutachtlichen Meinung stimme ich darin bei: daß den Notarien jedes Gewerbe, selbst unter dem Namen ihrer Frauen untersagt, und nur unter besonderen Umständen davon dispensirt werde, und veranlasse ich Sie, Herr erster General-Advocat, hiernach das Erforderliche zu verfügen.

Daß Landwirthschaft und die mit dem Betriebe derselben gewöhnlich verbundenen Gewerbe, so wie das Unternehmen des Bergbaues hierunter nicht begriffen sind, versteht sich von selbst.

Ebenso mag den Notarien bis auf weitere Verfügung ferner erlaubt werden, daß sie bei Sühne-Versuchen am Friedensgerichte die Partheien vertreten.

In allen Fällen, wo Notarien gegenwärtig bereits Bürgermeistereien verwalten, kann es dabei bleiben. Für die Folge soll aber denselben nicht verstattet werden, ohne Erlaubniß des Justiz-Ministers das Bürgermeisteramt zu übernehmen. Berlin, den 10. Juni 1822.

An den ersten Herrn General-Advocaten bei dem königlichen rheinischen Appellationsgerichtshofe zu Cöln.

Der Justiz-Minister
v. Kircheisen.

## 493.

### Amtskleidung der Justizbeamten.

Auf Ihren Bericht vom 31. vorigen Monats,
betreffend die Amtskleidungen der rheinischen Justizbeamten und die Weigerung des Landgerichts zu N. solche zu tragen,

eröffne ich Ihnen, Herr erster Präsident und Herr erster General-Advocat, daß ich nur Ihrer Ansicht beitreten kann, und die Weigerung der bei dem Landgerichte zu N. angestellten Justizbeamten mißbilligen muß. Denn es ist hier nicht von der Wiedereinführung einer französischen Uniform oder eines französischen Costüme die Rede, sondern von der Beibehaltung einer gesetzlich nicht abgeschafften in Ihrem Berichte beschriebenen ganz einfachen schwarzen Ueberkleidung, lediglich zum Gebrauch in den öffentlichen Gerichtssitzungen, an welche man in den dortigen Provinzen gewöhnt ist, welche von den fünf übrigen Landgerichten und dem Appellationsgerichtshofe gebraucht wird, und allerdings dem Zweck eines anständigen gleichförmigen Anzugs mit den wenigsten Kosten für die Beamten entspricht, auch neben der diesseitigen Uniform der Justiz-Beamten (welche für das gesellschaftliche Leben, so wie für alle feierliche Gelegenheiten außer den öffentlichen Gerichtssitzungen bestimmt sein würde) recht gut bestehen kann, wie denn auch die Mitglieder des hiesigen Revisionshofes in den öffentlichen Gerichtssitzungen nicht in ihren Uniformen, sondern in schwarzer Kleidung erscheinen.

Ich zweifle nicht daran, daß das Landgericht zu N. nach Mittheilung dieser Gründe, Ihrem Ansinnen entsprechen wird, ohne daß es eines Befehls von meiner Seite oder der öffentlichen Bekanntmachung einer allgemeinen Verfügung bedürfen wird. Berlin, den 14. Juni 1822.

An den ersten Herrn Präsidenten und den ersten Herrn General-Advocaten des königlichen rheinischen Appellations-Gerichtshofes zu Cöln.

Der Justiz-Minister v. Kircheisen.

## 494.

Verfahren bei Verwandlung der verwirkten Geldbuße in Gefängnißstrafe, bei Unvermögenheit der Schuldigen.

Beigehend erhalten Sie, Herr General-Advocat, Abschrift einer von dem königlichen Finanz-Ministerio unter dem 24. v. Mts. wegen der Dauer des Personalarrestes in Strafsachen an die rheinischen Regierungen erlassenen Verfügung. Durch dieselbe wird der in der Allerhöchsten Kabinets-Ordre vom 10. März v. J., die gegen den Tüncher Bürger verfügte Personalhaft betreffend, ausgesprochenen Willensmeinung Seiner Majestät des Königs ein Genüge geleistet und ich finde mich daher nicht weiter veranlaßt, eine Abänderung der dortigen Gesetzgebung in Betreff der Geldbußen in Antrag zu bringen. Berlin, den 17. Juni 1822.

An den ersten Herrn General-Advocaten bei dem königlichen rheinischen Appellations-Gerichtshofe zu Cöln.

Der Justiz-Minister v. Kircheisen.

### a.

Der 52ste Artikel des rheinischen Strafgesetzbuchs spricht den allgemeinen Grundsatz aus, daß Verurtheilungen zu einer Geldbuße, zu Wiedererstattungen, zum Ersatze des Schadens und zu den Kosten mittelst persönlichen Arrestes vollstreckt werden können; der 53ste Artikel macht aber die Beschränkung, daß der wegen Strafe und Kosten Verhaftete seine provisorische Freilassung fordern kann, wenn seine Zahlungsunfähigkeit ermittelt ist, und er ein Jahr resp. sechs Monate in Arrest war.

Es sind nun Zweifel über die Frage entstanden:

wie die Zahlungsunfähigkeit eines solchen Verhafteten bewiesen werden soll?

Das Strafgesetzbuch sagt hierüber nichts bestimmtes; es wird daher von der einen Seite behauptet, daß der Verhaftete den Beweis seiner gänzlichen Insolvenz liefern müsse; von der andern Seite aber wird behauptet, daß der Beweis der gänzlichen Zahlungsunfähigkeit von Seiten des Verhafteten nicht gefordert werden könne, weil dieser Beweis sich eigentlich auf eine Negative reduzire; daß vielmehr die mit der Execution beauftragte Behörde weit leichter das Faktum der Insolvenz constatiren könne. Das Finanz-Ministerium glaubt dieser letztern Meinung beitreten und annehmen zu müssen, daß die Insolvenz eines Verurtheilten, soweit von der Anwendung des angeführten Art. 53. des rheinischen Strafgesetzbuches die Rede ist, als bewiesen anzunehmen ist, wenn durch ein Zeugniß des Local-Beamten bescheinigt wird, daß der Verurtheilte keinen Grundbesitz hat, und durch den Act eines Gerichtsboten dargethan ist, daß in seiner Wohnung kein Object der Pfändung vorgefunden werden konnte.

Die königliche Regierung kann sich diese Beweisstücke leicht verschaffen, und hat daher auch dafür zu sorgen, daß die Verhaftung eines solchen Verurtheilten wegen Bezahlung der Strafe und der Kosten die Dauer der im Art. 53. des rheinischen Strafgesetzbuches gesetzten Zeit, in keinem Falle überschreite.

In gleicher Art muß auch im Falle des Art. 467. des nämlichen Strafgesetzbuches verfahren werden.

Nach der Fassung der oben angeführten Gesetzstellen ist aber der Gebrauch des Personal-Arrestes nicht befohlen, sondern nur gestattet, und da es dadurch in die Befugniß der Behörden gegeben ist, von diesem Executionsmittel gar keinen Gebrauch zu machen, so liegt es in derselben Befugniß, das Maximum der Dauer auch abzukürzen, was besonders bei geringen Vergehen, bei notorischer Zahlungsunfähigkeit und bei sonst zur Berücksichtigung geeigneten Umständen geschehen kann, um so mehr, als in dem rheinischen Strafgesetzbuche mit der Geldbuße gewöhnlich eine Gefängnißstrafe verbunden ist, der Verurtheilte also der verdienten Strafe nie entgeht.

Diese Bemerkung findet freilich bei der Bestrafung der Zolldefraudationen nicht statt, weil die neueren Gesetze in der Regel nur Geldbußen aussprechen. Es würde daher die Meinung entstehen können, daß die Zolldefraudanten auch bei den erschwerendsten Umständen höchstens nur eine sechsmonatliche Haft auszuhalten hätten, wenn ihre Zahlungs-

Unfähigkeit nachgewiesen ist. Dieses allerdings sehr wichtige Bedenken erledigt sich aber durch folgende Bemerkungen.

Die Verurtheilung eines Zolldefraudanten enthält nach dem Gesetze vom 26. Mai 1818 mehrere verschiedenartige Objecte, die Confiscation der Waaren, die Zahlung der defraudirten Gebühren, und die Strafe des vierfachen Betrages dieser Gebühren. Die Zahlung der defraudirten Gebühren ist keine eigentliche Strafe, sondern ein bloßer Ersatz; die Strafe besteht nur in der Verurtheilung zur Zahlung der vierfachen Gebühren. Da nun der Art. 53. des rheinischen Strafgesetzbuchs die Dauer des Personalarrestes nur hinsichtlich der eigentlichen Strafe und der Kosten auf ein Jahr oder resp. sechs Monate beschränkt, der vorhergehende Artikel 52. aber den Personalarrest ohne Beschränkung auch bei der Verurtheilung zum Ersatze oder zur Entschädigung erlaubt, so ergiebt sich die Folge von selbst, daß der Personal-Arrest wegen Bezahlung der defraudirten Gebühren hinsichtlich seiner Dauer nicht an die Vorschriften des Art. 53. gebunden ist, folglich auch über die, im letztern Artikel bestimmte Zeit fortdauern kann, wodurch also auch die anscheinend mögliche Straflosigkeit eines Defraudanten beseitigt wird.

Das Finanz-Ministerium bemerkt bei dieser Gelegenheit, daß einige Regierungen dem Gerichtsboten, welcher einen Verurtheilten persönlich verhaftete, die Gebühren nach der Bestimmung des Decrets vom 16. Februar 1807 mit 30 Fr. bezahlt haben, da doch diese Gebühren in Zuchtpolizei-Sachen nach dem Decrete vom 7. April 1813 nur 12 Fr. betragen.

Aber auch diese Kosten können vermieden werden, wenn ein solcher Verurtheilter auf Betreiben des öffentlichen Ministeriums durch Gensd'armen eingebracht wird, wie dieses in andern rheinischen Regierungsbezirken wirklich geschieht.

Das Finanz-Ministerium muß daher der königlichen Regierung empfehlen, diesen Weg einzuschlagen, um den Betrag der Kosten möglichst zu vermindern.

Berlin, den 24. Mai 1822.

Finanz-Ministerium.

Circulare v. Klewitz.
an die königlichen rheinischen Regierungen.

## 495.

### Wegen angebrachter Begnadigungsgesuche kann die Vollstreckung der Strafe nicht ausgesetzt werden.

Auf den Bericht vom 11. Juni c., womit Sie die Uebersicht der im 1. Quartal d. J. erkannten Strafen eingereicht haben, ist die Vollziehung einiger Strafen durch die Allerhöchsten Orts nachgesuchte Begnadigung aufgehalten worden. Der Justiz-Minister findet sich hierdurch veranlaßt, Ihnen bemerklich zu machen, daß wegen angebrachter Begnadigungsgesuche die Vollstreckung der Strafe nicht ausgesetzt werden kann, es sei denn, daß in der Sache Bericht erfordert worden.

Berlin, den 29. Juni 1822.

An den Herrn Ober-Procurator bei dem königlichen Landgerichte zu Cöln.

Der Justiz-Minister
v. Kircheisen.

## 496.

Mittheilung der Straf-Erkenntnisse, welche gegen die zur Ergänzung der Kriegsreserve ausgehobenen Rekruten ergangen sind, an die Landwehr-Brigade-Commandeure.

Zufolge einer von des Königs Majestät getroffenen Anordnnng werden zur Ergänzung der Kriegsreserve der Infanterie, Rekruten ausgehoben, deren Vereidigung jedoch nicht eher als bei ihrer wirklichen Einziehung erfolgt. Diese Rekruten, welche zum Unterschiede der übrigen Kriegsreserve-Mannschaften (die wirklich im stehenden Heere gedient haben, und sich in der Regel nur zwei Jahre in der Kriegsreserve befunden) nach ihrer bei den Landwehrstäben erfolgten Ausbildung die Benennung: „Fünfjährige Kriegsreservisten" erhalten, verbleiben als unbeeidigt in Beziehung auf die Criminalgerichtsbarkeit, der sie unterworfen sind, in ihren bisherigen Verhältnissen.

Damit jedoch von dem Vergehen eines solchen Rekruten derjenige Truppentheil, welchem er namentlich überwiesen worden, Kenntniß erhalte, werden auf den Antrag des königlichen Kriegs-Ministerii die Civil-Gerichte angewiesen, von einem jeden, wider einen Rekruten dieser Art ergangenen und rechtskräftig gewordenen Straferkenntnisse das betreffende Landwehr-Brigade-Commando zu benachrichtigen.

Sie, Herr General-Advocat, werden angewiesen, die Benachrichtigung der Militair-Behörde den Staats-Anwälden aufzugeben.

Berlin, den 12. Juli 1822.

An den ersten königlichen Herrn General-Advocaten bei dem Appellations-Gerichtshofe zu Cöln.

Der Justiz-Minister
v. Kircheisen.

## 497.

Der Senat des Appellationshofes für ostrheinische Sachen im Regierungs-Bezirk Coblenz kann die vom Justiz-Senat zu Coblenz erlassenen Criminal-Erkenntnisse nicht schärfen.

Da sich nach dem Bericht des Senats des königlichen rheinischen Appellationsgerichtshofes für ostrheinische Sachen des Regierungs-Bezirks Coblenz vom 27. vor. Mts. nicht nachweisen läßt, daß der vorige Landesherr vermöge des sich vorbehaltenen Rechts der Bestätigung der bei dem Justiz-Senat zu Ehrenbreitstein (jetzt zu Coblenz) ergangenen Criminal-Erkenntnisse, dergleichen Erkenntnisse nach oder ohne Einforderung des Gutachtens eines andern Criminalgerichts verschärft hat, mithin auch nicht behauptet werden kann, daß eine solche Verschärfung der frühern Verfügung gemäß sei und das Recht zu selbiger auf den königlichen Appellationsgerichtshof übergegangen sei; so bestimmt der Justiz-Minister hierdurch, daß das Collegium sich der Schärfung der bei dem Justiz-Senat zu Coblenz ergangenen Criminal-Erkenntnisse zu enthalten hat.

Hiervon ist der gedachte Justiz-Senat zu benachrichtigen.

Berlin, den 15. Juli 1822. Der Justiz-Minister

v. Kircheisen.

An
den Senat des königl. rheinischen Appellationsgerichtshofes für ostrheinische Sachen des Regierungs-Bezirks Coblenz zu Cöln.

## 498.

Interpretation der Allerhöchsten Kabinets-Ordre v. 6. März 1821, die Strafgesetze bei Vergehen der Verwaltungs-Beamten betreffend, hinsichtlich der Justiz-Beamten.

Auf den von Ihnen, Herr erster Präsident, unter dem 4. d. Mts. erstatteten Bericht

über eine in der Untersuchungs-Sache wider den vormaligen Notar N. und die dabei vorgefallene Competenzfrage erfolgte Entscheidung,

wird Ihnen eröffnet, daß der Zweifel, welchen Sie in Betreff der Interpretation der Allerhöchsten Kabinets-Ordre vom 6. März pr. zur Sprache gebracht haben, mittlerweile durch eine in der Untersuchungs-Sache wider den Communal-Kreis-Förster N. ergangene Entscheidung des hiesigen rheinischen Revisions- und Cassations-Hofes vom 26. Juni c. beseitigt worden ist. Der letztgedachte Gerichtshof hat die

Meinung angenommen, für welche sich der erste Civil-Senat des königlichen Appellations-Gerichtshofes in der Untersuchungs-Sache wider den Notar N. in dem Erkenntnisse vom nämlichen Tage erklärt hat:

„daß nämlich die Allerhöchste Kabinets-Ordre vom 6. März 1821, indem solche die Dienst-Vergehen der Verwaltungs-Beamten unter die Strafbestimmung des achten Abschnitts des 20. Titels des 2. Theils des Allgemeinen Landrechts gestellt und zum Verfahren der Criminal-Ordnung vom 11. December 1825 verwiesen hat, unter dem Ausdruck:

Verwaltungs-Beamte,

die Justiz-Beamten nicht begriffen habe.

Es ist daher zu erwarten, daß hierdurch die Differenz zwischen den verschiedenen Senaten des königlichen Appellations-Gerichtshofes unter einander und zwischen den Landgerichten gehoben sein wird.

Berlin, den 15. Juli 1822. Der Justiz-Minister
An v. Kircheisen.
den ersten Herrn Präsidenten des königl. rheinischen Appellations-Gerichtshofes zu Cöln.

## 499.

Disciplinar-Beschlüsse der Landgerichte gegen ministerielle Beamte unterliegen der Bestätigung des Justiz-Ministers.

Mit Beziehung auf die in Untersuchungssachen wider den Gerichts-Vollzieher N. unter dem heutigen dato an Sie ergangene Verfügung, wird Ihnen, Herr erster General-Advocat, eröffnet, daß, da alle Disciplinar-Beschlüsse der Landgerichte gegen die ministeriellen Beamten der Bestätigung des Justiz-Ministerii unterliegen, dieselben auch nicht eher vollzogen werden können, bevor diese erfolgt ist. Es muß daher gemißbilligt werden, daß der gegen den Gerichtsvollzieher N. wegen zweier Dienstfehler von dem Landgerichte zu Cöln in seiner Plenarversammlung vom 8. Juni c. erkannte Verweis dem Angeklagten vor Eingang der Bestätigung ertheilt worden ist. Dies ist durch den Ober-Procurator dem Landgericht bekannt zu machen, damit dasselbe für die Folge sich hiernach achte.

Berlin, den 19. Juli 1822. Der Justiz-Minister
An v. Kircheisen.
den ersten Herrn General-Advacaten bei dem königl. rheinischen Appellations-Gerichtshofe zu Cöln.

## 500.

### Subhastations-Ordnung.

Wir Friedrich Wilhelm, von Gottes Gnaden, König von Preußen rc. rc.

Da es ein dringendes Bedürfniß ist, den Mängeln der rheinischen Proceß-Ordnung, in Bezug auf das Subhastations-Verfahren jetzt schon abzuhelfen, und dasselbe zu vereinfachen; so verordnen Wir auf den, im Einverständnisse mit dem Justiz-Minister, von Unserm Staatskanzler vorgelegten, von der Justiz-Abtheilung Unsers Staatsraths mitberathenen Antrag:

§. 1. Bei dem Subhastations-Verfahren sollen künftig die Friedensrichter als beständige Commissarien der Landgerichte handeln. Die Subhastation geschieht vor dem Friedensrichter, in dessen Gerichtsbezirke die zu veräußernden Immobilien liegen; es sey denn, daß der Gläubiger oder der Schuldner, wegen der besonderen Natur des zu veräußernden Grundstücks oder wegen anderer Verhältnisse ein Anderes begehren, in welchem Falle das Landgericht das Verfahren bei sich selbst durch einen Deputirten leiten lassen kann.

Wenn die Immobilien, deren Beschlagnahme beabsichtigt wird, in verschiedenen friedensgerichtlichen Bezirken liegen; so wird auf den Antrag des Gläubigers von dem Landgerichte derjenige Friedensrichter ernannt, vor welchem die Subhastation statt haben soll.

§. 2. Jedem Beschlage zum Verkaufe der Immobilien muß eine Aufforderung zur Zahlung (Zahlungsbefehl) vorhergehen, welche mit der Abschrift der Urkunde, worauf sie sich gründet, dem Schuldner in den, für die Vorladungen allgemein bestimmten Formen zugestellt wird. Sie enthält von Seiten des Gläubigers die Erklärung, daß im Nichtzahlungsfalle zur Beschlagnahme der Immobilien des Schuldners geschritten werden solle. Ist der Gläubiger in dem Bezirke des Friedensgerichts, vor welchem die Subhastation geschehen soll, nicht wohnhaft; so muß er in der erwähnten Aufforderung zur Zahlung, einen Wohnort in diesem Bezirke wählen.

Ist nach der Bestimmung des vorigen Paragraphen von mehreren Friedensrichtern Einer von dem Landgerichte bestimmt, oder hat das Landgericht die Leitung des Verfahrens durch einen Deputirten aus seiner Mitte verordnet, so wird der desfallsige Beschluß, gleichzeitig mit der Aufforderung zur Zahlung dem Schuldner zugestellt.

§. 3. Die Beschlagnahme der Immobilien kann nicht eher als nach Ablauf eines Monats vom Tage des Zahlungsbefehls erfolgen. Läßt der Gläubiger, von diesem Tage an, mehr als drei Monate verstreichen, so wird der Zahlungsbefehl als nicht existirend betrachtet uud muß zum Zwecke der Beschlagnahme wiederholt werden.

§. 4. Will der Gläubiger zur Beschlagnahme schreiten, so überreicht er dem Friedensrichter oder dem Deputirten des Landgerichts (§. 1.) persönlich oder durch einen Bevollmächtigten:

1) die Urkunde oder das Urtheil in executorischer Form und den Zahlungsbefehl in Urschrift;
2) eine Beschreibung der zu veräußernden Gegenstände, ihrer Natur, des ohngefähren Flächen-Inhalts und ihrer Lage mit Angabe des Kreises und der Gemeinde darin, ferner die Bezeichnung der allenfalls dazu gehörigen Gebäulichkeiten, und wenn das zu veräußernde Grundstück in einem Hause bestehet, auch eine Beschreibung des Aeußern desselben und die Bezeichnung der Straße, in welcher es allenfalls gelegen ist, mit Angabe des etwanigen Miethers oder Pächters;
3) einen beglaubigten Auszug aus der Steuerrolle;
4) einen beglaubigten Auszug aus dem Hypothekenbuche über die auf den Immobilien lastenden Hypotheken;
5) die von ihm entworfenen Kaufbedingungen;
6) die Erklärung eines von ihm selbst gemachten Gebots auf das Grundstück. Sollten mehrere besondere Grundstücke zusammen subhastirt werden, so muß jene Erklärung für jedes ein besonderes Gebot enthalten.

Bei einzelnen ländlichen Grundstücken müssen wenigstens zwei Grenznachbaren angegeben werden.

§. 5. In der hierüber sogleich, mit Angabe der Stunde, des Tages, Monates und Jahres aufzunehmenden Verhandlung hat der Friedensrichter oder der Deputirte des Landgerichts die Beobachtung der Vorschriften des vorhergehenden Paragraphen genau zu constatiren; er verfügt sodann den Beschlag zum Zwecke der Subhastation und verordnet dessen Eintragung in die Hypotheken-Register, so wie die Zustellung dieser Verfügung und der ihr zu Grunde liegenden Verhandlung an den Schuldner, in den für die Vorladungen vorgeschriebenen gesetzlichen Formen.

§. 6. Diese Zustellung dient als förmliche Beschlagnahme, jedoch treten deren Wirkungen gegen einen Dritten erst von dem Tage der Eintragung in das Hypothekenbuch (§. 5.) ein. Diese Eintragung wird auf der, zu diesem Zweck ertheilten Ausfertigung der Verhandlung bescheinigt und dieselbe den Acten beigefügt.

§. 7. Die Anmeldung eines zweiten auf die nämlichen Immobilien, oder einen Theil derselben Bezug habenden Subhastationsgesuches, ist der Friedensrichter oder Deputirte, nach den (§§. 4 und 5.) vorgeschriebenen Formen, zwar aufzunehmen verbunden, jedoch ist unter mehreren Concurrenten derjenige, dessen Anmeldung zuerst aufgenommen worden, als Extrahent der Subhastation zu betrachten, und diese auf dessen Namen fortzusetzen.

§. 8. Sind die mit Beschlag belegten Immobilien nicht vermiethet oder verpachtet, so bleibt der, gegen welchen der Beschlag ausgewirkt worden, bis zum Verkaufe als gerichtlicher Sequester im Besitze, sofern nicht der Friedensrichter oder der Deputirte, auf Ansuchen eines oder mehrerer Gläubiger ein Anderes verordnet. Doch können die Gläubiger die vom Boden noch nicht abgesonderten Früchte einerndten und verkaufen, und die, nach der Eintragung der Beschlagnahme ins Hypothekenbuch verfallenen Miethen oder Pächte mit Arrest belegen lassen. Solche Früchte, Miethen oder Pächte werden den unbeweglichen Gütern darin gleich geachtet, daß der Betrag derselben nach Ordnung der Hypotheken vertheilt wird.

§. 9. Derjenige, gegen welchen der Beschlag ausgewirkt worden, darf den Werth der Immobilien auf keine Art vermindern, und daher auch kein Holz auf demselben fällen; er wird, im Fall einer Zuwiderhandlung, zur vollständigen Entschädigung verurtheilt und ist deshalb dem persönlichen Arreste unterworfen.

§. 10. Wenn der Schuldner nach erfolgter Eintragung der Beschlagnahme in das Hypothekenbuch die Immobilien veräußert; so ist diese Handlung in Beziehung auf die Gläubiger nichtig, ohne daß es hierzu eines besonderen Erkenntnisses bedarf. Doch behält eine solche Veräußerung ihre Kraft, wenn der Erwerber eine zur Tilgung der eingeschriebenen Forderungen an Capital, Zinsen und Kosten hinreichende Summe vor dem Zuschlage deponirt, und den Beweis darüber den eingeschriebenen Gläubigern insinuiren läßt. Sind die auf diese Art deponirten Gelder erborgt, so haben die Darleiher nur eine, den, zur Zeit der Veräußerung eingetragenen Gläubigern nachstehende Hypothek. Ist die Deposition nicht vor dem Zuschlage geschehen, so darf dieser unter keinem Vorwande ausgesetzt werden.

§. 11. Sobald der Friedensrichter oder Deputirte die Beweise über die Erfüllung der Vorschriften, wegen Zustellung und Eintragung der Beschlagnahme (§§. 5. 6.) in Händen hat, entwirft er sogleich auf den Grund der nach §. 5. aufgenommenen Verhandlung, das Subhastationspatent und verordnet dessen Bekanntmachung.

§. 12. Das Subhastations-Patent muß enthalten:

1) Namen, Gewerbe und Wohnort des extrahirenden Gläubigers und des Schuldners;
2) die Bezeichnung der zur Veräußerung bestimmten Immobilien, wie solche im §. 4. Nr. 2. vorgeschrieben ist, mit Angabe der Grundsteuer und des ersten Gebots des Gläubigers;
3) die Anzeige, daß der vollständige Auszug der Steuerrolle nebst den Kaufbedingungen auf der Gerichtsschreiberei des Friedensgerichts oder des Landgerichts, wenn dieses einen Deputirten aus seiner Mitte ernannt hat, einzusehen ist;
4) die Bestimmung des Tages und des Orts, an welchen die Versteigerung und der Zuschlag an den Meistbietenden erfolgen sollen.

§. 13. Der Termin muß wenigstens von zwei Monaten sein, wenn die jährliche Grundsteuer weniger als 4 Rtl. beträgt, von drei Monaten bei einer jährlichen Grundsteuer von 4 Rtl. bis 160 Rtl. ausschließlich, und von vier Monaten, wenn die Grundsteuer 160 Rtl. oder mehr beträgt.

§. 14. Die Bekanntmachung des Subhastations-Patents geschieht:

I. wenn die jährliche Grundsteuer weniger als 4 Rtl. beträgt, durch Anschlag gedruckter Exemplare desselben in der Gemeinde, wo die Immobilien liegen, in dem Hauptorte der Bürgermeisterei, wozu diese Gemeinde gehört und an der äußeren Thüre des Geschäfts-Locals des Friedensrichters. Liegen die Immobilien in mehreren friedensgerichtlichen Bezirken, so geschieht die Anheftung an dem Geschäfts-Locale eines jeden der betreffenden Friedensrichter. Ist aber für das Subhastations-Verfahren ein Deputirter des Landgerichts ernannt, so geschiehet auch der Anschlag außerdem noch an dem Gebäude, wo das Landgericht seine Sitzung hält. Diese Anheftung geschiehet durch einen Gerichtsboten, welcher solche durch Urkunden in gesetzlicher Form constatirt.

II. Wenn die jährliche Grundsteuer 4 Rtl. oder mehr beträgt, außer den sub 1) verordneten Anschlägen durch eine dreimalige, nach möglichst gleichen Zeiträumen zu bewirkende Einrückung des Subhastations-Patents in den öffentlichen Anzeiger des Regierungsbezirks.

Den Betheiligten ist es in allen Fällen unbenommen, auf ihre Kosten noch jede andere Bekanntmachung zu veranlassen.

§. 15. Die im §. 13. vorgeschriebenen Fristen werden, wenn keine Bekanntmachung des Patents durch den öffentlichen Anzeiger nöthig ist (§. 14. I.), vom Tage der zuletzt geschehenen Anheftung, sonst aber (§. 14. II.) vom Tage der ersten Einrückung in den öffentlichen Anzeiger gerechnet.

§. 16. In den ersten 14 Tagen der nach den Bestimmungen des vorigen Paragraphen zu berechnenden Frist muß jedem der eingetragenen Gläubiger in dem, bei der Eintragung der Forderung ins Hypothekenbuch gewählten Wohnorte, so wie dem Schuldner, in den für die Vorladungen vorgeschriebenen Formen ein gedrucktes Exemplar des Subhastations-Patents zugestellt und zugleich in der Zustellungs-Urkunde bemerkt werden, daß und an welchen Tagen die Anheftung des Patents und die erste Einrückung desselben in den öffentlichen Anzeiger, wenn sie nöthig ist, geschehen sind.

§. 17. Der Gläubiger, auf dessen Namen die Subhastation betrieben wird, muß in dem Licitationstermine persönlich oder durch einen Bevollmächtigten auf die Versteigerung antragen. Geschieht dieses nicht, so wird das Verfahren aufgehoben, es sei denn, daß ein anderer Gläubiger, welcher sein Subhastationsgesuch ebenfalls schon angemeldet hat (§. 7.), die Fortsetzung der Licitation verlangt, in welchem Falle dieser in die Stelle des ersten Extrahenten tritt und die Licitation statt findet, jedoch nur hinsichtlich der Immobilien, auf welche sich dessen Anmeldung bezogen hat.

§. 18. Das Licitations-Verfahren muß öffentlich und in ordentlicher Gerichtsstelle geschehen. Es wird eröffnet nach vorausgegangenem Antrage des Gläubigers (§. 17.) durch Vorlegung der durch gegenwärtiges Gesetz vorgeschriebenen Verhandlungen, der Urkunden der Gerichtsboten über die geschehenen Zustellungen und Anheftungen, so wie der Exemplare des öffentlichen Anzeigers, in welche das Subhastations-Patent eingerückt worden ist.

§. 19. Alle Einreden gegen die Zulässigkeit oder Gültigkeit des bis zu dem Licitations-Termin statt gehabten Verfahrens müssen hierauf, bei Verlust derselben, zu Protocoll gegeben werden. Dem Extrahenten steht es alsdann frei, der angebrachten Einreden ungeachtet, auf die Fortsezzung der Licitation zu bestehen, oder in deren Aufhebung zu willigen. Geschieht das Letztere, so kann die Licitation nur statt finden, wenn nach Anleitung des §. 17. ein anderer Gläubiger die Fortsetzung der Licitation, hinsichtlich der von ihm bei Anmeldung seines Subhastations-Gesuchs (§. 7.) bezeichneten Immobilien begehrt, welches alsdann in dem Protocolle zu bemerken ist.

§. 20. Wenn ein Dritter, welcher auf die in Beschlag genommenen Immobilien Ansprüche zu haben glaubt, schon vor dem Verkaufe derselben sie geltend machen und sich dem Verkaufe widersetzen will, so muß er spätestens bei Eröffnung des Licitations-Termins dem, mit der Subhastation beauftragten Friedensrichter oder Deputirten davon die Anzeige zu Protocoll machen und die in Händen habenden, zum Beweise dienenden Urkunden demselben übergeben. Das Protocoll wird alsdann nebst den Beweisstücken, beim Anfange des Licitations-Termins den Interessenten vorgelegt, und dieses in dem, über die Licitation zu führenden Protocolle bemerkt. Hinsichtlich der Licitation selbst, treten alsdann die nämlichen Bestimmungen ein, welche in dem §. 19. in Bezug auf die, gegen die Gleichgültigkeit des Verfahrens angebrachten Einreden, enthalten sind.

§. 21. Wenn bei Eröffnung des Licitations-Termins keine Einreden oder Ansprüche (§§. 19. 20.) vorgebracht werden, oder wenn, derselben ungeachtet, auf die Fortsetzung des Verfahrens bestanden wird, so wird zur Vorlesung der Bedingungen und demnächst auf den Grund des von dem Gläubiger gemachten ersten Gebots zur Licitation geschritten und dabei zugleich der wahrscheinliche, dem Meistbietenden zur Last fallende Kostenbetrag angegeben.

§. 22. Dem Deputirten des Landgerichts oder dem Friedensrichter, dem bei der Licitation zugezogenen Gerichtsschreiber und dem Gerichtsboten, dessen mau sich in den Terminen zum Ausrufe der Gebote bedient, ist bei Vermeidung der in den Gesetzen ausgesprochenen Disciplinar-Maaßregeln, verboten, bei der Licitation mitzubieten. Der Zuschlag, welcher ihnen unmittelbar oder mittelbar in der Person eines Dritten ertheilt wird, ist nichtig.

Unbekannte, Nichtangesessene oder notorisch Zahlungsunfähige werden zum Mitbieten nur zugelassen, wenn sie sich durch Stellung eines als Selbstschuldner haftenden zahlungsfähigen Bürgen oder als Mandatar einer zahlungsfähigen

Person durch Vorlegung einer Vollmacht dazu qualifiziren. Die vorgelegte Vollmacht wird zu den Akten genommen.

§. 23. Die Versteigerung geschieht bei brennenden Kerzen, in der Art, daß der Zuschlag erfolgt, sobald bei einem Gebote drei Kerzen, deren jede wenigstens eine Minute brennt, erloschen sind, ohne daß ein Mehrgebot erfolgt ist.

§. 24. Wird das von dem extrahirenden Gläubiger gemachte erste Gebot nicht überboten, so wird diesem oder im Falle der §§. 17. 19. 20. dem, in die Stelle des ersten Extrahenten getretenen Gläubiger der Zuschlag ertheilt.

Ein Nachgebot ist niemals zulässig.

§. 25. Wer für sich selbst als Meistbietender den Zuschlag erhält, kann in den ersten drei Tagen nach dem Zuschläge, den Namen eines Dritten, für welchen er gekauft hat, bei dem Friedensrichter oder Deputirten zu Protocoll erklären, er bleibt aber dessenungeachtet persönlich und solidarisch mit diesem Dritten für die Erfüllung aller Bedingungen verantwortlich.

Der Meistbietende muß, wenn er nicht in dem Bezirke des Friedensrichters, wo die Licitation statt hatte, wohnhaft ist, sogleich nach dem Zuschlage einen Wohnort in diesem Bezirke wählen. Wenn das Verfahren vor einem Deputirten des Landgerichts statt hatte, so muß er in dem Hauptorte, wo dieses Gericht seinen Sitz hat, einen solchen Wohnort wählen, wenn er auch in dem Bezirke dieses Gerichts wohnen sollte. Thut er es nicht, so können alle, auf das Licitationsgeschäft Bezug habende Zustellungen ihm auf der Kanzellei des Landgerichts gemacht werden.

§. 26. Das von dem Friedensrichter über die Licitation aufzunehmende Protocoll muß enthalten:

I. Die Namen, Gewerbe und Wohnort des die Subhastation betreibenden Gläubigers und des Schuldners, die Angabe des Titels, in dessen Gemäßheit die Subhastation statt hat, der Zahlungs-Aufforderung und der Beschlagnahme, das Datum des Subhastations-Patents und der verschiedenen Bekanntmachungen desselben und Erwähnungen, daß sämmtliche Verhandlungen bei Eröffnung des Termins zur Einsicht der Interessenten offen gelegt worden sind.

II. Die gegen die Gültigkeit des bis zum Tage der Licitation statt gehabten Verfahrens vorgebrachten Einreden, die auf die veräußerten Güter angebrachten Ansprüche und jeden andern zu Protocoll gegebenen Einspruch, so wie die hierauf erfolgten Erklärungen und Anträge.

III. Die Kaufbedingungen und Erwähnung, daß solche bei dem Anfange der Licitation vorgelesen worden sind.

IV. Die genaue Bezeichnung der Immobilien, das erste vom Gläubiger gemachte Gebot, so wie das Meistgebot, Benennung des Meistbietenden, Ertheilung des Zuschlags und Erwähnung, daß bei demselben die vorgeschriebene Form (§. 23.) beobachtet worden.

V. Den vom Meistbietenden gewählten Wohnort und seine etwa sogleich gemachte Erklärung, daß er für einen Andern geboten hat.

Wird diese Erklärung eines andern Ankäufers nach dem Licitations-Termine abgegeben (§. 25.), so wird das darüber abzuhaltende Protocoll in der Art aufgenommen, daß es als eine Fortsetzung des über den Licitations-Termin abgehaltenen Protocolls angesehen wird.

§. 27. Sind in Gefolge des §. 19. gegen die Zulässigkeit oder Regelmäßigkeit des bis zum Licitations-Termine stattgehabten Verfahrens Einreden vorgebracht worden, so verweiset der Friedensrichter oder Deputirte am Schlusse des Protocolls die Partheien an das Landgericht und bestimmt ihnen einen der Sitzungs-Tage, welche das Landgericht ein-mal für allemal zur Erledigung solcher Gegenstände festzusetzen hat. Diese Bestimmung des Tages dient als förmliche Ladung für alle Partheien. Der Friedensrichter oder Deputirte überreicht zugleich die vollständige Verhandlung in Urschrift dem Landgerichte, welches an dem bestimmten Tage, wenn auch die Interessenten nicht erscheinen, auf den Vortrag eines Mitgliedes des Gerichts und nach Anhörung der Staatsbehörde über die zu Protocoll gegebenen Einreden erkennt.

§. 28. Wenn im Falle des vorhergehenden Paragraphen, wegen der, gegen das Verfahren bis zum Licitations-Termin angebrachten Einreden die Partheien an das Landgericht verwiesen worden, so müssen diese in dem nämlichen Termin gleichzeitig mit jenen auch alle Einreden vorbringen, welche sie gegen die Verhandlungen im Licitations-Termine und beim Zuschlage geltend machen wollen und zwar bei Verlust derselben.

§. 29. Sind aber gegen das Verfahren bis zu dem Licitations-Termin keine Einreden vorgebracht worden, so müssen die Einreden gegen die Regelmäßigkeit des Verfahrens im Licitations-Termin und beim Zuschlage binnen 14 Tagen vom Tage des Zuschlags angebracht werden. Dieses geschieht durch eine Ladung zu einem bestimmten Sitzungstage des Landgerichts, welche dem die Licitation betreibenden Gläubiger, dem Meistbietenden und den Hypotheken-Gläubigern in ihren wirklichen oder gewählten Wohnorten zugestellt wird, und worin die Einreden angeführt sind. Dem Friedensrichter oder Deputirten ist hiervon die Anzeige zu machen, und diese sind alsdann verpflichtet, die vollständigen Verhandlungen sogleich an das Landgericht abzugeben.

§. 30. Derjenige, welcher auf die in Beschlag genommenen Immobilien Ansprüche zu haben glaubt, und solche nach der Vorschrift des §. 20. angemeldet hat, muß, wenn zur Licitation geschritten worden ist, bei Verlust seiner Ansprüche, binnen 14 Tagen nach dem Zuschlage, den extrahirenden Gläubiger, den Schuldner und den Ansteigerer in ihrem wirklichen oder gewählten Wohnorte vor das Landgericht laden, um über seine Ansprüche erkennen zu lassen.

§. 31. Das Verfahren über alle oben angeführte Incidentpunkte ist summarisch. Die Berufung muß, bei deren Verlustigung, in 14 Tagen, vom Tage der an die Parthei gemachten Insinuation des Urtels, eingelegt und kann dem bei dem Landgericht aufgetretenen Anwalt zugestellt werden.

§. 32. Eine Zuwiderhandlung oder Nichtbeobachtung der Vorschriften der §§. 2 und 3 zieht die Nichtigkeit des ganzen Verfahrens nach sich. Wenn der Vorschrift des §. 5. nicht nachgekommen ist, und die Eintragung in die Hypotheken-Register, so wie die Zustellung an den Schuldner nicht gesetzlich geschehen sind, so bleibt der Zahlungsbefehl zwar gültig, die darauf folgenden Verhandlungen sind aber nichtig. Die Nichtbeobachtung oder Zuwiderhandlung gegen die Vorschriften der §§. 12. 13. 14. 15. 16. 17. 18. 23. zieht die Nichtigkeit des Subhastations-Patents und des ganzen darauf gefolgten Verfahrens nach sich.

§. 33. Das nach §. 26. zu führende Protocoll vertritt die Stelle eines wirklichen Adjudications-Urtheils und wird zu diesem Zwecke in der für die Urtheile vorgeschriebenen executorischen Form ausgefertigt. Eine solche Ausfertigung darf aber dem Meistbietenden nur dann gegeben werden, wenn er die Quittung über die Zahlung der ihm zur Last fallenden Kosten und den Beweis, daß er den bis dahin zu erfüllenden Kaufbedingungen nachgekommen ist, beigebracht hat. Die Quittungen werden der Urschrift des Versteigerungsprotocolls beigeheftet und mit demselben ausgefertigt.

§. 34. Der Schuldner ist, sobald ihm das Versteigerungsprotocoll zugestellt wird, zur Räumung der veräußerten

Immobilien verpflichtet, und kann dazu durch jedes gesetzliche Zwangsmittel, selbst durch Personal-Arrest, angehalten werden.

§. 35. Durch den ihm ertheilten Zuschlag erwirbt der Meistbietende auf die verkauften Immobilien keine größeren Rechte, als der Schuldner zur Zeit des Zuschlags hatte. Seine Rechte gegen die allenfallsigen Miether oder Pächter werden nach den allgemeinen Bestimmungen des Civil-Gesetzbuchs und mit Berücksichtigung des Umstandes, ob die Mieth- oder Pachtverträge zur Zeit des Zahlungsbefehls ein gewisses Datum hatten und ob sie für den Fall des Verkaufes besondere Bestimmungen enthalten, beurtheilt.

§. 36. Wenn die gegen die Licitation vorgebrachten Einreden und Ansprüche (§§. 19. 20. 27. 28. 29. 30.) durch rechtskräftige Urtheile beseitigt sind, so kann jeder Betheiligte den Meistbietenden (§. 25.) und zwar auf dessen Kosten zur Erfüllung der Kaufbedingungen auffordern. Der Ankäufer ist alsdann gehalten, in den ersten drei Wochen vom Tage der Aufforderung dem Friedensrichter oder dem Deputirten die Quittungen und Beweise einzureichen, welche nach §. 32. erforderlich sind, um die Ausfertigung des Licitationsprotocolls in executorischer Form erhalten zu können. Geschiehet dieses nicht, so kann unbeschadet aller gesetzlichen Zwangsmittel, der Wiederverkauf der subhastirten Immobilien von den Interessenten gefordert werden.

§. 37. Das dahin zielende Gesuch wird bei dem Friedensrichter oder dem Deputirten zu Protocoll gegeben, welcher nach Einsicht der vorgelegten Urkunde und Beweise den Wiederverkauf verordnet und das Subhastationspatent zu diesem Zwecke in der vorgeschriebenen Form (§. 12.) entwirft. Abschrift der den Wiederverkauf verordnenden Verfügung wird in den darauf folgenden 14 Tagen dem Meistbietenden in seinem wirklichen oder gewählten Wohnorte (§. 25.) zugestellt. Der Termin zur Licitation kann auf die Hälfte der im §. 13. bestimmten Fristen verkürzt werden, die Bekanntmachung geschiehet durch Anschlag nach Vorschrift des §. 14. I., wo aber die Einrückung in den öffentlichen Anzeiger nöthig ist, geschiehet dieselbe beim Wiederverkauf nur Einmal. Alle übrigen Vorschriften des gegenwärtigen Gesetzes über das Verfahren sind auch bei dem Wiederverkaufe zu beobachten; Alles unter Strafe der Nichtigkeit, wie solches im §. 32. bestimmt ist. Der Wiederverkauf hat jedoch nicht statt, wenn vor dem Zuschlage der erste Käufer die Erfüllung der Vorschriften des vorhergehenden Paragraphen nachweiset, und eine, von dem Friedensrichter zu bestimmende Summe zur

Deckung der, durch das erneuerte Verfahren verursachten Kosten deponirt.

§. 38. Sollte bei dem Wiederverkaufe das Gebot, für welches dem ersten Ankäufer der Zuschlag war ertheilt worden, nicht erreicht werden, so ist dieser zur Ergänzung desselben gegen die Gläubiger, oder, nach deren Befriedigung, gegen den Schuldner verpflichtet und zu deren Leistung dem Personalarreste unterworfen, unbeschadet jedes andern gesetzlichen Zwangsmittels.

§. 39. Wenn alle, bei dem Subhastationsverfahren betheiligte Personen volljährig sind, und die freie Disposition über ihr Vermögen haben, so steht es ihnen frei, das Subhastations-Verfahren in jeder Lage aufzuheben und sich über eine andere Art der Veräußerung zu vereinigen.

§. 40. Der Friedensrichter, sein Gerichtsschreiber und die Gerichtsboten erhalten die in der Anlage festgesetzten Gebühren. Findet das Subhastations-Verfahren bei einem Landgerichte statt (§. 1.), so hat der Deputirte des Gerichts keine Gebühren zu beziehen, und es bleibt hinsichtlich des Gerichtsschreibers bei den allgemeinen Sätzen, wie sie in den Gesetzen regulirt sind.

§. 41. Der 12te und 13te Titel des fünften Buchs des ersten Theils der rheinischen Gerichtsordnung und die damit in Verbindung stehenden späteren Gesetze sind vom Tage der Bekanntmachung des gegenwärtigen Gesetzes aufgehoben. Die an diesem Tage nach Vorschrift der genannten Gerichtsordnung bereits eingeleiteten Subhastationen, sollen, in sofern die für den präparatorischen Zuschlag vorgeschriebenen Bekanntmachungen noch nicht stattgefunden haben, nach den Bestimmungen des gegenwärtigen Gesetzes fortgesetzt werden, in der Art, daß der Friedensrichter oder Deputirte auf den Grund der, nach Art. 675. der rheinischen Proceß-Ordnung geschehenen Beschlagnahme das Weitere verfügt.

Hinsichtlich der Subhastationen, bei welchen die für den präparatorischen Zuschlag vorgeschriebenen Bekanntmachungen bereits geschehen sind, steht es dem Gläubiger frei, das bisherige Verfahren aufzuheben, und solches nach der Vorschrift des gegenwärtigen Gesetzes einzuleiten.

§. 42. Die Artikel 2210 und 2211. des Civilgesetzbuches werden dahin modificirt, daß die dort über die Bezirke oder Arrondissements gegebenen Bestimmungen von den jetzt bestehenden landräthlichen Kreisen zu verstehen sind.

Urkundlich unter Unserer Allerhöchsten Unterschrift und mit Beidrückung Unsers Königlichen Insiegels.

Gegeben Berlin, den 1. August 1822.

Friedrich Wilhelm.

a.

| Gebühren-Taxe. | Wenn die Grundsteuer beträgt | | | | | |
|---|---|---|---|---|---|---|
| | 4 Rthlr. oder weniger. | | Ueber 4 Rthlr. bis 20 Rthlr. | | Ueber 20 Rthlr. | |
| Der Friedensrichter hat zu beziehen: | Rthlr. | sgr. | Rthlr. | sgr. | Rthlr. | sgr. |
| a) für die Aufnahme des Antrages auf Beschlagnahme . . . | — | 15 | 1 | — | 1 | 15 |
| b) Verfügung der Beschlagnahme | — | 10 | — | 20 | 1 | — |
| c) für die Abfassung des Subhastationspatents . . . . . | 1 | — | 2 | — | 3 | — |
| d) für die Abhaltung des Licitationstermins und die Abfassung des Protocolls darüber . . | 2 | — | 3 | — | 4 | — |
| Im Falle einer gegen den ersten Ansteigerer einzuleitenden Resubhastation (§. 37. der Verordnung) werden die nämlichen Gebühren, wie oben bemerkt, bewilligt. | | | | | | |
| Der Gerichtsschreiber bezieht die Expeditionsgebühren nach Vorschrift des Art. 9. des Decrets vom 16. Febr. 1807. | | | | | | |

Die Gerichtsboten beziehen für die von ihnen gemachten Acte, Zustellungen, Anheftungen rc. die Gebühren, wie solche im Art. 29. des Decrets vom 16ten Februar 1807 bestimmt sind, sowohl hinsichtlich der Originalien als der Abschriften der Acte selbst und der zugleich abschriftlich mit significirten Urkunden.

Hinsichtlich der Reisegebühren bleibt es ebenfalls bei der Vorschrift des Art. 66. des angeführten Decrets.

## 501.

### Vernehmung der Militair-Zeugen in Untersuchungen gegen Civil-Personen.

Da die Vorschriften der Criminal-Ordnung vom Jahre 1805 für den ganzen Militairstand, ohne Unterschied der Provinzen, gültig sind, so muß auch in den Rheinprovinzen, bei Vernehmung der Militair-Zeugen in Untersuchungen gegen Civil-Personen, nach §. 352. der Criminal-Ordnung verfahren werden, die Vernehmung der Officiere, so weit sie in Criminalsachen den Militairgerichtsstand haben, also jedesmal vor dem Militairgericht erfolgen. Machen besondere Umstände, nach dem Ermessen des Civilgerichts, die Vernehmung eines Officiers vor dem Civilrichter nothwendig oder rathsam, so geschieht solche vor dem Instructionsrichter. In jedem Fall werden die aufgenommenen Vernehmungs-Protocolle in der öffentlichen Sitzung vorgelesen, und diese Vorlesung vertritt die Stelle der Abhörung der Zeugen, in Gegenwart des versammelten Gerichts. Alle Militair-Personen, welche nicht Officiersrang haben, sind dagegen in Folge des §. 352. der Criminal-Ordnung, in den Rheinprovinzen, in der öffentlichen Sitzung der Gerichte als Zeugen zu vernehmen und die Militair-Behörden verpflichtet, solche auf ergangene Requisition zu gestellen.

Berlin, den 2. August 1822.

An Friedrich Wilhelm.

den Staats- und Justizminister v. Kircheisen und
den Kriegsminister General-Lieutenant v. Hake.

## 502.

**Glaubwürdigkeit der von dem hannöverschen Lieutenant Meyer aufgestellten Verzeichnisse der in den Kriegen von 1806 bis 1815 nicht zurückgekehrten Militair-Personen.**

Durch das Gesetz, betreffend die Todeserklärung der aus den Kriegen von 1806 bis 1815 nicht zurückgekehrten Militair-Personen, vom 22. Mai c., ist den von dem ehemaligen königlichen hannöverischen Lieutenant Meyer eingesammelten Nachrichten über die aus dem Feldzuge vom Jahre 1812 im russischen Reiche zurückgebliebenen oder sonst in russische Gefangenschaft gerathenen Militair-Personen, die Kraft eines vollständigen Beweises beigelegt worden. Nach der Anweisung des königlichen Staats-Ministeriums hat der ꝛc. Meyer die von ihm eingereichten und Ihnen, Herr General-Advocat, bereits zugefertigten Listen, durch Angabe des Jahres und des Tages des Todes der genannten Individuen vervollständigt, insofern solches aus den von ihm gesammelten Notizen hat geschehen können. So sind die beiden Nachträge entstanden, von welchen Ihnen hierdurch 8 Exemplare zugefertigt werden, um solche in eben der Art, wie dieses in Absicht der Hauptlisten nach den deshalb erlassenen Verfügungen geschehen ist, niederlegen und daraus die erbetenen Atteste von den betreffenden Behörden ertheilen zu lassen.

Berlin, den 19. August 1822.

An den Herrn ersten General-Advocaten bei dem Appellationshofe zu Cöln.

Der Justiz-Minister v. Kircheisen.

a.

Wir Friedrich Wilhelm, von Gottes Gnaden, König von Preußen &c. &c.

Thun kund und fügen hiermit zu wissen:

Um den nachtheiligen Folgen der Ungewißheit über das Schicksal vieler aus den letzten Kriegen nicht zurückgekehrten Militairpersonen in Bezug auf ihre hinterlassenen Angehörigen möglichst vorzubeugen, haben Wir bereits in Unserer Kabinetsorder vom 23sten September 1810 und in der Verordnung vom 13. Januar 1817 mehrere, die Todeserklärung solcher Militairpersonen und die Trennung ihrer vorher geschlossenen Ehen, betreffende Bestimmungen ergehen lassen. Auf Unsere Veranlassung sind demnächst über das Leben und den Tod derjenigen aus Unseren Staaten gebürtigen Personen, welche den Feldzug in Rußland vom Jahre 1812 mitgemacht haben, oder sonst in russische Gefangenschaft gerathen sind, durch den itzt in Unseren Civildiensten stehenden ehemaligen königlich hannöverschen Lieutenant Meyer sorgfältige Erkundigungen eingezogen worden, und Wir finden es zu desto besserer Erreichung des dabei beabsichtigten Zwecks nunmehro für nöthig, die Kabinetsorder vom 23. September 1810 und die Verordnung vom 13. Januar 1817 hierdurch außer Kraft zu setzen, und dagegen in Bezug auf die in den Jahren 1806 bis mit 1815 geführten Kriege, und auf die daraus nicht zurückgekehrten, zu Unsern oder andern Heeren gehörig gewesenen Militairpersonen, für diejenigen Provinzen und Landestheile Unserer Monarchie, in denen das Allgemeine Landrecht und die Allgemeine Gerichtsordnung eingeführt ist, jedoch mit der §. 6. bestimmten Ausdehnung auch für die übrigen Provinzen und Landestheile, nach erfordertem Gutachten Unseres Staatsraths, Folgendes festzusetzen.

§. 1. Den von dem ehemaligen königlich hannöverschen Lieutenant Meyer eingesammelten Nachrichten über die aus dem Feldzuge vom Jahre 1812 im russischen Reiche zurückgebliebenen oder sonst in russische Gefangenschaft gerathenen Militairpersonen, und den von ihm daraus angefertigten Listen, von welchen die Urschrift bei Unserem Ministerium des Innern verwahrt wird, und getreue Abschriften bei sämmtlichen Oberlandesgerichten, bei mehreren in den Provinzial-Amtsblättern bekannt zu machenden Untergerichten, und bei den Landgerichten des Großherzogthums Posen und der Rheinprovinzen jeden Betheiligten zur Einsicht offen liegen, wird die Kraft eines vollständigen Beweises beigelegt, dergestalt, daß der darin bezeugte Tod eines Vermißten für erwiesen zu erachten ist, und es Behufs der Todeserklärung keines weitern Verfahrens, sondern nur der Ertheilung eines Todtenscheins Seitens der Gerichte, bei denen die Meyerschen Listen niedergelegt sind, bedarf.

§. 2. Ist in diesen Listen nicht der Tag des Todes, sondern nur das Jahr allein angegeben, so ist der 31ste December des angegebenen Jahres als Todestag anzunehmen; ist außer dem Jahr auch der Monat angegeben, so gilt der letzte Tag dieses Monats für den Todestag. Geht aber daraus gar keine Zeit des Todes hervor, so soll der 31ste December 1814 als Todestag angenommen werden.

Es ist jedoch hierbei überall die in Rußland übliche Zeitrechnung zu verstehen, und darnach der Todestag zu berechnen, da solche in den Meyerschen Nachrichten zum Grunde gelegt worden.

§. 3. Ist anderweitig aber der wirklich erfolgte Tod einer aus den erwähnten Kriegen nicht zurückgekehrten Militairperson durch einen über alle Einwendungen erhabenen Zeugen auf den Grund eigener Wahrnehmung bekundet, so soll der Beweis dieses Todes für vollständig geführt erachtet werden, wenn derjenige, welcher bei der Beweisführung das nächste Interesse hat, diese Bescheinigung noch durch einen Eid dahin:

> daß er von dem Abwesenden und dessen Leben und Aufenthalt seit dessen Verschwinden, oder wenigstens seit dem 20. November 1815 keine Nachrichten erhalten habe,

bestätigt. In diesem Falle, wie in dem Falle des, wie sich von selbst versteht, der erfolgten Aufhebung der Verordnung vom 13. Januar 1817 ungeachtet, in Kraft bleibenden §. 35. Theil I. Titel I. des Allgemeinen Landrechts, bedarf es ebenfalls keines Verfahrens Behufs der Todeserklärung, sondern nur der Ertheilung eines Todtenscheins Seitens des Gerichts auf den Grund des aufgenommenen Beweises.

§. 4. Wenn weder der Tod noch eine schwere Verwundung erwiesen ist, und es über das Leben des Vermißten seit dem beendigten Kriege gänzlich an Nachrichten fehlt, so soll den Angehörigen einer solchen nicht zurückgekehrten Militair-Person gleich nach der Verkündigung dieses Gesetzes frei stehen, auf eine Edictalvorladung und Todeserklärung derselben nach Vorschrift der Allgemeinen Gerichtsordnung Theil I. Titel 37. §. 3. f. anzutragen.

§. 5. Was vorstehend §. 1 bis 4. von Militairpersonen überhaupt verordnet ist, das gilt nicht nur von Ober- und Unterofficieren und gemeinen Soldaten, sondern auch von Kriegsbeamten, Knechten, Schanz- und andern Arbeitern, imgleichen von dem Gesinde des Militairs und von allen solchen Personen, welche dem Lager und der Armee folgen müssen.

§. 6. Die Bestimmungen §§. 1 und 2. des gegenwärtigen Gesetzes, imgleichen der §. 5. desselben, in soweit er sich auf die §§. 1 und 2. bezieht, sollen übrigens in sämmtlichen Provinzen und Landestheilen Unserer Monarchie, ohne Ausnahme, zur Anwendung kommen.

Urkundlich ist dieses Gesetz von Uns Höchsteigenhändig vollzogen und mit Unserm Königlichen Insiegel bedruckt worden. Gegeben Berlin, den 22. Mai 1822.

Friedrich Wilhelm.

## 503.

**Bei Untersuchung von Brandstiftungen ist auf die §§. 194 bis 197. der preuß. Criminal-Ordnung Rücksicht zu nehmen.**

Beigehend erhalten Sie, Herr erster General-Advocat, die unter dem 21. d. M. von dem rheinischen Revisions- und Cassationshofe eingereichten Acten in Untersuchungssachen wider N. wegen Brandstiftung wieder zurück. Da es gegenwärtig auf die Berichts-Erstattung an des Königs Majestät ankommt, so ist noch der Werth des Schadens, welcher durch die Brandstiftung entstanden ist, festzustellen, wobei die Vorschriften der §§. 196 und 197. der preußischen Criminal-Ordnung zu beobachten. Die Verhandlungen hierüber sind bei Wiedereinsendung der Acten einzureichen.

Bei dieser Gelegenheit erhalten Sie den Auftrag, die Ober-Procuratoren und Instructions-Richter zu instruiren, daß in allen Untersuchungen wegen Brandstiftung, gleich bei Einleitung der Untersuchung, der Thatbestand auf die §§. 194 und 195. der preußischen Criminal-Ordnung vorgeschriebene Weise festgestellt und jedenfalls, bevor die Acten an die Raths-Kammer gehen, der Werth des Schadens nach den §§. 196 und 197. der gedachten Criminal-Ordnung ausgemittelt werde.

Berlin, den 23. August 1822.

An den ersten Herrn General-Advocaten bei dem königlichen rheinischen Appellations-Gerichtshofe zu Cöln.

Der Justiz-Minister
v. Kircheisen.

a.

Criminal-Ordnung.

§. 194. Bei verursachten Brandstiftungen muß der Richter die Brandstelle in Augenschein nehmen, dabei die Entfernung der Brandstelle von anderen Gebäuden, die Beschaffenheit derselben und die Gefahr erörtern, in welche die Einwohner oder andere nebenstehende Gebäude oder Gegenstände durch die Brandstiftung gerathen sind, und dabei besonders auf diejenigen Umstände sein Augenmerk richten, durch welche die Entstehungsart des Feuers erklärt werden kann. Ueber den Befund ist ein Protocoll aufzunehmen.

§. 195. Die Wirklichkeit des Brandes kann auch ohne Besichtigung durch Zeugen dargethan werden; jedoch vertritt nur eine auf andere Art geschehene vollständige Feststellung des Thatbestandes die unterlassene Aufnahme des Augenscheins.

§. 196. Der Werth des Schadens, welcher durch die Brandstiftung entstanden ist, muß nach vorgängiger Ausmittelung des Zustandes, in welchem sich die Sache vor dem Brande befunden hat, durch Sachverständige oder Zeugen ins Licht gesetzt werden.

§. 197. Erhellet der Werth der Gebäude aus schon vorhandenen Taxen; so sind diese so lange zum Grunde zu legen, bis der Eigenthümer Verbesserungen, welche nach der Aufnahme der Taxe gemacht worden, oder der Brandstifter erfolgte Verschlimmerungen nachgewiesen hat.

## 504.

### Anstellung und Gebühren-Taxe der Scharfrichter.

Nach Eingang Ihres Berichts vom 9. Februar d. J.
die Scharfrichter und deren Gehülfen in den Rhein-Provinzen betreffend,
und der über diesen Gegenstand mit der Immediat-Organisations-Commission anderweit gehaltenen Rücksprache ist nachstehender Beschluß von mir gefaßt worden:

1) Es soll fortan für die Rheinprovinzen nur ein Scharfrichter angestellt, und demselben zwei von ihm selbst zu erwählende Gehülfen beigegeben werden.

2) Der anzustellende Scharfrichter ist gehalten, seinen Wohnsitz zu Cöln zu nehmen.

3) Sein jährliches Gehalt wird auf 400 Thaler, und das Gehalt eines Gehülfen auf 200 Thaler festgesetzt.

4) Bei der Feststellung der Unkosten, welche aus der Vollziehung peinlicher Urtheile entspringen, soll die dem gegenwärtigen Beschlusse beigefügte Taxe zum Grunde gelegt werden.

5) Die gegenwärtig bestehenden mehreren Scharfrichtereien werden aufgehoben.

In wie weit die aufgelöseten Scharfrichter in den verschiedenen Departements bis zu ihrer anderweiten Anstellung auf Beibehaltung ihres bezogenen Gehalts oder auf Wartegeld Anspruch haben, darüber soll in Hinsicht auf die Allerhöchste Kabinets-Ordre vom 1. August 1817 eine besondere Verfügung erfolgen.

6) Die von den gedachten Scharfrichtern angenommenen Gehülfen sind zu keinem Entschädigungs-Anspruch berechtigt, da sie mit dem Gouvernement in keiner unmittelbaren Beziehung stehen, noch mit besonderen Bestallungen versehen sind.

7) Die obige Einrichtung nimmt mit dem 1. October d. J. ihren Anfang.

8) Der erste königliche Herr General-Advocat bei dem rheinischen Appellationshofe wird mit der Vollführung des obigen Beschlusses beauftragt und die weiteren hiernach zu machenden Anträge werden von demselben gewärtiget.

Dies alles ist jedoch nur als ein Interimisticum anzusehen und bleibt die definitive Entscheidung der künftigen Justiz-Einrichtung vorbehalten, da die Functionen des Scharfrichters schon jetzt beinahe ganz wegfallen, und sein Amt als entbehrlich erscheinen dürfte.

Die Beilagen des an die Immediat-Organisations-Commission unter dem 4. Januar a. pr. erstatteten Berichts erfolgen zu dem Behufe zurück.

Berlin, den 26. August 1822.

An den ersten königlichen Herrn General-Advocaten zu Cöln.

Der Justiz-Minister
v. Kircheisen.

Taxe

## Taxe
### über die Unkosten wegen Vollziehung der peinlichen Urtheile.

| | Art. I. Die Unkosten wegen Vollziehung der peinlichen Urtheile in den Rheinprovinzen sollen bezahlt werden, wie folgt: | [illegible] | gr. |
|---|---|---|---|
| 1. | Für den Transport des großen Blutgerüstes zur Vollziehung der Todesurtheile in der Stadt, wo der Assisenhof seinen Sitz hat . . . | 3 | — |
| 2. | Für den Transport der kleinern Schandbühne in der Stadt, wo der Assisenhof seinen Sitz hat | 1 | — |
| 3. | Für den Transport des großen Blutgerüstes zur Vollziehung der Todesurtheile, und den Transport der kleinern Bühne zur öffenlichen Ausstellung außer der Stadt, wo der Assisenhof seinen Sitz hat: | | |
| | für eine einspännige Fuhr und per Tag . . | 2 | — |
| | für eine zweispännige Fuhr und per Tag . . | 3 | — |
| | für eine dreispännige Fuhr und per Tag . . | 4 | — |
| | endlich für eine vierspännige Fuhr und per Tag | 5 | — |
| 4. | Für den Transport eines Verurtheilten sowohl an den Gerichtsplatz als an die Stelle der Beerdigung | 1 | 12 |
| | So oft, als mehr als ein Verurtheilter gefahren wird, soll für jeden von ihnen ein Zusatz von bewilligt werden. | — | 16 |
| 5. | Für die Aufschlagung und Abschlagung des großen Schaffots und der Köpfmaschine . . . . | 5 | — |
| 6. | Für die Aufstellung und Wegräumung des kleinen Schaffots . . . . . . . . . . | 2 | — |
| | Art. II. Dem Nachrichter soll gezahlt werden: | | |
| 1. | Für die Vollziehung eines Urtheils, das wegen ungehorsamer Nichterscheinung wider einen Verurtheilten erlassen worden ist, mit Inbegriff der Schrift, des Leims und der Nägel . . . | — | 6 |
| 2. | Für die Execution eines Verurtheilten ohne Brandmahl<br>für Schrift, Leim und Nägel . . 6 Groschen<br>für Seile, um den Verurtheilten an dem Pfahl zu befestigen . . 6 „ | — | 12 |
| 3. | Für die Execution eines Verurtheilten mit Brandmarkung:<br>für Schrift, Leim oder Nägel . . 6 Groschen<br>für Seile, um den Verurtheilten an dem Pfahl zu befestigen. . . 6 „<br>für Kohlen . . . . . . 3 „<br>für Salbe oder Schießpulver auf das Brandmahl des Verurtheilten zu thun 6 „ | — | 21 |

| | | | Rthl. | gr. |
|---|---|---|---|---|
| 4. | Für die Execution eines zum Tode Verurtheilten: | | | |
| | für Kleyen, Sand oder Segmehl und Stroh . . . . . . | 8 Groschen | | |
| | für Fett oder Seife . . . | 4 „ | | |
| | für die Schlingen oder Pfann-Riemen, um die Beine zusammen zu heften . . . . . . | 6 „ | — | 21 |
| | für Kehrbesen uud Wasser . . | 3 „ | | |
| | So oft mehrere Verurtheilte als einer sind, sollen Zusatz für jeden bewilligt werden. | | — | 12 |
| 5. | Für die Execution eines Vatermörders: | | | |
| | für die Kleyen, den Sand oder das Segmehl und Stroh . . . | 8 Groschen | | |
| | für Fett oder Seife . . . | 4 „ | | |
| | für die Schlingen oder Pfann-Riemen | 6 „ | 3 | 21 |
| | für Kehrbesen und Wasser . . | 3 „ | | |
| | für das Hemd . . 2 Thaler | — „ | | |
| | für den schwarzen Schleyer 1 „ | — „ | | |

Art. III. Wenn der Nachrichter verpflichtet ist, sich außer seinem Residenzorte Cöln zu begeben, wo der Assisenhof seinen Sitz hat; so sollen ihm die Transportkosten zu drei Thaler per Tag gezahlet und gar keine andere Entschädigung für diese Ortsverwechselung, sowohl für ihn selbst als für seine Gehülfen, bewilligt werden.

Art. IV. Im Falle, daß die Vollziehung der peinlichen Urtheile außerordentliche, und durch den gegenwärtigen Tarif nicht vorgesehene Unkosten erforderte; so können dieselben nicht anders als mit der motivirten Ermächtigung der General-Procuratoren oder ihrer Substituten gemacht werden.

Art. V. Die gegenwärtige Taxe soll vom 1. October d. J. an vollzogen werden. Berlin, den 26. August 1822.

Der Justiz-Minister
v. Kircheisen.

## 505.

### Unvereinbarkeit des Notariats mit dem Bürgermeisteramte.

Auf Ihren Bericht vom 15. Juni c.
die Unvereinbarkeit des Notariats mit der Stelle eines Bürgermeisters betreffend,
bemerke ich, wie es keinem Zweifel unterworfen ist, daß der Art. 5. der Notariats-Ordnung vom 25. April c. auch die Vereinigung des Bürgermeisteramts mit dem Notariat untersagt. Auch ist bei Abfassung des Art. 5. besonders auf das Bürgermeisteramt mitgesehen worden.

Bei den von Ihnen, Herr Präsident und Herr General-Advocat, angezeigten Umständen aber, und da das königliche Ministerium des Innern die Inconvenienzen zur Sprache gebracht hat, welche entstehen würden, wenn darauf bestanden würde, daß sämmtliche Notarien, welche Bürgermeisterstellen bekleiden, letztere plötzlich niederlegen müßten, wird es genehmigt,

daß diese Notarien bis zur Emanation der Communal-Ordnung fernerweit beide Stellen vereinigen dürfen, jedoch unter der Voraussetzung, daß sie zu keinen gegründeten Beschwerden über Mißbrauch, der aus dieser Vereinigung entstehe, Veranlassung geben.

Dagegen soll von nun an kein Kandidat als Notar vorgeschlagen werden, welcher zugleich ein Bürgermeisteramt verwaltet, bevor er nicht nachgewiesen hat, daß er dasselbe niedergelegt; und eben so wenig soll einem Notar verstattet werden, zugleich ein Bürgermeisteramt zu übernehmen; es soll vielmehr die Uebernahme desselben als eine freiwillige Entsagung des Notariats angesehen werden.

Nach dieser Bestimmung, welche den Landgerichten bekannt zu machen ist, haben Sie zu verfahren.

Zugleich erhalten Sie einen Bericht des Ober-Procurators des Landgerichts zu Coblenz vom 2. v. Mts. Die darin enthaltene Anfrage über die Vereinigung des Notariats mit dem Bürgermeisteramte ist durch die vorstehende Bestimmung erledigt.

Was den zweiten darin zur Sprache gebrachten Gegenstand anlangt, so habe ich zwar nachgelassen, daß die Notarien bei den Sühneversuchen vor dem Friedensrichter die Partheien vertreten können, dagegen finde ich es nicht zweckmäßig, daß die Notarien durch ein Circulare gewissermaaßen aufgefordert werden, sich dergleichen Nebenfunctionen zu unterziehen.

Hiernach ist der Ober-Procurator von Ihnen zu bescheiden. Berlin, den 26. August 1822.

An den ersten Herrn Präsidenten und den ersten Herrn General-Advocaten des königlichen rheinischen Appellations-Gerichtshofes zu Cöln.

Der Justiz-Minister
v. Kircheisen.

## 506.

Declaration des Art. 37. der Notariatsordnung über die Abgabe der Urschrift einer Urkunde an die Interessenten.

Auf Ihren Bericht vom 1. vorigen Monats,

in Betreff der Auslegung des Art. 37. der Notariats-ordnung vom 25. April dieses Jahres,

eröffne ich Ihnen, Herr erster General-Advocat, daß, da dieser Artikel keinen Unterschied zwischen einseitigen Erklärungen und Verträgen macht, sondern im Allgemeinen verbietet,

daß von einer Urkunde die Urschrift an die Interessenten abgegeben werde,

der von Ihnen in Antrag gebrachte Unterschied nicht zulässig ist.

Die Fassung ist übrigens ganz absichtlich so allgemein gewählt worden, wie sie im Gesetz enthalten ist.

Berlin, den 26. August 1822.

An
den ersten Herrn General-Advocaten
bei dem königlichen rheinischen Appellations-Gerichtshofe zu Cöln.

Der Justiz-Minister
v. Kircheisen.

a.

In der Allerhöchsten Notariats-Ordnung vom 25. April 1822 Art. 37. heißt es,

von keiner Urkunde darf die Urschrift an den Interessenten abgegeben werden.

Da dieser Verfügung nun leicht eine solche Auslegung gegeben werden kann, daß hierdurch die Kosten der von einem Notar zu fertigenden Verhandlung sich bedeutend vermehren, so habe ich mich verpflichtet gehalten, Euer Excellenz hierüber gegenwärtigen Bericht ehrerbietigst abzustatten.

In dem Gesetze vom 25. Ventose Jahr XI. heißt es Art. XX.:

Les notaires seront tenus de garder minute de tous les actes qu'ils reçevront.

Ne sont néanmoins compris dans la presente disposition les certificats de vie, procurations, actes de notorieté, quittances de fermages, de loyers, de salaires, arrerages, de pensions et rentes et autres actes simples qui, d'apres les lois, peuvent êtres delivrés en brevet.

Das besagte Gesetz legte mithin die Nothwendigkeit, eine Urschrift zurückzuhalten, nur in jenen Fällen auf, wo von Verhandlungen die Rede war, welche nach Maaßgabe des Art. 1325. des bürgerlichen Gesetzbuchs in zweifachem Original hätten abgefaßt werden müssen, wenn sie unter Privatunterschrift wären aufgenommen worden, bei andern mehr auf blos einseitigen Erklärungen beruhenden Verhandlungen fand man es unnöthig, die fortdauernde Zurückbehaltung der Urschrift zu verordnen. Man zog in Erwägung, daß durch eine solche Verfügung eine nicht unbedeutende Vermehrung der Kosten würde verursacht werden, als worauf bei einer Gesetzgebung, die den Zeugenbeweis keineswegs begünstigt, schon wegen der, gewöhnlich des Schreibens unkundigen, ärmern Klasse der Einwohner, so wie wegen des häufig unbedeutenden Gegenstandes solcher Verhandlungen, große Rücksicht genommen wurde.

Die Worte des Art. 37. der angeführten Allerhöchsten Verordnung vom 25. April 1822 können aber so ausgelegt werden, als ob auch bei jenen Verhandlungen und Urkunden, die sich nur auf einseitige Verhältnisse und Erklärungen beziehen, die Urschrift immerfort zurückbehalten werden müsse, und da selbst früherhin mehrere Notarien, wenn die Partheien sich nicht ausdrücklich widersetzten, auch solche einseitige Verhandlungen in Urschrift zurückbehielten, um die ihnen zukommende Gebühr zu vermehren, so darf ich nicht zweifeln, daß diese eben angeführte Auslegung des besagten Art. 37. bald als allgemeine Regel werde befolgt werden.

Indessen scheinen die Worte des fraglichen Artikels auch in der Art ausgelegt werden zu können, daß die Vorschrift desselben sich nur auf zweiseitige Verhandlungen beziehen werde, indem nur in solchen Verhandlungen Interessenten vorkommen, wogegen bei einseitigen Verhandlungen und Erklärungen nur von einer Person die Rede sein konnte. Da bei dieser letzten Auslegung des angeführten Art. 37. die Kosten in mehreren Fällen sich nicht unbedeutend vermindert finden würden, sowohl wegen des Stempels für die Ausfertigung, als wegen der Ausfertigungsgebühr, so muß ich dem höheren Ermessen Ew. Excellenz ganz gehorsamst anheim stellen:

> ob nicht sowohl den Notarien als dem Publikum durch eine von Ew. Excellenz desfalls zu nehmende Verfügung vermittelst der Amtsblätter bekannt zu machen wäre, daß bei allen einseitigen Verhandlungen und Erklärungen die Urschrift selbst abgegeben werden dürfe und daß es den Notarien zur Pflicht gemacht sei, dergleichen Verhandlungen in der Urschrift abzugeben, insofern die Parthei nicht ausdrücklich verlangt, daß die Urschrift zurückbehalten und eine Ausfertigung gemacht werde, als wovon in der Verhandlung selbst Meldung geschehen müßte.

Cöln, den 1. Juli 1822.

An — Der erste General-Advocat.

des königlichen Wirklichen Geheimen Staats- und Justiz-Ministers, Herrn von Kircheisen Excellenz.

## 507.

### Verbot gegen das zu frühe Beerdigen der Todten.

Auf Ihren Bericht vom 10. April c.,

in Betreff der gegen das zu frühe Beerdigen der Todten in den Rheinprovinzen zu erlassenden Bestimmungen

eröffne ich Ihnen, Herr erster Präsident und Herr erster General-Advocat, daß ich mich mit den darin geäußerten Ansichten nicht habe einverstanden erklären können; sondern vielmehr dem königlichen Ministerium der geistlichen, Unterrichts- und Medicinal-Angelegenheiten darin beigestimmt habe, daß die Bestimmung des bürgerlichen Gesetzbuches,

nach welchem die Erlaubniß zur Beerdigung von dem Personenstands-Beamten nicht eher zu ertheilen ist, als bis er sich zu dem Verstorbenen verfügt habe, um sich seines wirklichen Absterbens zu versichern,

ganz unpractisch und unausführbar ist, und daß eben deshalb eine solche Vorschrift, die schon im Voraus als unausführbar erkannt wird, ein unzweckmäßiges Gesetz ist, das einer Abänderung bedarf.

Da jedoch die Bestimmung des Art. 55.,

daß das neugeborne Kind in den drei ersten Tagen dem Personenstandsbeamten vorgezeigt werde,

eben so unpractisch ist, indem dies ebenfalls nie geschieht, auch zweckmäßig nicht überall geschehen kann, so würde es auffallend sein, die Vorschrift des Art. 77. zu ändern und die des Art. 55. bestehen zu lassen.

Beide Vorschriften stehen ferner mit den übrigen Bestimmungen über den Personenstand, insbesondere mit dem Beweise des Todes und der Geburt in Verbindung, und diese Betrachtung führt dahin:

daß sämmtliche Vorschriften über den Personenstand nur in Zusammenhang einer Revision unterworfen werden können,

so wie hinwiederum diese letztere wieder mit andern in Verbindung stehet.

Deshalb bin ich der Meinung gewesen, daß die Abänderung des Art. 77. erst bei Gelegenheit der allgemeinen Revision der rheinischen Gesetzbücher erfolgen könne, welche dem Herrn Staats-Minister v. Beyme aufgetragen worden ist, sofern nur durch ein anderes wirksames Mittel schon jetzt dem zu frühen Beerdigen der Todten vorzubeugen sei; und die zu treffende Verfügung, so lange als die Geburt und der Tod durch die Verhandlungen der Personenstands-Beamten constatirt wird, mit den hierüber getroffenen Einrichtungen in Verbindung gebracht würde. Eine solche Verfügung konnte von den competenten Ministerien getroffen werden. Da nun das königliche Ministerium der geistlichen, Unterrichts- und Medicinal-Angelegenheiten, sowie das Ministerium des Innern und der Polizei sich mit dieser Ansicht einverstanden erklärt haben, so ist die in Abschrift anliegende Circular-Verfügung vom 15. Juni c. an die rheinischen Regierungen erlassen worden. Berlin, den 30. August 1822.

An den ersten Herrn Präsidenten und ersten Herrn General-Advocaten des königlichen rheinischen Appellations-Gerichtshofes zu Cöln.

Der Justiz-Minister
v. Kircheisen.

a.

Die Bestimmung des Art. 77. des bürgerlichen Gesetzbuches, daß die Civilstandsbeamten die Autorisation zur Beerdigung erst 24 Stunden nach dem Tode ertheilen sollen, hat zu der Meinung Veranlassung gegeben, daß auch die Beerdigung selbst, mit dem Ablauf dieser Zeit statt finden könne. Da es aber nicht an Beispielen eines, selbst über diesen Zeitraum hinaus fortdauernden Scheintodes fehlt, so wird durch die unterzeichneten Ministerien hiermit festgesetzt,

daß die Autorisation zur Beerdigung entweder nur auf das Zeugniß eines approbirten Arztes über den wirklich erfolgten Tod oder mit der Beschränkung zu ertheilen ist, daß die Beerdigung erst nach Ablauf von 72 Stunden seit dem von den Zeugen bekundeten Moment des angeblichen Todes erfolgen darf.

Die königliche Regierung hat hiernach die Personenstands- und Polizei-Beamten anzuweisen.

Berlin, den 15. Juni 1822.

Ministerium

der geistl., Unterrichts- und Medicinal-Angelegenheiten
v. Altenstein.

der Justiz
v. Kircheisen.

des Innern und der Polizei
v. Schuckmann.

Circulare
an die königlichen rheinischen Regierungen.

## 508.

### Rechnungslegung über die Kanzleikosten-Fonds der Gerichte.

Auf Ihren Bericht vom 6. November vorigen Jahres die Verwendungs-Nachweisung der Kanzleikosten-Fonds für die dortigen Landgerichte betreffend, dessen Original-Anlagen hierneben zurückerfolgen, benachrichtige ich Sie, wie ich mit des Herrn Fürsten Staats-Kanzlers Durchlaucht mich darin geeinigt habe, daß die Rechnungen über die Fonds zu Kanzlei-Bedürfnissen bei dem rheinischen Appellationshofe und den rheinischen Landgerichten, nicht an die königliche Ober-Rechnungs-Kammer gehen, sondern bei dem Justiz-Ministerium revidirt werden sollen, wie Sie solches aus dem in Abschrift beigefügten Schreiben Sr. Durchlaucht vom 21. v. M. mit mehrerem ersehen werden. Sie haben daher hiervon die Regierungen zu Cöln, Düsseldorf, Cleve, Aachen, Coblenz und Trier in Kenntniß zu setzen und es zu veranlassen, daß die in Rede stehenden Rechnungen vom königlichen Appellations-Gerichtshofe und den verschiedenen Landgerichten bis ultimo December pr. Ihnen eingesandt und nach erfolgter Revision zur Ertheilung der Decharge eingereicht werden. Es ist nicht nöthig, die Einreichung der Rechnungen und Beläge so lange auszusetzen, bis die Rechnungen aller Gerichte bei Ihnen revidirt und eingegangen sind, vielmehr können und müssen Sie die Rechnungen jedes Gerichts besonders mit Ihrer gutachtlichen Meinung überreichen. Berlin, den 2. September 1822.

An den ersten Herrn General-Advocaten bei dem königlichen rheinischen Appellations-Gerichtshofe zu Cöln.

Der Justiz-Minister
v. Kircheisen.

a.

Unter den in Ew. Excellenz geehrten Schreiben vom 26. v. Mts. und dessen Anlagen entwickelten Umständen stehe ich nicht an, mich unbedingt damit einverstanden zu erklären, daß die Rechnungen über die Fonds zu Kanzleibedürfnissen bei dem rheinischen Appellationshofe und den rheinischen Landgerichten, nicht durch die königliche Ober-Rechenkammer, sondern durch Dero Ministerium revidirt werden. Ich habe hiervon sowohl die königliche Ober-Rechenkammer, als auch die königliche General-Controlle in Kenntniß gesetzt, und sende das an Ew. Excellenz gerichtete, mir gefälligst mitgetheilte Schreiben der letztern vom 9. v. Mts. hierbei ganz ergebenst wieder zurück.

Pyrmont, den 21. August 1822.

An den königlichen Staats- und Justiz-Minister Herrn v. Kircheisen Excellenz.

v. Hardenberg.

## 509.

### Zuziehung qualificirter Feldmesser bei gerichtlichen Vermessungen.

In Verfolg Ihres gutachtlichen Berichts vom 14. Juli dieses Jahres,

die Zuziehung qualificirter und patentisirter Feldmesser bei den gerichtlichen Vermessungen betreffend,

habe ich mich übereinstimmend mit Ihrer Meinung gegen das königliche Ministerium des Handels, dahin geäußert,

daß der Antrag der Regierung zu Aachen in Betreff der Feldmesser keine Veranlassung zu einer neuen Verordnung gebe,

indem die Anweisung der Gerichte, ihrer Seits nur geprüfte Feldmesser zu den vorkommenden Geschäften zu ernennen, von mir erlassen worden, die Vereinigung der Partheien aber über die Wahl auch eines nicht examinirten Feldmessers nicht beschränkt werden könne. Das königliche Ministerium des Handels ist dieser Ansicht beigetreten, und es bedarf daher nur der oben gedachten Anweisung der Gerichte, welche Sie zu erlassen, und, wie solches geschehen, anzuzeigen haben.

Berlin, den 2. September 1822.

An den ersten Herrn General-Advocaten bei dem königlichen rheinischen Appellations-Gerichtshofe zu Cöln.

Der Justiz-Minister
v. Kircheisen.

## 510.

### Halbjährige Einsendung von Criminalproceß-Tabellen.

Außer den in Gefolge des Rescripts vom 8. Januar pr. einzureichenden Tabellen haben von nun an:

1) sämmtliche Ober-Procuratoren halbjährig, am 1. Juni und 1. December jeden Jahres, eine Criminalproceß-Tabelle über alle Criminal- und correctionelle Untersuchungs-Sachen, nach dem Schema sub A. an Sie einzureichen. Vor dem Ablauf des Juni, und vor dem Ablauf des December reichen Sie mir diese Tabellen ein, nachdem Sie die zweite Colonne der siebenten Rubrik, und die zweite Colonne der eilften Colonne ausgefüllt haben. In Absicht der eilften Colonne ist es mein Wille, daß die Acten-Revision fleißig und sorgfältig von den Ober-Procuratoren der General-Procuratur erfolge, und die beiden Colonnen hiernach ausgefüllt werden.

2) Sämmtliche Justiz-Aemter im ostrheinischen Theile des Regierungsbezirks Coblenz haben nach dem Schema sub **B.** halbjährlich, am 1. Juni und 1. December jeden Jahres eine Criminalproceß-Tabelle über alle bei Ihnen schwebenden Untersuchungs-Sachen an den Justiz-Senat zu Coblenz, und dieser ebenfalls eine Criminalproceß-Tabelle durch den ostrheinischen Senat des rheinischen Appellations-Gerichtshofes an mich einzureichen. Berlin, den 2. September 1822.

An
den ersten Herrn General-Advocaten bei
dem königlichen rheinischen Appellations-
Gerichtshofe zu Cöln.

Der Justiz-Minister
v. Kircheisen.

(Umstehend folgen die Schemata der Criminalproceß-Tabellen.)

| 1. | 2. | 3. | 4. | 5. | 6. | 7. | | | 8. | 9. | 10. | 11. | |
|---|---|---|---|---|---|---|---|---|---|---|---|---|---|
| No. | Name d. Untersuchungs-Richters oder des Untersuchungs-Amts. | Vor- und Zuname und Stand des Beschuldigten. | Gegenstand der Untersuchung. | Ob, wann u. auf wessen Verfügung der Beschuldigte verhaftet worden. | Tag des Anfanges der Untersuchung. | Gang und Lage der Untersuchung. | | | Wann und wie erkannt u. an welchem Tage das Urtel confirmirt worden. | Ob u. wann u. von wem die Appellation u. Cassation eingelegt worden u. was definitiv erkannt sei. | Ob und wann das Urtel vollzogen worden. | Bemerkungen u. Verfügung bei der letzten Acten-Revision u. Datum dieser Revision | |
| | | | | | | Bei dem Untersuchungs-Amte und resp. Land-Gerichte. | Bei dem Anklage-Senate des rheinischen Appellationsgerichtshofes und der General-Procuratur. | Weiterer Verfolg. | | | | des Ober-Procurators bei den Landgerichten. | der General-Procuratur bei dem rheinischen Appellations-Gerichtshofe. |
| | | | | | | Nb. Die siebente Rubrik muß nach den Haupt-Momenten der Untersuchung ausgefüllt werden, z. B. | | | | | | Nb. In dieser eilften Rubrik muß auch bemerkt werden, was wegen der vorgefallenen Verzögerungen verfügt und wie sie gerügt worden. | |
| | | | | | | den 3. Apr. die erste summarische Vernehmung des Beschuldigten beim Friedensgericht zu Berncastel, den 4. u. 5. ward das corpus delicti erhoben, d. 10. erste Vernehmung des Beschuldigten beim Untersuchungsamt zu Trier, den 11. u. 12. wurden Zeugen vernommen, den 13. wurden die Acten dem Ober-Procurator zum Antrage vorgelegt, d. 14. Antrag des Ob.-Procurators, d. 17. Competenz-Urthel der Rathskammer des Landgerichts, wodurch die Sache an den General-Procurator verwiesen ward, den 19. wurden die Acten an die General-Procuratur gesandt, | den 25. Apr. gingen die Acten bei der Gen.-Procuratur ein, den 27. Antrag des Gen.-Procurators, den 28. Erkenntniß des Anklage-Senats, wodurch die Sache an den Assisenhof zu Trier verwiesen ward, den 30. Anklage-Act, den 1. Mai wurden die Acten an den Ober-Procurator zu Trier eingesandt, | den 7. Mai gingen die Acten bei der Ob. Procuratur zu Trier ein, d. 9. Mai Verhör des Angeklagten durch den Assisen-Präsidenten, den 12. und 13. Mai Verhandlung der Sache in der öffentlichen Audienz des Assisenhofes. | | | | | |

## Schema sub B.

| 1. No. | 2. Name des Inquirenten oder inquirirenden Gerichts. | 3. Vor- und Zuname und Stand des Inculpaten. | 4. Gegenstand der Untersuchung. | 5. Ob? wann? und auf wessen Verfügung der Inculpat verhaftet worden. | 6. Tag des Anfangs der Untersuchung. | 7. Gang und Lage der Untersuchung. | 8. Wann und wie erkannt und an welchem Tage das Urtel confirmirt worden. | 9. Ob ein Rechtsmittel eingelegt und was definitiv erkannt worden. | 10. Ob und wann das Urtel vollzogen worden. | 11. Bemerkungen und Verfügungen des Präsidii oder Directorii bei der letzten Acten-Revision und Datum dieser Revision. |
|---|---|---|---|---|---|---|---|---|---|---|
| | | | | | | Nb. Die Colonne muß nach den Hauptmomenten der Untersuchung ausgefüllt werden, z. B. Den 3. April c. wurde mit der summarischen Vernehmung des Inculpaten verfahren, den 4. und 5. das corpus delicti erhoben, den 6. und 7. wurden die Zeugen vernommen, den 8. erfolgte die Hauptvernehmung des Inculpaten, den 9. u. 10. wurden die Special-Artikel entworfen, den 11. geschah die Vernehmung ad articulos, den 12. wurde d. Colloquium mit dem Defensor abgehalten, die Defension ging den 24. April ein und am 1. Mai wurden acta zum Spruch in erster Instanz vorgelegt. | | | | Nb. In dieser Colonne muß auch bemerkt werden, was wegen der vorgefallenen Verzögerungen verfügt und wie sie gerügt worden. |

## 511.

### Vollstreckung der Execution aus Civil-Erkenntnissen gegen Militair-Personen.

Durch Meinen Kabinetsbefehl vom 4. Juni dieses Jahres ist bereits die Anordnung getroffen worden, daß die Execution aus Civil-Erkenntnissen gegen Personen, bei welchen bisher Militair-Execution statt fand, so weit diese nicht Gehaltsabzüge betrifft, durch die Justizbehörden, vor welchen die Schuldner in Civil-Proceßsachen ihren Gerichtsstand haben, vollstreckt werden sollen. Damit nun durch die Ausführung dieses Befehls in den Provinzen, wo das Allgemeine Landrecht und die Allgemeine Gerichtsordnung noch nicht eingeführt sind, keine Verschiedenheit im Rechtsverhältniß der Militairpersonen zu den Gläubigern hervorgebracht werde; so verordne Ich, daß die Civilgerichte in den vorbezeichneten Provinzen bei Vollstreckung der Executionen die Vorschriften des Anhanges zur Allgemeinen Gerichtsordnung im §. 155. und in den §§. 165. bis 170. einschließlich, beobachten sollen.

Ich beauftrage Sie, Meinen Kabinetsbefehl vom 4ten Juni dieses Jahres, und den gegenwärtigen, nebst einem Extract aus dem Anhange zur Allgemeinen Gerichtsordnung, welcher die §§. 155. und 165. bis 170. enthält, durch die Allgemeine Gesetzsammlung zur öffentlichen Kenntniß zu bringen. Berlin, den 8. September 1822.

An Friedrich Wilhelm.
die Staats-Minister v. Kircheisen und v. Hake.

### a.

Auf die Anfrage: wie nach der veränderten Organisation der Gendarmerie, die Execution aus Civil-Erkenntnissen gegen Personen zu vollstrecken sei, bei welchen bisher Militair-Execution statt fand? bestimme Ich: daß diese Execution, so weit sie nicht Gehaltsabzüge betrifft, künftig von dem Landes-Justizcollegium der Provinz, in der der Schuldner sich aufhält, durch die dazu angestellten Beamten zu vollstrecken, der Schuldner aber durch das Militairgericht mit der Weisung davon zu benachrichtigen ist, sich bei Vermeidung der gesetzlichen Folgen, nach der Verfügung des Civilgerichts zu achten. Ich trage Ihnen auf, diese Bestimmung bekannt zu machen.

Potsdam, den 4. Juni 1822.

An Friedrich Wilhelm.
die Staats-Minister v. Kircheisen und von Hake.

## b.

### Aus dem Anhange zur Allgemeinen Gerichtsordnung.

§. 155. Das Mobiliare diensttuender Offiziere, welches sich an dem Orte befindet, woselbst der Schuldner in Garnison stehet, kann keiner Execution oder Auspfändung unterworfen werden. Dieses gilt auch von dem Mobiliare der auf halben Sold stehenden Offiziere, wenn sie sich an Orten aufhalten, welche ihnen zum Genuß von Servis und Brod angewiesen, und die also gewissermaaßen als ihre Garnison zu betrachten sind.

Ausstehende Forderungen, öffentliche Papiere, imgleichen baares Geld, goldene, silberne und andere Medaillen, Juwelen und Kleinodien, welche ein Offizier besitzt, sind in keinem Falle von der Execution und Auspfändung befreiet. Jedoch muß der Schuldner darüber, ob er dergleichen besitze, vorher vernommen, und bei vorhandenem Zweifel zum Manifestationseide verstattet werden.

§. 165. Wegen der Abzüge von den Gehältern der Offiziere, finden folgende Vorschriften statt:

1) Sämmtlichen Generalen, Commandeurs, Commandanten, Staabs-Offizieren, und den Compagnie- und Escadrons-Chefs müssen, bei Gehaltsabzügen zur Befriedigung der Gläubiger, von ihrem jährlichen Gehalte 400 Rthlr. frei bleiben, und nur von dem, den Betrag von 400 Rthlr. übersteigenden Gehalte, kann die Hälfte von den Gläubigern in Beschlag genommen werden. Einer Anfrage bei Seiner Königlichen Majestät über diese Abzüge bedarf es in keinem Falle.

2) Eben dies findet auch bei allen Offizieren, welche Pension oder Wartegeld genießen, oder auf halbes Gehalt gesetzt sind, statt.

3) Was die den Subaltern-Offizieren zu machenden Gehaltsabzüge betrifft, so können bei der Infanterie einem Fähnrich und Sekonde-Lieutenant nicht mehr als 2 Rthlr., einem Premier-Lieutenant aber 3 Rthlr., und bei der Kavallerie einem Kornet und Seconde-Lieutenant 3 Rthlr., und einem Premier-Lieutenant höchstens 4 Rthlr. monatlich abgezogen werden.

§. 166. Die Abzüge, welche einem Offizier zur Deckung und Wiedererstattung der ihm aus den Regiments- nnd Bataillonscassen gesetzmäßig vorgeschossenen Equipagegelder gemacht werden, haben vor allen übrigen selbst früher contrahirten Schulden den Vorzug, und müssen ungetheilt den Darleihern verabfolgt werden.

§. 167. Bei den Generalen und andern Offizieren höheren Ranges, müssen die ihnen für ihre Dienstverhältnisse bewilligten sogenannten Tafelgelder und sonstigen Zulagen, welche nicht mit zum eigentlichen Gehalte gehören, von den Abzügen Behufs der Bezahlung von Schulden ausgeschlossen werden. Eben so bleibt in Absicht sämmtlicher Offiziere der Servis, weil solcher statt der Natural-Einquartirung gezahlt wird, von den Abzügen ausgeschlossen.

§. 168. Sowohl Militairpersonen, als Civilbeamte und Pensionisten, müssen sich Abzüge bis zur Hälfte ihres ganzen Gehalts, Wartegelds oder Pension ohne Unterschied des Betrages gefallen lassen, wenn es auf Entrichtung laufender Alimente ankömmt.

§. 169. Die in Absicht der Beschlagnahme von Besoldungen und Pensionen vorgeschriebenen Einschränkungen, finden bei solchen Schulden keine Anwendung, welche aus unerlaubten Handlungen entstanden sind; vielmehr soll bei Schulden dieser Art, der Schuldner sei eine Militairperson oder ein Civilbeamter, die Execution ohne Rücksicht auf einen dem Schuldner sonst zu seiner Subsistenz zu belassenden Theil seines Einkommens vollstreckt werden.

§. 170. Kurrente öffentliche Abgaben, sind ohne Unterschied der höhern oder niedrigern Besoldung oder Pension, durch deren Beschlagnahme von Militairpersonen und Civilbeamten oder Pensionisten einzuziehen. Wenn aber andere Gläubiger auf solche Besoldungen und Pensionen schon Beschlag gelegt haben, so wird nur die eine Hälfte der zu entrichtenden Abgaben von dem freien Antheil des Besoldeten oder Pensionisten, die andere Hälfte aber von dem den Gläubigern angewiesenen Antheil dergestalt erhoben, daß letztere bis zur Tilgung der öffentlichen Abgaben zurückstehen müssen.

## 512.

### Zulassung preußischer Unterthanen zum Armenrecht in den Niederlanden.

Nachdem mit dem königlich niederländischen Gouvernement die beiliegende Uebereinkunft

wegen gegenseitiger Verstattung proceßführender unvermögender Partheien zum Armenrecht

getroffen worden, so werden sämmtliche Ober- und Unter-

Gerichtsbehörden hierdurch angewiesen, sich nach dieser Convention zu achten. Berlin, den 9. September 1822.

An sämmtliche königliche Justizbehörden.

Der Justiz-Minister v. Kircheisen.

Le Gouvernement des Pays-Bas ayant réçu de la part du Gouvernement Prussien, la proposition d'admettre les sujets indigens Prussiens à jouir, à l'égal des sujets des Pays-Bas, du droit de procéder pro Deo, devant les Tribunaux; et S. M. le Roi des Pays-Bas s'étant montré disposée à y consentir, moyennant la promesse d'une parfaite réciprocité pour les sujets indigens des Pays-Bas, devant les Tribunaux Prussiens; bien entendu que les étrangers qui solliciteraient la faveur du Pro Deo, devraient être astreints aux mêmes formalités que les indigens et sous la stipulation expresse que par l'arrangement à convenir il ne serait point porté atteinte, ni préjudicié en rien, au droit que la Loi reconnait, en certains cas dans les deux Royaumes aux habitans, de pouvoir éxiger caution des étrangers.

Mr. le Chrbe. de Salviati, Chargé d'affaires de S. M. le Roi de Prusse déclare, d'après les instructions, dont il se trouve muni que son Gouvernement admet ces modifications et consent à les envisager comme faisant une partie intégrante de sa proposition.

Et le Ministre des affaires étrangères de S. M. le Roi des Pays-Bas à ce pareillement autorisé, déclare que son Gouvernement accepte la dite déclaration et que moyennant l'échange de la déclaration et contre-déclaration ci-dessus et leur publication dans les deux Royaumes il est entendu que l'arrangement projeté a reçu sa pleine sanction.

Fait et signe en double à l'hôtel du Département des affaires étrangères à la Haye le vingt et un Août 1822. signé de Nagell.

## 513.

Unterbeamte, welche Aufträge des Justiz-Senats zu Coblenz verrichten, liquidiren die für die Justizämter feststehenden Diäten und Reisekosten.

Da die angebliche Observanz, daß Unterbeamte, welche Aufträge des königlichen Justiz-Senats verrichten, dafür gleich große Diäten, wie die Glieder des Justiz-Senats-

Collegii beziehen, durch das eingesandte Attest des Secretariats weder an und für sich, noch in der Allgemeinheit, wie es abgefaßt ist, zureichend begründet erscheint, um die Ansprüche des Amtsverwalters B. zu A. auf die Diäten eines Landgerichts-Raths wegen der zu Hachenburg vollzogenen Acten-Abtheilung bei der königlichen Regierung durchzuführen; so haben wir in Gefolge der von des Herrn Justiz-Ministers v. Kircheisen Excellenz uns zugegangenen Verfügung vom 12. Juli abhin, der letztern heute eröffnet, daß rc. B. sich mit den für die Aemter festgesetzten Diäten und Reisekosten begnügen müsse.

Wir beauftragen zugleich den königlichen Justiz-Senat, darauf zu sehen, daß die Unterbeamten in allen künftigen Fällen, wenn sie aus Auftrag des Justiz-Senats handeln, die für sie gesetzlich bestehenden Diätensätze nicht überschreiten.

Cöln, den 12. September 1822.

Königlicher Appellations-Gerichtshof, Abtheilung für ostrheinische Sachen rc.

An
den königlichen Justiz-Senat zu Coblenz.

## 514.

Verfahren bei Nachforschung über die in Frankreich verschollenen Personen.

Urschriftlich mit den Beilagen sub lege remissionis an den ersten königlichen General-Advocaten zu Cöln zur Erledigung der hierunter bezeichneten Erfordernisse.

Berlin, den 13. September 1822. Der Justiz-Minister
v. Kircheisen.

### a.

Bei Rücksendung des Berichts des ersten General-Advocaten bei dem rheinischen Appellations-Gerichtshofe zu Cöln vom 23. vorigen Monats,

die Nachforschung über das Schicksal des Johann Salm betreffend, auf dessen Abwesenheits-Erklärung angetragen worden ist,

beehrt sich das unterzeichnete Ministerium Ew. Excellenz ganz ergebenst zu benachrichtigen, daß, bevor dasselbe nach dem Antrage verfügen kann, es erforderlich ist, zuvörderst den Verschollenen nach der in Abschrift beigehenden, von dem königlichen französischen Ministerio bei einer ähnlichen diesseitigen Verwendung übergebenen Instruction, näher zu bezeichnen.

Ew. Excellenz stellt das unterzeichnete Ministerium daher ganz ergebenst anheim, zu dem Behuf das Erforderliche gefälligst einleiten, und dasselbe vom Erfolge zur weitern Veranlassung demnächst in Kenntniß setzen zu wollen.

Berlin, den 10. September 1822.

Ministerium der auswärtigen Angelegenheiten.

An
des königlichen Staats- und Justiz-Ministers
Herrn v. Kircheisen Excellenz.

## b.

Pour mettre le Bureau des lois et archives (Section de l'Etat civil et militaire) à portée de donner des renseignemens sur le sort de . . . . . . . . . . . . . . . . .
il est nécessaire d'indiquer en marge de cet avis

Réponse.

Nota. Cette réponse devra être signée par le réclamant; sans quoi il ne sera point donné suite à la demande.

1) Les noms, prénoms de ce militaire, ceux de ses père et mère, le lieu de sa naissance et le nom de son Département;

2) L'époque de son départ et de son incorporation dans un des Corps de l'armée;

3) Le nom et les numéro du Corps au quel il a d'abord appartenu;

4) La date des dernières nouvelles données par ce militaire, et si l'on croit qu'il ait été prisonnier de guerre;

5) de déterminer surtout d'une manière positive le Corps dans lequel il servait alors, et son grad;

6) Enfin, si on le croit mort dans un hôpital, de le désigner, et de relater aussi la date présumée de son déces.

## 515.

Befugniß des Justiz-Ministeriums zur Ertheilung der Dispensation von dem zu einem Amte erforderlichen Alter.

Beigehend erhalten Sie beglaubte Abschrift der Allerhöchsten Kabinets-Ordre vom 3. d. M., worin es bestätigt wird, daß mir in Folge der Allerhöchsten Kabinets-Ordre vom 19. November 1818 das Recht zustehe, in Absicht derjenigen Beamten, welche von mir ernannt werden, in einzelnen Fällen, nach Bewandniß der Umstände von den gesetzlichen Bestimmungen über das für solche Beamte bei gültiger Ausübung ihrer Dienstverrichtungen nothwendige Alter zu dispensiren. Ich eröffne Ihnen dabei, daß ich allen bis jetzt ernannten stimmführenden Assessoren bei den rheinischen Landgerichten und dem Appellations-Gerichtshofe zu Cöln, welche das gesetzliche Alter noch nicht erreicht haben, die Dispensation, und zwar vom Tage ihrer Ernennung an, ertheilt habe, und dies, zufolge der in der Allerhöchsten Kabinets-Ordre mir auch für die seit dem 19. November 1818 erfolgten Ernennungen beigelegten Befugniß, hierdurch, und zur Vermeidung aller etwaniger Zweifel, ausdrücklich erkläre. Sie haben dies daher zur Kenntniß des königlichen Revisions- und Cassationshofes zu bringen.

Berlin, den 30. September 1822.

An den Präsidenten des königlichen rheinischen Revisions- und Cassationshofes, Herrn Sethe, und den General-Procurator beim königl. rheinischen Revisions- und Cassationshofe, Herrn Eichhorn.

Der Justiz-Minister v. Kircheisen.

a.

Da durch die, mittelst Kabinets-Ordre vom 19. November 1818 genehmigte Organisations-Instruction dem Justiz-Minister das Recht übertragen worden, sämmtliche Justiz-Beamte, mit Ausnahme der Präsidenten, Räthe und Richter, auch der Beamten des öffentlichen Ministerii, zu ernennen, so trage Ich auch kein Bedenken, auf Ihre desfallsige Anfrage zu bestimmen, daß Ihnen hierdurch auch das Recht beigelegt worden ist, in Absicht derjenigen Beamten, welche von Ihnen ernannt worden, in einzelnen Fällen, nach Bewandniß der Umstände, von den gesetzlichen Bestimmungen über das für solche Beamte bei gültiger Ausübung ihrer Dienstverrichtungen nothwendige Alter zu dispensiren.

Berlin, den 3. September 1822.

An den Staats- und Justiz-Minister v. Kircheisen.

Friedrich Wilhelm.

## 516.

**Mittheilung der Straferkenntnisse, welche gegen die zur Ergänzung der Kriegsreserve ausgehobenen Rekruten ergangen sind, an die Landwehr-Brigade-Commandeure.**

Durch die Verfügung vom 12. Juli c. ist Ihnen, Herr General-Advocat, eröffnet worden, daß die zur Ergänzung der Kriegsreserve der Infanterie ausgehobenen Rekruten, deren Vereidigung nicht eher als bei ihrer wirklichen Einziehung erfolgt, der gewöhnlichen Criminalgerichtsbarkeit unterworfen bleiben. Zur Vermeidung eines Mißverhältnisses, welches aus der Fassung dieser Verfügung entstehen könnte, wird bemerkt, daß zu diesen — der Criminalgerichtsbarkeit der Civilgerichte im ganzen Umfange unterworfenen Individuen, diejenigen, welche Behufs ihrer Ausbildung zur Landwehr eingezogen werden, und nach erfolgter Ausbildung die Benennung „fünfjährige Kriegsreservisten" erhalten, nicht gehören, solche vielmehr als bei ihrer Einziehung schon vereidigte Soldaten, wenn sie nachher in ihre Heimath wieder entlassen werden, wie die übrigen zur Kriegsreserve gehörigen Mannschaften, in Criminalsachen behandelt werden müssen.

Berlin, den 11. November 1822.

An den ersten königlichen Herrn General-Advocaten bei dem Appellations-Gerichtshofe zu Cöln.

Der Justiz-Minister
v. Kircheisen.

## 517.

**Das Ressort-Reglement vom 20. Juli 1818 findet keine Anwendung in dem ostrheinischen Theile des Regierungsbezirks Coblenz.**

Zur nähern Bestimmung der Verhältnisse zwischen den Justiz- und Verwaltungsbehörden in dem ostrheinischen Theile des Coblenzer Regierungsbezirks, wird dem Senat des königlichen rheinischen Appellations-Gerichtshofes zu Cöln für die ostrheinischen Sachen des Regierungsbezirks Coblenz eröffnet, daß die Ressort-Verordnung des königlichen Staats-Ministerii vom 20. Juli 1818 sich lediglich auf diejenigen Landestheile bezieht, wo die französische Gerichtsverfassung besteht, und insbesondere die Ressortverfassung, in Betreff derjenigen Gegenstände und Sachen, welche vor die aufgelöseten Präfectur-Räthe gehört haben, bestimmt, mithin solche auf die vormals nassauischen Landestheile, welche den ostrheinischen Theil des Regierungsbezirks Coblenz ausmachen, nicht anwendbar ist, wonach sich der Senat des königlichen rheinischen Appellations-Gerichtshofes zu Cöln für die ostrheinischen Sachen des Regierungsbezirks Coblenz, und die königliche Regierung zu Coblenz in allen vorkommenden Fällen zu achten haben. Berlin, den 11. November 1822.

Der Justiz-Minister
v. Kircheisen.

Der Minister des Innern
v. Schuckmann.

An
den Senat des königlichen rheinischen Appellations-Gerichtshofes zu Cöln für die ostrheinischen Sachen des Regierungsbezirks Coblenz und an die königliche Regierung zu Coblenz.

## 518.

### Ergänzungsrichter bei den Friedensgerichten.

Auf den von Ihnen, Herr erster Präsident und Herr erster General-Advocat,

in Betreff der Beibehaltung oder Modification des Instituts der Ergänzungsrichter bei den Friedensgerichten,

unterm 20. Juni d. J. erstatteten Bericht, wird Ihnen Folgendes eröffnet:

1) Es sollen ferner für jeden Friedensgerichtsbezirk ein oder zwei Ergänzungs-Friedensrichter aus den am meisten dazu qualificirten Einwohnern des Bezirks bestellt werden, und verbleibt es in Beziehung auf diesen Gegenstand bei den jetzt hierüber in den Rheinprovinzen geltenden Bestimmungen mit folgenden Modificationen.

2) Da es an und für sich unzweckmäßig ist, daß ein Advocat-Anwald oder Advocat, so lange er diese Functionen ausübt, eine richterliche Stelle bekleide, oder auch nur interimistisch richterliche Amtsverrichtungen vornehme, da ferner der Art. 5. der Notariats-Ordnung vom 25. April c. die Stelle eines Friedensrichters und das Notariat für unvereinbar erklärt und der Grund dieses Gesetzes auch einer interimistischen Verbindung beider Stellen entgegen ist; so sollen von nun an Advocat-Anwälde, Advocaten und Notarien, bevor sie ihre Stellen nicht niedergelegt haben, als Ergänzungs-Friedensrichter nicht zugelassen werden.

3) Diese ein für allemal bestellten Ergänzungs-Friedensrichter sind nur zu folgenden Functionen berechtiget:

I. Zum Sühne-Versuch nach Vorschrift des Artikels 48. der Civil-Proceß-Ordnung.

II. In Folge des Gesetzes vom 6. März 1791 (Art. 7.) und der Civil-Proceß-Ordnung (Art. 907.) nach Sterbefällen die Siegel anzulegen.

III. In einem, wegen der Pest oder anderen ansteckenden Krankheiten gesperrten Orte (Art. 985. des bürgerlichen Gesetzbuchs) Testamente aufzunehmen.

IV. In gewissen Fällen (Art. 587 und 594. der Civil-Proceß-Ordnung) zur Vollstreckung der Urtheile der Civil-Gerichte mitzuwirken.

V. Kann von ihnen durch den letztlebenden der Eltern, die Ernennung eines Vormundes und eines Assistenten geschehen, welchen der Vater der überlebenden Mutter als Vormünderin der Kinder zuordnet (Art. 392. No. 2. und Art. 398. des bürgerlichen Gesetzbuchs).

VI. Sie vertreten den Friedensrichter in seinen Functionen als Polizeirichter über einfache Contraventionen (Art. 139. 140. der Criminal-Proceß-Ordnung).

VII. Auch vertreten sie ihn, in Absicht der Functionen, welche ihm in seiner Eigenschaft als Polizeirichter durch die Allerhöchste Verordnung vom 7. Juni 1821 beigelegt worden sind, und erkennen demzufolge:

a) über alle Forstfrevel, die nur eine Geldstrafe oder eine Gefängnißstrafe von höchstens fünf Tagen nach sich ziehen,

b) über alle Contraventionen gegen die Jagd- und Fischerei-Gesetze, insofern die Strafe das gesagte Strafmaaß nicht übersteigt, und

c) über die einfachen Holzdiebstähle.

4) Die Ernennung dieser Ergänzungs-Friedensrichter erfolgt auf den Vorschlag der Landgerichte, nachdem solche die Friedensrichter mit ihren Anträgen vernommen, vom Chef der Justiz, welchem die Vorschläge vom ersten Präsidenten und ersten General-Advocaten des rheinischen Appellations-Gerichtshofes mit ihren gutachtlichen Aeußerungen vorgelegt werden.

5) Die Ergänzungs-Friedensrichter erhalten keine besondere Bestallungen, sondern ihre Ernennung wird ihnen vom Ober-Procurator notificirt. Ihre Vereidigung erfolgt durch den betreffenden Friedensrichter, welcher die darüber aufgenommene Verhandlung dem Landgerichte einreicht.

6) Um die Friedensrichter in ihren übrigen Functionen, außer den in der dritten Nummer verzeichneten Amtsverrichtungen bei vorkommenden Hindernissen zu vertreten, soll für jedes Friedensgericht ein für allemal ein benachbartes Friedensgericht zu dieser Stellvertretung bestimmt werden, den Fall des Art. 47. der Civil-Proceß-Ordnung ausgenommen, wo das competente Landgericht über die gegen einen Frie-

densrichter vorgebrachten Recusations-Gründe erkennen muß, und zugleich nach Bewandniß der Umstände die Hinweisung an einen benachbarten Friedensrichter verordnen kann.

7) Die Ernennung der Ergänzungs-Friedensrichter (No. 1 und 3.) und die Bestimmung des für jedes Friedensgericht zur Stellvertretung angewiesenen benachbarten Friedensgerichts (No. 6.), werden durch die rheinischen Amtsblätter zur öffentlichen Kenntniß gebracht.

8) Die zur Vertretung der Friedensrichter im Bezirk ernannten Ergänzungs-Richter (No. 1 und 3.), desgleichen die zu diesem Zwecke nach No. 6. ein für allemal bestimmten benachbarten Friedensrichter erhalten für die Ausführung ihrer Amtsverrichtungen kein Gehalt, sondern blos die in jedem einzelnen Falle deservirten Emolumente.

9) Wenn die Verhinderung eines Friedensrichters länger als drei Monate gedauert hat, so soll alsdann, bei Vacanzen durch den Tod jedoch schon, nach Verlauf des Sterbe- und des darauf folgenden Monats, wenn aber die Vacanz durch Beförderung, Abdankung, Suspension oder Amtsentsetzung eintritt, sogleich aus der Zahl der Advocaten, die ihre Stage schon ein Jahr beendigt haben, und in die richterliche Laufbahn übergehen wollen, wenn sie vorher die Advocatur niedergelegt haben, oder aus der Zahl der Candidaten des Richteramts, welche bereits die beiden ersten Examina zurückgelegt, und eine Zeitlang als Referendarien bei einem Landgerichte gearbeitet haben, ein Stellvertreter gegen Diäten und den Genuß der Emolumente, zur Wahrnehmung der vacanten Stelle deputirt werden. Der Betrag der Diäten muß in jedem Falle vom Justiz-Minister genehmigt werden.

Berlin, den 15. November 1822. Der Justiz-Minister
v. Kircheisen.

An
den ersten Herrn Präsidenten und
den ersten Herrn General-Advocaten
des königlich rheinischen Appellations-
Gerichtshofes zu Cöln.

## 519.

### Militairische Zeugen erhalten dieselben Gebühren als die übrigen Zeugen.

Der von Ihnen, Herr General-Advocat, mittelst Berichts vom 20. v. M. gemachte Antrag,

den militairischen Zeugen eben die Gebühren, welche die übrigen Zeugen erhalten, zuzubilligen, wird hierdurch genehmiget, und haben Sie das weiter Erforderliche dieserhalb zu veranlassen.

Berlin, den 15. November 1822.

An den ersten Herrn General-Advocaten bei dem königlichen rheinischen Appellations-Gerichtshofe in Cöln.

Der Justiz-Minister v. Kircheisen.

## 520.

### Erbschafts-Gebühren.

Beigehend erhalten Sie Abschrift des Schreibens des königlichen Finanz-Ministerii vom 17. September d. J. und der dabei gefügten Allerhöchsten Kabinets-Ordre vom 9. desselben Monats,

wonach die Rückzahlung der auf den Grund der diesseitigen Verfügung vom 14. November 1817 in dem zum ehemaligen General-Gouvernement des Mittel-Rheins gehörigen Theil der Rheinprovinzen gezahlten Erbschafts-Gebühren für unzulässig erklärt worden, so weit sie noch nicht geschehen ist,

um Kenntniß davon zu nehmen und die Staats-Procuratoren danach zu instruiren. Eine gleiche Mittheilung ist an den General-Procurator des rheinischen Revisions- und Cassationshofes geschehen, um danach bei dem Collegio in vorkommenden Fällen die nöthigen Anträge zu machen.

Berlin, den 18. November 1822.

An den ersten Herrn General-Advocaten bei dem königlichen rheinischen Appellations-Gerichtshofe zu Cöln.

Der Justiz-Minister v. Kircheisen.

### a.

Euer Excellenz beehre ich mich, die an mich ergangene Allerhöchste Kabinets-Ordre vom 9. d. M., wonach die Rückzahlung der auf den Grund der diesseitigen Verfügung vom 14. November 1817 in dem zum ehemaligen General-Gouvernement des Mittelrheins gehörigen Theil der Rheinprovinzen gezahlten Erbschafts-Gebühren für unzulässig erklärt worden, so weit sie nicht schon geschehen ist, hierneben in beglaubter Abschrift mit der ganz ergebensten Bitte mitzutheilen: die betreffenden rheinischen Gerichtsbehörden, von welchen namentlich das Landgericht zu Coblenz unterm 28. März und 27. December 1820, so wie der hiesige Cassationshof unterm 9. März v. J. gegen den Fiscus auf Erstattung solcher Erbschafts-Gebühren erkannt haben, auf dem geeigneten Wege zu ihrer Richtschnur bei den etwa noch vorliegenden, oder ferner noch anzubringenden Processen gegen den Fiscus mit dem Allerhöchsten Orts festgestellten richtigern Gesichtspunkt und der dadurch in Kraft erhaltenen Verfügung des Finanz-Ministerii vom 14. November 1817 bekannt machen zu wollen.

Nach den in der erwähnten Kabinets-Ordre ausgesprochenen Grundsätzen, wird es übrigens auch zur Zurücknahme der Verfügung des ehemaligen General-Gouverneurs v. Gruner wegen Herabsetzung der Summe, auf welche von den rheinischen Hypotheken-Bewahrern Caution geleistet werden muß, über welchen Gegenstand ich mich unterm 10. d. M. gegen Euer Excellenz erklärt, keiner besondern Königlichen Bestimmung weiter bedürfen, und stelle ich demnach ganz ergebenst anheim, diesen Punkt meines Schreibens als beseitigt ansehen zu wollen. Berlin, den 17. September 1822.

An v. Klewitz.

des königlichen Wirklichen Geheimen Staats- und Justiz-Ministers, Herrn v. Kircheisen Excellenz.

## b.

Aus Ihrem Berichte vom 31. März d. J. habe Ich ersehen, daß bei den Behörden Zweifel darüber entstanden sind, ob die Verfügung des ehemaligen General-Gouverneurs v. Gruner, wodurch er alle erbschaftlichen Gebühren in dem Gouvernement des Mittelrheins aufhob, auch in den späterhin mit der Monarchie vereinigten Theilen jenes Gouvernements von der Zeit ab noch in Kraft geblieben sei, als zufolge der Verfügung des Finanz-Ministerii vom 14. November 1817 die französischen Gesetze in Absicht der Erbschafts-Gebühren der Ehegatten, der Seiten- und Nichtverwandten, wieder in Anwendung gesetzt werden sollten. Da es nicht in den Befugnissen des General-Gouverneurs lag, die vorgefundenen Gesetze förmlich aufzuheben, sondern nur ihre Anwendung zu suspendiren, diese Suspension aber nach dem Ende der provisorischen Verwaltung nur so lange ihre Wirkung behalten konnte, als sie von der neu eingetretenen Regierung zugelassen wurde, zur Aufhebung derselben es übrigens keines neuen Gesetzes, sondern, wie sie selbst ursprünglich nur als eine Verwaltungs-Maaßregel gelten konnte, der bloßen Anordnung der obersten Verwaltungs-Behörde bedurfte und diese endlich in der Verfügung des Finanz-Ministerii vom 14. November 1817 erfolgt ist, so konnten unbedenklich von dieser Zeit ab die Erbschafts-Gebühren der Ehegatten, Seiten- und Nichtverwandten nach den französischen Gesetzen wiedergefordert werden. Es kann daher auch eine Erstattung jener Gebühren, welche bereits gezahlt sind, nicht statt finden. Sollte sie aber in irgend einem Falle bereits erfolgt sein, so hat es dabei sein Bewenden.

Berlin, den 9. September 1822.

An den Staats- und Finanz-Minister v. Klewitz.

Friedrich Wilhelm.

c.

Es ist allerdings ein nicht zu billigendes Mißverhältniß, daß in einzelnen Kreisen des Departements der königlichen Regierung, je nachdem deren Theile früher zum vormaligen General-Gouvernement des Mittel- oder zu dem des Niederrheins gehörten, eine Verschiedenheit bei der Besteuerung der Erbschaften noch besteht, welche darauf sich gründet, daß in ersterem Gouvernement die durch das französische Gesetz über das Enregistrement vom 22. Frimaire Jahres VII. für Erbschaften bestimmten Gebühren:

| | Procente von Immobilien | Procente von Mobilien |
|---|---|---|
| a. in gerader Linie . . . | 1 . | $\frac{1}{4}$ |
| b. von Ehegatten . . . | $2\frac{1}{2}$ . | 5 |
| c. von Collateral-Erben . . | 5 . | $1\frac{1}{4}$ |

gänzlich, in letzterem aber nur die Gebühr zu a. aufgehoben worden war.

Zur Beseitigung dieses abweichenden Verfahrens, genehmige ich daher nach dem Antrage der königlichen Regierung: daß fortan überall, wo das französische Enregistrementswesen noch besteht, die danach festgesetzte Erbschaftsgebühr in gerader Linie, mit 1 Procent von Immobilien und $\frac{1}{4}$ Procent von Mobilien als allgemein aufgehoben angesehen, dasjenige aber, was nach obbesagtem zu b. und c. von Ehegatten- und Collateral-Erben berichtigt wird, bis zur allgemeinen Reform überall, wo das vorige System noch dauert, auch ferner dem eigentlichen Gesetze gemäß, erhoben werden soll; es hat die königliche Regierung solches durch ihr Amtsblatt zur einstweiligen Befolgung bekannt zu machen.

Berlin, den 14. November 1817.

An die königliche Regierung zu Trier, Coblenz rc. rc.

Der Minister der Finanzen v. Klewitz.

## 521.

### Einsendung der gegen Notarien ergangenen Straf-Erkenntnisse an das Justiz-Ministerium.

Die von Ihnen, Herr General-Advocat, unter dem 12. d. M. eingereichten Acten

in der Disciplinar-Untersuchungssache wider den Notar N. zu N.

erfolgen hierneben mit dem Bemerken zurück, daß die gegen die Notarien ergangenen Disciplinar-Straf-Erkenntnisse nicht so wie die, welche gegen die Anwälde und Gerichtsvollzieher ergehen, meiner Bestäeigung unterliegen, wie sich das aus den Act. 50. 51. 52. der Notariats-Ordnung vom 25. Apr. c. ergiebt. Auch ist in der General-Verfügung vom 26. August d. J. wegen Organisation des Notariats in den am Schlusse befindlichen allgemeinen Bestimmungen sub No. 5. blos festgesetzt:

„von jedem Erkenntnisse, welches die Suspension oder Amts-Entsetzung ausspricht (nach Art. 51 und 52. der Notariats-Ordnung) ist von der General-Procuratur Anzeige hieselbst zu machen."

Hiernach haben Sie sich für die Folge zu richten, und blos Abschriften der Straf-Erkenntnisse einzureichen, die Einreichung der Acten ist aber nicht nothwendig.

Sofern gegen ein Straf-Erkenntniß der ersten Instanz appellirt worden ist, so muß auch zu seiner Zeit das zweite Erkenntniß, es sei bestätigend, oder abändernd, abschriftlich eingesandt werden.

Die Abschriften der Straf-Erkenntnisse beider Instanzen dienen hier blos zur Notiz und zur Controlle der Disciplin.

Sofern bei denselben nichts zu bemerken ist, werden sie blos ad acta genommen, welches Ihnen deshalb ausdrücklich eröffnet wird, damit die Zustellung des Straf-Urtheils, von welchem nach dem allegirten Art. 52. die Einstellung der Functionen des Notars im Fall der Suspension oder Dienstentsetzung abhängt, nicht etwa bis zum Eingang eines Rescripts des Justiz-Ministerii ausgesetzt werde.

Berlin, den 29. November 1822.

Der Justiz-Minister
v. Kircheisen.

An
den ersten General-Advocaten des königlichen rheinischen Appellations-Gerichtshofes, Herrn Geheimen Ober-Revisions-Rath Bölling zu Cöln.

## 522.

### Die Deposition der Repertorien der Notarien auf den Landgerichts-Kanzleien hört auf.

Auf Ihre Berichte von resp. dem 24. und 27. v. M.
in Betreff der Deposition der Repertorien der öffentlichen Notarien auf der Kanzlei der Landgerichte,

wird Ihnen eröffnet, daß die Bestimmung der älteren französischen Verordnungen vom 6. October 1791 und vom 6. Floreal des IV. Jahres, desgleichen des Art. 36. der Verordnung des Gouvernements-Commissairs vom 6. Thermidor des VI. Jahres, wonach die Notarien gehalten waren:

in den ersten zwei Monaten jedes Jahres in der Gerichtsschreiberei des gehörigen Tribunals ein beglaubtes Duplicat ihres über die Notariats-Acte, welche sie im abgelaufenen Jahre aufgenommen haben, gehaltenen Repertoriums niederzulegen,

absichtlich in die neue Notariats-Ordnung nicht aufgenommen worden ist, daher auch auf die fernere Erfüllung dieser vormals den Notarien obgelegenen Pflicht nicht weiter bestanden werden darf.

Dagegen aber sollen die Friedensrichter, welche nach dem Art. 46. der Verordnung vom 25. April c. verpflichtet sind, am 11. der Monate Januar, April, Juli und October dem Ober-Procurator diejenigen Notarien anzuzeigen, welche ihr Repertorium nicht vorgelegt haben, mit dieser Anzeige auch die namentliche Angabe derjenigen Notarien verbinden, welche ihr Repertorium vorgelegt und abgeschlossen zurück erhalten haben, und hierbei zugleich die Zahl der im Repertorium eingetragenen Acte anführen. Durch diese Bestimmung wird der Friedensrichter verhindert, ohne die größte Verantwortlichkeit einen oder den andern Notar zu begünstigen, und man wird mit Zuversicht annehmen können, daß die als vorgelegt und abgeschlossen angegebenen Repertorien es auch wirklich sind. Hat alsdann ein Ober-Procurator dennoch Gründe, an der Regelmäßigkeit des Verfahrens zu zweifeln; so wird er leicht in seiner Stellung ein Mittel finden, um die Wahrheit zu entdecken.

Hiernach haben Sie nunmehr die weitern erforderlichen Verfügungen zu erlassen.

Berlin, den 20. December 1822. Der Justiz-Minister
v. Kircheisen.

An
den ersten General-Advocaten bei dem königl. rheinischen Appellations-Gerichtshofe, Herrn Geheimen Ober-Revisions-Rath Bölling zu Cöln.

## 523.

### Jährliche Niederlegung der friedensgerichtlichen Urschriften in Civilsachen.

Auf Ihren Bericht vom 14. c.

in Betreff der jährlichen Niederlegung der friedensgerichtlichen Urschriften in Civilsachen,

will ich es nachlassen, daß da wo die Friedensgerichte eigene Localien haben, die Acten aus den vier letzten Jahren vor dem laufenden, in diesen Localien aufbewahrt werden können. Dagegen muß es dabei verbleiben, daß die Acten aus einem früheren Zeitraume bei dem Abschluß eines jeden Kalenderjahres an die Archive der Gemeinde-Hauptörter des Friedensgerichtsbezirks abgegeben werden. Es ist kein Grund vorhanden bei den Friedensgerichten dem Kalenderjahr das bei dem Appellations-Gerichtshofe und den Landgerichten gebräuchliche Justiz-Jahr zu substituiren.

Berlin, den 23. December 1822.

An den ersten General-Advocaten bei dem königlichen rheinischen Appellations-Gerichtshofe, Herrn Geheimen Ober-Revisions-Rath Bölling zu Cöln.

Der Justiz-Minister
v. Kircheisen.

## 524.

### Verfahren bei Disciplinar-Beschlüssen gegen Advocat-Anwälde.

Auf Ihre Berichte vom 29. v. Mts. und 12. d. Mts. das Disciplinar-Verfahren gegen den Advocaten-Anwald N. betreffend, wird Ihnen Folgendes eröffnet:

Da nach dem ersteren der Ober-Procurator zu Coblenz zur Hebung des Conflicts, welcher zwischen dem Appellations-Gerichtshofe und dem Landgerichte zu Coblenz entstanden war, die Acten an den hiesigen Revisions- und Cassationshof eingeschickt hat, so ist der General-Procurator des oben gedachten Collegii unter dem 16. c. aufgefordert worden, zu berichten:

in welcher Lage diese Conflicts-Angelegenheit sich gegenwärtig befinde?

Es ist darauf der in Abschrift anliegende Bericht vom 21. d. Mts. eingegangen.

Aus den zugleich eingesandten Acten des Revisions- und Cassationshofes hat sich ergeben, daß der Oberprocurator zu

Coblenz gegen den Beschluß des dasigen Landgerichts das Rechtsmittel der Cassation ergriffen hat.

Hiernach befindet sich nun die Sache noch keinesweges in der Lage, daß ich schon jetzt darin eine Entscheidung treffen könnte. Denn wenngleich es gegründet ist, wie dies auch im Rescripte vom 19. Juli d. J. ausgesprochen worden, daß in den Fällen, da die Landgerichte gegen einen Anwald, der bloß Anwald ist, oder gegen einen Gerichtsvollzieher oder gegen einen Advocat-Anwald in der Eigenschaft als Anwalt einen Disciplinarbeschluß in Gefolge des Art. 102. des Decrets vom 30. März 1808 fassen, dieser Beschluß nicht von der Bestätigung des Chefs der Justiz provisorisch vollstreckt werden kann, weil dem Justiz-Minister in dem Artikel 103. l. c. das Recht der Abänderung, sei es Milderung oder Schärfung, vorbehalten worden, so verhält sich doch die Sache anders:

> wenn ein Landgericht gegen einen Advocaten-Anwald in beiden Eigenschaften einen Disciplinarbeschluß faßt und ihn z. B., wie im gegenwärtigen Falle geschehen ist, in beiden Eigenschaften suspendirt.

Denn dem Advocat-Anwald steht in seiner Eigenschaft als Advocat das Rechtsmittel der Appellation an den Appellations-Gerichtshof zu,

Art. 32. des Decrets vom 14. December 1810,

und in gewissen Fällen sind die Landgerichte befugt, ihre gegen die Advocaten zu fassenden Disciplinarbeschlüsse für provisorisch vollstreckbar zu erklären.

Nun aber werden seit dem Eintritt der Organisation keine bloße Anwälde mehr ernannt, sondern die Anwälde werden bloß aus der Zahl der Advocaten genommen, nachdem diese eine Zeitlang practisch und selbstständig die Advocatur betrieben, sich durch eine nochmalige besondere Prüfung zur Anwaldschaft qualificirt und sich durch Rechtschaffenheit des besonderen Vertrauens des Gouvernements würdig gemacht haben.

Nicht so wie früher verlieren jetzt die Advocaten durch ihre Ernennung als Anwälde, ihre Qualität, als Advocaten aufzutreten, und bloß in Absicht der vorgefundenen bloßen Anwälde, welche nicht zur Advocatur qualificirt sind, ist es nachgelassen worden, daß sie lediglich in jener Eigenschaft zugelassen werden sollen.

Mit dieser einzigen Ausnahme ist es daher Grundsatz:

> daß es zwar nach wie vor Advocaten geben kann, welche nicht Anwälde sind, daß aber niemand Anwald werden

und verbleiben kann, der nicht die Qualität als Advocat damit vereiniget,

woraus folgt,

daß der Advocat-Anwald, der sich seiner Qualität als Advocat verlustig gemacht, auch von selbst seine Anwaldschaft verliert, daß dagegen der Verlust der letzteren nicht von selbst den Verlust der Qualität eines Advocaten herbeiführt;

hieraus ergiebt sich das Verfahren für die Fälle da ein Landgericht einen Advocaten-Anwald in beiden Eigenschaften suspendirt hat, von selbst dahin:

1) daß dasselbe auch berechtiget ist, sein Erkenntniß wegen Suspension des Beschuldigten in der Eigenschaft als Anwald provisorisch für vollstreckbar zu erklären, in denjenigen Fällen, wo es nach dem Art. 45. des Decrets vom 14. December 1810 seinen Beschluß wegen Suspension von der Advocatur provisorisch vollstreckbar zu erklären befugt ist und es die provisorische Vollstreckbarkeit in der letzten Eigenschaft wirklich ausgesprochen hat.

2) daß wenn der Advocat-Anwald Appellation gegen denjenigen Theil des Beschlusses, welcher seine Qualität als Advocat-Anwald betrifft, an den Appellations-Gerichtshof eingelegt hat, die Sache in Betreff desjenigen Theils des Beschlusses, welcher seine Qualität als Anwald anlangt und mithin wegen Bestätigung, Milderung oder Schärfung der ausgesprochenen Strafe nicht eher an den Chef der Justiz gelangt, als bis die Sache wegen der Advocatur rechtskräftig entschieden worden ist. Fällt diese Entscheidung auf Suspension oder Ausstreichung aus der Matrikel aus, so ist der Advocat-Anwald nach den vorher erwähnten Grundsätzen von selbst auch als Anwald resp. suspendirt oder entsetzt. Fällt aber das Erkenntniß abändernd aus, und wird der Beschluß des Landgerichts wegen Suspension von der Advocatur vom königlichen Appellations-Gerichtshofe aufgehoben, dann erst gelangt die Sache zur Entscheidung über die Strafe, die gegen ihn als Anwald ausgesprochen worden, mithin zur Bestätigung oder Abänderung des Landgerichtsbeschlusses an den Justiz-Minister.

Hiernach haben Sie daher, sobald die Disciplinar-Untersuchung von dem königlichen Appellations-Gerichtshofe entschieden sein wird, mit anderweiten angemessenen Anträgen die vollständigen Acten an mich einzusenden, und ist der N. ebenfalls nach diesen Grundsätzen beschieden worden.

Dem General-Procurator bei dem Revisions- und Cassationshofe sind auf seinen Antrag sämmtliche von Ihnen eingesendeten Anlagen Ihres Berichts vom 29. v. Mts. und die Acten mitgetheilt worden, und es werden Ihnen solche, sobald sie von dort zurückgegangen sind, remittirt werden.

Berlin, den 27. December 1822.

An den ersten General-Advocaten bei dem königlichen rheinischen Appellations-Gerichtshofe, Herrn Geheimen Ober-Revisions-Rath Bölling zu Cöln.

Der Justiz-Minister
v. Kircheisen.

## 525.

Befugniß der Instructionsrichter zur Erlassung von Erscheinungs-, Vorführungs-, Verwahrungs- und Verhaftsbefehlen.

Beigehend erhalten Sie in Urschrift die Eingabe des Landgerichtsraths N. zu N. in Sachen wider N. nebst sämmtlichen Anlagen und den eingereichten Untersuchungs-Acten mit dem Eröffnen, daß der Justiz-Minister das Verfahren des Landgerichtsraths N. sowohl in der Form als in der Sache ungeeignet findet. In der Form, weil die Untersuchungs-Richter in Betreff ihrer Functionen der gerichtlichen Polizei nach Art. 57. der Criminal-Proceß-Ordnung der Aufsicht des General-Procurators untergeordnet sind und sich daher mit ihren Berichten an diesen und nicht unmittelbar an den Chef der Justiz zu richten haben.

Sofern sie aber nicht bloß Functionen der gerichtlichen Polizei ausüben und unabhängig von der General-Procuratur sind, und dies sind sie allerdings in Absicht ihrer Befugnisse und Pflichten, die Erscheinungs-, Vorführungs-, Verwahrungs- und Verhaftungsbefehle zu erlassen, kann auch der Justiz-Minister ihnen für einen bestimmten vorliegenden Fall keine andere Verfügung zukommen lassen, als sie auf die genaue Befolgung der Gesetze zu verweisen.

Um die Befehle Seiner Majestät des Königs von Amtswegen dahin einzuholen, daß hier eine Ausnahme des Gesetzes eintreten soll, ist die Sache gar nicht angethan.

Der Art. 91. der Criminal-Proceß-Ordnung bestimmt allerdings:

„Der Untersuchungs-Richter erläßt ebenfalls einen Vorführungsbefehl — eigentlich, er muß ebenfalls einen

Vorführungsbefehl erlassen — wider jede Person, wessen Standes sie auch immer sei, wenn sie eines Verbrechens beschuldigt ist, das eine Leibes- oder entehrende Strafe nach sich führt."

Und der Artikel 94. l. c.

„Er kann in den Fällen, wo die That eine Leibes- oder entehrende Strafe oder correctionelle Gefängnißstrafe nach sich zieht, nach Vernehmung des Inculpaten und Anhörung des Procurators einen Verhaftsbefehl in der unten bemerkten Form erlassen."

Allein diese Artikel werden ganz mißverstanden, wenn man sie dahin auslegen wollte:

daß gegen jeden der eines Verbrechens — im Gegensatz der Vergehen — beschuldigt wird, ein Vorführungs- oder Verhaftsbefehl erlassen werden müßte.

Dann würde die Sicherheit und Freiheit rechtlicher Unterthanen oft boshaften und unbegründeten Beschuldigungen Preis gegeben werden. Indem beide Artikel sich unbestimmt ausdrücken, setzen sie das richtige und vernünftige, durch die allgemeine Criminaltheorie geleitete Ermessen des Untersuchungs-Richters voraus, und hiernach kann ein Vorführungs- und Verhaftsbefehl nur erlassen werden,

wenn die Existenz des Verbrechers wahrscheinlich ist, und ein Beweis oder ein dringender Verdacht der Thäterschaft vorhanden ist;

Der Art. 94. aber setzt noch insonderheit voraus: daß dieser Beweis oder dringender Verdacht nicht durch die Vernehmung des Inculpaten beseitigt worden ist.

Ob in einzelnen Fällen diese gesetzlichen Voraussetzungen als vorhanden anzunehmen seien, muß der Erwägung des Instructionsrichters überlassen bleiben und steht die Entscheidung dem Justiz-Minister nicht zu, daher es auch ganz ungeeignet ist, hierüber den Befehl des Chefs der Justiz einzuholen. Berlin, den 30. December 1822.

An den ersten General-Advocaten bei dem königlichen rheinischen Appellations-Gerichtshofe, Herrn Geheimen Ober-Revisions-Rath Bölling zu Cöln.

Der Justiz-Minister
v. Kircheisen.

VIII.

1823.

## Gesetze, Verordnungen, Rescripte.

### 526.

### Revision der Register der Notarien.

Der Ober-Procurator bei dem Landgerichte zu Coblenz hat mittelst Berichts vom 18. v. M. folgende, Ihnen bereits vorliegende Actenstücke in Abschrift mitgetheilt:

A. ein an sämmtliche Friedensrichter des dasigen Landgerichts-Bezirks gerichtetes Circular vom 12. November v. J. über das Verfahren, welches dieselben bei Revision der Register der Notarien zu beobachten haben;

B. ein an den Friedensrichter zu Castellaun am 1. v. M. erlassenes Schreiben, worin der Ober-Procurator sich über die Bedenken ausgesprochen hat,

> ob der Friedensrichter ermächtiget sei, die Register, welche er abschließt, zu verificiren und
> ob er verpflichtet sei, den erfolgten Abschluß der Register den Aufsichts-Behörden anzuzeigen;

C. die Anzeigen, welche er Ihnen am 3. v. M. von beiden Verfügungen gemacht hat, und

D. Ihre Antwort vom 10. v. M., worin Sie sich dahin geäußert haben:

> daß der Friedensrichter die Anzeige der stattgefundenen Revision ablehnen und solche auf die Contraventionsfälle beschränken dürfe.

Dabei hat er seine Gründe zur Rechtfertigung der von ihm sub A und B. erlassenen Verfügungen vorgetragen.

Die den Friedensrichtern in dem Circular vom 12. November v. J. sub No. 1. gemachte Auflage:

> daß die Zahl der eingetragenen Acte des abgeschlossenen Repertorii in dem Berichte zu vermerken sei,

entspricht ganz der in meiner Verfügung vom 20. December v. J. ergangenen Bestimmung, indem hierdurch festgesetzt ist, daß die Friedensrichter, welche nach dem Art. 46. der Verordnung vom 25. April c. verpflichtet sind, am 11. des Monats Januar, April, Juli und October, dem Ober-Procurator diejenigen Notarien anzuzeigen, welche ihr Repertorium nicht dargelegt haben, mit dieser Anzeige auch die namentliche Angabe derjenigen Notarien verbinden sollen, welche ihr Repertorium vorgelegt und abgeschlossen zurückerhalten haben und hierbei zugleich die Zahl der in dem Repertorium eingetragenen Acte anzuführen haben.

Was die zweite Nummer der Verfügung des Ober-Procurators vom 12. November pr. anlangt, worin angeordnet ist

daß der Tag der Vorlegung des Repertorii zu bezeichnen sei,

so findet der Justiz-Minister diese Anordnung ganz zweckmäßig, und haben Sie solche allgemein zu veranlassen.

Nach No. 3. der mehr allegirten Verfügung des Ober-Procurators sollen die Friedensrichter bei dieser Vorlegung sowohl im Allgemeinen prüfen, ob dem Notar keine Zuwiderhandlung zu imputiren sei, als auch insbesondere in dem Bericht bescheinigen, daß keine Uebertretungen der Artikel 15. 25. 26. 30. 31. 36. 40. 43. 44. 60. und der No. 13. der allgemeinen Bemerkungen aufgefunden seien.

Die Gründe, welche der Ober-Procurator für diese Bemerkung anführt, sind folgende:

Die obgedachten Artikel sprächen Strafen der Vergehen und Irregularitäten aus, welche größtentheils gar nicht durch Beschwerde der Partheien zur Cognition der Gerichte kommen könnten, und die einzige Gelegenheit, dieselben in Gewißheit zu setzen, sei der Abschluß der Register; nehmen die Friedensrichter denselben bloß mechanisch vor, so könnten sie allenfalls nur prüfen, ob etwas radirt oder eingeschaltet sei, hierzu hätte aber selbst der Notar keine Veranlassung, wenn die Auslassung oder unregelmäßige Eintragung nicht controllirt wird.

Ein Friedensrichter, welcher sich die Acten mit vorlegen lassen, habe gefunden, daß der betreffende Notar einen Act aufgenommen, durch welchen das Erbschaftsrecht auf das Vermögen eines lebenden Menschen verkäuflich einem Dritten übertragen worden ist. Der Notar, welcher hierdurch den Art. 1600. des Civilgesetzbuchs, den Art. 16. des Notariats-Gesetzes verletzt habe, verdiene zur Sicherstellung des Publikums unter der strengsten Controlle gehalten zu werden. Sofern aber die

Friedensrichter nicht berechtigt und gehalten seien, sich die Notariats-Acten selbst vorlegen zu lassen, komme eine solche Gesetzwidrigkeit vielleicht erst nach Jahren, vielleicht gar nicht zur Cognition der Aufsichtsbehörden.

Die Aufsicht über die Amtsführung der Notarien, führt der Ober-Procurator ferner an, gebühre den Gerichten nach Art. 48. der Notariats-Ordnung; die Aufsichts-Behörden haben die Befugniß zu Visitationen der Notariatsstuben, zu Einsicht ihrer Verhandlungen und zur allgemeinen Controlle ihrer Dienstthätigkeit, dieses Recht der Aufsicht sei stets wirksam und unabhängig von äußern Veranlassungen; nur insofern es in Vexationen ausartete, würden Beschwerden der Notarien über die Art der Ausführung begründet werden können.

Die Friedensrichter seien schuldig, zu dieser Aufsicht mitzuwirken, weil das Gesetz selbst ihnen die Revision und den Abschluß der Repertorien aufträgt.

Ein Abschluß der Register in dem Sinne des Gesetzes und mit einem Resultat für die Aufsicht sei ohne die Notariats-Verhandlungen unmöglich.

Die Notarien könnten eine Weigerung, solche dem Richter vorzulegen, nicht aus den Art. 37 und 41. des Notariatsgesetzes entnehmen, da daselbst der Fall der richterlichen Verfügung ausgenommen sei.

Der Abschluß der Register, verbunden mit einer, wenngleich nur summarischen Verification derselben, gebe ein leichtes, zweckmäßiges, weder für den Notar noch für die Richter beschwerliches, ohne alles Aufsehen, mit Schonung aller Verhältnisse anwendbares Mittel der Aufsicht und Controlle, daher sich auch alle bessere Notare dieser Maaßregel gern gefügt haben und keiner der Friedensrichter mit Ausnahme sehr weniger sich dadurch beschwert erachtet.

Es ist nun zwar unbedenklich, daß ein Hauptzweck der Art. 43. 44. 45. 46. 47. der Notariats-Ordnung vom 25. April 1822 der ist,

die Fälschung des Datums zu verhindern.

Allein hierdurch werden auch andere Zwecke nicht ausgeschlossen und die Gründe des Ober-Procurators verdienen allerdings eine genaue Erwägung.

Insbesondere kommt in Betrachtung, daß bei der kurzen Verjährungsfrist, welcher die in der Notariats-Ordnung ausgesprochenen Strafen unterliegen, dieselben höchst selten zur Ausführung gebracht werden könnten; und mithin die durch dieselbe beabsichtigte Controlle ganz wegfallen würde, wenn nicht die vom Ober-Procurator beabsichtigte Revision in der von ihm vorgeschlagenen oder ähnlichen Art erfolgt. Es wird weniger darauf ankommen, daß die Friedensrichter alle Original-Verhandlungen der Notarien sich vorlegen lassen und dieselben revidiren, sondern nur daß sie für berechtiget erachtet werden, die Vorlegung der Verhandlungen zu erfordern, und daß sie anzuweisen sind, bei der Revision des Registers eines jeden Notars, sich mehrere Verhandlungen zur speciellen Revision vorlegen zu lassen, wobei das Mehr oder Weniger allerdings ihrem Ermessen nach Beschaffenheit der Umstände zu überlassen sein würde. Sie haben sich über diesen Gegenstand gutachtlich zu äußern.

Berlin, den 10. Januar 1823. Der Justiz-Minister
An v. Kircheisen.
den ersten General-Advocaten bei dem königlichen rheinischen Appellations-Gerichtshofe, Herrn Geheimen Ober-Revisions-Rath Bölling in Cöln.

## 527.

### Bestreitung der Unterhaltungskosten in den Dienstwohnungen der Staats-Beamten.

Nachstehendes Regulativ wird dem königlichen ersten Herrn General-Advocaten beim rheinischen Appellations-Gerichtshofe zu Cöln zur Nachricht und zur Nachachtung in den darin vorausgesetzten Fällen mitgetheilt.

Berlin, den 15. Januar 1822. Der Justiz-Minister
An v. Kircheisen.
den königlichen ersten Herrn General-Advocaten zu Cöln.

### a.

Ueber die Bestreitung der Unterhaltungskosten in den, den Staats-Beamten angewiesenen Dienstwohnungen hat es bisher noch an ausreichenden Grundsätzen gefehlt, indem theils deshalb nur einzelne frühere Verfügungen, besonders für Beamte der Steuer-Partie, vorhanden sind, theils aber auch die Bestimmungen des Allgemeinen Landrechts Theil I. Tit. 21. §§. 11. seq. nicht wohl in Anwendung gebracht werden können. Das unterzeichnete Staats-Ministerium hat daher den Gegenstand einer ausführlichen Erörterung unterworfen, und nach geschehener sorgfältiger Erwägung sind mit Allerhöchster Genehmigung folgende allgemeine Grundsätze festgesetzt worden.

§. 1. Der abziehende Beamte muß die inne gehabte Dienstwohnung seinem Nachfolger stets in gutem bewohnbaren Stande überliefern. Zum bewohnbaren Stande gehört, daß Alles zu dem bestimmten Zweck brauchbar, und nicht erst einer Reparatur bedürftig ist. Findet der anziehende Beamte wesentliche Mängel; so hat er solche seiner vorgesetzten Behörde anzuzeigen, um nach Befinden dem abgehenden Beamten, oder im Sterbefalle die Erben desselben zur Herstellung oder zum Ersatz der diesfälligen Kosten anhalten zu können.

§. 2. Zu den von dem Inhaber einer Dienstwohnung gewöhnlich zu unterhaltenden Gegenständen gehören:

a) die Fensterscheiben, Oefen, Feuerheerde und Back-Oefen;
b) die Beschläge und Schlösser an Fenstern und Thüren und das Anstreichen derselben;
c) das Ausweißen der innern Wände, mit der dazu erforderlichen Ausbesserung und das Bemahlen oder Tapezieren der Stuben, Kammern rc.;
d) das Fegen der Schornsteine;
e) die Herstellung aller Beschädigungen, welche durch Muthwillen oder Fahrlässigkeit des Inhabers und seiner Leute veranlaßt worden, und
f) die Abgaben und Lasten, welche der gewöhnliche Miether zu den Communal-Bedürfnissen zu leisten hat. Dient jedoch ein Gebäude nicht allein zur Wohnung, sondern auch zum Dienst-Locale; so versteht es sich von selbst, daß für letzteres ein angemessener Theil der Kosten auf die Staats-Casse übernommen werden muß.
g) Gegenstände des Luxus und der Bequemlichkeit hat der Inhaber einer Wohnung, wenn er dergleichen anschafft, überall selbst zu bestreiten.

§. 3. Alle übrigen Unterhaltungskosten ohne Unterschied übernimmt der Staat, wohin auch die Schäden durch Natur-Ereignisse und die völlige Wiederherstellung oder neue Anschaffung gehören, wenn eine Reparatur nicht vorher statt finden kann.

§. 4. Darf der Inhaber ohne Genehmigung der vorgesetzten Behörde keine bauliche Veränderung in der Wohnung vornehmen. Geschiehet dies aber mit Genehmigung, so ist zugleich jedesmal zu bestimmen, ob er die Wohnung bei seinem Abgange in den früheren Zustand wieder herzustellen hat, oder es bei der bewirkten Veränderung sein Bewenden behalten kann. Eine Entschädigung darf jedoch dafür in keinem Falle verlangt werden.

§. 5. Wird es von jeder obersten Verwaltungs-Behörde abhängen, die in ihrem Ressort als nothwendig anerkannten Abweichungen von den allgemeinen Vorschriften nach den verschiedenen Dienst-Cathegorien der Beamten zu bestimmen, z. B.

wo von dem Bewohner gar keine Reparatur zu besorgen, oder

ein Theil ohne Vergütung bei dem Abzuge aus dem Quartier, oder

ein Theil mit dem Recht auf Vergütung zu bewirken ist.

Zur ersten Cathegorie werden zu rechnen sein, alle Wohnungen für niedrige Officianten, deren Einräumung das Geschäft selbst nothwendig macht, als der Thorschreiber, Chaussee-Einnehmer, Beamten in Gefangen-Anstalten, Kastellane in öffentlichen und Dienstgebäuden, und überhaupt alle solcher Officianten, die nur geringe besoldet sind. In der Regel ist hierunter ein Einkommen bis 200 Rthlr. zu verstehen, doch kann auch für einzelne besondere Dienstverhältnisse nach Erfordern eine höhere Summe zur Norm angenommen werden.

In allen Wohnungen der hiernach genau zu bezeichnenden Beamten, werden die Reparaturen ohne Unterschied, sofern sie nicht durch eigene Schuld und Fahrlässigkeit veranlaßt worden, für Rechnung des Staats auf vorherige Anzeige und Untersuchung der Nothwendigkeit ausgeführt.

§. 6. Eine besondere Ausnahme erfordern auch die Dienstwohnungen solcher Beamten, deren Stellen mit Repräsentation verbunden sind, und zu diesem Ende eine kostbarere Einrichtung nothwendig machen. In diesem Falle übernimmt der Staat die Kosten der Mahlerei und der Tapezirung, so wie der sonstigen innern Verzierungen; jedoch müssen jedesmal vorher darüber Anschläge gefertigt und solche zur Revision und Festsetzung eingereicht werden.

Die übrigen gewöhnlichen Unterhaltungen fallen dagegen diesen Beamten nach §. 2. ebenfalls zur Last.

§. 7. Wenn andere höhere Staats-Beamten, deren Stellen eben nicht mit Repräsentation verbunden sind, ihre Dienstquartiere zur anständigern Wohnung einrichten lassen; so geschieht dies zwar jedesmal auf ihre eigene Kosten; indessen wird nachgelassen, daß diejenigen, welche im etwa eintretenden Falle einer frühern unvermutheten Räumung der Wohnung auf Entschädigung für den Aufwand Anspruch machen wollen, zu der bessern Einrichtung unter Einreichung des Anschlages die höhere Genehmigung nachsuchen können. Erfolgt diese und die Zusicherung auf grundsätzliche Entschädigung; so soll letztere in der Art statt finden, daß für die gänzliche Abnutzung ein Zeitraum von 10 Jahren angenommen und ihm beim frühern Verlassen der Wohnung ein Ersatz der anschlagsmäßig verwendeten Kosten für die fehlenden Jahre zu Theil wird, so daß, wenn er z. B. das eingerichtete Quartier nur 5 Jahre genutzt und dasselbe 1000 Thaler gekostet hat, ihm oder seinen Erben 500 Thaler zu vergüten sein würden.

Den Ersatz trägt gewöhnlich der Nachfolger in der Dienstwohnung, und Ausnahmen oder Bewilligungen aus Staatscassen hängen von der Allerhöchsten Genehmigung ab. Wer seine Dienstwohnung ohne Anfrage und höhere Genehmigung anständiger einrichten läßt, kann auf eine Entschädigung keinen Anspruch machen.

§. 8. Fälle, wo der Staat auch die Kosten des Ameublements trägt, bleiben der besondern Allerhöchsten Genehmigung jedes mal vorbehalten, und versteht es sich von selbst, daß dann dem Staate die angeschafften Meubles gehören, und nach einem zu haltenden Inventario wieder abgeliefert werden müssen.

§. 9. Ob einem Beamten für die Wohnung ein Theil der normalmäßigen Besoldung abgezogen wird, oder nicht, kann kein verschiedenartiges Verfahren begründen.

§. 10. Auf Beamten, welche in Stelle der Natural-Wohnungen, Miethsentschädigungen erhalten, finden die obigen Bestimmungen keine Anwendung. Sie haben sich dann ihre Wohnung selbst zu miethen, und treten wie jede Privat-Person in das gewöhnliche Verhältniß eines Miethers.

§. 11. Wird aber einem Beamten eine freie Wohnung vom Staat angewiesen; so darf die Annahme derselben nicht verweigert, und statt der Natural-Benutzung eine Geld-Entschädigung gefordert werden. Die letztere fällt in einem solchen Weigerungsfalle gänzlich weg.

§. 12. Tritt dagegen der Fall ein, daß ein Beamter, welcher nicht mit freier Wohnung angestellt ist, und darauf keinen Anspruch hat, an einen andern Ort versetzt wird, wo er solche Wohnung erhält, so ist dafür eine von der vorgesetzten Behörde festzusetzende Miethe entweder baar, oder durch Anrechnung auf das Gehalt zu entrichten, übrigens aber ein solcher Beamter in Absicht der Unterhaltung den obigen allgemeinen Vorschriften unterworfen.

§. 13. Kein Inhaber einer Dienstwohnung darf solche

eigenmächtig weder an einen Andern abtreten, noch ganz oder theilweise vermiethen.

§. 14. Die obigen Bestimmungen finden auf alle und jede mit Dienstwohnungen versehene Beamten der Civil-Verwaltung, und auf die zum Civil-Etat der Militair-Verwaltung gehörige Beamten, desgleichen auf Beamten der öffentlichen Unterrichts-Anstalten des Staats Anwendung, so wie auch auf diejenigen Geistlichen und Schullehrer, welchen der Staat in der Eigenschaft als solche Dienstwohnungen einräumt, jedoch bei diesen mit Rücksicht auf die ihm zustehende Befreiung von den Communal-Abgaben und Lasten.

§. 15. Tritt dieses Regulativ mit der Bekanntmachung überall sofort in Wirksamkeit, wo die Inhaber der Dienstwohnungen schon allgemeine und laufende Verpflichtungen haben, und nur in solchen Fällen, wo etwa ausdrückliche Befreiungen bestehen, kann erst der Nachfolger im Dienst denselben unterworfen werden.

§. 16. Gänzlich ausgenommen bleiben die Militair-Dienst- und Kasernen-Wohnungen, da darüber schon in dem Servis-Regulativ und den Normal-Vorschriften ausreichende Bestimmungen vorhanden sind und nach Umständen in einzelnen Fällen durch besondere Königliche Befehle ergänzt werden, so wie es auch

§. 17. In Absicht aller Geistlichen und Schulbedienten, welchen von Communen und Patronen, in letzterer Eigenschaft auch vom Staate, Dienstwohnungen beigelegt sind, bei den Vorschriften des Allgemeinen Landrechts Theil 2. Tit. 11. §§. 784 seq. lediglich sein Bewenden behält.

Berlin, den 18. October 1822.

Geheimes Staats-Ministerium.

## 528.

### Verrechnung der eingehenden Gerichtsschreiberei-Hypotheken- und anderer Gerichts-Gebühren.

Der königlichen Regierung wird hiermit zur Nachricht und Achtung bekannt gemacht, wie die unterzeichneten Ministerien dahin übereingekommen sind, daß die in den Provinzen des Rheins, wo die preußische Rechtsverfassung noch nicht eingeführt ist, eingehenden Gerichtsschreiberei-Hypotheken- und andern Gerichts-Gebühren nicht zum Justizfonds berechnet werden sollen; dagegen müssen die wieder eingegangenen, aus dem Criminalfonds vorzuschießenden Gerichtskosten für diesen Fonds wieder in Einnahme gestellt werden.

Berlin, den 22. Januar 1823.

Der Minister

der Justiz v. Kircheisen. der Finanzen v. Klewitz.

An

die königl. Regierungen zu Cöln, Düsseldorf, Aachen, Trier, Coblenz.

## 529.

### Vollstreckung der Executionen aus Civil-Erkenntnissen gegen Militairpersonen.

Der Justiz-Minister ist auf Ihren Bericht vom 8. November pr.

betreffend die wider Militairpersonen zu vollstreckenden Executionen,

nachdem darüber mit dem königlichen Kriegs-Ministerium Rücksprache genommen worden, damit einverstanden, daß es einer Abänderung der in den Rhein-Provinzen bestehenden das Executions-Verfahren betreffenden Gesetze, in Bezug auf die wider Militairpersonen zu vollstreckenden Executionen nicht bedarf, es dieserhalb vielmehr bei der gesetzlichen Verfassung hinsichtlich der Functionen der Gerichte und der Gerichts-Vollzieher lediglich zu belassen. Nur müssen die Gerichts-Vollzieher ausdrücklich und gemessenst angewiesen werden, nicht eher zu einer Executions-Vollstreckung wider eine Militairperson zu schreiten, als nachdem sie sich die Ueberzeugung verschafft haben, nicht allein, daß das competente Militairgericht von dem Gläubiger wegen der nachgesuchten Execution in Kenntniß gesetzt, sondern auch, daß von dem Militairgericht die in der Allerhöchsten Kabinets-Ordre vom 4. Juni pr. vorgeschriebene Weisung dem Schuldner ertheilt worden. Diese Ueberzeugung erhalten sie durch ein von dem Executionssucher bei der Militairbehörde zu erbittendes Attest, welches dem Gerichts-Vollzieher eingehändigt werden muß.

Außerdem werden Sie auf die Vorschrift des §. 155. des Anhangs zur Allgemeinen Gerichts-Ordnung aufmerksam gemacht, nach welchem eine Execution in die daselbst bezeichneten, der Auspfändung unterworfenen Gegenstände, nur dann vollstreckt werden kann, wenn der Schuldner vorher darüber vernommen worden, ob er dergleichen Gegenstände besitze. Ist darüber ein Zweifel; so muß der Manifestations-

Eid abgeleistet werden, und alsdann fällt diese Art der Execution fort.

Hiernach haben Sie das Erforderliche zu verfügen.

Berlin, den 24. Januar 1823.

An den königlichen Geheimen Staatsrath und ersten Präsidenten Herrn Daniels, und den königlichen Geheimen Ober-Revisions-Rath und ersten General-Advocaten Herrn Bölling zu Cöln.

Der Justiz-Minister
v. Kircheisen.

## 530.

Erklärung des Art. 37. der Notariatsordnung vom 25. April 1822, die Abfassung einer Urkunde en brevet.

Auf Ihren Bericht vom 14. d. M. wird die von Ihnen gegebene Erklärung des Art. 37. der Notariats-Ordnung vom 25. April v. J. dahin genehmiget,

daß durch diesen Artikel das bis zur Emanation dieser Ordnung bei Fertigung von beglaubten Abschriften statt gefundene gesetzliche Verfahren nicht geändert worden ist.

Berlin, den 24. Januar 1823.

An den ersten General-Advocaten bei dem königlichen rheinischen Appellations-Gerichtshofe, Herrn Geheimen Ober-Revisions-Rath Bölling zu Cöln.

Der Justiz-Minister
v. Kircheisen.

### a.

Indem ich Ihnen, Herr Ober-Procurator, beiliegend die an Sie gerichtete Vorstellung des Notars N. zurückgehen lasse, lege ich zugleich die Abschrift eines unter dem 26. August letzthin von des Herrn Justiz-Ministers Excellenz an mich ergangenen Rescripts bei, aus welchem Sie ersehen werden, daß das Gesetz keinesweges als einer Declaration bedürfend angesehen werden kann, insofern nemlich die Frage davon ist, ob durch die Abfassung des Art. 37. der Notariats-Ordnung die Abfassung einer Urkunde en brevet untersagt ist. Die durch ein solches Verbot herbeigeführte, außerordentliche Vermehrung der Kosten scheint durch andere, von dem Gesetzgeber in Betracht gezogene Gründe überwogen worden zu sein. Was hiernach aber die weitere Frage betrifft: ob ein Notar auch jene Bescheinigungen und Schriften oder Papiere, welche ihm zur Fertigung einer collationirten Abschrift vorgelegt werden, zurückhalten müsse, so kann ich nicht glauben, daß die Verfügung des Art. 37. der Notariats-Ordnung auf einen solchen Fall zu beziehen sei. Bei Fertigung einer solchen collationirten Abschrift ist die zu collationirende Urkunde oder Schrift schon früher vorhanden und wird nur zum Behuf einer Vergleichung mit der Abschrift dem Notar vorgelegt. Es kann daher auch um so weniger das Original in den Händen des Notars unter Anwendung des Art. 37. der Notariats-Ordnung zurückbleiben müssen, als dieser Artikel auf der einen Seite offenbar nur von den bei dem Notar aufgenommenen Urkunden spricht, und auf der andern Seite nach Maaßgabe des Art. 1335. des bürgerlichen Gesetzbuchs collationirte Abschriften ihre eigenthümliche Beschaffenheit dadurch erhalten, daß die Beglaubigung von einem Notar, welcher nicht im Besitze des Originals ist, herrührt. Unmöglich läßt es sich aber unterstellen, daß es bei Abfassung des Art. 37. der Notariats-Ordnung in der Absicht des Gesetzgebers gelegen habe, solche collationirte Abschriften ganz unmöglich zu machen. Ich kann es daher auch nur unbedenklich finden, daß der Notar N. von den, ihm durch einen ehemaligen französischen Militair vorgelegten Regiments-Bescheinigungen eine collationirte Abschrift ertheile, ohne diese Bescheinigung bei sich als hinterlegt zurückzuhalten.

Ich setze übrigens von dieser Ihnen vorstehend ertheilten vorläufigen Resolution auch zugleich des Herrn Justiz-Ministers Excellenz in Kenntniß, für den Fall Hochdieselbe andere Bestimmungen über die vorliegende Frage nöthig erachten möchten. Bis dahin wollen Sie aber nach vorstehender Anweisung verfahren. Cöln, den 11. Januar 1823.

An den Herrn Ober-Procurator in Coblenz.

Der Geheime Ober-Revisions-Rath Bölling.

## 531.

### Verordnung wegen streitig gewordener Auslegung von Staatsverträgen.

Wir Friedrich Wilhelm, von Gottes Gnaden, König von Preußen ꝛc. ꝛc.

Es können Fälle vorkommen, daß bei Processen zwischen Privatpersonen und dem Fiscus, oder zwischen Privatpersonen unter sich, über die Auslegung von Staatsverträgen, welche auf die Entscheidung der Sache Einfluß haben, von den Partheien entgegengesetzte Behauptungen aufgestellt werden.

In Erwägung, daß Staatsverträge nach den bei ihrer Schließung zum Grunde liegenden Motiven, nicht nach allgemeinen Auslegungsregeln interpretirt werden können,

daß die in speciellen Fällen darauf Bezug habenden Entscheidungen der Gerichtshöfe zu einseitigen Interpretationen führen möchten, welche in den Augen anderer betheiligten Gouvernements als Verletzung der Staatsverträge angesehen werden, solchergestalt aber in die öffentlichen Verhältnisse störend eingreifen dürften,

daß das Ministerium der auswärtigen Angelegenheiten, es mögen dergleichen Staatsverträge mit oder ohne Concurrenz des preußischen Gouvernements abgeschlossen sein, sich theils im Besitz der dahin einschlagenden Verhandlungen befindet, theils in den Stand gesetzt ist, eine nähere Kenntniß aller Verhältnisse zu erlangen,

welche auf die Entstehung und Abfassung derselben eingewirkt haben,

setzen Wir auf den Antrag Unseres Staats-Ministerii hiermit Folgendes fest:

Wenn im Laufe eines Processes über den Sinn einer in einem Staatsvertrage enthaltenen, zur Entscheidung der Sache beitragenden Bestimmung, oder über die Frage:

welcher von mehreren zugleich in Betracht kommenden Staatsverträgen und in wie weit dieser oder jener zum Grunde zu legen sei?

desgleichen über die Frage:

ob und in wie weit ein in Bezug genommener Staatsvertrag überhaupt an und für sich als völkerrechtlich gültig anzusehen sei?

unter den Partheien entgegengesetzte Behauptungen aufgestellt werden, so sollen die Gerichte, ohne Unterschied, ob der preußische Staat bei der Abschließung solcher Verträge concurrirt hat, oder nicht, verbunden sein, vor Abfassung des Erkenntnisses die Aeußerung des Ministeriums der auswärtigen Angelegenheiten einzuholen, und sich darnach bei der Entscheidung lediglich zu achten.

Urkundlich unter Unserer Allerhöchsten Unterschrift und Beidrückung Unseres Königlichen Insiegels.

Gegeben Berlin, den 25. Januar 1823.

Friedrich Wilhelm.

## 532.

Aufhebung der Verordnung des österreichisch-baierschen Gouvernements vom 21. Februar 1815 wegen der den Friedensgerichtsschreibern gestatteten Befugniß zur Abhaltung von Immobilien-Versteigerungen.

Auf Ihren Bericht vom 31. v. Mts. wird in Erwägung, daß gegenwärtig das Notariat und die Friedensgerichte in den Rheinprovinzen organisirt sind, die Verordnung der ehemaligen österreichisch-baierschen Landes-Administrations-Commission zu Creuznach vom 21. Februar 1815, wodurch in Abänderung der, in den Rheinprovinzen bestehenden Gesetzgebung, den Friedensgerichtsschreibern die Befugniß beigelegt worden, Immobilien-Versteigerungen zu halten, aufgehoben.

Hiernach haben Sie das weiter Erforderliche zu veranlassen. Berlin, den 27. Januar 1823.

An den ersten General-Advocaten bei dem königlichen rheinischen Appellations-Gerichtshofe, Herrn Geheimen Ober-Revisions-Rath Bölling zu Cöln.

Der Justiz-Minister
v. Kircheisen.

## 533.

Gebührenberechnung der Friedensgerichtsschreiber für Mobiliarversteigerungen.

Auf Ihren Bericht vom 31. v. Mts. setze ich hierdurch fest, daß die Friedensgerichtsschreiber ihre Gebühren für Abhaltung von Mobiliarversteigerungen nach den für dergleichen Versteigerungen in der Notariats-Ordnung vom 25. April 1822 enthaltenen Gebührensätzen zu liquidiren haben.

Berlin, den 27. Januar 1823.

An den ersten General-Advocaten bei dem königlichen rheinischen Appellations-Gerichtshofe, Herrn Geheimen Ober-Revisions-Rath Bölling zu Cöln.

Der Justiz-Minister
v. Kircheisen.

## 534.

Ein gerichtliches Verfahren bei Verwaltungs-Ansprüchen an den Staat, aus der Zeit der Fremdherrschaft in den neuen Provinzen, findet nicht statt.

In Meiner, an das Staats-Ministerium erlassenen Ordre vom 30. Juli v. J. habe Ich die Grundsätze festgestellt, nach welchen die Verwaltungs-Ansprüche an den Staat aus der Zeit vor dem Aufhören der ehemaligen Fremdherrschaft in den neu und wieder eroberten Provinzen, von dem Schatz-Ministerio regulirt werden sollen. In Verfolg dessen, und in Uebereinstimmung mit den deshalb ertheilten Bestimmungen, will Ich hiermit noch ausdrücklich erklären:

daß die Gerichte, hinsichtlich aller solcher, lediglich aus der Verwaltungszeit vor der diesseitigen Landes-Occupation zu begründenden Anforderungen sich durchaus jeder Einmischung im Wege eines von den Interessenten versuchten, oder beabsichtigten Processes gänzlich zu enthalten haben.

Ich überlasse dem Staats-Ministerio, diese Bestimmung durch die Gesetzsammlung zur öffentlichen Kenntniß bringen zu lassen. Berlin, den 4. Februar 1823.

An das Staats-Ministerium. Friedrich Wilhelm.

## 535.

### Verordnung wegen Stempelpflichtigkeit der Urkunden der Gerichtsvollzieher.

Die Bestimmung des Stempel-Tarifs, daß die Urkunden der Gerichtsvollzieher in denjenigen Landestheilen, wo die französische Gerichtsverfassung noch besteht, im Original sowohl, als in der Abschrift, ohne Unterschied dem 5 Sgr. Stempel unterworfen sind, hat bei den dortigen Gerichts- und Stempel-Verwaltungs-Behörden Zweifel erregt:

1) ob die in proceßualischen Verhandlungen, von da ab, wo die Sache auf die Gerichtsrollen gekommen, zu den Urkunden der Gerichtsvollzieher anzuwendenden Stempel blos vorzubehalten sind, und wenn der Erkenntnißstempel zur Anwendung kommt, als darin begriffen, gar nicht, sondern nur in dem Fall nachliquidirt zu werden brauchen, wenn der Proceß auf andere Art, als durch richterliche Entscheidung, beendigt wird;

2) ob auch die Zustellungen von Anwald zu Anwald, welche durch den Audienz-Gerichtsvollzieher geschehen, jenem Stempel unterworfen sind.

In Ansehung des ersten Punkts geht aus der besonderen Bestimmung des Stempel-Tarifs über die Urkunden der Gerichtsvollzieher deutlich hervor, daß es nicht die Absicht gewesen, die Stempelpflichtigkeit dieser Urkunden erst von dem Umstand, ob sie zu einem Proceß, in dem der Erkenntnißstempel zur Anwendung kommt, gehören, abhängig zu machen, und was der Stempel-Tarif unter dem Artikel,

Proceß, wegen des Stempels zu den einzelnen proceßualischen Verhandlungen bestimmt und zunächst von der preußischen Gerichtsverfassung ausgeht, kann auf die derselben fremden Urkunden der Gerichtsvollzieher nicht bezogen werden, da über diese der Tarif ausdrücklich besonders bestimmt, der Stempel muß daher, sie mögen in oder außer dem Proceß vorkommen, in allen Fällen zu denselben gleich verwandt, und kann durch den Erkenntnißstempel, wenn derselbe eintritt, nicht ersetzt werden.

Wenn gleich auf den Acten, welche von Anwald zu Anwald significirt werden, und die der Anwald selbst entwirft, der Audienz-Gerichtsvollzieher blos die Zustellung bescheinigt und dafür geringer als für andere Zustellungen bezahlt wird, so muß doch die Zustellungs-Urkunde Alles enthalten, was zu ihrem Wesen erforderlich ist, und kann nicht als eine einfache Bescheinigung, wie die der Gerichtsdiener über die Insinuation, betrachtet werden.

Es kann daher keinem Zweifel unterliegen, daß auch die Zustellungen von Anwald zu Anwald, welche durch den Audienz-Gerichtsvollzieher geschehen, dem Stempel unterworfen sind.

Hiernach haben sich daher sämmtliche Gerichts- und Stempel-Verwaltungs-Behörden zu achten.

Berlin, den 11. Februar 1823.

| Justiz-Ministerium. | Finanz-Ministerium. |
|---|---|
| v. Kircheisen. | v. Klewitz. |

## 536.

### Verordnung über das Armenrecht.

Wir Friedrich Wilhelm, von Gottes Gnaden, König von Preußen rc. rc.

Thun kund und fügen hiermit zu wissen:

Zur Herstellung eines gleichförmigen Verfahrens bei Zulassung zum Armenrechte in den Rheinprovinzen, verordnen Wir, mit Hinsicht auf Unsere Kabinets-Order vom 21. Juni 1819, die Einrichtung der Gerichtsverfassung und des gerichtlichen Verfahrens in den Rheinprovinzen betreffend, auf den Uns von dem Justiz-Minister und unter Mitberathung der Justizabtheilung Unsers Staats-Rathes hierüber gemachten Vortrag, wie folgt:

§. 1. Ein jeder, dessen Vermögen und Erwerb nicht hinreicht, nebst seinem und seiner Familie Unterhalt die zur Führung eines Processes erforderlichen Kosten zu bestreiten, kann auf das Armenrecht Anspruch machen.

§. 2. Zu diesem Ende ist erforderlich:

1) Ein Auszug aus den Steuerrollen der betreffenden Gemeine, worin der Betrag der Steuern zu bemerken ist, welche derjenige, der zum Armenrechte gelangen will, entrichtet.

2) Ein Zeugniß seines Bürgermeisters, so wie des Steuer-Empfängers, daß er nicht im Stande sei, die Proceßkosten zu bestreiten. In diesem Zeugnisse sind das Gewerbe, die Vermögensumstände und die Familienverhältnisse des Supplikanten anzugeben.

3) Die Versicherung des Letztern, daß er in keiner andern Gemeine liegende Gründe besitze. Im entgegengesetzten Falle muß ein Auszug aus der Steuerrolle dieser Gemeine beigebracht werden.

§. 3. Mit diesen Zeugnissen wendet derselbe sich an den Ober-Procurator des betreffenden Landgerichts.

§. 4. Der Ober-Procurator bringt das Gesuch vor die Rathskammer des Landgerichts, welche, nachdem sie denselben in seinem Antrage gehört hat, das Armenrecht entweder bewilligt oder versagt.

§. 5. Wird Jemand in einem Processe zum Armenrechte zugelassen, so ist ihm für denselben ein Rechtsanwald und ein Gerichtsvollzieher nach der Reihefolge zu bestellen, welche ihre Functionen in dieser Rechtssache ohne Vergeltung verrichten müssen. Die Zustellung der Acten zwischen Anwälden geschiehet durch einen der Audienz-Gerichtsvollzieher.

§. 6. Wer das Armenrecht erlangt hat, ist frei von allen gerichtlichen Taxen und Gebühren, so wie vom Stempel. Doch sind diese sowohl als die übrigen Kosten von den betreffenden Beamten im Debet einzutragen.

§. 7. Das Armenrecht befreiet die damit versehene Parthei keineswegs von Bezahlung der dem Gegentheil verursachten Kosten, wenn sie zur Erstattung derselben verurtheilt wird.

§. 8. Findet sich bei Entscheidung des Rechtsstreits, daß der Arme einen frevelhaften Proceß geführt hat, so kann er in dem Erkenntnisse in eine Gefängnißstrafe von 24 Stunden bis zu fünf Tagen verurtheilt werden.

§. 9. Gegen dieses Erkenntniß findet die Berufung nur dann statt, wenn das Urtheil in der Hauptsache derselben unterworfen ist.

§. 10. Wenn Jemand, ohne darauf Anspruch machen zu können, das Armenrecht erschlichen hat, so soll er vor das Zucht-Polizeigericht gestellt und mit einer Gefängnißstrafe von einem bis 6 Monaten belegt werden.

Sämmtliche Proceßkosten werden überdies von ihm beigetrieben.

§. 11. Wird das Armenrecht in einer höhern Instanz erst nachgesucht, so ist dasselbe Verfahren, wie bei den Landgerichten, zu beobachten, und die gegenwärtige Verordnung in ihren übrigen Bestimmungen anwendbar.

§. 12. Ist Jemand in der ersten Instanz zum Armenrechte zugelassen worden, so kann er, auf den Grund des darüber ertheilten Beschlusses, auch in einer fernern Instanz dazu angenommen werden.

§. 13. In allen Armensachen muß das öffentliche Ministerium vor jedem Erkenntnisse des Gerichts gehört werden.

§. 14. Gelangt der Arme durch einen glücklichen Ausgang des Processes oder auf andere Weise zu einem hinreichenden Vermögen, so ist derselbe zur nachträglichen Zahlung der Kosten verbunden. Ob das so erlangte Vermögen hinreichend sei, hat das Gericht, wenn darüber Zweifel entstehen sollte, nach billigem Ermessen zu entscheiden. Das öffentliche Ministerium und die Rentmeister haben besonders darauf zu wachen, daß diese nachträgliche Zahlung erfolge.

§. 15. Verlangt Jemand bei einem Friedensgerichte zum Armenrechte zugelassen zu werden, so hat er sich mit den erforderlichen Zeugnissen (§. 2.) an den betreffenden Friedensrichter zu wenden, welcher sodann ohne Weiteres über die Zulässigkeit oder Unzulässigkeit des Gesuchs erkennt.

Es macht dabei keinen Unterschied, ob der Friedensrichter in der Sache selbst mit oder ohne Appellation zu urtheilen hat.

Auch kann der Friedensrichter im Falle des §. 8. auf eine Gefängnißstrafe erkennen.

§. 16. Gegenwärtige Verordnung findet auch auf die Bewohner anderer Staaten Anwendung, in sofern die hiesigen Unterthanen dort zum Armenrecht zugelassen werden. Hierüber sowohl als über seine Armuth hat der Ausländer gehörige Bescheinigungen beizubringen.

§. 17. Die in den Provinzen Cleve, Jülich, Berg und Niederrhein bisher bestandenen Verordnungen über das Armenrecht sind hierdurch aufgehoben.

Urkundlich ist diese Verordnung von Uns Höchsteigenhändig vollzogen, und mit Unserm Königlichen Insiegel bedruckt worden.

Gegeben Berlin, den 16. Februar 1823.

Friedrich Wilhelm.

## 537.

Die Gerichtsbehörden müssen bei zweifelhaften, das Stempelwesen betreffenden Fällen sich mit den königlichen Regierungen benehmen.

Nach dem Schreiben des königlichen Finanz-Ministerii vom 20. v. M. hat der Ober-Procurator N. eine Circular-Verfügung an sämmtliche Friedensgerichte erlassen, die ich nicht billigen kann. Wenn gleich die Gerichte da, wo es auf richterliche Entscheidung ankommt, lediglich ihrer richterlichen Ansicht und pflichtmäßigen Ueberzeugung zu folgen ermächtiget sind, so ist doch kein Grund vorhanden, diese Ermächtigung auf Gegenstände der Administration auszudehnen, bei welchen es vorauszusetzen ist, daß die betreffenden Verwaltungsbehörden mit dem Sinne des Gesetzes besser bekannt als die Gerichtsbehörden sind und wo es für die Sache so wie für die Interessenten angemessener und vortheilhafter erscheint, die etwanigen Zweifel durch vorgängige Communication mit den Verwaltungsbehörden zu heben, und eben dadurch auf Gleichförmigkeit in der Verfahrungs-Art hinzuwirken.

Aus diesem Grunde bin ich auch bereits vorlängst mit dem königlichen Finanz-Ministerium dahin übereingekommen, daß die Gerichte hinsichtlich der Anfragen bei zweifelhaften, das Stempelwesen betreffenden Fällen sich zunächst mit den Regierungen in Communication setzen, letztere die Vorbescheidung des königlichen Finanz-Ministeriums einholen und solche sodann durch die Amtsblätter bekannt machen, so wie denn auch der Herr Finanz-Minister veranlassen wird, daß, in Zukunft, die über das Stempelwesen ergehenden Entscheidungen seines Ministeriums, von Zeit zu Zeit, in logischer und abgekürzter Zusammenstellung, durch die v. Kamptzschen Verwaltungs-Annalen und durch die Amtsblätter sämmtlicher Regierungen zur allgemeinen Kenntniß gelangen.

Sie werden daher beauftraget, die Procuratoren darnach zu instruiren.

Berlin, den 28. Februar 1823.

An den ersten königl. General-Advocaten zu Cöln.

Der Justiz-Minister
v. Kircheisen.

## 538.

Zuziehung des von der Regierung zu bezeichnenden Beamten bei Untersuchungen der Steuerprocesse.

Der königliche Justiz-Senat erhält hierneben in Abschrift ein Schreiben des königlichen Finanz-Ministerii vom 18. d. M. nebst dessen Anlage, ebenfalls abschriftlich, mit dem Befehle, dem Antrage der dortigen Regierung, daß bei der Untersuchung der Steuerprocesse ein geeigneter, von der Regierung jedesmal zu bezeichnender Beamte zugezogen werde, nichts in den Weg zu legen, da die Deferirung dem Denunciaten nicht präjudiciren und in vielen Fällen zur Beschleunigung der Instruction gereichen kann.

Berlin, den 28. Februar 1823. Der Justiz-Minister
An v. Kircheisen.
den königlichen Justiz-Senat für ostrheinische Sachen des Regierungs-Bezirks Coblenz zu Coblenz.

## 539.

Zurückgabe von Acten und Documenten an die Partheien während der Amts-Suspension eines Gerichts-Vollziehers.

Auf Ihren Bericht vom 14. v. M. wird bei Zurücksendung der Acten der Beschluß des Landgerichts zu Trier vom 31. Januar c., durch welchen

> der zu T. residirende Gerichtsvollzieher G. wegen Unregelmäßigkeit und Nachlässigkeit im Dienste, gesetzwidrigen Verfahrens bei Zustellung eines Documents und unanständigen Benehmens gegen den ihm vorgesetzten Friedensrichter, auf drei Monate vom Dienste suspendirt worden,

bestätigt. Bei Eröffnung dieses Beschlusses ist zugleich dem rc. G. anzukündigen, daß er bei fernern Disciplinar-Vergehen ohne Schonung destituirt werden soll.

Damit durch die obgedachte dreimonatliche Suspension die Partheien, welche dem G. Aufträge gemacht, keinen Schaden leiden, so werden Sie beauftragt, zu veranlassen, daß ihm alle in Gefolge von solchen Aufträgen bei ihm befindlichen Acten und Documente abgenommen und den Partheien zurückgegeben werden. Für die Folge muß dies auch in allen ähnlichen Fällen geschehen.

Berlin, den 7. März 1823. Der Justiz-Minister
An v. Kircheisen.
den ersten General-Advocaten bei dem königl. rheinischen Appellations-Gerichtshofe, Herrn Geheimen Ober-Revisions-Rath Bölling zu Cöln.

## 540.

### Prüfung der Universitäts-Zeugnisse bei Zulassung der Rechts-Candidaten zum Auscultatur-Examen.

Die, der Erfahrung nach, auf einheimischen und auswärtigen Universitäten unter verschiedenen Namen und Formen noch fortdauernden geheimen oder nicht authorisirten Verbindungen machen eine verdoppelte Aufmerksamkeit nöthig, damit nicht junge Leute, die an solchen Verbindungen Theil genommen haben, sich der gesetzlichen Vorschrift zuwider in den Justizdienst einschleichen. Es müssen daher die von dem Regierungs-Bevollmächtigten unterzeichneten akademischen Zeugnisse des Wohlverhaltens, welche der Candidat Behufs der Zulassung zur Prüfung beizubringen hat, einer genauen Durchsicht unterworfen werden. Hat der Candidat mehr als eine Universität besucht; so müssen von einer jeden die erforderlichen Zeugnisse beigebracht werden. Die Zulassung zur Prüfung und die Anstellung als Auscultator kann nur dann statt finden, wenn nach den beigebrachten Attesten der Candidat, in Rücksicht auf die Theilnahme an unerlaubten Verbindungen ganz vorwurfsfrei erscheint. Entsteht gegen seine Anstellung irgend ein Bedenken; so haben Sie, Herr Präsident und Herr General-Procurator, darüber an den Chef der Justiz zu berichten und dessen Bescheidung abzuwarten.

Berlin, den 12. März 1823.

An den königlichen ersten Präsidenten und den königlichen General-Procurator bei dem Appellations-Gerichtshofe zu Cöln.

Der Justiz-Minister
v. Kircheisen.

## 541.

### Mittheilung der Kriegsartikel v. 3. August 1808 an die rheinischen Gerichte.

In Gemäßheit der Verordnung wegen Aufhebung der militairischen Strafverwandlung und über das künftige Strafverfahren gegen beurlaubte Landwehrmänner rc. vom 22. Februar d. J., werden Ihnen 80 Exemplare der Kriegs-Artikel übersendet, um solche den Justiz-Behörden in den Rheinprovinzen mitzutheilen.

Berlin, den 21. März 1823.

An den ersten königlichen Herrn General-Advocaten bei dem Appellations-Gerichtshofe zu Cöln.

Der Justiz-Minister
v. Kircheisen.

a.

Nachdem Ich durch Meinen Befehl vom 26. August 1819 bereits erklärt habe, daß die Civilgerichte bei Entscheidung über die, zu ihrer Cognition gehörenden Vergehen und Verbrechen beurlaubter Landwehrmänner und zur Kriegsreserve entlassener, imgleichen der Train-Soldaten, mit Rücksicht auf die, in den Kriegsartikeln bestimmten Arten der Strafen erkennen sollen, wonach kein Soldat, so lange er dem Soldatenstande angehört, mit Zuchthausstrafe oder Baugefangenschaft, kein Gemeiner ohne Versetzung in die zweite Klasse des Soldatenstandes mit körperlicher Züchtigung, ein Unterofficier und Feldwebel aber überhaupt nicht mit körperlicher Züchtigung zu bestrafen ist; so hebe ich nunmehr auch die, in der Instruction für die Inspecteure und Commandeure der Landwehr vom 10. December 1816 §. 29. angeordnete Verwandlung der von den Civilgerichten nach den allgemeinen Landesgesetzen gegen beurlaubte Landwehrmänner 2c. zu erkennenden Strafen des Zuchthauses und der Festungsarbeit, in die militairischen Strafen des Arrestes und der Einstellung bei einer Straf-Section, durch Militairgerichte, hiermit auf, und verordne Folgendes:

§. 1. Die Civilgerichte erhalten die Befugniß, statt der, in den allgemeinen Landesgesetzen bestimmten zeitigen Zuchthaus-, Festungs- und Zwangsarbeit, unmittelbar auf Einstellung in eine Strafabtheilung, statt der Peitschen- auf Stockhiebe, imgleichen auf Ausstoßung eines beurlaubten Landwehrmanns 2c. aus dem Soldatenstande, nach Maaßgabe der Kriegsartikel zu erkennen. Wenn die Ausstoßung aus dem Soldatenstande eintritt, so finden die, in den bürgerlichen Gesetzen angeordneten Arten der Strafe Anwendung.

§. 2. Außer den, in den Kriegesartikeln bestimmten Fällen zieht die Strafe der schimpflichen Ausstellung, des Staupenschlages und der Brandmarkung, jedesmal die Ausstoßung des dazu verurtheilten Landwehrmannes 2c. aus dem Soldatenstande, mit den daran geknüpften Folgen, nach sich.

§. 3. Wenn nach den bürgerlichen Gesetzen auf lebenswierige Beraubung der Freiheit zu erkennen ist, so tritt ebenfalls die bürgerliche Strafe, auch in den Fällen ein, wo auf Ausstoßung aus dem Soldatenstande nicht erkannt werden kann, und es ist alsdann in dem Erkenntniß auszusprechen, daß der Verurtheilte aus dem Militairverhältniß zu entlassen sei.

§. 4. Ist gegen Militairpersonen von Feldwebelsrange, auf geringere als sechsmonatliche, und gegen Militairpersonen vom Unterofficiersrange auf geringere als dreimonatliche Festungs- oder Zuchthausstrafe, nach den Civilgesetzen zu erkennen, so tritt an deren Stelle Gefängnißstrafe von gleicher Dauer ein; wenn aber mit dem Vergehen dieser Personen, die Versetzung in die zweite Klasse des Soldatenstandes nach den Kriegsartikeln verbunden, oder auf Festungsarbeit rc. von sechs Monaten und darüber gegen Feldwebel, und von drei Monaten und darüber gegen Unterofficiere zu erkennen ist, so muß zugleich auf Degradation zum Gemeinen erkannt, und solche nach dem Maaßstabe des 55sten Kriegsartikels auf die Strafe angerechnet werden.

§. 5. Untergerichte, die aus einzelnen richterlichen Beamten bestehen, und kein förmliches Collegium bilden, sollen, sobald auf härtere als vierwöchentliche Gefängniß- oder 50 Thaler Geldstrafe oder eine leichte körperliche Züchtigung zu erkennen ist, die geschlossenen Acten allemal an das Oberlandesgericht der Provinz zum Spruch einsenden.

§. 6. In Ansehung der Bestätigung der Criminal-Erkenntnisse gegen beurlaubte Landwehrmänner rc. treten die allgemeinen gesetzlichen Vorschriften ein; wenn aber auf Ausstoßung aus dem Soldatenstande oder auf Verlust des Portd'epees und Degradation einer Militairperson von dem Range eines Feldwebels zum Gemeinen erkannt ist, so ist dazu Meine unmittelbare Bestätigung erforderlich und soll Mir dazu das Erkenntniß des erkennenden Gerichts, durch das General-Auditoriat, mit dessen Gutachten über das Verbleiben des Verurtheilten in seinem Standesverhältnisse vorgelegt werden.

§. 7. In allen Degradationsfällen der Militairpersonen, welche Feldwebels-Rang haben, wird die Abführung zur Festung bis zur erfolgten Bestätigung ausgesetzt.

§. 8. Auch in Ansehung des Rechtsmittels der weiteren Vertheidigung, der vorläufigen Ablieferung des Verurtheilten zur Festung und der definitiven Annahme desselben nach beschrittener Rechtskraft, sollen die allgemeinen gesetzlichen Vorschriften beobachtet werden, und die Commandanturen der Festungen sind verbunden, den Requisitionen der Oberlandesgerichte auf Einstellung der überwiesenen Verbrecher in die Strafabtheilungen der Garnison-Compagnien zu genügen.

§. 9. Von dem Tenor eines jeden Straf-Erkenntnisses gegen einen beurlaubten Landwehrmann oder zur Kriegsreserve gehörenden Soldaten rc., wenn es nicht blos eine Geldstrafe betrifft, soll gleich nach beschrittener Rechtskraft des Urtheils, oder bei vorläufiger Ablieferung des Sträflings zur Festung, imgleichen von der erfolgten Bestätigung, dem Brigade-Commandeur der Provinzial-Landwehr, in dessen Bezirk der Verurtheilte domicilirt, nachrichtlich Abschrift mitgetheilt werden. Betrifft das Erkenntniß einen Beurlaubten der Garde-Landwehr oder Kriegsreserve des Gardecorps, so überreicht der Brigade-Commandeur der Provinzial-Landwehr selbiges, begleitet mit einem vollständigen Nationale des Verurtheilten, dem General-Commando der Garden, welches demnächst die Löschung des Verurtheilten in den dazu geeigneten Fällen, in den Listen der Garden besorget und dem General-Commando des betreffenden Armeecorps hiervon Nachricht giebt. Das General-Commando der Garden hat Mir demnächst auch halbjährlich als Beilage zum sechsmonatlichen Berichte bei der Rubrik „Disciplin" ein Verzeichniß solcher gestrichener Mannschaften vorzulegen.

§. 10. Ich beauftrage Sie, die Ihnen untergeordneten Behörden mit diesen Bestimmungen bekannt zu machen. Insbesondere haben Sie, der Justiz-Minister, den Civil-Gerichtshöfen zur Pflicht zu machen, bei Erkenntnissen gegen beurlaubte Landwehrmänner 2c. das Militair-Verhältniß und die, in den Kriegesgesetzen vorgeschriebenen Neben- und Ehrenstrafen sorgfältig zu berücksichtigen. Auch haben Sie den Justizbehörden in den Rheinprovinzen die Kriegsartikel mitzutheilen, um sie in Folge dieser Bestimmungen zu beachten.

Berlin, den 22. Februar 1823.

An Friedrich Wilhelm.
die Staats-Minister v. Kircheisen und v. Hake.

## 542.

### Verfahren, wenn die Geschwornen oder der Assisenhof den Verurtheilten der Gnade Sr. Majestät des Königs empfehlen.

Der Appellationsgerichts-Rath N. hat bei Gelegenheit der von ihm als Präsidenten der Assisen zu N. eingereichten Uebersicht der Verhandlungen des gedachten Assisenhofes in der Sitzung des ersten Quartals d. J. darüber angefragt, wie es gehalten werden solle, wenn die Geschwornen oder der Gerichtshof selbst sich veranlaßt finden, den Verurtheilten der Gnade Seiner Majestät des Königs zu empfehlen.

Obgleich der Art. 595. der Criminal-Proceß-Ordnung, welcher eines Antrages auf Begnadigung erwähnt, sich nur auf die Special-Gerichtshöfe beziehet; so steht doch der analogischen Anwendung dieser Vorschrift bei den Assisenhöfen nichts entgegen, zumal dadurch der Aeußerung der Empfindungen der Geschwornen ein unschädlicher Weg eröffnet wird. Wenn daher ein solcher Begnadigungs-Antrag durch das öffentliche Ministerium an Sie gelangt und die Acten wegen der Höhe der erkannten Strafe nicht schon ohnehin an das Justiz-Ministerium Behufs einzuholender Immediat-Bestätigung eingesendet werden müssen, so erwarte ich, daß Sie darüber mit Einreichung der Untersuchungs-Acten Ihren gutachtlichen Bericht erstatten.

Berlin, den 24. März 1823.

An den ersten königlichen Herrn General-Advocaten beim rheinischen Appellations-Gerichtshofe in Cöln.

Der Justiz-Minister v. Kircheisen.

## 543.

### Verfahren bei Wegnahme des Privateigenthums zu öffentlichen Zwecken.

Ueber die Vollziehung der von dem königlichen Staats-Ministerium am 23. Juli 1821 erlassenen Verfügung, in Betreff der durch das allgemeine Beste begründeten gezwungenen Verkäufe der Grundstücke und die Vorladung der Eigenthümer, ist zwischen der königlichen Regierung zu Coblenz einerseits und dem königlichen Ober-Procurator daselbst und der General-Procuratur bei dem königl. rheinischen Appellationsgerichtshofe zu Cöln andererseits Differenz entstanden.

Die königliche Regierung glaubt nemlich, daß in dem Falle, wenn dieselbe sich mit einem depossedirten Eigenthümer über die Größe der ihm gebührenden Entschädigung nicht vereinigen kann, sie sich darauf beschränken müsse, die bezüglichen Verhandlungen sammt einem ausführlichen Promemoria dem betreffenden königlichen Ober-Procurator zu übersenden, welcher verbunden ist, nomine fisci aufzutreten, die Beklagten vorladen zu lassen, und sowohl den formellen als materiellen Betrieb der Sache zu übernehmen, wie solches aus den Berichten der königlichen Regierung vom 30. August 1821 und 24. Januar v. J. zu ersehen ist. Dagegen hat der königliche Ober-Procurator zu Coblenz und mit ihm die königliche General-Procuratur bei dem rheinischen Appellationsgerichtshofe zu Cöln in den Berichten vom 26. Februar und 10. Julius v. J. die Meinung aufgestellt, daß die königliche Regierung verbunden sei, die Eigenthümer vorzuladen, ihnen die Justifications-Schriften zuzustellen, und überhaupt den Rechtsstreit entweder selbst oder durch einen Anwald zu betreiben, wogegen die Beamten des öffentlichen Ministeriums in den den Staat betreffenden Rechtssachen für die Regierungen nur in den öffentlichen Sitzungen aufzutreten, sonst aber die außergerichtliche Betreibung solcher Rechtssachen keinesweges zu besorgen haben.

In Beziehung auf diese Differenz wird der königlichen General-Procuratur bei dem rheinischen Appellations-Gerichtshofe und der königlichen Regierung von den unterzeichneten Ministerien im Einverständniß mit dem königlichen Finanz-Ministerium Folgendes eröffnet:

Die von der königlichen Regierung gegen die königliche General-Procuratur aufgestellten Behauptungen hinsichtlich der Führung der fiscalischen Processe können im Allgemeinen nicht genehmiget werden. Wären auch die Gesetze an sich minder deutlich, so wird die königliche Regierung schon in einer langjährigen ganz einförmigen Praxis das Unhaltbare ihrer Ansicht erkennen. Denn es ist eine allgemeine Regel, daß die Verwaltungs-Behörden, wenn sie als Kläger auftreten, ihre Gegner vorladen und daß sie in dem schriftlichen Processe ihrem Gegner die Denkschrift zustellen müssen, ohne daß die Thätigkeit der Staatsbehörde hierbei auch nur im Geringsten in Anspruch genommen wird, deren Mitwirkung eigentlich erst statt findet, wenn die streitenden Theile ihre Schriftwechsel geendiget haben. Es ist ferner klar, daß das öffentliche Ministerium bei Betreibung der fiscalischen Processe den Regierungen nicht untergeordnet werden kann, und daß ihm eben so wenig die Befugniß beigelegt werden darf, die Anträge der Verwaltungs-Behörden nach seinem Ermessen zu modificiren und abzuändern.

Eines der beiden müßte aber offenbar geschehen, wenn die ganze Betreibung der fiscalischen Processe dem öffentlichen Ministerium obliegen sollte.

Auch würde eine solche Betreibung der Bestimmung des öffentlichen Ministeriums zuwider sein.

Bei dem einzelnen Falle, der zu der Differenz Veranlassung gegeben, nemlich der Wegnahme des N.schen Gartens, haben indeß die Justiz- und Verwaltungs-Behörden irrthümlich in der Meinung gestanden, als wenn es einer Ladung des Eigenthümers bedurft hätte.

Es handelte sich nemlich von der Wegnahme eines zum Festungsbaue zu Coblenz nöthigen Grundstücks, mit dessen Eigenthümer keine gütliche Vereinigung statt gefunden hatte. Man stritt sich über die Frage, wer, die königliche

Regierung, oder die Staats-Behörde, diesen Eigenthümer vorladen sollte.

Man erkannte daher von beiden Seiten die Nothwendigkeit einer Ladung an, und dennoch ist diese Ladung nach den Gesetzen nicht nöthig. Der Art. 13. des Gesetzes vom 8. März 1810 befiehlt ausdrücklich, daß das Gericht, wenn es die Formen beobachtet findet, sur le vû de l'arrêté du Préfet, also blos auf den Grund des Beschlusses der Verwaltungs-Behörde sein Urtheil erlassen soll.

Eine Ladung ist daher nicht nöthig, was sich auch schon aus dem Umstande ergiebt, daß der Ober-Procurator in den ersten dreien Tagen nach Empfang der Acten das Urtheil provociren muß. Durch ein solches Verfahren wird dem Eigenthümer keinesweges zu nahe getreten, da der Art. 14. des Gesetzes vom 8. März 1810 demselben das Recht der Opposition gegeben hat, wodurch er in den Stand gesetzt ist, sein Recht geltend zu machen.

Der königliche Ober-Procurator zu Coblenz hatte also ohne Grund von der königlichen Regierung eine vorherige Ladung des Gegners gefordert; die Rücksendung der Acten zum Zwecke einer Ladung war gegen die Vorschrift der Gesetze.

Aber auch die königliche Regierung hat mit Unrecht von dem königlichen Ober-Procurator die Zustellung einer Ladung gefordert, weil sie an sich nicht nöthig war.

Wenn auch die von der königlichen Regierung an den königlichen Ober-Procurator geschickten nicht vollständig waren, so durfte doch der letztere deshalb sich nicht erlauben, die Vorlegung der Acten bei Gericht zu verzögern, da nach dem angeführten Gesetze Art. 13. nicht der Staats-Procurator, sondern das Gericht über die Regelmäßigkeit des Verfahrens zu erkennen hat.

Es hat zwar die königliche General-Procuratur in dem Schreiben an die königliche Regierung vom 4. April 1821 ebenfalls behauptet, daß es im Fall des Artikels 13. des Gesetzes vom 8. Marz 1810 keiner Ladung des Eigenthümers bedürfe, dagegen ist sie der Meinung, daß die Vorschriften der Art. 13 und 14. des allegirten Gesetzes sich auf den vorliegenden Fall nicht beziehen.

Allein gegen die für diese Meinung angeführten Gründe ist anzuführen, daß auch in dem speciellen Falle, welcher den N.schen Garten betrifft, die Nothwendigkeit einer Ladung nicht behauptet werden kann, und daß der Unterschied, welchen die königliche General-Procuratur zwischen diesem speciellen und dem im Art. 13. des angeführten Gesetzes vorgesehenen Falle annehmen zu dürfen glaubt, rechtlich nicht begründet ist. Ob der Staat nur das Eigenthum eines Einzelnen, oder das Eigenthum mehrerer zu öffentlichen Zwekken in Anspruch nimmt, hat auf das Verfahren bei der Wegnahme keinen Einfluß, indem der Einzelne kein geringeres Recht auf den Schutz seines Eigenthums hat, als wenn er sich mit vielen Andern in gleicher Lage befindet.

Der Unterschied, welchen die königliche General-Procuratur in ihrem Schreiben an die königliche Regierung vom 4. April 1821 geltend zu machen sucht, kann nur darauf beruhen, daß der Art. 13. des angeführten Gesetzes von der Wegnahme des Grundeigenthums spricht, während in dem speciellen Falle nur von der Abschätzung eines wegzunehmenden Gartens gehandelt werde.

Aber es ist nicht abzusehen, in welcher Gesetzstelle dieser Unterschied gegründet sein soll.

Im 12. Artikel des Gesetzes wird von dem Falle gesprochen, wo der Staat sich mit dem Eigenthümer über alle Punkte in Güte geeiniget hat, so daß der letztere weder die Nothwendigkeit der Wegnahme, noch die Beobachtung der gesetzlichen Formen, noch die Hinlänglichkeit des ihm angebotenen Entschädigungsquanti, noch die übrigen ihm gemachten Bedingungen bestreitet.

Der Art. 13. spricht dagegen von dem Falle, wo dies nicht geschehen ist. Wenn also, über den Preis der Entschädigung, keine gütliche Vereinigung statt findet, oder, wie das Gesetz sagt, à défaut de convention entre les parties, so darf die Verwaltung sich nicht factisch in den Besitz setzen, sondern sie muß sich, nach Art. 13., vorher durch ein Urtheil einsetzen lassen, und eine vorherige Ladung ist alsdann nicht nöthig.

Es kann für diesen Fall die Reclamation der Eigenthümer nach Art. 14. vorher abgewartet werden. Erfolgt sie wirklich, hat aber nur den Zweck, die Sufficienz des ihm gebotenen Entschädigungsquanti zu bestreiten, so treten die Bestimmungen der Art. 16 und 19. des angeführten Gesetzes ein, nach dem die Reclamation der Verwaltungs-Behörde nach Art. 14. mitgetheilt worden, folglich die Sache contradictorisch war.

Im vorliegenden Falle hat sich zwar die königliche Regierung schon im October 1818 factisch in den Besitz des N.schen Gartens gesetzt, obgleich das Expropriations-Erkenntniß erst am 20. Februar 1819 ergangen ist, weil die Umstände eine Beschleunigung der Besitznahme erfordert haben, so wie denn auch der Besitzer sich nicht gegen die geschehene Wegnahme opponirt, sondern nur die Zulänglichkeit der für ihn durch Abschätzung ermittelten Entschädigung bestreitet.

Es wird nun zwar für die Folge erwartet, daß die königliche Regierung in allen ähnlichen Fällen unter allen Umständen, die den königlichen rheinischen Regierungen von dem königlichen Staats-Ministerium ertheilte Circular-Instruction vom 23. Juli 1821 und das darin allegirte Gesetz vom 8. März 1810 genau befolgen wird. Indeß auch bei den einmal vorliegenden factischen Umständen, da die Verwaltung sich bereits im factischen und durch das nachher ergangene Expropriations-Erkenntniß gerechtfertigten Besitz des wegzunehmenden Grundstücks befindet, und das Gericht nur das Entschädigungs-Quantum zu bestimmen hat, läßt sich die Nothwendigkeit einer vorhergehenden Ladung aus dem Gesetze vom 8. März 1810 nicht beweisen.

Dem Gerichte waren die Urkunden vorgelegt, welche bei der Abschätzung des Grundstücks zum Anhalte dienen sollten. Waren ihm diese nicht genügend, so konnte es ex officio (d'office) nach Art. 17. des angeführten Gesetzes sachverständige Taxatoren ernennen. Hierdurch würde der Eigenthümer nun in Stand gesetzt worden sein, seine Rechte geltend zu machen, und dies ist auch genügend.

Hätte aber das Gericht die ihm vorgelegten Urkunden für hinreichend gehalten, um auf deren Grund den Preis der Entschädigung zu bestimmen; und fand der Eigenthümer hierin seine Rechte gekränkt, so blieb ihm der Weg der Opposition so wie der Appellation offen, um das angeblich begangene Unrecht wieder gut machen zu lassen.

Nach den in den gegenwärtigen Verfügungen enthaltenen Bestimmungen haben sich die königliche General-Procuratur und die königliche Regierung sowohl für den vorliegenden Fall als für ähnliche Fälle zu richten, und hat die erstere den Ober-Procurator bei dem Landgerichte zu Coblenz mit der erforderlichen Anweisung zu versehen.

Berlin, den 24. März 1823.

| Der Justiz-Minister | Der Kriegs-Minister. |
|---|---|
| v. Kircheisen. | Im Auftrage |
| | v. Schöler. |

An
die königliche General-Procuratur bei dem rheinischen Appellations-Gerichtshofe zu Cöln.

## 544.

### Wahrnehmung des Dienstes des öffentlichen Ministeriums bei den Polizeigerichten.

Auf Ihre Berichte von resp. dem 3. Junius v. J. und dem 4. Februar d. J. wegen Wahrnehmung des Dienstes des öffentlichen Ministeriums bei den Polizei-Gerichten extra muros in jenen Orten, wo es Stadt- und Land-Friedensgerichte giebt, wird Ihnen eröffnet, daß es mir an Fonds fehlt, um für solche Fälle, da einem Land-Friedensgerichte der Sitz in einer Stadt angewiesen ist, einen besondern Beamten zu den Functionen des öffentlichen Ministeriums bei demselben zu besolden, und kann ich eben so wenig für die Vergangenheit eine desfallsige Remuneration bewilligen. Auch eignet sich die Sache nicht zu einer neuen gesetzlichen Bestimmung. Mit Ihrem Berichte vom 3. Juni v. J. stimmen auch die von dem ersten Präsidenten des rheinischen Appellationsgerichtshofes und dem General-Procurator des rheinischen Revisions- und Cassationshofes erforderten Gutachten darin überein, daß in dem Art. 144. der Criminal-Proceß-Ordnung, wenn er die Stelle des öffentlichen Ministeriums in gerichtlichen Polizei-Sachen dem Polizei-Commissarius des Orts, wo das Gericht seinen Sitz hat, und im Verhinderungsfalle dem dasigen Bürgermeister oder einem Beigeordneten überträgt, unterstellt werde, daß das Polizeigericht für eben jenen Ort errichtet sei, in welchem diese Beamte angestellt sind. Da ferner nach den Berichten dieser beiden Beamten, in dem Falle, daß ein Land-Friedensgerichts-Kanton in einer nicht dazu gehörigen Stadt seinen Sitz gehabt hat, bis zu der jüngsten Organisation einer von den Bürgermeistern oder Beigeordneten der zunächst gelegenen Bürgermeistereien des Land-Kantons das Amt des öffentlichen Ministeriums bei jenem Friedensgerichte wahrgenommen hat, und namentlich in Bonn auf diese Weise verfahren worden ist, so muß es auch jetzt bei dieser Einrichtung verbleiben, und haben Sie hiernach die geeigneten Verfügungen zu treffen, und die königlichen Ober-Procuratoren zu Aachen und Trier zu bescheiden.

Berlin, den 1. April 1824. Der Justiz-Minister
v. Kircheisen.

An
den ersten königlichen Herrn General-Advocaten
in Cöln.

## 545.

### Versetzung der angeschuldigten Landwehrmänner in die zweite Klasse des Soldatenstandes bei Diebstählen unter fünf Thaler.

Auf Ihren Bericht vom 17. vorigen Monats,
in Betreff der Abfassung des Urtels gegen den Landwehrmann N.,
wird Ihnen bei Zurücksendung der Acten eröffnet, daß das angenommene Princip, nach welchem bei Diebstählen unter 5 Thaler die Versetzung des Angeschuldigten in die zweite Klasse des Soldatenstandes auf den Grund des 43. Kriegs-Artikels nicht statt findet, offenbar unrichtig ist. Dieser Kriegsartikel setzt, was die Versetzung in die zweite Klasse des Soldatenstandes betrifft, die in demselben bestimmte gelinde Bestrafung eines kleinen Diebstahls voraus; da nun in den Rheinprovinzen jeder Diebstahl ohne Unterschied des Objects mit weit härterer Strafe belegt wird, so muß auch dort die mit solcher härteren Diebstahlsstrafe nach den Kriegsartikeln jederzeit verbundene Versetzung in die zweite Klasse des Soldatenstandes eintreten.

Sie haben daher die königlichen Staats-Procuratoren anzuweisen, in künftigen ähnlichen Fällen auf diese Versezzung anzutragen. Daß ein solcher Antrag erfolge, und daß demnächst auf die Versetzung wirklich erkannt werde, ist um so nothwendiger, als nach der jetzt bestehenden Verfassung die Concurrenz der Militair-Gerichte bei Entscheidungen wider beurlaubte Landwehrmänner wegfällt.

Berlin, den 4. April 1823. Der Justiz-Minister
An v. Kircheisen.
den königlichen Herrn General-Advocaten
zu Cöln.

## 546.

### Competenz des Senats des Appellationshofes für ostrheinische Sachen des Regierungsbezirks Coblenz in Ehescheidungen.

Das von dem königlichen Justiz-Senate an den königlichen rheinischen Revisions- und Cassationshof gerichtete Schreiben vom 7. Februar d. J.,
betreffend die Competenz des Senats des königlichen rheinischen Appellations-Gerichtshofes für ostrheinische Sachen des Regierungsbezirks Coblenz in Ehescheidungs-Sachen,

ist von dem obgedachten königlichen Revisions- und Cassationshofe, vor welchen diese Angelegenheit nicht gehört, bei dem Justiz-Minister eingereicht worden. Dem königlichen Justiz-Senate wird darauf eröffnet, daß es bei der Ministerial-Verfügung vom 6. December 1819 und bei der darauf begründeten Bescheidung des königlichen Appellations-Gerichtshofes verbleiben muß, da der §. 15. der Verordnung über die Auflösung der Appellationshöfe zu Düsseldorf, Cöln und Trier und die Einrichtung eines Appellations-Gerichtshofes zu Cöln, vom 21. Juni 1819, alle aus dem ostrheinischen Theile des Coblenzer Regierungs-Departements zur Entscheidung in zweiter Instanz gelangenden Rechtssachen ohne Unterschied, ob darin die dritte Instanz statt findet oder nicht, an den königlichen Appellations-Gerichtshof zu Cöln verweiset. Berlin, den 4. April 1823.

An den königl. Justiz-Senat zu Coblenz.

Der Justiz-Minister v. Kircheisen.

---

Der Justiz-Senat zu Coblenz hat in dem abschriftlich anliegenden, an den rheinischen Revisions- und Cassationshof erlassenen und von diesem bei dem Justiz-Minister eingereichten Schreiben vom 7. Februar d. J. sich über die von dem königlichen Appellations-Gerichtshofe in Betreff der in zweiter und letzter Instanz zu entscheidenden Ehescheidungssachen erlassene Verfügung beschwert, und ist darauf nach der abschriftlichen Anlage beschieden worden, welches dem Senate des königlichen rheinischen Appellations-Gerichtshofes für ostrheinische Sachen des Regierungsbezirks Coblenz zur Nachricht mitgetheilt wird. Berlin, den 4. April 1823.

An den Senat des königlichen rheinischen Appellations-Gerichtshofes für ostrheinische Sachen des Regierungsbezirks Coblenz zu Cöln.

Der Justiz-Minister v. Kircheisen.

---

Auf den Bericht des königlichen Revisions- und Cassationshofes vom 26. Februar dieses Jahres,

in Betreff des bei dem Justiz-Minister eingereichten, an das Collegium gerichteten Schreibens des Justiz-Senats zu Coblenz vom 7. Februar d. J. über die Competenz des rheinischen Appellations-Gerichtshofes zu Cöln in Ehescheidungssachen,

wird dem königlichen rheinischen Revisions- und Cassationshofe Abschrift der dem Justiz-Senate ertheilten Bescheidung zur Nachricht mitgetheilt, mit dem Bemerken, daß die Gestattung der dritten Instanz in Ehescheidungssachen der künftigen Gesetzgebung in diesen Landestheilen vorbehalten bleibt.

Berlin, den 4. April 1823. Der Justiz-Minister
An v. Kircheisen.
den königlichen rheinischen Revisions- und Cassationshof.

## 547.

Zuziehung eines von den königlichen Regierungen zu bezeichnenden Beamten bei Untersuchungen der Steuerprocesse.

Dem königlichen Justiz-Senate wird auf den Bericht vom 21. v. Mts. wegen des demselben gegebenen Befehls, dem Antrag der Regierung daselbst,

daß bei Zollprocessen ein geeigneter, jedesmal von der Regierung zu bezeichnender Beamter zugezogen werde, nichts in den Weg zu legen,

eröffnet, daß bei einer Verfügung, welche die Beschleunigung der Instruction, die Sicherstellung des Königlichen Interesses so wie die schnelle Herbeiführung aller zur Sache dienlichen Beweismittel beabsichtiget, es auf den von dem Collegio dagegen dargestellten bisherigen Gerichtsgebrauch gar nichts ankommt und es dazu keiner besondern Königlichen Sanction bedarf, da, den Partheien unbeschadet, nur das Beste der Justizpflege dadurch befördert wird.

Dem Justiz-Minister ist daher auch der vorliegende Gegenbericht ganz unerwartet gewesen, und es wird dem königlichen Justiz-Senate zur Pflicht gemacht, sich überall nach der ergangenen Verfügung zu achten.

Berlin, den 14. April 1823. Der Justiz-Minister
An v. Kircheisen.
den königl. Justiz-Senat zu Coblenz.

## 548.

Berechnung der Forststrafgelder aus Communal- oder Privatwaldungen in den standesherrlichen Bezirken.

Eurer Durchlaucht gebe ich mir die Ehre, auf die bei des verewigten Herrn Fürsten Staats-Kanzlers Durchlaucht eingereichte und hiernächst an mich gelangte Reclamation vom 24. Juni vorigen Jahres,

die Berechnung der Forststrafgelder aus Communal- oder

Privatwaldungen in den standesherrlichen Bezirken betreffend,

ganz ergebenst zu erwiedern, daß zwar nach einer von dem königlichen Finanz-Ministerium abgegebenen Erklärung hinsichtlich der nichtköniglichen Forsten auf die in Rede stehenden Strafgelder kein weiterer Anspruch gemacht wird. Inwiefern aber die Privatwald-Eigenthümer in den vorkommenden speciellen Fällen dazu berechtiget sind, darüber kann von Seiten der Ministerien nichts Entscheidendes festgestellt, sondern dies muß bei entstehenden Contestationen dem richterlichen Ausspruch unterworfen werden.

Berlin, den 15. April 1823.

An v. Kircheisen.

des Herrn Fürsten von Wied-Runkel Durchlaucht zu Dierdorf.

## 549.

Gültigkeit der in der Rheinprovinz coram notario et testibus ausgestellten Special-Vollmacht zur Erhebung von Sachen und Geldern bei den altländischen Gerichten.

Der, von dem königlichen Stadtgerichte im Bericht vom 21. vorigen Monats,

die Ausantwortung des dem Husaren N. zu Jüchen, an der N.schen Nachlaßmasse zustehenden Erbantheils betreffend,

vorgetragenen Meinung der Majorität des Collegiums:

daß eine in den Rheinprovinzen coram notario et testibus ausgestellte und beglaubigte Special-Vollmacht zur Erhebung an Sachen und Geldern bei hiesigen Gerichten und Depositorien hinreichend sei,

tritt der Justiz-Minister um so mehr bei, da sich aus den Materialien zum Allgemeinen Landrechte ergiebt, daß der einzige Gesetzesgrund, welcher den §. 117. Tit. 13. des 1. Theils des Allgemeinen Landrechts veranlaßt hat, darin bestehet:

daß in manchen auswärtigen Ländern schlechterdings keine andere Vollmachten als coram notario et testibus ausgestellt werden.

Dieser Grund tritt aber auch in Absicht der einländischen Notarien in den Rheinprovinzen, wo das französische Recht gilt, ein.

Es verstehet sich von selbst, daß die Unterschrift des Notarius von dem competenten Landgerichts-Präsidenten attestirt sein muß. Berlin, den 18. April 1823.

An das königliche Stadtgericht hieselbst.

Der Justiz-Minister v. Kircheisen.

## 550.

### Beschränkung des Artikels 14. des Civilgesetzbuchs, in Bezug auf die Staaten des deutschen Bundes.

Wir Friedrich Wilhelm, von Gottes Gnaden, König von Preußen 2c. 2c.

Die in dem Artikel 14. des in Unseren Rheinprovinzen geltenden Civil-Gesetzbuches enthaltene Vorschrift, nach welcher jeder Ausländer wegen Verpflichtungen, die ihm gegen einen Einländer obliegen, vor die dortigen Gerichte gezogen werden kann, ist in ihrer Allgemeinheit dem Verhältnisse, in welchem die deutschen Bundesstaaten mit einander stehen, nicht angemessen.

Wir verordnen daher auf den Antrag Unseres Staats-Ministeriums und nach Anhörung Unseres Staatsraths hierdurch Folgendes:

§. 1. Der Artikel 14. des in den Rheinprovinzen geltenden Civil-Gesetzbuchs soll der Regel nach gegen die Unterthanen sämmtlicher deutschen Bundesstaaten bei persönlichen Ansprüchen, welche nach der in jenen Provinzen bestehenden Proceßordnung vor den gewöhnlichen Gerichtsstand des Wohnsitzes des Verpflichteten gehören, nicht mehr in Anwendung kommen, und daher kein Unterthan der deutschen Bundesstaaten aus Klagen solcher Art vor Unsere rheinische Gerichte mehr gezogen werden, die in den §§. 2 bis 7 bestimmten Fällen ausgenommen.

§. 2. Bei demjenigen Gerichte, in dessen Bezirke ein Vertrag geschlossen worden, oder die Erfüllung nach Inhalt desselben verlangt werden kann, dürfen auch Klagen aus demselben fernerhin verfolgt werden, wenn der ausländische Verpflichtete sich im Bezirke eines oder des andern §. 1. gedachten Gerichtes aufhält, und ihm die von dem Vergleichsamte oder von dem Landgerichte erlassene Vorladung eingehändigt worden ist.

§. 3. Bei demjenigen Gerichtsstande in Unsern Rheinprovinzen, unter welchem ein Ausländer fremdes Gut oder Vermögen bewirthschaftet oder verwaltet hat, kann er auch mit Klagen wegen solcher Verwaltung belangt werden, selbst wenn er nicht von Gerichtswegen als Verwalter bestellt oder Vormund ist. Dieser Gerichtsstand der Verwaltung hört aber auf, wenn die letztere völlig beendiget, und der Verwalter über die gelegte Rechnung quittirt ist. Wenn daher nur ein aus der quittirten Rechnung verbliebener Rückstand gefordert, oder eine ertheilte Quittung angefochten wird, so kann dieses nicht bei dem vormaligen Gerichtsstande der geführten Verwaltung geschehen.

§. 4. Wenn ein Real- oder Personalarrest in Gemäßheit der gegenwärtig bestehenden gesetzlichen Vorschriften angelegt worden ist, so kann auch die Hauptsache vor dem Arrest anlegenden Gerichte gegen den Ausländer verhandelt werden.

§. 5. Wenn ein Einländer von einem Ausländer belangt wird, so muß letzterer in Ansehung der Gegenforderungen des ersteren auch bei den diesseitigen Gerichten Recht nehmen, wenn auch das Gericht, bei welchem die Klage anhängig ist, in der Materie nicht competent sein sollte.

§. 6. Provocations-Klagen können gegen Ausländer bei demjenigen inländischen Gerichte angestellt werden, vor welches die provocirte Hauptklage gehöret.

§. 7. Gegen diejenigen deutschen Staaten, oder gegen Provinzen derselben, worin der im Artikel 14. des gedachten Civilgesetzbuches enthaltene Grundsatz gegen Unsere Unterthanen angewendet wird, bleibt derselbe, so lange dies der Fall ist, auch in Unseren Rheinprovinzen in Kraft.

§. 8. Die Vorschrift des §. 1. unter den in den folgenden Paragraphen gemachten Ausnahmen, kommt bei allen Klagen, welche von nun an angebracht werden, zur Anwendung, wenn auch die in Anspruch genommene Verpflichtung schon vor Bekanntmachung dieses Gesetzes entstanden ist.

Urkundlich unter Unserer Allerhöchsteigenhändigen Unterschrift und Beidrückung Unseres Königlichen Insiegels.

Gegeben Berlin, den 2. Mai 1823.

Friedrich Wilhelm.

## 551.

Bei Holzdiebstählen findet die Verwandlung der Geldbuße in Gefängnißstrafe statt, wenn jene auch geringer als 18 sgr. 9 pf. ist

Nach dem in Abschrift anliegenden Schreiben des königlichen Finanz-Ministerii vom 22. v. Mts. nebst Beilagen ebenfalls in Abschrift, hat die Regierung zu Coblenz sich darüber beschwert, daß der Friedensrichter zu verweigert, bei Holzdiebstahl die Geldbuße in Gefängnißstrafe zu verwandeln, sobald die Geldbuße geringer ist als 18 sgr. 9 pf.

Da ich der von des Herrn Finanz-Ministers Excellenz geäußerten Ansicht beitrete, so veranlasse ich Sie, dem Friedensrichter zu N. die von dem Herrn Finanz-Minister in Antrag gebrachte Belehrung zu ertheilen.

Berlin, den 2. Mai 1823. Der Justiz-Minister
An v. Kircheisen.
den königlichen Herrn General-Procurator
zu Cöln.

a.

Nach dem unter Bitte der Rückgabe urschriftlich hier beigefügten Berichte der Regierung zu Coblenz, verweigert der Friedensrichter zu N. bei Holzdiebstahl die Geldbuße in Gefängnißstrafe zu verwandeln, sobald die Geldbuße geringer ist als 18 sgr. 9 pf. Seine Gründe hat er in einem dem Berichte beiliegenden Schreiben angegeben; er glaubt, daß, da nach Art. 4. des Gesetzes vom 7. Juni 1821 fünf Thaler Geldbuße gleich seien acht Tagen Gefängniß, für einen Tag Gefängniß 18 sgr. 9 pf. gerechnet werden müssen, daß also für eine geringere Geldbuße kein Gefängniß statt finde, wahrscheinlich weil nach dem rheinischen Strafgesetzbuche Art. 465. die kürzeste Dauer der Gefängnißstrafe auf 24 Stunden festgesetzt ist.

Wenn der Friedensrichter den gewiß unbestrittenen Satz berücksichtigt hätte, daß nemlich keine verpönte Handlung ungestraft bleiben darf, so würde er nach seinen eigenen Vordersätzen auf das entgegengesetzte unstreitig richtige Resultat gekommen sein, daß nemlich in jedem Falle, wenn ein Verurtheilter die Geldbuße nicht bezahlen kann, er, wie geringe diese auch immer sein mag, doch immer wenigstens eine Gefängnißstrafe von 24 Stunden dulden müsse.

Befremdend ist es, daß dem Friedensrichter, wenn er ernstlich über die Sache nachgedacht hat, dieses Resultat entgehen konnte, da der §. 4. des Gesetzes vom 7. Juni 1821 ihn selbst darauf führen mußte, indem dieser das Verhältniß zwischen Geldbuße und Gefängnißstrafe nur als Regel aufstellt, folglich Ausnahmen zuläßt, und wohl keine Ausnahme besser gerechtfertigt werden kann, als wenn sie nothwendig aus einem Grundsatze, aus dem nemlich, daß jede unerlaubte Handlung gestraft werden soll, und daß man Alles vermeiden muß, was Strafe verwürkt, hervorgeht.

Muß man den Grundsatz, daß jede verbotene Handlung bestraft werden muß, als richtig annehmen, und wollte man nun die Regel des Art. 4. des Gesetzes vom 7. Juni 1821 strenge festhalten, und die Dauer der Gefängnißstrafe nach einem streng arithmetischen Verhältnisse berechnen, so würde man Gefängnißstrafen von einigen Stunden und noch kürzerer Dauer auszusprechen haben, und es bedarf wohl nicht mehr, um dieses Verfahren vereitelnd nennen zu dürfen.

Das Allgemeine Landrecht Thl. II. Tit. 20. §. 89. erlaubt auch, wahrscheinlich mit Berücksichtigung dieser Resultate, eine Erhöhung der Strafe.

Ew. Excellenz muß ich daher ganz ergebenst ersuchen, den Friedensrichter in N. über seinen Irrthum gefälligst belehren zu lassen und mir von dem Verfügten Nachricht zu geben, um die Regierung zu Coblenz demnächst bescheiden zu können. Berlin, den 22. April 1823.

An v. Klewitz.
des königlichen Wirklichen Geheimen Staats- und Justiz-Ministers Herrn von Kircheisen Excellenz.

## 552.

Nichtigkeit der gegen ausgebliebene Zeugen aus den alten Provinzen von den rheinischen Gerichten erlassenen Strafverfügungen.

Sie erhalten hierbei Abschrift der nach Eingang Ihres Berichts vom 10. Mai dieses Jahres,

betreffend die Wirksamkeit der gegen vorgeladene und ausgebliebene Zeugen aus den Provinzen diesseits des Rheins von den rheinischen Gerichten erlassenen Straf-Verfügungen,

dem königlichen Oberlandesgericht zu Hamm ertheilten Vorbescheidung, um daraus zu ersehen, daß und aus welchen Gründen der Justiz-Minister der von Ihnen angenommenen Meinung nicht beitreten kann. Berlin, den 2. Mai 1823.

An Der Justiz-Minister
den königlichen Herrn General-Procurator in Cöln. v. Kircheisen.

### a.

Der Justiz-Minister hat sich veranlaßt gefunden, auf den Bericht des königlichen Oberlandesgerichts vom 14. August c.,

betreffend die Vollziehung des von dem Assisenhofe zu Trier gegen den Oberlandesgerichtsrath N. erlassenen Straferkenntnisses,

noch die gutachtliche Aeußerung des General-Procurators bei dem rheinischen Appellations-Gerichtshofe zu erfordern.

Obgleich derselbe nach dem nunmehr eingegangenen Berichte sich mit der Meinung der Majorität des Collegiums einverstanden erklärt, so findet der Justiz-Minister seinerseits doch kein Bedenken, der Ansicht derjenigen Mitglieder beizutreten, welche annehmen, daß das bei dem Assisenhofe zu Trier ergangene Erkenntniß, wodurch der Oberlandesgerichts-Rath N. wegen seines Ausbleibens in dem zu seiner Vernehmung in der rc. Untersuchungssache in Trier angesetzten Termine in eine Geldbuße von 13 thlr. 3 sgr. 9 pf. verurtheilt worden, von keiner Wirkung sein könne. Kein Gesetz verpflichtet die Bewohner der altpreußischen Provinzen, sich von einem nach andern Formen als diejenigen sind, welche die Criminal-Ordnung vorschreibt, verfahrenden Richter vernehmen zu lassen und zu dem Ende sich an einem vielleicht von ihrem Wohnsitze weit entfernten Orte persönlich einzufinden. Eine solche Verpflichtung kann auch aus der Verbindung der altpreußischen Provinzen mit den preußischen Rheinlanden unter dem nämlichen Landesherrn, so wenig als daraus hergeleitet werden, daß die rheinische Gerichtsverfassung von des Königs Majestät zur Zeit beibehalten worden, indem daraus nicht folgt, daß diese für die Rheinprovinzen beibehaltene Gerichtsverfassung auch die Bewohner der andern königlichen Provinzen verbinde. Berlin, am 2. Mai 1823.

An das königliche Oberlandesgericht zu Hamm.

Der Justiz-Minister v. Kircheisen.

## 553.

### Sicherstellung der Stempelgebühren bei vormundschaftlichen Verhandlungen.

Auf Ihren Bericht vom 27. November vor. Jahres, die Erhebung der Stempelgebühren bei vormundschaftlichen Verhandlungen betreffend,

habe ich mich mit dem königlichen Finanz-Ministerium zu der anliegenden Circular-Verfügung vereiniget, welche Sie durch die rheinischen Amtsblätter bekannt zu machen, auch die königlichen Procuratoren darnach zu instruiren haben.

Berlin, den 9. Mai 1823.

Der Justiz-Minister v. Kircheisen.

An den königlichen Herrn General-Procurator zu Cöln.

a.

Es ist zur Sprache gekommen,

wie bei der eigenthümlichen Einrichtung des Vormundschaftswesens auf dem linken Rheinufer, die Entrichtung der Stempelabgaben so weit sie nach §. 3. litt. c. des Stempelgesetzes eintritt, mit der am Schluß des §. 19. nachgelassenen Stundung gesichert werden könne?

Da diese Stundung nur auf den Grund einer von dem betreffenden Friedensrichter oder Landgerichte ausgehenden Verfügung Platz greifen darf; so wird in Uebereinstimmung mit dem königlichen Finanz-Ministerium Folgendes hierdurch festgesetzt:

1) Der Friedensrichter bestimmt bei der ersten Zusammenberufung des Familienrathes vorläufig, ob der Fall vorhanden sei, daß die Entrichtung der Stempelabgaben ausgesetzt bleiben könne.

Eine gleiche Prüfung und Feststellung liegt dem Landgerichte ob, wenn bei ihm eine auf das Vormundschaftswesen Bezug habende Verhandlung eingeleitet wird.

2) Der Friedensrichter so wie das Landgericht, sei es, daß sie selbst in einer Vormundschaftssache verfügen, oder einem andern Beamten ein dahin einschlagendes Geschäft auftragen, sind verpflichtet, die Aussetzung der Stempelabgabe in jeder Verfügung zu vermerken, und zugleich über den Betrag der vorbehaltenen Stempel ein besonderes Verzeichniß zu führen; in dem zweiten Falle aber den committirten Beamten aufzufordern, eine von ihm bescheinigte Note über den Betrag der reservirten Stempelabgabe ohne Verzug einzureichen, welche sodann in jenes Verzeichniß ebenfalls einzutragen ist.

3) Die definitive Bestimmung über die nach §. 3. litt. c. des Stempelgesetzes eintretende Befreiung, erläßt das Landgericht auf Anrufen des Vormundes, welcher unter persönlicher Verantwortlichkeit verpflichtet ist, spätestens innerhalb drei Monaten, von dem Tage der übernommenen Vormundschaft an, das diesfallsige Gutachten des Familienraths, sammt den nöthigen Belegen bei dem Landgericht einzureichen.

4) Wird die nachgesuchte Befreiung abgeschlagen, und sind demnach die Stempelgebühren nachzuholen, so hat das Friedensgericht, welchem zu dem Behuf von dem Landgerichte die Note über die bei demselben etwa rückständige Stempelabgabe mitgetheilt wird, den ganzen Betrag durch die bei Eintreibung der Steuern gewöhnlich anwendbaren Zwangsmittel aus dem Vermögen des Unmündigen einzuziehen, und die dafür eingelöseten Stempelbogen den Acten der Vormundschaft cassirt beizulegen.

5) Der Gerichtsschreiber beziehet von den nachzuholenden Stempelgebühren für die Rechnungsführung und Ver-

einnahmung die gebührende Tantieme, welche am Ende eines jeden halben Jahres auf die von dem Friedensrichter zu bescheinigende Nachweisung durch die königliche Regierung angewiesen wird.

Sämmtliche Landgerichte und Friedensrichter haben sich hiernach auf das Genaueste zu achten.

Berlin, den 9. Mai 1823. Der Justiz-Minister v. Kircheisen.

## 554.

### Abfassung der Subhastations-Patente.

Die meisten Friedensrichter in den Rheinprovinzen scheinen den §. 12. No. 2. in Verbindung mit §. 4. No. 2. der Subhastationsordnung vom 1. August 1822 mißverstanden zu haben und glauben nicht ausführlich genug die Grundstücke beschreiben zu können. Die Subhastations-Patente haben daher in den Rheinprovinzen eine außerordentliche Ausdehnung erhalten, und in dem öffentlichen Anzeiger des Düsseldorfer Amtsblattes, worin sich Subhastations-Patente der Friedensgerichte und der nach der Allgemeinen Gerichts-Ordnung organisirten und procedirenden Land- und Stadtgerichte zusammen befinden, ist es auffallend, wie sehr jene von letzteren an Kürze übertroffen werden.

1) Bei der Beschreibung zu verkaufender Häuser gehen fast alle Friedensgerichte in ein solches Detail ein, daß sie die Zahl der Fenster, der Thüren, Thorwege, Pumpen, Brunnen und bis zu den heimlichen Gemächern angeben.

2) Dann setzen die meisten Friedensgerichte auch noch in das Subhastations-Patent, die Verfügung, daß es angeheftet und inserirt werden solle, daß die Beschlagnahme den Schuldnern bekannt gemacht, und bei den Hypothekenverwahrern angezeigt sei u. s. w., lauter Dinge, die in das Patent nicht allein nicht gehören und unnütz darin sind, sondern wovon auch der §. 12. der Subhastations-Ordnung schweigt, wobei die Friedensgerichte stehen bleiben sollten.

Der wohlthätige Zweck der Subhastations-Ordnung, die Kosten zu vermindern, wird dadurch zum Theil vereitelt, weil die mehrsten Kosten in den Insertionsgebühren bestehen, und diese durch so weitläuftige Subhastations-Patente vermehrt werden.

Da es daher beiden, den Gläubigern und Schuldnern, gleich ersprießlich sein würde, wenn hierüber die Friedensrichter eines bessern belehrt würden, so beauftrage ich Sie, die erforderliche Anweisung wegen zweckmäßigerer Einrichtung der Subhastations-Patente rücksichtlich der obgedachten Punkte an die Friedensrichter zu erlassen.

Berlin, am 9. Mai 1823. Der Justiz-Minister
An v. Kircheisen.
den königl. Herrn General-Procurator
in Cöln.

## 555.

### Ueber das Straf-Verfahren gegen beurlaubte Landwehrmänner.

Gegen die mit Ihrem Berichte vom 28. v. M. eingereichte Instruction über die Art, wie die Allerhöchste Verordnung vom 22. Februar c.
das Strafverfahren wider beurlaubte Landwehrmänner
rc. betreffend,
mit der dortigen Strafgesetzgebung in Verbindung zu setzen, findet der Justiz-Minister nichts zu erinnern, und es wird daher solche hierdurch genehmigt.

Berlin, den 9. Mai 1823. Der Justiz-Minister
An v. Kircheisen.
den königlichen General-Procurator bei
dem Appellations-Gerichtshofe zu Cöln.

### a.

In Gemäßheit der durch die Gesetzsammlung bekannt gemachten Allerhöchsten Verordnung, das Strafverfahren gegen beurlaubte Landwehrmänner, Kriegsreservisten und Trainsoldaten betreffend, de 22. Februar a. c. (No. 541.) und in weiterm Verfolg der mir von des Herrn Justiz-Ministers Excellenz gemachten Zufertigungen, lasse ich Ihnen, Herr Ober-Procurator, Exemplare der Kriegsartikel zur weitern Mittheilung an das königliche Landgericht anliegend zugehen.

Damit nun bei Anwendung dieses Gesetzes wenigstens von Seiten des öffentlichen Ministeriums überall gleichförmig verfahren werde, ermangele ich nicht, Ihnen nachfolgend meine Ansichten darüber mitzutheilen, welche ich auch gleichzeitig Sr. Excellenz zur höheren Prüfung und Genehmigung vorlege.

Bis hierüber die nähere höchste Bestimmung erfolgt sein wird, ersuche ich Sie, sich einstweilen in Ihren Anträgen mit diesen Ansichten conformiren, auch im Fall die Gerichte diesen Anträgen zu deferiren Bedenken tragen möchten, dagegen die geeigneten Rechtsmittel ergreifen zu wollen.

1) Mache ich Sie darauf aufmerksam, daß die Allerhöchste Verordnung vom 22. Februar c. nur bestimmt hat, daß die Kriegsartikel den Gerichten in den Rheinprovinzen zur Beachtung mitgetheilt werden sollen; ohne dabei zugleich eine förmliche Bekanntmachung dieser Kriegsartikel, wie dieses sonst bei Verkündigung eines neuen Gesetzes erforderlich gewesen sein würde, anzubefehlen.

Jene bloße Mittheilung der Kriegsartikel, kann daher als keine solche Publication angesehen werden, vermöge welcher dieselben ein Singularrecht und besonderes Strafgesetz für alle beurlaubte Landwehrmänner, Kriegsreservisten und Trainsoldaten bilden könnten. Noch weniger liegt in dieser Mittheilung eine stillschweigende Bekanntmachung des 20. Titels des Allgemeinen Landrechts in Beziehung auf gedachte Personen. — Es kann vielmehr, wie dieses auch im Eingange der Allerhöchsten Verordnung de 22. Februar c. ausdrücklich ausgesprochen worden ist, Zweck und Absicht dieser Mittheilung kein anderer als der sein, die sonst den Militair-Behörden vorbehaltene Strafverwandlung, den Civilgerichten zu übertragen, welche künftig diese Strafverwandlungen in Gemäßheit der Kriegs-Artikel zugleich mit Anwendung der das Militair-Verhältniß besonders berücksichtigenden Neben- und Ehrenstrafen selbst aussprechen sollen.

2) Dies vorausgesetzt, wird es fortwährend nur allein nach den hiesigen Landesgesetzen zu bestimmen sein, welche Handlungen beurlaubter Landwehrmänner, Kriegsreservisten und Trainsoldaten, als straffällig anzusehen sind oder nicht, und eine Handlung, welche nach dem hiesigen Strafgesetzbuch und sonstigen betreffenden Gesetzen als nicht strafbar erscheint, würde keinesweges als strafbar angesehen werden dürfen, wenn sie schon in den Kriegsartikeln und dem 20. Titel des Allgemeinen Landrechts besonders verpönt sein möchte.

Die Allerhöchste Verordnung vom 22. Februar hat demnach

3) weder in Hinsicht der Competenzbestimmungen, weder in Hinsicht des ganzen übrigen Verfahrens die geringste Aenderung hervorgebracht, noch hervorbringen wollen; alles dies bestimmt sich wie bisher nach den hiesigen Landesgesetzen mit Rücksicht auf

die für den vorliegenden Fall in denselben verordneten Strafen.

Eben so ist hiernach

4) ungezweifelt, daß auch in Criminalfällen den Geschwornen nur jene Fragen gestellt werden dürfen, welche die hiesigen Strafgesetze nöthig machen.

Die Straffälligkeit der Handlung, die Bestrafung derselben, so wie die Dauer und Größe der Strafe, ist einzig nur nach eben diesen Gesetzen abzumessen.

5) Bei einfachen Polizeigerichten hat die Allerhöchste Verordnung vom 22. Februar c. auf das weitere Verfahren und das Erkenntniß selbst keinen Einfluß. Der 31ste Kriegsartikel verfügt zwar, daß in der Regel gegen den Soldaten keine Geldstrafen zu erkennen seien; da aber diese Verfügung der Kriegsartikel nicht in jenen Bestimmungen begriffen ist, in Beziehung auf welche die Mittheilung der Kriegsartikel Allerhöchst anbefohlen worden; so fällt alle besondere Rücksicht auf diese Verfügung um so mehr weg, als jene Regel selbst schon darin eine Ausnahme würde zu erleiden haben, weil beurlaubte Landwehrmänner 2c. sich hier in den gewöhnlichen bürgerlichen Gewerbs- und Nahrungsverhältnissen befinden.

6) Bei zuchtpolizeilichen Fällen und bei der Verhandlung vor den correctionellen Gerichten, können, genau genommen, die Kriegsartikel, so weit es dabei auf eine Verwandelung der Strafe ankommen sollte, mit einziger Ausnahme des weiter unten noch näher zu erwähnenden Falles des Art. 55. der Kriegsartikel, ebenfalls nicht zur Anwendung kommen; weil bekanntlich die correctionellen Gerichte bloße Gefängnißstrafe aussprechen, welche einer Strafverwandlung gesetzlich nicht unterworfen sind.

Diese Strafart ist auch mit den Militair-Verhältnissen nicht unvereinbar, wie dieses schon aus den Worten der mehrgedachten Allerhöchsten Verordnung (§. 4.) hervorgeht; noch bestimmter aber sich aus dem hohen Ministerial-Rescripte vom 4ten c. ergiebt, welches ich Ihnen heute noch besonders mittheilen lasse.

Dagegen dürfte es

7) um so weniger Bedenken haben, die in den Kriegs-Artikeln außer der ordentlichen Strafe noch zu er-

kennenden Neben- und Ehrenstrafen auch bei bloßen correctionellen Gefängnißstrafen, welche in ihrer Dauer, den in den hiesigen Gesetzen nicht gekannten geringern Festungs- und Zuchthausstrafen entsprechen könnten, anzuwenden, als diese Neben- und Ehrenstrafen, z. B. Verlust des Landwehrkreuzes, des Militair-Ehrenzeichens, der Kriegs-Denkmünze rc., bei Vergehungen der Landwehrmänner auch schon früher auf Allerhöchste Bestimmung zur Anwendung gekommen sind. Ferner und

8) wird in Gemäßheit des §. 43. der Kriegsartikel, und in den darin bezeichneten Fällen, auch bei bloß correctionell zu bestrafenden zweiten Diebstählen, auf Versetzung in die zweite Klasse des Soldatenstandes, oder im Fall eines dergleichen wiederholten dritten Diebstahls, auf gänzliche Ausstoßung aus dem Soldatenstande zu erkennen sein.

9) Ist hier sowohl als bei allen andern wiederholten Vergehen, die Bestimmung des Art. 51. der Kriegs-Artikel wegen Versetzung in die zweite Klasse des Soldatenstandes, bei allen dazu geeigneten Fällen und Personen wohl zu beachten.

10) Wird nach Anleitung des §. 4. der Allerhöchsten Verordnung de 22. Februar c. mit Hinsicht auf den dritten Abschnitt des 55. Kriegs-Artikels, die dort verordnete Degradation auch in allen correctionellen Straf-Erkenntnissen sorgfältig zu berücksichtigen, und die verhältnißmäßige Anrechnung dieser Strafe ausdrücklich im Erkenntniß auszusprechen sein. Was endlich

11) die Criminalfälle und die darin zu erkennenden Criminalstrafen betrifft, so kann es um so weniger Bedenken haben, diese nur allein nach den hiesigen Strafgesetzen zu beurtheilen, weil damit zugleich jedesmal schimpfliche Ausstellung gesetzlich verknüpft ist; und daher damit auch jedesmal nach §. 1 u. 2. der allegirten Verordnung de 22. Februar c. die gänzliche Ausstoßung aus der Landwehr und aus dem Soldatenstande als gesetzlich nothwendige Folge verbunden werden muß.

Hier ist also nur allein der §. 6. der gedachten Verordnung zu berücksichtigen, wonach sie in einem jeden solchen Falle, das Erkenntniß an das königliche General-Auditoriat zur Beförderung der vorbehaltenen Allerhöchsten Bestätigung einzusenden haben, und habe ich hierbei nur noch zu ersuchen, daß Sie mir gleichzeitig von einem jeden solchen zur Einsendung geeigneten Falle eine besondere Anzeige machen wollen.

Was Sie nun vielleicht noch sonst bei Ausführung des fraglichen Gesetzes und bei gegenwärtiger Mittheilung noch zu bemerken haben könnten, darüber will ich Ihrem näheren Bericht gern entgegen sehen.

Cöln, den 28. April 1823.

Der Geheime Ober-Revisions-Rath, erster General-Advocat Bölling.

An sämmtliche königliche Ober-Procuratoren.

## 556.

### Verfahren bei Wegnahme des Privat-Eigenthums zu öffentlichen Zwecken.

Beiliegend lasse ich Ihnen, Herr Ober-Procurator, Abschrift eines vom hohen Justiz-Ministerium und dem Kriegs-Ministerium gemeinschaftlich ergangenen an die hiesige General-Procuratur und an die königliche Regierung zu Coblenz gerichteten Rescripts vom 24. März 1823 zur Nachricht und Nachachtung in vorkommenden Fällen, zugehen. In so fern nach den Bestimmungen dieses Rescripts die königlichen Regierungen wegen Abschätzung eines zum öffentlichen Nutzen in Besitz genommenen Grundstücks Ihnen künftighin Acten zuschicken möchten, werden Sie dieselben gemäß den Verfügungen dieses Rescripts dem königlichen Landgerichte in der öffentlichen Sitzung vorzulegen und die weitere geeignete Verfügung wegen der nachgesuchten Abschätzung in Antrag zu bringen haben. Die alsdann zu ergehende Entscheidung würde jedoch der königlichen Regierung mitzutheilen sein, um wegen der allenfallsigen Zustellung an die Interessenten oder wegen sonstiger Vollziehung dieser Entscheidung das Nöthige zu bewirken.

Wenn hierbei nun im Laufe der Verhandlung von Seiten des Eigenthümers oder anderer Interessenten eine in dem bemeldeten Rescripte vorgesehene Opposition würde eingemittelt werden, so wird es nöthig sein, daß die Sache nach den Vorschriften des gewöhnlichen Proceßganges verhandelt werde, indem hier keinesweges ein Fall vorliegt, in welchem die durch das Gesetz vom 22. Frimaire Jahres **VII.** und dem 27. Ventose Jahres **IX.** Art. 52. für die daselbst namentlich aufgeführten Fälle ausnahmsweise zugelassene Proceßform auf Denkschriften zulässig ist, und daher auch die in dem gewöhnlichen Proceßgange, in Beziehung auf den

Gegenanwalt vorkommenden Anwalts-Verrichtungen dem Beamten des öffentlichen Ministeriums nicht aufliegen können. Uebrigens aber dürfen Sie, meines Erachtens, aus dem anliegenden Rescript keine Veranlassung nehmen, unbedingt darauf zu bestehen, daß bei den Abschätzungen der wegen öffentlichen Nutzens in Besitz genommenen Grundstücke die Acten oder Verhandlungen vorab an das öffentliche Ministerium eingeschickt werden, in der Voraussetzung, daß dieselben nur von diesem dem Gerichte vorgelegt werden könnten; denn da mehrere königliche Regierungen kein Bedenken dabei gefunden haben, diese Abschätzungen auf dem Wege der gewöhnlichen Ladung und des gewöhnlichen Proceßganges zu bewirken, auch die Abschätzung auf diesem Wege sich wenigstens eben so leicht bewirkt, als wenn ein einseitiges blos von dem öffentlichen Ministerium durch Vorlegung der Acten eingeleitetes Verfahren den nachherigen durch die spätere Dazwischenkunft der Interessenten herbeizuführenden Contestationen vorhergeht, so wird es in einzelnen Fällen selbst vortheilhaft sein, wenn Sie, Herr Ober-Procurator, in dieses nach dem gewöhnlichen Proceßgange von der königlichen Regierung einzuleitende Verfahren, ohne den geringsten Zweifel dagegen zu erheben, eingehen.

Cöln, den 14. Mai 1823. Der General-Procurator
An Bölling.
die königlichen Herren Ober-Procuratoren.

## 557.

### Vollziehung des §. 5. der Verordnung vom 16. Febr. 1823 über die Zulassung zum Armenrecht.

Auf Ihren Bericht vom 29. v. M.
die Vollziehung des §. 5. der Verordnung vom 16. Februar d. J. über die Zulassung zum Armenrechte betreffend,

eröffne ich Ihnen, Herr Ober-Procurator, daß nach einem, von dem hiesigen rheinischen Appellationsgerichtshofe gegebenen Beispiele, die Ernennung der, armen Partheien zuzuordnenden Anwälde, nach der Ordnung ihrer Anstellung vom Landgerichte sofort in dem über die Zulassung zum Armenrechte anzufertigenden Beschlusse geschehen kann, daß aber die Ernennung der Gerichtsvollzieher um so mehr dem öffentlichen Ministerium überlassen bleiben muß, weil diese fast bei jedem Acte einer Veränderung unterworfen ist.

Bei den Friedensgerichten dagegen wird die erste Bezeichnung der Gerichtsvollzieher wohl lediglich dem Friedensrichter anheim zu stellen, und in dem Falle, wo die weitere Ernennung eines solchen nothwendig werden sollte, der betreffende Friedensrichter ein für allemal damit zu beauftragen sein. Cöln, den 16. Mai 1823.

An den Herrn Ober-Procurator zu Coblenz.

Der General-Procurator
Bölling.

## 558.

Beschränkung des Publicandums vom 11. Februar 1823, die Stempelpflichtigkeit der Urkunden der Gerichtsvollzieher betreffend.

Der Land- und Stadtgerichts-Secretair N. hat in einem Bericht vom 10. v. M.

in Betreff des von den Gerichtsvollziehern in den Rhein-Provinzen zu ihren Acten zu verbrauchenden Stempel-Papiers,

die Ansicht aufgestellt,

daß das Publicandum vom 11. Februar d. J. nicht auf solche Verhandlungen und Acte der Gerichtsvollzieher ausgedehnt werden könne, welche nach Art. 3. des Gesetzes von der Stempelpflichtigkeit ausgenommen sind,

der Justiz-Minister hiermit einverstanden, ist mit dem königlichen Finanz-Ministerium dieserhalb in Correspondenz getreten, und da dasselbe ebenfalls dieser Meinung beitritt, so werden Sie angewiesen, die Gerichts-Vollzieher durch die königlichen Procuratoren hiernach gemessenst instruiren zu lassen.

Berlin, den 21. Mai 1823.

An den königl. Herrn General-Procurator in Cöln.

Der Justiz-Minister
v. Kircheisen.

## 559.

Errichtung von Fideicommissen.

Ich habe auf Ihren Bericht vom 24. d. M. dem Grafen von Kesselstatt eröffnet, daß ihm fideicommissarische Disposition über sein Vermögen nur in sofern gestattet werden kann, als damit eine Majoratsstiftung vereiniget wird, und er in diesem Falle eine förmliche Stiftungs-Urkunde zu Meiner Prüfung und Bestätigung einzureichen hat. Das Gutachten des General-Advocaten Bölling empfangen Sie hierbei zurück. Berlin, den 29. Mai 1823.

An den Staats- und Justiz-Minister v. Kircheisen.

Friedrich Wilhelm.

## 560.

Form des Verfahrens bei Vollstreckung kriegsrechtlicher Erkenntnisse auf Vermögens-Confiscation.

Beigehend erhalten Sie in Urschrift einen Bericht des königlichen Ober-Procurators bei dem Landgerichte zu Coblenz vom 9. d. M.

in Betreff der Form des Verfahrens bei Vollstreckung der kriegsrechtlichen Erkenntnisse auf Vermögens-Confiscation,

nebst Anlagen so wie solche eingegangen sind, mit dem Eröffnen, daß, da die Ertheilung der bloßen, die Execution begründenden Visa's bei den Landgerichten Bedenken findet, ich dagegen nichts zu erinnern habe, daß der königliche Ober-Procurator die Ertheilung der förmlich executorischen Klauseln für die in Rede stehenden Erkenntnisse extrahire. Diese zu ertheilen sind die Gerichte verpflichtet und es ist ein leeres Anführen, daß dadurch die Ehrfurcht gegen ein von Sr. Majestät dem Könige schon bestätigtes Erkenntniß verletzt werden könne, weil es hier auf die Erledigung einer bloßen Form ankommt, welche auch nur in Verfolg eines Gesetzes nothwendig ist. Hiernach haben Sie das Erforderliche zu veranlassen, und wie solches geschehen, bei Zurücksendung sämmtlicher Communicate anzuzeigen.

Berlin, den 30. Mai 1823. Der Justiz-Minister
An v. Kircheisen.
den königl. Herrn General-Procurator
in Cöln.

## 561.

Beschränkung der Einreichung schriftlicher Aufsätze Seitens der Advocaten-Anwälde und Beschleunigung der Entscheidungen nach dem mündlichen Vortrage. Art. 96. 111 u. 462. der Civil-Proceß-Ordnung.

Nach dem von dem königlichen General-Procurator erstatteten Jahresberichte über den Zustand der Rechtspflege in den Rheinprovinzen wird dem Artikel 462. der Civil-Proceß-Ordnung dadurch häufig zuwider gehandelt, daß von dem Appellanten die Beschwerden nicht bestimmt angegeben und der Appellat darüber in öffentlicher Sitzung nicht gehört worden. Es entstehen dadurch die Nachtheile, daß die Streitpunkte in der öffentlichen Sitzung nicht genug hervorgehoben und erörtert werden können, daß, um diesen Mangel zu ergänzen, die Advocaten veranlaßt werden, ganz unstatthafter

Weise schriftliche Aufsätze den Acten beizulegen, in welchen mehreres enthalten ist, als in der Sitzung vorgekommen, daß solchergestalt das Verfahren, welches seinem Wesen nach mündlich sein soll, in ein schriftliches ausartet, und daß Sachen, die bei Beobachtung der gesetzlichen Vorschriften sofort nach erfolgter mündlicher Verhandlung entschieden werden können, erst nach mehreren Tagen oder Wochen zur Berathung und Entscheidung kommen. Auch bei den Landgerichten sollen die deshalb Art. 96 seq. gegebenen Vorschriften versäumt werden.

Sie werden, Herr Präsident, hierauf aufmerksam gemacht, um Ihrerseits wegen Abstellung dieser Uebelstände das Nöthige zu veranlassen. Es muß insbesondere darauf gehalten werden, daß in Gemäßheit des Art. 111. der Civil-Proceß-Ordnung, jeder schriftliche Vertrag in der öffentlichen Audienz verlesen und dadurch jede Parthei in den Stand gesetzt werde, sich über die darin vorkommenden, vorher entweder gar nicht oder doch nicht genügsam erörterten Punkte vollständig zu erklären.

Berlin, den 6. Juni 1823. Der Justiz-Minister v. Kircheisen.

An den ersten königlichen Herrn Präsidenten des Appellationsgerichtshofes zu Cöln.

## 562.

### Legitimation außerehelicher Kinder.

Aus der in Abschrift anliegenden Kabinets-Ordre vom 29. v. M. werden Sie ersehen, daß Seine Königliche Majestät bei Gelegenheit des Gesuchs der N.schen Eheleute zu N. um Legitimation ihres vor der Ehe erzeugten Sohnes N. zu bestimmen geruhet haben, daß auch in den Rheinprovinzen die Legitimationen außer der Ehe erzeugten Kinder, insofern nicht Standes-Erhöhung damit verknüpft ist, in gleicher Art, wie solches in den alten preußischen Provinzen geschieht, vom Justiz-Ministerio ertheilet werden sollen.

Demzufolge ist das Legitimations-Patent für den vor der Ehe von dem N. mit seiner gegenwärtigen Ehefrau N. erzeugtem Sohn N. ausgefertiget worden und erhalten Sie solches mit Bezug auf Ihren Bericht vom 6. Januar c. zur Aushändigung an den Impetranten, Einziehung der dafür zu entrichtenden Gebühren und Uebersendung derselben an die Büreau-Casse des Justiz-Ministerii.

Berlin, den 6. Juni 1822. Der Justiz-Minister
An v. Kircheisen.
den königlichen Herrn General-Procurator
in Cöln.

a.

Ich will Sie auf den über das wiederbeigefügte Gesuch der N.schen Eheleute zu N. am 27. d. M. von Ihnen erstatteten Bericht nicht nur für den vorliegenden, sondern auch für jeden in den Rheinprovinzen vorkommenden künftigen Fall hiermit ermächtigen, nach Befinden der Umstände, die Legitimationen außer der Ehe erzeugten Kinder, insofern nicht Standeserhöhung damit verknüpft ist, in gleicher Art, wie solches in den alten preußischen Provinzen vom Justiz-Ministerio geschieht, zu ertheilen.

Berlin, den 29. Mai 1823.
An Friedrich Wilhelm.
den Staats- und Justiz-Minister v. Kircheisen.

## 563.

Gerichtsvollzieher haben keinen Anspruch auf Pension.

Beigehend erhalten Sie eine beglaubte Abschrift der Allerhöchsten Kabinets-Ordre vom 1. vorigen Monats,

die Pensionirung der Gerichtsvollzieher in den Rheinprovinzen betreffend,

um sich hiernach zu achten und die Allerhöchste Bestimmung den Landgerichten mitzutheilen. Alle dergleichen ferner vorkommende an Sie gelangende Pensions-Gesuche der Huissiers haben Sie sofort zurückzuweisen.

Berlin, den 9. Juni 1823. Der Justiz-Minister
An v. Kircheisen.
den königlichen ersten Herrn Präsidenten und
den königlichen Herrn General-Procurator
in Cöln.

a.

Bei Erlassung Meiner Ordre vom 7. Mai 1821, welche die Gehalts- und Pensions-Entschädigungen der unter der Fremdherrschaft angestellten Huissiers nach einer dreifachen Classification bestimmt, ist Meine Absicht dahin gegangen, daß diese Bestimmungen in den Rheinprovinzen nur auf diejenigen Gerichtsvollzieher, welche in Folge der eingetretenen Organisation bereits pensionirt sind, angemeldet werden sollen, wogegen diejenigen Gerichtsvollzieher, die erst seit diesem Zeitpunkte dienstunfähig geworden sind, oder es noch werden, zur Pensionirung nicht mehr zugelassen werden können. Ich mache Ihnen dies auf Ihren Bericht vom 17. d. M. zu Ihrem weiteren Verfahren hiermit bekannt.

Berlin, den 1. Mai 1823.

An Friedrich Wilhelm.

den Staats- und Justiz-Minister v. Kircheisen.

## 564.

Die Erlassung eines Verwahrungsbefehls (mandat de dépot) schließt im Laufe der Untersuchung die Erlassung eines Verhaftbefehls (mandat d'arrêt) nicht aus.

In mehreren Untersuchungssachen ist es mir bemerklich geworden, daß zuweilen gleich im Eingange der Untersuchung, selbst ohne desfallsigen Antrag des öffentlichen Ministeriums ein Verwahrungsbefehl (mandat de dépot) gegen einen Beschuldigten erlassen wird, ohne daß in dem Laufe der Untersuchung auf einen Verhaftsbefehl (mandat darrêt) angetragen, oder ein solcher erkannt worden wäre. Die Folge davon ist, daß der Beschuldigte noch immer Kraft eines Verwahrungsbefehls festgehalten wird, selbst wenn die Rathskammer schon die Einschickung der Acten an den General-Procurator verfügt, und einen Leibverhaftsbefehl erlassen hat. Aus einem solchen Verfahren können aber leicht mehrere Inconvenienzen entstehen. Denn wenngleich bei einmal eröffneter Untersuchung zur völligen Einstellung derselben es eines Beschlusses der Rathskammer bedarf, so steht es doch immer bis zur Erlassung eines wirklichen Verhaftsbefehls in der Befugniß des Untersuchungs-Richters, besonders in Uebereinstimmung mit dem öffentlichen Ministerium, denjenigen, welcher nur zufolge eines Verwahrungsbefehls festgehalten wird, auf freien Fuß zu stellen, so wie es dem Untersuchungs-Richter auch frei steht, denjenigen, gegen welchen ein Verwahrungsbefehl ergangen war, nach bewirkter Vernehmung desselben nicht zu verhaften. Ich muß es daher für zweckmäßiger halten, in allen jenen Fällen, wo nach den Umständen anfänglich nur ein Verwahrungsbefehl ergangen ist, wenigstens bei dem den Bericht an die Rathskammer betreffenden Antrage zugleich auf die Erlassung eines wirklichen Verhaftsbefehls anzutragen, und überhaupt so viel als möglich dahin zu wirken, damit da, wo es thunlich und nöthig ist, sogleich ein wirklicher Verhaftsbefehl statt eines Aufbewahrungsbefehls ergehen möge, indem hierdurch die Zustellungskosten von einem dieser Befehle vermieden werden. Die Kosten können aber übrigens, so wesentlich es auch sonst ist, auf jede Kosten-Ersparniß die genaueste Rücksicht zu nehmen, nicht hindern, daß ungeachtet des frühern Aufbewahrungsbefehls noch fernerhin auch auf einen wirklichen Verhaftsbefehl angetragen werde, da dieses zur Regelmäßigkeit des Verfahrens offenbar erfordert wird.

Ich ersuche Sie daher, Herr Ober-Procurator, diese Bemerkung künftig nicht außer Acht lassen zu wollen.

Coblenz, den 14. Juni 1823.

An den Herrn Ober-Procurator zu Coblenz.

Der General-Procurator Bölling.

## 565.

### Die Notarien haben keinen Anspruch auf Pension.

Der von Ihnen in dem Berichte vom 10. vor. Monats über das Immediat-Pensionsgesuch des Notars N. geäußerten Ansicht habe ich nicht beipflichten können. Die rheinischen Notarien haben offenbar keinen Anspruch auf Pension, und es sind keine Gründe vorhanden, bei N. eine Ausnahme zu machen. Denn diese Notarien gehören, wie die dortigen Advocat-Anwälde und die diesseitigen Notarien und Justiz-Commissarien zu den unbesoldeten Beamten, welche von den Partheien, denen sie Dienste leisten, remunerirt werden, und denen Se. Majestät der König bisher nie Pension bewilligt haben. Würde einmal eine Ausnahme statt finden, so würden bei der großen Anzahl dieser Beamten in den diesseitigen und jenseitigen Provinzen dergleichen Gesuche sehr oft vorkommen, wo mit Berufung auf dieses Beispiel die Königliche Gnade in Anspruch genommen werden würde.

Ueberdies haben die rheinischen Notarien eine gute Diensteinnahme, und wenn N. nicht mehr Geschäfte gehabt und sich kein Vermögen hat sammeln können, so ist wohl seine eigene Mittelmäßigkeit Schuld daran. Besondere Gründe, bei ihm eine Ausnahme zu machen, sind nicht vorhanden. Zwar führt er in seiner Eingabe vom 15. November v. J. an, daß er $\frac{2}{3}$ seiner Einkünfte durch die Modification, welche das Institut des Notariats erlitten, verloren habe. Hierunter kann aber nur die bei der Notariats-Ordnung vom 25. April v. J. befindliche Sporteltaxe verstanden werden, worin einige für die Partheien gar zu lästige Sätze herabgesetzt worden sind. Dennoch aber ist diese Sporteltaxe so eingerichtet, daß die Notarien noch immer, Falls es ihnen nicht an Kenntniß, Thätigkeit und Vertrauen des Publikums fehlt, ein sehr reichliches Diensteinkommen genießen können. Eine andere Abänderung der rheinischen Notariats-Ordnung besteht darin, daß früher die Notarien am Orte, wo ein Appellations-Gerichtshof seinen Sitz hatte, im ganzen Bereiche dieses Gerichtshofes, diejenigen am Orte eines Tribunals erster Instanz im ganzen Sprengel dieses Tribunals, diejenigen im Orte eines Friedensgerichts aber bloß im Sprengel desselben Notariats-Documente aufzunehmen berechtiget waren, nach Art. 4. der neuen Notariats-Ordnung aber die Notarien (ohne Unterschied) ihr Amt im ganzen Landgerichtsbezirke ausüben, in welchem sie ihren Wohnsitz haben. N. hat nun, da ein Appellations-Gerichtshof in Cöln gewesen, im ganzen Bereiche desselben fungiren können, jetzt aber darf er es nur im Landgerichtsbezirke Cöln.

Allein diese Abänderung ist der Gerechtigkeit und Billigkeit gemäß, und zur bessern Controlle nothwendig gewesen. Der Landgerichtsbezirk Cöln, für welchen N. angestellt ist, fällt mit dem gleichnamigen Regierungsbezirke zusammen und ist so beträchtlich, daß N. hierdurch keinen wesentlichen Nachtheil erlitten.

Ueberdies aber ist der vormalige Appellationsgerichtshof zu Cöln bloß ein provisorisches Institut gewesen, vorher aber hat bloß ein Gericht erster Instanz daselbst bestanden, daher N. bloß einen Anspruch auf Ausübung seiner Functionen im Bereiche des letztgedachten Gerichts gehabt hat, welche ihm ebenfalls nach der neuen Notariats-Ordnung zusteht.

Auch kann den Notarien deshalb, weil die Legislation in Betreff derselben oder in Ansehung ihres Ressorts, ihrer Disciplin und ihrer Functionen eine Abänderung erlitten, kein Anspruch auf Entschädigung zugestanden werden.

Die Notarien haben weder unter der älteren deutschen Regierung der Rheinprovinzen, welche der französischen vorhergegangen, noch unter der letztern einen Anspruch auf Pension gehabt. Wenn man auch früher ihnen erlaubt hat, der Regierung ihre Nachfolger vorzuschlagen, und mit diesem über eine Entschädigung zu unterhandeln, so ist dieses offenbar abusive geschehen. Was Billigkeit und Recht zulassen und fordern, ist ihnen auch jetzt nachgelassen und im Art. 55. der neuen Notariats-Ordnung ausgesprochen.

Nach diesen Ansichten habe ich auch meinen Immediat-Bericht auf das Pensionsgesuch des N. erstattet und Seine

Königliche Majestät haben das letztere hierauf zurückgewiesen.

Sie haben daher die Landgerichts-Präsidenten und Ober-Procuratoren zu benachrichtigen, daß grundsätzlich den Notarien kein Anspruch auf Pension zusteht und daß sie daher alle diesfallsige Gesuche sofort zurückzuweisen haben.

Der N. ist aber zur Erklärung aufzufordern, ob er nun dennoch auf seine Entlassung ohne Pension bestehet; im entgegengesetzten Falle soll auch für ihn die Bestallung ausgefertigt werden. Berlin, den 16. Juni 1823.

An den ersten königlichen Herrn Präsidenten und an den königlichen Herrn General-Procurator in Cöln.

Der Justiz-Minister v. Kircheisen.

## 566.

Anträge auf Auslegung von Staatsverträgen werden von dem öffentlichen Ministerio bei dem Justiz-Ministerio zur Communication mit dem Ministerio der auswärtigen Angelegenheiten gemacht.

Die Allerhöchste Königliche Verordnung vom 25. Januar dieses Jahres wegen streitig gewordener Auslegung von Staats-Verträgen, hat eine unmittelbare Correspondenz zwischen dem königlichen Ministerium der auswärtigen Angelegenheiten und den betreffenden Gerichten, nicht ausdrücklich angeordnet, vielmehr in dem allgemeinen Ausdrucke: „einholen" die Bestimmung des Weges, auf welchem die Aeußerung des gedachten königlichen Ministeriums einzuholen ist, freigelassen.

Demzufolge wird im Einverständniß mit dem königlichen Ministerium der auswärtigen Angelegenheiten hierdurch festgesetzt, daß die öffentlichen Ministerien in den Rheinprovinzen sich nicht mit ihren, auf den Grund der allegirten Verordnung zu machenden Anträgen, unmittelbar an dasselbe wenden, sondern wie in den übrigen Fällen, wo eine Mitwirkung oder Aeußerung des gedachten Ministeriums gewünscht wird, die Vermittelung des Justiz-Ministers veranlassen, und die desfallsigen Anträge an denselben gelangen lassen sollen. Berlin, den 20. Juni 1823.

An den königlichen Herrn General-Procurator beim Appellationshofe zu Cöln.

Der Justiz-Minister v. Kircheisen.

## 567.

### Den Friedensrichtern steht die Disciplin über ihre Gerichtsschreiber zu.

Es ist über die von Ihnen in dem Berichte vom 14ten April c. bei Gelegenheit des Disciplinar-Verfahrens gegen den Friedensgerichtsschreiber N. gemachten Anträge der Bericht des General-Procurators bei dem rheinischen Revisions- und Cassationshofe erfordert worden. Sie erhalten hierneben bei Rücksendung der eingereichten Acten Abschrift desselben mit dem Eröffnen, daß ich den darin entwickelten Ansichten überall beitrete. Ich veranlasse Sie daher, sich hiernach lediglich zu achten, und die Ober-Procuratoren anzuweisen, bei Rügen gegen Friedensgerichtsschreiber die Person des Friedensrichters als des nächsten Vorgesetzten nicht zu übergehen und nur dann, wenn dieser sich der nöthigen Aufsicht entzieht, oder die von ihm getroffenen Maaßregeln nicht von Erfolg gewesen, das Disciplinar-Verfahren bei dem Landgerichte nach Maaßgabe der Artikel 50. 51. und 52. des Gesetzes vom 20. April 1810 einzuleiten, da allerdings aus den von dem Herrn General-Procurator Eichhorn angeführten Gründen der Gerichtsschreiber nicht als ministerieller Beamte betrachtet werden kann und daher der Art. 102. des Decrets vom 30. März 1808 nicht auf sie anwendbar ist.

Was den N. betrifft, so ist derselbe unter genauer Controlle zu halten. Berlin, den 23. Juni 1823.

An den königlichen Herrn General-Procurator in Cöln.

Der Justiz-Minister
v. Kircheisen.

### a.

Indem ich mir die Ehre gebe, Ew. Excellenz den mir mittelst hohen Decrets vom 5. vorigen Monats zum Gutachten mitgetheilten Bericht des General-Procurators bei dem rheinischen Appellationshofe hierbei ganz gehorsamst zurückzureichen, bemerke ich zugleich ehrerbietig, daß ich die Frage: in wie weit ein Friedensrichter befugt sei, seinem Gerichtsschreiber einen Verweis zu geben? in dem Art. 62. des Gesetzes vom 20. April 1810 entschieden finde. Nach der Bestimmung dieses Artikels sollen die Gerichtsschreiber von dem Vorsteher des Gerichts zu einem bessern Betragen ermahnt oder mit einem Verweise belegt werden können. Der Friedensrichter, als der unzweifelhafte Vorsteher des Friedensgerichts muß also auch ein solches Verfahren gegen den Gerichtsschreiber können eintreten lassen, wenn man nicht annehmen will, daß die Friedensgerichtsschreiber aller höheren Aufsicht entzogen sein sollen.

Der in dem Berichte ausgesprochenen Meinung, als seien die Gerichtsschreiber in der Kathegorie der ministeriellen Beamten einbegriffen, kann ich indessen nicht beitreten. Ministerielle Beamten sind bekanntlich nur diejenigen, welche jedem, der sie darum angeht, ihren amtlichen Beistand (ministère) leisten müssen, und dafür von der Parthei auch bezahlt werden. Es gehören also dahin die Anwälde und Gerichtsdiener, vielleicht ließen sich auch die Notarien dahin zählen. Die Advocaten waren nicht darunter verstanden, weil sie ihren Beistand nach Gutdünken verweigern durften. Offenbar paßt aber jene Definition eines ministeriellen Beamten nicht auf die Gerichtsschreiber, welche Staatsdiener sind, vom Staate besoldet werden, und deren amtliche Thätigkeit keinesweges von dem, von einer Parthei ausgehenden Impulse abhängig, noch durch denselben bedingt ist.

Deswegen glaube ich denn auch, daß eine nähere Bestimmung Ew. Excellenz über die Ausführung des Art. 102. des Decrets vom 30. März 1808 wegen der gegen die ministeriellen Beamten zu nehmenden Disciplinar-Maaßregeln keinesweges ein Bedürfniß ist, indem hierüber noch eine Ungewißheit im Ernste entstanden sein wird, das Bedürfniß einer näheren reglementairen Bestimmung auch noch nirgends fühlbar geworden ist und nicht fühlbar werden wird, wenn die Gerichte und namentlich deren Präsidenten, und die Staatsbehörde so wie der Friedensrichter in seinem Wirkungskreise den Geist der Gesetze richtig auffassen und ihren Zweck immer vor Augen haben. Berlin, den 17. Juni 1823.

Der General-Procurator beim königlichen Revisions- und Cassationshofe

An

Eichhorn.

des königl. wirkl. Geheimen Staats- und Justiz-Minister Herrn v. Kircheisen Excellenz.

## 568.

### Veräußerung der auf den Gerichtsschreibereien vorfindlichen alten Ueberführungsstücke und Mobiliargegenstände.

Auf Ihren Bericht vom 4. dieses Monats,
die Aufbewahrung oder Veräußerung älterer Ueberführungsstücke, so wie sonstiger auf den Gerichtsschreibereien vorfindlicher und nicht zurückgeforderter Mobiliar-Gegenstände betreffend,

eröffne ich Ihnen, daß solche Mobiliar-Gegenstände, welche,

ohne in einer Confiscation begriffen zu sein, als Ueberführungsstücke, oder aus einem andern Grunde, bei den Gerichtsschreibereien zurückbleiben, ungeachtet an die Eigenthümer die gehörige Aufforderung zur Rücknahme ergangen ist, allerdings nicht länger den Gerichtsschreibereien zur Last fallen dürfen; vielmehr soll, da sie als preisgegebene Sachen angesehen werden können, zu ihrem Verkauf auf dem gesetzlichen und bisher üblichen Wege, geschritten werden.

Die Ober-Procuratoren haben daher das Verzeichniß dieser Gegenstände, den betreffenden Regierungen zur weitern Verfügung mitzutheilen, und dieselben dabei zu ersuchen, den Verkauf dieser Gegenstände zu bewirken und den Betrag unter dem rubro: „wieder einzuziehender Criminal-Justizfonds" zu vereinnahmen. Die rheinischen Regierungen sind auch von hieraus durch ein Circularschreiben, zu dieser Berechnung in der Einnahme veranlaßt worden. Berlin, den 23. Juni 1823.

An den königlichen Herrn General-Procurator zu Cöln.

Der Justiz-Minister
v. Kircheisen.

a.

Dem General-Procurator bei dem rheinischen Appellations-Gerichtshofe ist heute eröffnet worden, daß solche Mobiliar-Gegenstände, welche, ohne in einer Confiscation begriffen zu sein, als Ueberführungsstücke, oder aus einem andern Grunde bei den Gerichtsschreibereien zurückbleiben, ungeachtet an die Eigenthümer, die gehörige Aufforderung zur Rücknahme ergangen ist, nicht länger den Gerichtsschreibereien zur Last fallen dürfen, und daß vielmehr, da sie als preisgegebene Sachen angesehen werden können, zu ihrem Verkauf auf dem gesetzlichen und bisher üblichen Wege geschritten werden soll. Der gedachte General-Procurator ist daher aufgefordert worden, die Ober-Procuratoren anzuweisen, das Verzeichniß dieser Gegenstände den betreffenden Regierungen zur weitern Verfügung mitzutheilen, und dieselben dabei zu ersuchen, den Verkauf dieser Gegenstände zu bewirken und den Betrag unter dem rubro: „wieder einzuziehender Criminal-Justizfonds" ꝛc. zu vereinnahmen.

In Beziehung auf diese Verfügung, veranlasse ich eine königliche hochlöbliche Regierung, nach bewirktem Verkauf gedachter Mobiliar-Gegenstände, den Betrag zu den wieder einzuziehenden Criminalfonds in Einnahme zu stellen.

Berlin, den 23. Juni 1823.

Circulare an die königlichen rheinischen Regierungen.

v. Kircheisen.

## 569.

**Die Vollziehung der Straferkenntnisse darf nicht über vierzehn Tage ausgesetzt werden.**

Nach den von dem Ober-Procurator des Landgerichts zu Cöln überreichten, hierneben anliegenden Uebersichten der im letzten Quartal von der Correctionell-Kammer erster Instanz und der Correctionell-Appellations-Kammer ausgesprochenen Straf-Erkenntnisse wird nicht rasch genug für die Vollstreckung der rechtskräftig erkannten Strafen gesorgt. Auch muß die Aufforderung, sich zum Gefängniß zu stellen — mit welcher die unterbliebene Straf-Vollziehung häufig entschuldigt wird — stets mit einer kurzen höchstens 14tägigen Fristbewilligung verbunden sein, und nach Ablauf dieser Frist ohne Weiteres zur Straf-Vollziehung geschritten werden. Hiernach haben Sie das Geeignete zu veranlassen.

Berlin, den 11. Juli 1823. Der Justiz-Minister
An v. Kircheisen.
den königlichen Herrn General-Procurator zu Cöln.

## 570.

**Es sollen ferner keine Accessisten in dem Bereiche des Justiz-Senats zu Coblenz angestellt werden.**

Dem ostrheinischen Senate des königlichen rheinischen Appellations-Gerichtshofes wird auf den Bericht vom 3. c. eröffnet, daß die einmal bei dem Justiz-Senate zu Coblenz dem Stadtgerichte zu Wetzlar und den ostrheinischen Justiz-Aemtern angestellten Accessisten als Referendarien zugelassen, von nun an so benannt, und zu allen Justizstellen, zu welchen das Referendariat nach den bisher hierüber an den ersten Präsidenten und den General-Procurator unter dem 14. August 1821 und 4. April d. J. ergangenen Verfügungen berechtiget, für qualificirt erachtet werden sollen. In der Folge sind keine Accessisten mehr anzustellen, sondern Auscultatoren und Referendarien, bei deren Prüfungen nach den obgedachten Verfügungen zu verfahren ist.

Berlin, den 18. Juli 1823. Der Justiz-Minister
An v. Kircheisen.
den ostrheinischen Senat des königlichen rheinischen Appellations-Gerichtshofes zu Cöln.

## 571.

Aufgebot und Präclusion der Verwaltungs-Gläubiger des vormaligen Großherzogthums Berg.

**Auf den Bericht der Immediat-Commission für die ab-**

gesonderte Restverwaltung vom 9. Juli d. J. genehmige Ich, nach deren Antrag, daß mit dem durch Meine Order vom 30. Juli v. J. angeordneten Liquidationsverfahren wegen der Verwaltungsansprüche an das vormalige Königreich Westphalen und das Großherzogthum Berg, ein Präclusionstermin in Verbindung gesetzt werde. Ich will daher hierdurch bestimmen, daß alle diejenigen, welche in Beziehung auf die mit dem preußischen Staate vereinigten, zum vormaligen Königreich Westphalen und zum vormaligen Großherzogthum Berg gehörig gewesenen Landestheile, noch unbefriedigte Verwaltungsansprüche aus der Zeit der Fremdherrschaft zu haben vermeinen, ihre Forderungen — sie mögen bei irgend einer Behörde bereits angemeldet sein, oder nicht — spätestens bis zum letzten December d. J., insofern sie die vormals westphälische Verwaltung betreffen, bei der Liquidations-Commission zu Magdeburg, und wenn sie die ehemals bergische Verwaltung angehen, bei der Liquidations-Commission zu Düsseldorf, anzumelden verpflichtet sind, dergestalt, daß alle bis dahin nicht besonders angemeldeten Ansprüche ohne Weiteres für präcludirt und ungültig erachtet werden sollen.

In Ansehung der oben gedachten Verwaltungsansprüche in den zum vormaligen Königreich Westphalen gehörig gewesenen Landestheilen, wird ausdrücklich bestimmt, daß darunter nur die unbefriedigten Forderungen an die Provinzial-Verwaltung aus der fremdherrlichen Periode, keinesweges aber die etwanigen Ansprüche an die Gesammtheit des aufgelöseten Staats verstanden werden, welche letztere zur westphälischen Centralschuld gehören, wegen deren Behandlung erst nach der Vereinigung der betheiligten Regierungen über diesen Gegenstand, weitere Bestimmung erfolgen wird.

Ich überlasse der Immediat-Commission, hiernach die Bekanntmachung in den gesetzlich vorgeschriebenen Formen zu erlassen, und wegen Ausführung dieser Order das Weitere zu verfügen. Teplitz, den 19. Juli 1823.

An die Immediat-Commission für die abgesonderte Restverwaltung.

Friedrich Wilhelm.

## 572.

### Einziehung der Criminalkosten von unvermögenden Inculpaten im Bezirk des Justiz-Senats zu Coblenz.

Dem königlichen Justiz-Senate wird auf Bericht vom 4ten dieses Monats, das Gesuch des Peter Pieper zu Birnbach um Erlassung von Untersuchungskosten betreffend,

bekannt gemacht, daß dem Supplikanten zurechtweisende Bescheidung ertheilt worden ist. Den Antrag des Collegiums, daß wegen der Einziehung der Criminalkosten von unvermögenden Inculpaten gleiche Grundsätze befolgt werden, wie in der von der Regierung zu Coblenz bekannten Steuer-Executions-Ordnung vom 24. Juni 1821 hinsichtlich der unentbehrlichen Effekten und Sachen vorgeschrieben sind, genehmigt der Justiz-Minister. Wie es mit der Execution wegen sonstiger Anforderungen des Fiscus zu halten sei, des Endes kommt dem Justiz-Minister keine Bestimmung zu.

Berlin, den 21. Juli 1823. Der Justiz-Minister
An v. Kircheisen.
den königlichen Justiz-Senat zu Coblenz.

## 573.

Alle Urtheile des Justiz-Senats zu Coblenz, wenn solche auch nur auf Geld- und Gefängnißstrafe lauten, müssen zur Bestätigung an den ostrheinischen Senat des Appellationshofes gesandt werden.

Da nach dem Berichte des ostrheinischen Senats des königlichen Appellations-Gerichtshofes vom 3. d. M. keine gesetzliche Bestimmung der bei dem Justiz-Senat statt gefundenen Praxis,

wonach blos solche Straf-Erkenntnisse des Justiz-Senats dem Collegio zur Bestätigung eingeschickt worden sind, in welchen auf Corrections-, Zuchthaus- oder höhere Strafe erkannt worden, wohingegen diese Einsendung bei solchen Urtheilen, welche nur auf Geld- und Gefängnißstrafe lauteten, nicht erfolgt; in diesen letzteren Fällen aber ein Recurs zugelassen worden,

zum Grunde liegt, so soll es daher vorläufig, in Gefolge des Antrages des königlichen ostrheinischen Senats, dabei verbleiben, daß nach der Verfügung des Collegii vom 18. Januar d. J. auch diejenigen Urtheile des Justiz-Senats, welche nur auf Geld- oder Gefängnißstrafe lauten, mithin alle Strafurtheile ohne Unterschied dem königlichen ostrheinischen Senate zur Bestätigung eingesandt werden, und dagegen das Rechtsmittel des Recurses wegfalle.

So unzweckmäßig dieses Verfahren auch an sich ist, so kann doch bei der nahe bevorstehenden Organisation kein neues Gesetz über diesen speciellen Gegenstand extrahirt werden. Berlin, den 21. Juli 1823.

An den ostrheinischen Senat des königlichen Appellations-Gerichtshofes in Cöln.

Der Justiz-Minister v. Kircheisen.

## 574.

### Verfahren in fiscalischen Civilsachen, welche auf Denkschriften verhandelt werden.

In Verfolg der auf Ihren Jahresbericht erlassenen Verfügung vom 6. Juni c. erhalten Sie Abschrift desjenigen, was von dem königlichen Finanz-Ministerium an die rheinischen Regierungen unterm 17. v. M. wegen des Verfahrens in denjenigen fiscalischen Civilsachen, welche nach den bestehenden gesetzlichen Bestimmungen auf Denkschriften verhandelt werden, verfügt worden.

Berlin, den 1. August 1823.

An den königl. Herrn General-Procurator in Cöln.

Der Justiz-Minister v. Kircheisen.

### a.

Nach einer an den Herrn Justiz-Minister gelangten Anzeige des General-Procurators bei dem rheinischen Appellations-Gerichtshofe zu Cöln, pflegen die Regierungen in den Rheinprovinzen, in solchen fiscalischen Civilsachen, welche, nach den bestehenden gesetzlichen Bestimmungen, auf Denkschriften verhandelt werden, den ganzen Betrieb der Sachen den Staats-Procuratoren, im Wege der Correspondenz, aufzutragen. Der Herr Justiz-Minister ist jedoch der Meinung, daß die dahin gehörigen Geschäfte kein Theil der Functionen des öffentlichen Ministeriums sind, sondern durch Beamte der Regierungen verrichtet werden müssen und daß, wenn die Staats-Procuratoren solche zu übernehmen aus Gefälligkeit sich verstehen, damit der Nachtheil verbunden sei, daß, da das öffentliche Ministerium allein das Recht hat, Anträge zu machen, es das Ansehen gewinne, als ob der Fiscus sich in der Sitzung allein vertheidigen dürfe, während der andern Parthei das Recht der Vertheidigung benommen ist.

Das Finanz-Ministerium ist dieser Ansicht, als der unstreitig einzig richtigen, beigetreten und weiset hierdurch die königlichen Regierungen an:

den Betrieb der in ihrem Geschäftskreise vorkommenden auf Denkschriften zu verhandelnden fiscalischen Civilsachen außer der Sitzung, einem ihrer Beamten aufzutragen.

Hiernach muß die königliche Regierung, von dem Empfange der gegenwärtigen Verfügung ab, in derartigen Processen durch ihre Justitiarien, oder durch die betreffenden Departements-Räthe, die Denkschriften entwerfen und durch einen Gerichtsboten den Gegnern insinuiren lassen, welche letztere darauf in gleicher Art antworten. Sind die Denkschriften gewechselt, so kann, wenn es nicht vom Gegner geschieht, die königliche Regierung unter Mittheilung aller über den Gegenstand verhandelten Acten, den Staats-Procurator ersuchen, die Ernennung eines Referenten und die Festsetzung des Tages zum Vortrage zu bewirken, was kein Beamter des öffentlichen Ministeriums verweigern wird.

Dies Verfahren kann um so weniger schwierig sein, als dergleichen Sachen in der Regel nur einfach sind und jeder Departements-Rath im Stande sein muß, einen in sein Ressort einschlagenden Gegenstand so zu behandeln und aufzuklären, daß der Richter sieht, worauf es ankommt.

Berlin, den 17. Juli 1823. Finanz-Ministerium.

Circulare

an die königlichen rheinischen Regierungen.

## 575.

Competenz des Anklage-Senats des Appellationshofes in den bei den Landgerichten in Gemäßheit der Kabinetsorder vom 6. März 1821 zu führenden Untersuchungen.

Auf Ihren Bericht vom 25. v. Mts. in der Untersuchungs-Sache wider den suspendirten Salzfactor N. erhalten Sie zur Nachricht Abschrift der dieserhalb an den Anklage-Senat des königlichen rheinischen Appellations-Gerichtshofes heute erlassenen Verfügung.

Berlin, den 4. August 1823. Der Justiz-Minister

An v. Kircheisen.

den königlichen Herrn General-Procurator in Cöln.

a.

Der General-Procurator des königlichen rheinischen Appellations-Gerichtshofes hat denjenigen Beschluß eingereicht, welchen der königliche Anklage-Senat unterm 10. Juli c. in der Untersuchungs-Sache wider den suspendirten Salzfactor N. gefaßt, und wodurch derselbe sich für incompetent erklärt hat, die zum rascheren Betrieb der gedachten Untersuchung erforderliche Verfügung zu erlassen. Die Absicht der

Verfügung vom 7. Mai 1821 ist allerdings dahin gegangen, den Anklage-Senat des königlichen rheinischen Appellations-Gerichtshofes als Aufsichtsbehörde in Bezug auf die bei den Landgerichten in Gemäßheit der Allerhöchsten Kabinetsorder vom 6. März 1821 zu führenden Untersuchungen zu constituiren, wie schon in der ganz allgemeinen Bestimmung sub No. 2. der Verfügung vom 7. Mai 1821 und auch darin liegt, daß es sonst gänzlich an einer Behörde fehlen würde, welche in höherer Instanz für die gehörige Beförderung solcher Untersuchungs-Sachen zu sorgen hätte. Das Collegium hat daher auf die Anträge des General-Procurators das Erforderliche sowohl in der N.schen Untersuchungs-Sache als auch in ähnlichen Fällen zu verfügen.

Berlin, den 4. August 1823. Der Justiz-Minister
An v. Kircheisen.
den Anklage-Senat des königlichen Appellations-Gerichtshofes zu Cöln.

## 576.

Berechnung der Versäumnißgebühren für die an einem Gerichtstage in verschiedenen Untersuchungen geladenen Zeugen und Sachverständigen.

Auf Ihren Bericht vom 10. v. Mts. wegen Wiedereinziehung der von einigen Friedensrichtern zu viel angewiesenen Zeugen- und Sachverständigen-Gebühren, erkläre ich mich unter Remission der Anlagen darüber mit Ihnen einverstanden,

daß dem an einem Gerichtstag in verschiedenen Untersuchungs-Sachen geladenen Zeugen oder Sachverständigen die Versäumnißgebühr nur einmal und nicht in jeder einzelnen Untersuchungs-Sache anzuweisen sei.

Ferner sind Gendarmen, Feldschützen, Waldschützen und Förster, desgleichen die aus Gemeinde-Cassen besoldeten Unter-Polizeidiener ebenfalls als in der Verfügung des Art. 32. des Decrets vom 18. Juni 1811 begriffen anzusehen. Sie haben daher die Regierung zu Düsseldorf um Mittheilung der Tax-Anweisungen der Friedensrichter zu requiriren, dieselbe zu prüfen, und Falls sich finden sollte, daß nach den voraufgestellten Grundsätzen zu viel gezahlte Gebühren einzuziehen sind, insoweit die Wiedererstattungslisten im Auftrage des Justiz-Ministers für executorisch zu erklären.

Berlin, den 4. August 1823. Der Justiz-Minister
An v. Kircheisen.
den königlichen Herrn General-Procurator zu Cöln.

## 577.

### Wegen Anwendung, Einziehung und Verrechnung des Stempels in Strafsachen.

Beigehend erhalten Sie Abschrift der von dem königl. Finanz-Ministerium an die rheinischen Regierungen wegen Anwendung, Einziehung und Verrechnung des Stempels in Strafsachen bei den Gerichten am 15. v. M. erlassenen Verfügung zur Nachricht und Achtung und um die Gerichtsbehörden darnach zu instruiren. Berlin, den 6. August 1823.

An den königl. ersten Herrn Präsidenten und den königl. Herrn General-Procurator in Cöln.

Der Justiz-Minister v. Kircheisen.

### a.

Auf den Bericht der königlichen Regierung vom 24sten Mai d. J. in Bezug auf die Anwendung des Stempels, in Strafsachen bei den Gerichten, ergehet hiermit zum Bescheide: wie das Finanz-Ministerium es den Umständen gleichfalls angemessen findet, daß so wie in den älteren Provinzen der Monarchie in criminalischen und fiscalischen Strafsachen, der Erkenntnißstempel bei den Gerichten nicht unmittelbar zum Erkenntnisse verwendet, sondern nachliquidirt und zu den Acten gebracht wird, also auch in den Rheinprovinzen in allen Strafsachen, die Erkenntnisse der Gerichte auf ungestempeltem Papier geschrieben, in den von den Gerichten den mit Einziehung der Gerichtskosten und Strafen beauftragten Verwaltungsbehörden periodisch mitzutheilenden Urtheils-Extracten und Kosten-Verzeichnissen aber, die erforderlichen Stempelbeträge für die Urschrift der Urtheile, unter besonderer Rubrik mit in Ansatz gebracht werden.

Die Gerichte und Gerichtsschreiber sind für die Richtigkeit dieser Kosten-Verzeichnisse und Extracte in Strafsachen, auch in Hinsicht der Stempelgebühren verantwortlich, und diese werden von den zu bestellenden Stempel-Fiscälen in der Hinsicht noch besonders geprüft werden, wodurch der Erkenntnißstempel in Strafsachen hinreichend controllirt ist. Das Nachbringen des Stempels zu den Erkenntnissen in Strafsachen, nach Einziehung der exigiblen Stempelbeträge, kann zur Vermeidung der Weitläuftigkeit und des überflüssigen Papier-Verbrauchs, ganz unterbleiben, dagegen ist von den zur Einziehung der Gerichtskosten und Strafen beauftragten Verwaltungsbehörden in Ansehung dieser Stempel folgendes Verfahren zu beobachten.

Ueber die Stempel in Straffachen wird von ihnen in derselben Art, wie über die Gerichtskosten und Strafen, und in denselben Perioden, mit der Regierungs-Hauptcasse abgerechnet. Was von der Soll-Einnahme an Stempeln in Straffachen wirklich eingekommen, darüber wird von ihnen ein einziger über den ganzen Betrag der Einnahme sprechender Stempelbogen bei dem nächsten Haupt-Zoll- oder Haupt-Steueramt gelöset. Auf diesem Stempelbogen werden die Sachen aus welchen der Stempelbetrag eingezogen, alle einzeln mit dem auszuwerfenden Betrage des Erkenntnißstempels vom Einnehmer vermerkt, und solchergestalt wird derselbe gehörig cassirt dem Extract an die Regierungs-Haupt-Casse statt der Geldablieferung beigefügt. Die Lösung des Stempelbogens geschieht lediglich bei den Hauptämtern und zwar, theils durch Uebersendung des baaren Betrags nach Abzug der Tantieme, theils durch Uebersendung der Quittung über die dem Einnehmer davon gebührende Tantieme. Die Hauptämter stellen den vollen Betrag des debitirten Stempelbogens bei den Stempelgefällen in Einnahme, die in Abzug gebrachte Tantieme aber in Ausgabe. Was von den zur Einziehung der Gerichtskosten und Strafen beauftragten Behörden von der Soll-Einnahme an Stempeln in Straffachen in vorstehender Art nicht als wirklich eingekommen nachgewiesen und abgeführt wird, muß als niedergeschlagen mit den nöthigen Niederschlagungsordres belegt werden oder erscheint als Resteinnahme. Gehen aus solchen Untersuchungs-Sachen die Zahlungen nur theilweise oder abschläglich ein, so muß zuerst auf die zu ersetzenden baaren Auslagen oder Kosten, dann auf das Stempelpapier und zuletzt auf die Geldstrafe die Vereinnahmung erfolgen.

Hiernach werden heute von hieraus auch die übrigen rheinischen Regierungen angewiesen, damit dort überall gleichmäßig verfahren werde, in welcher Hinsicht auch das königl. Justiz-Ministerium davon zur weitern Verfügung in Kenntniß gesetzt wird.

Einer öffentlichen Bekanntmachung wegen dieser Einrichtung durch das Amtsblatt, bedarf es nicht, indem nur die betreffenden Behörden darnach anzuweisen sind. Ueberhaupt wäre es nicht zweckmäßig, in dem vorgelegten Entwurf zu einer deshalb zu erlassenden Bekanntmachung auch die Bestimmungen über die Enregistrements-Schreibgebühren mit aufzunehmen, da die bisherige Enregistrements-Einrichtung bald ganz aufhören wird, und man bis dahin suchen muß, die Einregistrirung, namentlich der Gerichts-Acten, ehe zu vermindern als festzuhalten.

Berlin, den 15. Juli 1823.

Finanz-Ministerium.

An
die königl. rheinischen Regierungen
in Aachen rc.

## 578.

### Oberaufsicht über Familien-Stipendien.

Mit der von Ew. Excellenz in dem geehrten Schreiben vom 12. Juni c. gefälligst geäußerten Ansicht einverstanden, daß die Oberaufsicht über die Familien-Stipendien in den Rheinprovinzen bei der gegenwärtigen Verfassung den resp. Regierungen und Consistorien übertragen werde, stelle ich denenselben die dieserhalb weiter erforderlichen Verfügungen ganz ergebenst anheim. Jedoch muß ich mir ergebenst vorbehalten, daß diese Aufsicht den Gerichten wiederum überwiesen werde, sobald eine Abänderung der Justiz-Verfassung eintritt, welche es zulässig macht, den vormundschaftlichen Behörden jene Aufsicht gleichwie in den altpreußischen Provinzen zu übertragen.

Berlin, den 8. August 1823. v. Kircheisen.

An
des königlichen Geheimen Staats-Ministers
und Ministers der geistlichen Angelegenheiten
Herrn Freiherrn v. Altenstein Excellenz.

## 579.

### Verpflichtung der Notarien zur Haltung der Allgemeinen Gesetzsammlung.

Da in dem abgelaufenen Jahre die Notarien in den Rheinprovinzen definitiv bestellt worden sind, so werden Sie beauftragt, dieselben anzuweisen, daß sie von Anfang dieses Jahres an in Gemäßheit des §. 2. litt. h. der Verordnung vom 9. Juni 1819 die Allgemeine Gesetzsammlung auf ihre Kosten halten.

Berlin, den 11. August 1823.

Der Justiz-Minister
v. Kircheisen.

An
den königl. Herrn General-Procurator
in Cöln.

## 580.

### Verwandlung der bei Polizei-Contraventionen verwirkten Geldbuße in Gefängnißstrafe bei Unvermögenheit der Schuldigen.

In Verfolg der Verfügung vom 17. Juni v. J.

wegen der Dauer des Personal-Arrestes, welcher in Strafsachen nach Vorschrift der Art. 53 und 467. des Strafgesetzbuchs in den Fällen, da die erkannte Geldbuße nicht bezahlt wird, eintritt,

wird Ihnen zur Nachricht und Achtung bekannt gemacht, daß auch das königliche Ministerium des Innern in Beziehung auf die Polizei-Contraventionen die rheinischen Regierungen auf die Verfügung des königlichen Finanz-Ministerii vom 24. Mai 1822 (No. 494.) wegen der Dauer des obgedachten Personal-Arrestes in Strafsachen verwiesen hat.

Berlin, den 15. August 1823. Der Justiz-Minister
v. Kircheisen.

An
den königlichen Herrn General-Procurator
in Cöln.

## 581.

### Einsendung der gegen Justiz-Beamte ergangenen Erkenntnisse an das Justiz-Ministerium.

Der Schultheiß N. hat bei mir um Erlassung der ihm zuerkannten Strafe der Entsetzung als Schultheiß und Vorsteher gebeten und ist mit seinem Gesuche zurückgewiesen worden.

Da aber von diesem Erkenntniß, wodurch ein Justiz-Beamter seines Amts entsetzt worden, keine Abschrift eingereicht worden ist, so nehme ich hiervon Veranlassung, Ihnen aufzugeben:

von jedem Erkenntnisse, welches in Untersuchungssachen wider einen Justiz-Beamten abgefaßt wird, Abschrift zu meiner Kenntnißnahme einzureichen.

Der Einsendung der Acten bedarf es nicht, auch ist weder die Publication des Erkenntnisses, noch eine sonstige Verfügung deshalb auszusetzen, indem auf die desfallsigen Berichte, wenn nicht insbesondere Veranlassung dazu da ist, keine Verfügung an die einreichende Behörde ergehen wird.

Wenn der Justizbediente im ostrheinischen Theile des Regierungsbezirks Coblenz fungirt, muß die Einreichung vom ostrheinischen Senate des königlichen Appellationsgerichtshofes zu Cöln erfolgen.

Berlin, den 15. August 1823. Der Justiz-Minister
An v. Kircheisen.
den königl. Herrn General-Procurator
in Cöln.

## 582.

### Disciplinar-Verfahren gegen Advocat-Anwälde.

Die in Ihrem Berichte vom 24. April d. J.
in Betreff der Disciplinar-Verhandlungen gegen den Advocat-Anwald N.
enthaltenen Anträge haben mich veranlaßt, das Gutachten des General-Procurators des rheinischen Revisions- und Cassationshofes zu erfordern.

Wenn ich auch der Meinung bin, daß das Institut der Anwalds-Kammern, weil solches an sich unzweckmäßig ist, sich in Vorgang der Aufhebuug der Notarien-Kammern, ebenfalls zur Aufhebung eignet, und ich auch diese in der That Sr. Majestät dem Könige vorzuschlagen beabsichtige, obgleich ich auch ferner mit Ihnen darin einverstanden bin, daß es zweckmäßiger ist, wenn die Landgerichte nach der ihnen zustehenden Befugniß in Gefolge der Art. 102 und 103. des Decrets vom 30. März 1808 in Disciplinar-Sachen der Anwälde sogleich selbst erkennen und die Beschwerden nicht erst an die Anwalds-Kammer verweisen und Sie diese meine Ansicht durch die königlichen Ober-Procuratoren zur Kenntniß der Landgerichte zu bringen haben, so werden Sie sich doch aus dem Gutachten des General-Procurators des Revisions- und Cassationshofes überzeugen, daß kein Grund da ist, den Beschluß des Landgerichts zu N. vom 8. Febr. c., obgleich solcher unzweckmäßig und die Sache nur verzögernd ist, als gesetz- und ordnungswidrig und nichtig aufzuheben. Dagegen haben Sie dafür zu sorgen, daß die Sache bei der Anwalds-Kammer nicht verzögert werde, und nachdem das Gutachten oder der Beschluß der Anwalds-Kammer erfolgt sein wird, sofern Sie eines oder das andere nicht der Sachlage für angemessen halten, die Sache wieder an das Landgericht zu bringen, indem die früheren Vorschriften der Beschlüsse vom 9. Frimaire des Jahres IX. und 2. Thermidor des Jahres X. in allen den Punkten, wo das Decret vom 30. März 1808 etwas anderes bestimmt, abgeändert worden sind, und daher angenommen werden muß, daß wenn auch die Anwaldskammern die Sache zu gar keiner oder einer ganz unangemessenen Rüge angethan finden, das Landgericht das Recht behält, die Art. 102 und 103. des letztgedachten Decrets zur Anwendung zu bringen. Dem N. aber ist bekannt zu machen, daß, wenn er sich wiederholte Verzögerungen zu Schulden kommen läßt, insbesondere wenn er sich weigert, dem Ober-Procurator die von demselben verlangte Rechenschaft auf die Beschwerden der Partheien zu geben, und seinen Anweisungen und Aufforderungen zur Erfüllung seiner Pflichten, Folge zu leisten, ich auf Ihren Antrag nach der Strenge der Gesetze verfahren werde, wobei der N. auf die Vorschrift des Art. 40. des Decrets vom 14. December 1810 aufmerksam zu machen ist, mit dem Bemerken, daß die Suspension als Advocat, oder die Ausstreichung von der Advocatur, die Suspension oder resp. den Verlust der Anwaldschaft von selbst zur Folge hat.

Ich werde fest darauf halten, daß die Advocat-Anwälde der Controlle der Ober-Procuratoren sich nicht entziehen, ihnen auf eingekommene Beschwerden Rechenschaft über ihr Verfahren geben und den von diesen ertheilten Anweisungen zur Erfüllung ihrer speciellen Pflichten gehorchen, und wenn ein Advocat-Anwald sich beharrlich dessen weigert, so werde ich von dem mir im Art. 40. des Decrets vom 14. December 1810 gegebenen Rechte Gebrauch machen nnd einen solchen Advocat-Anwald als Advocat suspendiren, oder ganz aus der Matrikel streichen, welches seine Suspension oder Exclusion als Anwald von selbst zur Folge hat.

Berlin, den 18. August 1823. Der Justiz-Minister
An v. Kircheisen.
den königl. Herrn General-Procurator
zu Cöln.

## 583.

### Befugniß der Notarien im Friedensgerichtsbezirke Malmedy zur Aufnahme der Verhandlungen in deutscher oder französischer Sprache.

Auf Ihren Bericht vom 16. Juni d. J. in Betreff der Ausführung der Art. 33. der Notariats-Ordnung vom 25. April 1822 habe ich die anliegende Verordnung genehmiget und vollzogen. Sie haben daher selbige durch die Amtsblätter zur öffentlichen Kenntniß zu bringen.

In den Friedensgerichtsbezirken Saarlouis und Merzig sollen künftig keine andere Notarien, als die sowohl der deutschen, als der französischen Sprache kundig sind, angestellt werden, und haben Sie in Ihren Vorschlägen Rücksicht darauf zu nehmen. Eine gleiche Rücksicht auf die Kenntniß der französischen Sprache wird bei den Vorschlägen zu den Notarien-Stellen in den Friedensgerichtsbezirken Aachen, Burscheidt, Eupen, Malmedy, St. Vieth, Heinsberg und Erkelenz, sodann in den Friedensgerichtsbezirken Bittburg, Dusdeldorf, Neuerburg, Wadern, Lebach, Wallerfangen, Saarbrücken und Trier, aus den von Ihnen angeführten Gründen zu nehmen sein.

Die Examinatoren müssen daher bei den Prüfungen, nemlich bei der zweiten über die Kenntniß der französischen Sprache bei den Subjekten, welche in einem dieser Kantone eine Notariatsstelle zu ambiren erklärt haben, sich vergewissern und jedenfalls muß der Candidat alsdann, außer den gewöhnlichen in deutscher Sprache anzufertigenden Probearbeiten, auch mehrere derselben in französischer Sprache entwerfen.

Sollte ein Candidat, der früher seine Absicht in einem dieser Kantone angestellt zu werden nicht erklärt hat, erst nach seiner zweiten Prüfung sich zu einer Notarienstelle in einem der gedachten Kantone melden, so muß er die Probearbeiten in französischer Sprache noch nachliefern, welche den für ihn bestellt gewesenen Prüfungs-Commissarien vorzulegen sind.

Für den Friedensgerichtsbezirk Malmedy werden die dort anzustellenden Notarien neben der französischen auch der deutschen Sprache im Sprechen und Schreiben vollkommen mächtig sein müssen, daher ein solcher Candidat seine Probearbeiten ebenfalls in beiden Sprachen anzufertigen hat.

Berlin, den 18. August 1823. Der Justiz-Minister
v. Kircheisen.

An
den königlichen ersten Herrn Präsidenten, und
den königlichen Herrn General-Procurator
in Cöln.

a.

Nach dem von dem Justiz-Minister eingeforderten Berichte ist der Friedensgerichtsbezirk von Malmedy der einzige Theil der königlich preußischen Rhein-Provinzen, in welchem die deutsche Sprache nicht als die Landessprache betrachtet werden kann. Auf den Grund des 33sten Artikels der Notariats-Ordnung vom 25. April 1822 und in Gefolge der dem Justiz-Minister darin gegebenen Befugniß wird daher hiermit festgesetzt, daß die Notarien bei den in dem Friedensgerichtsbezirke von Malmedy aufzunehmenden Verhandlungen befugt sein sollen, sich der deutschen oder der französischen

Sprache, nach der Wahl der Interessenten, zu bedienen, wobei es sich von selbst versteht, daß das, was die Notariats-Ordnung über die Bekanntschaft der Partheien und der Zeugen mit der deutschen Sprache bestimmt, in jenem Bezirke auch auf die Kenntniß der französischen Sprache für den Fall Anwendung findet, da die Urkunden nach der Wahl der Interessenten in der französischen Sprache aufgenommen werden. Berlin, den 18. August 1823.

Der Justiz-Minister
v. Kircheisen.

## 584.

### Verhaftung derjenigen Individuen durch die Gensdarmerie, welche die ihnen zuerkannten Geldbußen nicht entrichten können.

Beigehend erhalten Sie Abschrift eines Schreibens des königlichen Finanz-Ministerii vom 16. v. M. und seiner Anlagen, nach welchen in den Rheinprovinzen die Vollziehung des nach dem 53sten Artikel des rheinischen Strafgesetzbuches statt findenden Personal-Arrestes in Strafsachen vorzugsweise durch die Gensdarmerie geschehen kann, um davon Kenntniß zu nehmen; wobei es Ihrem Ermessen überlassen wird, in wiefern Sie eine Mittheilung an die Ober-Procuraturen für nöthig halten.

Berlin, den 18. August 1823. Der Justiz-Minister
An v. Kircheisen.
den königl. Herrn General-Procurator
in Cöln.

### a.

Euer Excellenz beehre ich mich, auf Dero gefälliges Schreiben vom 16. d. M. ganz ergebenst zu erwiedern, wie ich mit Denenselben einverstanden bin, daß in den Rhein-Provinzen die nach der dortigen Strafgesetzgebung statt findende Verhaftung derjenigen Individuen, welche die ihnen durch Straf-Erkenntnisse zuerkannte Geldbuße nicht sofort entrichten können, vorzugsweise durch die Gensdarmen geschehen kann, und daß ich zur Mitzeichnung der dieserhalb an die Regierungen jener Provinzen zu erlassenden Verfügung bereit bin. Berlin, den 28. Mai 1823.

An v. Schuckmann.
des königl. Wirklichen Geheimen Staats- und
Finanz-Ministers Herrn v. Klewitz Excellenz.

### b.

In dem Schreiben, welches die königliche Regierung ihrem an das unterzeichnete Finanz-Ministerium erstatteten Berichte vom 18. April beigefügt hatte, fand sich von Seiten des Ober-Procurators bei dem Landgerichte zu Trier die Erklärung, daß er, nach dem Wunsche des Finanz-Ministerii und ganz dem fiscalischen Interesse gemäß, bereit sei, zur Vollziehung der persönlichen Haft in Strafsachen die Thätigkeit der Gensdarmerie zu requiriren, und es hätte ganz füglich diese Bereitwilligkeit angenommen werden können, ohne, im Widerspruche mit den Wünschen des Finanz-Ministerii, darüber Bedenklichkeit zu erheben, wie die königliche Regierung in ihrem Antwortschreiben an den Ober-Procurator gethan hat.

Diese Bedenklichkeiten haben indessen Veranlassung zu einer Correspondenz zwischen den beiden unterzeichneten Ministerien gegeben, als deren Resultat der königlichen Regierung nunmehr bekannt gemacht wird, daß das Ministerium des Innern und der Polizei mit dem Finanz-Ministerium darin ganz einverstanden ist,

> daß die nach der rheinischen Gesetzgebung stattfindende Verhaftung derjenigen Individuen, welche die durch ein Straf-Erkenntniß zuerkannte Geldbuße nicht entrichten, vorzugsweise durch die Gensdarmerie geschehen kann.

Die königliche Regierung hat sich also hiernach zu achten, und nöthigenfalls von dem gegenwärtigen Rescripte dem Ober-Procurator bei dem Landgerichte Nachricht zu geben, auch die übrigen Behörden so zu instruiren, daß den Anträgen der Justizbehörden auf die Mitwirkung der Gensdarmerie zu obigem Zwecke entsprochen werde, so lange nämlich die übrigen Dienstverhältnisse der Gensdarmerie solches erlauben. Berlin, den 8. Juni 1823.

Ministerium des Innern und der Polizei.
v. Schuckmann.

Finanz-Ministerium.
v. Klewitz.

An
die königliche rheinische Regierung zu Trier rc. rc.

## 585.

### Berechnung der Ortsentfernungen in den Zeugen-Liquidationen.

Mit der in Ihrem Berichte vom 3. Juli c. geäußerten Ansicht in Betreff der Berechnungen der Ortsentfernungen in der Liquidation der Zeugen u. s. w. einverstanden, habe ich heute die in Abschrift anliegende Verfügung an den Ober-Procurator bei dem Landgerichte zu Coblenz erlassen.

Berlin, den 18. August 1823. Der Justiz-Minister
An v. Kircheisen.
den königlichen Herrn General-Procurator
in Cöln.

a.

Auf Ihren Bericht vom 22. Juni c. wird Ihnen eröffnet, daß ich der Ansicht des Herrn General-Procurators bei dem rheinischen Appellations-Gerichtshofe in dessen Verfügung vom 16. Mai d. J. wegen der Berechnung der Meilenzahl in der Liquidation der Zeugen überall und ins besondere darin beitrete, daß die Zusammenrechnung der im ganzen hin und zurück durchlaufenen Entfernung nicht erfolgen dürfe.

Da ferner nach dem Artikel 93. des Decrets vom 18. Juni 1811

die Reise-Entschädigung bloß nach ganzen und halben Myriametern berechnet und die Brüche von 8 oder 9 Kilometer für einen Myriameter und die von 3 bis 7 Kilometer für einen halben Myriameter gerechnet werden sollen,

so ist der Fall nicht erwähnt,

wo die Entfernung mehr wie 7 Kilometer und weniger als 8 Kilometer beträgt.

Hieraus folgt, daß die Differenz zwischen 7 und 8 Kilometer, so lange solche in einem Bruche bestehet, nicht beachtet werden soll und mithin $7\frac{1}{2}$ Kilometer für einen halben Myriameter berechnet werden müssen.

Uebrigens ist es um so mehr erforderlich, daß bei den Festsetzungen der Reisekosten, mit der größten Sparsamkeit zu Werke gegangen werde, da bisher die Criminal-Kosten stets im Steigen gewesen und durch dieselben alle sonstigen etwanigen Ersparungen bei dem Justizfond gänzlich erschöpft worden sind.

Berlin, den 18. August 1823. Der Justiz-Minister
An v. Kircheisen.
den Herrn Ober-Procurator bei dem
königlichen Landgerichte zu Coblenz.

## 586.

**Verpflichtung der Notarien zur Anzeige über die zu ihrer Kenntniß gelangenden Stempel-Contraventionen.**

Gegen die von dem königlichen Finanz-Ministerium nach Ihrem Berichte vom 20. v. M. erlassene Declaration des §. 30. des Stempelgesetzes, wegen der den Notarien obliegenden Pflicht, die zu ihrer Kenntniß kommenden Stempel-Contraventionen anzuzeigen, ist von Seiten des Justiz-Ministers nichts zu erinnern, und überlasse ich Ihnen das weiter Erforderliche dieserhalb zu veranlassen.

Berlin, den 1. September 1823. Der Justiz-Minister
v. Kircheisen.

An
den königlichen Herrn General-Procurator
zu Cöln.

### a.

Nach einem von der Regierung zu Cöln an den dortigen Ober-Procurator gerichteten, mir von dem General-Procurator des rheinischen Appellationsgerichtshofes mitgetheilten Schreiben vom 25. Juli d. J. haben Ew. Excellenz den §. 30. des Stempelgesetzes dahin zu declariren beliebt,

> daß die Notarien in Ansehung aller durch ihre Hände gehenden Verhandlungen die Verwendung des Stempels zu controlliren und etwanige Contraventionen den Gerichten anzuzeigen verbunden sind, daß ferner, wenn ein Notar dieser Pflicht nicht genügt, solches im Wege des Disciplinar-Verfahrens gerügt und auf Ersatz des der Stempelcasse dadurch entgangenen Stempelbetrages gegen den Notar geklagt werden kann, und daß demzufolge, wenn sich findet, daß ein Notar von einem stempelpflichtigen, aber nicht mit dem gesetzlichen Stempel versehenen Act irgend einen Gebrauch gemacht hat, ohne von der Contravention gleich bei diesem Gebrauch die im Stempelgesetz vorgeschriebene Anzeige erstattet zu haben, Seitens der Stempelbehörde hierüber ein Protocoll aufgenommen und solches der vorgesetzten Regierung eingereicht werden soll.

Da ich gegen diese Verfügung nichts zu erinnern finde, so habe ich den General-Procurator heute angewiesen, seinerseits das weiter Erforderliche zu veranlassen. Indessen ergreife ich diese Gelegenheit, Ew. Excellenz ganz ergebenst zu ersuchen, mich in ähnlichen vorkommenden Fällen von dergleichen Verfügungen gefälligst in Kenntniß setzen und sich darüber mit mir vereinigen zu wollen.

Berlin, den 1. September 1823.

An v. Kircheisen.

des königlichen Geheimen Staats- und Finanz-Ministers Herrn v. Klewitz Excellenz.

## 587.

### Fortdauer der polizeilichen Aufsicht bei Begnadigungen.

Auf Ihre Anfrage im Bericht vom 5. vorigen Monats, betreffend die Aufhebung der polizeilichen Aufsicht in Fällen der Begnadigung,

hat sich der Justiz-Minister mit dem königlichen Ministerium des Innern und der Polizei, über diejenigen Grundsätze vereiniget, welche die in Abschrift anliegende Verfügung vom 30. pr. an die rheinischen Regierungen enthält. Sie haben nun hiernach die königlichen Procuratoren ebenfalls zu instruiren.

Berlin, den 12. September 1823. Der Justiz-Minister

An v. Kircheisen.

den königlichen Herrn General-Procurator in Cöln.

### a.

Da sich über die Wirkung der Allerhöchsten Königlichen Begnadigung der Verbrecher in den Rheinprovinzen rücksichtlich der polizeilichen Aufsicht, Zweifel erhoben haben, so eröffne ich, in Uebereinstimmung mit dem königlichen Justiz-Ministerio, der königlichen Regierung hiermit: daß, wenngleich anzunehmen ist, daß nach den Grundsätzen des in den königlichen Rheinprovinzen geltenden Strafrechts das Stellen eines Verurtheilten unter die polizeiliche Aufsicht als eine wirkliche Strafe anzusehen sei, man dennoch nicht der Meinung sein kann, daß eine gänzliche Begnadigung in der Regel auch die Aufhebung der polizeilichen Aufsicht zur Folge haben müsse, und eben so wenig, daß die polizeiliche Aufsicht mit der Substituirung einer Strafe, welche gesetzlich diese Aufsicht nicht nach sich zieht, wegfalle. Die erfolgte Begnadigung kann, Falls nicht ein anderes ausdrücklich bestimmt wird, nur auf die erkannte Einsperrungs-Strafe bezogen werden, indem es die Absicht Seiner Majestät des Königs nicht sein kann, auch die in den meisten Fällen sehr nützliche und nothwendige polizeiliche Aufsicht auf den Verurtheilten, wenn darauf erkannt worden, als durch die gänzliche Begnadigung oder durch die Milderung der Strafe für wegfallend zu erklären.

Die königliche Regierung wird demnach hiedurch angewiesen, hiernach bei vorkommenden Fällen zu verfahren, und die begnadigten Verbrecher, Falls nicht ein anderes ausdrücklich bestimmt wird, unter polizeiliche Aufsicht zu stellen.

Berlin, den 30. August 1823.

Der Minister des Innern und der Polizei
v. Schuckmann.

An
die königl. rheinischen Regierungen.

## 588.

### Competenz der Gerichte bei Streitigkeiten über die Zahlungs-Verbindlichkeit von Communal-Cassen-Einnehmern.

Ew. Excellenz remittire ich ganz ergebenst den mir unter dem 19. d. M. gefälligst mitgetheilten Bericht der Regierung zu N. vom 3. c.

über die Competenz der Verwaltungs-Behörden bei Abschluß der Gemeinde-Rechnungen,

nebst den Acten mit dem ganz ergebensten Bemerken, daß ich Dero Ansichten durchaus beitrete.

Das Urtheil des Cassationshofes zu Paris kann gar nicht berücksichtiget werden, da solches eine ganz andere organische Einrichtung voraussetzt. Schon das Wegfallen der Präfecten und Präfectur-Räthe und das Ressort-Regulativ vom 20. Juli 1818 hat hierin eine Abänderung herbeigeführt. Ueberdies fehlt es an einem Staats-Rathe, welchem dergleichen Gegenstände der administrativen Justiz zur Entscheidung zugewiesen sind, da der diesseitige Staats-Rath eine andere Bestimmung hat.

Unbedenklich ist es, daß nach der diesseitigen Verfassung Privatstreitigkeiten über die Zahlungs-Verbindlichkeit eines Gemeinde-Cassen-Einnehmers und über das Quantum der Schuld vor die Gerichte gehören, und in den diesseitigen Provinzen sind häufig dergleichen Fälle vorgekommen, ohne daß die Regierungen sich dadurch beschwert erachtet, daß ihre vorläufigen Verfügungen durch Urtheile der Gerichte abgeändert worden.

Mit der diesseitigen Verfassung stimmt, wie Euer Excellenz in den Verfügungen vom 11. August und 13. October 1820 mit Recht geäußert haben, der §. 15. des Ressort-Regulativs vom 20. Juli 1818 überein.

Die Regierung zu N. hat zwar dagegen eingewandt:

„Der §. 15. handle nur von Verfügungen der Regierungen, welche sie in ihrer Eigenschaft als Finanzbehörde erlassen, die sich mithin auf die Vermögens-Verwaltung des Fiscus beziehen, und der gedachte §. verordnet bloß, daß jeder Privatus und jede der Regierung untergeordnete moralische Person, dagegen den Rechtsweg ergreifen könne; zu dieser Klasse gehörten aber Verfügungen, welche die Regierungen als Communal-Verwaltungs-Behörden erlassen, nicht, sondern rücksichtlich ihrer scheine durch das Reglement nichts geändert."

Diese letzte Voraussetzung ist aber offenbar unrichtig, da es im Artikel 15. des Ressort-Regulativs ausdrücklich heißt:

„Gegen Verfügungen der Regierungen, welche sie in ihrer Eigenschaft als Finanzbehörden erlassen, die sich mithin auf die Vermögens-Verwaltung des Fiscus beziehen, ist also einem jeden, der seine Rechte dadurch gekränkt glaubt, der Weg Rechtens unbenommen, in sofern der Fall nicht zu den §. 35 und 36. l. c. gemachten Ausnahmen gehört."

und hierauf hinzugefügt wird:

„Ein Gleiches findet in Absicht der Vermögens-Verwaltung anderer, den Regierungen untergeordneten moralischen Personen statt."

Aus dem letzten Zusatze ergiebt sich, daß auch Streitigkeiten, welche die Vermögens-Verwaltung moralischer Behörden betreffen, z. B. die Zahlungs-Verbindlichkeit der Communal-Einnehmer aus ihrer Cassen-Verwaltung vor die Gerichte gehören.

Euer Excellenz stelle ich daher ganz ergebenst anheim, die Regierung zu N. auf die Verfügungen vom 11. August und 13. October 1820 gefälligst verweisen zu wollen.

Berlin, den 26. September 1823. v. Kircheisen.

An
des königl. Geheimen Staats- und des Innern Ministers Herrn v. Schuckmann Excellenz.

## 589.

Die Beamten des Justiz-Senats zu Coblenz erhalten keine Gebühren für die Verwaltung der Depositen.

Dem königlichen Justiz-Senate wird auf den Bericht vom 2. Mai d. J. und die darin enthaltene Anfrage wegen der dortigen Deposital-Verwaltung eröffnet, daß, da mit der Organisation des Collegii und mit dem neuen Etat, welchen dasselbe erhalten hat, aller Selbstgenuß von Emolumenten Seitens der dabei mit einer fixen Besoldung angestellten richterlichen Beamten aufgehört hat, der für dieselben nachgesuchte Mitbezug der in dem Berichte erwähnten 2 Procente für Verwaltung der Depositen nicht stattfinden kann und schon längst hätte abgestellt werden sollen. Daher der ostrheinische Senat des rheinischen Appellationsgerichtshofes, mit dessen Verfügung vom 17. April d. J. ich ganz einverstanden bin, heute angewiesen worden ist, dafür Sorge zu tragen, daß die richterlichen Beamten des königlichen Justiz-Senats, die seit dem 1. December 1821, als dem Zeitpunkte, da der neue Etat des Collegii den Anfang genommen, erhobenen Deposital-Gebühren zu der Regierungs-Haupt-Casse erstatten.

Berlin, den 10. October 1823. Der Justiz-Minister
An v. Kircheisen.
den königlichen Justiz-Senat zu Coblenz.

## 590.

**Der Art. 74. des Decrets vom 18. Juni 1811 findet beim Ansatz der Gebühren auf Verwahrungsbefehle keine Anwendung.**

Der Justiz-Minister trägt Bedenken, der von Ihnen zufolge Ihres Berichtes vom 21. August c. angenommenen Meinung, daß die Vorschrift des Art. 74. des Decrets vom 18. Juni 1811 auch auf Verwahrungsbefehle anzuwenden, beizupflichten. Der Verwahrungsbefehle geschieht in dem gedachten Artikel keine Erwähnung, und es kann dieses nicht als eine unabsichtliche Auslassung angesehen werden, da in den vorhergehenden und nachfolgenden Artikeln die Verwahrungsbefehle öfters vorkommen. Der Grund der Uebergehung liegt auch zu Tage. Die Gebühren für die Zustellung der Verwahrungsbefehle sind nach dem Art. 71. sub No. 4. schon geringer als die Gebühren für die Befolgung anderer auf die Verhaftung des Angeschuldigten sich beziehenden Verfügungen, und diese niedrigere Taxe ist ohne Zweifel dadurch veranlaßt worden, daß Verwahrungsbefehle in der Regel nur gegen solche Personen erlassen werden, die sich schon in gefänglicher Haft befinden, oder doch dahin ohne Schwierigkeit gebracht werden können. Dieser Grund kann also nicht dazu gebraucht werden, um ohne Zulassung der gesetzlichen Vorschriften eine nochmalige Herabsetzung der Gebühren zu rechtfertigen.

Dagegen ist der Chef der Justiz ganz damit einverstanden, daß die Erlassung von Verwahrungsbefehlen in den

Fällen unterbleiben müsse, in denen sofort zu Verhaftsbefehlen geschritten werden kann, wobei indessen doch darauf zu sehen, daß nicht der bloßen Kosten-Ersparung wegen, Verhaftsbefehle da erlassen werden, wo der in seiner Wirkung davon abweichende Verwahrungsbefehl nach Lage der Sache zur Zeit zweckmäßiger gewesen sein würde.

Berlin, den 10. October 1823. Der Justiz-Minister
An v. Kircheisen.
den königlichen Herrn General-Procurator
zu Cöln.

## 591.

Die in den einzelnen deutschen Bundesstaaten rücksichtlich des 14. Artikels des rheinischen Civilgesetzbuchs geltenden Grundsätze. (§. 7. des Gesetzes vom 2. Mai 1823.)

Beigehend erhalten Sie, Herr General-Procurator, Abschrift eines Schreibens des königlichen Ministerii der auswärtigen Angelegenheiten vom 14. d. M. *),

betreffend den Zustand der Gesetzgebung der deutschen Bundes-Staaten in Beziehung auf die Grundsätze, welche von ihr wegen Beschränkung des Art. 14. des in den Rheinprovinzen geltenden Civilgesetzbuchs angenommen sind.

Sie haben davon Kenntniß zu nehmen und die königlichen Procuratoren davon in Kenntniß zu setzen.

Berlin, den 17. October 1823. Der Justiz-Minister
An v. Kircheisen.
den königl. Herrn General-Procurator
zu Cöln.

### a.

Nach Erscheinung des Gesetzes wegen Beschränkung des Art. 14. des in den Rheinprovinzen geltenden Civil-Gesetzbuchs, in Bezug auf die Staaten des deutschen Bundes, vom 2. Mai d. J., habe ich mich bemühet, von dem Zustande der deutschen Gesetzgebungen in Beziehung auf die von ihnen wegen des gedachten Artikels angenommenen

---

*) Die sub b bis f. befindlichen Schreiben des königl. Ministerii der auswärtigen Angelegenheiten vom 9. Febr., 16. Febr., 26. Februar, 1. März und 5. Juli 1824, welche mit Rescripten von resp. den 8. März u. 12. Juli 1824 der General-Procuratur mitgetheilt worden sind, werden der Uebersicht halber hier abgedruckt.

Grundsätze Kenntniß zu erhalten, um darnach ermessen zu können, gegen welche deutsche Staaten jener Artikel in Folge der diesseits vorbehaltenen Retorsion aufrecht zu erhalten sei.

Zu dem Ende habe ich die königlichen Gesandten an den deutschen Höfen mit besonderer Instruction versehen, um deshalb sich die nöthige Auskunft zu verschaffen.

Die von Ihnen erstatteten Berichte geben nun über jene Grundsätze folgendes Resultat:

I. Bayern. Aus einer von dem königl. bayerschen Ministerio noch vor Erscheinung des diesseitigen Gesetzes vom 2. Mai an den königlichen Gesandten in München übergebenen Note gehet hervor, daß nach bayerschen Rechten und nach der Verfassungs-Urkunde keinem bayerschen Unterthan, bei Strafe des Verlustes des Indigenats, die Anerkennung einer fremden Gerichtsbarkeit, außer den bestimmten, ein auswärtiges forum begründenden Fällen, gestattet sei, der 14te Artikel des übrigens im Rheinkreise noch geltenden französischen Civilcodex mithin daselbst nicht unbedingt in Anwendung komme.

Auf die später von dem königl. Gesandten mit Beziehung auf das diesseitige Gesetz vom 2. Mai geschehene nähere Anfrage, erklärte das königl. bayersche Ministerium,

> daß die in seiner frühern Note eröffnete Art der Ausführung des Artikel 14. des französischen Civil-Gesetzbuchs im bayerschen Rheinkreise nicht allein auf die Bewohner von Rheinpreußen, sondern auch auf alle königlich preußische Staaten, eben so wie auf alle andere Länder, gegen die man nicht jure retorsionis einzuschreiten genöthigt ist, sich erstreckt; und zwar um so mehr, dad er Inhalt des mitgetheilten königlich preußischen Gesetzes vom 2. Mai d. J. im Allgemeinen, einige unbedeutende Abweichungen abgerechnet, mit der königl. bayerschen Proceßgebung vollkommen übereinstimmt.

II. Königreich Sachsen. Auf die Anfrage des diesseitigen königlichen Gesandten wurde die Antwort ertheilt:

> ein Fall, wo französischer Seits der Art 14. des Code Napoléon gegen königlich sächsische Unterthanen in Anwendung gebracht worden wäre, sei, so lange das linke Rheinufer noch zu Frankreich gehörte, nicht zur Kenntniß gekommen, und es sei von einer gegen die dortigen Lande deshalb einzuführenden Retorsion nie die Rede gewesen.

Von Seiten der vormaligen königlich westphälischen Regierung seien dagegen häufige Anträge auf Insinuation der von dortigen Gerichtsstellen in Gemäßheit des Art. 14. des Code Napoléon an königlich sächsische Unterthanen gerichtete Vorladungen anhero gebracht, solche aber jederzeit, als mit den Souverainitäts-Rechten unvereinbar, abgelehnt und resp. unbefolgt gelassen worden.

Im Jahre 1811 wäre zwar die Frage zu besonderer Erörterung ausgesetzt worden:

ob nicht diesen Anträgen, in Betracht des für die königlich sächsischen Unterthanen, wenn selbige als Kläger gegen Ausländer aufträten, wo nicht im Allgemeinen, doch wenigstens im Verhältnisse gegen solche Staaten, wo der Code Napoléon gelte, ein Gleiches, als in dessen Art. 14. enthalten, gesetzlich festzustellen.

Das letztere sei aber unbedingt widerrathen worden; und ob man gleich im Jahre 1812 daran gestanden, eine besondere Convention mit Westphalen über diesen Gegenstand einzuleiten, und darin die Fälle und Bedingungen zu bestimmen, in und unter welchen jenen Anträgen genügt werden möchte, so habe doch die desfalls gefaßte Absicht, wegen der bald nachher eingetretenen Ereignisse keinen Erfolg gehabt.

III. Königreich Hannover. Ueber die Frage, ob durch eine entweder in früherer Zeit, so lange das linke Rheinufer noch zu Frankreich gehörte, oder durch eine erst nach der Abtretung desselben in Folge des Pariser Friedens vom 30. Mai 1814 erlassene Verordnung der Grundsatz des Art. 14. des französischen Civil-Gesetzbuchs, gegen die Staaten, wo letzteres in Anwendung ist, retorquirt und hiernach die einheimische Gesetzgebung in Beziehung auf die Unterthanen dieser Staaten abgeändert worden ist, berichtete der diesseitige königliche Gesandte, daß darüber im Hannöverschen nichts bekannt sei.

IV. Königreich Würtemberg. Der Grundsatz des Art. 14. des französischen Civil-Gesetzbuchs ist von Seiten Würtembergs bis jetzt gegen diejenigen Staaten, in welchen derselbe in Anwendung kommt, nicht retorquirt worden, und es bestehet hierüber keine Verordnung.

Dagegen wird zufolge älterer und neuerer Landesgesetze, welche die Stellung würtembergischer Unterthanen, als Partheien, vor ausländischen Gerichten verbieten und selbst die freiwillige Prorogation eines ausländischen Gerichtsstandes für unzulässig erklären, die Bestimmung jenes Artikels nicht als wirksam anerkannt, und daher in jedem vorkommenden Falle einer von ausländischen Gerichtsbehörden auf den Grund der erwähnten Bestimmung gestellten Requisition, die Behändigung der Vorladung an die würtembergischen Unterthanen oder die Anordnung der Hülfsvollstreckung gegen dieselben verweigert.

V. Großherzogthum Baden. Auf die bei den Fragen:

a) ob der Art. 14. des französischen Civil-Gesetzbuchs bei der modificirten Einführung des letzteren im Großherzogthum Baden in Anwendung gebracht ist, und

b) welche Grundsätze gegen die Unterthanen anderer deutschen Staaten überhaupt in dieser Beziehung daselbst beobachtet werden, wurde großherzoglich badischer Seits erwiedert:

ad a) Der Art. 14. ist in das badische Landrecht rein und ohne Modification aufgenommen worden, und bestand als Gesetz bis zum 10. Februar 1815, wo er durch eine landesherrliche Verordnung wieder aufgehoben, außer Wirkung gesetzt und die alte Gesetzgebung über den Gerichtsstand des Beklagten wieder ins Leben gerufen wurde.

ad b) Wenn mit Nachbars-Staaten keine besondern Staatsverträge, wie es im Jahre 1810 mit dem Großherzogthum Würzburg, und im Jahre 1811 mit jenem von Frankfurt geschehen ist, geschlossen worden sind, so wurde bis zum Jahre 1815 nach dem Art. 14. als dem bis dahin bestandenen Gesetze verfahren. Seit dem 10. Februar 1815 aber trat derselbe außer Wirksamkeit, wogegen die ältern Rechtsbestimmungen wieder auflebten, nach welchen der Kläger dem Beklagten in seinem Gerichtsstande folgen mußte.

VI. Kurhessen. Nach den daselbst eingezogenen Erkundigungen ist für die kurfürstlich hessischen Länder durchaus keine besondere Bestimmung wegen Abänderung der früheren Gesetze in Beziehung auf den Grundsatz des Art. 14. des französischen Civil-Gesetzbuchs erfolgt.

VII. Großherzogthum Hessen. Es wird dem desfallsigen Berichte des diesseitigen Gesandten daselbst entgegen gesehen, und das Resultat zu seiner Zeit Ew. Excellenz mitgetheilt werden.

VIII. Königreich Dänemark. Nach dem vorläufigen Berichte des königlichen Gesandten zu Copenhagen, soll sowohl in den Herzogthümern Holstein und Lauenburg als auch in den übrigen dänischen Staaten keine Abänderung der Gesetzgebung in Rücksicht des 14ten Artikels des französischen Gesetzbuchs statt gefunden haben.

Da indeß die gegebene Auskunft über den Zustand der

Gesetzgebung in den deutschen Provinzen des Königreichs Dänemark zu unbestimmt war, so habe ich dem königlichen Gesandten aufgetragen, noch nähere Erkundigung einzuziehen, und behalte mir vor, Ew. Excellenz das Nähere noch mitzutheilen.

IX. Großherzogthum Luxemburg. Hier gilt zur Zeit noch das französische Gesetzbuch und dessen Artikel 14.

X. Herzogthum Braunschweig. In Beziehung auf den 14ten Artikel des Code Napoléon ist weder zur Zeit, als das linke Rheinufer zu Frankreich gehörte, noch nach dessen Wiederabtretung an Deutschland, wegen Retorsion des Artikel 14. eine Verordnung erlassen.

XI. Herzogthum Nassau. Der desfallsige Bericht ist noch nicht eingegangen.

XII. Großherzogthum Mecklenburg-Schwerin und Strelitz. Wegen des Art. 14. des Code Napoléon ist in beiden Großherzogthümern niemals etwas verordnet worden.

XIII. Herzogthum Oldenburg. Für dasselbe ist wegen des Art. 14. des Code Napoléon nichts verfügt. Im Fürstenthum Birkenfeld ist durch eine Verordnung vom 2. September 1817 vorgeschrieben: daß dieser Artikel nur retorsionsweise angewandt, übrigens aber der Grundsatz beobachtet werden soll, daß in der Regel der Kläger dem Gerichtsstande des Beklagten zu folgen habe.

XIV. Herzogthum Sachsen-Coburg. Wegen desselben ist noch nicht berichtet.

XV. Hessen-Homburg. Nach den eingegangenen Nachrichten soll in dem auf dem linken Rheinufer gelegenen landgräflichen Amte Maisenhain zwar eine förmliche Aufhebung des Art. 14. bis dahin im Allgemeinen nicht ausgesprochen, jedoch derselbe auch nie in Ausübung gebracht worden sein.

XVI. Lippe-Detmold. Daselbst findet zufolge einer Verordnung vom 12. November 1811 die Retorsion des Grundsatzes des Art. 14. des französischen Gesetzbuchs gegen solche Staaten statt, wo letzterer in Anwendung ist.

XVII. Lippe-Schaumburg. Den fürstlich Lippe-Schaumburgischen Unterthanen ist der Inhalt des Art. 14. des Code Napoléon bekannt gemacht, damit sie sich mit Vorsicht bei ihren Geschäften mit den französischen und westphälischen Nachbarn benehmen möchten, auch wohl eine Retorsion und selbst ein Widerspruch gegen die unbedingte Anwendung versucht, eine ausdrückliche Verordnung aber deshalb nicht erlassen worden.

XVIII. Lübeck, Frankfurt, Bremen u. Hamburg. Bei keiner dieser Städte ist ein Retorsions-Verfahren in Beziehung auf den Art. 14. des Code-civil verordnet worden, und eben so wenig ein solches Verfahren in praxi vorgekommen.

Indem ich mich beehre Ew. Excellenz hiermit das Resultat der bisher eingegangenen Erkundigungen über diesen Gegenstand mitzutheilen, stelle ich Deren gefälligen Erwägung ganz ergebenst anheim, ob Sie es für nöthig halten, durch den königlichen General-Procurator bei dem Appellationshof in Cöln die rheinischen Gerichte hiervon unterrichten zu lassen. Berlin, den 14. October 1823.

An Graf v. Bernstorff.
den königl. Staats- und Justiz-Minister
Herrn v. Kircheisen Excellenz.

b.

Im Verfolge meines Schreibens vom 14. October v. J.,
betreffend die in den einzelnen deutschen Bundesstaaten in Beziehung auf den 14ten Artikel des rheinischen Civilgesetzbuches geltenden Grundsätze,

beehre ich mich, Ew. Excellenz die seitdem über diesen Gegenstand eingegangenen Nachrichten ganz ergebenst mitzutheilen, und stelle Denenselben anheim, die etwa weitere Bekanntmachung an die rheinischen Justiz-Behörden durch den königlichen General-Procurator beim Appellationshofe zu Cöln gefälligst veranlassen zu wollen.

Herzogthum Nassau. In der von dem herzoglich nassauischen Minister Herrn von Marschall dem königlichen Gesandten abgegebenen und von demselben mir mitgetheilten Erklärung, ist in Beziehung auf die Frage: ob in dem Herzogthum Nassau zur Zeit als das linke Rheinufer noch zu Frankreich gehörte, der Art. 14. des Code civil von der herzoglichen Regierung retorquirt worden sei, oder ob diese Retorsion erst nach Abtretung desselben in Folge des Pariser Friedens im Mai 1814 statt gefunden habe, bemerkt, daß weder vor, noch nach dem Jahre 1814 von der herzoglich nassauischen Regierung in dieser Beziehung Retorsions-Maaßregeln angeordnet worden seien.

Herzogthum Sachsen-Coburg. Eine mit der königlichen Verordnung vom 2. Mai v. J. völlig einstimmende Verfügung für das Sachsen-coburgische Fürstenthum Lichtenberg ist im September v. J. von dem regierenden Herzog von Sachsen-Coburg erlassen worden, und daher die Aufhebung des Artikels 14. des französischen Civil-Gesetzbuches ebenfalls verordnet.

Herzogthum Sachsen-Hildburghausen. Daselbst ist die Retorsion des Art. 14. des französischen Civil-Gesetzbuches gegen die Staaten, wo letzteres in Anwendung ist, nie verordnet worden, und es ist daher die einheimische Gesetzgebung in Beziehung auf die Unterthanen jener Staaten nicht abgeändert.

Hohenzollern-Hechingen. Hohenzollern-Siegmaringen. Lichtenstein. Reuß, ältere und jüngere Linie. Waldeck. In diesen Fürstenthümern ist weder in früherer Zeit, so lange das linke Rheinufer zu Frankreich gehörte, noch durch eine, erst nach der Abtretung desselben, in Folge des Pariser Friedens vom 30. Mai 1814 erlassene Verordnung, der Grundsatz des Art. 14. des französischen Civil-Gesetzbuches gegen die Staaten, wo letzteres in Anwendung ist, jemals retorquirt.

Von einigen deutschen Staaten fehlen noch die Nachrichten. Sobald solche eingegangen sind, werde ich nicht Anstand nehmen, sie Ew. Excellenz ebenfalls mitzutheilen.

Berlin, den 9. Februar 1824.

An Graf v. Bernstorff.
des königl. Staats- und Justiz-Ministers
Herrn v. Kircheisen Excellenz.

c.

In weiterem Verfolge meines Schreibens vom 9. d. M., betreffend die in den einzelnen deutschen Bundesstaaten in Beziehung auf den 14ten Artikel des rheinischen Civilgesetzbuchs geltenden Grundsätze,

beehre ich mich, Ew. Excellenz zur gefälligen weitern Veranlassung ganz ergebenst zu benachrichtigen, daß im Großherzogthum Hessen-Darmstadt die Aufhebung des Art. 14. des französischen Civil-Gesetzbuches, soviel die im Auslande mit Ausländern geschlossenen Kontrakte betrifft, nunmehr in Beziehung auf die königlichen Rhein-Provinzen mittelst einer großherzoglichen Bekanntmachung vom 31. Januar d. J., wovon ich anliegend eine Abschrift Denenselben mittheile, verfügt worden ist. Berlin, den 16. Februar 1824.

An Graf v. Bernstorff.
des königl. Staats- und Justiz-Ministers
Herrn v. Kircheisen Excellenz.

---

Die Allerhöchste Verordnung vom 21. Juni 1817 bestimmt in dem §. 11. Folgendes:

Hinsichtlich des Verfahrens vor Unsern Gerichten auf dem linken Rheinufer gegen Fremde haben Wir für die

Einwohner solcher Staaten oder Provinzen, in welchen in dieser Hinsicht die Grundsätze des französischen Rechts nicht gelten, die Verfügung des Art. 14. des französischen Civil-Gesetzbuches, soviel die im Auslande mit Ausländern von jetzt an geschlossenen Kontrakte betrifft, hierdurch aufgehoben.

Gegen die Einwohner solcher Staaten oder Provinzen, in welchen die erwähnten Grundsätze gelten, bleibt jene Verfügung des Civil-Gesetzbuches noch zur Zeit und bis zur diplomatischen Ausgleichung bestehen.

Da nun durch eine königl. preuß. Verordnung vom 2. Mai v. J. die noch bis dahin in Kraft gewesene Bestimmung des Art. 14. des Code civil aufgehoben worden ist, so wird dieselbe nunmehr vermöge diplomatischer Ausgleichung gegen die königl. preußischen Rheinprovinzen ebenfalls aufgehoben, was, mit Beziehung auf die angeführte Stelle der Verordnung von 1817 zur Nachachtung andurch öffentlich bekannt gemacht wird. Darmstadt, den 31. Januar 1824.

Auf Allerhöchsten Auftrag:
Großherzoglich hessisches Ministerium der auswärtigen Angelegenheiten.

## d.

In weiterem Verfolge meines Schreibens vom 16. d. M., betreffend die in den einzelnen deutschen Bundesstaaten in Beziehung auf den 14ten Artikel des rheinischen Civilgesetzbuches geltenden Grundsätze,

beehre ich mich Ew. Excellenz zu benachrichtigen, daß in sämmtlichen fürstlich Schwarzburgischen und herzoglich Anhaltischen Ländern die Anwendung des fraglichen Artikels oder eine Retorsion in Beziehung auf selbigen entweder niemals statt gefunden, oder wenigstens nach Aufhebung des Rheinbundes, wie es der Fall namentlich im Anhalt-Cöthenschen war, sofort aufgehört hat. Berlin, den 26. Februar 1824.

An des königl. Staats- und Justiz-Ministers Herrn v. Kircheisen Excellenz.

Graf v. Bernstorff.

## e.

Da ich in meinem Schreiben vom 14. October des vorigen Jahres, 9. 16. und 26. Februar dieses Jahres, die in den einzelnen deutschen Bundesstaaten in Beziehung auf den 14. Artikel des rheinischen Civil-Gesetzbuchs geltenden Grundsätze betreffend,

das Resultat der mir deshalb zugekommenen Nachrichten rück

sichtlich aller deutschen Bundesstaaten zu Ew. Excellenz Kenntnißnehmung und weiteren gefälligen Veranlassung aufgenommen habe, so würde ich meine desfallsigen Mittheilungen schon mit meinem letzten Schreiben vom 26. des vorigen Monats beschlossen haben, wenn ich nicht noch in Beziehung auf zwei deutsche Bundesstaaten, nämlich Dänemark wegen Holstein und Lauenburg, und Oldenburg wegen des Fürstenthums Birkenfeld, eine nähere und bestimmtere Auskunft über die daselbst wegen dieses Gegenstandes geltenden Grundsätze erwartet hätte.

Rücksichtlich des letzteren Staats bin ich durch eine mir so eben zugekommene Nachricht in den Stand gesetzt, die in meinem obgedachten Schreiben vom 14. October des vorigen Jahres unter der Rubrik „Herzogthum Oldenburg" wegen des Fürstenthums Birkenfeld gemachte Mittheilung dahin zu vervollständigen, daß, da der Inhalt der diesseitigen Verordnung dort bekannt gemacht worden ist, dadurch von selbst jede Anwendung des Artikel 14. des rheinischen Civil-Gesetzbuches gegen diesseitige Unterthanen aufhöret, indem nach einer schon im Jahre 1817 ergangenen herzoglichen Verordnung der Artikel 14. nur noch retorsionsweise in Anwendung gebracht werden dürfte.

Was die Grundsätze betrifft, welche in Holstein und Lauenburg in Beziehung auf den mehrerwähnten Artikel 14. gelten, so behalte ich mir vor, Ew. Excellenz die nähere Auskunft darüber mitzutheilen, sobald ich solche werde erhalten haben. Berlin, den 1. März 1824.

An Graf v. Bernstorff.
des königl. Staats- und Justiz-Ministers
Herrn v. Kircheisen Excellenz.

## f.

In Beziehung auf sein Schreiben vom 1. März d. J.,

die in den einzelnen deutschen Bundesstaaten rücksichtlich des 14ten Artikels des französischen Civil-Gesetzbuches geltenden Grundsätze betreffend,

beehrt sich das Ministerium der auswärtigen Angelegenheiten, Euer Excellenz hierbei Abschrift der dem königl. Gesandten in Copenhagen von dem dänischen Ministerio, in Bezug auf die desfallsige Gesetzgebung im Königreich Dänemark und in den Herzogthümern Schleßwig und Holstein, zugekommenen

Mittheilung, zur geneigten Kenntnißnahme ganz ergebenst zu übersenden. Berlin, den 5. Juli 1824.

Ministerium der auswärtigen Angelegenheiten.
In Abwesenheit des Herrn Chefs Excellenz
Ancillon.

An
des königl. Staats- und Justiz-Ministers
Herrn v. Kircheisen Excellenz.

---

Copenhague, le 15. Juni 1824.

Monsieur,

Dans une note verbale adressée sous la date du 7. Août de l'année passée au Chef défunt du Département de S. Excl. de Rosenkrantz, Vous avez desiré, Monsieur, d'avoir des renseignemens sur les principes suivis par le Gouvernement d'ici par rapport aux procès intentés contre des étrangers par des sujets du Roi, et si on traite ceux-là sur le même pied que les sujets indigènes en faisant juger le procés selon les lois du pays de l'accusateur Danois et en faisant arrêter les étrangers et saisir leurs effets en cas qu'ils se trouvent en Danmarc; Vous avez témoigné en outre, Monsieur, d'avoir un intérêt particulier à savoir si les règles observées sous ces rapports dans le Royaume de Danmarc sont également suivies dans le Duché de Holstein, et si les étrangers, sujets d'autres états Allemands, qui se trouvent en procès avec des Holsteinois sur des accusations personelles, sont jugé en Holstein selon les loix de ce pays.

Le Département adressa en consequence tout à la Chancellerie Danoise qu'à celle des Duchés du Roi pour être mis à même par leurs énoncés respectifs sur ces objets de satisfaire à Votre Demande, et les réponses y relatives de l'un et de l'autre de ces collèges royaux sont successivement entrées. Croyant ne pouvoir mieux faire que de Vous les communiquer in extenso j'ai l'honneur de Vous les faire passer ci-joint, Monsieur, savoir une traduction de la lettre de la Chancellerie Danoise et des copies de celle de la Chancellerie des Duchès et de son annexe.

J'ai l'honneur

Schimmelman.

---

Uebersetzung eines Schreibens der königl. dänischen Kanzlei vom 27. September 1823 an das königl. Departement der auswärtigen Angelegenheiten.

Das königl. Departement der auswärtigen Angelegenheiten hat im geehrten Schreiben vom 8. v. M. die Kanzlei um Mittheilung der nöthigen Erläuterungen in Anleitung einer vom königl. preuß. Gesandten Herrn Grafen v. Dohna gethanen Vorfrage, welche Grundsätze von der dänischen Regierung mit Rücksicht auf Processe die dänische Unterthanen gegen Fremde betreiben, befolgt werden, ersucht; ob nemlich gegen diese auf dieselbe Art verfahren wird als gegen eingeborne Unterthanen in Hinsicht der Entscheidung der Sachen bei den gewöhnlichen Gerichten und nach den Landesgesetzen, so wie auch in Hinsicht auf Arrest auf Ausländer und ihre Effecten in soweit sie sich hier im Reiche vorfinden.

Die Kanzlei findet sich hierdurch veranlaßt Folgendes mitzutheilen:

Die Forderungen welche dänische Unterthanen an Personen haben, die festen Wohnsitz in einem fremden Lande haben, können ordentlicherweise nicht hier im Reiche eingeklagt werden. — Indessen giebt es doch verschiedene Ausnahmen von dieser Regel, welche alle mit denen in andern europäischen Landen für fora domestica (Vorenting) angenommenen Regeln übereinstimmend sind, und in vielen Rücksichten sogar wenigere Ausdehnung haben als in den mehresten andern Staaten. — Außerdem daß der Fremde sich verpflichtet haben kann, vor einem dänischen Gerichte Rede zu stehen, in welchem Falle er sich vor demselben nach des Gesetzbuchs G. B. 1. 2. 21 einstellen und daselbst das Urtheil gegen ihn gesprochen werden muß (forum sponte agnitum) stehet es auch dem dänischen Unterthan zu, wenn der Fremde, mit welchem er contrahirt hat, sich zur Genugthuung einer Forderung an einem gewissen Orte hier im Reiche verpflichtet hat, und er an diesem Orte persönlich befindlich ist, ihn da zu belangen, conf. G. B. 1. 2. 19 (forum contractus). Eben so ist der Unterthan eines fremden Staats, der ein festes Eigenthum hier im Reiche besitzt, in Sachen die dasselbe angehen, nach G. B. 1. 2. 18 bei dem Gericht, worunter es belegen ist, zu belangen. Ferner soll der Ausländer der jemand bei seinem foro domestico (Vorenting) belangt, nach G. B. 1. 2. 43 selbst oder durch seinen Bevollmächtigten vor diesem foro erscheinen und seinem Widersacher Rede stehen, wenn dieser in derselben Sache Ansprüche an ihn hat (forum reconventionis). Endlich können sowohl Ausländer selbst, die sich hier aufhalten, als ihre hier befindliche Güter, mit Arrest belegt werden, wenn sie kundbare Schulden haben und sonst etwas schuldig sind, das nicht zu rechter Zeit bezahlt oder berichtigt worden. Solches erhellet sowohl aus dem G. B. 1. 21. 6 der blos gegen errichtete Verträge Ausländer zu arretiren verbietet, als aus den allgemeinen Ausdrücken im G. B. 1. 21. 8 conf. desselben Kapitels 13ten Art. der übrigens anzeigt, daß Arrest auf die Person nicht stattfinden soll, es sei denn daß das Gut nicht hinlängliche Sicherheit gebe. — Wenn Arrest verhängt worden, soll selbiger nach G. B. 1. 21. 20 durch darauf folgendes Urtheil justificirt werden. In dieser Rücksicht ist es theils in der Natur der Sache und den Grundsätzen des Gesetzbuches begründet, theils durch Placat vom 30. November 1821 ausdrücklich festgesetzt, daß Arrest, der auf die Person oder Güter eines Ausländers erworben worden, in allen bei dem ordinairen foro domestico des Orts, wo der Arrest gemacht worden, forum arresti justificirt werden soll, und insofern dieser in Effekten bewerkstelligt worden, die ein Ausländer unter verschiedenen Jurisdictionen hier im Reiche besitzen möchte, dann bei denjenigen, wo die Arreste das erstemal vorgenommen worden, wofern nicht die Sache nach seiner besondern Beschaffenheit unter einem andern Gericht hier im Reiche gehöre. — Falls die betreffende Person sich hier nicht im Lande aufhält, oder keinen andern Mandatarius als den Inhaber des Guts hat, kann die Verfolgung des Arrestes nach erlassener Citation an diesen geschehen. — Uebrigens wird der Arrestimpetrant durch das Fallissement des Debitors im Auslande, wenn selbiges auch vor der Bewerkstelligung des Arrestes erklärt wäre, nicht daran gehindert, den Arrest auf vorerwähnte Weise zu verfolgen, und zu seiner Zeit in dem mit Arrest belegten Gut Execution zu machen. — In allen vorangeführten Fällen muß, insofern die Forderung von einem Kontrakt herrührt, ein Unterschied gemacht werden, ob er hier im Reiche oder im Auslande eingegangen sei. — Im ersten Falle wird die Sache unbedingt nach unsern Gesetzen entschieden, ohne Rücksicht darauf zu nehmen, daß sie vielleicht nach den im Heimath des Contrahenten geltenden Gesetzen, wenn sie da entschieden werden sollte, einen andern Ausfall haben würde. — Insofern die Kontrakte dagegen in einem fremden Lande eingegangen sind, wird die Sache ordentlicherweise immer nach den Gesetzen dieses Landes beurtheilet. Dieses wird in der Instruction für das höchste Gericht vom 7. December 1771 §. 30 vorausgesetzt, und in Hinsicht der Assuranz im Octroi vom 1. Juli 1746 §. 1. ausdrücklich bestimmt, conf. G. B.

4. 6. 1 und mit Rücksicht auf Wechseln im G. B. 5. 14. 9. Jedoch muß in Betreff der Wechseln, bemerkt werden, daß die besondern Einschränkungen, die in den Verordnungen vom 6. November 1810 und vom 26. September 1811 so wie im Placat vom 22. März 1813 für Wechseln, die auf die Geld-Repräsentation des Landes lauten, bestimmt sind, ebenfalls anwendbar sind, obgleich die Wechseln im Auslande ausgestellt seien.

Was criminelle Fälle betrifft, so folgt aus der Natur der Sache, aus der Vorrede des Gesetzbuchs und dessen 1. 1. 5, daß auch auf Fremde, die während eines mittlerweiligen Aufenthalts hier diese Gesetze verletzen, solche anwendbar sind. In Hinsicht der Seeverbrechen finden die dänischen Gesetze Anwendung, wenn das Schiff aus einem dänischen Hafen ausgerüstet ist, und unter Dänemarks Flagge und Beschützung segelt; es mag das Verbrechen auf dänischem, See- oder Land-Territorio, auf offenem Meere, fremdem Territorio begangen werden, und die Bevortheilung eines dänischen Unterthans oder eines Fremden zum Zweck haben.

Verbrechen, die im Auslande von Ausländern begangen sind, können, wenn diese auch später hier im Reiche angetroffen werden, niemals nach den dänischen Gesetzen gestraft werden.

---

Abschrift eines Schreibens der herzogl. Schleswig-Holstein-Lauenburgischen Kanzlei vom 27. December 1823.

Da die preußische Gesandtschaft, zufolge der unterm 8ten August d. J. von dem königl. Departement der Kanzlei abschriftlich mitgetheilten Note, worin über die bei der Rechtsverfolgung gegen Fremde in hiesigen Landen zur Anwendung kommenden Regeln eine Auskunft erbeten wird, vornehmlich zu wissen wünschte, ob die Regeln, welche in dieser Hinsicht in Dänemark gelten, auch in dem Herzogthum Holstein befolgt würden, so ist die Kanzlei über den vorliegenden Gegenstand mit der dänischen Kanzlei in Correspondenz getreten. — Letztere hat hierauf eine Abschrift des ihrerseits in Beziehung auf die gesandtschaftliche Note an das wohlgedachte Departement erlassenen Schreibens anhero gelangen lassen, woraus hervorgeht, daß die Grundsätze, nach denen es in dem gerichtlichen Verfahren gegen Fremde in Dänemark und in den Herzogthümern Schleswig und Holstein gehalten wird, im wesentlichen übereinstimmen. — Eine Verschiedenheit zeigt sich zwar darin, daß das in Dänemark geltende strengere Schuldrecht die Schuldner weit häufiger dem persönlichen Arrest unterwirft, als dies in den Herzogthümern der Fall ist, wo nur in den Städten Altona und Friedrichsstadt Wechselrecht gilt, und sonst nur sehr ausnahmsweise wegen Schulden ein Personal-Arrest erhalten wird, während ihnen hinwiederum bekanntlich das Einlagerecht eigenthümlich ist.

Allein dies sind Verschiedenheiten, die nicht so sehr die besondern Rechte der Fremden, als vielmehr das gemeine Recht überhaupt übertreffen. Im übrigen ist es in den Herzogthümern, eben so wie in Dänemark, die Regel, daß Fremde gleich jedem andern Beklagten in bürgerlichen Rechtssachen bei dem Gerichte ihres Wohnorts zu besprechen sind, und es finden dort wie hier die in dem Schreiben der dänischen Kanzlei näher ausgeführten Ausnahmen statt, in welchen unter dem Namen des fori sponte agniti, des fori contractus, des fori rei sitae, des fori reconventionis und des fori arresti die Zuständigkeit eines andern Gerichts als das des Wohnorts begründet wird. — Zwar ist, was die zuletzt erwähnte Ausnahme anlangt, durch eine Verordnung vom 13. November 1782 vorgeschrieben, daß die Verhängung eines Arrestes keine Prorogation der Gerichtsbarkeit auf die Hauptsache wirken, sondern deren Ausführung in einer bestimmten Frist bei dem für sie competenten Gericht eingeleitet werden soll. Diese Verfügung setzt aber in ihren einzelnen Bestimmungen sowohl als nach ihrer ganzen Fassung, den Fall voraus, wenn über Güter und Effekten, die einem Einwohner der Herzogthümer gehören, ein Arrest bewirkt wird, und dürfte daher keine Anwendung finden können, wenn der Arrest auf das Eigenthum von Unterthanen fremder Staaten gelegt ist. — Endlich ist es auch eine in den Herzogthümern geltende Regel, daß die Gültigkeit und rechtliche Wirkung eines Kontrakts oder einer sonstigen Handlung nach den Gesetzen des Orts zu beurtheilen ist, wo jener geschlossen oder diese vorgenommen ist, so wie ferner, was das Verfahren in Strafsachen anlangt, in den Herzogthümern, eben wie in Dänemark die Gerichtsbarkeit des fori delicti gegen Ausländer auf gleiche Weise wie gegen Einheimische statt findet.

Der größern Vollständigkeit wegen hat übrigens die Kanzlei noch die Lauenburgsche Regierung darüber vernommen, welche Grundsätze in Ansehung des vorliegenden Gegenstandes im Herzogthum Lauenburg Anwendung fänden. Die Regierung hat hierauf einberichtet, daß es in dieser Hinsicht daselbst nach den Regeln des gemeinen in Deutschland geltenden Rechts verhalten werde, und die Lauenburgische

Hofgerichts-Ordnung nnr wegen des Arrest-Verfahrens gegen Fremde Bestimmungen enthalte, deren Inhalt das königliche Departement aus dem beigefügten Extract der Hofgerichts-Ordnung gefällig ersehen wird.

An
das königliche Departement der
auswärtigen Angelegenheiten.

---

## Extract
### der Hofgerichts-Ordnung Titel XLV. von Arrest und Kummer.

1) Der Arrest und Kummer wird täglich von vielen mißbraucht, dadurch denn einer den andern wider Billigkeit beschweret, ihm seinen nutzbaren Besitz niederlegt, und das Seine anhält.

2) Derowegen setzen, ordnen und wollen Wir daß hinfüro in Unserm Fürstenthum und Lande, keiner den andern, weder an seinem Leibe noch Gute bekümmern, und in Verbot und Arrest beschlagen lasse, sondern wer den andern zu besprechen hat, solches ordentlicherweise thun; und sein Recht nicht mit Kummer anfange.

3) Es wäre denn, daß einer Weg fertig, oder verpflüchtig wäre, in ein ander Gerichte ziehen und nicht in so viel hinter ihm anliegenden oder sonst gewissen Gütern lassen wollte, daß der Kläger daran zu erholen hätte.

4) Oder daß ein Ausländischer, und in Unserm Fürstenthum und Lande nicht gesessener, mit Unsern Unterthanen in Unsern Gerichten contrahirt; oder bei Handwerksleuten etwas machen lassen, und nicht bezahlt hätte.

5) Oder aber, so ein Fremder Unsern Unterthanen etwas schuldig, und ihm an dem Orte, da der Beklagte und Fremde gesessen, auf gebührliches Ansuchen Recht nicht gestattet noch verholfen werden.

6) Oder auch, daß es eine Erbschaft oder andere fahrende Haab belangete, die vermuthlich von dem Inhaber verrückt, oder alieniret werden möchte.

7) Dergleichen mag ein Gast um schuldige Zehrung, und ein Zinsmann, der von einem Hause, Hofe, Acker, Wiesen und andern Gütern hinweg will ziehen, um versessene Zinsen wohlbekümmert werden.

8) Aber außerhalb dieser oder ander zu Recht ausdrücklich zugelassener Fälle, soll keiner den andern arrestiren, bekümmern oder aufhalteu, es wäre denn, daß solches durch

Uns selbst, oder an Unser statt durch Unsern Beisitzern, aus redlichen und beweglichen Ursachen zugelassen.

9) Auf welchem Fall einem jeden Inhalt und vermöge dieser Unser Ordnung, so oft er gebührlich angesucht, in seinen Sachen und Beschwerungen, gnädiglich und ohne Aufzug hinfürder Rechts verholfen, er auch bei Friede und gleich gehandthabt werden soll.

10) Ordnen und wollen demnach hiemit ernstlich gebietende, daß Niemand in Unserm Fürstenthums und Landen, durch Selbstthätigkeit und einige Gewalt, sich einigerlei Weise unterstehen oder anmaaßen soll, außerhalb rechtlicher Erkenntniß, und dieser Unser Ordnung und Satzung zuwider, sich an jemanden selbst gewaltsamlich zu vergreifen, oder ihn an Haab und Gütern zu beschädigen, daraus zu dringen, zu spoliren oder zu entsetzen, sondern daß jedermann sich an Gleich und Recht genügen lasse, bei Vermeidung höchster Strafe und Ungnade.

## 592.

### Bestrafung des unbefugten Eindringens in die Festungswerke und Uebernachtens in denselben.

Nach einem von der Regierung zu Trier an das königliche Ministerium des Innern und der Polizei erstatteten Berichte vom 22. August c. trägt der dortige Ober-Procurator Bedenken, die in Betreff des unbefugten Eindringens in die Festungswerke und des Verweilens darin, erlassene polizeiliche Verfügung vom 5. Juni 1821, von welcher und deren Anlage Abschrift hierneben erfolgt, in Anwendung zu bringen.

Da auf Veranlassung der Regierung jene Verfügung nunmehr durch das Amtsblatt Nr. 35. zur öffentlichen Kenntniß gebracht worden, so fällt die Haupterinnerung gegen die Anwendbarkeit derselben weg und haben Sie, Herr General-Procurator, den Ober-Procurator anzuweisen, sich nach dieser Verfügung in den vorkommenden Contraventionsfällen zu achten.

Sollte sich dabei noch ein Anstand finden, so wird darüber Bericht erwartet.

Berlin, den 17. October 1823. Der Justiz-Minister

An v. Kircheisen.

den königlichen Herrn General-Procurator in Cöln.

### a.

Des Herrn Kriegs-Ministers Excellenz wünscht, daß die wegen Bestrafung des unerlaubten Eindringens in die Festungswerke und des Uebernachtens darin unterm 24. April d. J. an die Regierung zu Magdeburg erlassene Verfügung, wovon eine Abschrift hiervon erfolgt, insofern die königliche Commandantur zu N. solches für angemessen halten sollte und nicht etwa schon ähnliche Verbote früher ergangen sind, dort ebenfalls in Anwendung gebracht werde. Diese Anwendung ist unbedenklich zulässig, jedoch mit dem durch die dort noch bestehende französische Gerichtsverfassung bedingten Unterschiede, daß statt der Polizeistrafe von 5 Thalern oder 8tägigem Gefängnisse nur das maximum, welches der Code pénal zuläßt, mit 15 Franken oder 5tägigem Gefängniß als Strafe für den Contraventionsfall bestimmt werden kann.

Die königliche Regierung hat also hiernach die erforderliche Einleitung zu treffen, und event. die öffentliche Bekanntmachung zu veranlassen.

Es versteht sich übrigens von selbst, daß die event. Festsetzung und Vollstreckung der Strafe Sache der Gerichts-Behörden ist. Berlin, den 5. Juni 1821.

Ministerium des Innern und der Polizei.
In Abwesenheit Sr. Excellenz
v. Kamptz.

An
sämmtliche königliche rheinische Regierungen.

### b.

Das Ministerium des Innern und der Polizei ist von dem königlichen Kriegs-Ministerio unterrichtet worden, daß sich bei der königlichen Regierung darüber Zweifel erhoben haben, ob und wie diejenigen Personen zu bestrafen sind, welche ohne eines sonstigen Verbrechens, z. B. des Spionirens oder des Diebstahls, verdächtig zu sein, sich in die Festungswerke einschleichen und sogar, wie der Fall dort vorgefallen, darin übernachten.

Im Einverständnisse mit dem königlichen Justiz-Ministerio wird der königlichen Regierung daher eröffnet, daß es unbedenklich erscheint, das Eindringen in die Festungswerke, insbesondere aber das Uebernachten in denselben, ohne Erlaubniß der competenten Militairbehörde, nicht allein zu verbieten, sondern auch mit einer angemessenen Polizeistrafe zu verpönen.

Die dortige Ortspolizeibehörde wird daher in Gemeinschaft mit der königlichen Commandantur eine öffentliche Bekanntmachung zu erlassen haben, wonach ein solches eigenmächtiges Eindringen in die Festungswerke, besonders aber das eigenmächtige Pernoctiren in denselben, mit 5 Thaler Geld- oder 8tägiger Gefängnißstrafe geahndet werden soll, auch hat dieselbe dafür zu sorgen, daß die festgesetzte Strafe, wenn ein solcher Contraventionsfall vorkommt, in Anwendung gebracht wird.

Es versteht sich übrigens von selbst, daß in Kriegszeiten den Umständen nach, kräftigere Maaßregeln genommen werden können, auch wenn der Verdacht besonderer verbrecherischen Absichten eintritt, nach den Criminalgesetzen zu verfahren ist. Endlich wird die königliche Regierung angewiesen, der königlichen Commandantur anheim zu stellen, das Verbot auch noch durch öffentlich aufzustellende Warnungstafeln zur allgemeinen Kenntniß zu bringen.

Berlin, den 24. April 1821.

Ministerium des Innern und der Polizei.
An v. Schuckmann.
die königliche Regierung zu Magdeburg.

## 593.

### Function des öffentlichen Ministerii in den auf Denkschriften zu verhandelnden fiscalischen Civilsachen.

Es geschah in Gefolge Ihres Antrages in dem Jahresbericht vom 6. Februar c., daß das königliche Finanz-Ministerium auf die Inconvenienzen aufmerksam gemacht wurde, welche damit verbunden sind, wenn in den auf Denkschriften zu verhandelnden fiscalischen Civilsachen das öffentliche Ministerium den Betrieb der Sache Namens der fiscalischen Behörde besorgte. Ganz dieser Ansicht gemäß hat das königliche Finanz-Ministerium unterm 17. Juli c. an die rheinischen Regierungen das Erforderliche veranlaßt. Wenn in der gedachten Verfügung geäußert wird, daß nach erfolgter Wechselung der Denkschriften, insofern der Gegner keine Anträge macht, die Regierung unter Mittheilung der verhandelten Acten, den Staats-Procurator ersuchen könne, die Ernennung eines Referenten und die Festsetzung des Tages zum Vortrage zu bewirken, so ist dabei gewiß nicht die Absicht gewesen, das öffentliche Ministerium in das Verhältniß eines Anwalds zu setzen und demselben alle diejenigen agenda zu übertragen, in Absicht deren Sie, Herr General-Procurator, in Ihrem Bericht vom 21. August d. J. mit Recht bemerken, daß sie mit den Functionen des öffentlichen Ministerinms nicht wohl vereinbar seien.

Es bleibt selbst nach der Verfügung vom 17. Juli c. dem Staats-Procurator unbenommen, unter Umständen, die Befolgung der an ihn erlassenen Requisitionen abzulehnen. Daher kann abgewartet werden, wie sich in den einzelnen Fällen das Verhältniß gestalten wird, und ob die von den Staats-Procuratoren für die Regierungen übernommenen Geschäfte der Wirksamkeit ihres Amtes und dem Interesse der Justiz zum Nachtheil gereichen.

Berlin, den 24. October 1823. Der Justiz-Minister
An v. Kircheisen.
den königlichen Herrn General-Procurator
in Cöln.

## 594.

Beschränkung der Einreichung von schriftlichen Aufsätzen Seitens der Advocat-Anwälde und Beschleunigung der Entscheidung nach dem mündlichen Vortrage. Art. 96. 111 und 462. der Civil-Proceß-Ordnung.

Der erste Präsident des königlichen rheinischen Appellations-Gerichtshofes, Herr Geheime Staats-Rath Daniels hat in einem von ihm erstatteten Berichte mehrere Bedenken gegen die in Betreff der Vernachlässigung einiger Vorschriften der Civil-Proceß-Ordnung an ihn erlassene Verfügung vom 6. Juni c. geäußert. Wie derselbe darauf beschieden worden ist, werden Sie, Herr General-Procurator, aus der abschriftlichen Anlage zu Ihrer Nachricht und Achtung ersehen.

Berlin, den 24. October 1823. Der Justiz-Minister
An v. Kircheisen.
den königlichen Herrn General-Procurator
in Cöln.

### a.

2c. In der Hauptsache trete ich

1) Ihrer Ansicht in Betreff der Anwendung des Artikels 462. der Civil-Proceß-Ordnung dahin bei, daß die darin erwähnte Zustellung der Appellations-Beschwerden von Seiten des Appellanten und die Beantwortung derselben von Seiten des Appellaten nicht dergestalt nothwendig sei, um, wenn sie nicht erfolgt sein sollte, die Verhandlung in der öffentlichen Sitzung auszusetzen, sobald nur die motivirten

Conclusionen mitgetheilt worden. Darauf, daß dieses letztere auch wirklich geschehen, muß strenge gehalten werden.

Hiernach ist dem königlichen General-Procurator das Nöthige eröffnet worden. Derselbe hat übrigens nicht, wie Sie vermuthen, behauptet, daß der Appellat über die Beschwerden des Appellanten in öffentlicher Audienz überhaupt gar nicht gehört worden sei, nur davon ist die Rede gewesen, daß nach Art. 462. die Zustellung der Beschwerden und die Beantwortung derselben dem mündlichen öffentlichen Verfahren vorangehen müsse, wobei angeführt worden, daß bei dem königlichen Appellationsgerichtshofe dieses nicht geschehen und mithin der Appellat über vorher ihm zugestellte Beschwerden nicht gehört werde, ein Anführen, welches zufolge Ihres Berichts in facto gegründet ist.

2) Es wird von Ihnen, Herr Präsident, zugegeben, daß in den von den Advocaten Behufs der Deliberation übergebenen Acten sich zuweilen Aufsätze vorfinden, von denen nicht angenommen werden könne, daß alles dasjenige, was sie enthalten, in der öffentlichen Sitzung vorgekommen sei. Dieses darf nicht gestattet werden. Die Acten der Advocaten können nur die auf die Sache Bezug habenden Urtheile, Urkunden und Zeugenverhöre und die in der Audienz verlesenen Anträge enthalten. Alle sonstige Aufsätze, über welche der Gegner und das öffentliche Ministerium nicht gehört worden, müssen, sobald die Acten dem Gerichte übergeben werden, daraus entfernt bleiben. Denn, wenn es gleich allerdings zu erwarten ist, daß die Mitglieder des Gerichts, welche zu ihrer Vorbereitung bei der Deliberation die Acten einsehen, auf Data, die zwar in den bei denselben befindlichen Aufsätzen vorkommen, worüber aber in der Audienz nicht verhandelt worden, keine Rücksicht nehmen werden; so können doch dergleichen Aufsätze nicht ohne allen Einfluß auf die Ansicht der einzelnen Mitglieder und auf die Entscheidung bleiben. Schon die Art der Darstellung ist nicht gleichgültig, und da es oft unmöglich sein wird, nach Verlauf eines Zeitraums von mehreren Tagen, in den zu den Acten gebrachten Aufsätzen genau diejenigen facta und Gründe wieder zu erkennen, welche den Gegenstand der mündlichen Verhandlung ausgemacht haben; so läuft das Gericht auch bei der strengsten Gewissenhaftigkeit Gefahr,

eine Entscheidung aus Gründen abzugeben, worüber die Betheiligten nicht gehört worden sind.

Es bleibt mithin in dieser Rücksicht bei der in der Verfügung vom 6. Juni c. enthaltenen Aeußerung.

Hiermit stehet

3) die strengere Befolgung des Artikels 116. der Civil-Proceß-Ordnung in Verbindung. Dieses Gesetz macht die Publication des Erkenntnisses unmittelbar nach erfolgter öffentlicher Verhandlung der Sache zur Regel und läßt die Aussetzung der Entscheidung bis zu einer der nächsten Audienzen nur als Ausnahme zu. Nach dem Inhalte Ihres Berichts ist bei dem königlichen Appellations-Gerichtshofe die Ausnahme zur Regel gemacht worden, indem die Entscheidung niemals in derselben Sitzung erfolgt, in welcher sie verhandelt worden. Dieses kann nicht gebilligt werden. Durch eine solche Abweichung von der gesetzlichen Vorschrift wird der Uebelstand herbeigeführt, daß die Advocaten im Vertrauen auf die in ihren Acten befindlichen und zur Kenntniß der Mitglieder des Gerichts kommenden Aufsätze, auf ihre mündlichen Vorträge wenig Sorgfalt verwenden, daß eben dadurch das öffentliche Ministerium in seiner Wirksamkeit beschränkt und die Aufmerksamkeit der Richter auf die Verhandlungen in der Audienz geschwächt wird. Wie sehr dieses dem eigentlichen Wesen und Geiste des öffentlichen Verfahrens zuwider ist und auf dasselbe nachtheilig einwirken muß, wird von Ihnen, als einem so einsichtsvollen Kenner des dort bestehenden Civil-Processes, gewiß nicht verkannt werden. Unmöglich kann die nach einiger Zeit und selbst auch nur nach 24 Stunden erfolgende Recapitulation der Sache von Seiten des Präsidenten oder eines der Mitglieder des Gerichts, wenn sie auch ganz strenge der öffentlichen Verhandlung folgt, die Stelle der unmittelbaren Einwirkung der letztern auf die sogleich abzugebende Entscheidung vertreten, ganz abgesehen von dem Aufenthalte, der bei der Aussezzung der Entscheidung durch zufällige Umstände, z. B. die Krankheit oder anderweitige Beschäftigung eines Mitgliedes des Gerichts zum Nachtheil der Partheien entstehen muß. Die größere Zeitersparniß in der Audienz selbst kann das Verfahren nicht

rechtfertigen und ich muß es Ihnen zur Pflicht machen, darauf zu halten, daß leicht zu übersehende und zu entscheidende Sachen, sowohl bei dem Appellations-Gerichtshofe als auch bei den Landgerichten in derselben Audienz, in welcher sie verhandelt worden, auch unmittelbar darauf entschieden, und die Entscheidungen verkündet werden. Die Aussetzung der Entscheidung bis zu einer der folgenden Audienzen bleibt daher nur für die schwierigen und zweifelhaften Sachen vorbehalten. Uebrigens ist der Justiz-Minister mit Ihnen darin einverstanden, daß in den Fällen dieser Aussetzung die bloß für das schriftliche Verfahren, in welchem ein Berichtserstatter förmlich ernannt worden, im Art. 111. der Proceß-Ordnung vorgeschriebene Vorlesung des Berichts nicht erforderlich sei, obgleich allerdings nicht zu leugnen ist, daß der Grund des Gesetzes auch bei den bloß ausgesetzten Sachen eintreten kann, besonders dann, wenn von Sachen die Rede ist, die sich mehr zum eigentlichen schriftlichen Verfahren, als zu einer bloßen Aussetzung der Deliberation geeignet hätten.

Die nachträglich unterm 29. September c. eingereichten Berichte der Herren Landgerichts-Präsidenten zu Aachen, Cleve, Trier, Düsseldorf und Cöln erfolgen hierbei zurück.

Berlin, den 24. October 1823. Der Justiz-Minister
An v. Kircheisen.
den königlichen ersten Präsidenten und
Herrn Geheimen Staatsrath Daniels
in Cöln.

## 595.

**Forum personale der zu Wetzlar sich aufhaltenden Frau Herzogin von Würtemberg, gebornen Prinzessin von Schwarzburg-Sondershausen.**

Der Appellationsgerichtshof für ostrheinische Sachen erhält hierneben Abschrift der Allerhöchsten Kabinets-Ordre vom 24. d. M., nach welcher für die zu Wetzlar sich aufhaltende Frau Herzogin von Würtemberg, geborne Prinzessin von Schwarzburg-Sondershausen und deren höhere Dienerschaft der Justiz-Senat zu Coblenz zum foro in persönlichen Angelegenheiten bestellt worden, in Absicht der niedern Dienerschaft dagegen das forum des Stadtgerichts zu Wetzlar beibehalten werden soll.

Die Frau Herzogin wird von Seiten des königl. Ministerii der auswärtigen Angelegenheiten aufgefordert werden, einen General-Bevollmächtigten zu bestellen, welchem alle Sie betreffende Verfügungen eingehändiget werden können. Was die Klagen wider Individuen aus der niedern Dienerschaft betrifft; so müssen solche, ehe darauf verfügt wird, einem dazu von der Frau Herzogin bestimmten Officianten Behufs eines zu versuchenden gütlichen Abkommens mitgetheilt werden. Erst nach Verlauf eines angemessenen Zeitraums von dieser Mittheilung angerechnet, ist die Zufertigung an den Beklagten zu veranlassen, welchem die Insinuation unmittelbar geschiehet. Eine gleiche unmittelbare Insinuation der Verordnungen des Justiz-Senats zu Coblenz geschiehet auch an Personen, die zur höhern Dienerschaft gehören und unter dem Justiz-Senat stehen. Sollte indessen ein oder anderes Individuum aus der höhern oder niedern Dienerschaft der Frau Herzogin einen General-Bevollmächten bestellt haben; so müssen an diesen, wie sich von selbst versteht, die Verfügungen abgegeben werden. Der Justiz-Senat zu Coblenz und das Stadtgericht zu Wetzlar werden von den zu ernennenden Bevollmächtigten von der Frau Herzogin benachrichtiget werden.

Hiernach hat der königliche Appellationsgerichtshof das weiter Erforderliche zu veranlassen.

Berlin, den 27. October 1823. Der Justiz-Minister

An v. Kircheisen.

den königlichen Appellationsgerichtshof,
Abtheilung für ostrheinische Sachen,
zu Cöln.

a.

Ich genehmige auf Ihren Bericht vom 21. d. M., daß für die zu Wetzlar sich aufhaltende Frau Herzogin von Würtemberg, geborne Prinzessin von Schwarzburg-Sondershausen und deren höhere Dienerschaft, wohin Kammerherren, Hofdamen, Räthe und alle mit ihnen in gleichem Range stehende Officianten zu rechnen sind, der Justiz-Senat zu Coblenz zum foro in persönlichen Angelegenheiten bestellt; in Absicht der niedern Dienerschaft dagegen das forum des Stadtgerichts zu Wetzlar beibehalten werde. Sie haben hiernach das Erforderliche zu verfügen.

Berlin, den 24. October 1823.

An Friedrich Wilhelm.

den Staats- und Justiz-Minister v. Kircheisen.

## 596.

Geschäftskreis der General-Procuratur des Appellationshofes über verschiedene laufende Justiz-Verwaltungs-Angelegenheiten.

Nach Ihren Anträgen, Herr Präsident, habe ich beschlossen, Sie von der Bearbeitung der folgenden Gegenstände zu dispensiren: der Angelegenheiten nämlich, welche auf die Ernennung und Dienstführung der Friedensrichter, auf ihre Gehälter, die Ergänzungs-Friedensrichter, die Localien der Friedensgerichte, die Ernennung und Dienstführung der Notarien und die Ernennung und Dienstführung der Gerichtsvollzieher sich beziehen, insoweit es hierbei auf Bewirkung der vorbereitenden Verfügungen Behufs der Berichtserstattung an mich, auf die letztere selbst und auf Ausführung meiner Anordnungen ankommt, so wie auf Erlaß derjenigen Verfügungen, die Sie beide bisher in meiner besonderen Authorisation erlassen haben. Die Bearbeitung dieser obgenannten Gegenstände wird Ihnen, Herr General-Procurator, allein übertragen.

Diese Anordnung ist auch auf alle bereits vorliegenden Angelegenheiten dieser Art anzuwenden, und wird es Ihnen, Herr Präsident und Herr General-Procurator, überlassen, sofern Sie eine allgemeine Bekanntmachung für nothwendig halten, deshalb eine solche in die Amtsblätter einrücken zu lassen. Es versteht sich jedoch von selbst, daß insofern es bisher zur Vorbereitung ihrer beiderseitigen Verfügungen und Berichte einer Berichtserstattung der Landgerichte oder der Landgerichts-Präsidenten und Ober-Procuratoren bedurft hat, diese Berichtserstattung nach wie vor, von Ihnen, Herr General-Procurator allein in meinem Auftrage zu veranlassen ist.

Berlin, den 27. October 1823. Der Justiz-Minister
v. Kircheisen.

An
den königlichen ersten Herrn Präsidenten und
den königlichen Herrn General-Procurator
in Cöln.

## 597.

Bestimmung über die Dauer der Assisensitzungen.

Auf Ihre Berichte von resp. dem 30. September d. J. und 24. v. M.

über die Frage, ob eine Assisensitzung länger als 14 Tage dauern dürfe?

wird Ihnen eröffnet, wie es keinem Zweifel unterworfen sei, daß die gesetzliche Vorschrift des Art. 260. der Criminal-Proceß-Ordnung nicht durch die, überdies nur durch die Zeitumstände veranlaßte, Verordnung der damaligen Immediat-Justiz-Commission zu Cöln vom 3. December 1816 habe aufgehoben werden können, und daher noch gelte; indeß würde es mit einer großen Härte für die Geschwornen verbunden sein, wenn man den Art. 260. buchstäblich und mit Strenge für alle Fälle zur Anwendung bringen wollte. Es wird bei demselben ein normaler Zustand der Criminalgerichtspflege vorausgesetzt, und daß in der Regel nur so viel Criminal-Sachen zur öffentlichen Verhandlung erwachsen seien, als in einem Zeitraume von 14 Tagen, oder einigen Tagen mehr erledigt werden können. In der Regel kann nämlich den Geschwornen ohne Unbilligkeit keine viel längere Abwesenheit von ihren Geschäften zugemuthet werden. Wenn es indeß nach Ablauf der 14 Tage nur noch auf die Zugabe von wenigen höchstens 4 bis 6 Tagen ankommt, um die Criminal-Sachen vollends zu erledigen, dann würde es unzweckmäßig von dem Assisen-Präsidenten sein, wenn er mit Ablauf des 14ten Tages die Assisensitzung aufheben, und hierdurch ohne Noth eine längere Haft der Angeklagten, außerordentliche Assisensitzungen und Vermehrung der Criminal-Kosten veranlassen wollte. In solchen Fällen müssen daher die Assisensitzungen bis zur Erledigung sämmtlicher zur Entscheidung vorbereiteter Criminal-Sachen fortgesetzt werden.

Hiernach scheint jedoch nach der mitgetheilten Correspondence auch der königliche erste Präsident, Herr Geheimer Staatsrath Daniels einverstanden zu sein, der sich überhaupt in dieser Sache noch eine weitere Aeußerung vorbehalten und jedenfalls seiner Seits sich gegen Sie bereit erklärt hat, dazu beizutragen, daß jeder etwanige Mißbrauch der Assisen-Präsidenten abgestellt werde.

Bei dieser Lage der Sache ist Letzterer zu einer Berichtserstattung noch nicht vorbereitet gewesen.

Was den speciellen, im Berichte des Ober-Procurators des Landgerichts zu N. vom 22. August c. zur Sprache gebrachten Fall anlangt, so frägt es sich vor allem: von welcher Beschaffenheit die unerledigt gebliebenen Sachen sein, und welchen Zeitraum ohngefähr ihre Verhandlung erfordert haben würde. Dies haben Sie, Herr General-Procurator, auszumitteln, und wenn sich findet, daß hierzu nur noch eine Frist von 6 Tagen oder weniger erforderlich und mithin die Weigerung des Appellationsgerichts-Raths N. als Assisen-Präsidenten, die Sitzung fortzusetzen, unzweckmäßig gewesen ist, so haben Sie diesen Fall zur Kenntniß des Herrn Geheimen Staatsraths Daniels zu bringen und die Rektification des Appellationsgerichts-Raths N. zu bewirken, so wie es dann jedenfalls zweckmäßig sein wird, wenn Sie in Gemeinschaft mit dem Herrn ꝛc. Daniels eine generelle Verfügung über die zweckmäßige Anwendung des Art. 260. der Criminal-Proceß-Ordnung an die Assisen-Präsidenten und die Ober-Procuratoren erlassen.

Bei dieser Gelegenheit wird den Assisen-Präsidenten zur Pflicht zu machen sein, die Zeit zweckmäßig zu benutzen, nicht zu spät anzufangen und mehrere geringfügige Sachen nach einander in einem und demselben Tage abzumachen, auch die Einrichtung so zu treffen, daß wenn am Vormittage eine Sache beendigt ist, gleich am Nachmittage mit der folgenden begonnen werden könne. Die Ober-Procuratoren werden insbesondere anzuweisen sein, nicht durch Vorladung ganz überflüssiger Zeugen, welche schon nach Lage der vorläufigen Acten auf die Entscheidung der Sache keinen Einfluß haben können, die Verhandlung der Sache unnöthig weitläuftig und kostbar zu machen. Es ist zu hoffen, daß dem gerügten Mißbrauche auf diesem Wege wird abgeholfen werden. Eventualiter wird Ihre weitere Anzeige erwartet.

Berlin, den 17. November 1823. Der Justiz-Minister
An v. Kircheisen.
den königlichen Herrn General-Procurator
zu Cöln.

## 598.

### Anschaffung der Distanztabellen.

Auf Ihren Bericht vom 15. v. M., die Distanz-Tabellen des Regierungsbezirks Coblenz betreffend, wird Ihnen eröffnet, daß die Gerichtsvollzieher die ihnen nothwendigen Exemplare dieser Tabelle auf ihre eigene Kosten anschaffen müssen. Diejenigen Behörden, welchen die Regierung Exemplare zuzuschicken verbunden ist, sind im Art. 93. des Decrets vom 18. Juni 1811 genannt, und es kann derselben daher kein Vorwurf gemacht werden, daß sie dies gethan.

Allerdings ist es indeß zweckmäßig, daß jedes der Friedensgerichte 2 Exemplare, daß das Landgericht zu Coblenz, das Untersuchungs-Amt zu Simmern, der königliche rheinische Appellations-Gerichtshof und die königliche General-Procuratur die erforderliche Anzahl von Exemplaren erhalten, und daß auch jedem der übrigen Landgerichte einige Exemplare zugetheilt werden. Dieses Bedürfniß zu beurtheilen ist Sache der Justiz-Behörde und nicht der Regierung, und behalte ich mir vor, Falls letztere, wider Vermuthen, sich ferner weigern sollte, die noch erforderliche Anzahl Exemplare gegen Erstattung der Druckkosten zu überlassen, mich deshalb an die der Regierung vorgesetzten königlichen Ministerien zu wenden. Sie haben daher den nothwendigen Bedarf speciell ausmitteln zu lassen, die Regierung um Uebersendung der hiernach noch erforderlichen Zahl von Exemplaren zu requiriren und den Betrag der Druckkosten für diese noch nothwendigen Exemplare anzuzeigen.

Das Schreiben der Regierung an das königliche Finanz-Ministerium vom 10. October c. wird Ihnen in originali sub lege remissionis vorläufig wieder communicirt.

Berlin, den 8. December 1823. Der Justiz-Minister
v. Kircheisen.

An
den königlichen Herrn General-Procurator
in Cöln.

## 599.

### Reglement über das äußere Erscheinen der Gensdarmen und Militair-Personen niedern Grades in den Gerichtssitzungen.

Eine über die Ablegung der Waffen und der Kopfbedeckung von Seiten der in den öffentlichen Assisensitzungen entweder als Zeugen oder unter den Zuhörern und Zuschauern sich einfindenden Gensdarmen, zwischen den Assisen-Präsidenten und den militairischen Vorgesetzten des Gensdarmen entstandene Differenz hat Veranlassung gegeben, wegen des Gegenstandes sowohl mit dem Chef der Gensdarmerie als auch mit dem königlichen Kriegs-Ministerium in Communication zu treten.

Das Resultat derselben ist Folgendes:

Im Allgemeinen gilt der Grundsatz:

daß der Gensdarme und jeder andere Militair, wenn er im Amte, oder in Folge amtlicher Verrichtungen vor Gericht erscheint, mit Seitengewehr und bedecktem Kopfe, wenn er aber als Privatmann auftritt, zwar mit Seitengewehr, aber unbedeckt erscheinen muß.

Aus der Anwendung dieses Grundsatzes auf die zur Sprache gebrachten Fälle ergiebt sich:

1) daß ein Gensdarme, wenn er als öffentlicher Beamte und um über seine vermöge seines Amtes erhaltene Wissenschaft zu deponiren, vor Gericht erscheint, dienstmäßig, d. h. mit Seitengewehr und

mit bedecktem Kopfe um so mehr erscheinen muß, als er solchergestalt vor seinen Obern und vor des Königs Majestät Allerhöchst selbst zu erscheinen hat. In demselben Falle werden auch alle übrigen Militairs sein, welche in der Eigenschaft als öffentliche Beamte, Schildwachen ꝛc. vor Gericht zu erscheinen verpflichtet sind.

2) Dagegen muß der Gensdarme und jeder andere Militair, wenn er als Privatmann, sei es als Parthei oder als Zeuge, vor Gericht erscheint, mit entblößtem Kopfe auftreten. Den Säbel legt er nicht ab.

3) Befindet sich der Gensdarme oder ein anderer Militair, in gerichtlicher Sitzung von Amtswegen, so behält derselbe das Seitengewehr, und den Kopf bedeckt.

4) Wohnen Gensdarmen und Militairpersonen der gerichtlichen Sitzung als Privatleute, mithin als Zuschauer, bei, so nehmen sie zwar den Czacot ab, behalten jedoch das Seitengewehr.

Unter Militairs und Militair-Personen, werden hier Soldaten, Unterofficiere, Feldwebel und Wachtmeister verstanden.

In Hinsicht der Gensdarmen tritt ad 4. noch der Umstand hinzu, daß in öffentlicher Gerichtssitzung wohl Fälle entstehen können, welche die Grenzen der dem Präsidenten zustehenden Ordnungs-Polizei im Gerichtssaale überschreiten und das Amt des Gensdarmen aufrufen, letzterer aber allenthalben, wo solche Fälle eintreten, sein Amt wahrnehmen und daher dem Dienste gemäß gekleidet sein muß.

Diese Bestimmungen haben Sie zur Kenntniß der zu Assisen-Präsidenten bestimmten Räthe und der königlichen Procuratoren zu bringen. Einer öffentlichen Bekanntmachung bedarf es nicht. Berlin, den 15. December 1823.

An den königlichen ersten Herrn Präsidenten und an den königlichen Herrn General-Procurator in Cöln.

Der Justiz-Minister
v. Kircheisen.

## 600.

### Modificirung des §. 9. der unterm 9. Mai genehmigten Instruction über das Strafverfahren gegen beurlaubte Landwehrmänner.

Der Justiz-Minister kann sich nicht veranlaßt finden,

wegen der zufolge Ihres Berichts vom 1. v. M., von dem königlichen Revisions- und Cassationshofe in Bezug auf die gegen beurlaubte Landwehrmänner zu erkennende Ausstoßung aus dem Soldatenstande angenommenen Grundsätze, eine authentische Declaration in Antrag zu bringen. Vielmehr findet der Justiz-Minister gegen diese Grundsätze nichts zu erinnern und in sofern solche der den königlichen Ober-Procuratoren ertheilten Instruction entgegen sind, wird letztere außer Wirkung gesetzt. Die Militair-Strafgesetze haben die Ausstoßung aus dem Soldatenstande nur für die Fälle sehr schwerer Verbrechen vorbehalten. Wenn daher diese Ausstoßung nicht durch die Vorschriften der Kriegsartikel oder wegen der zugleich zu erkennenden schimpflichen Ausstellung oder Brandmarkung nothwendig wird, so kann sie aus den übrigen mit jeder Criminalstrafe nach den dortigen Gesetzen verbundenen Folgen nicht hergeleitet werden. Die königlichen Procuratoren sind anzuweisen, diesem gemäß in künftigen Fällen ihre Anträge zu formiren.

Berlin, den 19. December 1823.

An den königl. Herrn General-Procurator in Cöln.

Der Justiz-Minister v. Kircheisen.

## 601.

Gebühren-Berechnung der Medicinal-Personen bei gerichtlichen Verhandlungen nach der königlichen Medicinaltaxe.

Ihr früheres Anheimstellen im Berichte vom 27. Mai dieses Jahres,

ob nicht die dem Arzte zukommenden Gerichts-Gebühren nur nach Maaßgabe des Decrets vom 18. Juni 1811 festzusetzen seien?

haben Sie zwar dadurch zu motiviren gesucht, weil es Ihnen bei Ansicht der Verordnung vom 9. Juni 1819 zweifelhaft geschienen:

ob die Medicinal-Taxe vom 21. Juni 1815 als ein, die Rheinprovinzen verbindendes und deren Kostentarif vom 18. Juni 1811 derogirendes Gesetz angesehen werden könne.

Dieser Zweifel ist jedoch offenbar nicht begründet, denn nach dem Eingange der Verordnung vom 9. Juni 1819

soll es in Ansehung der bereits bekannt gemachten und in Ausführung gebrachten ältern Gesetze (der Allgemeinen Gesetzsammlung) dabei verbleiben.

Die Medicinaltaxe vom 21. Juni 1815 ist aber im ganzen Umfange des damaligen General-Gouvernements des Mittel- und Niederrheins, am 16. December publicirt worden. Deshalb hat auch die vormalige Immediat-Justiz-Commission durch eine Bekanntmachung vom 5. März 1817 die Anweisung an die gerichtlichen Behörden erlassen, in vorkommenden gerichtlichen Arzneifällen die Gebühren der betreffenden Medicinal-Personen nicht ferner nach dem französischen Decret vom 11. Juni 1811, sondern vielmehr nach jener für alle Provinzen der Monarchie anwendbar erklärten neuen Medicinaltaxe vom 21. Juni 1815 festzusetzen. Als ferner die Regierung zu Trier dagegen im Jahre 1818 Bedenken erhoben hatte, so haben sich das königliche Ministerium des Medicinalwesens und des Herrn Staats-Ministers v. Beyme Excellenz mit der Einführung der Medicinaltaxe einverstanden erklärt. Es ist mithin keinem Bedenken unterworfen, daß die Medicinaltaxe vom 21. Juni 1815 als ein in den Rheinprovinzen bekannt gemachtes und in Ausführung gebrachtes Gesetz zu erachten ist, bei welchem es daher eben nach der Verordnung vom 9. Juni 1819 ferner verbleiben soll.

Berlin, den 22. December 1823. Der Justiz-Minister
v. Kircheisen.

An
den königlichen Herrn General-Procurator
zu Cöln.

## 602.

Nachtrag zum §. 3. der Scharfrichter-Taxe vom 26. August 1822. Fixirung der Tage bei Hin- und Herreisen des Scharfrichters zu den Executionsorten.

Auf Ihren Bericht vom 27. vorigen Monats,

über die Fixirung der Tage, welche der Scharfrichter in Rechnung bringen kann, wenn er sich in die verschiedenen Sitze der Assisenhöfe begeben muß,

eröffne ich Ihnen, daß ich zwar gegen Ihre diesfallsigen Anträge nichts zu erinnern habe, jedoch dabei die ausdrückliche Voraussetzung gemacht werden muß, daß der Scharfrichter mindestens 5 Meilen den Tag zurücklege, gleichviel ob er sodann die Reise zu Fuß macht oder sich dazu, und zwar, wie sich von selbst versteht, ohne weitere besondere Entschädigung, eines Fuhrwerks bedient.

Diesem gemäß haben Sie an die königlichen Ober-Procuratoren das Erforderliche zu verfügen.

Berlin, den 23. December 1823.

An den königl. Herrn General-Procurator zu Cöln.

Der Justiz-Minister v. Kircheisen.

## a.

## Auszug aus dem Bericht der General-Procuratur.

Ich erlaube mir darauf anzutragen, daß dem Scharfrichter für die vorkommenden Hin- und Herreisen

| | | | | |
|---|---|---|---|---|
| a) nach | Düsseldorf | à 5¼ | Meilen, | 2 Tage |
| b) „ | Cleve | à 15¾ | „ | 5 „ |
| c) „ | Aachen | à 9¼ | „ | 3 „ |
| d) „ | Coblenz | à 11½ | „ | 3 „ |
| e) „ | Trier | à 26½ | „ | 8 „ |

bewilligt werden.

Außerdem aber wird der zur Verrichtung der Execution erforderliche Aufenthalt noch besonders vergütet werden müssen und werden die königlichen Ober-Procuratoren die nothwendige Dauer dieses Aufenthalts jedesmal zu attestiren haben. Cöln, den 27. November 1823.

Der General-Procurator
Bölling.

## IX.

## 1824.

# Gesetze, Verordnungen, Rescripte.

## 603.

### Anrechnung des Aufenthalts eines wegen Wahnsinns in der Irrenanstalt untergebrachten Verurtheilten auf die Strafzeit.

Auf Ihren Bericht vom 23. dieses Monats,
betreffend die Vollstreckung der wider die Wirkerin N. erkannten Gefängnißstrafe,

eröffne ich Ihnen, daß der Verurtheilten der Aufenthalt im Spital während ihres wahnsinnigen Zustandes, als Strafe angerechnet werden muß, da bei einer Gefängnißstrafe die Entziehung der Freiheit die Hauptsache ist, und diese auch in der Irrenanstalt statt gefunden hat.

Berlin, den 2. Januar 1824. Der Justiz-Minister
v. Kircheisen.

An
den königlichen Herrn General-Procurator
in Cöln.

## 604.

### Strafverfahren wider beurlaubte Landwehrmänner.

In meiner durch Rescript Sr. Excellenz des Herrn Justiz-Ministers vom 9. Mai pr. genehmigten Circular-Verfügung vom 28. April pr., die Anwendung der Allerhöchsten Kabinets-Ordre vom 22. Februar pr. in Hinsicht auf das Strafverfahren wider beurlaubte Landwehrmänner betreffend, ist in dem §. 11. unter andern festgestellt worden:

daß es in allen Criminalfällen und bei denen darin zu erkennenden Strafen um so weniger Bedenken haben könne, diese nur allein nach den hiesigen Strafgesetzen zu beurtheilen, als damit jedesmal schimpfliche Ausstellung gesetzlich verknüpft sei, und daher auch jedesmal nach §. 1 und 2 der Allerhöchsten Verordnung vom 22.

Februar pr. die gänzliche Ausstoßung aus dem Soldatenstande als gesetzlich nothwendige Folge damit verbunden werden müsse.

Diese, durch das bezogene hohe Ministerial-Rescript ausdrücklich gut geheißene Bestimmung schien mir ganz consequent und nothwendig, wenn auch nicht aus den Worten, doch in jedem Falle aus dem klaren Sinne und der unverkennbaren Absicht des Gesetzes zu folgen.

Der königliche Revisions- und Cassationshof hat aber bereits in mehreren Fällen, jenen höchsten Orts genehmigten Grundsätzen entgegen, bei bloßen Criminalstrafen nicht zugleich ausdrücklich auf schimpfliche Ausstellung, noch auch auf Ausstoßung aus dem Soldatenstande erkannt, sondern nur die nach den hiesigen Gesetzen verwirkte Leibesstrafe in eine Militairstrafe von gleicher Dauer, nebst Versetzung in die zweite Classe des Soldatenstandes verwandelt. In seinen Entscheidungen hat der königliche Revisions- und Cassationshof dabei das Motiv zum Grunde gelegt, daß, da nach einer Gouvernements-Verordnung vom 14. Februar 1814 die schimpfliche Ausstellung an den Pranger nicht weiter eine nothwendige Folge der erkannten Criminal-, namentlich der Zuchthaus- oder Reclusionsstrafe sei, auch von den Vorschriften der §§. 1. 2 und 6 der Allerhöchsten Verordnung kein Gebrauch gemacht, und daher auch nicht auf die Ausstoßung aus dem Soldatenstande erkannt und angetragen werden dürfe.

Bei dem Widerstreit dieser Grundsätze mit der voralle-girten Instruction, fand ich mich veranlaßt, Sr. Excellenz dem Herrn Justiz-Minister von dieser zu befürchtenden Verwirrung in den Grundsätzen sowohl, als auch in der Praxis Bericht zu erstatten, trug auf eine authentische Interpretation des Gesetzes vom 22. Februar pr., als das einzige Mittel, die entstandenen Differenzen zu heben, an, und suchte die von mir aufgestellten Grundsätze durch folgende Bemerkungen zu begründen:

Allerdings sei es nach der angeführten Gouvernements-Verordnung dem Ermessen des Gerichts überlassen, auf eine schimpfliche Ausstellung an den Pranger zu erkennen, oder auch nicht zu erkennen; damit sei aber noch keinesweges die mit dem Verbrechen selbst von Rechtswegen verknüpfte Infamie aufgehoben, und alle die in dem Art. 28. des Strafgesetzbuchs ausgedrückten Folgen dieser Infamie, worunter auch sogar der Verlust des Rechts, Waffen zu tragen, und unter der Armee des Reichs zu dienen, gerechnet würden, blieben noch nach wie vor als nothwendige Folge der erkannten Criminalstrafe bestehen.

Ein solcher Verurtheilter könne diese verlornen bürgerlichen Rechte nicht anders, als durch eine förmliche, nach Art. 619. seq. der Criminal-Proceßordnung nachzusuchende Rehabilitation wieder erlangen, also erst nach Ablauf einer fünfjährigen Frist vom Tage der gebüßten Strafe an gerechnet, und da das Minimum dieser letztern auch in der Regel fünf Jahre dauern würde, so würde derselbe in jedem Falle schon seines erlangten Alters wegen nicht mehr zum Militairdienst tauglich sein.

Der Sinn und der Geist der Allerhöchsten Kabinets-Ordre gehe aber offenbar dahin, daß derjenige, welcher zu einer entehrenden Strafe verurtheilt worden sei, nicht mehr würdig gehalten werden könne, ein Mitglied des Soldatenstandes zu sein. Da nun das altpreußische Criminalrecht, welches bei jener Allerhöchsten Verordnung zum Grunde gelegt worden, keine eigentliche infamirende Strafen kenne, so habe man natürlich in dem Gesetze vom 22. Februar pr. bei der schimpflichen Ausstellung an den Pranger, bei dem Staupenschlag und bei der Brandmarkung stehen bleiben müssen, und habe festgesetzt, daß jeder zu einer solchen Strafe Verurtheilte unwürdig sei, ein Mitglied des Soldatenstandes zu bleiben. Ferner sollte auch noch bei andern, einen Mangel an Ehrgefühl anzeigenden Verbrechen, z. B. beim Raube und gewaltsamen Diebstahle rc., nach Maaßgabe der Kriegsartikel jene Unwürdigkeit und die Ausstoßung aus dem Soldatenstande eintreten.

Das hiesige Strafrecht setze dagegen bei allen eigentlichen Verbrechen nicht nur einen solchen Mangel von Ehrgefühl voraus, sondern nehme — wie oben bemerkt — ihnen sogar alle bürgerliche Ehre, und erkläre den Verbrecher von Rechtswegen unwürdig, die Waffen zu tragen und unter der Armee des Reichs zu dienen.

Daß diese mit allen Criminalstrafen gesetzlich verbundene Infamie in Ansehung der Landwehrleute durch den §. 2. der oben erwähnten Allerhöchsten Kabinets-Ordre stillschweigend aufgehoben sei, lasse sich um so weniger annehmen und rechtfertigen, wenn man erwäge, daß sich alsdann eine auffallende Ungleichheit in Ansehung der Strafe zwischen Landwehrpflichtigen und nicht kriegsdienstpflichtigen Eingesessenen ergeben würde, indem letztere als Folge der verwirkten Criminalstrafe in der bürgerlichen Gesellschaft als Ehrlose erschienen, während jene, wenngleich sie sich eines gleichen, oder gar noch straffälligern Verbrechens schuldig gemacht hätten, sich noch immer der bürgerlichen Ehre zu erfreuen hätten, und noch fortfahren würden, zum Soldatenstande zu gehören.

Meiner unvorgreiflichen Meinung nach liege daher offenbar in der nach dem hiesigen Strafrecht jedem Verbrecher an und für sich anklebenden Infamie der Grund, in allen Fällen derselben den §. 2. der mehrerwähnten Kabinets-Ordre zur Anwendung zu bringen.

Se. Excellenz der Herr Justiz-Minister haben gleichwohl, wie Sie aus dem hier abschriftlich beigefügten Rescripte vom 19. Decbr. pr. (No. 600.) ersehen werden, jetzt den obigen, von dem königlichen Revisions- und Cassationshofe ausgesprochenen Grundsätzen beigepflichtet, daher auch nunmehr der §. 11. meiner Circular-Verfügung vom 28. April pr. in gleichem Sinne verstanden und angewandt werden muß.

Ich überlasse es Ihnen, Herr Ober-Procurator, dagegen immer in den dazu geeigneten Fällen, z. B. bei Raub, Diebstahl rc. die Ausstellung an den Pranger ausdrücklich in Antrag zu bringen, wo denn die Ausstoßung aus dem Soldatenstande, und damit zugleich die unbedingte Anwendung der hiesigen Strafgesetze von selbst folgen wird.

Cöln, den 7. Januar 1824.

An sämmtliche Herren Ober-Procuratoren.

Der General-Procurator
Bölling.

## 605.

### Berichtigung des Legitimationspunktes Seitens der Avocaten beim Justiz-Senat zu Coblenz.

Da die bei dem unterzeichneten Collegium dermal fungirenden Advocat-Anwälde der früheren, durch die Gemeinen-Bescheide vom 25. Juni 1808 und 8. Mai 1810 ertheilten Anweisungen ungeachtet, in Berichtigung des Legitimationspunktes sich seit einiger Zeit wieder äußerst saumselig finden lassen, so finden wir uns, unter Bezug auf die vorgedachten früheren Gemeinen-Bescheide veranlaßt, hiermit nochmals und weiter zu verordnen: daß derjenige Advocat-Anwald, welcher den Legitimationspunkt bei Appellationssachen nicht spätestens mit und bei Eingabe der Rechtfertigungsfrist, bei Erster-Instanz-Sachen aber nicht spätestens mit und bei Einreichung des zweiten Schriftsatzes vorschriftsmäßig erledigt, ohne weiters nicht nur in Einen Thaler Ordnungsstrafe verfallen, sondern auch für das nochmals nöthige besondere Präsentations-Schreiben seines Deservits verlustig sein solle. Coblenz, den 13. Januar 1824.

Königlicher Justiz-Senat.

## 606.

### Regulirung des Vormundschaftswesens.

Auf Ihren Bericht vom 1. vorigen Monats, in Betreff der vormundschaftlichen Verwaltung in den Rhein-Provinzen,

authorisire ich Sie, die Friedensrichter zu veranlassen, eine vormundschaftliche Tabelle nach dem von Ihnen eingereichten Schema a. zu führen, und halbjährig den betreffenden Ober-Procuratoren einzureichen, welche ihrerseits der königlichen General-Procuratur alljährlich eine Notiz nach dem von Ihnen sub b. eingesandten Schema vorzulegen haben.

Die Friedensrichter müssen mit Strenge darauf halten, daß die Personenstandsbeamten monatlich die vorschriftsmäßigen Nachweisungen über die Fälle, welche die Anordnung eines Vormundes nöthig machen, einliefern, zugleich sind ihnen genaue Nachforschungen zu empfehlen, um auszumitteln, ob aus den früheren Zeiten Vormundschaften noch unbesetzt oder nicht vollständig besetzt sind, in welchen Fällen die nöthigen Verfügungen, sowohl hinsichtlich der Anordnung des Vormundes, als auch wegen Feststellung, Verwaltung und Sicherstellung des Vermögens sogleich zu treffen sind.

Wenn das Vermögen so unzureichend ist, daß nach den gegebenen Vorschriften zu den Verhandlungen kein Stempel gebraucht werden darf, so müssen auch alle übrigen Verhandlungen, namentlich bei Ernennung des Vormundes, kostenfrei geschehen.

Ferner authorisire ich Sie, nach Ihrem Vorschlage den Friedensrichtern zur Pflicht zu machen, daß sie als Vorsitzende bei den Familien-Räthen möglichst dahin wirken, daß die Vormünder, nach Maaßgabe des Art. 470. des bürgerlichen Gesetzbuchs angehalten werden, den Nebenvormündern eine jährliche Uebersicht vom Stande des Vermögens und dessen Verwaltung zu geben.

Dem Nebenvormunde ist es dann zugleich bei eigener Verantwortlichkeit zur Pflicht zu machen, diese jährlichen Uebersichten dem Friedensrichter und dem Familienrath mit den erforderlichen Anträgen vorzulegen.

Hiernach haben Sie das Weitere zu veranlassen.

Berlin, den 15. Januar 1824. Der Justiz-Minister
v. Kircheisen.

An
den königlichen Herrn General-Procurator
zu Cöln.

(Umstehend folgen die Schemata a und b. der Vormundschafts-Tabellen.)

a.

Vormundschafts-Tabelle,

welche in chronologischer Form von dem Gerichtsschreiber zu führen und vom                 an, halbjährig nach erfolgter Beglaubigung durch den Friedensrichter einzusenden ist.

| No. | Auszug aus dem monatlichen Verzeichniß der Civilstands-Beamten. | | | Anordnung des Vormundes. | | | | Anordnung des Neben-Vormundes. | | | | Sicherstellung des Vermögens und Verwaltung. | | | | | 17. |
|---|---|---|---|---|---|---|---|---|---|---|---|---|---|---|---|---|---|
| | 1. Namen. | 2. Alter. | 3. Wohnort. | 4. Namen. | 5. Gewerbe. | 6. Wohnort. | 7. Tag der Anordnung. | 8. Namen. | 9. Gewerbe. | 10. Wohnort. | 11. Tag der Anordnung. | 12. Ob die Aufnahme des Inventars erfolgt ist und summarische Angabe des sich daraus ergebenden Vermögens-Ertrages. | 13. Welche Summe für die Erziehung u. Verwaltung bestimmt ist. Art. 454. | 14. Ob und wie der Ueberschuß der jährlichen Revenüen angelegt worden ist. Art. 455 u. 456. | 15. Ob die Einreichung einer jährlichen Uebersicht der Vermögens-Verwaltung den Vormündern zur Pflicht gemacht worden und bewirkt ist. | 16. Ob die Eintragung der Vormundschaft erfolgt und nachgesucht ist. Art. 2136 bis 2138. der Civil-Proc.-Ordnung. | Bemerkungen. |
| | der zu bevormundenden Personen. | | | | | | | | | | | | | | | | |

Nb. Diejenigen Vormundschaften, in welchen die Anordnung des Vormundes und Neben-Vormundes, oder die Sicherstellung des Vermögens noch nicht statt gefunden hat, werden auf die nächste Tabelle vorne als Rest übertragen; es erfolgt in der laufenden Tabelle die Verweisung auf dieses Verzeichniß, und in dieser werden die offenen Colonnen ausgefüllt.

b.

| Namen der Kantone. | Anzahl der | | | | | | Total. | | Bemerkungen. |
|---|---|---|---|---|---|---|---|---|---|
| | vollständig bestellten Vormundschaften. | Minorennen. | unvollständig bestellten Vormundschaften. | Minorennen. | noch zu bestellenden Vormundschaften. | Minorennen. | Vormundschaften. | Minorennen. | |
| | | | | | | | | | |

## 607.

**Den königl. Regierungen stehen die Maaßregeln zur Wiederergreifung entsprungener Verbrecher zu; desgleichen die Disciplin über Polizei-Officianten, wenn solche auch als Beamte der gerichtlichen Polizei fungiren.**

Bei der in dem Bericht vom 28. November pr. enthaltenen, verspäteten Anzeige dessen, was auf die Verfügung vom 22. November 1822 wegen der bei Gelegenheit der Entweichung einiger, auf dem Transport befindlich gewesenen Verbrecher, zwischen der Regierung und dem Ober-Procurator zu Coblenz entstandenen Differenz, von Ihnen veranlaßt, und von dem Ober-Procurator, jetzigen General-Advocaten von Oppen einberichtet worden ist, kann es sein Bewenden haben. Es sind daher nur die von Ihnen geäußerten Bedenken gegen zwei in der Verfügung vom 22. November 1822 angenommene Grundsätze zu erledigen.

1) Dem §. 35. der Anweisung für die Regierungen und Gerichte in den Rheinprovinzen über die Grenze ihrer gegenseitigen Amtsbefugnisse vom 20. Juli 1820 hat allerdings die Absicht zum Grunde gelegen, die Disciplin über die Polizeibeamten, in Bezug auf alle ihre Amtsverrichtungen ohne Unterschied, also auch in Bezug auf diejenigen, welche ihnen als Beamte der gerichtlichen Polizei obliegen, nur von den Regierungen ausüben zu lassen. Der Zusammenhang des gedachten Paragraphen ergiebt dies ganz deutlich, und es kann derselbe nicht dahin ausgelegt werden:

> daß den Regierungen über Polizeibeamte, insofern von Amtsverrichtungen der administrativen Polizei die Rede ist, die Dienstdisciplin zustehe,

da sich dieses von selbst verstanden, und keiner ausdrücklichen Festsetzung bedurft haben würde. Die Erinnerungen und Warnungen, von welchen der Artikel 280. der Criminal-Proceßordnung handelt, können nach wie vor, in Angelegenheiten der gerichtlichen Polizei, den Polizeibeamten von den in dieser Rücksicht denselben vorgesetzten Behörden erlassen werden. Wenn es aber auf ein Disciplinar-Verfahren und auf die Verhängung einer Disciplinarstrafe ankommt, so muß deshalb eine Requisition an die Regierung ergehen. Die Dienstdisciplin über die Polizeibeamten kann nach der jetzt in den Rheinprovinzen bestehenden Polizei-Verfassung zweckmäßig nur von einer Behörde ausgeübt werden, und hierzu ist diejenige gewählt worden, welcher die Polizeibeamten, in Bezug auf den größern Theil ihrer Amtsverrichtungen subordinirt sind.

2) Wenn ein, der Polizeibehörde, Behufs seines Transports, überlieferter Verbrecher auf diesem Transport entweicht, so ist die Polizeibehörde eben so berechtigt, als verpflichtet, sofort alle geeignete Maaßregeln zu ergreifen, um des Entsprungenen wieder habhaft zu werden. Wollte das öffentliche Ministerium in solchen Fällen das Seinige zur Wiederergreifung des Verbrechers ebenfalls veranlassen, ohne von demjenigen vorher unterrichtet zu sein, was von der Regierung geschehen, so würden diese Verfügungen des öffentlichen Ministeriums in vielen Fällen entweder ganz überflüssig sein, oder sich mit den Maaßregeln der Regierungen kreuzen. Deshalb bringt es die Natur der Sache mit sich, daß in solchen Entweichungsfällen die Regierung zunächst für die Wiederergreifung sorge, und das öffentliche Ministerium erst nach erhaltener Kenntniß von den Schritten der Polizeibehörde in Wirksamkeit trete.

Es hat also auch in dieser Rücksicht bei demjenigen sein Bewenden, was darüber in der Verfügung vom 22. November 1822 geäußert worden ist. Berlin, den 19. Januar 1824.

An den königlichen Herrn General-Procurator zu Cöln.

Der Justiz-Minister
v. Kircheisen.

## 608.

Die Partheien aus dem Bereiche des Justiz-Senats zu Coblenz müssen bei Eingaben in den beim Revisionshofe anhängigen Rechtssachen, sich eines mit Vollmacht versehenen dasigen Anwaldes bedienen.

Aus Auftrag des königlichen hohen Revisions- und Cassationshofes in Berlin machen wir den Gerichtseingesessenen unsers Bezirks hierdurch bekannt: daß der königliche Revisions- und Cassationshof die, in dort anhängigen Rechtssachen unmittelbar und ohne eines dasigen, mit Vollmacht versehenen, Anwaldes sich zu bedienen, eingereichten Exhibita nicht annehmen, sondern unberücksichtigt an die Einsender zurücksenden wird. Coblenz, den 23. Januar 1824.

Königlicher Justiz-Senat.

Koch.

## 609.

Bewilligung von Rechtsbeiständen für die Zoll- und Steuer-Aemter bei Behandlung der Steuer-Processe.

Beigehend erhalten Sie, Herr Präsident und Herr General-Procurator, Abschrift eines Schreibens des königlichen Finanz-Ministerii vom 13. d. Mts. mit Bezug auf die an Sie, Herr Präsident, unter dem 15. v. Mts. erlassene Verfügung wegen Bewilligung von Rechtsbeiständen für die Haupt-Zoll- und Steuer-Aemter zur zweckmäßigen Behandlung der Steuer-Processe, um in Gemäßheit dieses Rescripts und nach dem Antrage des königlichen Finanz-Ministerii das weiter Erforderliche zu veranlassen.

Berlin, den 30. Januar 1824. Der Justiz-Minister
v. Kircheisen.

An
den königlichen ersten Herrn Präsidenten und den königlichen Herrn General-Procurator zu Cöln.

a.

Ew. Excellenz werden mit mir darüber einverstanden sein, daß die in der Allerhöchsten Kabinets-Ordre vom 19. April v. J. gemachte Bewilligung von Rechtsbeiständen für die Haupt-Zoll- und Steuer-Aemter zur zweckmäßigen Behandlung der Steuer-Processe, ganz allgemein gestellt ist, und der Zweck dieser Bewilligung, die vollständige und recht zeitige Ermittelung aller erheblichen Umstände bei vorgefallenen Contraventionen, durch praktische Rechtskenntniß, in allen Theilen der Monarchie erlangt werden kann, welche Form auch, nach dem Eintritte der Berufung auf richterliche Entscheidung, erforderlich werden mag, um einen richterlichen Spruch zu geben.

Demohnerachtet gelingt es den Regierungen am Rhein nicht, von den dortigen Gerichtsbehörden zu diesem Zweck Subjekte bewilligt zu erhalten. Der Herr General-Procurator geht von der Voraussetzung aus, daß diese Einrichtung neben dem öffentlichen Gerichtsverfahren ihren Zweck verfehle, weil der ganze Proceß doch vor Gericht gänzlich neu behandelt werden müßte, wenn Berufung auf gerichtliche Entscheidung einträte. Indessen scheint der Herr General-Procurator zu übersehen, daß der Vortheil des Gebrauchs der Rechtskenntnisse in der ersten Feststellung des Thatbestandes und in der umfassenden Sammlung der erheblichen Umstände, auch nach dem Uebergange der Erörterungen ins Gerichtsverfahren fortwirken müsse, weil die Anträge an das Gericht über die zu debattirenden Thatsachen und die dafür vorhandenen Beweismittel, immer nach Maaßgabe der Vorakten vollständig oder unvollständig ausfallen werden. Die Steuerverwaltung verlangt nun aber von der Zuordnung der Rechtsbeistände vorzüglich, daß die Steuer-Defraudationen auf frischer That richtig aufgefaßt werden, um nach dem Eintritte der richterlichen Beleuchtung der strafbaren Handlungen, wegen der zur Zurechnung erforderlichen Thatsachen nicht verlegen zu sein, welche in schwierigen Fällen im ersten Augenblicke von Nichtrechtskundigen leicht übersehen werden, später aber, wenn sie von der Zeit oder andern Verhältnissen verdunkelt werden, dem Richter in dem wahren Lichte nicht mehr dargestellt werden können.

Wenn hiernach die Einrichtung wegen Rechtsbeistände der Steuerämter, auch für die Rheinprovinzen höchst wünschenswerth ist, und deren Nützlichkeit von keiner Gerichtsform aufgehoben wird; so ersuche Ew. Excellenz ich ganz ergebenst, die rheinischen Gerichtshöfe gefälligst über den Zweck der Bewilligung richterlicher Personen für einzelne Hauptämter belehren, und solche veranlassen zu wollen, den diesfälligen Wahlen der Regierungen kein Hinderniß in den Weg zu legen, wenn die gewählten Personen zu diesen Geschäften Zeit finden zu können überzeugt sind.

Berlin, den 13. Januar 1824.

An des königlichen wirklichen Geheimen Staats- und Justiz-Ministers Herrn von Kircheisen Excellenz.

v. Klewitz.

## 610.

**Der im Decret vom 7. April 1813 Art. 2. befindliche Ausdruck „Arrondissement" gilt für den ganzen Umfang eines Landgerichtsbezirks.**

Auch ich bin mit der, von der vormaligen Immediat-Justiz-Organisations-Commission in der Verfügung vom 27. Mai 1821 ausgesprochenen Ansicht, welcher Sie ebenfalls beitreten, darin einverstanden,

daß der Ausdruck „Arrondissement" im Art. 2. des Decrets vom 7. April 1813, nicht auf den geographischen Umfang der damaligen Arrondissements oder eines jetzigen landräthlichen Kreises bezogen werden kann, sondern vielmehr auf den ganzen Umfang eines jetzigen Landgerichtsbezirks anzuwenden ist.

Berlin, den 6. Februar 1824.

An den königlichen Herrn General-Procurator zu Cöln.

Der Justiz-Minister v. Kircheisen.

## 611.

### Rangverhältnisse der rheinischen Justizbeamten.

Auf Ihren, in Betreff der Rangverhältnisse der rheinischen Justizbeamten, erstatteten Bericht vom 2. Februar d. J. bestimme Ich:

1) daß der erste Präsident und der Generalprocurator des rheinischen Appellations-Gerichtshofes, den Rang der Ober-Landesgerichts-Chef-Präsidenten;

2) die Senats-Präsidenten des Appellations-Gerichtshofes, der erste General-Advocat, und die Präsidenten der Landgerichte, den Rang der Ober-Landesgerichts-Vicepräsidenten;

3) die Appellationsgerichtsräthe, die übrigen General-Advocaten, die Ober-Procuratoren, und die Handelsgerichts-Präsidenten, den Rang der Ober-Landesgerichtsräthe;

4) die Procuratoren bei dem Appellations-Gerichtshofe, die Landgerichtsräthe und Procuratoren, den Rang unmittelbar hinter den Ober-Landesgerichtsräthen und vor den Oberlandesgerichts-Assessoren;

5) die Appellations- und Landgerichts-Assessoren und die Handelsrichter, den Rang der Oberlandesgerichts-Assessoren;

6) die Friedensrichter den Rang der Domainen-Justizbeamten, haben sollen.

Ein jeder Beamte trägt die Uniform seiner Klasse, die Landgerichtsräthe und die mit ihnen rangirenden Beamten, die Uniform der Ober-Landesgerichts-Räthe, ohne Epaulets. Diejenigen Beamten, denen bereits ein Charakter beigelegt ist, welcher ihnen einen höhern Rang ertheilt, als ihnen nach den obigen Bestimmungen zukommen würde, behalten den höhern Rang. Berlin, den 6. Februar 1824.

An Friedrich Wilhelm.
den Staats- und Justiz-Minister v. Kircheisen.

## 612.

### Atteste über Orts-Entfernungen und Zahlungs-Sätze als Beläge einer nicht mit der Post und nicht im Bezirke des Postamts gemachten Reise.

In Ihrem Berichte vom 11. December v. Js. haben Sie, Herr General-Procurator, darüber Beschwerde geführt, daß das königliche General-Postamt mittelst Circular-Verfügung vom 23. September pr. den Postbehörden untersagt hat, Atteste über Orts-Entfernungen und Zahlungs-Sätze auszustellen, welche zum Belege einer nicht mit der Post und nicht im Bezirke des Postamts gemachten Reise dienen sollen. Es ist jedoch schon früher bei einer ähnlichen Veranlassung mit den königlichen Ministerien des Innern und der Finanzen über diesen Gegenstand communicirt, und es in Gefolge dessen für hinreichend erachtet worden, wenn die Entfernung der Orte durch den Ober-Bürgermeister oder durch das liquidirende Gericht attestirt wird; bei den Regierungen geschieht diese Festsetzung nach den vorhandenen Ortsverzeichnissen. Auch haben beide königliche Ministerien schon in der an sämmtliche Regierungen erlassenen Circular-Verfügung vom 7. September 1817 festgesetzt, daß die Bescheinigung der liquidirten Meilenzahl durch die Regierungs-Kalkulaturen auf den Grund der von den Postbehörden und den Landräthen einzuziehenden Nachrichten, über die Entfernungen der Ortschaften und des daraus zur Norm anzufertigenden Tableaus geschehen solle.

Indeß habe ich doch aus Ihrem Berichte Veranlassung genommen, über diesen Gegenstand nochmals mit den Herren Ministern des Innern und der Finanzen Excellenzen in Correspondenz zu treten. Dieselben haben sich jedoch mit Bezug auf die frühere Correspondenz und Circular-Verfügung vom 7. September 1817 wiederholt dahin erklärt, daß sie die Bescheinigungen der Postämter über Orts-Entfernungen nicht für nothwendig, vielmehr es für genügend hielten, wenn diese Bescheinigungen von den Behörden, bei welchen die Liquidationen einzureichen sind, oder von denen Kalkulaturen ertheilt werden. Es kann dieses auch bei den Justiz-Behörden geschehen, welche dazu die bei den Regierungen angelegten Nachweisungen der Orts-Entfernungen von diesen sich zu verschaffen haben, und auf deren Grund die Bescheinigungen ausstellen können. Demgemäß haben Sie zu verfahren, und alle dem rheinischen Appellations-Gerichtshofe untergeordnete Gerichts-Behörden darnach zu instruiren.

Berlin, den 20. Februar 1824.

An den königlichen Herrn General-Procurator zu Cöln.

Der Justiz-Minister
v. Kircheisen.

## 613.

**Urlaubsertheilung an Justizbeamte bei Reisen in's Ausland gehen vom Justiz-Ministerio aus.**

Auf Ihren Bericht vom 6. v. Mts. wird Ihnen, Herr

General-Procurator, in Verfolg der vorläufigen Verfügung vom 18. pr.

in Betreff des Urlaubs der dortigen Justizbeamten zu Reisen in's Ausland,

eröffnet, daß die von Ihnen in Antrag gebrachte Abänderung der Schlußbestimmung des Art. 33. des Decrets vom 18. August 1810, nach welcher der Urlaub zu einer Reise in's Ausland von dem Justiz-Minister ertheilt werden muß, um so weniger stattfinden kann, da sie mit der diesseitigen Verfassung in Uebereinstimmung ist. Auch steht Ihrer Vermuthung, daß der Fall oft vorkommen könnte, die bisherige Erfahrung nicht zur Seite. Berlin, den 27. Februar 1824.

An den königlichen Herrn General-Procurator zu Cöln.

Der Justiz-Minister
v. Kircheisen.

## 614.

### Behandlung der Verwaltungs-Ansprüche aus der Zeit der ehemaligen Fremdherrschaft in den neuen und wieder eroberten Provinzen.

Abschrift dieses Schreibens und der darin angeführten Allerhöchsten Kabinets-Ordre vom 30. Juli 1822 wird den betreffenden Gerichtsbehörden zur Nachricht und Achtung mitgetheilt. Berlin, den 8. März 1824.

Der Justiz-Minister
v. Kircheisen.

a.

Aus den von mehreren Regierungen erstatteten Berichten ergiebt es sich, daß ein zufälliger Umstand, in die Anwendung der durch die Allerhöchste Kabinets-Ordre vom 4. Februar v. J. ertheilten gesetzlichen Vorschrift, wonach hinsichtlich aller aus der Verwaltungszeit vor der diesseitigen Landes-Occupation in den neu und wieder eroberten Provinzen vorkommenden Ansprüche an die Verwaltung, ein gerichtliches Verfahren nicht statt finden soll, Zweifel gebracht hat.

In der eben gedachten Königlichen Kabinets-Ordre wird nämlich auf eine frühere, an das königliche Staats-Ministerium erlassene Allerhöchste Kabinets-Ordre vom 30. Juli 1822 Bezug genommen, durch welche des Königs Majestät die Grundsätze festzuhalten geruhet haben, nach welchen die Verwaltungsansprüche an den Staat, aus der Zeit vor dem Aufhören der Fremdherrschaft in den neu und wieder eroberten Provinzen, regulirt werden sollen.

Diese, hauptsächlich zur Richtschnur der oberen Verwaltungsbehörden ertheilte, Königliche Kabinets-Ordre ist nicht in die Gesetzsammlung aufgenommen worden, und es ist dagegen eine Allerhöchste Kabinets-Ordre vom 30. Juli 1822 in der Gesetzsammlung von 1822 unter No. 749. zur Publication gekommen, welche die Festsetzung eines Präclusiv-Termins, wegen Anmeldung etwaniger Ansprüche auf Gehalts-, Wartegeld- und Pensions-Entschädigung zum Gegenstande hat, und mit der Allerhöchsten Kabinets-Ordre vom 4. Februar v. J. in gar keiner Beziehung steht; also auch nicht, wie vermeint worden, in einer solchen, daß die Ausschließung des Proceßganges sich nur auf Gegenstände oder Gehalts-, Wartegeld-, oder Pensions-Ansprüche bezöge.

Um allen ferneren Mißverständnissen der Verwaltungsbehörden vorzubeugen, hat die unterzeichnete Immediat-Commission das Erforderliche an die, bei der abgesonderten Restverwaltung betheiligten Regierungen und Liquidations-Commissarien erlassen, und da aller Wahrscheinlichkeit nach auch bei manchen Gerichtsbehörden eine unrichtige Ansicht durch ein gleiches Mißverständniß veranlaßt werden dürfte — (wie denn auch neuerlich die Regierung zu N. einen solchen Zweifel vorgetragen hat, welcher in einem noch vor dem dortigen Landgericht eingeleiteten Proceß des Gutsbesitzers N. wider den Fiscus aufgestellt worden) so beehrt sich die unterzeichnete Immediat-Commission ein königl. Hochlöbliches Justiz-Ministerium um gefällige Belehrung der Gerichtsbehörden der Rheinprovinzen, der diesseitigen Landestheile des ehemaligen Großherzogthums Berg und Königreichs Westphalen, sowie des Großherzogthums Warschau, und um geneigte Nachricht von dem Verfügten ganz ergebenst zu ersuchen.

Berlin, den 14. Februar 1824.

Immediat-Commission für die abgesonderte Restverwaltung.

An

ein königl. Hochlöbliches Justiz-Ministerium.

## b.

Auf den Bericht des Staatsministeriums vom 27. April c., betreffend die Behandlung der Verwaltungsansprüche an das preußische Gouvernement, aus der Zeit der ehemaligen Fremdherrschaft, in den neu und wiedereroberten Provinzen,

nehme Ich keinen Anstand zuvörderst die in Vorschlag gebrachten allgemeinen Grundsätze zur Regulirung dieses Schuldenwesens, dahin zu genehmigen, daß

I. eine Verpflichtung des allgemeinen preußischen Staats-

Fonds aus den, von den vorigen Gouvernements eingegangenen Verbindlichkeiten unstreitig insoweit vorhanden, als es sich mit dem allgemeinen Besten verträgt und demgemäß die höchste Staatsgewalt solche anerkannt hat, weiterhin aber, nämlich als absolut nach den ursprünglichen Verhältnissen betrachtet, staats- und völkerrechtlich so bestritten erscheint, daß sie wo nicht an und für sich der richterlichen Cognition unbehörig, doch wohl geeignet ist, derselben entzogen und zum administrativen Verfahren verwiesen zu werden;

II. im administrativen Verfahren Modificationen, welche die Masse der Ansprüche beschränken, möglich und nothwendig sind, und die Anwendung der Grundsätze der französischen Friedensschlüsse dabei, zwar nicht als eine an sich rechtsbegründete Analogie, wohl aber aus dem, auf die Hoffnung der Ausführbarkeit gegründeten Beschluß der Staatsgewalt, statt finden kann;

III. in den ehemals französischen Provinzen außerdem, was gegen Frankreich und den französischen Aversional-Fonds liquidirt worden ist, aus der Periode bis zum 1. Januar 1814 an Verwaltungs-Passiv-Resten, nichts weiter zu bewilligen nnd zu vergüten ist;

IV. in den ehemals bergischen und königl. westphälischen Landestheilen, der Liquidation, bei dem jetzigen Gouvernement, in demselben Umfang und derselben Kathegorie, statt gegeben werden soll, wie solche gegen Frankreich in den ehemals französischen Provinzen durch den Pariser Frieden begründet worden ist.

In Absicht der Ausführung vorstehender Grundsätze, will Ich nach dem Vortrag des Staats-Ministeriums noch Folgendes näher bestimmen und erklären:

1) Die Administrations-Schulden, von denen hier die Rede ist, bilden den Gegensatz von den verbrieften, zur Staatsschuld förmlich verzeichneten (verzinslichen oder unverzinslichen) Landesschulden, von welchen nur die Zinsen einer jeden Periode in die Klasse der Verwaltungs-Schulden eben dieser Periode fallen.

2) Die Liquidität dieser Administrations-Schulden ist in der Regel nach denjenigen Verwaltungs-Grundsätzen und Regeln zu beurtheilen, welche zur Zeit ihrer Entstehung, oder wenn sie sich geändert hätten, unmittelbar vor der diesseitigen Landes-Occupation gegolten haben, insofern solche nicht als offenbar ungerecht, durch die von Mir erlassenen Bestimmungen, aufgehoben worden sind.

3) Bei den ehemaligen westphälischen Provinzen ist von der gegenwärtigen Regulirung auszunehmen, alles, was als eigentliche Centralschuld des ganzen vormaligen Königreichs anzusehen ist, worüber jetzt unter den sämmtlichen theilnehmenden Mächten besonders verhandelt wird.

4) Als factisch begründete Grenzzeitpunkte der Perioden der ehemaligen Fremdherrschaft, werden nach den nähern Anträgen des Schatz-Ministeriums, hierdurch festgestellt:
   a) für die Ländertheile des vormaligen Königreichs Westphalen, mit Ausschluß der Stadt Magdeburg, der 1ste November 1813;
   b) für die Stadt Magdeburg, der 1ste Mai 1814;
   c) für das Fürstenthum Erfurt und die Grafschaft Blankenhayn, der 1ste November 1813;
   d) für das vormalige Großherzogthum Berg, der 11te November 1813;
   e) für den durch den Friedensschluß vom 20. November 1815 von Frankreich erworbenen, früherhin zum Fürstenthum Saarbrück gehörend gewesenen Theil des vormaligen Mosel-Departements nach dem Besitz-Ergreifungs-Patente vom 27. November 1815, der 1ste December 1815.

5) Zur Tilgung der anzuerkennenden Ansprüche aus der vorigen Regierungszeit, werden vorerst die Einnahmen aus derselben Zeit und die Zuschüsse bestimmt, welche den desfallsigen Restenfonds besonders überwiesen werden. Es ist daher auch zusammenzustellen, und zu den gedachten Fonds zu erstatten, was an Einnahme-Resten aus jenen Perioden in allgemeine preußische Staatsfonds geflossen und ihnen verblieben, jedoch mit Ausnahme der Kriegsverwendungen, bei welchen es ohne Weiteres um so mehr sein Bewenden behalten muß, als die vorgefundenen Bestände und Einnahme-Quellen der neu und wiedererworbenen, vom Joche der Fremdherrschaft befreiten deutschen Länder ihre nächste und dringendste Bestimmung in denselben fanden, und die älteren Provinzen in der Kraftanstrengung dermaaßen vorangegangen waren, daß ohne die höchste Ungerechtigkeit gegen diese, eine Reclamation jener Verwendungen aus allgemeinen Staatsfonds zu Provinzialzwecken, nicht geschehen könnte.

6) Gleichfalls hat es bei dem sein Bewenden, was aus den Rest-Einnahmen bereits an Rückstandsschulden einzeln getilgt worden.

7) Fernerhin sollen aber aus den Beständen der Restenfonds, Staatsschuldscheine angekauft und die davon eingehenden Zinsen zur Masse geschlagen werden. Alle weitere Zahlungen sind ohne Zinsberechnung in diesen Papieren, nach deren Nominalwerth zu leisten; die darin nicht zahlbaren Summen werden nur nach einem, auf denjenigen Courswerth, den die Staatsschuldscheine am Tage der Festsetzung der Forderung haben, zu gründenden Reductions-Verhältnisse, baar gezahlt.

8) Das ganze Liquidationsgeschäft ist für jetzt noch ohne allgemeines Aufgebot der Gläubiger und ohne öffentliche Festsetzung eines Präclusiv-Termins durch zwei Commissionen, unter Aufsicht und Leitung des Schatz-Ministeriums, zu bearbeiten, und zwar

   a) für die Ländertheile, welche zum ehemaligen Großherzogthum Berg gehört haben, durch eine in Düsseldorf niederzusetzende Commission;

   b) für die zum ehemaligen Königreich Westphalen gehörig gewesenen Provinzen, durch eine besondere Commission in Magdeburg.

9) Diese Commissionen sollen aus drei Mitgliedern der Regierung bestehen, worunter ein Justitiarius unter der Direction resp. des Regierungs-Präsidiums zu Düsseldorf, und des Ober-Präsidiums zu Magdeburg.

10) Mit diesen Liquidations-Commissionen ist eine besondere schiedsrichterliche Commission für die streitigen Fälle in Verbindung zu setzen, an welche alles das zur Entscheidung zu verweisen ist, was jene Commissionen nicht festsetzungsfähig erachten.

Ich genehmige, daß die Entscheidung dieser streitigen Fälle der hier schon bestehenden schiedsrichterlichen Commission für die Privat-Reclamationen gegen Frankreich übertragen, und die derselben für ihren gegenwärtigen Wirkungskreis ertheilte Instruction in angemessener Art auf die in Rede stehenden Gegenstände ausgedehnt werde. Von den Entscheidungen dieser schiedsrichterlichen Commission soll hiernächst eben so wenig, als bei den französi schen Reclamationen, ein zweiterer Recurs stattfinden können, sondern es vielmehr dabei sein unabänderliches Bewenden behalten.

11) Die beiden Liquidations-Commissionen constituiren die Activ-Masse in der Art, daß sie
   a) von allen betreffenden Regierungen die Bestände der Restenfonds einziehen;
   b) von denselben Nachweisungen der Rest-Activ-Ausstände erhalten, und
   c) diese mittelst möglich schnell zu befolgender Requisitionen an die Behörden einziehen,
   d) über streitige Reste nach den allgemeinen Bestimmungen entscheiden oder berichten,
   e) inexigible bis zum Betrage von 100 Thlr. incl. niederschlagen,
   f) die überwiesenen Zuschüsse in Empfang nehmen,
   g) den Ankauf der Staatsschuldscheine aus den Beständen und fälligen Zinscoupons, in der Regel durch die Seehandlung, prompt besorgen.

12) Die Liquidations-Commissionen haben die angemeldeten Forderungen gehörig zu prüfen, und
   a) die ihnen unbegründet scheinenden zu besonderen Etats zu bringen, und solche monatlich oder nach den Umständen in kürzeren Terminen, mit allen Verhandlungen und Belägen, an die schiedsrichterliche Commission einzusenden. Wird nur ein Theil des Liquidats bestritten, das Ganze unterliegt aber einer nicht zu trennenden Beurtheilung, so ist das Ganze zur schiedsrichterlichen Entscheidung zu bringen.
   b) Was nicht bestritten oder durch die Schiedsrichter-Commission nicht verworfen worden, wird zu den Haupt-Reclamations-Etats gebracht, die in eben solchen verhältnißmäßigen Zeiträumen mit Verhandlungen und Belägen dem Schatz-Ministerium zur Bestätigung und Zahlungsanweisung einzureichen sind. Die Etats müssen mit einer kurzen Relation uud einem Gutachten der Liquidations-Commission für jeden der einzelnen Liquidationsfälle begleitet sein.

13) Die Zahlungen müssen nach erfolgter Festsetzung ohne Aufenthalt bewirkt werden.

14) Im Verlauf der Liquidations-Verhandlungen, müssen die Uebersichten des Activ- und Passiv-Zustandes der Restenfonds möglichst und baldigst vervoll-

ständigt werden, und sobald sich mit Gewißheit übersehen läßt, daß und wie weit etwa die Passivmasse die Activmasse übersteigt, ist die vorbehaltene Frage:

ob, und wie weit der Mehrbetrag des Passivi der ganzen Monarchie, als eine allgemeine Staats-Schuld, oder nur den betreffenden Landestheilen als Provinziallast aufzulegen sei?

von dem Staats-Ministerium in fernere Berathung zu ziehen, worüber Ich demnächst besondern gutachtlichen Bericht erwarte.

15) Da Passiv-Zinsen-Reste aus den oben zu 4) festgestellten Perioden als Verwaltungsschulden auf gleiche Weise behandelt werden, und die aus jener Zeit herrührenden Zinsen-Forderungen in den neu und wieder eroberten Provinzen den Restenfonds zuwachsen müssen; so bestimme Ich hierdurch, daß die Liquidation und Abwickelung solcher Activ- und Passiv-Rückstände wieder unter die Leitung des Schatz-Ministeriums gestellt werden soll. Die Verwaltung und Berichtigung des Zinsen-Rest-Wesens in den neu und wieder eroberten Provinzen aus späterer Zeit, so wie aller Activ- und Passiv-Zinsen-Rückstände aus jeder Periode, in den alten Provinzen, verbleibt dagegen der Hauptverwaltung der Staatsschulden, welche von dieser Bestimmung durch Meine heutige Ordre in Kenntniß gesetzt worden ist.

Potsdam, den 30. Juli 1822.

An Friedrich Wilhelm.

das Staats-Ministerium.

## 615.

### Verfahren bei Jagdcontraventionen der Militair-Personen.

Die in der Verfügung vom 12. Januar d. J. vorbehaltene allgemeine Verfügung auf den Bericht vom 29. März v. J., in Betreff der Jagd-Contraventionen der Militair-Personen in den Rheinprovinzen, wird nunmehr dahin erlassen:

Die mitgetheilte Verordnung des königl. General-Commandos und des königl. Ober-Präsidiums in den Rheinprovinzen, so wie der Inhalt Ihres Berichts vom 29. März p. und seiner übrigen Anlagen haben die bereits in meiner frühern Verfügung vom 2. December 1822 ausgesprochene Ansicht nicht zu ändern vermocht.

Das königliche General-Commando und das königliche Ober-Präsidium sind nicht berechtiget gewesen, in der Gerichtsverfassung eine Aenderung zu treffen und es kann daher auf deren Verordnung vom 4. September 1815 keine Rücksicht genommen werden. Es muß vielmehr bei der Ansicht verbleiben:

daß auch in den Rheinprovinzen dergleichen Jagd-Contraventionen der Officiere, sofern die Strafe blos in Geldbuße oder Confiscation bestehet, vor die Civilgerichte gehören.

Diese Ansicht hat auch die Regierung zu Düsseldorf in dem an Sie gerichteten Schreiben vom 5. August 1822 aufgestellt und es ist solche durch Ihre Gegengründe keineswegs widerlegt worden.

Wenn die Regierung in diesem Schreiben hinzugefügt hat,

daß zufolge der Allerhöchsten Bestimmung vom 29. September 1812, womit der §. 244. No. 1 und 2. des Anhangs zur Allgemeinen Gerichtsordnung übereinstimmt, die Vollstreckung des Straferkenntnisses durch Requisition der competenten Militair-Behörde erfolgen müsse,

so ist diese Maaßgabe damals als sie hinzugefügt worden, dem Gesetze ganz angemessen gewesen. In Gefolge der Allerhöchsten Kabinets-Ordre vom 4. Januar v. J. (Gesetzsammlung No. 18.), wonach die durch die frühere Königliche Verordnung vom 4. Januar 1822 wegen der Execution aus Civil-Erkenntnissen bestimmte Art der Executions-Vollstrekkung gegen Militair-Personen auch in Communal-Polizei- und Steuersachen in Anwendung kommen soll, fällt jedoch auch diese Concurrenz der Militair-Behörde weg, da hier von einer Polizei-Contravention die Rede ist. Der Umstand, daß die Entscheidung über Jagd- und andere Polizei-Vergehen in den Rheinprovinzen nicht, wie es in den altländischen Provinzen der Fall ist, von den Verwaltungs-Behörden, sondern nach der dortigen Verfassung von den Gerichten ressortirt, kann keinen Unterschied hinsichts der Vollstreckung der Straf-Erkenntnisse, so weit solche sich auf Geldbuße und Confiscation beschränken, begründen.

Hiermit sind auch die königlichen Ministerien des Innern und des Krieges einverstanden, und das letztere hat in diesem Sinne die abschriftlich anliegende Circular-Verfügung an die Militair-Behörden in den Rheinprovinzen unterm 24. Januar d. J. erlassen.

Demgemäß haben Sie, Herr General-Procurator, die

königlichen Ober-Procuratoren mit der erforderlichen allgemeinen Anweisung zu versehen.

Berlin, den 14. März 1824. Der Justiz-Minister
An v. Kircheisen.
den königl. Herrn General-Procurator
zu Cöln.

n.

Das königliche Commando der 14ten Division hat unterm 26. October 1822 dem Kriegs-Ministerium die Anzeige gemacht, daß mehrere Officiere und Husaren des N.ten Husaren-Regiments, welche auf die Einladung des Majors N. an einer von ihm im Januar 1822 veranstalteten Jagd auf dem von ihm gepachteten Jagdrevier bei Wickerath Theil genommen, bei dem Friedensgerichte zu Odenkirchen als Jagdfrevler in Anspruch genommen, und gegen sie in contumaciam auf Geld- und Confiscationsstrafe erkannt worden sei, weil sie nicht mit einem Jagd-Erlaubnißschein versehen gewesen wären. Das gedachte Commando hat zugleich den Antrag damit verbunden, daß das überall anerkannte Recht des Jagdpächters, sich zur Theilnahme an seiner Jagd Gäste zu bitten, auch in den Rheinprovinzen ohne Beschränkung statt finden, und diese Gäste von Lösung eines Jagd-Erlaubniß-Scheins befreit werden möchten.

Bei Beurtheilung dieser Angelegenheit, kam es zuvörderst auf die Beantwortung folgender zwei Fragen an:

ob nehmlich auch die von einem Jagd-Pächter zur Theilnahme an seiner Jagd eingeladenen Gäste mit einem Jagd-Erlaubnißschein versehen sein müssen, und

ob das gedachte Friedensgericht berechtigt gewesen ist, gegen die Jagd-Contravenienten des Militairstandes zu verfahren, und die gesetzliche Geld- und Confiscations-Strafe zu erkennen.

Ich habe daher Veranlassung nehmen müssen, mit den hierbei concurrirenden königlichen Ministerien der Justiz und des Innern in Verbindung zu treten, deren übereinstimmende Meinung dahin gegangen ist, daß in Bezug auf die erste Frage nach dem §. 6. der General-Gouvernements-Verordnung vom 18. August 1814 und dem §. 8. der General-Gouvernements-Verordnung vom 22. September 1814, wovon ich Abschrift beifüge, es unbedenklich sei, daß in denjenigen Landestheilen, wo jene Verordnungen gelten, Niemand das Recht habe, zu jagen, wenn er nicht mit einem Jagdschein berechtigt wäre. Daher walte auch kein Zweifel darüber ob, daß nach dem Inhalt der zwei §§. dieser Verordnungen, welche noch in Kraft wären, und nach denen auch bisher ganz allgemein verfahren sei,

auch die von einem Jagd-Pächter zur Theilnahme an seiner Jagd eingeladenen Gäste mit einem Jagd-Erlaubnißscheine versehen sein müßten.

Was die zweite Frage beträfe:

ob das Friedensgericht berechtigt gewesen ist, gegen den Major N., die Lieutenants N. und die Husaren N. als Jagd-Contravenienten zu verfahren, und gegen sie in dem abschriftlich anliegr den Contumacial-Erkenntniß vom 21. Februar 1822 auf Geld- und Confiscations-Strafe zu erkennen,

so könne diese Frage ebenfalls nur bejahend beantwortet werden.

Da es einmal feststände, daß diese Individuen verpflichtet gewesen wären, einen Jagdschein zu lösen, so gehöre die Unterlassung dieser Verpflichtung auch nur zur Beurtheilung des Civilgerichts, und dies wäre daher allerdings befugt gewesen, in dieser Sache zu erkennen. Dies sei auch dem Verfahren in den altpreußischen Ländern analog, indem nach der Verordnung vom 24. September 1812 (Gesetz-Sammlung S. 182.) die Militair-Personen in Contraventions- und Defraudations-Sachen, sofern die Strafe bloß in Geldbuße oder Confiscation bestände, auch den Civilgerichten unterworfen wären. Der Umstand, daß die Entscheidung über Jagd- und andere Polizei-Vergehen in den Rheinprovinzen zum Ressort der Civilgerichts-Behörden, in den altpreußischen Ländern aber zum Ressort der Civil-Verwaltungs-Behörden gehörten, können keinen Unterschied begründen. Die betreffenden Militair-Personen hätten sich daher um so weniger weigern können, das Friedensgericht als competente Behörde anzuerkennen.

Wenn indeß eine Verordnung des commandirenden Generals und des Ober-Präsidii am Rhein vom 4. September 1815 bestimmt habe:

daß die Militair-Personen wegen unbefugten Jagens von der vorgesetzten Militair-Behörde, nach Umständen bestraft und behandelt werden sollen,

so sei, obgleich diese Verordnung, da sie eine Abänderung des gesetzlichen fori enthielte, wozu jene Behörden nicht hätten authorisirt sein können, durchaus nicht verbindlich wäre, allerdings anzunehmen, daß der Major N. sowohl, als die übrigen Jagdtheilnehmer vom Militair, der Meinung hätten sein müssen, daß das Friedensgericht zu Odenkirchen ganz incompetent gewesen wäre, um gegen sie zu erkennen.

Diese Erwägung hat nun aber Veranlassung gegeben, Sr. Majestät dem Könige diese Gelegenheit vorzutragen. Allerhöchstdieselben sind nun zwar für jetzt nicht darauf eingegangen, abändernde Bestimmungen der Jagdgesetze in den Rheinprovinzen zu erlassen, da diese bereits dem Staatsrathe zur Begutachtung hingegeben wären, jedoch haben Allerhöchst Sie befohlen, daß das Gutachten des Staatsraths über diese Angelegenheit beschleuniget werde. Ich kann indeß nicht Anstand nehmen, in Gemäßheit des Antrages der betreffenden königlichen Ministerien Ein königliches Hochlöbliches General-Commando ergebenst zu ersuchen, den in den Rheinprovinzen stehenden untergebenen Truppen gefälligst bekannt zu machen, daß sie sich gleich allen Civil-Personen nach den Bestimmungen der vorgedachten General-Gouvernements-Verordnungen vom 18. August und 22. September 1814 so lange zu achten haben, bis diese nicht durch ein anderweites Gesetz Sr. Majestät des Königs außer Kraft gesetzt sind, daher also auch in Contraventionsfällen die Competenz des Friedensgerichts anerkennen müssen, wobei ich nur noch bemerke, daß die Ausfertigungs-Gebühren für die Jagd-Erlaubnißscheine in die königlichen Cassen fließen.

In Betreff des vorliegenden speciellen Falles haben Se. Majestät geruhet, mittelst einer an die Herrn Minister der Justiz, des Innern und an mich gerichteten Allerhöchsten Kabinets-Ordre vom 5. d. M.

> die vom Friedensgerichte gegen die betreffenden Militair-Personen erkannten Strafen, so weit es zulässig ist, in der Rücksicht niederzuschlagen, daß die Verordnung vom 4. September 1815, nicht durch eine Bekanntmachung an die Behörden aufgehoben worden ist, und die darin enthaltene Bestimmung, daß die Militair-Personen von der Militair-Behörde nach Umständen bestraft und behandelt werden sollen, eine sie begünstigende Auslegung, und die von ihnen behauptete Incompetenz des Friedensgerichts zuläßt.

Ein königliches Hochlöbliches General-Commando ersuche ich nun ergebenst, diese Allerhöchste Entscheidung zur Kenntniß der betreffenden Militairpersonen bringen zu lassen. Die Civil-Gerichtsbehörde wird dagegen von dem königlichen Justiz-Ministerium hiervon unterrichtet werden.

Berlin, den 24. Januar 1824. v. Haake.

b.

Den schon bestehenden Vorschriften und der Ordnung zuwider, werden eingegangenen Klagen gemäß, nicht nur theils die unbefriedigten Weinberge beschädigt, sondern anderntheils auch die Jagden gemißbraucht.

Dem Publikum, welchem die hierüber bestehenden Gesetze nicht fremd sein können, wird hierdurch nochmals bemerklich gemacht, daß letztere in vorkommenden Fällen, unnachsichtlich streng in Anwendung gebracht werden sollen. Damit aber auch fremde und besonders das auf Durchmärschen oder in Standquartieren befindliche Militair aus Unkenntniß der ertheilten Bestimmungen sich nicht zur Verlezzung derselben verleiten lassen; so sind hierdurch nicht nur sämmtliche Behörden, sondern vornehmlich auch die Bürger-Miliz und Gensdarmerie angewiesen, nachstehende Verordnung respective durch öffentlichen Anschlag zur allgemeinen Kenntniß zu bringen, und über deren Aufrechterhaltung innerhalb der gesetzlichen Vorschriften allen Ernstes zu wachen.

### Verordnung
### gegen Beschädigung der Weinberge und die willkührliche Benutzung der Jagden.

§. 1. Die Erfahrung hat bewährt, daß der zu frühe Genuß unreifer Trauben der menschlichen Gesundheit im höchsten Grade nachtheilig ist; und wenn ferner ein willkührliches unvorsichtiges Abreißen und Trennen derselben von den Stöcken, diesen höchst schädlich, überhaupt aber ein Verderben der Weinberge nicht nachzusehen ist, eben so wenig aber auch eine willkührliche Verletzung der Eigenthumsrechte in keiner Art geduldet werden kann; so wird hiermit festgesetzt, daß jeder Soldat, welcher auf unerlaubter Beschädigung der Weinberge betroffen werden möchte, unverweilt von dem Besitzer des Berges, oder von der zum Beistand aufgerufenen Bürger-Miliz und Gensdarmerie verhaftet, unter Anzeige der bewiesenen Thatsache, an den nächsten Commandanten abgeliefert und von diesem, nach Umständen, bestraft und behandelt werden soll.

§. 2. Eben so ist jeder Militair-Person untersagt, zu jagen, ohne dazu durch einen besonderen Erlaubnißschein berechtigt zu sein. Sollte ohne diesen eine Militair-Person auf der Jagd betroffen werden, so ist mit demselben ebenfalls so zu verfahren, wie im vorstehenden §. bestimmt worden.

§. 3. Sämmtliche Behörden, die Bürger-Miliz, Gensdarmerie und jede Orts-Polizei sind streng verpflichtet, alles aufzubieten, um dem in Weinbergen und auf der Jagd getriebenen Unfuge zu steuern, alle dahin einschlagende Mittel unverweilt anzuwenden und ganz besonders jedem beeinträchtigtem Besitzer und Eigenthümer kräftigst Beistand zu leisten.

§. 4. Wie schon erwähnt, soll diese Vorschrift besonders gedruckt, einzeln vertheilt und öffentlich angeschlagen, jede Verletzung derselben aber um so härter geahndet werden, wenn irgend ein darauf verwiesener Contravenient sie augenblicklich beachten zu wollen, anstehen sollte.

Aachen, den 4. September 1815.

Der commandirende General in den königl. preußischen Provinzen am Rhein
v. Dobschütz.

Der Geheime Staats-Rath und Ober-Präsident der königlich preußischen Provinzen am Rhein
v. Sack.

## 616.

In den Referenten-Tabellen des Appellationsgerichtshofes muß die Zahl der in der Sitzung eines jeden Civil-Senats erledigten Sachen in folio aufgenommen werden.

Auf Ihren Bericht vom 28. v. M. und die mit demselben eingereichten Referenten-Tabellen des königlichen rheinischen Appellations-Gerichtshofes für das erste Quartal des laufenden Jahres wird Ihnen eröffnet, daß für die Folge die Zahl der gleich in der Sitzung eines jeden der beiden Civil-Senate und ohne vorherige Distribution erledigten und entschiedenen Sachen in folio mit aufgenommen werden müsse.

Berlin, den 15. März 1824.

Der Justiz-Minister
v. Kircheisen.

An
den königlichen Herrn General-Procurator
zu Cöln.

## 617.

Die Allerhöchste Kabinets-Ordre vom 6. März 1821 wegen Vergehen der Verwaltungs-Beamten findet bei Untersuchungen gegen Geistliche und Religions-Diener Anwendung.

Durch ein von dem königlichen Revisions- und Cassationshofe vom 4. Februar c. über den Jurisdictions-Conflict in der Untersuchungssache gegen den Pfarrer N. erlassenes Urtheil ist der Grundsatz festgestellt worden, daß die Bestimmungen der Allerhöchsten Kabinets-Ordre vom 6. März 1821 und der Ministerial-Verfügung vom 23. Mai desselben Jahres hinsichtlich des Gerichtsstandes und des Verfahrens in Disciplinar-Untersuchungssachen gegen Verwaltungs-Beamte, auch auf Geistliche und Religions-Diener aller recipirten Religions-Partheien, welche sich bei Ausübung ihres Amtes eines analogen Vergehens schuldig machen, anzuwenden seien, und daher in dergleichen Fällen die Appellations-Kammer der königlichen Landgerichte in erster Instanz zu erkennen habe, nach deren Erschöpfung die Berufung an den rheinischen Appellationsgerichtshof statt finde.

In künftigen Fällen werden Sie also, Herr Ober-Procurator, diese Entscheidung zum Maaßstabe Ihres Verfahrens zu nehmen haben. Cöln, den 27. März 1824.

Der General-Procurator
Bölling.

An
sämmtliche Herren Ober-Procuratoren.

## 618.

Gegen Gerichtsvollzieher findet jedenfalls die Strafe der Interdiction statt, wenn außer Geldstrafe dieselbe bereits früher angedrohet worden.

Dem Landgerichte zu Coblenz ist zu eröffnen, daß ich die in dem Disciplinar-Beschluß ausgesprochene Ansicht,

daß die im Art. 66. des Decrets vom 16. Febrar 1807 neben der Geldstrafe facultativ angedrohete Interdiction nur dann anzuwenden sei, wenn der Gerichtsvollzieher, welcher unterlassen hat, vorschriftsmäßig die Kosten-Liquidation in den Vorladungen zu bemerken, auf eine dolose Weise verfahren habe,

nicht billigen kann, sondern daß wenn ein Gerichtsvollzieher, gegen den schon mehrmalen die im Art. 67. der Proceß-Ordnung ausgesprochene Geldstrafe erkannt worden, von neuem diese gesetzliche Vorschrift übertritt, unbedenklich auf denselben die Strafe der Interdiction anwendbar ist, auch wenn derselbe nicht dolose gefehlt hat.

Berlin, den 30. März 1824.

Der Justiz-Minister
v. Kircheisen.

An
den königl. Herrn General-Procurator
zu Cöln.

## 619.

Vollziehung der rheinischen Straf-Erkenntnisse gegen altländische Unterthanen.

Seine Excellenz der Herr Justiz-Minister verfügte unterm 27. September 1821 bei Gelegenheit eines Competenz-Streits in Sachen Johann N. und Gerhard N. aus Stockum:

daß kein Verfahren in dem hiesigen foro delicti commissi statt finde, weil die Handlung in foro domicilii nicht von Amtswegen zu rügen.

Dies ist der Fall des §. 98. der Criminal-Ordnung für die preußischen Staaten in Beziehung auf ausländische Gerichte; wäre von einländischen die Rede, so würde judex delicti vorzugsweise das Recht der Untersuchung und Bestrafung haben, und nach den Gesetzen strafen, die da gelten, wo die That geschah. §. 92. ibid. und §§. 13. 14. 15. Th. 2. Tit. 20. des Allgemeinen Landrechts.

Seine Excellenz verfügten ferner unterm 7. August 1822 in Sachen Heinrich N., wo von einem in hiesigen und den altländischen Provinzen gleich strafbaren Vergehen die Rede war, und der Beschuldigte sich ohne Competenz-Einrede bei einem hiesigen Gericht eingelassen hatte, daß die Weigerung des altländischen Gerichts, demselben eine Vorladung zu insinuiren, begründet sei.

Der Weigerung eines inländischen Richters würde ebenfalls der allegirte Art. 92 seq. der Criminal-Ordnung entgegen stehen.

Wenn nun hierdurch zwar nicht explicite, aber implicite und folgerecht in dem Sinne der altpreußischen Strafgesetze feststeht, daß die hiesigen Gerichte kein Mittel haben, ihren Straferkenntnissen gegen altländische Unterthanen Vollzug zu geben, wenn dieser Vollzug nicht durch Haft oder Caution gesichert worden, oder mit andern Worten, daß die alten und hiesigen Provinzen in Beziehung auf Strafrecht und Verfahren dem Auslande gleich zu stellen, so sehe ich mich veranlaßt, meinen Erlaß vom 9. November pr., welcher durch eine spätere Verfügung Sr. Excellenz des Herrn Ministers vom 29. September pr. veranlaßt wurde, aber, wie ich mich überzeuge, nicht durchzuführen ist, ohne zu stets fortgesetzten Conflicten und zwecklosen Kosten Veranlassung zu geben, dahin zu modificiren: daß Sie, Herr Ober-Procurator, in Fällen dieser Art in derselben Weise wie bei Vergehen der Ausländer nur dann einschreiten wollen, wenn zugleich die Vollziehung des Erkenntnisses durch Caution oder Haft sicher zu stellen ist; außerdem aber die Verhandlung an den Richter des Wohnsitzes zur etwa geeigneten weitern Verfügung abzugeben haben.

Zugleich ersuche ich Sie, das öffentliche Ministerium bei den Friedensgerichten von dem Inhalte dieses Erlasses Behufs der gleichmäßigen Beachtung in Kenntniß zu setzen.

Cöln, den 31. März 1824. Der General-Procurator
An Bölling.
sämmtliche Ober-Procuratoren.

## 620.

### Cumulation, Verjährung und Vollstreckung der Strafen.

Auf Ihre Anfrage vom 30. November vorigen Jahres, die Cumulation, Verjährung und Vollstreckung der Strafen betreffend,

eröffne ich Ihnen, Herr Ober-Procurator, unter Remission der eingesandten Acten, daß ich die Sätze:

1) daß die Strafen derjenigen Handlungen, welche bis zur mise en jugement wegen anderer Handlungen begangen waren, nicht cumulirt werden können; so wie

2) daß die nach der mise en jugement begangenen Handlungen ohne Unterschied zu verfolgen, und die Strafen zuzufügen seien, und zwar ohne Rücksicht darauf, ob während des Laufes der Strafe, welche zuerst zugefügt wird, die Verjährungszeit verstreicht, oder nicht,

als richtig anerkenne, und ersuche ich Sie, dieselbe zur Richtschnur anzunehmen; den zweiten Satz jedoch mit der Modification, daß gleich bei Ablieferung des Condemnaten in die Strafanstalt, der Direction sowohl, als auch dem Condemnaten selbst alle Strafen, um deren Vollzug es sich handelt, bekannt gemacht und mittelst Eintragung in die Register der Gefangenanstalt zum Vollzug gebracht werden müssen.

Dagegen ist die fernere Frage: ob unter der härtesten Freiheitsstrafe allgemein die der Dauer nach längste zu verstehen sei, offenbar zu verneinen, indem nur bei Strafen von ganz gleicher Natur die der Dauer nach längste für die härtere zu achten, sonst aber Zwangsarbeit für härter als Zuchthausstrafe, und diese wieder für härter als Gefängnißstrafe gehalten werden muß.

Cöln, den 3. April 1824. Der General-Procurator
Bölling.

An
den Herrn Ober-Procurator zu Trier.

## 621.

### Qualification der Justiz-Amtsschreiber im Bezirke des Justiz-Senats zu Coblenz.

Der königliche Justiz-Senat erhält auf den Bericht vom 5. December vorigen Jahres,

wegen der Qualification der Justiz-Amtsschreiber in dem Jurisdictions-Bezirke des Collegii,

Abschrift des dieserhalb von dem ostrheinischen Senate des

Appellationsgerichtshofes zu Cöln auf Erfordern unter dem 11. v. M. erstatteten Berichts, mit dem Bemerken, daß ich mit den in demselben vorgetragenen Grundsätzen ganz einverstanden bin, wonach

1) die Gerichtsschreiber bei den zur Verwaltung der Voluntair-Jurisdiction bestehenden Schöffengerichten, sich durch die zweite juristische oder Referendariats-Prüfung qualificiren müssen;
2) zu den Amtsschreiber- oder Actuariats-Posten bei den Justiz-Aemtern die Qualification durch das erste juristische oder Auscultator-Examen, oder durch das in der Verfügung vom 5. November 1821 für die Gerichtsschreiber bei den Landgerichten und Friedensgerichten vorgeschriebene Actuariats-Examen genügt.

Hiernach hat sich daher der königliche Justiz-Senat in allen vorkommenden Fällen zu achten.

Berlin, den 5. April 1824. Der Justiz-Minister
v. Kircheisen.

An
den königlichen Justiz-Senat zu Coblenz.

a.

Da ich mit den von dem königlichen ostrheinischen Senate des Appellations-Gerichtshofes in dem Berichte vom 11. v. M. vorgetragenen Grundsätzen in Absicht der Qualification der Justiz-Amtsschreiber in dem Jurisdictions-Bezirke des Justiz-Senats zu Coblenz ganz einverstanden bin, so habe ich dem letztern hiernach eröffnet, daß die Gerichtsschreiber bei den zur Verwaltung der Voluntair-Jurisdiction bestehenden Schöffengerichten, sich durch die zweite juristische oder Referendariats-Prüfung qualificiren müssen, zu den Amtsschreiber- oder den Actuariats-Posten bei den Justiz-Aemtern aber die Qualification durch das erste juristische oder Auscultator-Examen, oder durch das in der Verfügung vom 5. November 1821 für die Gerichtsschreiber bei den Landgerichten und Friedensgerichten vorgeschriebene Actuariats-Examen genügen.

Berlin, den 5. April 1824. Der Justiz-Minister
v. Kircheisen.

An
den königlichen rheinischen Senat
des Appellations-Gerichtshofes
zu Cöln.

## 622.

**Bei Untersuchung von einfachen Holzdiebstählen finden Gerichtsschreiber- und Gerichtsvollzieher-Gebühren nicht statt.**

Auf Ihren anderweiten Bericht vom 28. v. Mts. wegen Auslegung des §. 34. des Gesetzes vom 7. Juni 1821 sehe ich mich veranlaßt, Ihnen zu eröffnen, daß die in diesem §. enthaltene Bestimmung sehr deutlich ist, und es eben so wenig zweifelhaft sein kann, daß die Gerichtsschreiber- und Gerichtsvollzieher-Gebühren als Sporteln zu betrachten sind. Eines neuen Gesetzes bedarf es daher nicht erst, um die letzteren zu nöthigen, in einfachen Holzdiebstahlssachen auf Anweisung der Gerichtsbehörden umsonst zu fungiren, da die Verbindlichkeit aus dem Gesetz vom 7. Juni 1821 selbst herzuleiten ist. Eben so wenig wie sie sich weigern dürfen, in Armen-Civil-Processen umsonst ihre Dienstverrichtungen vorzunehmen, sind sie befugt, die unentgeltliche Dienstleistung in einfachen Holzdiebstahlssachen abzulehnen.

Hiernach kann es Ihnen nicht an Mitteln fehlen, daß Gesetz zu vollstrecken.

Die Regierung zu Trier ist schon unmittelbar von dieser Bestimmung benachrichtiget, die übrigen Regierungen und die Ober-Procuratoren haben Sie hiervon in Kenntniß zu setzen und resp. anzuweisen, und nur fest darauf zu halten, daß alle Reclamationen zurückgewiesen werden.

In der That finde ich diese Bestimmung auch der Billigkeit gemäß.

Die Gerichtsschreiber erhalten Besoldungen und Emolumente in den zahlbaren Sachen.

Die Gerichtsvollzieher haben überaus einträgliche Posten und eine sehr reichliche Diensteinnahme, und beziehen außer den sehr bedeutenden Summen von den Partheien noch so beträchtliche Summen aus den Staatscassen, daß ihnen wohl zugemuthet werden kann, in den einfachen Holzdiebstahls-Sachen umsonst zu fungiren. Wenn einer oder der andere glaubt, daß er nicht bestehen kann, so wird es ihm unverwehrt sein, seinen Posten niederzulegen. Es wird nicht an rechtlichen und tüchtigen Candidaten fehlen, die gern diesen Posten übernehmen werden, wenn sie auch in einfachen Holzdiebstahlssachen umsonst fungiren müssen.

Berlin, den 12. April 1824.

An den königlichen Herrn General-Procurator zu Cöln.

Der Justiz-Minister
v. Kircheisen.

## 623.

### Straf- und Züchtigungsmittel in den rheinischen Straf-Anstalten.

Beigehend erhalten Sie, Herr General-Procurator, zur Nachricht und Achtung Abschrift der Allerhöchsten Kabinets-Ordre vom 23. Februar d. J., nach welcher auch in den rheinischen Strafanstalten diejenigen Mittel, welche zur Erhaltung der Disciplin und Ordnung in den Strafanstalten der übrigen Provinzen geordnet sind, vorschriftsmäßig angewendet werden sollen, imgleichen der darauf an den Herrn Ober-Präsidenten, Staats-Minister v. Ingersleben erlassenen Verfügung vom 5. v. Mts., nebst dem in der letztern allegirten Extracte aus dem Reglement der Straf- und Besserungsanstalt zu Spandau. Berlin, den 12. April 1824.

An den königlichen Herrn General-Procurator zu Cöln.

Der Justiz-Minister v. Kircheisen.

### a.

Auf Ihren gemeinschaftlichen Antrag vom 16. d. Mts. setze Ich hierdurch fest, daß auch in den rheinischen Strafanstalten diejenigen Mittel, welche zur Erhaltung der Disciplin und Ordnung in den Strafanstalten der übrigen Provinzen geordnet sind, vorschriftsmäßig angewendet werden sollen. Berlin, den 23. Februar 1824.

An die Staats-Minister v. Kircheisen und v. Schuckmann.

Friedrich Wilhelm.

### b.

Da die den rheinischen Strafanstalten vorgesetzten Administrationsbehörden bisher der Meinung gewesen sind, daß zur Aufrechthaltung der innern Ordnung, so wie zur Bestrafung der widerspenstigen, unruhigen und rebellischen Sträflinge nur die in der französischen Criminal-Ordnung §. 614. vorgeschriebene einsame Einsperrung der Schuldigen angewendet werden könne; diese Absicht aber nicht nur an sich irrig ist, indem jene Festsetzung allein auf die während der Untersuchung verwahrten Gefangenen Beziehung, und die französische Gesetzgebung sich vielmehr über diesen Gegenstand eigentlich gar nicht bestimmt ausgesprochen hat, sondern auch mehrere neuere Vorfälle das Unzureichende des in Rede stehenden Corrections-Mittels gezeigt haben: so ist von Seiner Königlichen Majestät auf den Antrag der unterzeichneten Ministerien mittelst abschriftlich beigefügter Kabinets-Ordre vom 23. v. Mts. Allerhöchst festgesetzt worden, daß auch in den rheinischen Strafanstalten diejenigen Mittel, welche zur Erhaltung der Disciplin und Ordnung in den Strafanstalten der übrigen Provinzen geordnet sind, vorschriftsmäßig angewendet werden sollen. Indem Ew. Excellenz hiervon in Kenntniß gesetzt werden, wird Ihnen zur gleichmäßigen Ausführung dieser Allerhöchsten Anordnung, und Behufs der diesfälligen Anweisung an die mit der Direction und Aufsicht auf die dortigen Strafanstalten beauftragten administrativen Behörden, der die Strafordnung betreffende Abschnitt des in der Strafanstalt zu Spandau eingeführten Reglements hierbei übersandt, damit Sie die darin aufgestellten Vorschriften zur Richtschnur nehmen, und dahin Verfügung treffen mögen, daß überall ein gleiches Verfahren, sowohl von den Officianten der Anstalten, als von den beaufsichtigenden Regierungen, zur Erhaltung der Disciplin und Ordnung beobachtet, auch dafür gesorgt werde, daß die darauf begründete Hausordnung durch Anschlag an passenden Orten in den Strafhäusern zur Kenntniß der Sträflinge gelange.

Berlin, den 5. März 1824.

Der Justiz-Minister v. Kircheisen. Der Minister des Innern v. Schuckmann.

An den königlichen Ober-Präsidenten Herrn Staats-Minister v. Ingersleben Excellenz zu Coblenz.

### c.

### Straf-Ordnung.

§. 30. Vergehungen der Züchtlinge gegen die Hausordnung werden von dem Vorsteher der Anstalt unter der Controlle der Regierung mit Ordnungsstrafen belegt. Ueber ein jedes solches Vergehen muß sogleich von einem der Oberaufseher eine Verhandlung aufgenommen werden, welche die summarische Anzeige oder Anschuldigung gegen den Züchtling und die kurze Vernehmung desselben darüber enthält; worauf der Vorsteher hinter dieser Verhandlung die Ordnungsstrafe decretirt, und solche schleunig durch einen der Unteraufseher vollziehen läßt.

Wird von dem Vorsteher eine Strafe auf der Stelle verhängt, so ist eine Verhandlung darüber nachträglich aufzunehmen. Wird eine härtere Strafe als wozu dem Vorsteher, nach den unten bestimmten Grenzen die Befugniß zusteht, von ihm für nöthig erachtet, so ist darüber unter Darstellung der Thatsachen und Einreichung der Verhandlungen die Bestimmung der Regierung einzuholen. Alle diese Strafen müssen ohne Leidenschaft nach strengem Recht mit verständiger Rücksicht auf die körperliche und sittliche Eigenthümlichkeit des Züchtlings und mit möglichster Schonung seines Ehrgefühls, bestimmt und vollzogen werden.

Das Züchtigungsrecht des Vorstehers besteht in folgenden Strafmitteln:

1) Gefängnißstrafe mit Herabsetzung der Kost auf Wasser und Brod, 24 bis 48 Stunden lang, d. i. Entziehung der übrigen Nahrungsmittel außer dem in einer stärkeren Portion zu verabreichenden trockenen Brode.

2) Gefängnißstrafe ohne Entziehung der warmen Speise bis auf acht Tage, indem der Züchtling in einer abgesonderten Arreststube von aller Gemeinschaft mit den übrigen Züchtlingen ausgeschlossen ist, und allein arbeiten muß; Gefängniß ohne Arbeit ist ein schärferer Grad der Strafe.

3) Einsperrung in das sogenannte einsame Gefängniß bis auf 12 Stunden bei Wasser und Brod.

4) Körperliche Züchtigung mit 5 bis 15 Hieben, bei Männern durch die Peitsche, bei Weibern durch den Stock; Männer bekommen die Hiebe auf den Rükken, Weiber auf den mit einem straff angezogenen Rock bedeckten Hintern. Diese Züchtigungen geschehen öffentlich auf den Höfen der Anstalt und nie ohne Beisein des Oberaufsehers.

5) Kettentragen bei Männern und Klotztragen bei Weibern auf längere oder kürzere Zeit. Züchtlinge die schon einmal die Flucht ergriffen oder sich derselben dringend verdächtig gemacht, oder auch Excesse und Widersetzungen von Erheblichkeit begangen haben, können selbst für die ganze Strafzeit mit Kettentragen belegt werden. Die zu der abgesonderten Classe der schweren Verbrecher gehörigen Züchtlinge tragen in der Regel Ketten; wovon sie nur bei anhaltend guter Aufführung durch einen Beschluß des Vorstehers befreiet werden können, wogegen sie auch bei besonderer Gefährlichkeit selbst noch in den Wohngemächern bei der Arbeit angeschlossen werden.

Der Wundarzt muß, so oft der Vorsteher es verlangt, und namentlich bei allen von der Regierung zu bestimmenden härteren Strafen, ein schriftliches und gewissenhaftes Gutachten darüber abgeben, ob ein Züchtling diese oder jene Strafart und welchen Grad derselben ohne Nachtheil seiner Gesundheit erleiden könne; worauf die Vollstreckung der Strafe nur nach diesem Gutachten erfolgt.

## 624.

In Criminaluntersuchungen müssen die Verweisungsordonnanzen der Rathskammern der Landgerichte an den Appellhof dem Beschuldigten insinuirt werden.

Der Herr Ober-Procurator bei dem königlichen Landgericht zu Düsseldorf läßt in Criminal-Untersuchungssachen die Verweisungs-Ordonnanz der Rathskammer an den Appellationsgerichtshof dem Beschuldigten insinuiren.

Dem Anklage-Senat scheint dieses Verfahren dem Gesetze ganz angemessen, und hat daher den Wunsch geäußert, daß die in Düsseldorf angenommene Methode auch bei den übrigen Landgerichten befolgt werden möchte, damit der Beschuldigte auf legale Art von dem gedachten Beschlusse Nachricht erhalte, und er die Befugniß, welche der Art. 217. der Criminal-Proceßordnung ihm zugesteht, daß er nämlich Denkschriften bei dem Appellationsgerichtshofe einreichen kann, zu benutzen in Stand gesetzt werde.

Da dem Beschuldigten in jeder Lage der Procedur seine Vertheidigung freisteht, und es daher natürlich erscheint, daß man ihn in Stand stelle, durch Denkschriften bei dem Anklage-Senat einkommen zu können, so finde ich es selbst nöthig, daß die Verweisungsordonnanz der Rathskammer in Criminaluntersuchungen dem Beschuldigten gleich notificirt werde.

Sie, Herr Ober-Procurator, wollen daher künftig die Insinuation derselben veranlassen. Cöln, den 12. April 1824.

An die königlichen Ober-Procuratoren zu Cöln, Cleve, Coblenz, Trier und Aachen.

Der General-Procurator
Bölling.

## 625.

Trauscheine für Militairpersonen, welche in Provinzen wohnen, wo das französische Gesetz gültig ist, aber aus andern Provinzen gebürtig sind.

Ich bestimme hierdurch: daß in Heirathsfällen der Militairpersonen in den Provinzen, wo das französische Gesetz gültig ist, in Ansehung der aus andern Provinzen gebürtigen Militairpersonen ein Attest des betreffenden Commandeurs und eines Auditeurs bei Ausstellung des Trauscheins dahin:

daß nach ihrer pflichtmäßigen Ueberzeugung die Angaben des Bräutigams in Bezug auf seine persönlichen Verhältnisse und besonders auf das bereits erfolgte Ableben seiner Aeltern und Großältern richtig, die erforderlichen Tauf- und Todtenscheine aber nicht herbei zu schaffen sind,

die Stelle des sonst aufzunehmenden Notariatsacts vertreten, und von der Civilbehörde als genügend erachtet werden soll.

Sie haben hiernach das Weitere zu verfügen.

Berlin, den 13. April 1824.

An — Friedrich Wilhelm.

den Justizminister v. Kircheisen und Kriegsminister v. Hake.

## 626.

Zur Auslieferung eines Individuums an auswärtige Behörden muß die Genehmigung der Ministerien eingeholt werden.

Auf Veranlassung eines speciellen Falles werden Sie, Herr Ober-Procurator, darauf aufmerksam gemacht, daß den Requisitionen auswärtiger Behörden um Auslieferung eines Individuums, möge letzteres auch selbst ein Ausländer sein, ohne Ermächtigung der betreffenden hohen Ministerien niemals nachgekommen werden darf.

Cöln, den 13. April 1824. — Der General-Procurator Bölling.

An sämmtliche Herren Ober-Procuratoren.

## 627.

Den von Militairpredigern vorzunehmenden Trauungen muß der Civil-Act vorhergehen.

Aus dem in Abschrift anliegenden Schreiben der königlichen Ministerien der geistlichen, Unterrichts- und Medicinal-Angelegenheiten und des Krieges vom 18. v. Mts. werden Sie, Herr General-Procurator, mit mehrerem ersehen, wie in Verfolg Ihres Berichts vom 20. November v. J. sowohl die Militair-Prediger als die Militair-Behörden in den Rheinprovinzen dahin angewiesen worden sind, daß allen von Seiten der dortigen Militair-Prediger vorzunehmenden Trauungen ohne Ausnahme der in den rheinischen Gesetzen vorgeschriebene Civil-Act vorangehen müsse.

Uebrigens finde ich in dem von Ihnen mittelst Berichts vom 17. December pr. angezeigten Falle keine hinreichende Veranlassung, wegen Gültigkeit derjenigen Ehen, welche ohne vorausgegangenen Civil-Act durch Trauung von Seiten der Militair-Prediger geschlossen worden, eine gesetzliche Vorschrift in Antrag zu bringen.

Berlin, den 17. April 1824. Der Justiz-Minister v. Kircheisen.

An
den königlichen Herrn General-Procurator
in Cöln.

a.

Ew. Excellenz beehren wir uns die vier Anlagen des sehr geneigten Schreibens vom 8. December v. J. hiebei mit dem ganz ergebensten Bemerken zu remittiren, daß wir, nach dem Ressort unserer beiderseitigen Ministerien, sowohl die Militair-Prediger durch die rheinischen Regierungen als das 7te und 8te Armee-Corps durch die betreffenden General-Commandos dahin haben anweisen lassen, daß allen, von Seiten der dortigen Militair-Prediger vorzunehmenden Trauungen ohne Ausnahme der in den rheinischen Gesetzen vorgeschriebene Civil-Act vorangehen müsse.

Berlin, den 18. März 1824.

Freiherr v. Altenstein. von Hake.

An
des königlichen Geheimen Staats- und Justiz-Ministers Herrn v. Kircheisen Excellenz.

## 628.

### Gesetz über die Einregistrirung.

Wir Friedrich Wilhelm, von Gottes Gnaden, König von Preußen rc. rc.

Durch das Gesetz wegen der Stempelsteuer vom 7. März 1822 haben Wir bereits in denjenigen Unserer Rheinprovinzen, wo die französische Gesetzgebung noch besteht, die Enregistrementsgesetze in Beziehung auf die darauf beruhenden Abgaben aufgehoben, die übrigen Vorschriften wegen des Enregistrements selbst aber einstweilen unverändert gelassen. Da indessen der enge Zusammenhang derselben mit dem darin verwebten Abgabensystem in der Anwendung jener Vorschriften Irrungen veranlaßt hat, und durch die Aufhebung der auf das Abgabewesen sich beziehenden Vorschriften eine solche Veränderung mit dem bisherigen Enregistrement selbst vorgegangen ist, daß auch für die Erreichung des Zwecks, den Urkunden ein sicheres Datum zu verschaffen, eine angemessene neue Einrichtung getroffen werden muß, überdem auch eine jede Einrichtung für diesen Zweck in Absicht der Urkunden aller öffentlichen Beamten ohne Unterschied, deren Datum schon durch den den Letzteren in ihren Amtsverrichtungen beiwohnenden öffentlichen Glauben Sicherheit erhält, überhaupt überflüssig ist; so haben Wir auf den Antrag Unseres Staatsministeriums, nach vernommenem Gutachten Unseres Staatsraths, beschlossen, und verordnen demnach Folgendes:

§. 1. Alle, das Enregistrement betreffende Vorschriften der französischen Gesetze sind, so weit sie noch bisher Anwendung fanden, von nun an völlig aufgehoben, und es treten an deren Stelle folgende Bestimmungen:

§. 2. Bei jedem Friedensgerichte soll ein mit der nämlichen innern Einrichtung versehenes Register, wie es in der Notariatsordnung vom 25. April 1822 §§. 43 und 44 vorgeschrieben ist, geführt werden.

§. 3. Es soll dasselbe von dem Präsidenten des Landgerichts, oder einem von demselben dazu beauftragten Landgerichtsrath, paginirt und paraphirt werden.

§. 4. Die Privat-Urkunden erhalten durch die Eintragung in dasselbe ein gewisses und festes Datum.

§. 5. Es bleibt jedoch die Nachsuchung dieser Eintragung der freien Willkühr der Interessenten überlassen, und fällt jeder Zwang darunter weg: mithin darf die Vorbringung einer Privat-Urkunde von keinem Gericht oder einer andern Behörde aus dem Grunde zurückgewiesen werden, weil sie mit jener Förmlichkeit nicht versehen ist.

§. 6. Eben so bleibt es auch der Wahl der Partheien überlassen, an welches Friedensgericht sie sich wenden wollen.

§. 7. Das Datum der geschehenen Eintragung wird mit Buchstaben, unter Beifügung der Nummer des Registers auf der eingereichten Urkunde mit den Worten vermerkt:

„vorgelegt und eingetragen unter Nr. des Registers, den u. s. w.“

Diese Bescheinigung wird von dem Friedensrichter und Gerichtsschreiber unterzeichnet, und mit dem Gerichtssiegel besiegelt.

§. 8. Enthält die Urkunde Zusätze in Randglossen oder Nachträgen; so müssen diese mit einem Striche umzogen und als vorgefundene Zusätze besonders bescheinigt werden.

Auf Zusätze, bei welchen diese Bescheinigung fehlet, erstreckt sich die Beglaubigung des Datums nicht.

§. 9. Besteht eine Urkunde aus mehreren Bogen, so müssen diese zusammengeheftet, und es müssen die Enden der Faden mit eingesiegelt werden. Ist dies unterblieben, so hat nur derjenige Bogen, worauf sich das Siegel befindet, ein beglaubigtes Datum.

§. 10. Für die Eintragung und Siegelung einer Urkunde werden an Siegelungsgebühren dem Friedensgericht gezahlt:

a) Fünf Silbergroschen, wenn der Gegenstand derselben weniger als Tausend Thaler preußisches Courant beträgt, oder keiner Schätzung in Gelde fähig ist;

b) Zehn Silbergroschen, wenn der Gegenstand von höherem Werthe ist.

Eben diese Gebühren werden für jede Bescheinigung eines Zusatzes (§. 8.) entrichtet.

Sie werden zwischen dem Friedensrichter und Gerichtsschreiber gleich getheilet.

§. 11. Unregelmäßigkeiten in der Führung des Registers werden nach den Bestimmungen der im §. 2. aufgeführten Stellen der Notariatsordnung geahndet.

Urkundlich unter Unserer Allerhöchsteigenhändigen Unterschrift und beigedrucktem Königlichen Insiegel.

Gegeben Berlin, den 23. April 1824.

Friedrich Wilhelm.

## 629.

### Ablieferung der Leichen an die Anatomie zu Bonn.

Wegen Ablieferung der Leichen verstorbener Sträflinge an die anatomische Anstalt zu Bonn ist bereits unter dem 9. December 1819 den Aufsehern der Gefängnisse zu Cöln die abschriftlich anliegende Instruction ertheilt worden. Eine gleiche Instruction haben die Aufseher der Arbeitsanstalt zu Brauweiler erhalten. Eben so ist wegen ähnlicher Veranstaltungen bei den Gefängnissen zu Düsseldorf und Coblenz, imgleichen bei den in einem Umkreise von 12 Stunden um Bonn befindlichen Armenanstalten dem damaligen königlichen Ober-Präsidium zu Cöln die nöthige Anweisung ertheilt worden. Jetzt wünscht das königliche Ministerium der geistlichen, Unterrichts- und Medicinal-Angelegenheiten die gedachte Maaßregel auch auf die Leichname der in den Kreisen Bonn, Rheinbach, Siegburg, Cöln (Land- und Stadtkreis),

Lechenich, Mühlheim, Bergheim und Düsseldorf (Land- und Stadtkreis), ferner in den Kreisen Ahrweiler, Linz, Neuwied, und Coblenz verstorbenen Vagabonden, imgleichen der hingerichteten Personen ausgedehnt zu sehen. Da der Justiz-Minister hierbei kein Bedenken findet, so haben Sie deshalb das nöthige an die betreffenden königlichen Ober-Procuratoren zu verfügen und den königlichen Regierungsbevollmächtigten, Herrn Geheimen Regierungsrath Rehfus davon zu benachrichtigen. Es versteht sich von selbst, daß in Absicht der Todtgefundenen vor der Ablieferung der Leichname die Vorschriften des Art. 81. des Civilgesetzbuchs und des Art. 44. der Criminal-Proceßordnung beobachtet worden sein müssen. Ob dasselbe Verfahren auch bei den Leichen der Selbstmörder stattfinden kann, darüber haben Sie sich in einem zu erstattenden Berichte gutachtlich zu äußern.

Berlin, den 23. April 1824. Der Justiz-Minister

An v. Kircheisen.

den königlichen Herrn General-Procurator zu Cöln.

a.

## Instruction

### für die Aufseher der Gefängnisse zu Cöln, die Ablieferung der Leichen an die Anatomie zu Bonn betreffend.

§. 1. Die Aufseher der Gefängnisse zu Cöln haben für die Ablieferung der Leichname der in dieser Anstalt verstorbenen Sträflinge an die Anatomie der Universität zu Bonn unter nachstehenden Bedingungen Sorge zu tragen.

§. 2. Wenn ein Sträfling in einem der Gefängnisse zu Cöln verstorben ist, und derselbe nicht so viel hinterläßt, daß davon die Kosten der Beerdigung bestritten werden können, auch keine Verwandte oder Freunde desselben die Sorge und die Kosten des Begräbnisses übernehmen wollen; so soll der Leichnam an die anatomische Anstalt in Bonn abgeliefert werden.

§. 3. Die Verwandten des Verstorbenen müssen von dessen Tode zeitig unterrichtet werden, damit ihre Reclamation nicht zu spät kommt, vorausgesetzt, daß dieselben in der Nähe oder doch in keiner bedeutenden Entfernung wohnen.

§. 4. Auch die in den Gefängnissen verstorbenen Kinder, Neugeborne oder frühzeitig geborne Fötus von Sträflingen sollen, wenn die Eltern, und namentlich die Mutter sich um die Beerdigung nicht bekümmern, ebenfalls an die Anatomie zu Bonn abgegeben werden.

§. 5. Leichnamen von solchen Personen, welche an ansteckenden Nerven- oder Faulfiebern, an ansteckenden Ruhren und an venerischen Krankheitszufällen gestorben sind, dürfen, wegen Gefahr der Ansteckung und Verbreitung der Krankheit, nicht abgegeben werden. Es hat daher der Aufseher der Anstalt bei jedem Todesfall den Arzt des Instituts zuerst zu befragen, ob der Leichnam ohne Gefahr an die Anatomie überlassen werden dürfe.

§. 6. Die Ablieferung des Leichnams darf nicht früher geschehen, als bis der Personenstandsbeamte die Erlaubniß zur Beerdigung der Leiche ertheilt hat. Diese Ablieferung muß jedoch sogleich darauf, und wenigstens noch innerhalb der ersten 24 Stunden nach dem gesetzlich constatirten Tode geschehen.

§. 7. Es ist überall Bedacht darauf zu nehmen, daß bei der Ablieferung und bei dem Hinbringen der Leiche der gehörige Anstand nicht verletzt werde.

§. 8. Bei der Ablieferung hat der Aufseher Sorge zu tragen, daß dem Begleiter der Leiche ein Todtenschein mitgegeben werde, auf welchem Name, Alter, Krankheit und Todesart des Verstorbenen bemerkt ist. Auch soll der Aufseher den Arzt der Anstalt jedesmal befragen, ob er einen Befundschein über das Cadaver wünsche, und in diesem Falle ist solches auf dem Todtenscheine kurz zu bemerken.

§. 9. Der Leichnam wird in einen, aus rohen Brettern verfertigten, jedoch soliden Sarg gelegt; der Sarg selbst wird mit Stroh emballirt, und es wird Sorge getragen, daß die Leiche beim Transport keine Beschädigung erleiden könne.

§. 10. Von den Kosten des Sarges, der Einpackung und der Ablieferung trägt die abliefernde Anstalt so viel, als die Beerdigung gekostet haben würde; das übrige wird von der Casse der anatomischen Anstalt zngeschossen.

§. 11. Der Transport geschieht durch einen gewöhnlichen Pferdekarren, mit dessen Eigenthümer ein festgesetztes Fuhrlohn verabredet wird. Der Aufseher hat für ein solches Fuhrwerk zu sorgen. Der Accord selbst aber wird mit dem Fuhrmann von dem Director der Anatomie zu Bonn geschlossen, welcher auch das Fuhrlohn und etwaniges Trinkgeld aus der Casse der Anatomie bezahlt. Kinderleichen können in einem kleinen Sarge nach Bonn getragen werden, wofür nach Verhältniß bezahlet wird.

§. 12. Außer dem Todtenscheine muß der Aufseher dem Fuhrmann noch einen Lieferungszettel mit der Adresse: „An den Professor und Director der Anatomie zu Bonn,“ mitgeben, ihm anbefehlen, an das Thor des anatomischen Gebäudes anzufahren, den Sarg daselbst erst nach erfolgter Benachrichtigung des Professors und Directors der Anatomie abzuladen, und von demselben einen Empfangschein zurückzubringen.

§. 13. Vom 1. Juni bis zum 15. October wird die Ablieferung der Leichen eingestellt, jedoch sollen auch während dieser Zeit, wenn der Director der Anatomie Leichen bedürfte und in einem Schreiben an den Aufseher verlangte, einige Leichen abgegeben werden.

Berlin, den 9. December 1819.

v. Beyme. v. Schuckmann.

## 630.

### Nachliquidation der Gebühren der Gerichtsvollzieher in Criminalsachen.

Bei Gelegenheit, daß von einem Gerichtsvollzieher verspätete Liquidationen über Gebühren in Criminalsachen Sr. Excellenz dem Herrn Justiz-Minister mit der Bitte um Zulassung der Nachliquidation eingereicht worden sind, haben Se. Excellenz zu erklären geruhet:

daß Hochdieselben bei der Befugniß, die Ihnen in dem Art. 149. des Decrets vom 18. Juni 1811 gegeben sei, sich nicht durch persönliche Rücksichten leiten lassen, sondern dann nur die Nachliquidation zulassen würden, wenn ganz besondere Gründe, die in dem Sachverhältnisse selbst lägen, die Verzögerung vollständig entschuldigen würden.

Es wird dieses hiermit sämmtlichen Gerichtsvollziehern in den Rheinprovinzen, um sich danach zu richten und vor Schaden zu hüten, bekannt gemacht. Cöln, den 24. April 1824.

Der General-Procurator
Bölling.

## 631.

### Fassung der Subhastations-Patente.

Die auf die von den königlichen Friedensgerichten zu erlassenden Subhastations-Patente zu verwendenden Druckkosten werden noch fortwährend durch eine unzweckmäßige Extendirung derselben vermehrt. Dahin gehört unter andern, daß auch die Vermerke des Enregistrements-Empfängers, ferner die Ausfertigungs-Klausel des Gerichtsschreibers mit abgedruckt werden, wodurch das Subhastations-Patent an Vollständigkeit nichts gewinnt und eben so wenig durch Weglassung dieser Anhängsel etwas an seiner Gültigkeit verliert.

In der Regel bestehen die Zusätze in einzelnen Worten, die aber beim Druck für ganze Reihen gerechnet werden, daher Sie bei dem Herrn Landgerichts-Präsidenten in dieser Hinsicht die geeignete Weisung an die Friedensrichter in Antrag bringen wollen. Cöln, den 24. April 1824.

An sämmtliche Herren Ober-Procuratoren.

Der General-Procurator Bölling.

## 632.

Der Vollstreckung der Todesstrafe muß der Ober-Procurator oder einer der Procuratoren beiwohnen.

Ich finde es nicht bloß zweckmäßig, sondern auch nothwendig, daß der Vollstreckung der Todesstrafe künftig jedesmal entweder der Ober-Procurator oder einer der übrigen Procuratoren beiwohne, damit erforderlichen Falls das Amt des öffentlichen Ministeriums sofort ausgeübt werden könne. Insofern dieses also nicht schon jetzt geschieht, haben Sie hiernach das Erforderliche zu veranlassen und davon Anzeige zu machen. Berlin, den 26. April 1824.

An den königlichen Herrn General-Procurator zu Cöln.

Der Justiz-Minister v. Kircheisen.

## 633.

Verfahren bei Vollstreckung der Todesurtheile.

Bei Gelegenheit der Vollstreckung der in neuerer Zeit bestätigten Todesurtheile habe ich mich noch mehr davon überzeugt, wie zweckmäßig es sei, wenn Sie, Herr Ober-Procurator, sich hierbei neben den, in den hiesigen Gesetzen schon enthaltenen Vorschriften so viel als thunlich, noch jene Bestimmungen zur Richtschnur dienen lassen, welche in der altländischen Criminal-Ordnung in den §§. 541 bis 547 und 549 gegeben sind. Ich habe daher nicht unterlassen wollen, Sie, Herr Ober-Procurator, hierauf zur Nachachtung in künftig ähnlichen Fällen aufmerksam zu machen.

Cöln, den 28. April 1824.

An sämmtliche Herren Ober-Procuratoren.

Der General-Procurator Bölling.

### a.

Auszug aus der Criminal-Proceßordnung.

§. 541. Die Execution muß in den langen Tagen um

6 Uhr, in den kurzen aber um 7 Uhr oder 8 Uhr Vormittags vorgenommen werden.

§. 542. Sobald der Delinquent auf dem Richtplatz angelangt ist, wird demselben durch den Criminalrichter das Urtel, jedoch mit Uebergehung der Gründe desselben, nochmals vorgelesen. Werden von dem Verbrecher bei dieser Vorlesung Einwendungen vorgebracht, über welche noch nicht erkannt ist, oder wird das von ihm abgelegte Bekenntniß widerrufen, so muß der Richter die Execution aufschieben und den Verbrecher in das Gefängniß zurückführen lassen. Werden bei der hierauf zu veranlassenden Untersuchung die Angaben des Delinquenten durch die darüber abzufassenden Erkenntnisse ungegründet befunden und wird hiernächst von neuem rechtskräftig auf die Todesstrafe erkannt; so ist mit Vollstreckung des Todesurtels, aller Widerrede ungeachtet, zu verfahren.

§. 543. Dem Delinquenten werden keine ihn auszeichnende Kleidungsstücke gestattet. Ist der Anzug, welchen derselbe im Gefängnisse getragen hat, nach dem Ermessen des Richters nicht schicklich, so werden ihm Kleidungsstücke von grauer Sackleinwand gereicht.

§. 544. Zur möglichsten Beschleunigung des Transports zum Richtplatze geschiehet derselbe, wenn nicht ein anderes erkannt worden, auf einem gewöhnlichen Leiterwagen. Der Delinquent wird auf ein Bund Stroh gesetzt, angeschlossen und von zwei auf dem Wagen sitzenden Gerichtsdienern begleitet. Einige reitende Polizeibediente müssen den Wagen umgeben und durch ein Cavallerie-Commando muß das Andringen des Volks verhindert werden. In Ermangelung solcher Polizeibedienten und einer militairischen Bedeckung muß durch Begleitung von Gerichtseingesessenen in hinreichender Anzahl der Zweck des Gesetzes erreicht werden.

§. 545. Die Begleitung durch einen Geistlichen wird nur bei Verbrechern, welche der römisch-katholischen oder der griechischen Religion zugethan sind, verstattet.

§. 546. Um den Richtplatz wird von einem Infanterie-Commando, oder wenn dergleichen dazu nicht gebraucht werden kann, von den Gerichtseingesessenen ein Kreis geschlossen, und Niemand außer den bei der Execution erforderlichen Personen wird der Eingang in den Kreis gestattet. Auch soll, damit die entfernteren Zuschauer die Hinrichtung sehen können, Niemand zum Blutgerüste zugelassen werden.

§. 547. Nachdem das Urtel dem Delinquenten vorgelesen worden, wobei eine Haltung des sonst gewöhnlich gewesenen Hoch-Nothpeinlichen Halsgerichts nicht stattfindet, und wenn kein sonstiges Hinderniß die Vollstreckung der Execution aufhält, muß der Scharfrichter ohne den geringsten Vollzug sein Amt nach der ihm jedesmal von dem Landes-Justiz-Collegio schriftlich zu ertheilenden Anweisung und nach der urschriftlich vorzuzeigenden Königlichen Bestätigung verrichten, und der Kreis bleibt so lange geschlossen, bis der Körper des Delinquenten an seinen Bestimmungsort gebracht, der Richtplatz vom Blute gereinigt und dessen Zugang verschlossen worden ist.

§. 549. Nach vollzogener Strafe soll durch Einrückung in die öffentlichen Blätter und Anschlagung an schicklichen Orten eine Warnungs-Anzeige bekannt gemacht werden, welche den Namen und Stand des Hingerichteten, eine kurze actenmäßige Erzählung der Missethat und einen Auszug des Urtheils enthält.

## 634.

Die gegen Forst-Straf-Erkenntnisse eingelegten Milderungs-Gesuche werden von den Friedensrichtern unmittelbar an den General-Procurator des Appellhofes gesandt.

Da durch den §. 24. des Gesetzes vom 7. Juni 1821, die Bestrafung der Holzdiebstähle betreffend, bezweckt wird, gegen ergangene Forststraferkenntnisse durch eingelegte Straf-Milderungsgesuche jeglichen Vorzug zu verhüten, so werden sämmtliche Herren Friedensrichter hiermit angewiesen, künftig auf eingelegte Milderungsgesuche die vorschriftsmäßige Einsendung unmittelbar an mich, mit Umgehung des resp. Herrn Ober-Procurators bei dem königlichen Landgericht zu bewirken.

Cöln, den 29. April 1824. Der General-Procurator
Bölling.

An
sämmtliche Herren Friedensrichter.

## 635.

Zahlung des ausländischen Porto's für die Correspondenz in Dienstsachen.

Aus Ihrem Bericht vom 23. Januar c.,
betreffend die von der Post-Behörde verlangte Zahlung des ausländischen Porto's für die Correspondenz in Dienstsachen,
habe ich Veranlassung genommen, mit dem königlichen General-Postamte in Communication zu treten und es ist darauf

die in Abschrift anliegende Antwort unter dem 26. vorigen Monats erfolgt.

Zur Vermeidung fernerer Contestationen werden Sie, Herr General-Procurator, angewiesen, nicht allein das schon verlangte Porto zu bezahlen, sondern auch künftig desgleichen ausländisches Porto oder Franco zu berichtigen. Ein Gleiches muß von den übrigen rheinischen Justiz-Bedienten geschehen. Nach Ablauf eines jeden halben Jahres haben Sie ein Verzeichniß des verausgabten Porto's einzureichen, damit wegen dessen Erstattung das Nöthige verfügt werden kann.

Berlin, den 5. Mai 1824. Der Justiz-Minister
v. Kircheisen.

An
den königlichen Herrn General-Procurator
zu Cöln.

a.

Ew. Excellenz beehre ich mich auf das geehrteste Schreiben vom 13. dieses Monats

wegen der, von dem General-Procurator bei dem Appellations-Gerichtshofe in Cöln, verweigerten Bezahlung des ausländischen Porto für die Correspondenz in Dienstsachen,

ganz ergebenst zu erwiedern, daß das ausländische Porto nicht zur diesseitigen Einnahme fließet, und die General-Post-Casse, die dies jedesmal den benachbarten Post-Anstalten zu erlegen verpflichtet ist, nicht gehalten sein kann, auch diese baare Auslagen für Rechnung anderer Cassen oder Beamten, zu leisten.

So lange den Post-Aemtern in dortiger Provinz das für die Correspondenz in Justiz-Sachen notirte Porto erstattet wurde, machte es keinen Unterschied, ob darunter ausländisches Porto enthalten war oder nicht. Jetzt aber, da vorläufig für jene Correspondenz kein inländisches Porto bezahlt wird, muß das ausländische Porto, welches fremde Post-Anstalten bezogen, und aus der General-Post-Casse baar bezahlt erhalten haben, diese letzteren von den betreffenden Empfängern auch baar erstattet werden.

Jede Portofreiheit kann nur bis zur Grenze der betreffenden Postverwaltung sich erstrecken, und Seitens der letzteren nur in dem Erlasse des eigenen Porto, nicht aber in der Uebernahme der dabei nicht zu vermeidenden fremden baaren Porto-Auslagen, bestehen. Eben daher wird auch bei allen Porto-Reclamationen das ausländische Porto von Seiten des Postwesens nie vergütet, vielmehr muß der Empfänger solches tragen, oder die Behörden müssen solches aus ihren eigenen Fonds bestreiten.

Ew. Excellenz erleuchtetem Ermessen stelle ich daher ganz ergebenst anheim, in welcher Art die Empfänger solcher Correspondenz, auf welcher ausländisches Porto haftet, zu entschädigen sein dürften, und bitte zugleich, den General-Procurator bei obgenanntem Gerichtshofe danach gefälligst zu bescheiden. Berlin, den 26. Februar 1824.

An des königlichen wirklichen Geheimen Staats- und Justiz-Ministers Herrn v. Kircheisen Excellenz.

v. Nagler.

## 636.

### Feststellung der Zahl der Notarien in den einzelnen Bezirken.

Auf Ihren Bericht vom 17. v. M. in Betreff des Dienst-Einkommens der Notarien wird Ihnen bei Zurücksendung der Anlagen eröffnet, wie ich wünsche noch ähnliche Verzeichnisse über die Zahl der von den Notarien in den Landgerichts-Bezirken Cöln, Coblenz, Trier und Aachen im Jahre 1823 aufgenommenen Akte in der Art zu erhalten, wie solche von den Ober-Procuratoren zu Düsseldorf und Cleve eingereicht worden sind. Das Schema, welches der erstere gebraucht hat, kann hierbei zum Grunde gelegt werden. Gleiche Verzeichnisse sind jährlich von Ihnen, Herr General-Procurator, mit der General-Proceß-Liste jedoch mit einem besondern Berichte, einzureichen.

Im Uebrigen trete ich ihrer Ansicht darin bei, daß bei Bestimmung der Zahl der Notarien darauf zu sehen ist, daß dieselben bei Fleiß, Kenntniß und Rechtschaffenheit nicht bloß ein nothdürftiges, sondern auch ein reichliches Auskommen erhalten können.

Nach den bisherigen Ausmittelungen stellt sich noch immer die Berechnung des Landgerichts-Präsidii und der Ober-Procuratur zu Cleve als die richtigste dar, wonach, da doch außerdem Neben-Verdienste vorkommen, welche hier nicht besonders mitberechnet werden, das Honorar für jeden Akt im Durchschnitt wenigstens zu $3\frac{1}{2}$ Thaler angenommen werden kann. Dieses vorausgesetzt werden in der Regel 280 Akte, in den größern Städten aber 380 Akte, auf einen Notar zu rechnen sein. Zu den größern Städten sind jedenfalls die 6 Städte, wo die Sitze der Landgerichte sich befinden, zu zählen. Darüber, welche noch außerdem in dieser Beziehung dahin zu rechnen sind, wird Ihrer gutachtlichen Aeußerung entgegengesehen. Es versteht sich, daß jene Bestimmung nur die Regel abgiebt, von welcher jedoch die von Ihnen und mehreren Landgerichts-Präsidenten und Ober-Procuratoren angeführten Umstände Ausnahmen nothwendig machen können, so wie denn auch wenigstens Ein Notar für jeden Friedensgerichts-Bezirk zu bestellen sein wird. Diese Grundsätze werden vorläufig, bis nähere und bestimmtere data ausgemittelt sein werden, von Ihnen bei Ihren Vorschlägen zu befolgen sein. Sie haben daher jedesmal, wenn Sie Vorschläge zur Besetzung einer vacant gewordenen Stelle oder auch sonst zur Vermehrung oder Verminderung des Notariats-Personals einreichen, die Zahl der Akte anzuführen, die im letzten Jahre von den Notarien des Friedensgerichts oder der mehreren Friedensgerichte, deren Sitze sich am Orte befinden, aufgenommen worden sind, mit der Bemerkung, inwiefern hierdurch Ihr jedesmaliger Vorschlag begründet wird, und aus welchen Gründen eine Ausnahme von der vorher festgesetzten Regel nothwendig ist, falls dieses der Fall sein sollte.

Theils um bei Anstellung der Notarien nach möglichst richtigen Principien verfahren zu können, theils in anderer Hinsicht ist es indeß wünschenswerth, daß das Einkommen der Notarien näher constatirt werden könne, auch steht aus den in dem Berichte des Landgerichts-Präsidii und des Ober-Procurators zu Cleve angeführten Gründen der Art. 41. der Notariats-Ordnung dieser Ausmittelung nicht entgegen. Dennoch ist es nicht mein Wille, daß zur Zeit sämmtliche Notarien zur Angabe ihres Diensteinkommens unter Vorlegung ihrer Original-Protocolle genöthiget werden. Dagegen dürfte jener Zweck einigermaaßen erreicht werden, wenn die Landgerichts-Präsidenten und Ober-Procuratoren in jedem Landgerichts-Bezirke diejenigen Notarien, welche wegen ihrer Rechtschaffenheit besonderes Vertrauen verdienen und zwar jeden einzeln, mit ihrer gutachtlichen Meinung darüber vernehmen, auf wie hoch im Durchschnitt jeder Akt zu rechnen ist, und wie viel Akte im Durchschnitt auf jeden Notar zu rechnen sind, wenn derselbe bestehen und das Bedürfniß des Publikums gehörig berücksichtiget werden soll. Wenn auch diese Aeußerungen nicht unbedingt zum Grunde gelegt werden können, so werden solche doch Materialien zur richtigen Bestimmung abgeben. Auch zweifle ich nicht, daß in den übrigen Landgerichts-Bezirken sich Notarien finden sollten, welche ihre Diensteinkommen gern vorlegen werden, gleich denen, die es auf Veranlassung des Landgerichts-Präsidii und der Ober-Procuratur zu Cleve gethan haben, besonders wenn ihnen bemerklich gemacht wird, daß dieses im Landgerichtsbezirke Cleve geschehen ist.

Auch deshalb haben Sie daher das Nöthige einzuleiten und die Resultate zu seiner Zeit anzuzeigen.

Berlin, den 7. Mai 1824. Der Justiz-Minister
An v. Kircheisen.
den königlichen Herrn General-Procurator
zu Cöln.

## 637.

Die Friedensgerichts-Beamten müssen bei ihren Dienstreisen das Chausseegeld entrichten.

Ew. Excellenz ermangele ich nicht, den mir unterm 30. April d. J. mitgetheilten Bericht des königlichen General-Procurators zu Cöln vom 15. desselben Monats, in der Anlage mit dem ganz ergebensten Bemerken zurückzusenden: daß ich die darin in Antrag gebrachte und von Denenselben bevorwortete Befreiung der Friedensgerichts-Beamten von der Chausseegeld-Zahlung bei ihren Dienstreisen, zu meinem Bedauern nicht zu gewähren vermag, da alle Beamte, selbst die meines Ministerii, der Zahlung dieser Abgabe unterworfen und davon nur diejenigen ausgenommen sind, welche die Aufsicht über die Chaussee führen. Zu diesen gehören die Landräthe und lediglich deshalb ist ihnen von des Königs Majestät die Chausseegeldfreiheit bewilligt worden.

Berlin, den 11. Mai 1824.
An v. Bülow.
des königlichen Geheimen Staats- und Justiz-Ministers Herrn v. Kircheisen
Excellenz.

a.

Abschrift dieses Schreibens wird dem königlichen Herrn General-Procurator zu Cöln auf den Bericht vom 15. v. M. zur Nachricht mitgetheilt.

Berlin, den 14. Mai 1824. Der Justiz-Minister
v. Kircheisen.

## 638.

Einreichung von Conduitenlisten der Justizbeamten durch den General-Procurator des Appellationsgerichtshofes.

Extract.

ad 23). Auf Ihre Anfrage in Ihrem vor- und diesjährigen Jahresberichte über die Conduitenlisten setzt der Justiz-Minister hierdurch Folgendes fest:

Sie haben für die Folge mit besonderen Berichten zu gleicher Zeit mit dem Jahresbericht einzureichen:

1) eine Conduitenliste aller Beamten des öffentlichen Ministeriums, des Appellations-Gerichtshofes, der dabei beschäftigten Referendarien und Subalternen,
2) der Advocat-Anwälde des Appellationsgerichtshofes,
3) der Beamten, Referendarien, Auscultatoren und Subalternen des öffentlichen Ministerii der Landgerichte, wobei aber, besonders in Absicht der Functionen der Beamten des öffentlichen Ministerii in den Audienzen und bei ihren Conclusionen, auch die Landgerichts- und Kammer-Präsidenten zu Rathe zu ziehen sind,
4) der Advocat-Anwälde der Landgerichte,
5) der Friedensrichter,
6) der Notarien,
7) der Gerichtsvollzieher

nach dem anliegenden Schema. Die Listen ad 3 bis 7. haben Sie mit Ausschluß der letzten Colonne von den Ober-Procuratoren ausfüllen zu lassen.

Da Sie nach Ihrem Amts-Verhältniß Gelegenheit haben, auch Kenntniß über die Dienstführung der richterlichen Beamten und Subaltern-Beamten des Appellations-Gerichtshofes und der Landgerichte zu erhalten, so ist gegen Ihren Vorschlag in dem Jahresbericht:

die Anzeigen und Anträge in Betreff der Justiz-Beamten, die sich rühmlich oder zu ihrem Nachtheil ausgezeichnet haben,

nichts zu erinnern.

Berlin, den 14. Mai 1824. Der Justiz-Minister
v. Kircheisen.

An
den königlichen Herrn General-Procurator zu Cöln.

Anlage a.

a.

## Schema zur Conduiten-Liste.

| No. | Name. | Karakter. | Alter. | Dienstzeit. | Bemerkungen über Fleiß, Geschicklichkeit, und sonstiges Benehmen in und außer den Amts-Verhältnissen | |
|---|---|---|---|---|---|---|
| | | | Jahre. | Jahre. | des Ober-Procurators. | des General-Procurators. |
| | | | | | | |

## 639.

### Erstattung eines Jahrberichts über die Justiz-Verwaltung und Einsendung von Conduitenlisten der Justiz-Beamten durch den Präsidenten des Appellationsgerichtshofes.

Der Art. 9. des Decrets vom 20. April 1810 bestimmt: **Dans la même séance ou dans une autre indiquée à cet effet dans la même semaine la cour arrêtera, pour être adressée au grand Juge, une liste de juges de son ressort, qui se seront distingués par leur exactitude et par une pratique constante de tous les devoirs de leur état, elle fera aussi connoitre ceux des avocats qui se feront remarquer par leurs lumières, leurs talens et surtout par la délicatesse et le désinteressement qui doivent caractériser cette profession.**

Da der Appellations-Gerichtshof bis jetzt diese Berichte nicht erstattet hat, so sieht der Justiz-Minister diesem Berichte für das Jahr $18\frac{22}{23}$ entgegen.

Außerdem aber wünscht der Justiz-Minister, daß Sie, Herr Präsident, für die Folge jährlich im Laufe des Januars, spätestens bis Mitte des Februars

1) einen General-Bericht über den Zustand der Justiz im Bereiche des Appellationsgerichtshofes erstatten. Es wird zwar bereits ein solcher vom Herrn General-Procurator eingereicht, da Sie indeß, Herr Präsident, auf einem verschiedenen Standpunkte als der Herr General-Procurator sich befinden, so wünscht der Justiz-Minister, daß Sie sich diesem Geschäfte ebenfalls unterziehen. Bei Ihren Kenntnissen und Erfahrungen und Ihrem treuen Diensteifer, werden diese Berichte gewiß nützliche und folgereiche Resultate herbeiführen, wie denn auch diejenigen des Herrn General-Procurators schon zu solchen geführt haben. Um hierzu außer dem Wege der unmittelbaren Wahrnehmung die erforderlichen Materialien sich zu verschaffen, haben Sie die Land- und Handelsgerichts-Präsidenten zu dergleichen an Sie spätestens bis zum 15. December eines jeden Jahres zu erstattenden Berichten aufzufordern.

2) Zu gleicher Zeit haben Sie mit einem besondern Berichte

I. die Conduitenliste der Mitglieder, Referendarien und Subalternen des Appellationsgerichtshofes,

II. der übrigen richterlichen Beamten einschließlich der friedensrichterlichen, ferner der Referendarien, Auscultatoren und Subalternen nach den verschiedenen Landgerichts-Bezirken,

III. der Advocat-Anwälde bei dem Appellations-Gerichtshofe,

IV. der Advocat-Anwälde bei den Landgerichten nach dem anliegenden Schema (vide No. 638.) einzureichen.

In Absicht der Listen ad II. und IV. haben Sie dieselben von den Präsidenten der Landgerichte mit Ausschluß der letzten Colonne ausfüllen zu lassen.

Berlin, den 14. Mai 1824. Der Justiz-Minister
v. Kircheisen.

An
den königl. ersten Präsidenten des rheinischen Appellations-Gerichtshofes Herrn Geheimen Staatsrath Daniels Hochwohlgeboren zu Cöln.

## 640.

### Revision und Visitation der Personenstandsregister.

Auf Ihren Bericht vom 22. December v. J., in Betreff der Verwendung der wegen Revision der Personenstands-Register auf den Etat der Friedensgerichte ausgeworfenen Summen, wird Ihnen eröffnet, daß um die etatsmäßig zu gewissen Zwecken bestimmten Summen zu andern Zwecken verwenden zu dürfen, die Allerhöchste Genehmigung nothwendig ist, und der Bericht zur Einholung derselben verfassungsmäßig durch Communication mit der königlichen General-Controlle vorbereitet sein muß.

Zu einer Abänderung des etatsmäßigen Zweckes, zu welchem die obgedachten Fonds bestimmt sind, ist aber zur Zeit noch keine gegründete Veranlassung. Es muß vielmehr für das erste dabei bleiben, daß die zur Revision der Personenstands-Register etatsmäßig bestimmten Fonds fernerweit diese Bestimmung behalten. Dagegen hat es kein Bedenken und es ist sogar nothwendig, daß sofern mit dieser Revision noch andere Zwecke verbunden werden können, dieses zur Ersparung der Kosten geschehen muß.

Daß die Revision der Personenstands-Register überhaupt nothwendig ist, ergiebt der von der vormaligen Immediat-Justiz-Commission zu Cöln an des Herrn Staats-Ministers v. Beyme Excellenz erstattete Bericht vom 14. Juni 1819, und auch Sie, Herr General-Procurator, sind noch gegenwärtig im Allgemeinen damit einverstanden. Wenn Sie aber der Meinung sind, daß die Revision nur außerordentlich bei einzelnen Personenstands-Beamten, welche sich Unordnung und Nachlässigkeit am meisten verdächtig machen, erfolgen soll, so kann ich zur Zeit mich noch nicht damit einverstanden erklären, indem diese gutachtliche Aeußerung nur durch ein allgemeines Urtheil, nicht aber durch Vorlegung der einzelnen Erfahrungen begründet worden, wie denn überhaupt, nach Ihrem eigenen Vortrage, seit dem Bericht vom 14. Juni 1819, welcher sich über die Zweckmäßigkeit der regelmäßigen Revisionen ausspricht, nichts Erhebliches für diesen Zweck geschehen ist, und es daher an Erfahrung über die jetzige Sachlage fehlt. Ich ziehe es bei diesen Umständen vor, in Gefolge des vorallegirten frühern Berichts der Immediat-Justiz-Commission es vorläufig bei der regelmäßigen halbjährigen Revision zu belassen.

Dagegen bin ich um so mehr mit der von Ihnen in dem Berichte vom 22. December pr. vorgeschlagenen Maaßregel einverstanden,

> das ganze Revisions-Geschäft wieder in die Hände der Procuratoren zu geben, und wie es auch von Anfange an die Idee der vormaligen Immediat-Justiz-Commission gewesen ist, nur ausnahmsweise einzelne zuverlässige Friedensrichter mit dieser Revision unter unmittelbarer Leitung der Ober-Procuratoren zu beauftragen,

weil die Ober-Procuratoren diejenigen Beamten sind, welchen die Controlle der Personenstands-Register gesetzlich obliegt. Das vorausgesetzt, soll diese Controlle, mit Vorbehalt der Modification in dem Punkte, dessen in Verfolg dieses Rescripts noch Erwähnung geschehen wird, fortgesetzt, von den Ober-Procuratoren theils unmittelbar, theils durch ihre Gehülfen, geführt werden. Da nun hierdurch Ihr Geschäftskreis, so wie auch der durch das Subaltern-Personal zu bewirkende mechanische Theil der Geschäfte und die Schreib- und Registratur-Arbeiten sich vermehren und der jedem bewilligte Parquet-Secretair, nach Ihrem wiederholten Bericht, schon jetzt nicht ausgereicht hat, so werde ich mit Anfange eines jeden Jahres für jeden Ober-Procurator eine angemessene Summe aus diesem Fonds anweisen, welcher dieselbe zur Remuneration der nothwendigen Hülfsparketschreiber zu verwenden hat. Die Wahl der Individuen wird den Ober-Procuratoren überlassen, die anzustellenden Individuen sind jedoch jedesmal dem Landgerichte zur Vereidung zu präsentiren, und Ihnen namentlich mit Angabe der denselben bewilligten Remuneration anzuzeigen ꝛc. ꝛc.

Im December jeden Jahres haben Sie in einem besondern Berichte sich gutachtlich darüber zu äußern, welche

Summen zu gleichem Zwecke für die folgenden Jahre nothwendig sein werden. Der Rest der zur Revision der Personenstands-Register etatsmäßig bestimmten Summen soll zum Theil zur Bestreitung der zu diesem Zwecke nothwendigen Reisekosten der Ober-Procuratoren verwendet werden; jedoch sind vorläufig bis auf weitere Verfügung folgende Summen auf keine Weise zu überschreiten ꝛc. ꝛc.

Nach Maaßgabe dieses maximi müssen die Reisen und Revisionen an Ort und Stelle beschränkt werden.

Die Revisionen der Personenstands-Register an Ort und Stelle sind aber ferner zur möglichsten Kosten-Ersparung von den Beamten, welchen sie aufgetragen sind, jedesmal mit Ausführung anderer ebenfalls nothwendiger Zwecke zu verbinden, nämlich mit den zu veranstaltenden Revisionen über die Justiz-Verwaltung bei den Friedensgerichten im Allgemeinen, über die gehörige und zweckmäßige Führung der vorgeschriebenen Register, überhaupt über den prompten Gang des Expeditions- und Kanzlei-Dienstes bei den Friedens-, wie bei den Polizei-Gerichten, ferner über die Handhabung der gerichtlichen Polizei und über den Dienst der Gerichts-Vollzieher, Notarien u. s. w. Auch können zur Kosten-Ersparung andere Local-Recherchen, welche nicht augenblicklich erfolgen müssen, bis zu diesen Reisen verschoben werden.

Nur wünsche ich, daß diese Revisionen und Visitationen abwechselnd, das eine mal im Jahre vom Landgerichts-Präsidenten, das andere mal vom Ober-Procurator geschehen. Ueber diese Modification haben Sie sich gutachtlich zu äußern, und wird es darauf ankommen, daß auch der Landesgerichts-Präsident der Revision der Personenstandes-Register abwechselnd sich unterziehen könne. Da es nicht nöthig ist, daß jedes Jahr das ganze Departement revidirt werde, so wird für jedes halbe Jahr eine 8- bis 14tägige Reise genügen. Der Landgerichts-Präsident und resp. Ober-Procurator kann einen Referendarius zur Beschleunigung und Hülfe mitnehmen. Die Diäten sind nach dem Diäten-Regulativ zu bestimmen, und sollen nach der hier erfolgten Festsetzung auf den zur Revision der Personenstandes-Register bestimmten Fonds gewiesen werden. Die Verfügungen, deren Erlassung in den Befugnissen der Präsidenten und Ober-Procuratoren liegt, sind von diesen sogleich zu treffen. Ueber jede Revision und Visitation der Personenstandes-Register und der hiermit verbundenen andern Geschäfte und Recherchen ist von dem Commissar unter Ueberreichung seiner Commissions-Verhandlungen ein Bericht an Sie zu erstatten und sind hierin diejenigen Verfügungen in Antrag zu bringen, welche der Commissar nicht selbst hat erlassen können. Sie haben hierauf entweder die erforderliche Verfügung zu erlassen und solche abschriftlich hier einzureichen, oder die Verfügungen, welche von mir ausgehen sollen, in Antrag zu bringen. Hierdurch wird man es erlangen, daß nicht bloß die Personenstands-Register fortwährend in Ordnung erhalten werden, welches so sehr wichtig ist, sondern es werden auch die Landgerichts-Präsidenten und Ober-Procuratoren eine anschauliche Kenntniß des Justiz-Personals und der Justiz-Pflege im Departement erhalten. Es wird zweckmäßig sein, eine Instruction für das Verfahren bei diesen Revisionen und Visitationen auszuarbeiten. Den Entwurf hierzu können Sie dem Landgerichts-Präsidenten N. und dem Ober-Procurator N. übertragen. Hiernächst haben Sie den Entwurf zu seiner Zeit mit Ihrer gutachtlichen Aeußerung zur Genehmigung einzusenden.

Mit jedem General-Bericht haben Sie den Betrag der Revisions- und resp. Visitations-Kosten, welche in dem abgelaufenen Jahre entstanden, anzuzeigen, und sich in dem Berichte über das Resultat dieser Maaßregel auszulassen, auch die etwanigen gutachtlichen Anträge in dieser Beziehung hinzuzufügen.

Es wird aber dabei wiederholentlich bemerkt, daß der Betrag der hierzu bewilligten Summen durchaus nie überschritten werden dürfe.

Sofern die Revisionen und Visitationen abwechselnd von den Präsidenten und Ober-Procuratoren geschehen können, hat sich jeder so einzurichten, daß er mit höchstens der Hälfte der Summe auskomme. ꝛc.

Insofern Sie es zweckmäßig finden, bisweilen selbst das Departement zum Zwecke einer Superrevision und Visitation zu bereisen, oder einen Beamten der königlichen General-Procuratur hiermit zu committiren, so werden die nothwendigen Ausgaben aus diesem Reste zu bestreiten sein.

Berlin, den 14. Mai 1824.

An den königlichen Herrn General-Procurator zu Cöln.

Der Justiz-Minister
v. Kircheisen.

## 641.

### Kostenersparniß bei Vernehmung von Zeugen und Feststellung des Thatbestandes an Ort und Stelle.

Es ist ein Mißbrauch bemerklich geworden, welchen sich

einige Friedensrichter, besonders bei Aufträgen ad Art. 71. 83 und 84. der Criminal-Proceß-Ordnung dadurch zu Schulden kommen lassen, daß sie die Zeugen, auch wenn der gesetzliche Fall der Ausnahme nicht vorliegt, an den Orten ihres Wohnsitzes vernehmen. Dadurch entstehen dann bedeutende Reisekosten, welche den ohnehin nicht zureichenden Criminalfonds ungesetzlich beschweren und nicht länger ohne Verantwortlichkeit zugebilligt werden können.

Ich sehe mich veranlaßt, mit Beziehung auf meine bereits erlassenen früheren Verfügungen, Sie, Herr Ober-Procurator, auf Folgendes aufmerksam zu machen:

1) Der Art. 71. der Criminal-Proceß-Ordnung stellt die Vorladung der Zeugen an dem Sitze des Untersuchungs-Amts als Regel fest, die Vernehmung derselben an ihrem Domizil ist daher im Allgemeinen auf den Ausnahmsfall zu beschränken, wenn sie sich in der Unmöglichkeit befinden, zu erscheinen.

2) In einzelnen Fällen kann es zur Kosten-Ersparniß dienen, daß der Richter resp. der Beamte des öffentlichen Ministeriums sich an Ort und Stelle begiebt, nemlich wenn der Gesammtbetrag der Reise-Gebühren für die Zeugen größer sein würde, als der Betrag dieser Gebühren für den Richter und Gerichtsschreiber. Dieser Umstand rechtfertigt die Reise, er ist aber bei Aufstellung der Liquidation zu bescheinigen.

3) Gleichergestalt kann auch nach der ersten Aufnahme des Thatbestandes die Verhandlung an Ort und Stelle, dem Fortgange der Untersuchung und der Ausmittelung der Beweise in einzelnen Fällen beförderlich sein, allein es ist dann mit der Liquidation zugleich der Grund, weshalb die Vereinigung dieses Geschäfts mit der Aufnahme des Thatbestandes unmöglich war, anzugeben und zu bescheinigen.

4) Bei Untersuchungen, welche sich gleich anfänglich als geringfügig darstellen, wo das Verbrechen keine sichtbare Spuren hinterlassen hat, oder wo, wie z. B. bei leichten Verwundungen, der Beschädigte füglich vorgeladen werden kann, bedarf es auch zur Feststellung des Thatbestandes keiner Reise des Beamten.

5) Kann eine Zeugenvernehmung gelegentlich außerhalb des Gerichtssitzes geschehen, so muß zwar der Beamte dies pflichtmäßig benutzen, es versteht sich aber

von selbst, daß er alsdann auch keine doppelte Reise-Gebühren anzusetzen hat.

6) Da den Friedensrichtern durch die Uebertragung der im Art. 71. den Herren Untersuchungsrichtern zugetheilten Geschäfte keine ausgedehntere Befugnisse zuwachsen können, als die Committenten selbst haben, letztere aber die bessere Uebersicht dessen, was geschehen soll, aus der Verhandlung entnehmen, so ist es zweckmäßig, bei dem Auftrage allemal zu bemerken, ob es einer Aufnahme an Ort und Stelle bedürfe oder nicht, event. expressis verbis das Commissorium darauf zu richten, wo dann, wie sich von selbst versteht, der Committent für die Gesetzlichkeit des Auftrags verantwortlich bleibt, so wie dagegen der Committirte, wenn er eigenmächtig die Grenze des Auftrags überschreitet, sich schon dadurch seiner Auslage, insoweit er nicht ausnahmsweise die Nothwendigkeit derselben bescheinigen kann, verlustig macht.

7) In den Verhandlungen, wo der Friedensrichter ex officio eingreift, oder in Folge einer Requisition der Bürgermeister sich einem Geschäfte unterzieht, ist zwar eine gleich strenge Controlle nicht wohl möglich. Gleichwohl werden Sie, Herr Ober-Procurator, dafür Sorge tragen, in den Liquidationen der Bestimmung des Artikels 141. des Decrets vom 18. Juni 1811 gemäß, nur solche Posten passiren zu lassen, die das Gesetz rechtfertigt, indem der Umstand allein, daß eine Reise gemacht worden, nicht hinreicht, die Verwerfung zu hindern, vielmehr eine jede außer den Fällen der im Art. 88. allegirten Art. auch wirklich unternommene Reise ein abus ist, für den der taxirende Beamte mit verantwortlich wird. Auch selbst, wenn die Frage, ob der Satz zu billigen oder nicht, zweifelhaft scheint, werden Sie, wenn der Beamte sich in dem öftern Wiederholungsfalle befindet, mir Anzeige machen, und eine Uebersicht der auf solche Weise veranlaßten Mehrausgaben geben, damit meinerseits das Nöthige entweder sofort verfügt, oder Sr. Excellenz zu fernerer Abstellung der sich einschleichenden Mißbräuche Vortrag gemacht werden könne.

8) Versteht es sich von selbst, daß die Untersuchungs-Aemter den Friedensrichtern das Beispiel der Loyalität geben müssen, und Sie werden daher die bei

denselben fungirenden Procuratoren besonders instruiren, sowohl selbst alle unnöthige Ausgaben dieser Art zu vermeiden, als auch darüber zu wachen, daß dieselben von Seiten der Herren Untersuchungs-Richter unterbleiben, vorkommenden Falls ihren Widerspruch geltend zu machen und Sie, Herr Ober-Procurator, zur Abstellung der Mißbräuche in den Stand setzen.

9) Zu diesem Behuf habe ich auch den sämmtlichen Herren Untersuchungs-Richtern die jetzige Verfügung zu gleichmäßiger Beachtung mitgetheilt, und Sie werden den Friedensrichtern Ihres Bezirks von dem Inhalte derselben Kenntniß geben.

Cöln, den 20. Mai 1824.

Der General-Procurator
Bölling.

Rundschreiben
an sämmtliche Herren Ober-Procuratoren.

a.

Abschrift des vorstehenden Rundschreibens wird sämmtlichen Herren Untersuchungsrichtern unter dem Ersuchen mitgetheilt, den Inhalt, so viel er ihres Amtes ist, auch gefälligst beachten zu wollen.

Cöln, ut supra.

Der General-Procurator
Bölling.

Rundschreiben
an sämmtliche Herren Untersuchungs-Richter.

## 642.

### Beschäftigung der Gefangenen.

Beigehend erhalten Sie zur Nachricht und Achtung Abschrift der Allerhöchsten Kabinets-Ordre vom 15. d. M., nach welcher jedes wegen eines Vergehens oder Verbrechens verhaftetes Individuum, nach seinen Kräften und Fähigkeiten, zu einer nützlichen, im Gefängnisse zulässigen Beschäftignng angehalten werden soll.

Berlin, den 21. Mai 1824.

Der Justiz-Minister
v. Kircheisen.

An
den königl. Herrn General-Procurator
zu Cöln.

a.

Ich authorisire Sie auf Ihren gemeinschaftlichen Bericht vom 10. d. M., in den Gefängnissen der Rheinprovinzen die Einrichtung zu treffen, daß ohne Unterschied des Standes, jedoch unter Berücksichtigung der in der Criminal-Ordnung §. 30. bestimmten Ausnahme, jedes wegen eines Vergehens oder Verbrechens verhaftete Individuum, nach seinen Kräften und Fähigkeiten zu einer nützlichen, im Gefängnisse zulässigen Beschäftigung angehalten, und der Ertrag derselben in eben der Art vertheilt und angewendet werde, wie es mit dem Arbeits-Verdienst in Corrections-Häusern geschieht. Potsdam, den 15. Mai 1824.

An Friedrich Wilhelm.
die Staats-Minister v. Kircheisen und v. Schuckmann.

## b.

### Criminal-Ordnung.

§. 30. Jeder Criminal-Gefangene, ohne Unterschied des Standes, muß nach seinen Kräften und Fähigkeiten zu einer nützlichen Beschäftigung angehalten, und mit Stricken, Nähen, Spinnen und anderen im Gefängnisse zulässigen Arbeiten beschäftigt werden. Was derselbe durch Arbeit verdient, wird zur Unterhaltung der Arbeits-Anstalt verwendet.

Kann jedoch der Gefangene seine Verpflegungskosten selbst tragen, können ihm zugleich nach seinem Stande, seiner Herkunft, Erziehung und bisherigen Verhältnissen nicht wohl körperliche Arbeiten zugemuthet werden, und kann er in dem Gefängnisse nicht auf eine seinem Stande oder seinen bisherigen Verhältnissen angemessene Weise beschäftiget werden, so ist er mit Arbeiten zu verschonen oder ihm wenigstens die Wahl einer zulässigen Beschäftigung allein zu überlassen.

## 643.

### Gebühren der Gensdarmerie für die auf gerichtliche Requisition vollzogenen Verhaftungen.

Auf den Bericht vom 26. v. M., in Betreff der Gebühren der Gensdarmerie bei Verhaftungen, welche auf gerichtliche Requisitionen vollzogen werden, benachrichtige ich Sie, Herr General-Procurator, daß ich Ihren Anträgen und Ansichten über diesen Gegenstand nicht beitrete, vielmehr mich mit der Ansicht der Regierung zu Coblenz um so mehr einverstanden erkläre, als der §. 17. der Dienst-Instruction für die Gensdarmerie vom 30. December 1820 sich bloß auf Prämien, Strafantheile und andere Remunerationen bezieht, welche ein jeder, der einen zu Verhaftenden zum Arrest bringt, erhalte, mag der, welcher die Verhaftung bewirkt, ein Beamter sein oder nicht, nicht aber auf förmliche Gebühren, welche der Gensdarme als Beamter für Verhaftungen erhält, auf droits de capture des Art. 77. des Decrets vom 18. Juni 1811. Die Gensdarmerie, die sich jetzt in den Rheinprovinzen befindet, hat ganz die nämliche Stellung als in den diesseitigen Provinzen, und so wenig in den letzteren die Gensdarmerie zu besonderen Gebühren für Verhaftungen berechtigt ist, so wenig könnten ihr solche in den Rheinprovinzen bewilligt werden; auch sehe ich mich um so mehr außer Stande, solche zu gewähren, da der Criminalfonds schon gegenwärtig nicht ausreicht und die königliche General-Controlle auf möglichste Beschränkung der Ausgaben dringt.

Von diesem Beschluß habe ich die Regierung zu Coblenz heute in Kenntniß gesetzt, und die übrigen rheinischen Regierungen mit den erforderlichen Anweisungen ebenfalls versehen.

Berlin, den 24. Mai 1824. Der Justiz-Minister
An v. Kircheisen.
den königlichen Herrn General-Procurator
zu Cöln.

a.

Aus dem von des königl. General-Lieutenants und Chef der Gensdarmerie Herrn von Brauchitsch Excellenz an mich gerichteten Schreiben vom 26. Februar d. J. habe ich ersehen, daß die königliche Hochlöbliche Regierung den dortigen Gensdarmen die Zahlung der von ihnen nach dem Decrete vom 18. Juni 1811 liquidirten Gebühren verweigert hat. Nachdem der General-Procurator des rheinischen Appellations-Gerichtshofes zu Cöln sich auf Erfordern über diesen Gegenstand gutachtlich geäußert hat, kann ich mich nur mit der Ansicht der königlichen Hochlöblichen Regierung einverstanden erklären, theils aus den von derselben angeführten Gründen, theils deshalb, weil der §. 17. der Dienst-Instruction für die Gensdarmerie vom 30. December 1820 sich bloß auf Prämien, Straf-Antheile und andere Remunerationen bezieht, welche ein jeder, der einen zu Verhaftenden zum Arrest bringt, erhält, mag der, welcher die Verhaftung bewirkte, ein Beamter sein oder nicht, nicht aber auf förmliche Gebühren, welche der Gensdarme als Beamter, für seine amtlichen Dienstfunctionen bei den Verhaftungen erhält, auf die droits de capture des Art. 77. des Decrets vom 18. Juni 1811. Die Gensdarmerie, welche sich jetzt in den Rheinprovinzen befindet, hat ganz die nämliche Stellung als in den diesseitigen Provinzen, und eben so wenig als in den letzteren die Gensdarmerie zu besonderen Gebühren für Verhaftungen gesetzlich berechtigt ist, eben so wenig können ihr solche in den Rheinprovinzen bewilligt werden, und zwar um so weniger, da der Criminalfonds nicht mit neuen Ausgaben belastet werden darf, weil derselbe schon gegenwärtig nicht ausreicht, und die königliche General-Controlle auf möglichste Beschränkung der Ausgaben dringt.

Berlin, den 24. Mai 1824. Der Justiz-Minister

An v. Kircheisen.

Eine königliche Hochlöbliche Regierung
zu Coblenz.

## b.

Die Regierung zu Coblenz hat die Zahlung der von den Gensdarmen nach dem Decrete vom 18. Juni 1811 liquidirten Gebühren für die auf gerichtliche Requisitionen vollzogenen Arrestationen verweigert, weil das obgedachte Decret durch die Allerhöchste Kabinets-Ordre vom 30. December 1820 über die Organisation der Gensdarmerie nunmehr außer Kraft gesetzt sei und daher nach §. 15. der Dienst-Instruction von demselben Tage für ähnliche Verrichtungen nur dann die reglementsmäßigen Diäten bewilligt werden könnten, wenn bei denselben der Gensdarme länger als 2 Tage und eine Nacht von seinem Standquartier entfernt gewesen sei.

Mit dieser Ansicht muß ich mich um so mehr einverstanden erklären, als der §. 17. der Dienst-Instruction für die Gensdarmerie vom 30. December 1820 sich bloß auf Prämien, Strafantheile und andere Remunerationen bezieht, welche ein jeder, der einen zu Verhaftenden zum Arrest bringt, erhält, mag der, welcher die Verhaftung bewirkt, ein Beamter sein oder nicht, nicht aber auf förmliche Gebühren, welche der Gensdarme als Beamter, für seine Functionen bei den Verhaftungen erhält, auf die droits de capture des Art. 77. des Decrets vom 18. Juni 1811.

Die Gensdarmerie, die sich jetzt in den Rheinprovinzen befindet, hat ganz die nämliche Stellung als in den diesseitigen Provinzen, und so wenig in den letztern die Gensdarmerie besondere Gebühren für Verhaftungen erhält, so wenig können ihr solche in den Rheinprovinzen bewilligt werden. Auch sehe ich mich um so mehr außer Stande, solche zu gewähren, da der Criminalfonds schon gegenwärtig nicht ausreicht und die königliche General-Controlle auf möglichste Beschränkung der Ausgaben dringt.

In diesem Sinne habe ich mich heute gegen des königllichen Chef der Gensdarmerie, Herrn General-Lieutenants v. Brauchitsch Excellenz geäußert, und veranlasse ich die königliche Hochlöbliche Regierung, hiernach zu verfahren.

Berlin, den 24. Mai 1824. Der Justiz-Minister
An v. Kircheisen.
die königl. Hochlöblichen Regierungen zu Cöln, Aachen, Trier, Düsseldorf.

## 644.

### Verfahren bei Requisitionen der altländischen Gerichte an die rheinischen Justizbehörden.

Auf den in Ihrem Berichte vom 11. Februar d. Js. enthaltenen Antrag ist die abschriftlich anliegende allgemeine Bekanntmachung an alle diesseitigen Justizbehörden ergangen.

Berlin, den 4. Juni 1824. Der Justiz-Minister
An v. Kircheisen.
den königlichen Herrn General-Procurator zu Cöln.

### a.

Nach der in den königlichen Rheinprovinzen bestehenden Justiz-Verfassung müssen alle von den diesseitigen Justizstellen an die Justizbehörden der auf dem linken Rheinufer belegenen Landestheile, so wie derjenigen auf dem rechten Rheinufer belegenen, die zum Regierungsbezirk Düsseldorf gehören, wo das Allgemeine Landrecht und die Allgemeine Gerichtsordnung noch nicht gelten, zu erlassenden Requisitionen und zu machenden Mittheilungen, sei es in officiellen oder auch in Parthei-Angelegenheiten, an die bei den rheinischen Landgerichten angestellten Ober-Procuratoren zu Cöln, Düsseldorf, Cleve, Coblenz, Trier und Aachen, oder auch bei Angelegenheiten, welche sämmtliche rheinische Landgerichte betreffen, an den General-Procurator des rheinischen Appellations-Gerichtshofs zu Cöln, und zwar frankirt, oder unter portofreier Rubrik erlassen werden, indem diese Beamten ausschließlich mit der Correspondenz in Justiz-Verwaltungssachen beauftragt sind. Hiernach hat sich das ꝛc. in vorkommenden Fällen, unter Berücksichtigung der in den Jahrbüchern für die preußische Gesetzgebung u. s. w. Bd. 17 pag. 307—356 abgedruckten Uebersicht der in den königlich preußischen Rheinprovinzen stattfindenden Justizverfassung zu achten, die Untergerichte seines Departements demgemäß anzuweisen, und diese Verfügung durch das Amtsblatt bekannt machen zu lassen. Berlin, den 4. Juni 1824.

An sämmtliche Gerichtsbehörden.

Der Justiz-Minister v. Kircheisen.

## 645.

### Gebühren der Advocat-Anwälde bei den Handelsgerichten.

Auf Ihren Bericht vom 21. v. M. wird hiermit festgesetzt: daß diejenigen Advocaten oder Advocat-Anwälde, welche es übernehmen, als Bevollmächtigte für proceßführende Partheien bei den Handelsgerichten aufzutreten, bei Vermeidung der gesetzlichen Disciplinar-Strafen von ihren Klienten nur die im Tarif vom 16. Februar 1807 für summarische Sachen festgesetzten Gebühren zu fordern berechtigt sind.

Hiernach haben Sie, Herr General-Procurator, die weiter erforderlichen Verfügungen zu erlassen.

Berlin, den 4. Juni 1824.

An den königlichen Herrn General-Procurator zu Cöln.

Der Justiz-Minister v. Kircheisen.

## 646.

### Beschäftigung der Gefangenen.

Mit Beziehung auf die Verfügung vom 21. v. Mts. und die Ihnen mittelst derselben mitgetheilte Allerhöchste Kabinets-Ordre vom 15. pr. hinsichtlich der Beschäftigung der in den rheinischen Aufbewahrungs-Gefängnissen befindlichen Individuen, erhalten Sie, Herr General-Procurator, Abschrift des Schreibens des königlichen Ministerii des Innern vom 4. c. und der von demselben an das königliche Ober-Präsidium der Rheinprovinzen erlassenen Verfügung zur Nachricht und Achtung. Berlin, den 18. Juni 1824.

An den königl. Herrn General-Procurator zu Cöln.

Der Justiz-Minister v. Kircheisen.

a.

Auf den Grund der urschriftlich angebogenen, an Euer Excellenz und mich ergangenen Allerhöchsten Kabinets-Ordre vom 15. v. Mts., wonach Seine Königliche Majestät nach unserm gemeinschaftlichen Antrage zu genehmigen geruhet haben, daß die Grundsätze der Criminal-Ordnung §. 30. hinsichtlich der Beschäftigung der Verhafteten auch in den rheinischen Aufbewahrungs-Gefängnissen zur Anwendung gebracht werden, habe ich dem königlichen Ober-Präsidio am Rhein das Erforderliche zur weiteren Anweisung der Regierungen heute zugehen lassen. Eine Abschrift der diesfälligen Verfügung lege ich zu Euer Excellenz geneigten Kenntnißnahme bei, und ersuche dieselben ganz ergebenst, den dortigen Gerichtsbehörden die Allerhöchste Willensmeinung zur Nachachtung gefälligst bekannt machen zu wollen.

Berlin, den 4. Juni 1824. v. Schuckmann.

An
des königlichen Geheimen Staats- und Justiz-Ministers Herrn v. Kircheisen Excellenz.

## b.

Bei der von Seiten des Ministerii des Innern veranstalteten Revision der rheinischen Straf-Institute und der zur Aufbewahrung der Angeschuldigten während des Untersuchungs-Verfahrens dienenden Gefangenhäuser ist auch der in den letzteren statt findende Uebelstand zur Sprache gekommen, daß nach der dortigen Verfassung die Verhafteten nicht zu einer ihren Kräften und übrigen Verhältnissen angemessenen Arbeit angehalten werden, sondern es ihrem Willen überlassen bleibt, ob und womit sie sich beschäftigen wollen. Wegen der Maaßregeln zur Abstellung dieser in mannigfacher Hinsicht und selbst für das künftige Leben der Gefangenen, welche dadurch in dem verderblichen Müßiggange bestärkt werden, nachtheiligen Einrichtung, hat nun zuvörderst eine Correspondence mit dem Herrn Justiz-Minister statt gefunden, und diese zu der übereinstimmenden Meinung geführt, daß es bei dem Mangel einer ausdrücklichen diesfälligen Bestimmung der französischen Gesetzgebung sehr zweckmäßig sein werde, die über diesen Gegenstand in den Provinzen, wo das Allgemeine Landrecht eingeführt worden, gültigen Grundsätze der Criminal-Ordnung vom 11. December 1805 §. 30. auch dort zur Anwendung zu bringen.

Auf geschehenen Antrag ist dies von Seiner Königlichen Majestät mittelst der abschriftlich beigefügten, an den Herrn Justiz-Minister und mich gerichteten Allerhöchsten Kabinets-Ordre vom 15. v. Mts. genehmiget worden. Auf den Grund der Letzteren werden nun Euer Excellenz veranlaßt, die Regierungen Ihres Oberpräsidial-Bereichs, sowohl wegen der danach hinsichtlich der Beschäftigung der in den dortigen Arrest- und Justizhäusern, auch sonstigen Gefängnissen, eines Vergehens oder Verbrechens halber verhafteten Individuen zu treffenden Einrichtungen, als auch in Beziehung auf die in jener Kabinets-Ordre befohlene Vertheilung und Verwendung des Arbeits-Verdienstes mit der erforderlichen weiteren Anweisung zu versehen, und wird übrigens von Seiten des Herrn Justiz-Ministers den dortigen Gerichtsbehörden die Allerhöchste Willensmeinung zur Nachachtung bekannt gemacht werden. Berlin, den 4. Juni 1824.

An des königlichen Staats-Ministers und Ober-Präsidenten Herrn von Ingersleben Excellenz zu Coblenz.

Der Minister des Innern
v. Schuckmann.

## 647.

**Die Abgangszeugnisse der Studirenden können wegen Schulden nicht mit Arrest belegt werden.**

Auf Ihren Bericht vom 20. v. Mts. wird Ihnen eröffnet, daß ich der Ansicht des königlichen Ministeriums der geistlichen, Unterrichts- und Medicinal-Angelegenheiten, nach welcher die Abgangszeugnisse der Studirenden wegen gesetzlicher Schulden nicht mit Arrest belegt werden können, durchaus beitrete. Berlin, den 5. Juli 1824.

An den königlichen Geheimen Regierungs-Rath und Universitäts-Richter Herrn Bergmann zu Bonn.

Der Justiz-Minister
v. Kircheisen.

## 648.

**Verfahren bei Armensachen in der Appellations-Instanz.**

Ueber das bei Armensachen in der Appellations-Instanz zu beobachtende Verfahren sind, nach Ihrem Berichte, Herr Präsident, vom 20. März d. J., und nach dem Ihrigen, Herr General-Procurator, vom 25. Mai d. J., einige Zweifel entstanden, welche hauptsächlich die Art und Weise betreffen, wie eine in erster Instanz entschiedene Sache, wenn der Arme vom Urtheile appelliren will, mit den betreffenden Verhandlungen an den königlichen Appellations-Gerichtshof gebracht werden soll? Nach Erwägung der von Ihnen gemachten Vorschläge, und nachdem der Geheime Ober-Justiz-Rath Fischenich mit seiner gutachtlichen Aeußerung vernommen worden, so wird zur Beseitigung der entstandenen Bedenken das Verfahren folgendergestalt angeordnet:

1) Der Anwald der ersten Instanz hat, wenn die Parthei ihm erklärt, daß sie appelliren will, die Berufung un-

ter Anführung der Beschwerden einzulegen, und für die Insinuation Sorge zu tragen.

2) Den Berufungsact mit dem Beweise der geschehenen Insinuation und den erforderlichen Actenstücken, so wie mit den zur Erlangung des Armenrechts nöthigen Belägen hat derselbe an die General-Procuratur des Appellations-Gerichtshofes einzusenden, allenfalls mit einer kurzen Vorstellung um Zulassung zum Armenrechte und mit den Bemerkungen, die man für dienlich erachten könnte, begleitet.

3) Der General-Procurator läßt diese Schriften an den rheinischen Appellations-Gerichtshof gelangen, und wenn er gegen die Zulassung zum Armenrechte nichts zu erinnern findet, trägt er darauf, so wie auf die Ernennung eines neuen Anwalds an.

4) Dem ernannten Anwald ist nebst Mittheilung des Berufungs-Acts und der eingesandten Actenstücke, von seiner Ernennung durch die General-Procuratur Nachricht zu geben; derselbe hat sodann das Weitere zu besorgen und die Sache zur Entscheidung an den Appellations-Gerichtshof zu bringen.

Diese Bestimmungen sind zur Kenntniß des königlichen rheinischen Appellations-Gerichtshofes, der demselben untergeordneten Gerichtsbehörden und der Advocat-Anwälde zu bringen. Berlin, den 7. Juli 1824.

An den königlichen ersten Herrn Appellations-Präsidenten und an den königlichen Herrn General-Procurator zu Cöln.

Der Justiz-Minister
v. Kircheisen.

---

Auf den Bericht des ersten Präsidenten und des General-Procurators des rheinischen Appellations-Gerichtshofes zu Cöln in Betreff des bei Armensachen in der Appellations-Instanz statt findenden Verfahrens, habe ich die in Abschrift beigefügte Verfügung unter dem heutigen dato erlassen, welche ich Ihnen, Herr General-Procurator, zur Kenntnißnahme, und um den königlichen rheinischen Revisions- und Cassationshof von diesen Bestimmungen zu benachrichtigen, hierneben mittheile. Berlin, den 7. Juli 1824.

An den königlichen Herrn General-Procurator am rheinischen Revisions- und Cassationshofe hieselbst.

Der Justiz-Minister
v. Kircheisen.

## 649.

Urtheile der Polizeigerichte, worin die Strafe fünf Thaler und weniger in Geld oder verhältnißmäßiges Gefängniß beträgt, sind stempelfrei.

Zufolge einer Benachrichtigung des Herrn Provinzial-Steuer-Directors vom 3. Juli c. hat Ein hohes Finanz-Ministerium unter dem 4. April c. und 4. Juni c. zu bestimmen geruhet:

daß der, seiner Zeit mitgetheilte Beschluß des königlichen Staats-Ministeriums, wornach Straf-Resolute der Finanz- und Polizeibehörden für den Fall, daß die Strafe, den Werth des Confiscats mit einbegriffen, fünf Thaler und weniger in Geld oder verhältnißmäßiges Gefängniß beträgt, stempelfrei sein sollen, auch auf die Urtheile Anwendung finde, welche nach der rheinischen Verfassung zur Bestrafung geringer Polizei-Vergehen durch die hiesigen Polizeigerichte erlassen werden, und welche gleichfalls das angegebene Strafmaaß nicht überschreiten.

Sämmtlichen Beamten des öffentlichen Ministeriums, wie auch sämmtlichen Polizeigerichten und allen, die es sonst angehen kann, wird diese Entscheidung der höchsten Finanzbehörde zur Nachricht und Achtung mitgetheilt und bekannt gemacht. Cöln, den 12. Juli 1824.

Der General-Procurator
Bölling.

## 650.

Straf- und Züchtigungsmittel in den rheinischen Straf-Anstalten.

Auf Ihren Bericht vom 1. Mai dieses Jahres,

die in den Strafanstalten der Rheinprovinzen anwendbaren Züchtigungs-Mittel betreffend,

wird Ihnen ad 1. eröffnet, daß, da die Allerhöchste Kabinets-Ordre vom 23. Februar c. ausdrücklich nur der Straf-Anstalten erwähnt, die darin angeordneten Disciplinar-Maaßregeln nicht auf solche Individuen Anwendung finden können, gegen welche erst die vorläufige Untersuchung eröffnet oder die in Anklagestand versetzt worden. Für diese bleibt es vielmehr bei den bisherigen gesetzlichen Bestimmungen, bis die Erfahrung Unzulänglichkeit der bisherigen Disciplin gezeigt haben wird.

ad 2. ist durch die Einführung neuer Disciplinar-Maaßregeln in den Befugnissen der Justizbehörden, wie diese im

§. 613. der Criminal-Proceßordnung festgesetzt worden, nichts geändert, dagegen wird das Ressort der Verwaltungsbehörden durch die Verfassung bestimmt, und nach dieser ist jetzt allerdings den Beamten der Strafanstalt eine Disciplinar-Gewalt nach den in dem Reglement enthaltenen näheren Bestimmungen eingeräumt worden.

Eben so versteht es sich ad 3. von selbst, daß in allen Fällen, in welchen von einem zur correctionellen oder peinlichen Bestrafung sich eignenden Vergehen oder Verbrechen die Rede ist, die Untersuchungen in der gesetzlich bestimmten Art durch die Gerichtsbehörden geführt werden müssen. Hiernach werden sich die von Ihnen aufgestellten Bedenken erledigen, ohne daß es weiterer gesetzlicher Bestimmungen bedarf. Die Besorgnisse über die ungünstigen Folgen der durch die Allerhöchste Kabinets-Ordre angeordneten Maaßregeln kann ich nicht mit Ihnen theilen. Die Erfahrung der Verwaltungsbehörden hat die Nothwendigkeit dieser Maaßregeln gelehrt und der Regierung wird es nicht an Mitteln fehlen, den Gesetzen ungehorsame Unterthanen zur Fügung in ihre Anordnungen zurückzuführen. Herrscht wirklich in den Rheinprovinzen ein so reges Ehrgefühl, so ist zu erwarten, daß die Verbrecher sich durch Androhung gelinderer Disciplinar-Maaßregeln in Ordnung halten lassen und dadurch von selbst die körperlichen Züchtigungen überflüssig machen werden.

Berlin, den 14. Juli 1824. Der Justiz-Minister

An v. Kircheisen.

den königlichen Herrn General-Procurator
zu Cöln.

## 651.

### Verfahren in Untersuchungen wider beurlaubte Landwehrmänner.

Beigehend erhalten Sie, Herr General-Procurator, 12 Exemplare der heute erlassenen Circular-Verfügung,

betreffend das Verfahren in Untersuchungs-Sachen wider beurlaubte Landwehrmänner,

mit der Anweisung, sich nicht allein darnach ebenfalls zu achten, so weit die dort noch bestehende Gerichts-Verfassung solches gestattet, sondern auch die königlichen Staats-Procuratoren darnach zu instruiren. Bei Zufertigung der Circular-Verfügung sind dieselben besonders anzuweisen, dem General-Auditoriate bei Communication der auf Ausstoßung aus dem Soldatenstande gerichteten Erkenntnisse und der verhandelten Untersuchungs-Acten, auch eine beglaubte Abschrift der Anklage-Acte mitzutheilen. Was übrigens die Kosten der Untersuchung und Strafvollstreckung betrifft, so fallen diejenigen, welche in Gemäßheit der rheinischen Gesetzgebung von den Angeschuldigten und Verurtheilten nicht eingezogen werden können, resp. dem gewöhnlichen Criminalfonds und dem Militairfonds zur Last. Berlin, den 2. August 1824.

An den königlichen Herrn General-Procurator bei dem Appellations-Gerichtshofe zu Cöln.

Der Justiz-Minister v. Kircheisen.

a.

Da seit der Circular-Verfügung vom 6. Mai 1817, wodurch in Gefolge der Allerhöchsten Instruction für die Inspecteure und Commandeure der Landwehr vom 10. December 1816, das in Untersuchungs-Sachen wider Individuen der Landwehr zu beobachtende Verfahren vorgeschrieben worden, mehrere ergänzende und erläuternde Bestimmungen ergangen sind, und da insbesondere durch die Verordnung vom 22. Februar v. J. jenes Verfahren eine wesentliche Abänderung erhalten hat; so findet der Justiz-Minister sich veranlaßt, sämmtliche erläuternde und ergänzende Bestimmungen zur bessern Uebersicht zusammen zu stellen.

Im Allgemeinen wird bemerkt, daß die zu den besoldeten Stämmen der Landwehr gehörenden Individuen, ohne Ausnahme in Criminal- und Injurien-Sachen der Militair-Gerichtsbarkeit unterworfen bleiben. Ein Gleiches gilt von den zur Uebung oder zum Dienst einberufenen Offizieren und Landwehrmännern, jedoch nur während der Dauer dieser Einberufung. Die übrigen beurlaubten Offiziere und Wehrmänner stehen dagegen unter den Civil-Gerichten.

I. Die beurlaubten Landwehr-Offiziere haben

1) den Gerichtsstand der Eximirten.

2) Von allen durch die Civil-Gerichte gegen Offiziere erkannten Strafen wird der betreffende Bataillons-Commandeur, durch Mittheilung einer Abschrift des mit den Entscheidungsgründen versehenen Erkenntnisses, benachrichtiget.

3) Die gegen einen Offizier erkannte Geldstrafe wird ohne Weiteres vollzogen. Einen ihm zuerkannten Arrest erleidet derselbe in einem seinem Verhältnisse und Gerichtsstande angemessenen Gefängnisse, oder wenn ein solches nicht vorhanden ist, in dem nächsten Militair-Arrest. Ist auf Festungsarrest erkannt

worden, so wird die Abführung nach einer Festung durch den Bataillons-Commandeur veranstaltet.

4) In reinen Militair-Disciplinar-Angelegenheiten, wohin auch der Befehl des Militair-Vorgesetzten, bei den Uebungen zu erscheinen, zu rechnen ist, ist der Landwehr-Offizier allein der Militairgerichtsbarkeit unterworfen.

Bei Herausforderungen und Zweikämpfen sollen zwar die Untersuchungen von dem competenten Civilgericht eingeleitet und geführt, die zum Spruch reifen Acten aber dem Militairgerichte Behufs des abzuhaltenden Kriegs-Gerichts übersendet werden.

II. Bei den beurlaubten Wehrmännern, zur Kriegsreserve gehörigen Soldaten, den nach erfolgter Aushebung und Vereidung sogleich bis zu ihrer wirklichen Einstellung mit Urlaubspässen in ihre Heimath beurlaubten Rekruten, und den Train-Soldaten tritt

1) die Competenz der Civilgerichte bei allen Vergehungen ein, welche von vorgedachten Individuen in ihren bürgerlichen Verhältnissen und bei Ausübung der Gewerbe begangen werden.

2) Es sind mithin davon ausgeschlossen und werden von den Militairgerichten untersucht und bestraft:

a) die während der Uebungszeit bei der versammelten Compagnie oder Escadron begangenen Vergehen;

b) alle militairische Dienstvergehen, die Landwehr möge zusammen gezogen sein oder nicht. Dahin gehören:

Desertion oder Entweichung aus der Heimath, um sich dem Militairdienst zu entziehen.

Die Nichtbefolgung des Befehls des Militair-Vorgesetzten bei den Uebungen zu erscheinen;

ferner:

Insubordination gegen Militairvorgesetzte in Dienstangelegenheiten. Die Cognition der Militairgerichte wird aber nur alsdann begründet, wenn das Insubordinations-Vergehen durch eine Widersetzlichkeit gegen einen bestimmten durch außerordentliche Verhältnisse nöthig gewordenen Dienstbefehl begangen worden.

Die bei Gelegenheit eines zufälligen Zusammentreffens in bürgerlichen Verhältnissen vorgefallenen Beleidigungen und Widersetzlichkeiten sind dagegen zu den militairischen Dienstvergehen nicht zu rechnen.

3) Wenn mehrere Vergehen begangen worden, von denen einige, z. B. die Desertion, als Militairdienstvergehen von dem Militairgericht, andere dagegen von dem Civilgericht untersucht werden müssen; so gehört die Untersuchung sowohl der Militair- als auch der Civilvergehen vor die Militairgerichte.

4) Bei den durch die Civilgerichte zu führenden Untersuchungen finden die allgemeinen gesetzlichen Vorschriften mit den in der Verordnung vom 22. Februar v. J. bestimmten Beschränkungen statt.

In den Fällen, wo von den Civilgerichten auf Ausstoßung aus dem Soldatenstande und zugleich auf Zuchthaus oder Festungsarbeitsstrafe erkannt worden, unterbleibt die vorläufige Abführung des Verurtheilten zur Strafanstalt, und das Erkenntniß wird nicht eher vollstreckt, als bis dasselbe die Allerhöchste Bestätigung Seiner Majestät des Königs erhalten hat. Deshalb soll jedoch die Strafzeit nicht verlängert, sondern von der Zeit an berechnet werden, zu welcher der Verurtheilte zur Strafanstalt vorläufig abgeliefert sein würde, wenn nicht die Allerhöchste Königliche Bestätigung des ergangenen Erkenntnisses hätte abgewartet werden müssen.

5) In den Fällen, in welchen nach dem §. 6. der Verordnung vom 22. Februar v. J. die Bestätigung des ergangenen Erkenntnisses von Seiten Seiner Majestät des Königs erforderlich ist, müssen die Acten nebst einer Ausfertigung der ergangenen Erkenntnisse dem königlichen General-Auditoriate übersendet werden.

6) Bei der Bestrafung sowohl in Hinsicht auf die Strafbarkeit der zur Untersuchung gekommenen Handlung überhaupt, als auch in Hinsicht auf die Höhe der Strafe kommen die allgemeinen Strafgesetze zur Anwendung, mit der Maaßgabe, daß nach der Verordnung vom 22. Februar v. J. statt der Peitschenhiebe auf Stockhiebe, und in denjenigen Fällen, in welchen der Angeschuldigte nicht zugleich aus dem Soldatenstande ausgestoßen oder aus dem Militairverhältniß entlassen wird, statt der Zuchthaus- und Festungsarbeit auf Einstellung bei einer Strafsection zu erkennen ist.

7) Dieser veränderten Art der Strafvollstreckung ungeachtet, wird auf Detention bis zur Besserung, oder bis zum Nachweise des ehrlichen Erwerbes in den dazu angethanen Fällen erkannt.

8) Die in den Gesetzen vorgeschriebene Gefängnißstrafe erleidet der Verurtheilte in einem jeden bürgerlichen Gefängnisse seiner Heimath oder eines benachbarten Orts, jedoch nicht in einem solchen, welches bloß zur Aufbewahrung eigentlicher Verbrecher, als Diebe, Betrüger und dergleichen bestimmt ist.

9) Auf die militairischen Strafen des strengen und mittlern Arrestes sind die Civilgerichte zu erkennen nicht befugt.

10) Die Rücksicht, welche die Civilgerichte bei ihren Erkenntnissen auf die Krieges-Artikel zu nehmen haben, bestehet darin:

a) Auf Versetzung in die zweite Classe des Soldatenstandes muß in allen Fällen, in welchen die Kriegsartikel dies vorschreiben, erkannt werden; bei der Verurtheilung zu einer körperlichen Züchtigung, zum Verlust des National-Militairabzeichens oder des Landwehrkreuzes ist diese Versezzung jedesmal im Erkenntnisse auszusprechen.

b) Auf den Verlust des National-Militairabzeichens ist bei den zum stehenden Heer gehörenden Individuen in den durch die Kriegsartikel und die Verordnung wegen der Militairstrafen vom 3ten August 1808 bezeichneten Fällen zu erkennen; statt dessen ist in eben diesen Fällen bei den zur Landwehr gehörigen Individuen das Erkenntniß auf den Verlust des Landwehrkreuzes zu richten.

c) Die Ausstoßung aus dem Soldatenstande geschiehet in den, in den Kriegsartikeln und in dem §. 2. der Verordnung vom 22. Februar v. J. bestimmten Fällen.

11) Der Verlust der Kriegsdenkmünze muß zufolge der Allerhöchsten Kabinets-Ordre vom 30. October 1814, in allen denen Fällen im Erkenntnisse festgesetzt werden, in welchen das Verbrechen Ausstoßung aus dem Soldatenstande oder Verlust des National-Militair-Abzeichens oder des Landwehrkreuzes zur Folge hat.

12) Entfernung aus der Landwehr ist keine Strafe, auf

welche die Civilgerichte zu erkennen befugt sind; wohl aber tritt in den im §. 3. der Verordnung vom 22. Februar v. J. bezeichneten Fällen die Entlassung aus dem Militairverhältnisse ein.

13) Die Vollstreckung einer körperlichen Züchtigung erfolgt, wenn zugleich auf Einstellung in eine Straf-Section erkannt worden, bei der letztern durch die Militairbehörde; in allen übrigen Fällen wird diese Strafe von den Civilgerichten, jedoch in Gegenwart eines dazu von der Militairbehörde zu requirirenden Feldwebels oder Unteroffiziers vollzogen.

14) Für den Transport des Verurtheilten zur militairischen Strafanstalt muß das Civilgericht sorgen.

15) Die Kosten der Aufbewahrung und des Unterhalts des Inculpaten während des Untersuchungsarrestes, imgleichen die Kosten des Transports zur Strafanstalt, so wie alle sonstige baare Auslagen, wohin auch die Kosten der Anschaffung der unter No. 17. bemerkten ersten Kleidungsstücke gehören, fallen, wenn der Verurtheilte unvermögend ist, oder wenn er gänzlich freigesprochen worden, demjenigen zur Last, welchem die subsidiarische Verpflichtung zur Uebernahme der unerläßlichen Untersuchungskosten überhaupt obliegt.

16) Die Kosten der Verpflegung des Verurtheilten während der von der Militairbehörde zu bewirkenden Vollstreckung der Strafe, wenn diese bei einer Straf-Section erfolgt, werden von der Militairbehörde beschafft, insofern der Verurtheilte selbst, oder dessen gesetzlich dazu verpflichtete Verwandte diese Kosten herzugeben nicht im Stande sind, worüber das Untersuchungsgericht ein Attest bei der Ablieferung an die Militairbehörde zu ertheilen hat. Können diese Kosten aus dem Vermögen des Verurtheilten oder seiner gesetzlich dazu verpflichteten Verwandten beigetrieben werden, so haben die Civilgerichte dafür zu sorgen, daß die erforderliche Summe an diejenige Militairbehörde, welche die Strafe vollstreckt, auf die Dauer der Arrestzeit und bei Strafen über drei Monate alle Vierteljahr regelmäßig vorausbezahlt werden.

Der Betrag der Verpflegungskosten während der Strafvollstreckung durch Einstellung bei der Straf-Section, beläuft sich auf 3 Thlr. 7½ sgr. für jeden

Monat, und vom zweiten Strafjahre ab außerdem noch alljährlich auf 5 Thlr. 23 sgr. 10 pf. zur Anschaffung des Ersatzes der großen Montirungsstücke. Die Kosten der Vollstreckung einer Gefängnißstrafe oder eines Festungsarrestes fallen dagegen beim Unvermögen eines Verurtheilten und seiner Angehörigen dem Militairfonds nicht zur Last; vielmehr hat es deshalb bei den bestehenden allgemeinen Vorschriften sein Bewenden.

17) Es ist jederzeit die Veranstaltung zu treffen, daß die Verurtheilten bei ihrer Ablieferung zur Festung mit folgenden Kleidungsstücken versehen sind:
a) drei noch guten Hemden,
b) einem Paar wollenen Strümpfen,
c) einem Paar Schuhe oder Stiefeln,
d) einem Hute oder einer Mütze,
e) einem Paar Beinkleider,
f) einer Weste,
g) einem Rocke oder einer Jacke.
Die Militairbehörde wird darüber, daß vorgenannte Kleidungsstücke abgeliefert worden, eine Bescheinigung ausstellen.

Die Kosten dieser Bekleidung werden von dem subsidiarisch Verpflichteten getragen.

18) Die zur Kriegsreserve gehörigen Soldaten, die vereidigten, aber bis zu ihrer Einstellung in die Heimath beurlaubten Rekruten des stehenden Heeres und die Trainsoldaten sind als Truppentheile des stehenden Heeres, von den Untersuchungskosten frei, und es kommen also in Betreff der Verbindlichkeit zur Tragung der baaren Auslagen sofort die §. 604. 623. ff. der Criminal-Ordnung gegebenen Bestimmungen zur Anwendung.

In Absicht der Kosten ihrer Verpflegung sowohl während des Untersuchungsarrestes, als auch während der Strafzeit treten jedoch die wegen der Kosten der Verpflegung der beurlaubten Landwehrmänner gegebenen Bestimmungen ein.

19) Bei jedem sich im militairpflichtigen Alter befindenden Angeschuldigten ist das Militairverhältniß, insbesondere ob derselbe zur Kriegsreserve, Landwehr ꝛc. gehört, bei welchem Truppentheil er gedient hat oder noch dient, sorgfältig zu ermitteln und zu den Acten zu verzeichnen, und die Mittheilung des Straf-

Erkenntnisses an die Militair-Behörde gemäß §. 9. der Verordnung vom 22. Februar 1823 nicht zu unterlassen.

Vorstehende Bestimmungen hat sich das königliche rc. nicht allein selbst zur Richtschnur dienen zu lassen, sondern auch selbige den dem Collegio untergeordneten Gerichten zur genauesten Befolgung durch die Amtsblätter bekannt zu machen.

Berlin, den 2. August 1824. Der Justiz-Minister
Circulare v. Kircheisen.
an sämmtliche Ober-Landesgerichte.

## 652.

### Notarien können nicht als beigeordnete Bürgermeister fungiren.

Euer Excellenz beehre ich mich den mir unter dem 16. Juni c. mitgetheilten Bericht der Regierung zu Coblenz vom 24. Mai d. J. über die Frage:

ob Notarien als beigeordnete Bürgermeister zugleich fungiren können?

ganz ergebenst zurückzusenden. Der General-Procurator am rheinischen Appellationsgerichtshofe zu Cöln, dessen gutachtlichen Bericht ich dieserhalb erfordert habe, hat sich dahin geäußert, daß seiner Ansicht nach, die Notarien gleichzeitig als beigeordnete Bürgermeister nicht fungiren dürfen, weil diese Stellen öffentliche Aemter sind, wovon die Notarien nach dem Art. 5. des Gesetzes vom 5. April 1822 ausdrücklich ausgeschlossen worden. Dieser Ansicht kann ich nur beitreten, da der beigeordnete Bürgermeister nicht bloß Mitglied des Gemeinderaths, sondern in den Fällen, wo er als Beigeordneter concurrirt, ein verwaltender Beamter ist. Ew. Excellenz ersuche ich daher ganz ergebenst, die Regierung zu Coblenz hiernach mit der erforderlichen Anweisung gefälligst versehen zu wollen.

Berlin, den 6. August 1824. v. Kircheisen.

An
des königlichen wirklichen Geheimen Staats- und des Innern Ministers Herrn v. Schuckmann Excellenz.

Abschrift dieses Schreibens erhält **brevi manu** der Herr General-Procurator Bölling.

Berlin, den 6. August 1824. Der Justiz-Minister
v. Kircheisen.

## 653.

### Bestreitung der Reisekosten der Friedensrichter in Vormundschaftssachen.

Auf Ihren Bericht vom 15. d. M. und die darin enthaltene Anfrage,

aus welchem Fonds und in welcher Art und Weise die Reise-Entschädigungskosten für die Friedensrichter Behufs der Anlegung oder Abnehmung der Siegel in Vormundschafts-Sachen bestritten werden sollen?

wird Ihnen, Herr General-Procurator, eröffnet, daß mir kein anderer Fonds bekannt ist, aus welchem die baaren Auslagen in dergleichen Fällen entnommen werden können, als das Vermögen der Minorennen.

Berlin, den 30. August 1824.

An den königlichen Herrn General-Procurator zu Cöln.

Der Justiz-Minister v. Kircheisen.

## 654.

### Verfahren gegen säumige Advocat-Anwälde.

Nach dem mit Ihrem Berichte vom 20. Juli c. nebst den sonstigen hier zurückgehenden Verhandlungen, eingereichten Beschlusse des Landgerichts zu Aachen vom 19. Juni d. J. soll dem Advocat-Anwalde N. wegen vernachlässigter Vertheidigung des Wegewärters N. im Disciplinar-Wege die Ermahnung ertheilt werden, künftig seine Dienstobliegenheiten in dergleichen Fällen pünktlich wahrzunehmen.

Diesem Beschluß kann ich die Bestätigung nicht ertheilen; da hier unstreitig von einer Untersuchung gegen einen Verwaltungs-Beamten wegen Dienstvergehens die Rede ist, nnd nach der Allerhöchsten Kabinets-Ordre vom 6. März 1821 No. 1. bei Dienstvergehen der Verwaltungs-Beamten nach den Vorschriften der diesseitigen Criminal-Ordnung vom 11. December 1805 verfahren werden muß, so ist nicht abzusehen, weshalb wegen Nichtinnehaltung einer zur Einreichung der Defension bestimmten Frist gegen den säumigen Advocat-Anwald ein förmliches Disciplinar-Verfahren nach Maaßgabe des Decrets vom 30. März 1808 eröffnet, und nicht vielmehr der säumige Defensor nach Vorschrift des §. 459. der Criminal-Ordnung ohne alles weitere Verfahren sogleich nach Ablauf der Frist mittelst eines bloßen Decrets in eine Ordnungs-Strafe genommen und ihm zugleich nach

Inhalt des §. 460. l. c. eine neue kurze Frist bestimmt worden ist.

Hiernach ist das Landgericht zu Aachen zu bescheiden und sowohl im vorliegenden Falle, Falls die Defension wider Vermuthen noch nicht eingegangen sein sollte, als in allen ähnlichen Fällen zu verfahren.

Berlin, den 1. September 1824. Der Justiz-Minister
An v. Kircheisen.
den königl. Herrn General-Procurator
zu Cöln.

## 655.

### Gebühren der Medicinal-Beamten in gerichtlichen Angelegenheiten.

Auf Ihren Bericht vom 20. Juli dieses Jahres,
die Festsetzung der Kosten-Liquidationen der Medicinal-Beamten betreffend,

wird Ihnen eröffnet, daß wenn bei Festsetzung der Gebühren dieser Beamten für die von Ihnen in Untersuchungs-Sachen vorgenommenen Geschäfte auch in den dortigen Provinzen die Medicinal-Taxe vom 21. Juni 1815 zum Grunde gelegt werden muß, es nicht abzusehen ist, weshalb die Bestimmung in dem die Taxe begleitenden Edicte von demselben Tage, nach welcher die darin bestimmte Remuneration der gerichtlichen Medicinal-Beamten auch aus Staats-Cassen geleistet werden soll, von der Anwendung ausgeschlossen wird, wie nach dem Berichte des Ober-Procurators zu N. vom 9. Juli c. geschehen ist. Die an das Ober-Landesgericht zu Halberstadt erlassene Verfügung vom 5. März c. beabsichtiget nichts weiter, als die Zweifel zu beseitigen, welche über die Frage entstanden sind:

ob die gerichtlichen Medicinal-Beamten in allen Fällen die in der Medicinal-Taxe bestimmten Gebühren aus dem Criminal-Fonds zu fordern berechtigt sind, das Geschäft möge an ihrem Wohnorte oder außerhalb desselben von ihnen vorgenommen worden sein?

Diese Frage ist bejahend beantwortet worden, weil die nur geringe besoldeten gerichtlichen Aerzte und Wundärzte nicht von ihrer Besoldung leben können, sondern ihren Unterhalt besonders durch ihre Praxis erwerben müssen und daher nicht zu denjenigen besoldeten Beamten zu rechnen sind, von welchen das Diäten-Regulativ vom 28. Februar 1816 §. 1. sub No. 3. handelt. Findet dieser Grund auf die Medicinal-Beamten in den Rheinprovinzen ebenfalls Anwendung, und ist gegen die Gültigkeit des Edikts vom 21. Juni 1815 und der demselben beigefügten Taxe in den Rheinprovinzen nichts zu erinnern, so muß dort nach der den Justiz-Behörden in den ältern königlichen Provinzen ertheilten Anweisung ebenfalls verfahren werden.

Berlin, den 31. September 1824. Der Justiz-Minister
An v. Kircheisen.
den königl. Herrn General-Procurator
zu Cöln.

a.

Nachdem auf Veranlassung einer Anfrage der Regierung zu Erfurt, der Justiz-Minister

über die den gerichtlichen Medicinal-Beamten für die Besorgung gerichtlich medicinischer Geschäfte, aus dem Criminalfonds zuzubilligenden Gebühren,

mit dem königlichen Ministerium der geistlichen, Unterrichts- und Medicinal-Angelegenheiten Rücksprache genommen, wird dem Criminal-Senat des königlichen Ober-Landesgerichts mit Bezug auf die Verfügung vom 13. Januar pr. eröffnet,

daß den gerichtlichen Aerzten und Wundärzten für die von ihnen in Untersuchungssachen vorgenommenen Geschäfte, die Gebühren nach der dem Edikte vom 21. Juni 1815 beigefügten Medicinal-Taxe aus dem Criminalfonds zugebilligt werden müssen, das Geschäft mag am Wohnorte des Sachverständigen, oder außerhalb desselben vorgenommen worden sein. Im letztern Falle werden also die Gebühren außer den etwa noch zu zahlenden Diäten bewilligt.

Berlin, den 5. März 1824. Der Justiz-Minister
An v. Kircheisen.
den Criminal-Senat des königl. Ober-Landesgerichts
zu Halberstadt.

## 656.

Ausstellung einer notariellen Vollmacht in blanco, mit Offenlassung des Namens der Bevollmächtigten.

Retenta copia des Erkenntnisses br. m. an den königlichen Herrn General-Procurator zur Kenntnißnahme.

Berlin, den 20. September 1824.

Der Justiz-Minister
v. Kircheisen.

a.

Sitzung vom 1. September 1824.

Auf das Gesuch des ꝛc. General-Procurators bei dem Revisions- und Cassationshofe folgenden Inhalts:

„Unterschriebener General-Procurator beehrt sich dem königlichen Revisions- und Cassationshofe ein Urtheil des rheinischen Appellationsgerichtshofes, dem Befehle Sr. Excellenz des Herrn Ministers zufolge als der Allerhöchsten Verordnung über das Notariatswesen vom 25. April 1822 zuwider, zu denunciiren."

„Der Notar N. zu N. hat eine Vollmacht ausgefertiget, worin er den Namen des Bevollmächtigten nicht eingetragen, sondern zur Einschreibung desselben Raum gelassen hat."

„Das Landgericht zu Düsseldorf, bei welchem deshalb das öffentliche Ministerium Klage erhoben hatte, sah hierin eine Contravention gegen die gedachte Notariatsordnung und verurtheilte den Notar N. in eine Strafe von 25 Thalern. Der Appellhof erklärte hingegen, daß denselben der Vorwurf, eine klare Verfolgung des Gesetzes aus Fahrlässigkeit hintangesetzt zu haben, nicht treffen könne und sprach ihn daher von der angestellten Klage los."

„Diesem letztern Urtel wird nun entgegengesetzt, daß in Frankreich gar kein gesetzliches Verbot der Ausstellung einer Vollmacht en blanc im Wege stehe, weil sie daselbst als eine einseitige freiwillige Handlung oder Erklärung des Machtgebers angesehen werde und der Aussteller die angefertigte Urkunde im Original aus den Händen des Notars empfange, daß es sich aber ganz anders in den Rheinprovinzen verhalte, wo das neue Notariatsgesetz im Art. 37. ausdrücklich verordne, daß von keiner Urkunde die Urschrift an den Interessenten abgegeben werden solle, daß diese Vorschrift bei Strafe der Nichtigkeit Art. 58. zu beobachten sei; daß aber hieraus auch folge, daß der Name des Bevollmächtigten vor der Ausfertigung eingerückt werden müsse, weil sonst der Akt unvollständig sei und eine strafbare Lücke in dem Sinne des Art. 26. darbieten würde; indem die Urschrift einer Vollmacht nur darum in Verwahr bleibe, damit man durch den Recurs auf dieselbe den Mandanten, den Mandatar, sowie die Ausdehnung oder Beschränkung der Vollmacht kennen lerne und beweisen könne."

„Aus diesen Gründen trage ich in Gemäßheit des vorerwähnten Befehls und auf den Grund des Art. 441. der Criminal-Proceß-Ordnung dahin an, daß das Urtheil des rheinischen Appellationshofes vom 18. Februar d. J. wegen Verletzung der Art. 26. 37 und 58. der Notariats-Ordnung zur Aufrechthaltung dieser gesetzlichen Verfügungen cassirt und die Transscription des zu erlassenden Erkenntnisses in die Register des gedachten Appellhofes verordnet werde."

Berlin, am 22. Juli 1824. Der General-Procurator Eichhorn.

Nach Anhörung des Vortrages des Herrn Geheimen Ober-Revisionsrathes Gördeler; nach Anhörung des Herrn General-Procurators Eichhorn in seinen Bemerkungen:

In Erwägung, daß zwar eine, mit Offenlassung des nachher einzurückenden Namens des Bevollmächtigten, vor einem Notar passirte Vollmacht dem Buchstaben des §. 26. der Notariats-Ordnung vom 25. April 1822, wonach die Notariats-Urkunden ohne Lücken geschrieben werden sollen, zuwider ist;

Daß aber diese nehmliche Vorschrift sich bereits in dem frühern Gesetz über das Notariat vom 16. März 1803 (25. Ventose Jahres II.) Art. 13. befunden hat; und nichts desto weniger unter der Herrschaft dieses Gesetzes solchergestalt notariel ausgefertigte Vollmachten vor allen öffentlichen Behörden zugelassen und niemals als Contravention gegen die Notariats-Ordnung betrachtet worden;

Das überhaupt die Vollmachten in blanco von jeher allgemein üblich gewesen und aus dem Bedürfniß und der Nothwendigkeit hervorgegangen sind;

Daß auch keine andere daraus entspringende nachtheilige Folgen möglich sind, als solche, welche aus einer jeden, nicht aus eigener Kenntniß, sondern auf Empfehlung und nach der Wahl eines Dritten geschehenen Bevollmächtigung hervorgehen können, deren Möglichkeit der Aussteller der Vollmacht nicht vermeiden kann; daß im Gegentheil es zur großen Beschwerde und in vielen Fällen zum Schaden der Staatsbürger gereichen würde, wenn ihnen diese Art der Ausstellung der Vollmachten genommen würde; daß daher um so weniger Grund vorhanden ist, einen so constanten Gebrauch und eine hergebrachte Auslegung jener Vorschrift der Notariats-Ordnungen zu mißbilligen:

Aus diesen Gründen verwirft der Revisions- und Cassationshof das Cassations-Gesuch des königlichen General-Procurators bei der hiesigen Stelle.

Sethe. Mertens.

## 657.

### Bei Verurtheilungen in Geldbuße müssen die Gerichte eventuell auf Gefängnißstrafe erkennen.

Beigehend erhalten Sie in Urschrift den Immediat-Bericht des Polizei-Präsidenten v. Struensee vom 5. d. M.
wegen Verwandlung der von dem N. zu entrichtenden Geldbuße in eine sechsmonatliche Gefängnißstrafe,
nebst Anlagen und Abschrift der darauf erlassenen Allerhöchsten Kabinets-Ordre vom 18. pr., nach welcher statt der gegen den N. erkannten Geldbuße 14tägiges Gefängniß eintreten soll, zur Nachricht und Achtung.

Berlin, den 30. September 1824.

Der Justiz-Minister
v. Kircheisen.

An
den königlichen Herrn General-Procurator zu Cöln.

a.

Auf den beiliegenden Antrag des Polizei-Präsidenten v. Struensee in Cöln, will Ich statt der gegen den dortigen Einwohner N. erkannten Geldbuße von 8 Thalern vierzehntägiges Gefängniß eintreten lassen, da der Verurtheilte die Geldstrafe nicht entrichten kann. Zugleich bestimme Ich im Allgemeinen, daß die Gerichte in den Provinzen, wo das französische Strafgesetz gilt, in allen Fällen, wo es zweifelhaft ist, ob der zu einer Geldbuße Verurtheilte sie zu erlegen im Stande sein werde, Gefängnißstrafe nach dem im Landrechte angegebenen Maaßstabe alternativ erkennen sollen, damit diese Substitution nicht dem alleinigen Ermessen der Procuratoren anheim gegeben werde. Ich beauftrage Sie, hiernach die betreffenden Gerichte anzuweisen.

Berlin, den 18. September 1824.

Friedrich Wilhelm.

An
den Staats- und Justiz-Minister v. Kircheisen.

## 658.

### Die Constatirung und das Forum von Bergwerks-Contraventions-Sachen.

Der von Ihnen unter dem 14. Mai d. J. erstattete Bericht,
die Constatirung und das Forum von Bergwerks-Contraventions-Sachen betreffend,
umfaßt hauptsächlich drei Gegenstände:

1) die Art der Vereidigung der Bergwerks-Beamten beim Antritt ihrer Verrichtungen;
2) die Affirmation der von ihnen aufgenommenen Protocolle, und
2) das gerichtliche Verfahren wegen Kohlendiebstahls.

Es wird Ihnen hierauf Folgendes eröffnet:

ad 1) scheint es sehr gleichgültig zu sein, bei welchem Gerichte die Bergbeamten ihren Diensteid schwören; dem Staate liegt es daran, sich durch ein eidliches Versprechen ihrer Treue zu versichern, allein weniger wichtig ist es, ob dieses Versprechen vor einem Friedensgerichte oder vor einem Landgerichte abgegeben werde.

Wenn daher das Ober-Bergamt es im Interesse des Dienstes für angemessener hält, und darauf anträgt, daß die untere Klasse der Bergbeamten ihren Eid bei dem Friedensrichter ablege, so steht diesem Wunsche keine gegründete Bedenklichkeit im Wege.

Was 2) die Affirmation der Protocolle betrifft, so kann schon deswegen das Gesetz vom 29. Floreal Jahres X. über die Zuwiderhandlungen en matière de grande voirie hier nicht zur Richtschnur dienen, weil dasselbe von Contraventionen spricht, die auf administrativem Wege erörtert werden; sie muß daher nach der Vorschrift geschehen, welche rücksichtlich der Forst-Contraventionen besteht, und da das Gesetz vom 15. September 1791 die höheren Forstbeamten von der Verbindlichkeit ausnimmt, ihre Protocolle durch einen Eid zu bestätigen, so liegt es schon in dem Sinne des Gesetzes vom 21. April 1810, daß dieser Unterschied auch wegen der Bergwerks-Beamten eintrete. Zu den Bergbau-Verwaltungs-Beamten der höheren Kathegorie sind nach der Aeußerung des königlichen Ministeriums des Innern die Bergmeister, Ober-Einfahrer, Ober-Geschwornen, Geschwornen, die Markscheider und die Revier-Obersteiger zu rechnen.

Die Erörterung des dritten Punktes, nämlich das Verfahren wegen Untersuchung und Bestrafung der Kohlendiebstähle betreffend, so bin ich völlig damit einverstanden, daß das Gesetz von 1821 auf die Diebstähle von Kohlen und Erzen der Bergwerke, sowohl wegen der Gleichförmigkeit der Materien, als wegen Abkürzung der Formen, Erleichterung des Zeugentransports und somit zur Förderung des Dienstes ausgedehnt werden könne.

Berlin, den 15. October 1824. Der Justiz-Minister
v. Kircheisen.

An
den königlichen Herrn General-Procurator
zu Cöln.

## 659.

### Aufhebung des Eheverbots zwischen Weißen und Negern.

1) Der Chef der Justiz erklärt sich mit der Ansicht, welche der königliche Herr General-Procurator in dem Berichte vom 5. October dieses Jahres,

betreffend das Immediat-Gesuch des Mulatten N., die N., eine Weiße, ehelichen zu dürfen,

entwickelt hat, völlig einverstanden und authorisirt den Herrn Referenten, nicht nur die Civilstands-Beamten demgemäß anzuweisen, sondern auch für den vorliegenden Fall die Beseitigung der von dem N. geführten Beschwerde ungesäumt zu bewirken.

2) Abschrift dieses Berichts und des darauf ergangenen Rescripts wird Einem königlichen hochlöblichen Ministerium der geistlichen Angelegenheiten, auf das hochgefällige diesfallsige Schreiben vom 26. August d. J. ganz ergebenst mitgetheilt. Berlin, den 18. October 1814.

v. Kircheisen.

a.

Indem ich dem hohen Erlasse vom $\frac{7}{19}$ v. M. zufolge anliegend das Immediat-Gesuch des Mulatten N., die N., eine Weiße, ehelichen zu dürfen, sammt den übrigen mir zugegangenen Aktenstücken zurückzureichen die Ehre habe, kann ich zwar im Ganzen mit den Ansichten der königlichen Regierung zu Coblenz mich nur einverstanden erklären, glaube aber zu dem von derselben unter dem 13. August c. erstatteten Berichte noch folgende Bemerkungen ganz gehorsamst hinzufügen zu müssen:

Es ist zwar nicht zu bezweifeln, daß das Circulare des Großrichters, Justiz-Ministers, vom 18. Nivose Jahres XI., wodurch den Civilstands-Beamten verboten worden, eine Ehe zwischen Weißen und Negern abzuschließen, eine Folge des durch das Gesetz vom 30. Floreal Jahres X. wieder gestatteten Negerhandels ist.

Der Art. 1. dieses Gesetzes lautet wörtlich also:

Dans les colonies restituées à la France en éxécution du traité d'Amiens du 6 germinal an 10 l'esclavage sera maintenu, conformement aux lois et réglemens anterieurs à 1798.

Vor Ausbruch der Revolution bestand nun aber schon ein Gesetz König Ludwig XVI., vom 15. April 1778, wodurch die Ehe zwischen Weißen von einer, und schwarzen Mulatten oder farbigen Leuten von der andern Seite, untersagt war.

Das erwähnte Circulare des Großrichters Justiz-Ministers hat daher dies früher durch den gestatteten Negerhandel herbeigeführte Eheverbot erneuert, oder vielmehr dies Verbot, welches schon durch das Gesetz vom 30. Floreal Jahres X. erneuert war, bloß in Erinnerung gebracht, weil die Befugniß, ein abgeschafftes Gesetz zu erneuern, dem Justiz-Ministerio und selbst dem Gouvernement nach französischer Staatsverfassung streitig gemacht werden konnte.

Wenn nun aber die Frage zu entscheiden ist, ob dies Eheverbot in den von Frankreich getrennten Rheinprovinzen noch von irgend einer Anwendung sei, oder verbindliche Kraft habe, so glaube ich dieselbe ohne Anstand verneinend beantworten zu müssen.

Das fragliche Eheverbot kann ich nur als ein eigentliches Polizeigesetz ansehen, welches ganz eigenthümliche Verhältnisse, die Colonien Frankreichs und den dort gestatteten Menschenhandel voraussetzte.

Mit dem Verschwinden dieser Verhältnisse hat meines Erachtens das Verbot von selbst aufgehört, ohne daß es einer ausdrücklichen Aufhebung durch die Staatsgewalt bedurfte.

Um die Sclaverei auf den Colonien zu handhaben, haben die Gesetzgeber Frankreichs sich noch außer dem fraglichen Eheverbote zu mehreren andern außerordentlichen Maaßregeln genöthigt gesehen, deren ferneres rechtliches Fortbestehen in den Rheinprovinzen aber gewiß von keinem Rechtsgelehrten behauptet werden darf.

So ward vor der Revolution dem farbigen Menschen selbst der Aufenthalt in Frankreich nicht gestattet, und ohne besondere Erlaubniß durfte ein Sclave sogar von seinem eigenen Herrn aus den Colonien nicht nach Frankreich gebracht werden.

Man befürchtete nämlich den Einfluß der europäischen Sitten und Cultur auf die Denkungsart der Neger, und war durch die Erfahrung belehrt worden, daß die aus Europa zurückkehrenden Sclaven sich unwillig in das alte Joch fügten.

Auch dies königliche Gesetz ist durch ein Arreté des Gouvernements vom 13. Messidor Jahres X. erneuert worden. Allein so wie es unbestritten ist, daß dies Arreté in den von Frankreich getrennten Rheinprovinzen von keiner Anwendung mehr ist, so auch das fragliche Eheverbot, das mit dem erwähnten Arreté gleiche Veranlassung und gleichen Zweck hatte.

Dies Alles erscheint auch um so unbedenklicher, als durch den Artikel 118. der Wiener Congreß-Akte, und durch die daselbst unter No. 15. allegirte Convention wegen Abschaffung des Negerhandels de 18. Februar 1815 andere Grundsätze und Verhältnisse angenommen worden, und gesetzlich eingetreten sind.

Es ist zwar auch hin und wieder von deutschen Schriftstellern ein Eheverbot zwischen Weißen und Negern als zweckmäßig dargestellt und zur Rechtfertigung eines solchen Verbots der nachtheilige Einfluß angeführt worden, den die Mischung der schwarzen und weißen Menschenrace auf mehrere Generationen hinaus auf Farbe und Schönheit des menschlichen Körpers hat.

Allein eines Theils ist dies eine Rücksicht, die den Gesetzgebern Frankreichs fremd war, denen nur das Interesse der Colonie und des Handels vor Augen geschwebt zu haben scheint.

Andern Theils möchte überhaupt diese Rücksicht an und für sich zu unbedeutend erscheinen, um bei der Legislation der Ehe weitere Beachtung zu verdienen.

Da nun fernere Gründe, die ein Eheverbot zwischen weißen und farbigen Menschen veranlaßt haben könnten, mir nicht bekannt sind, so bin ich des unmaßgeblichen Dafürhaltens, daß es in dem vorliegenden Falle nicht so sehr auf eine Dispensation von einer wirklich noch bestehenden gesetzlichen Verfügung als auf eine Belehrung der Civilstands-Beamten ankommen dürfte, daß nämlich mit der Trennung der Rheinprovinzen von dem französischen Staate auch alle polizeiliche Verfügungen, die auf ganz eigenthümlichen Verhältnissen dieses Staates beruheten, von selbst aufgehört haben, und daß insbesondere Alles, was zur Aufrechthaltung der Sclaverei verordnet worden, als Natur- und Völkerrechtswidrig von dem Augenblicke an Gesetzkraft verloren habe, wo die Rheinprovinzen mit einem Staate vereinigt worden, der eine solche Verletzung aller Menschenrechte und Würde als ein bürgerliches Recht nicht anerkannt hat, und daß daher der Verehelichung des supplicirenden Mulatten N. mit der N. kein gesetzliches Hinderniß im Wege stehe.

Dies Alles lasse ich jedoch Eurer Excellenz höherer Prüfung und Würdigung ehrerbietigst anheim gestellt sein.

Cöln, den 5. October 1824. Der General-Procurator
Bölling.

An
des königl. wirklichen Geheimen Staats- und Justiz-Ministers, Herrn v. Kircheisen Excellenz zu Berlin.

## 660.

### Criminal- und fiscalische Proceßtabellen. Referententabellen. Quartalregister der zu correctioneller oder schwerer Strafe Verurtheilten. Urlaubs- und Heiraths-Consense der Beamten.

Zur Vereinfachung des Geschäftsganges sind mehrere Maaßregeln beschlossen worden, von welchen die folgenden bei der rheinischen Justiz-Verwaltung zur Anwendung kommen.

Es dürfen künftig bei dem Justiz-Ministerio nicht mehr eingereicht werden:

1) die Criminal- und fiscalischen Proceß-Tabellen (Criminal-Ordnung §. 99.). Das Rescript vom 2. September 1822, wodurch diese Tabellen mit einigen Modificationen auch für die Rheinprovinzen eingeführt sind, wird daher zurückgenommen.

2) Die Civil- und Criminal-Referenten-Tabellen. Statt ihrer genügt eine vierteljährige Recapitulation der Distributions-Bücher unter folgenden Rubriken:

   a) fortlaufende Zahl,
   b) Namen der Re- und Coreferenten,
   c) es waren distribuirt: Relationen, Corelationen. Nur die Gesammtzahl wird bei jedem Referenten angegeben, statt die Zahlen der einzelnen Sachen dem Distributionsbuche zu verzeichnen, davon sind
   d) abgemacht: Relationen, Corelationen. Hier wird wiederum nur die Gesammtzahl aufgeführt,
   e) es bleiben unerledigt, mit gleicher Beschränkung,
   f) aus welchem Vierteljahre. In der Colonne wird bemerkt, wie viel Sachen aus jedem Quartale bei jedem Referenten und Coreferenten rückständig sind, aber auch nur in folle.

3) Die, nach dem Art. 600 und 601. der rheinischen Criminal-Proceß-Ordnung quartaliter einzusendendenden Register der, zu einer correctionellen oder zu einer schweren Strafe verurtheilten Individuen.

4) Anträge auf Ertheilung von Heiraths-Consensen der Landgerichts-Präsidenten, der Appellations- und Landgerichts-Räthe und Assessoren und sämmtlicher Beamten des öffentlichen Ministeriums bei dem Appellationsgerichtshofe und den Landgerichten, mit

Ausnahme des General-Procurators. Die Ertheilung dieser Consense wird dem letztern delegirt.

5) Urlaubsgesuche mit Ausnahme der Mitglieder des Appellationsgerichtshofes, wenn sie in's Ausland gehen wollen, und in allen Fällen seiner Präsidenten und des General-Procurators.

Die Urlaubsertheilung wird in Absicht der richterlichen Mitglieder dem ersten Präsidenten des Appellationsgerichtshofes, und in Absicht der Beamten des öffentlichen Ministeriums dem General-Procurator bei dem nämlichen Gerichtshofe übertragen.

6) Die durch den Art. 32. des Decrets vom 18. August 1810 angeordneten, vierteljährlich zu erstattenden Berichte über die ertheilten Urlaube.

Sie haben, Herr Präsident und Herr General-Procurator, sich hiernach zu achten und das Weitere zu verfügen.

Berlin, den 30. Octbr. 1824. Der Justiz-Minister
v. Kircheisen.

An
den Herrn ersten Präsidenten und den Herrn General-Procurator bei dem rheinischen Appellationsgerichtshofe zu Cöln.

## 661.

### Bekleidung verurtheilter Landwehrmänner bei ihrer Ablieferung zur Festung.

Es kann, wie Ihnen auf den Bericht vom 26. v. M. eröffnet wird, keinem Zweifel unterworfen sein, daß die zur Bekleidung verurtheilter Landwehrmänner Behufs ihrer Aufnahme auf der Festung erforderlichen Kosten aus dem Criminalfonds entnommen werden müssen, indem diese Kosten durch die Vollstreckung des Erkenntnisses herbeigeführt werden und von den übrigen in Untersuchungssachen auflaufenden und dem Criminalfonds zur Last fallenden Kosten sich in dieser Rücksicht nicht unterscheiden. Die von Ihnen angeführten früheren Gesetze können bei den völlig veränderten Verhältnissen in Absicht der zu den Staatsausgaben bestimmten verschiedenen Fonds auf den vorliegenden Gegenstand keine Anwendung finden. Zur Besorgung der erforderlichen Bekleidung des abzuliefernden Landwehrmannes sind die Beamten des öffentlichen Ministeriums verpflichtet, daher Ihnen überlassen bleibt, letztere auf ihre Anfragen deshalb mit der erforderlichen Anweisung zu versehen.

Berlin, den 8. November 1824. Der Justiz-Minister
An v. Kircheisen.
den königlichen Herrn General-Procurator zu Cöln.

## 662.

### Betrag der von den Civilbeamten für ihre Frauen zu versichernden Wittwen-Pension.

Des Königs Majestät haben, durch eine unterm 31. August d. J. an das Staats-Ministerium erlassene Allerhöchste Kabinets-Ordre, die in der früheren Allerhöchsten Kabinets-Ordre vom 17. Juli 1816 ausgesprochene allgemeine Verpflichtung der Civilbeamten, für ihre Frauen bei der Wittwencasse eine Pension versichern zu lassen, dahin näher zu bestimmen geruhet, daß für die Zukunft diese Versicherung mindestens nach $\frac{1}{5}$ des Besoldungsbetrages geschehe, also bei 500 Thlr. Einkommen mit 100 Thlr., bei 2500 Thlr. und darüber mit 500 Thlr.

Diese Allerhöchste Bestimmung wird den Behörden und Beamten zur Nachachtung bekannt gemacht.

Berlin, den 12. November 1824.

Geheimes Staats-Ministerium.

## 663.

### Besetzung des preußischen Gouvernements der Bundesfestung Mainz.

Beigehend erhalten Sie, Herr General-Procurator, zehn Exemplare des an sämmtliche Landes-Justizcollegia,

in Betreff der Besetzung des königlich preußischen Gouvernements der Bundesfestung Mainz,

heute erlassenen Circulars, um sich nicht allein selbst danach zu achten, sondern auch solche den königlichen Procuratoren mitzutheilen.

Berlin, den 15. November 1824. Der Justiz-Minister
An v. Kircheisen.
den königlichen Herrn General-Procurator zu Cöln.

a.

Des Königs Majestät haben Allergnädigst geruhet, Allerhöchstdero Herrn Bruder, den Prinzen Wilhelm von Preußen, Königliche Hoheit, zum Gouverneur der Bundesfestung Mainz, und den General-Lieutenant v. Carlowitz zum Vice-Gouverneur derselben zu ernennen. Letzterer hat das Gouvernement bereits übernommen, und der bisher von dem General-Major v. Müffling bekleidete Posten eines Commandanten von Mainz, ist dem tractatmäßig dazu ernannten kaiserlich königlich österreichischen General-Major, Grafen von Menzdorff übergeben worden.

Das königliche rc. hat daher von jetzt an alle etwa vorkommende dienstliche Mittheilungen nicht mehr an die königliche preußische Commandantur, sondern an das königlich preußische Gouvernement der Bundesfestung Mainz zu richten und die Untergerichte durch die Amtsblätter hiervon in Kenntniß zu setzen. Berlin, den 15. November 1824.

An sämmtliche Ober-Justizbehörden.

Der Justiz-Minister
v. Kircheisen.

## 664.

Vollziehung des Enregistrirungsgesetzes vom 23. April 1824.

Auf Ihre Berichte von resp. den 20. Juli und 8ten August c.,

in Betreff der Vollziehung des neuen Einregistrirungs-Gesetzes,

wird Ihnen, Herr General-Procurator, eröffnet, daß bei der fast vollständig geschehenen Ausführung des Gesetzes es ohne weitere Terminsbestimmung verbleiben kann; hiervon ist das königliche Finanz-Ministerium benachrichtiget worden. Es wird mithin in dieser Beziehung die im Rescript vom 25. Juni d. J. erfolgte Bestimmung eines Termins und die Anweisung zur öffentlichen Bekanntmachung desselben zurückgenommen.

Was die Frage anlangt, ob die Repertorien auf Stempel zu führen sind oder nicht, so bin ich dieserhalb mit dem königlichen Finanz-Ministerium heute in Correspondenz getreten, und werden Sie zu seiner Zeit weitere Bestimmung erhalten.

Zur Controlle der Friedensrichter bei Führung der in Rede stehenden Register ist der vierteljährige Abschluß derselben anzuordnen, welcher jedoch nicht den Landes-Gerichts-Präsidenten, sondern den Ober-Procuratoren aufzutragen ist, mit der Auflage bei entdeckten Unregelmäßigkeiten, entweder nach Lage der Sache bloß die geeignete Verfügung zur Abstellung derselben zu erlassen, oder die erforderlichen Anträge zur Rüge und Bestrafung zu formiren. In dieser Beziehung wird Ihnen bemerklich gemacht, daß bloß die Strafen der Artikel 43 und 44 der Notariats-Ordnung, welche lediglich im Gesetz vom 23. April 1824 allegirt sind, nicht der Art. 45. auf die Friedensrichter anwendbar sind.

Das in dem Berichte vom 8. August zur Sprache gebrachte Bedenken: wie es bei Verhinderungsfällen zu halten sei, erledigt sich von selbst, da der §. 6. des Gesetzes den Partheien die Wahl des Friedensgerichts überläßt.

Dagegen nehme ich Anstand: in Verhinderungsfällen des Friedensrichters den Ergänzungsrichter zu Eintragungen der Art für befugt zu erklären.

Berlin, den 22. November 1824.

An den königl. Herrn General-Procurator zu Cöln.

Der Justiz-Minister v. Kircheisen.

## 665.

### Gültigkeit des Diätenregulativs vom 22. Februar 1816 in dem ostrheinischen Theile des Regierungsbezirks Coblenz.

Dem ostrheinischen Senate des königlichen Appellations-Gerichtshofes wird auf den Bericht vom 31. Mai d. J.,

in Betreff der Diäten und Zehrungskosten in den den Justiz-Aemtern im Coblenzer Regierungs-Departement commissarisch übertragenen Criminal-Untersuchungs-Sachen,

unter Zurücksendung der Anlage und der eingereichten Acten eröffnet, wie ich damit einverstanden bin, daß den Commissions-Beamten auf keinen Fall neben den Diäten und Zehrungskosten auch noch Fuhrkosten zu bewilligen sind, und ist der Justiz-Senat zu Coblenz hiernach zu bescheiden.

Was den Antrag betrifft, zur Herstellung einer allgemeinen Einförmigkeit bei den Gebühren-Liquidationen für commissarische Geschäfte, das Regulativ vom 22. Februar 1816 auch auf den ostrheinischen Theil des Coblenzer Regierungsbezirks auszudehnen, so wird dem Collegio bemerklich gemacht, daß das Diäten-Regulativ in allen Fällen gilt, in denen die Zahlung aus den Staatscassen erfolgt, und in diesen Fällen wird es auch in dem ehemaligen Nassauischen zur Anwendung kommen müssen. Hierbei muß es fürs erste verbleiben.

Berlin, den 29. November 1824.

An den ostrheinischen Senat des königlichen Appellations-Gerichtshofes zu Cöln.

Der Justiz-Minister v. Kircheisen.

## 666.

### Verpflegungskosten der zum Festungsarrest verurtheilten unvermögenden Individuen.

Das königliche Finanz-Ministerium hat auf meinen Antrag die rheinischen Regierungen angewiesen, auf die ihnen von den Ober-Procuratoren der dortigen Gerichtshöfe zugehende Nachricht von der bevorstehenden Ablieferung eines zum Festungsarreste verurtheilten unvermögenden Individuums, wegen Zahlung der Verpflegungskosten das Nöthige zu veranlassen, und dem königlichen Finanz-Ministerio davon zur Genehmigung Anzeige zu machen.

Sie haben daher die königlichen Ober-Procuratoren aufzufordern, in allen Fällen, in welchen die Strafe des Festungsarrestes an einem unvermögenden Verurtheilten zu vollstrecken ist, die competente Regierung zeitig davon mit dem Ersuchen zu benachrichtigen, wegen Anweisung der Alimente das Nöthige zu verfügen. Von dieser Requisition ist zugleich die Festungs-Commandantur in Kenntniß zu setzen.

Berlin, den 6. December 1824.

An den königlichen Herrn General-Procurator zu Cöln.

Der Justiz-Minister
v. Kircheisen.

## 667.

### Suspension des Gesetzes vom 10. Vendémiaire des Jahres IV.

Auf den Bericht des Staatsministeriums vom 5. d. M. und nach dessen Antrage, setze Ich hierdurch fest: daß die verbindliche Kraft des von den Gerichtshöfen in den Rhein-Provinzen bisher noch angewendeten Gesetzes der ehemaligen französischen Republik vom 10. Vendémiaire des Jahres IV. (2. October 1795) bis zu anderweitiger gesetzlicher Bestimmung suspendirt, und jeder rechtliche Anspruch auf Schadloshaltung, den ein Beschädigter im Civilproceß dem richterlichen Erkenntniß unterwirft, nach den allgemeinen Vorschriften des Civilgesetzbuchs entschieden werden soll.

Berlin, den 7. December 1824.

An das Staatsministerium.

Friedrich Wilhelm.

## 668.

### Präscription der Gerichtskosten.

Einer königlichen Hochlöblichen Immediat-Commission

für die abgesonderte Restverwaltung beehre ich mich auf die gefälligen Schreiben von resp. dem 16. October und 7. December c.

wegen des bei der Regierung zu Trier entstandenen Zweifels: ob für die pro 1815 et retro noch ausstehenden, in Untersuchungs-Sachen erwachsenen Gerichtskosten die 5jährige oder die 30jährige Präscription zur Anwendung komme,

in ganz ergebenster Antwort zu erwiedern, daß die Verurtheilung eines Angeklagten in die Kosten in den Rheinprovinzen, den gesetzlichen Bestimmungen des code d'instruction criminelle zufolge, immer zugleich mit dem Ausspruch über seine Bestrafung wegen des Vergehens, dessen er sich schuldig gemacht hat, ergehen muß. Wenn also auch diese Verurtheilung nicht für einen Theil der Bestrafung des Angeklagten anzusehen ist, so ist dieselbe doch wenigstens eine unmittelbare Folge derselben und steht mit dem Ausspruch über die Bestrafung in genauer Verbindung. Diese Verurtheilung in die Kosten kann dagegen nicht zu den in dem Art. 642. des code d'instruction criminelle bezeichneten condamnations civiles gerechnet werden, und ich muß daher der Meinung derjenigen Mitglieder der Regierung zu Trier beitreten, welche bei der Verjährung in Ansehung des Kostenpunkts die Bestimmung des Art. 636. des erwähnten code d'instruction in Anwendung bringen wollen.

Berlin, den 20. December 1824.

Der Justiz-Minister
v. Kircheisen.

An
eine königliche Hochlöbliche Immediat-Commission für die abgesonderte Rest-Verwaltung.

X.

1825.

## Gesetze, Verordnungen, Rescripte.

### 669.

**Liquidirung der Diäten und Reisekosten der Untersuchungs-Beamten nach dem Diäten-Regulativ vom 28. Februar 1816.**

Sie werden auf den Bericht vom 10. November v. J. und in Betreff des darin enthaltenen Antrages,

den Untersuchungs-Beamten in den Rheinprovinzen die Authorisation zu ertheilen, die Diäten und Reisekosten in Dienstangelegenheiten dem Regulativ vom 28. Februar 1816 gemäß zu liquidiren,

auf die vom 29. November pr. an den ostrheinischen Senat des königlichen Appellations-Gerichtshofes wegen des Kosten-Vorschusses in der Untersuchungssache gegen den Bürgermeister N. erlassene, hierneben abschriftlich beigefügte Verfügung (No. 665.) verwiesen, indem das, was am Schlusse derselben über die Fälle, in welchen das Diäten-Regulativ vom 28. Februar 1816 auch im ehemaligen Nassauischen gilt, gesagt worden, auch auf die Landestheile, worin das französische Recht gilt, anwendbar ist.

Berlin, den 3. Januar 1825.

An den königlichen Herrn General-Procurator zu Cöln.

Der Justiz-Minister
v. Kircheisen.

### 670.

**Die zur Ausführung des Einregistrirungs-Gesetzes vom 23. April 1824 angelegten Repertorien sind stempelfrei.**

Ew. Excellenz ermangele ich nicht auf das geehrte Schreiben vom 22. v. M. ganz ergebenst zu erwiedern, daß, da der dem Gesetze vom 7. März 1822 beigefügte empeltarif keinen Satz für die Einregistrirungs-Repertorien enthält, das Gesetz vom 23. April d. J. auch deren Stempelpflichtigkeit nicht festsetzt, es nach meiner Ansicht unbedenklich ist, daß es eines Stempels zu denselben nicht bedarf.

Berlin, den 17. December 1824.

An
des königlichen wirklichen Geheimen Staats- und Justiz-Ministers Herrn v. Kircheisen Excellenz.

v. Klewitz.

Die königliche General-Procuratur zu Cöln erhält Abschrift dieses Schreibens mit Beziehung auf die Verfügung vom 22. November v. J.

Berlin, den 6. Januar 1825.

Der Justiz-Minister
v. Kircheisen.

An
die königliche General-Procuratur zu Cöln.

## 671.

Bei Berufungen gegen friedensrichterliche Urtheile können die königlichen Regierungen in Succumbenzgelder nicht verurtheilt werden.

Beigehend erhalten Sie Abschrift des Schreibens des königlichen Finanz-Ministerii vom 29. v. M. nebst der Anlage wie sie eingegangen ist, um daraus zu ersehen, welche Beschwerde darüber geführt wird, daß das Landgericht zu N., indem es die Berufung der dasigen Regierung gegen ein Friedensgerichts-Urtheil verworfen, letztere zugleich in die Succumbenz-Gelder verurtheilt hat.

Ich kann mich nur mit der Ansicht des königlichen Finanz-Ministerii hierüber einverstanden erklären, beauftrage Sie, das Landgericht durch die Ober-Procuratur hiervon in Kenntniß setzen zu lassen und demselben bekannt zu machen, wie ich erwarte, daß es für die Folge in ähnlichen Fällen die Regierung nicht mehr in Succumbenzgelder verurtheilen werde.

Berlin, den 7. Januar 1825.

Der Justiz-Minister
v. Kircheisen.

An
die königliche General-Procuratur zu Cöln.

### a.

Die Regierung zu N. war in dem Falle, von einem Urtheile eines Friedensgerichtes die Berufung einzulegen.

Diese wurde durch das Landgericht zu N. verworfeu und die Regierung zugleich in die Succumbenzstrafe verurtheilt, wie Euer Excellenz aus der Anlage gefälligst entnehmen wollen.

Es besteht zwar kein Gesetz, welches hinsichtlich der Berufung die öffentlichen Behörden von der Consignation der Strafgelder in eben der Art befreit, wie dies bei dem Cassations-Recurse und der Civil-Requete der Fall ist. Aber es liegt in der Natur der Sache, daß gegen den Staat eine solche Strafe nicht ausgesprochen werden kann, weil der Staat die Strafgelder auch selbst wieder einzieht, der Begriff einer Strafe und der Zweck derselbeu also wegfallen müssen, sobald jemand verurtheilt wird, an sich selbst eine Strafe zu zahlen.

In dieser Rücksicht hätte dann freilich auch die Entscheidung des Landgerichts zu N. kein weiteres pecuniäres Interesse; aber hinsichtlich der Form des Rechnungswesens ist die Sache immer von Folgen. Wer zu den Succumbenzgeldern verurtheilt werden kann, muß dieselben consigniren und die Quittung beibringen, wie denn auch in dem vorliegenden Falle die Regierung zu N. gezwungen war, die Strafe zu hinterlegen. Hat nun die Domainen-Verwaltung eine solche Strafe zu hinterlegen, so muß deren Betrag in den Rechnungen der Domainen verausgabt, und wenn die Rückerstattung erfolgt, auch wieder vereinnahmt, oder, wenn sie als Vorschuß notirt wird, der Vorschuß wieder gelöscht werden. Geht die Strafe durch Urtheil verloren, so muß sie bei einer andern Casse wieder vereinnahmt werden. Ausgabe und Einnahme müssen belegt werden, und es ist deswegen nicht zu leugnen, daß der ganz zwecklose sich selbst wiedersprechende Grundsatz des Landgerichts zu N. die Veranlassung zu vielen unnützen Schreibereien werden muß. Ew. Excellenz muß ich daher ganz ergebenst ersuchen, das Landgericht zu N. über seinen Irrthum gefälligst belehren lassen zu wollen. Berlin, den 29. December 1824.

An v. Klewitz.

den königl. Geheimen Staats- und Justiz-Minister Herrn v. Kircheisen Excellenz.

## 672.

### Verfahren bei Einleitung fiscalischer Untersuchungen gegen Beamte.

Dem königlichen General-Procuratur-Amt wird Abschrift des Schreibens der königlichen Ministerien des Innern und der Finanzen vom 14. December pr., und der darin erwähnten Allerhöchsten Kabinets-Ordre vom 3. August vorigen Jahres,

das Verfahren bei Einleitung fiscalischer Untersuchungen gegen Beamte betreffend,

zur Berücksichtigung in vorkommenden Fällen mitgetheilt. Diese Kabinets-Ordre modificirt nur die Ressort-Verhältnisse der Regierung in der Art, daß, sobald die Regierung eine Untersuchung wegen Dienstvergehen extrahirt, die höhere Authorisation zu diesem Antrage nachgewiesen werden muß.

Uebrigens bleibt es bei den Bestimmungen des §. 47. der Verordnung wegen verbesserter Einrichtung der Provinzial-Behörden, d. d. den 26. December 1808 (Gesetz-Sammlung de 1817 pag. 287), welche festsetzt, in welchen Fällen die Justizbehörden auch ohne Antrag Untersuchungen gegen Regierungsbeamte einleiten können.

Berlin, den 10. Januar 1825.

An das königliche General-Procuratur-Amt zu Cöln.

Der Justiz-Minister v. Kircheisen.

a.

Ew. Excellenz beehren wir uns, dem in dem geehrten Schreiben vom 22. v. M. geäußerten Wunsch gemäß, in der Anlage beglaubigte Abschrift der an den mitunterzeichneten Finanzminister ergangenen Allerhöchsten Kabinets-Ordre vom 3. August d. J., ganz ergebenst mitzutheilen, mit dem Bemerken, daß diese Allerhöchste Kabinets-Ordre, wie deren Inhalt ergiebt, dadurch veranlaßt worden ist, daß wegen eines Vergehens eines Steuerraths von der betreffenden Regierung gerichtliche Untersuchung hat eingeleitet werden wollen, wogegen aber von des Königs Majestät bestimmt worden ist, daß nur eine Untersuchung von Seiten der Verwaltungsbehörde eingeleitet werden solle.

Hiernach haben wir angenommen, daß durch die hinzugefügte allgemeine Allerhöchste Anordnung, daß über die Frage:

ob gegen einen Beamten fiscalische Untersuchung einzuleiten sei?

jedesmal die Entscheidung des vorgesetzten Ministerii eingeholt werden müsse, nichts anderes beabsichtiget sei, als daß die Regierungen Untersuchungen wegen Dienstvergehungen der Officianten nicht ohne Genehmigung des vorgesetzten Ministerii den Gerichten überweisen sollten.

Demzufolge sind wir zwar mit Ew. Excellenz darin einverstanden, daß die erwähnte Allerhöchste Vorschrift sich nur auf Dienstvergehungen bezieht, halten aber auch aus eben diesem Grunde dafür, daß dieselbe, wenn gleich eine beabsichtigte fiscalische Untersuchung die specielle Veranlassung dazu gegeben hat, nicht bloß auf diese zu beschränken, sondern auch in dem Falle anzuwenden sein werde, wenn die Frage entstehet, ob wegen eines Dienstvergehens Criminal-Untersuchung einzuleiten ist, und haben demgemäß auf Veranlassung einer diesfälligen Anfrage der Regierung zu Cöln, diese — und sämmtliche übrige Regierungen beschieden.

Berlin, den 14. December 1824.

v. Schuckmann. v. Klewitz.

An
des königlichen Wirklichen Geheimen Staats- und Justiz-Ministers Herrn v. Kircheisen Excellenz.

## b.

Ich finde nach den am 19. v. M. von Ihnen vorgetragenen näheren Umständen eine fiscalische Untersuchung gegen den Steuerrath N. wegen seines Verfahrens gegen den Schuhmacher N. und Consorten nicht begründet, will vielmehr daß solches als Dienstsache weiter behandelt werde, und habe dies der Regierung zu N. mit der Vorschrift bekannt gemacht, daß über die Frage, ob gegen einen Beamten fiscalische Untersuchung einzuleiten sei, jedesmal die Entscheidung des vorgesetzten Ministerii eingeholt werden muß. Die Anlagen Ihres Berichts empfangen Sie zur weitern Verfügung hierbei zurück. Potsdam, den 3. August 1824.

An Friedrich Wilhelm.
den Staats- und Finanz-Minister v. Klewitz.

## 673.

### Anwendung des Stempels zu Legitimations-Urkunden der Staatsgläubiger.

Der ostrheinische Senat des königlichen Appellations-Gerichtshofes erhält hierneben Abschrift des Schreibens des königlichen Finanz-Ministerii vom 30. v. M. und dessen Anlage, um hiernach das Stadtgericht zu Wetzlar wegen Anwendung des Stempels zu Legitimations-Urkunden der Staatsgläubiger zu rektificiren, da die Ansicht des königlichen Ministerii durch den Inhalt des Gesetzes vom 7. März 1822 gerechtfertiget wird. Berlin, den 11. Januar 1825.

An Der Justiz-Minister
den ostrheinischen Senat des königlichen v. Kircheisen.
Appellations-Gerichtshofes zu Cöln.

a.

Ew. Excellenz beehre ich mich, auf den Grund des in Abschrift anliegenden Auszugs aus dem Berichte der Regierung zu Coblenz vom 13. d. M. ganz ergebenst zu ersuchen, das Stadtgericht zu Wetzlar durch die ihm vorgesetzte Behörde über seine unrichtige, und aus dem Gesetze vom 7. März 1822 nicht zu begründende Ansicht wegen Nichtanwendung des Stempels zu Legitimations-Urkunden der Staatsgläubiger, gefälligst belehren lassen, und mich davon in Kenntniß setzen zu wollen. Berlin, den 30. December 1824.

An v. Klewitz.

des königlichen Geheimen Staats- und Justiz-Ministers Herrn v. Kircheisen Excellenz.

b.

Einige Gerichte auf dem rechten Rheinufer, vornehmlich das Stadtgericht in Wetzlar, fertigen seit einiger Zeit Atteste, Protocolle, beglaubigte Abschriften rc., welche sich auf Legitimation der Gläubiger von Provinzial-Schulden beziehen, mit der Bemerkung aus, daß solche nach der Verordnung stempelfrei seien.

Auch die Geistlichen bedienen sich zu den Auszügen aus den Sterberegistern Freipapiers.

Die Gerichte haben zwar den Grund der Befreiung vom Stempel nicht immer angegeben; indessen scheint hauptsächlich der §. 3. litt. d. des Stempelgesetzes sie zu bestimmen, den Stempel nicht zu nehmen. Dieser §. 3. giebt bei lit. d. nach, daß Gesuche, welche Gläubiger des Staats rc. an Behörden und Beamte richten, um zu ihrer Befriedigung zu gelangen und die darauf ertheilten Bescheide, stempelfrei sind.

In diese Cathegorie dürften aber schwerlich diejenigen Verhandlungen, Atteste und beglaubte Abschriften gehören, welche von den Gerichten Behufs Legitimation den Erben eines Gläubigers rc. ertheilt werden.

Diese Stücke bezwecken zwar allerdings, dem rechtmäßigen Inhaber der Forderung zur Befriedigung seines Anspruchs zu verhelfen; indessen hat das Gesetz namentlich nur die Gesuche und Bescheide stempelfrei erklärt; wäre es Absicht gewesen, diese Stempelfreiheit auch auf die Urkunden auszudehnen, welche von den Interessenten beigebracht werden, um ihr Recht zu erweisen, so würde dieses in dem Gesetze ausgesprochen worden sein. Verlangt man in solchen Fällen die nachträgliche Beibringung des Stempels, so erheben die Interessenten Beschwerde und bemerken, das Gericht müsse schon wissen, in welchen Fällen es Stempelpapier zu seinen Verhandlungen zu nehmen verpflichtet ist 2c.

Coblenz, den 13. December 1824.

Die Regierung. 2te. Abtheilung.

## 674.

### Untersuchungen der Postfuhrzettel-Contraventionen.

Auf den von dem Staatsministerium über die Anträge des General-Postmeisters v. Nagler, betreffend die Ausführung der Verordnung vom 10. Januar v. J., wegen der Abgabe von Mieths- und Lohnfuhren, erstatteten Bericht vom 10. Januar c., bestimme Ich hierdurch Folgendes:

1) Die Postämter sind berechtigt, jede zu ihrer Kenntniß gelangende Postfuhrzettel-Contravention summarisch zu untersuchen, durch ein abzufassendes Resolut die Strafe festzusetzen, und solche von dem Contravenienten einzuziehen.

2) Dem Angeschuldigten steht es frei, während der summarischen Untersuchung zu jeder Zeit, bis zu deren Schluß auf gerichtliche Untersuchung und Abfassung eines förmlichen Erkenntnisses anzutragen.

3) Ihm bleibt auch freigestellt, gegen das Resolut des Postamts binnen zehn Tagen, entweder den Recurs an die oberste Postbehörde zu ergreifen, oder gerichtliche Untersuchung und Entscheidung zu verlangen. Ist der Recurs ergriffen, so muß es bei der darauf zu ertheilenden Entscheidung verbleiben, und ein gerichtliches Verfahren findet weder vor, noch nach dieser Entscheidung, weiter statt.

4) In allen Fällen, in welchen der Angeschuldigte auf gerichtliche Untersuchung anträgt, hat die Postbehörde die verhandelten Acten sofort an das Gericht abzugeben.

5) In den Rheinprovinzen sollen die Friedensgerichte bei Postfuhrzettel-Contraventionen zur Untersuchung und Entscheidung competent sein.

Diese Bestimmungen sind durch die Gesetzsammlung zur öffentlichen Kenntniß zu bringen.

Berlin, den 12. Januar 1825.

Friedrich Wilhelm.

An
das Staatsministerium.

## 675.

### Verfahren gegen die, öffentlicher Unzucht nachgehenden Weibspersonen.

Auf Ihren gemeinschaftlichen Bericht vom 29. December v. J. bestimme Ich, daß in allen Städten der Rheinprovinzen die Polizeibehörden von Ihnen, dem Polizeiminister, authorisirt werden sollen, gegen die in öffentlicher Unzucht betroffenen oder derselben nachgehenden Weibspersonen nach den, in den ältern Provinzen bestehenden Vorschriften zu verfahren, und dieselben mit Gefängniß- oder Zwangsarbeit von Acht Tagen bis Vier Wochen polizeilich bestraft werden sollen. Sie haben hiernach das Weitere zu verfügen.

Berlin, den 15. Januar 1825.

An die Staatsminister Frh. v. Altenstein und v. Schuckmann.

Friedrich Wilhelm.

## 676.

### Wegen des Verlustes des National-Militair-Abzeichens bei denjenigen Landwehr-Bataillons, welche Czacots tragen.

Der königlichen General-Procuratur werden von der unter dem 27. December v. J. an den Justiz-Minister und den Herrn Kriegs-Minister ergangenen Allerhöchsten Kabinets-Ordre,

betreffend die Bestimmung wegen des Verlustes des National-Militair-Abzeichens bei denjenigen Landwehr-Bataillons, welchen die Tragung von Czacots erlaubt worden,

hierbei 10 Exemplare mitgetheilt, um solche den Ober-Procuratoren zuzufertigen und sie anzuweisen, sich darnach in vorkommenden Fällen zu achten.

Berlin, den 17. Januar 1825.

An die königliche General-Procuratur zu Cöln.

Der Justiz-Minister v. Kircheisen.

a.

In Verfolg Meiner Ordre vom 23. d. Mts., durch welche Ich festgesetzt habe, daß diejenigen Landwehr-Bataillons, denen ich die Tragung von Czacots erlaubt habe, auf denselben außer dem Landwehrkreuze auch das National-Militair-Abzeichen tragen sollen, bestimme Ich hierdurch noch: daß bei allen Vergehungen, welche den Verlust des Landwehrkreuzes nach sich ziehen, die Gerichte künftig nicht bloß auf dessen Verlust, sondern allgemein „auf den Verlust des Landwehrkreuzes oder des National-Militair-Abzeichens" zu erkennen haben. Bei Vollziehung der Straf-Erkenntnisse aber wird den verurtheilten Landwehr-Männern bei denjenigen Bataillons, welche Mützen tragen, das Landwehr-Kreuz, und bei denjenigen Bataillons welche Tzacots tragen, nur das National-Militair-Abzeichen, wie bei den Linien-Regimentern abgenommen, und im letztern Fall das Landwehrkreuz beibehalten. Ich trage Ihnen auf, diese Bestimmung resp. den Gerichten und der Armee bekannt zu machen.

Berlin, den 27. December 1824.

An | Friedrich Wilhelm.
die Staats-Minister v. Kircheisen und v. Hake.

## 677.

### Anordnung eines judicii mixti bei gemeinschaftlich von Militair- und Civilpersonen begangenen Vergehen.

Die Ober-Procuratur zu N. hat sich in der Untersuchungs-Sache wider den Seidenweber N. und den Tambour im Infanterie-Regiment N. geweigert, der Requisition des Divisions-Commandos zu N. wegen Anordnung eines judicii mixti eine Genüge zu leisten, unter dem Anführen, daß solches nicht bloß dem rheinischen Criminal-Verfahren, sondern auch den Anweisungen der ihr vorgesetzten Behörde zuwiderlaufe. Nun ist aber keinem Zweifel unterworfen, daß in Fällen, wo Vergehen von Militair- und Civil-Personen gemeinschaftlich begangen worden, auch in den Rheinprovinzen die Anordnung eines judicii mixti, bestehend aus dem Untersuchungsrichter und den Militairgerichtspersonen eintreten könne und müsse. Hiernach ist die Ober-Procuratur zu N. für die Zukunft anzuweisen. In dem vorliegenden Falle ist die vorläufige Untersuchung wider die Civilperson Behufs des öffentlichen Verfahrens bereits beendigt, und es kommt nur noch darauf an, daß den Requisitionen der Militair-Behörde in Bezug auf das wider den Tambour N. abzufassende Erkenntniß Folge geleistet werde, wozu sich auch die Ober-Procuratur bereit erklärt hat.

Berlin, den 17. Januar 1825.

An
die königliche General-Procuratur
zu Cöln.

Der Justiz-Minister
v. Kircheisen.

## 678.

Die Schreib-, Ausfertigungs-, Confirmations- und voluntar-gerichtlichen Gebühren im Bezirke des Justiz-Senats zu Coblenz.

Dem ostrheinischen Senate des königlichen Appellations-Gerichtshofes wird auf die Berichte von resp. dem 29. Juli und dem 13. September vorigen Jahres

über die Gerichtsgebühren im ostrheinischen Theile des Coblenzer Regierungsbezirks

unter Zurücksendung des Berichts des Justiz-Senats zu Coblenz vom 3. September pr. und des dazu gehörigen Actenstücks eröffnet, daß ich mit dem Collegio darin einverstanden bin, daß so lange die jetzt im ostrheinischen Theile des Regierungsbezirks Coblenz bestehende Gerichtsverfassung noch in Kraft bleibt, es in Angelegenheiten der freiwilligen Gerichtsbarkeit bei den Gebühren der ersten und zweiten Art, nämlich den Schreibe- und Ausfertigungsgebühren und denjenigen, welche die Gerichtspersonen erhalten, ohne alles Bedenken verbleiben muß. Beiderlei Arten von Gebühren können offenbar nicht als eine solche Abgabe, die durch das neue Stempelgesetz abgeschafft ist, betrachtet werden. Beide Arten der Gebühren sind lediglich als Gerichtssporteln zu erachten, welche den Beamten in partem salarii überlassen sind.

Auch die Confirmationsgebühren, welche der Fiscus bezieht, sind mit Zustimmung des königlichen Finanz-Ministerii, mit welchem ich dieserhalb in Communication getreten, als Gerichtsgebühren zu betrachten, die ebenmäßig bis zur Einführung der Allgemeinen Gerichtsordnung nach wie vor zu erheben sind.

Was endlich die in dem Berichte der Regierung zu Coblenz vom 3. und 6. November 1823 erwähnten voluntar-gerichtlichen Taxen bei Ankäufen von Domainen-Grundstükken anlangt, so trete ich gleichfalls dem königlichen rheinischen Appellations-Gerichtshofe darin bei,

daß es einer nochmaligen gerichtlichen Ausfertigung dieser Verträge nicht bedarf, somit auch die Ankäufer des im §. 19. der Steigerungsbedingungen gemachten Vorbehalts ungeachtet, zu der Zahlung der Stempel und Gebühren für eine solche gerichtliche Ausfertigung nicht angehalten werden sollen.

Wenn man auch annimmt, daß der Rechtspunkt zweifelhaft ist, und daß die Gründe des königlichen ostrheinischen Senats diejenigen, welche der Justiz-Senat zu Coblenz für die entgegengesetzte Ansicht angeführt hat, nicht ganz widerlegen, so ist in meinen Augen der Umstand entscheidend, daß in jenem Landestheile seit dem Jahre 1808, und zwar nachdem der Streitpunkt zur Sprache gekommen war, fortwährend nach der Meinung des königlichen Appellations-Gerichtshofes verfahren worden ist.

Berlin, den 21. Januar 1825. Der Justiz-Minister
An v. Kircheisen.
den ostrheinischen Senat des königlichen Appellations-Gerichtshofes zu Cöln.

## 679.

Die Friedensrichter sollen bei summarischen Untersuchungen gegen Steuerbeamte zugezogen werden.

Auf den Bericht vom 5. v. M. über die Frage,
welche Gerichtspersonen in den Landestheilen, wo das französische Recht gilt, bei summarischen Untersuchungen gegen Steuerbeamte zugezogen werden sollen,
wird der königlichen General-Procuratur eröffnet, daß dem von dem königlichen General-Procurator bevorworteten Vorschlage der dortigen Provinzial-Steuer-Direction gemäß, bei dergleichen summarischen Untersuchungen die Friedensrichter zuzuziehen sind, und haben Sie hiernach die Friedensrichter anweisen zu lassen. Berlin, den 21. Januar 1825.

An Der Justiz-Minister
die königl. General-Procuratur zu Cöln. v. Kircheisen.

## 680.

Feststellung der Gefängnißstrafe statt der nicht beizutreibenden Geldbuße bei Zoll- und Steuer-Contraventionen im Bereiche des Justiz-Senats zu Coblenz.

Nach einem von dem dortigen Provinzial-Steuer-Director an das königliche Finanz-Ministerium erstatteten und von diesem dem Chef der Justiz mitgetheilten Berichte legt der Justiz-Senat zu Coblenz in Zoll- und Steuer-Contraventions-Sachen bei Verwandlung der wegen Unvermögens des Verurtheilten nicht beizutreibenden Geldstrafen in Gefängnißstrafen das Verhältniß von 50 Thlr. Geldbuße zu vierwöchentlichem Gefängniß zum Grunde und beruft sich deshalb theils auf den §. 253. des Anhangs zur Allgemeinen Gerichtsordnung für die preußischen Staaten und theils auf einige andere Bestimmungen, in welchen eine Geldbuße von 50 Thlr. einer Gefängnißstrafe von 4 Wochen gleichgestellt wird. Der Justiz-Minister kann dieses Verfahren nicht billigen. In allen von dem Justiz-Senat in Bezug genommenen Vorschriften ist nur davon die Rede, eine Grenzbestimmung entweder für die Befugniß der Gerichte in Bezug auf ihre Cognition in Strafsachen oder für andere Verhältnisse sowohl bei den Gefängniß- als auch bei den Geldstrafen vorzuschreiben. Die Festsetzung des eigentlichen Verhältnisses der Gefängnißstrafe zu der Geldbuße findet sich in den §§. 88 und 89. Tit. 20. Th. 2. des Allgemeinen Landrechts und in der Kabinets-Ordre vom 24. Februar 1812 (Gesetzsammlung vom Jahre 1812 S. 14.). Danach ist eine Gefängnißstrafe von 8 Tagen einer Geldbuße von 5 Thalern gleich zu achten. Bei Verwandlung der Geldbußen in Gefängnißstrafe kann jedoch, besonders wenn die Geldbuße bedeutend ist, und wenn durch Anwendung der Regel eine zu harte Strafe erkannt werden würde, auch ein anderes dem Angeschuldigten vortheilhafteres Verhältniß gewählt und allenfalls eine Geldbuße von 40 Thalern einer Gefängnißstrafe von 8 Tagen gleich gesetzt werden. Es ist nun zwar allerdings richtig, daß diese Vorschriften in dem ostrheinischen Theile des Regierungsbezirks Coblenz noch keine gesetzliche Kraft haben. Wenn sich jedoch der Justiz-Senat bei dem vorliegenden Gegenstande von dem dort geltenden Criminal-Recht verlassen und deshalb die altpreußischen Gesetze zur Anwendung zu bringen sich genöthigt sieht; so kann es auch keinem Bedenken unterworfen sein, diejenigen altpreußischen Vorschriften anzuwenden, wodurch die Frage deutlich und bestimmt entschieden wird.

Hiernach hat der königliche Appellationsgerichtshof dem Justiz-Senat zu Coblenz das Nöthige zu eröffnen.

Berlin, den 28. Januar 1825. Der Justiz-Minister
v. Kircheisen.

An
den königlichen Appellations-Gerichtshof,
Abtheilung für die ostrheinischen Sachen,
zu Cöln.

## 681.

Gerichtsstand derjenigen Militairpersonen, welche nicht Offiziere, Unteroffiziere und Soldaten sind, in Criminal- und Injuriensachen.

Die königliche General-Procuratur erhält anliegend 10 Exemplare der an das Kammergericht und sämmtliche Landes-Justiz-Collegien heute erlassenen Verfügung,

den Militair-Gerichtsstand derjenigen Militairpersonen,

welche nicht Offiziere, Unteroffiziere und Soldaten sind, in Criminal- und Injuriensachen betreffend,

um solche den königlichen Procuratoren zuzufertigen.

Berlin, den 28. Januar 1825. Der Justiz-Minister
An v. Kircheisen.
die königliche General-Procuratur
zu Cöln.

---

Der königliche Appellations-Gerichtshof erhält anliegend 10 Exemplare der an das Kammergericht und sämmtliche Landes-Justiz-Collegia heute erlassenen Verfügung,

den Militairstand derjenigen Militairpersonen, welche nicht Offiziere, Unteroffiziere und Soldaten sind, in Criminal- und Injuriensachen betreffend,

um sich nicht allein selbst darnach zu achten, sondern auch die dem Collegio untergeordneten Gerichte demgemäß anzuweisen.

Berlin, den 28. Januar 1825. Der Justiz-Minister
An v. Kircheisen.
den königlichen Appellations-Gerichtshof,
Abtheilung für ostrheinische Sachen,
zu Cöln.

a.

Da hin und wieder über die Bestimmung der Allerhöchsten Kabinets-Ordre vom 19. Juli 1809 wegen Aufhebung der Militair-Jurisdiction,

wonach der Militair-Gerichtsstand in Angelegenheiten der Criminal-Jurisdiction und in Injurien-Sachen, rücksichtlich aller im Dienst befindlichen Offiziere, Unteroffiziere und Soldaten, desgleichen wirklicher Militair-Personen, die nicht Offiziere, Unteroffiziere und Soldaten sind, beibehalten werden soll,

Zweifel entstanden sind; so wird nach vorgängiger Rücksprache mit dem Herrn Kriegs-Minister und dem königlichen General-Auditoriat, dem königlichen Ober-Landesgerichte eröffnet, daß außer den Offizieren, Unteroffizieren und Soldaten, folgende Militairpersonen den Militairgerichtsstand in Criminal- und Injuriensachen beibehalten haben:

1) die Militairärzte, namentlich die General-Staabs-Aerzte, die Beamten des Medicinalstaabes der Armee, die General-Divisions-Aerzte, die Gouvernements- und Garnison-Staabsärzte, die Regiments- und Bataillons-Aerzte, die Escadrons- und Compagnie-Chirurgen, die Beamten und Zöglinge des

medicinisch-chirurgischen Friedrich Wilhelms-Instituts und die Militair-Eleven der Thierarzneischule;
2) die noch vorhandenen Regimentsquartiermeister,
3) die Auditeure und die bei den Militairgerichten angestellten Actuarien,
4) die Militairprediger und die Militairküster,
5) die Mitglieder und Beamten der Militair-Intendanturen, die Militair-Oeconomiebeamten in den Festungen, nämlich die in denselben befindlichen Beamten der Bekleidungs-Depots, der Proviant- und Fourage-Aemter, so wie die Garnison-Verwaltungs- und Lazareth-Officianten in den Festungen. In den offenen Städten aber haben alle diese eben genannten Beamten den Militairgerichtsstand nicht.
6) die zu den Militair-Anstalten in den Festungen gehörigen Beamten, als: die Fortificationsbauschreiber, die Materialienschreiber und die Ober- und Unter-Aufseher bei den Staats-, Stuben- und Baugefangenen; die Beamten und Wächter der Militair-Strafanstalten in den offenen Städten aber stehen nur dann unter der Militairgerichtsbarkeit, wenn sie dazu commandirte wirkliche Militairpersonen sind.
7) die bei den Regimentern angestellten Stallmeister, Bereiter, Kurschmiede, Musikmeister und Hautboisten,
8) die für das Militair arbeitenden Handwerker, als: Büchsenmacher, Büchsenschäfter, Sattler, Riemer, insofern sie bei einer Truppenabtheilung dergestalt ausschließlich angenommen worden, daß sie derselben sowohl ins Feld als auch beim Garnisonwechsel folgen müssen. Es sind also hiervon ausgeschlossen und stehen unter den Civilgerichten diejenigen Handwerker, welche Bürger der Garnisonstadt sind und die Arbeiten für das Militair nur als einen Theil ihres bürgerlichen Gewerbes übernommen haben.

Zur Zeit des Krieges stehen dagegen alle Personen, welche der Armee folgen müssen, und auch Weiber und Marketender, die sich im Gefolge der Armee befinden, unter dem Militair-Criminalgerichtsstande, und es fängt dieser mit dem Zeitpunkte an, wenn der Truppentheil, zu welchem vorgedachte Personen gehören, auf den Kriegsfuß gesetzt ist.

Nach vorstehenden Bestimmungen hat sich das königliche Ober-Landesgericht in vorkommenden Fällen nicht allein selbst zu achten, sondern auch solche durch die Amtsblätter zur

Kenntniß der Untergerichte mit der Anweisung zu deren Befolgung zu bringen.

Berlin, den 28. Januar 1825. Der Justiz-Minister
Circulare v. Kircheisen.
an sämmtliche königliche Ober-Landesgerichte.

## 682.

### Vertheilung der Hüttenzeit im Sayn-Altenkirchenschen in Erbschaftsfällen.

Dem ostrheinischen Senate des königlichen Appellations-Gerichtshofes wird auf Veranlassung des in Abschrift anliegenden Schreibens des königlichen Ministeriums des Innern eröffnet, daß ich mit der angetragenen Vertheilung der Hüttenzeit im Sain-Altenkirchenschen in Erbschaftsfällen,

da sich in administrativer Hinsicht dagegen nichts zu erinnern findet, auch nach dem Schreiben der königlichen Ober-Berg-Hauptmannschaft vom 18. Mai v. J. solche bereits immer nachgelassen ist, ohne die von der ehemaligen markgräflich brandenburg-onolzbachschen Landes-Regierung erlassene ganz unangemessene Verordnung vom 20. Mai 1785 dabei ferner zu beachten,

vollkommen einverstanden bin.

Es ist daher hiernach das Weitere zu veranlassen.

Berlin, den 4. Februar 1825. Der Justiz-Minister
An v. Kircheisen.
den ostrheinischen Senat des königl. Appellationsgerichtshofes zu Cöln.

a.

Ew. Excellenz gebe ich mir die Ehre,

den Bericht des rheinischen Ober-Bergamts zu Bonn vom 24. April v. J. wegen Vertheilung der Hüttenzeit im Sayn-Altenkirchenschen in Erbschaftsfällen, nebst Beilagen,
die darauf erlassene Verfügung der königl. Ober-Berg-Hauptmannschaft vom 18. Mai v. J., und den anderweit erstatteten Bericht des vorgenannten Ober-Bergamts in dieser Angelegenheit vom 26. December v. J. nebst Anlagen,

hiebei in Abschriften, unter dem ganz ergebensten Ersuchen mitzutheilen, über die zur Sache erforderliche Einleitung

Sich zu bestimmen und mich davon gefälligst zu benachrichtigen. Berlin, den 18. Januar 1825.

An v. Schuckmann.

des königlichen Geheimen Staats- und Justiz-Ministers Herrn v. Kircheisen Excellenz.

## b.

Das Berggericht zu Kirchen hat in neuerer Zeit in Erbschaftsfällen und darauf begründeten Erbbetheiligungen von Vermögens-Massen, stückweise abgetheilte Hüttenzeiten aus dem Grunde ab- und zugewährt, weil darüber, daß die zu betheilende Hüttenzeit nur nach ganzen Tagen vertheilt werden dürfe, keine bestimmte gesetzlich verbindende Verordnung sich vorfinden und nachweisen ließ.

In einem solchen vor kurzem bei der Nachlassenschaft eines Gewerken, bei der Landschreiberei in Freusburg vorgekommenen Falle ist aber von dieser Stelle eine diesen Gegenstand betreffende Verordnung de 2. Mai 1785 vorgelegt worden, wornach dem vormaligen Beamten in Freusburg, Verwalter Wurm, jede Theilung der Hüttentage unter Erben, sub poena nullitatis, anders als auf ganze Tage untersagt war.

Dieser Umstand hat den Bergamts-Secretair und Berg-Gerichtsverweser Dresler veranlaßt, bei dem Bergamte zu Siegen über die Frage:

ob bei Erbschaftsfällen und darauf begründeten Erbbetheiligungen von Vermögens-Massen die zu betheilende Hüttenzeit nicht anders als nach ganzen Tagen vertheilt werden dürfe?

unterm 21. Januar c. ein P. M. abzugeben, welches wir uns beehren, Einer rc. Ober-Berg-Hauptmannschaft nebst dem Begleitungsberichte des gedachten Bergamtes de 6. m. pr. in den abschriftlichen Anlagen gehorsamst vorzulegen.

Hochdieselbe wolle aus diesen Verhandlungen hochgeneigt entnehmen, daß das Bergamt der Ansicht des rc. Dresler, wegen Aufhebung der bisher bestandenen Beschränkung bei Vererbung von Hütten-Antheilen im Saynschen, nicht beitritt. Unstreitig muß zwar eine Parzellirung von Hütten-Antheilen, bis ins Kleinste fortgesetzt, da wo, wie im Saynschen der Fall, die Selbstbewirthschaftung solcher einzelner Antheile durch den Eigenthümer statt findet, an sich nur in technischer Rücksicht als unvortheilhaft für das Hüttengewerbe erkannt werden. Demungeachtet aber glauben wir der von dem rc. Dresler geäußerten Meinung aus folgenden Gründen völlig beipflichten zu müssen.

Wir hatten nämlich im Einverständniß mit dem Dreslerschen P. M. da wo sich dasselbe auf privatrechtliche Grundsätze bezieht, dafür, daß es ein offenbarer Eingriff in die bürgerlichen Eigenthums-Rechte ist, den Erben eines Nachlasses die Vertheilung eines Gegenstandes unter sich zu verbieten, sofern dieser Gegenstand nach seiner Eigenschaft und ohne Nachtheil seiner Nutzbarkeit, wie dies bei den Hüttentagen der Fall ist, wirklich theilbar ist, und sind daher der Meinung, daß es den gemeinsamen Erben einer Hüttenzeit um so weniger verboten werden kann, ihren Antheil davon, so weit wie selbiger noch als solcher seinen Werth und Nutzbarkeit behält, in natura aus der Masse für sich zu nehmen, als es dem Eigenthümer einer ganzen Hüttenzeit im Saynschen ohnehin ungehindert freisteht, solche zertheilt an andere zu verkaufen, oder sonst vertragsweise zu übertragen.

Da nun unter diesen Umständen die durch das dem Dreslerschen P. M. abschriftlich beiliegende Decret vom 2. Mai 1785 verordnete Eigenthums-Dispositions-Beschränkung wieder zwecklos gemacht wird, wenn, wie gesagt, jeder andere Besitzer auch kleine Antheile von Vierteltagen ungehindert an andere, außer in Erbschaftsfällen, veräußern kann, so liegt die Härte des bloß die Erben betreffenden Verbots wegen Untheilbarkeit der Hüttenzeit am Tage. Die vom Bergamte zu Siegen dagegen aufgestellte Bemerkung, daß in Erbschaftsfällen der Erblasser meist wohl noch andere Objekte zu einer Abfindung der übrigen vom als untheilbar erklärten Hüttenbesitze auszuschließenden Erben besitzen möchte, ist offenbar eine bloße auf Zufälligkeit beruhende Voraussetzung, die sich keineswegs als Regel festsetzen läßt, also auch wenig Berücksichtigung verdient. Gewiß kömmt noch weit öfter der Fall vor, daß in einem Bezirke, wie das Sayn-Altenkirchensche, wo Bergwerks- und Hüttenbetrieb einer der wichtigsten und am meisten verbreiteten Besitz- und Industrie-Gegenstände ist, das Vermögen eines Familienvaters nur in solchem Eigenthum besteht. Gesetzt nun, der nur eine ganze Hüttenzeit besitzende Familienvater habe, um die einer Theilung allerdings fähige Nutzbarkeit dieses seines alleinigen Besitzthums seinen Kindern zu erhalten, eine Erbvertheilung der Hüttenzeit zwischen selbigen testamentarisch angeordnet: ist es dann wohl anzunehmen, daß die Justiz-Behörden einer solchen väterlichen Disposition alle Wirkung und Erfüllung der Absicht sollten absprechen dürfen, während kein Verbot die Theilbarkeit eines solchen Besitzes dem sonstigen Eigenthümer untersagt? Aber selbst angenommen, daß auf Grund der angezogenen

Verordnung d. d. Onolzbach am 20. Mai 1785 die Kinder oder sonstigen Erben gezwungen werden konnten, entweder daß einer von ihnen die ganze Hüttenzeit übernehme und dann die andern Mit-Erben absinde, oder im Fall der Unvermöglichkeit dazu, die Erbschaftsmasse an einen Fremden zu verkaufen; so wäre dennoch für den einzig denkbaren Zweck einer solchen Eigenthums-Beschränkung (nämlich einer für das Ganze des Gewerbes freilich Nachtheil bringenden fortgesetzten Parzellirung von Hüttentheilen zu entgegnen) offenbar gar nichts gewonnen, da in obigem Falle entweder der die Hüttenzeit im Ganzen übernehmende Erbe oder der fremde Käufer das ungehinderte Recht hat, die ererbte oder erkaufte Hüttenzeit im nämlichen Augenblicke zertheilt weiter zu verkaufen.

Wenn nun auch der obersten Staatsgewalt allerdings das Recht zusteht, die Freiheit in der Disposition über Eigenthum da zu beschränken, wo Gründe von allgemeiner und höherer Wichtigkeit solches als nothwendiges Opfer Einzelner für das Gemeinwohl gebieten, so läßt sich doch dafür in der hier befraglichen Angelegenheit nach deren vorangegebenem wirklichen Verhalten, ein zureichender Grund nicht absehen. Wo aber nicht ganz überwiegende Rücksichten auf das Gemeinwohl ein anderes unbedingt erheischt, müssen von der Staatsverwaltung die geheiligten Rechte des Eigenthums vor Allem in Schutz genommen werden.

In diesem Sinne bezieht sich auch das Dreslersche P. M. ganz passend auf das Beispiel der hohen Ministerial-Verordnung vom 31. März 1831, welche sogar die Vererbung einzelner Kuxe bis zu achtel Theilen derselben bestätigt.

Ob nun, wie der ꝛc. Dresler in Zweifel stellt, das oft bezogene Decret der fürstlich onolzbachisch-saynschen Landes-Regierung de 2. Mai 1785 competent und verbindlich ertheilt worden ist, ist schwer ganz bestimmt zu beurtheilen, liegt auch ganz außer den Grenzen einer Rechtsfrage, da die von dem damaligen Landesherrn seinen Behörden gegebenen Attribute nicht bekannt sind.

Ob nun gleich eine solche obere Landesbehörde im Allgemeinen und so lange nicht der Beweis des Gegentheils vorliegt, unstreitig den vollen Glauben für sich hat, daß sie in jener Eigenschaft und unter den Augen des Landesherrn nichts als durch dessen Authorisation und Genehmigung dazu vollkommen befugt, also auch competent verordnet, so scheint es doch im vorliegenden Falle darauf überall nicht anzukommen, weil es nicht dem geringsten Zweifel unterliegt, daß das, was von Behörden der frühern Landesherrschaft für damalige Zeit verordnet gewesen war, bei veränderten Umständen von den jetzigen obern Staats-Behörden eben so wieder aufgehoben werden kann, wenn erhebliche Gründe dafür entscheiden.

Da nun jene Verordnung, gleichviel ob ihre rechtsverbindliche Gesetzeskraft bestritten werden kann oder nicht, den einzig denkbaren und eine solche Eigenthums-Beschränkung zulässig machenden Zweck, einer übermäßigen Parzellirung der Hütten-Antheile zu entgegnen, unter den obwaltenden Verhältnissen ganz unerfüllt läßt, mithin ohne sonst Nutzen zu gewähren, nur als lästig für die Besitzer eines solchen Eigenthums erscheint, so stellen wir die Verfügung wegen Aufhebung der mittelst Decrets vom 2. Mai 1785 gegebenen Beschränkung in Bezug auf die Theilbarkeit der Hüttenzeit in Erbschaftsfällen, unter Bezugnahme auf das vorgetragene Sachverhältniß Einer ꝛc. Ober-Berg-Hauptmannschaft gehorsamst anheim. Bonn, den 24. April 1824.

An Rheinisches Ober-Bergamt.
Eine königl. hohe Ober-Berghauptmannschaft.

c.

Einem königl. Hochlöblichen Ober-Bergamte überreichen wir in der abschriftlichen Anlage ein Pro Memoria des Berggerichts-Verwesers Dresler den in rubro bezeichneten Gegenstand betreffend zur hochgeneigten Entscheidung über die Frage:

ob bei Erbschaftsfällen und darauf begründeten Erbtheilungen von Vermögens-Massen, die zu betheilende Hüttenzeit nicht anders als nach ganzen Tagen vertheilt werden dürfe?

Ueber diese Angelegenheit erlauben wir uns Folgendes vorzutragen:

Eine bestimmte gesetzlich verbindende Verordnung über Vertheilung der Hüttenzeit ist zwar nicht bekannt, auch in der alten Kirchener Registratur nicht vorzufinden, die Anlage zum Berichte des ꝛc. Dresler scheint indessen das Dasein einer Verordnung für das damalige Bergamt und die Gewerken anzudeuten.

Es ist auch bei der vormaligen Landes-Regierung strenge darauf gehalten worden, daß die Hüttenzeit bei Erbvertheilungen nicht unter einen Tag vertheilt wurde, welches aus bergamtlicher Macht ohne höhere Veranlassung nicht wohl hatte geschehen können.

Die Bemerkungen des ꝛc. Dresler anlangend, so ist

ad 1) eine Veräußerung nach Stücken oder Vierteltagen zulässig gewesen, aber nur an solche, welche bereits Hüttenzeit besaßen, also an Gewerken, nicht an andere.

ad 2) In dem angegebenen Falle kann freilich nicht nach ganzen Tagen vertheilt werden, aber die Bruchtheile eines Tages bis zu drei Stück bleiben doch beisammen.

ad 3) Bei einem Gewerken, der einen oder mehrere Tage Hüttenzeit besitzt, ist es auch wohl anzunehmen, daß er dabei noch Güterstücke ꝛc. besitze, denn die Saynischen Gewerken sind mit gar wenigen Ausnahmen zugleich Bauern.

ad 4) Diesen Punkt in Rücksicht des Rechtstitels übergehend, wird nur bemerkt, daß die ehemalige Behörde bei Erlaß der Verordnung das Beste des Gesammten im Auge gehabt haben wird.

ad 5) Bei dermaligen Commerz-Conjuncturen wird ein näheres Zusammenbringen wünschenswerth erscheinen. Der kleine Gewerke, wenigstens mancher davon, kann mit dem größeren, welcher Capital hat, nicht mehr gleichen Schritt halten.

Es ist übrigens seit lange her schon eingerichtet, daß nur derjenige Gewerke, welcher im Viertelszettel (Verlosungszettel) sich mit einem ganzen Tag ausweiset, hütten darf. Aber es kann doch ein Gewerke, der nur ein einziges Stück besitzt, wenn er drei Stücke zupachten kann, auch hütten.

Die Zersplitterung erscheint demnach hier auch wohl als nachtheilig.

An eine gemeinschaftliche Hütterei ist zum öftern gedacht, auch solche zur Sprache gebracht worden, jedoch immer ohne allen Erfolg und zwar aus dem Grunde, weil jeder Gewerke selbst und für sich Handelsmann sein will.

Was den Mittelstand anlangt, so war es in Zeit der besseren Conjuncturen der Hauptstand, und ist es gewissermaaßen jetzt noch, er kann das aber auch wohl noch bleiben und wenn die Hüttenzeit tageweise vertheilt wird, insoferne sich das Geschäft wieder hebt.

Durch vorstehend Gesagtes glauben wir unsere ohnmaaßgebliche Ansicht zu rechtfertigen, daß die vorgeschlagene Zertheilung der Hüttenzeit unter ganzen Tagen besonders in technischer Hinsicht nur nachtheilig erscheinen könne.

Siegen, den 6. März 1824. Königl. preuß. Bergamt.

An

Ein königl. Hochlöbliches Ober-Bergamt zu Bonn.

## d.

Bei der Verwaltung des Berggerichts in Kirchen ist mir öfters die Frage vorgekommen: ob bei Erbschaftsfällen und darauf begründeten Erb-Betheilungen von Vermögens-Massen, die zu betheilende Hüttenzeit nicht anders als nach ganzen Tagen vertheilt werden dürfe? wobei mir bemerkt war, daß dies früher von Seiten des vormaligen Bergamts in Kirchen nie anders zugegeben worden sei. Auf meine Erkundigung bejahete mir dieses der königl. Bergmeister Herr Stein, wiewohl ich keine bestimmte gesetzlich verbindende Verordnung hierüber vorfinden, noch mir eine solche nachgewiesen werden konnte.

Bei einigen Theilungen, besonders solchen aus dem Amte Friedewald, nahm ich daher keine Rücksicht, stückweise abgetheilte Hüttenzeit ab- und zu zu gewähren.

Neuerdings ist dieser Gegenstand bei der Nachlassenschaft eines Gewerken bei der Landschreiberei in Freusburg zur Sprache gekommen und nach gepflogener Communication mit derselben hat mir solche die abschriftlich beiliegende Verordnung mitgetheilt, wonach allerdings dem vormaligen Verwalter Wurm in Freusburg unterm 20. Mai 1785 jede Theilung der Hüttentage unter Erben **sub poena nullitatis** anders als auf ganze Tage untersagt war.

Diese Verordnung führt die Unterschrift: **Ex consilio Regiminis Saynensis Brandenburgico**, und scheint daher einer Seits nur von einer Verwaltungs-Behörde, nicht aber einer als mit legislativer Gewalt begabten herzurühren, was doch hätte sein müssen, wenn solche gültig in die jedem Privaten zustehenden Befugnisse über die Disposition seines Eigenthums sollte eingreifen können, anderer Seits erscheint dieselbe auch bloß als eine Instruction für den damaligen Beamten in Freusburg, welche wahrscheinlich auf Veranlassung der Kirchener Bergbehörde erfolgt ist. Ich zweifele daher, daß solche gesetzliche Gültigkeit habe, und kann dieserhalb keinen Grund auffinden, solche in widerstrebenden Fällen anzuerkennen und zu befolgen. Da jedoch die Landschreiberei in Freusburg bis zu einer anderweitigen Instruction sich hieran festhalten zu müssen glaubt; so halte ich mich verpflichtet, diesen Gegenstand, dessen Quelle nur hüttenpolizeiliche Rücksichten sein können, zur Sprache zu bringen, und mir folgende Bemerkungen nebst beigefügtem Antrag zu erlauben.

Die erwähnte Verordnung scheint mir unpassend:

1) weil sonsten die Veräußerung nach Stücken oder

Vierteltagen zulässig ist, wie dies die sämmtlichen Gegenbücher und alle Kontraktbücher über Hüttenzeit ausweisen.

2) weil sehr häufig der Fall ist, daß ein Hüttengewerke oft nur Bruchtheile von einem Tag hinterläßt, eine Abtheilung nach ganzen Tagen also nicht einmal immer möglich ist;

3) weil es sehr häufig bei dem Vermögensnachlaß eines solchen Gewerken unmöglich ist, daß diejenigen Erben, welche keine Hüttenzeit erlangen, durch andere Güterstücke abgefunden werden können (wie dies die angezogene Verordnung unterstellt), indem sehr oft der Fall eintreten kann, daß der Capitalwerth von einem Nachlaß just in einem Hüttentag liegt, und die Erben durch einen Verkauf um der Betheilung willen, zur unpassenden Zeit leicht Schaden leiden können, und

4) weil sich überhaupt kein rechtlicher Grund absehen läßt, warum der Rechtstitel aus einer Erbbetheilung beschränkter sein solle, als der aus sonstigen Kontrakten;

5) endlich auch weil durch den Erwerb eines oder einzelner Stücke sehr oft auch einem Anfänger im Betriebe der Weg zu mehrerem Erwerb erleichtert wird, indem sich die Hüttenzeit zu einzelnen Stükken doch leichter als zu ganzen Tagen erwerben läßt, und dadurch einem solchen die Hoffnung ein Betriebsmann zu werden, erschwert wird, da ein Gewerke in einer Campagne doch nie weniger als einen Tag aushütten darf.

Aus eben dieser Ursache, daß bei den Verloosungen nur ganze Tage ausgeloost oder verhüttet werden können, scheint jene Verordnung aber auch als unnöthig, und für den Zweck einer regelmäßigereh Hütterei entbehrlich. Denn wenn bei dem Aushütten zum bessern Betrieb der Hütte die Vertheilung von nur ganzen Tagen auch als nothwendig oder doch wenigstens nützlich erscheint, so läßt sich doch von der Art der Benutzung keineswegs eine nothwendige Folge auf die Vertheilung des Eigenthums der fraglichen Hüttenzeit herleiten.

Die fragliche Verordnung erscheint daher für die Vermögens-Disposition der Betheiligten als lästig, für die Hüttenpolizei wie gesagt aber als unnöthig und stößt wohl insofern gegen die allgemeine Regel, daß polizeiliche Anordnungen ohne Noth Privatleuten nie lästig werden sollen.

Außerdem erscheint dieselbe aber auch in den gegenwärtigen Zeitläufen gegen die Ansichten eines Hohen Ministerii in Berlin zu stoßen, indem Hochdasselbe in der höchsten Verordnung vom 21. März 1821 die Eintheilung der Kuxe bis zu acht Theilen gestattet hat und gar nicht abzusehen ist, warum denn nicht jetzt auch die Eintheilung des Eigenthums auch bei Erbschaften in Vierteltage stattfinden sollte.

Vielleicht hat aber auch gedachter Verordnung die Ansicht zum Grunde gelegen, daß durch die Vertheilung des Hütten-Eigenthums in Erbschaftsfällen nach nur ganzen Tagen eine Consolidation hervorgebracht werde, welche dem Betriebe in technischer Hinsicht vortheilhaft wäre. Daß eine solche Consolidation in technischer Hinsicht für den Betrieb eines Etablissements vortheilhaft ist, ist wohl keine Frage, allein daß solche durch jene Verordnung nicht erreicht ward, erweißt die Erfahrung seit 1785, und dann würde es nach allen privatrechtlichen Grundsätzen rechtswidrig sein, wenn solche auf diesem politischen Wege erreicht werden sollte.

Für das allgemeine Wohl in hiesiger Gegend würde dieses Bestreben aber auch als unpolitisch erscheinen, indem dadurch der erste Versuch gemacht wäre, den goldnen Mittelstand aufzuheben, welcher just seit langen Jahren das Glück der Saynischen und Siegenschen Einwohner abgab, und welcher, wie man einzusehen leider Ursache genug hat, durch die Bedrängnisse der Zeit schon von selbst genugsam bedroht ist. Da nun die gedachte Verordnung nach den angegebenen Gründen den Bedürfnissen der frühern Zeit nicht entsprochen hat, dieselbe aber auch selbst in gedachter politischer Hinsicht noch weniger den der jetzigen entspricht, ohnedies aber dieselbe nicht als aus gesetzgebender Quelle geflossen erscheint, mithin auch die dem vormaligen Consilio Regiminis Saynensis Brandenburgico jetzt gleich gestellte obere Behörde solche wieder aufheben kann, so trage ich gehorsamst darauf an, über obgedachte, das Privatrecht der Gewerken unnöthiger Weise beschränkende Verfügung eine anderweite Bestimmung zu veranlassen. Siegen, den 21. Januar 1824.

Dresler.

## e.

Dem Amtsverwalter Wurm zu Freusburg wird Kraft Hochfürstlichen Ministerial-Decrets vom 11. praet. mens. hiermit gemessenst befohlen, dem unterm 21. November 1752 bereits an das Bergamt ergangenen Befehl gemäß, bei Erbtheilungen keine Theilung der Hüttentage unter denen Erben, sub poena nullitatis, anders als auf ganze Tage zu erstatten, indem die Erben eines Verlassers von Hüttentagen, praevia aestimatione, auf andere Güter abtheilen und loosen können, wie denn mit allem Ernst über diese Verordnung zu halten ist. Onolzbach, den 20. Mai 1785.

**Ex consilio Regiminis Saynensis Brandenburgico.**

## f.

Die unterzeichnete Ober-Berghauptmannschaft pflichtet zwar der Ansicht des königlichen Ober-Bergamtes in dem unterm 24. v. M. erstatteten Bericht, über die Vertheilung der Hüttenzeit im Saynischen bei Erbschaftsfällen völlig bei und hält derselben gemäß dafür, daß es bei dem bisher beobachteten Verfahren in Betreff der Theilbarkeit der Hüttenzeit in Erbschaftsfällen nach wie vor verbleiben muß und aus dem hüttenpolizeilichen Gesichtspunkte betrachtet, auch bleiben kann. Sie erachtet sich aber nicht befugt, über die Aufhebung der Verfügung vom 20. Mai 1785 zu entscheiden, und muß den dieserhalb gemachten Antrag an das vorgesetzte Justiz-Collegium hierdurch verweisen, und dem königlichen Justiz-Ministerium die Entscheidung vorbehalten.

Berlin, den 18. Mai 1824.

Königliche Ober-Berghauptmannschaft.

An
das königl. Ober-Bergamt zu Bonn.

## g.

Auf den von uns, über die Unangemessenheit der für das Sayn-Altenkirchensche von der ehemaligen markgräflich brandenburg-onolzbachschen Landes-Regierung unterm 20ten Mai 1785 ertheilt gewesenen Verordnung, welche in Erbschaftsfällen die Theilung von Hüttentagen anders als auf ganze Tage vorzunehmen (und resp. der Amtsverwaltung zu gestatten) sub poena nullitatis untersagt, während gleichwohl eine Parzellirung eines solchen Besitzthums in kleinere Theile durch Verkauf und sonstige Verträge statt finden darf, unterm 24. April c. erstattet gewesenen Bericht, wurde uns von Einer ꝛc. Ober-Berghauptmannschaft mittelst verehrlichen Rescripts de 18. Mai c. eröffnet, wie Seitens Hochderselben zwar die diesseitige Ansicht ebenwohl getheilt werde, der gleichzeitig geschehene Antrag wegen Aufhebung jener, das Eigenthums-Dispositions-Recht auf eine zwecklose Weise beschränkenden ältern Verordnung, jedoch an das vorgesetzte Justiz-Collegium verwiesen, und die Entscheidung darüber dem hohen Justiz-Ministerio vorbehalten bleiben müsse.

Wir hatten uns nun in dessen Folge, ausweislich unser

weitern gehorsamsten Berichts de 19. August c. hierunter an das königliche Hofgericht in Arnsberg und an den königl. Justiz-Senat in Coblenz verwendet, welche beide Dicasteria unserer Meinung ebenwohl beipflichteten, letztgedachte Behörde auch uns eröffnet hatte, daß ihrerseits dieserhalb höhern Orts ein Antrag geschehen sei.

Gegenwärtig werden wir nun von der königl. Regierung zu Coblenz benachrichtigt, wie solches Eine etc. Ober-Berghauptmannschaft aus dem sammt zugehörigen Anlagen abschriftlich beigefügten Schreiben hochgeneigt entnehmen wolle, daß

a) der königl. Oberappellations-Gerichtshof (Abtheilung für ostrheinische Sachen) zu Cöln, darüber auch die Meinung der gedachten königl. Regierung, namentlich ob dem diesseitig geschehenen Antrag in sonstiger Hinsicht, als dem alleinigen Interesse der Hüttenbesitzer, etwas entgegenstehe, begehrt;

b) daß die königliche Regierung in Antwort darauf, sich mit der vom unterzeichneten Oberbergamte bevorwortet gewesenen Aufhebung der Verordnung de 20. Mai 1785 und der darin liegenden Beschränkung eines Eigenthums-Dispositions-Rechtes über Hüttenantheile in Erbschaftsfällen, ganz einverstanden erklärt hat;

c) daß der königl. Appellations-Gerichtshof zu Cöln nunmehr ebenwohl erklärt, wie einer gewünschten Aufhebung jener ältern Verordnung in rechtlicher Hinsicht nichts entgegenstehe, gleichwohl der Regierung überlassen bleiben soll, im Interesse der Administrirten die Initiative dazu zu geben, und daß endlich

d) die königl. Regierung zu Coblenz der unterzeichneten Stelle es überlassen hat, bei dem ihrerseits schon erklärten Einverständniß mit der oberbergamtlichen Ansicht, den desfallsigen Bericht selbst zu erstatten.

Weil nun vor allen, über diese Angelegenheit in Communication getretenen Behörden, sich über Nützlichkeit so wie über Zulässigkeit einer Aufhebung der mehrerwähnten, von der vormaligen markgräflich brandenburgischen Landes-Verwaltung, für das Sayn-Altenkirchensche unterm 20. Mai 1785 ertheilt gewesenen Verordnung ganz übereinstimmend erklärt worden ist, gleichwohl durch den königl. Appellations-Gerichtshof zu Cöln, dieses allerseitig ausgesprochenen Einverständnisses mit dem dieserhalb geschehenen Antrage, sowie der vorausgegangenen Verhandlungen ungeachtet, zum Verfügen einer solchen Aufhebung noch eine besondere Initiative anverlangt wird; so glauben wir, daß solche nach Lage der Sache nur durch eine desfallsige Communication Seitens Einer rc. Ober-Berghauptmannschaft mit dem hohen Justiz-Ministerio, mit wirklichem Erfolge statt finden könne, und wir geben es hochgefälligem Ermessen zur Entscheidung gehorsamst anheim, ob die fragliche Angelegenheit in solcher, oder welcher andern Weise, zum Schluß gebracht werden solle.

Bonn, den 26. December 1824.

Rheinisches Ober-Bergamt.

An
Eine königliche Hohe Ober-Berghauptmannschaft.

## 683.

### Feststellung der Zahl der Notarien in den einzelnen Bezirken.

Da sich aus den hierbei zurückerfolgenden Anlagen Ihres Berichts vom 18. v. M. die Richtigkeit der in der Verfügung vom 7. Mai v. J. vorläufig vorgeschriebenen, zur Bestimmung der Zahl der in jedem Friedensgerichtsbezirk anzustellenden Notarien dienenden Grundsätze ergiebt, so soll hiernach ferner verfahren werden.

Zu den größeren Städten sollen in Beziehung auf diese Grundsätze gerechnet werden

die sechs Städte, wo die Sitze der Landgerichte sich befinden und außer diesen noch Bonn, Mühlheim, Elberfeld, Barmen, Crefeld und Creuznach.

Berlin, den 7. Februar 1825.

Der Justiz-Minister
v. Kircheisen.

An
den königlichen Herrn General-Procurator zu Cöln.

## 684.

### Berechnung der Kosten in den nach der Kabinets-Ordre vom 6. März 1821 wegen Vergehungen gegen den Staat und wegen Dienstvergehen der Verwaltungsbeamten zu verhandelnden Sachen.

Der Bericht vom 5. December v. Js., in Betreff der Kosten in den nach dem Gesetz vom 6. März 1821 zu verhandelnden Sachen, ist dem königlichen Herrn General-Procurator Ruppenthal zur gutachtlichen Aeußerung mitgetheilt worden. Der hierauf von demselben erstattete Bericht vom 8. d. Mts. wird Ihnen mit dem Eröffnen communicirt, daß ich mit der in diesem Berichte entwickelten Ansicht einverstanden bin. Sie haben nunmehr hiernach zu verfahren.

Berlin, den 14. Februar 1825.

An die königliche General-Procuratur zu Cöln.

Der Justiz-Minister v. Kircheisen.

a.

Die Allerhöchste Kabinets-Ordre vom 6. März 1821 beruht auf dem in derselben ausgesprochenen Grundsatze, daß in der ganzen Monarchie nur ein inneres Staatsrecht gelten könne. Deswegen wurden für eine gewisse Cathegorie von Verbrechen und Vergehen, von welchen man annahm, daß sie mit dem innern Staatsrechte unmittelbar in Verbindung ständen, die Strafbestimmungen des Allgemeinen Landrechts jenen des rheinischen Strafgesetzbuches substituirt; deswegen trat in die Stelle der rheinischen Criminal-Proceß-Ordnung die preußische Criminal-Ordnung. Die einzige durch das letztere bewirkte Veränderung bestand, meines Erachtens, wesentlich darin, daß bei diesen Untersuchungen das mündliche und öffentliche Verfahren, so wie die Concurrenz der Geschwornen ausgeschlossen bleiben, und die Entscheidungen der Gerichte auf einer positiven Beweistheorie begründet sein sollen.

Gewiß aber scheint es zu sein, daß bei Abfassung der angeführten Kabinets-Ordre an die Frage:

nach welchem Gesetze die Kosten liquidirt werden sollen?

gar nicht gedacht wurde, weil diese Frage mit der Erreichung des in der Kabinets-Ordre deutlich ausgesprochenen Zweckes durchaus nichts gemein hatte, und wenn man den von meinem Vorgänger in seinem Berichte vom 5. December v. J. ausgesprochenen Satz,

daß nach der Natur der Sache auf die nach preußischer Form verhandelten Sachen in der Regel auch die preußischen Taxen anzuwenden seien,

praktisch und vollständig durchführen wollte, so würde, obgleich sich für die Richtigkeit des Satzes, als einer Theorie, sehr vieles sagen läßt, doch auch noch manche, vielleicht auch selbst wesentliche Einrichtung, welche bisher unterblieb, nachzuholen sein. Die preußische Taxe ist auf ein, ganz nach preußischen Grundsätzen formirtes Richtercollegium berechnet; der Gesetzgeber hat aber für die in der Kabinets-Ordre vom 6. März 1821 bezeichneten Verbrechen und Vergehen keine besondern preußisch organisirte Gerichte in den Rheinlanden niedergesetzt; was er wollte, hat er deutlich erklärt; die rheinischen Richtercollegien sollen die Wahrheit nach den Vorschriften der Criminal-Ordnung suchen, und die Strafen des Allgemeinen Landrechts anwenden. Mehr wollte er nicht; mehr als die Erreichung dieses Zweckes nothwendig erforderte, wollte er an den rheinischen Gesetzen nicht geändert wissen. Es entstand dadurch freilich in mancher Beziehung ein sonderbar gemischtes Verhältniß, aber dem Zwecke des Gesetzgebers war es nicht hinderlich, oft vielleicht selbst vortheilhaft. Dieses Verhältniß ist auch bis jetzt nur dem Richter oder dem sachkundigen Rechtsgelehrten bemerklich geworden, es ist aber gewiß nicht in der Absicht Ew. Excellenz, so wie es auch gewiß nicht in der des Gesetzgebers war, dieses Verhältniß auch noch dem Volke kund zu machen, und dadurch bei dem Unerfahrnen unnöthige Zweifel zu erregen. Dies würde aber grade geschehen, wenn man den oben angeführten, von meinem Vorgänger aufgestellten Satz in seiner Allgemeinheit durchführen wollte, es würde dem Zeugen, dem Gerichtsboten unerklärlich sein, wenn er für dieselbe Reise, für denselben Act, verschiedene Bezahlung empfinge, und dies aus dem für ihn ganz gleichgültigen Grunde, weil in der einen Sache nach preußischen, in der andern nach rheinischen Gesetzen geurtheilt wird.

Die Reisen der Zeugen, die Amtsverrichtungen der Gerichtsboten, die Arbeiten der Gerichtsschreiber haben in Beziehung auf diese Personen mit der Form des Processes und mit der materiellen Strafbestimmung nichts gemein; der Zeuge macht die nämliche Reise, hat die nämlichen Kosten, versäumt ebenso seine Arbeit, er mag vor einem Instruenten oder in einer öffentlichen Gerichtssitzung erscheinen; eben so ist es mit dem Gerichtsboten; und der Gerichtsschreiber hat, wenn er das Protocoll mit dem Instruenten nach der Criminal-Ordnung führt, nicht mehr oder weniger Mühe, als wenn er mit dem rheinischen Instructions-Richter ein Zeugenverhör abhält.

Für alle diese Beamten würde also, nach meiner Ansicht, die Taxe nach dem Decrete vom 18. Juni 1811 auch ferner anwendbar bleiben müssen.

Dem Grundsatze getreu, daß eine nicht ausdrücklich ausgesprochene Abänderung in der Gesetzgebung nur in soweit als bestehend angenommen werden kann, als der Zweck es durchaus erfordert, glaube ich auch, daß einem nach der Kabinets-Ordre vom 6. März 1821 Verurtheilten keine anderen Kosten zur Last gelegt werden können, als welche nach dem angeführten Decrete liquidirt werden können. Es ist möglich, daß er von der einen Seite in dieser Beziehung besser steht, als wenn er in den alten Provinzen wäre verurtheilt worden; aber dieser kleine Vortheil ist ihm zu gönnen, da er von der andern Seite gegen die alten Provinzen auch wieder im Nachtheile steht. Die Inquisitoriate und die Gerichte, welche solche Untersuchung führen, haben keinen so ausgedehnten Sprengel als die rheinischen Landgerichte; die Untersuchungskosten, namentlich die Zeugengebühren, sind daher dort auch nicht so bedeutend als hier; der Verurtheilte in den Rheinprovinzen trägt daher eine bedeutend größere Kostenlast als in den alten Provinzen, und eine Befreiung von einigen Sporteln wird den Nachtheil noch nicht ganz ausgleichen.

Ueber den Inhalt des Berichtes vom 5. December v. J. glaube ich hiernach mich dahin äußern zu können, daß in den Untersuchungs-Sachen, wovon hier die Rede ist, alle Kosten nach dem Decrete vom 18. Juni 1811 zu berechnen, aber auch keine anderen, als die, welche jenes Decret bestimmt, dem Verurtheilten zur Last gelegt werden können, jedoch, wie sich von selbst versteht, mit Ausnahme des Stempels. Berlin, den 8. Februar 1825.

An                                Ruppenthal.
den königlichen Wirklichen Geheimen Staats- und Justiz-Minister Herrn v. Kircheisen Excellenz.

## 685.

### Die Mandatarien-Gebühren in fiscalischen Processen.

Der königlichen General-Procuratur eröffne ich auf ihren, in Betreff der Mandatarien-Gebühren in fiscalischen Processen bei den rheinischen Gerichten erstatteten Bericht vom 21. September v. J., daß ich über diesen Gegenstand das abschriftlich anliegende Schreiben an das königliche Finanz-Ministerium erlassen habe. Der in diesem Schreiben allegirte Bericht des königlichen General-Procurators bei dem Revisionshofe wird der königlichen General-Procuratur ebenfalls abschriftlich hiermit zugefertigt.

Berlin, den 9. März 1825.

An                                Der Justiz-Minister
die königliche General-Procuratur                                v. Kircheisen.
zu Cöln.

a.

Ew. Excellenz geehrte Schreiben von resp. den 18. August und 24. September v. J., in Betreff der Mandatarien-Gebühren in fiscalischen Processen bei den rheinischen Gerichten,

haben mich veranlaßt, das Gutachten der General-Procuratoren bei dem rheinischen Appellations-Gerichtshofe und dem hiesigen rheinischen Revisions- und Cassationshofe einzufordern. Das erstere ist Euer Excellenz schon von der Regierung zu Cöln eingereicht worden, wie sich aus dem Schreiben vom 24. November pr. ergiebt. Das Gutachten des General-Procurators am rheinischen Revisionshofe vom 5ten Januar d. J. beehre ich mich Ew. Excellenz in der Anlage abschriftlich mitzutheilen.

Zuvörderst muß ich annehmen, daß ungeachtet das geehrte Schreiben vom 24. November pr. sich auf Untersuchungs-Sachen vor den Polizei- und Zuchtpolizei-Gerichten so wie auf Civil-Processe wegen Gefälle und Steuern, mit deren Einziehung die Verwaltungsbehörde beauftragt ist, erstreckt, dennoch hierüber kein Streit obwaltet. Sollten in einzelnen Fällen in dergleichen Sachen den Beiständen der zur Untersuchung gezogenen Individuen oder den von den Gegnern des Fiscus in Civil-Processen der letzteren Art zugezogenen Advocat-Anwälden Gebühren festgesetzt, und Verfügungen wegen Wiedereinziehung dieser Gebühren von dem Fiscus erlassen werden, wie doch nicht zu vermuthen steht, so wird der rheinische Revisions- und Cassationshof gewiß in jedem dergleichen zu seiner Kenntniß zu bringenden Falle die gesetzwidrige Verfügung aufheben. Indeß ist bis jetzt noch kein solcher Fall vorgekommen, daher es einer Anweisung deshalb an die Gerichte nicht bedarf, indem die Processe, in welchen die Verfügungen ergangen sind, gegen die Ew. Excellenz Beschwerde führen, von ganz anderer Art sind. In diesen Processen handelt es sich nämlich nicht von rückständigen Gefällen und Steuern, sondern vom Eigenthum oder andern Rechten des Staats. In dergleichen Processen können nach der sehr richtigen Ausführung der General-Procuratoren bei dem Revisions- und Appellations-Gerichtshofe die Gegner des Fiscus den Beistand der Advocat-Anwälde gebrauchen, und sind berechtiget, die gesetzlichen Gebühren ihrer Advocat-Anwälde vom Gegner erstattet zu verlangen, sofern dieser überhaupt zur Kostenerstattung verurtheilt wird.

Dieses Verfahren stimmt mit demjenigen des in den alten Provinzen in fiscalischen Processen zur Anwendung kommenden vollkommen überein, und ich kann daher nur dafür sentiren, daß es auch in den Rheinprovinzen bei diesem Verfahren verbleibe.

Die Anlagen des geehrten Schreibens vom 18. August v. J. erfolgen hierneben ganz ergebenst zurück.

Berlin, den 9. März 1825. v. Kircheisen.

An
des königl. Wirklichen Geheimen Staats- und Finanz-Ministers Herrn v. Klewitz Excellenz.

b.

Euer Excellenz verfehle ich nicht mit Wiederbeifügung der Anlagen der verehrlichen Randnote vom 1. d. Mts. über den betreffenden Gegenstand, folgendes gehorsamst vorzutragen.

In der französischen Legislation ist der Unterschied nicht zu verkennen, welcher zwischen Klagen des Staats, die das Eigenthum oder andere Rechte betreffen, und zwischen denen, welche bloß die Beitreibung rückständiger Domanial-Einkünfte oder indirecter Steuern zum Gegenstande haben, gemacht wird.

Die erstern wurden früher durchgeführt im Namen der Departements-Verwaltung, auf Betreiben des Procureur général, später auf Betreiben des Präfecten, und eben so auch gegen ihn gerichtet; letztere durch die Regie, die mit der Eintreibung beauftragt war, resp. ihren General-Director und gegen denselben.

Die Regie (de l'enregistrement, administrations forestières de douanes etc.) bedurfte zu den Klagen ihres Ressorts keiner Ermächtigung, wohl aber der die Departements-Verwaltung repräsentirende Beamte, anderer wesentlicher Unterschiede nicht zu gedenken.

Daraus ergiebt sich, daß Hohes Finanz-Ministerium sich in einem Irrthume befindet, wenn Hochdasselbe das Gesetz vom 27. Ventose des Jahres IX. für ein solches allgemeines hält, welches ohne Unterschied der Fälle die Form des Verfahrens in allen fiscalischen Civilprocessen festsetzt.

Es handelt dieser vielmehr im Art. 17. nur von den Processen, welche damals zum Ressort der Regie gehörten. So ist der Art. 17. auch nur durch das Staatsraths-Gutachten vom 11. Mai 1807 (genehmigt den 1. Juni e. a.) aufrecht erhalten, und so wird derselbe noch jetzt täglich in den rheinischen Gerichten überall angewendet, wo es sich um Beitreibung rückständiger Domanialeinkünfte und Steuern handelt.

Für die Sachen der erstern Art, nämlich die Streitigkeiten über Eigenthum und andere Rechte, dient dagegen der Directorial-Beschluß vom 10. Thermidor des Jahres IV. zur Norm, welcher festsetzt:

1) Dans toutes les affaires portées devant les tribunaux dans laquelle la république sera partie, les Commissaires du Directoire exécutif près les administrations en vertu des arrêtés, des quelles elles seront poursuivies, seront tenus d'addresser aux Commissaires du Directoire exécutif près ces tribunaux des mémoires contenant les moyens de défense de la nation.

2) Les Commissaires du Directoire exécutif près les tribunaux pourront lire à l'audience les mémoires qui leurs ont été addressés, et soit qu'ils les lisent ou non, ils proposeront tels moyens et prendront telles conclusions, que la nature de l'affaire leur paroîtra exiger.

Der wesentliche Unterschied zwischen den Regiesachen und denen, wo die Departements-Verwaltung als Parthei auftritt, bestand daher darin, daß

a) im erstern die Schriften gegenseitig significirt, mündliche Vorträge ausgeschlossen und Referenten zur Entwickelung des Sachverhältnisses ernannt wurden, nach welcher sodann sofort der Spruch erfolgte;

b) im letztern die Memoiren nur zur Information des öffentlichen Ministerii dienten, dem Gegner nicht mitgetheilt wurden, dieser vielmehr mündlich seine Moyens entwickelte, und dann das öffentliche Ministerium ebenfalls entweder ganz im Sinne der Verwaltung mit Benutzung des erhaltenen Memoirs plädirte, Vortrag und Antrag vereinigte, oder bei abweichenden Ansichten das Memoire vorlas, den Antrag demgemäß Namens der Verwaltung abgab, dann aber seine eigene Meinung und die darauf gestützten Conclusionen zu begründen suchte. Von Ernennung eines Referenten war daher in Sachen dieser Art keine Rede.

Der Directorial-Beschluß vom 10. Thermidor Jahres IV. trat aber in Kraft zu einer Zeit, wo das Officium der Anwälde supprimirt war, Gesetz vom 4. Germinal Jahres II.; als dasselbe nachher durch das Gesetz vom 27. Ventose Jahres VIII. wieder hergestellt wurde, entstand die Frage: ob nicht nunmehr auch der Staat einen Anwald bestellen müsse? dieselbe wurde nach dem Grundsatze: „nul que le roi ne plaide par procureur“ verneint, und blieb facultativ; der Privatmann konnte aber dadurch nicht gezwungen werden, gleichfalls auf den für ihn zulässigen Anwald zu verzichten, in der Audienz zu erscheinen und sein Heil in eigener, oft sehr schwieriger Auseinandersetzung verwickelter Rechtsfrage oder einem Schriftsatz zu suchen, der vielleicht dasjenige, was von Seiten des Fisci in der Audienz vorgetragen wurde und worauf er nicht vorbereitet sein konnte, gar nicht aufgriff.

Aus diesen Gründen lassen daher die Gerichte in dergleichen Eigenthumsstreitigkeiten den Anwald zu und taxiren seine Gebühren in eben der Art, wie diejenigen des fiscalischen Anwalds, wenn die Administration einen solchen zu ernennen für gut findet.

Die neueste Entscheidung des königlichen Cassationshofes in Sachen Fisci wider N. hat diese Grundsätze nicht umfassen können; es handelte sich in dieser Sache von einer Peremtion, und der königliche Appellationshof war der Meinung, daß es hier wegen der vorgeschriebenen besondern Form der Bestellung eines Anwalds bedürfe, der königliche Cassationshof hat dies verneint, aber dadurch keinesweges entschieden, daß die Eigenthumsklage zu einer Regie-Sache geworden.

Bei der jetzigen Einrichtung der Verwaltungs-Behörden ist es nun zwar die königliche Regierung, welche Sachen beiderlei Art zu verfolgen hat; dadurch kann indessen die Bestimmung des Gesetzes vom 27. Ventose Jahres IX. Art. 17. begreiflicherweise nicht allgemeiner werden, als sie früherhin war; es ergiebt sich vielmehr, daß, insofern bloß von Aufrechthaltung der bestehenden Gesetze die Rede ist, der frühere Unterschied auch jetzt beachtet werden muß, und das königliche Finanz-Ministerium durch den Versuch, seine Ansichten im Wege der Cassation geltend zu machen, nur eine Menge unnöthiger Kosten veranlassen würde, weil Gesetze nicht durch Rechtsmittel aus dem Wege zu schaffen sind.

Anders stellt sich der Fall, wenn die Frage aufgeworfen wird, ob es zweckmäßig sei, den bis jetzt bestehenden gesetzlich begründeten Unterschied des Verfahrens in Regiesachen und solchen, die das Eigenthum und andere Rechte betreffen, beizubehalten oder aufzuheben, und es dürfte in dieser Beziehung gegen eine durch neues Gesetz etablirte Gleichförmigkeit der Procedur in allen fiscalischen Civil-Processen vielleicht weniger zu erinnern sein; da indessen hierüber mein Gutachten nicht erfordert worden, so kann ich es Ew. Excellenz nur ehrerbietigst anheim geben, ob es dieserhalb fernerer Einleitungen bedürfe.

Was die anliegenden Liquidationen betrifft, so handelt es sich in keiner dieser Sachen von rückständigen Domanial-Einkünften und Steuern. Glauben die königlichen Regierungen, daß die Festsetzung nicht bestehen könne, so wird es ihre Sache sein, dieselbe durch Opposition (Art. 6. des Decrets vom 16. Febrnal 1807) event. durch Cassation, deren Zulässigkeit an und für sich nicht bezweifelt werden kann, und in mehrern Fällen anerkannt worden (conf. z. B. Cassations-Erkenntniß vom 12. Mai 1812), anzufechten, zu deren Rechtfertigung mir nach obiger Ausführung gesetzliche Motive fehlen.

Cöln, den 21. September 1824. Der General-Procurator
An Bölling.
des königlichen Geheimen Staats- und Justiz-Ministers Herrn v. Kircheisen Excellenz.

c.

Die ursprüngliche Beschwerde des hohen Finanz-Ministerii hatte ganz allein die bei den rheinischen Gerichten statt findende Liquidation, und Festsetzung der Anwalds-Gebühren in Fällen, wo es sich von einer Eigenthumsfrage zwischen dem Staat und Privat-Personen handelt, zum Gegenstand, und eigentlich konnte auch nur hierwegen allenfalls ein Zweifel entstehen, da rücksichtlich der Processe wegen Gefälle und Gebühren, mit deren Einziehung die Verwaltungs-Behörde beauftragt ist, das Gesetz vom 17. Ventose Jahres IX. der Republik die zu beobachtenden Formen vorschreibt, und dabei von dem Gebrauche der Anwälde ausdrücklich dispensirt, in Contraventions- und Strafsachen aber, in Gemäßheit des Art. 3. des Decrets vom 18. Juni 1811 die Gebühren der allenfalls adhibirten Anwälde nicht in die Kostentaxe aufgenommen werden dürfen; und jede Abweichung von diesen Regeln von dem hiesigen Cassationshofe, wenn solche zu dessen Kenntniß wäre gebracht worden, ganz gewiß würde gerügt worden sein.

Ich halte es daher, wenn auch schon ein hohes Finanz-Ministerium in den additionellen Bemerkungen seine Erörterung weiter ausdehnt, für überflüssig, mich auf etwas anderes, als auf den zuerst berührten Gegenstand einzulassen, und bemerke diesemnach ganz gehorsamst, daß, so unbestreitbar es auch sein mag, daß der Staat keines Anwalds bedarf, der Rechtsstreit möge nun Abgaben, Revenüen oder das Eigenthum betreffen, ich jedoch der Meinung, es finde der Tarif vom 16. Februar 1807 auf Processe der letztern Gattung gar keine Anwendung, nicht beitreten kann.

Das Gesetz vom 27. Ventose Jahres IX., welches eigentlich, wie auch schon seine Ueberschrift lehrt, ein bloßes

Enregistrements-Gesetz ist, spricht demohnerachtet von allen Perceptionen, welche der Regie anvertraut sind, allein auch nur von diesen, und schreibt in dem Art. 17. ein eigenes Verfahren hinsichtlich der Processe vor, die wegen dieser Perceptionen eingeleitet werden. „Die Instruction muß nämlich durch einfache Denkschriften geschehen, welche gegenseitig zugestellt werden, das mündliche Verfahren ist ausgeschlossen (und zwar dergestalt, daß der Pariser Cassationshof ein Urtheil vernichtete, welches in der Audienz öffentliche Vertheidiger zugelassen hatte). Die Partheien bedürfen keiner Anwälde."

Dieses Gesetz findet aber keine Anwendung auf Processe des Staats, worin vom Eigenthum die Rede ist. Hier gelten andere Vorschriften.

Durch das Gesetz vom 19. Nivose Jahres IV. waren die Regierungs-Commissarien bei den Verwaltungen angewiesen, das Interesse des Staats vor Gericht zu vertheidigen, so oft der Grund eines Rechts (le fond de droit) zwischen dem Staat und einer oder mehreren Privatpersonen streitig war. Diese Verpflichtung ist auf die Präfecten und späterhin auf die königlichen Regierungen übergegangen.

Um eine Einförmigkeit in der Ausführung dieses Gesetzes zu bewirken, bestimmte der Directorial-Beschluß vom 10. Thermidor Jahres IV., daß in allen Sachen, worin der Staat Parthei ist, und welche vor die Gerichte gebracht werden, die Regierungs-Commissarien bei den Verwaltungen, jenen, welche bei den Gerichten fungirten, Denkschriften zuschicken sollen, worin die Vertheidigungsmittel des Staates enthalten seien; daß die letztern diese Denkschriften in der Audienz ablesen können, daß sie aber in jedem Falle die Mittel vortragen, und die Anträge machen sollen, welche die Natur der Sache zu fordern scheine.

Wenn auch schon das Gesetz vom 27. Ventose Jahres VIII. die Anwälde wieder hergestellt, und ihnen das ausschließliche Recht zu postuliren und Conclusionen zu nehmen, gegeben hat; so wurde dennoch in jenem Verfahren nichts abgeändert.

Die Motive der früheren Verordnung wegen der Processe der Domainen, welche hauptsächlich ein Ersparniß der Kosten, und die Handhabung der Würde des Staats durch eine zweckmäßige Vertheidigung von Seiten eigener hierzu berufener Staatsbeamten bezweckte, blieben fortbestehen, was sich auch deutlich aus einem Consularbeschluß vom 7. Messidor Jahres IX. ergiebt, wodurch die Regierungs-Commissarien besonders angewiesen wurden, sich dem Beschlusse vom **10.** Thermidor Jahres **IV.** zu confirmiren.

Geschah es demohnerachtet, daß irgend ein Tribunal diesem Grundsatze zuwider von dem Staat die Bestellung eines Anwalds forderte, so machte der Pariser Cassationshof es sich immer zur Pflicht, vernichtend einzuschreiten und jenen Grundsatz wieder herzustellen.

Aber nur hierauf allein, beschränkte sich die Abweichung von den gewöhnlichen Regeln; die öffentliche Vertheidigung in der Audienz, das mündliche Verfahren war hier nicht ausgeschlossen. Es war dieses im Gegentheil förmlich beibehalten worden; denn die Denkschriften, welche die Verwaltungs-Behörde dem öffentlichen Ministerium bei den Gerichten zuschickt, werden den Partheien nicht nothwendig zugestellt, und von diesen auch nicht schriftlich beantwortet; das öffentliche Ministerium kann sie in der Audienz ablesen, allein es muß auf jeden Fall daselbst die Vertheidigungsmittel vortragen, und Anträge nehmen, folglich mündlich; denn sonst würde der Directorial-Beschluß sich ganz uneigentlich ausgedrückt haben, wo er sagt: „ils pourront lire à l'audience les mémoires, qui leur auront été adresser et soit, qu'ils les lisent ou non, ils proposeront tels moyens, et prendront telles conclusions que la nature de l'affaire leur paroîtra devoir exiger."

Es kann hier die Rede nicht davon sein, ob es nicht zweckmäßiger scheinen möge, in dergleichen Fällen ein vollständiges schriftliches Verfahren einzuführen. Genug, daß nach dem jetzigen Stand der Gesetzgebung die mündliche Vertheidigung zulässig ist, um sich von der Nichtanwendbarkeit des Gesetzes vom 27. Ventose Jahres **IX.** zu überzeugen, welches ausdrücklich verordnet: „que l'instruction se fera par simples mémoires respectivement signifiés, sans plaidoirie", und folglich das mündliche Verfahren unbedingt verbietet und völlig ausschließt.

Auch das Staatsraths-Gutachten vom **11.** Mai **1807**, worauf sich in dem ersten Schreiben des hohen Finanz-Ministerii bezogen wird, kann die Behauptung nicht unterstützen, daß in Domainensachen ein ganz besonderes Verfahren eintreten müsse; denn wenn es in jenem Gutachten heißt: „que par l'art. 1041. du Code de procédure civile l'on n'a entendu porter aucune atteinte aux formes de procéder, soit dans les affaires de l'Enregistrement et des Domaines, soit en toute autre matière, pour laquelle il auroit été fait, par une loi spéciale exception, aux lois générales", so unterstellet dieses ja ausdrückliche gesetzliche Bestimmungen, wodurch dergleichen Sachen den Regeln der gewöhnlichen Procedur entzogen werden. Die besonderen für jede Materie eingeführten Abweichungen sollen auch forthin bestehen, allein nicht auf alle ohne Unterschied angewendet werden. So bleibt denn das Gesetz vom Ventose Jahres **IX.** die ausschließliche Norm des Verfahrens für alle Perceptionssachen. In Eigenthums-Processen aber findet keine andere Modification statt, als die aus dem Beschlusse vom Thermidor Jahres **IV.** hervorgeht und bloß allein auf die Vertheidigung des Domainen-Fiscus Bezug hat.

In allem Uebrigen bleiben die letztern den gewöhnlichen Formen unterworfen, und so wie das Verfahren daher in der Regel ein mündliches sein muß, wenn nicht ein anderes nach Maaßgabe des Art. 95. der Proceß-Ordnung verordnet wird, so bleibt die Bestellung eines Anwalds von Seiten der Privatparthei, zufolge des Art. 94. des Gesetzes vom 27. Ventose Jahres **VIII.** eine nothwendige Bedingniß, um einen Antrag in der Sache machen zu dürfen; ja! eine Vorladung, welche die Bestellung eines Anwalds nicht enthielte, würde in Gemäßheit des Art. 61. als nichtig angefochten, und erklärt werden können.

Es handelt sich hier nicht so viel von dem Rechte der Anwälde, als von den Pflichten und dem Rechte der Partheien. Jene können nicht verlangen, für den Staat aufzutreten, allein diese können sich nicht dispensiren, sich des Ministerii eines Anwalds zu bedienen. Auf der einen Seite steht der Staat, der gesetzlich von der besondern Constitution eines Avoué befreit ist, auf der andern Seite eine Privat-Person, hinsichtlich welcher diese Verbindlichkeit nicht aufgehoben ist. Es ist also auch nicht genug, zugeben zu wollen, daß der Gegner des Staats sich eines Anwalds als Mandatars bedienen dürfe, denn was durch ein allgemeines nicht ausdrücklich für diesen besondern Fall aufgehobenes Gesetz geboten ist, kann nicht als bloß facultativ angesehen werden.

Sehr natürlich war es, daß man bei den völlig summarischen Processen über bloße Perceptionen von Gebühren und Rechten, die Dazwischenkunft von Anwälden überhaupt für entbehrlich hielt. Allein höchst unbillig wäre es, wenn in wichtigeren Angelegenheiten, wo das Eigenthum und oft das ganze Vermögen eines Privaten auf dem Spiele steht, dieser des Beistands eines Anwalds entbehren müßte, während dem Staat ein solcher Beistand in der Person des Beamten des öffentlichen Ministeriums zugesichert ist.

Der Gesetzgeber, welcher die Verrichtungen der Anwälde in den gewöhnlichen Rechtsverhältnissen für nothwendig hielt, konnte unmöglich die Absicht haben, die Bürger des Staats dem von Amtswegen vertheidigten Staate gegenüber völlig bloß zu stellen.

Tritt nun hier nicht das bloße Verhältniß eines Mandatars zu seinem Mandanten, sondern das eines öffentlichen Beamten gegen denjenigen ein, dem das Gesetz befiehlt, einen solchen zu adhibiren, so ist es auch eine nothwendige gesetzliche Folge hiervon, daß die tarifsmäßige Entschädigung dieses Beamten von dem unterliegenden Theil ersetzet werde.

Von Seiten eines hohen Finanz-Ministerii wird sich noch auf das Beispiel des Verfahrens vor den Handels- und Friedensgerichten bezogen, bei welchen Anwälde (avoués) öfter auftreten, ohne in dieser Eigenschaft auf die tarifmäßigen Sätze einen Anspruch zu haben. Dieses Beispiel scheint mir aber hier ohne Anwendung; denn, da der Art. 94. des Gesetzes vom 27. Ventose Jahres VIII. verfügt, que les avoués auront exclusivement le droit de postuler, et de prendre des conclusions dans le Tribunal pour lequel ils seront établis; da bei den Friedensgerichten keine Anwälde, als solche, auftreten können, weil der Art. 9. des Procedurgesetzes hier nur die Parthei selbst, oder ihren Bevollmächtigten zuläßt, und da der Art. 414. dieses nämlichen Gesetzbuches will, daß bei den Handelsgerichten keine Anwälde fungiren sollen, „que la procedure se fait sans le ministère d'avoué", so folgt von selbst, daß sie hier auch keine Kostentaxe verlangen können, und eben so deutlich ergiebt sich daher der Unterschied zwischen diesen Sachen, und jenen, die vor diesem Gerichte gebracht werden, bei welchen Anwälde wirklich angestellt sind, und in allen Fällen und für alle Personen auftreten müssen, die nicht durch ein ausdrückliches Gesetz ausgenommen sind.

Ganz mit Recht wird übrigens auch in dem Bericht des General-Procurators bei dem Appellationsgerichtshofe zu Cöln behauptet, daß der von dem hiesigen Cassationshofe entschiedene Fall in Sachen Fiscus gegen N. die jetzige Frage nicht umfasse; denn damals handelte es sich nur von der Befugniß des Fiscus, in einer Peremtionssache ohne Anwald aufzutreten, was nicht mehr bestritten wird, nicht aber von der gleichmäßigen Befreiung der Privatpersonen in dieser Hinsicht, die in keinem Gesetz begründet ist.

Könnte nach allem diesem noch ein Zweifel übrig bleiben, ob die Bestellung von Avoués bei Streitigkeiten, die das Eigenthum des Staats betreffen, zulässig sei, so müßten solche vor der Betrachtung verschwinden, daß selbst der General-Director der Domainen in einer Instruction vom

25. October 1812 die Nothwendigkeit hierzu anerkannt hat, indem er erklärte: „qu'à cet égard, on doit observer toutes les formes de l'ordre judiciaire."

Euer Excellenz beehre ich mich die mir geneigtest mitgetheilten Acten ganz gehorsamst zu remittiren.

Berlin, den 5. Januar 1825.

Der General-Procurator bei dem königlichen Revisions- und Cassationshofe
Eichhorn.

An
des königlichen Geheimen Staats- und Justiz-Ministers Herrn von Kircheisen Excellenz.

## 686.

Gerichtsstand derjenigen Militairpersonen, welche nicht Offiziere, Unteroffiziere und Soldaten sind, in Criminal- und Injurien-Sachen.

Mit Beziehung auf die Circular-Verfügung vom 28. Januar c.

wegen des Militair-Gerichtsstandes derjenigen Militair-Personen in Criminal- und Injurien-Sachen, welche nicht Offiziere, Unteroffiziere und Soldaten sind,

erhält die königliche General-Procuratur die desfalls an das Kammergericht heute erlassene Verfügung abschriftlich, um die darin enthaltene nachträgliche Bestimmung den Ober-Procuratoren ebenfalls zur Nachachtung bekannt zu machen.

Berlin, den 14. März 1825.

Nach Ableben des Justiz-Ministers.
Im Allerhöchsten Auftrage:
v. Diederichs.

An
die königliche General-Procuratur zu Cöln.

---

Mit Beziehung auf die Circular-Verfügung vom 28. Januar c.

wegen des Militair-Gerichtsstandes derjenigen Militair-Personen in Criminal- und Injurien-Sachen, welche nicht Offiziere, Unteroffiziere und Soldaten sind,

erhält der königl. Appellationsgerichtshof die desfalls an das Kammergericht heute erlassene Verfügung abschriftlich, um sich darnach ebenfalls zu achten. Berlin, den 14. März 1825.

Nach Ableben des Justiz-Ministers.
Im Allerhöchsten Auftrage:
v. Diederichs.

An
den königlichen Appellationsgerichtshof, Abtheilung für ostrheinische Sachen, zu Cöln.

a.

Zu denjenigen Militairpersonen, welche nach der Circular-Verfügung vom 28. Januar c. den Militair-Gerichtsstand in Criminal- und Injuriensachen beibehalten haben, gehören auch

die Zeugschreiber, Zeugdiener und Zeughaus-Büchsenmacher, sowohl in Festungen als in offenen Städten.

Diese nachträgliche Bestimmung hat das königliche Kammergericht in vorkommenden Fällen in Anwendung zu bringen. Berlin, den 14. März 1825.

Nach Ableben des Justiz-Ministers.
Im Allerhöchsten Auftrage:
v. Diederichs.

An
das königliche Kammergericht ꝛc.

## 687.

Anschaffung der Bekleidungsstücke für die zur Einstellung bei der Strafsection verurtheilten beurlaubten Landwehrmänner.

Die königliche General-Procuratur erhält hierbei Abschrift des Schreibens der Regierung zu Aachen vom 22. v. M. wegen der für den Landwehr-Sträfling N. zu zahlenden Bekleidungskosten, ingleichen deren Anlage.

Es hat nun zwar kein Bedenken, daß die durch die Anschaffung der Behufs der Ablieferung der zur Einstellung bei der Strafsection verurtheilten beurlaubten Landwehrmänner erforderlichen Kleidungsstücke entstehenden Kosten auf den Criminalfonds angewiesen werden, und es würde dieser Anweisung eigentlich nicht bedürfen, da die gedachten Bekleidungskosten zu den aus dem Criminalfonds zu berichtigenden Strafvollstreckungskosten gehören.

Das Justiz-Ministerium findet sich jedoch durch den Inhalt des Schreibens des Ober-Procurators am Landgerichte zu Aachen an die Regierung vom 16. Februar d. J. zu der Bemerkung veranlaßt, daß die darin specificirten Kleidungsstücke nur alsdann angeschafft und mit dem Sträfling abgeliefert werden müssen, wenn derselbe damit nicht schon ganz oder zum Theil versehen ist. In jedem einzelnen Falle bedarf es mithin einer näheren Ausmittelung der in dem Besitz der Verurtheilten schon befindlichen Kleidungsstücke und ihrer Beschaffenheit, um beurtheilen zu können, ob es noch auf einen weitern deshalb zu machenden Kostenaufwand ankommt. Hiernach haben Sie den Ober-Procurator zu Aachen für den vorliegenden Fall und die übrigen Procuratoren für ähnliche Fälle zu instruiren. Berlin, den 18. März 1825.

Das Justiz-Ministerium.

An den königl. Herrn General-Procurator zu Cöln.

Vermöge Allerhöchsten Auftrags: v. Diederichs.

## 688.

### Gerichtliche Medicinal-Beamten können keine Reisekosten bei Entfernungen von einer Viertelstunde und keine Diäten für Geschäfte liquidiren, wozu nicht mehr als ein halber Tag verwendet ist.

Auf Ihren Bericht vom 24. v. M. wird Ihnen eröffnet, daß in der Voraussetzung, daß das Grundstück, in welchem die Untersuchung der Verwundung des Müllerknechts N. vorgenommen worden, nicht über eine Viertelmeile von N. entfernt liegt, von den gerichtlichen Medicinal-Beamten keine Reisekosten liquidirt werden können. Diäten finden aber auch bei einer weiteren Entfernung nicht statt, insofern auf das Geschäft mit Einschluß der Zeit, welche erforderlich gewesen, um sich zu dem Orte hin und von demselben zurück zu begeben, nicht mehr als einen halben Tag zu verwenden, nöthig gewesen ist.

Hiernach sind die Liquidationen der Medicinal-Beamten in N., welche die Verwundung des N. untersucht haben, festzusetzen und es erfolgen dieserhalb die Original-Anlagen des Berichts hierneben zurück.

Berlin, den 18. März 1825. Das Justiz-Ministerium.

An den königl. Herrn General-Procurator zu Cöln.

Vermöge Allerhöchsten Auftrags: v. Diederichs.

## 689.

### Vollstreckung der von auswärtigen Universitäten gegen Studirende verhängten Disciplinarstrafe.

Der in dem Berichte vom 5. vorigen Monats,

in Betreff der von dem großherzoglichen badenschen Universitäts-Amte zu Heidelberg bei dem Landgerichte zu Cleve, nach der hier zurückgehenden Anlage, nachgesuchten Vollstreckung einer gegen den Studenten N. erkannten dreitägigen Karzerstrafe,

gemachte Antrag:

dem N. das betreffende Requisitions-Schreiben bekannt

zu machen und ihm zu überlassen, sich der erwähnten Karzerstrafe freiwillig zu unterwerfen,

ist ganz unangemessen und kann nicht genehmiget werden.

Dagegen wird Ihnen in Uebereinstimmung mit den königlichen Ministerien der geistlichen und Unterrichts- und der auswärtigen Angelegenheiten eröffnet, daß bei den Verhältnissen, in denen die deutschen Universitäten zu einander stehen, dergleichen auf bloße Disciplinarstrafen gerichtete Erkenntnisse auf Requisition der competenten auswärtigen akademischen Behörde, ohne nochmalige Prüfung von Seiten der requirirten inländischen Gerichts-Behörde ohne Bedenken zu vollstrecken sind, und also im vorliegenden Falle die dem N. zuerkannte Karzerstrafe im Civilgefängnisse zu Cleve von demselben abgebüßt werden soll.

Hiernach haben Sie das weiter Erforderliche zu veranlassen. In der an das Universitäts-Amt zu Heidelberg zu richtenden Antwort wird darauf zu deuten sein: daß unsere Regierung bei ähnlichen Fällen auf die dortseitige Erwiederung in Absicht der Genügung solcher Requisitionen mit Zuversicht rechnet.

Berlin, den 23. März 1825. Das Justiz-Ministerium.

An Vermöge Allerhöchsten Auftrags:

den königl. Herrn General-Procurator v. Diederichs.

zu Cöln.

## 690.

### Festsetzung der Geldentschädigung für Schreibmaterialien und Schreibutensilien.

In Gefolge der an das königliche Staats-Ministerium am 31. August pr. ergangenen Allerhöchsten Kabinets-Ordre und der Bestimmung des §. 17. der Instruction der königlichen Ober-Rechnungskammer vom 18. December ej. a., ist die Verfassung, nach welcher an die Präsidenten, Directoren, Räthe und Assessoren der Landes-Justiz-Collegien, Schreib-Materialien, Scheeren, Roth- und Bleistifte, Siegellack, Oblaten, Federmesser, Calender, Bindfaden ꝛc. verabfolgt wurden, aufgehoben, und statt derselben eine jährliche Entschädigung festgesetzt worden. Demgemäß sollen nach einer Uebereinkunft mit der königlichen General-Controlle, statt der Naturallieferung von Schreib-Materialien, jährlich erhalten:

1) bei dem königlichen Appellations-Gerichtshofe in Cöln:

a) der Herr Chef-Präsident und der Herr General-Procurator, jeder . . . 15 thlr.
b) die Herrn Senats-Präsidenten und General-Advocaten, jeder . . . 12 thlr.
c) die Herren Räthe und Procuratoren, jeder . . . . . . . 10 thlr.

2) bei den Landgerichten:
a) die Herren Präsidenten und Ober-Procuratoren, jeder . . . . 10 thlr.
b) die Herren Räthe und Procuratoren *), jeder . . . . . . . 8 thlr.

Sie, Herr General-Procurator, haben dafür zu sorgen, daß diese Einrichtung, welche vom 1. Januar c. an in Wirksamkeit tritt, durchgeführt werde.

Berlin, den 25. März 1825.

Das Justiz-Ministerium.

An den königl. Herrn General-Procurator zu Cöln.

Vermöge Allerhöchsten Auftrages: v. Diederichs.

## 691.

Verpflichtung der Beurlaubten, Kriegsreservisten und Landwehrmänner, die Uniform vorschriftsmäßig zu tragen und in derselben den Offizieren die Honneurs zu erweisen.

In der Anlage erhalten Sie, Herr General-Procurator, 12 Exemplare der Circular-Verfügung vom heutigen Tage,

betreffend die den Beurlaubten und Kriegsreserve-Soldaten, auch Landwehrmännern obliegende Verpflichtung, die Uniform vorschriftsmäßig zu tragen und in derselben den Offizieren die ihnen gebührenden Honneurs zu erweisen,

um solche den königlichen Ober-Procuratoren mitzutheilen.

Berlin, den 2. April 1825.

Das Justiz-Ministerium.

An den königl. Herrn General-Procurator zu Cöln.

Vermöge Allerhöchsten Auftrages: v. Diederichs.

---

*) In einer unterm 21. November 1825 ergangenen Verfügung heißt es: „Was die Assessoren anbetrifft, so sind sie in Rücksicht des Aversional-Quantums, welches sie zu erhalten haben, den Räthen des Collegii, bei dem sie fungiren, gleich zu stellen.

a.

Des Königs Majestät haben auf die Anzeige, daß Beurlaubte und Kriegsreserve-Soldaten, auch Landwehrmänner die Uniform nicht immer nach der Vorschrift trügen, oder, wenn sie darin erschienen, es unterließen, Offizieren die ihnen gebührenden Honneurs zu erweisen, durch die an das königliche Kriegsministerium erlassene Allerhöchste Kabinets-Ordre vom 28. Februar d. J. zu befehlen geruhet, daß den obgedachten Mannschaften bei ihrer Entlassung die ihnen in jener Beziehung obliegende Verpflichtung, von den Truppen-Commandeuren mit der Warnung bekannt gemacht werden soll, wie sie sich im Unterlassungsfall einer dienstlichen Rüge, und nach den Umständen selbst einer Bestrafung aussetzen würden. Nach der hierbei geäußerten Willensmeinung Sr. Majestät, erfolgt sowohl wegen dieser Unterlassung, als auch in dem Falle, wenn der Landwehrmann oder Soldat der Kriegsreserve sich einer offenbaren Widersetzlichkeit gegen den ihm begegnenden Offizier schuldig macht, von Seiten der Militairbehörde eine förmliche Untersuchung und Bestrafung. Auch soll dem Offizier unbenommen bleiben, allenfalls den Landwehrmann oder Soldaten der Kriegsreserve sofort zu verhaften, wenn ihm dies nach seiner pflichtmäßigen Ueberzeugung zur Verhütung weiterer Excesse nothwendig scheint.

Das königliche ꝛc. wird von diesen Allerhöchsten Bestimmungen mit der Nachricht in Kenntniß gesetzt, daß deshalb eine Bekanntmachung in dem Amtsblatt von Seiten der Regierung erfolgen wird, auf welche die Untergerichte zu verweisen sind. Berlin, den 2. April 1825.

Das Justiz-Ministerium.

Circulare an sämmtliche königliche Ober-Landesgerichte.

Vermöge Allerhöchsten Auftrags: v. Diederichs.

## 692.

### Gebühren und Reisekosten der Gerichtsvollzieher.

Seine Majestät der König haben durch den Befehl vom 5. d. Mts. die in der Verordnung des ehemaligen bergischen General-Gouvernements vom 17. December 1813 über die Reisekosten der Gerichts-Vollzieher enthaltene Bestimmung Allerhöchst aufzuheben und anderweit festzusetzen geruhet, daß den Gerichts-Vollziehern in allen Straf-Justiz-Sachen, wo sie in Auftrag oder auf Anweisung des öffentlichen Ministeriums oder einer Gerichtsbehörde fungiren, und ihre Gebühren gesetzlich aus dem Criminal-Justizkosten-Fonds erhalten, keine Reisekosten, und für Amtshandlungen innerhalb ihres Friedensgerichtsbezirks, nur die Hälfte des, nach den gegenwärtigen Sportelsätzen zu berechnenden Betrages der übrigen Gebühren, aus dem Criminal-Justizkosten-Fonds gezahlt, die andere Hälfte aber und die Reisekosten nur dann bewilligt werden sollen, wenn die Einziehung von den Verurtheilten geschehen ist.

Sie haben diese Bestimmung durch die Amtsblätter zur öffentlichen Kenntniß bringen zu lassen, auch sich selbst danach zu achten und die übrigen rheinischen Justizbehörden darauf zu verweisen.

Die Allerhöchst anbefohlene Bestimmung soll übrigens in Absicht aller Amtsverrichtungen, welche die Gerichtsvollzieher vom 1. Mai d. J. vornehmen, in Anwendung kommen.

Da ferner die Einrichtung mit den besoldeten Criminal-Gerichts-Vollziehern lediglich zum Zweck der Ersparung versuchsweise getroffen worden ist, dieser Zweck aber nunmehr durch die Allerhöchst getroffene Bestimmung auf andere Weise erreicht wird, so versteht es sich von selbst, daß diese Einrichtung nunmehr wegfällt. Die besoldeten Criminalgerichts-Vollzieher sollen dagegen als gewöhnliche Gerichtsvollzieher einrangiren. Die Ausführung dieser Maaßregel wird Ihnen übertragen und haben Sie über die Erledigung dieses Auftrags zu berichten. Berlin, den 8. April 1825.

Der Justiz-Minister.
Vermöge Allerhöchsten Auftrags:
v. Diederichs.

An
den königlichen General-Procurator
Herrn Ruppenthal zu Cöln.

a.

Da es nach den Vorschlägen Meiner Commission zur Untersuchung der Lage der Finanzen und des Staatshaushalts unumgänglich nothwendig ist, eine Ersparung bei den rheinischen Criminalkosten eintreten zu lassen, auch die Billigkeit es erfordert, die Gerichtsvollzieher in den Landestheilen des ehemaligen bergischen General-Gouvernements mit den übrigen gleich zu stellen, so setze Ich auf den Bericht des verstorbenen Justiz-Ministers v. Kircheisen vom 11ten März c. mit Aufhebung der in der Verordnung dieses General-Gouvernements vom 17. December 1813 über die Reisekosten der Gerichtsvollzieher enthaltenen Bestimmung, hierdurch fest: daß den Gerichtsvollziehern in allen Straf-Justizsachen, wo sie in Auftrag oder auf Anweisung des öffentlichen Ministeriums oder einer Gerichtsbehörde fungiren, und ihre Gebühren gesetzlich aus dem Criminal-Justizkosten-

Fonds erhalten, keine Reisekosten, und für Amtshandlungen innerhalb ihres Friedensgerichtsbezirks, nur die Hälfte des, nach den gegenwärtigen Sportelsätzen zu berechnenden Betrages der übrigen Gebühren, aus dem Criminal-Justizkosten-Fonds gezahlt, die andere Hälfte aber und die Reisekosten nur dann bewilligt werden sollen, wenn die Einziehung von den Verurtheilten geschehen ist. Auch beauftrage Ich das Justiz-Ministerium, die erforderliche Verfügung zu treffen, daß nur in dringend nothwendigen Fällen die Gerichtsvollzieher in Straf-Justizsachen Aufträge außerhalb ihres Friedensgerichtsbezirks erhalten. Berlin, den 5. April 1825.

An das Justiz-Ministerium.

Friedrich Wilhelm.

## 693.

**Anwendung der Gouvernements-Verordnung des Nieder- und Mittelrheins vom 13. October 1814 bei Concurrenz mehrerer nicht einzeln, jedoch zusammen den Werth von 20 Franken erreichenden Diebstähle.**

Die mittelst Berichts vom 21. v. Mts. eingesandten Acten in Untersuchungs-Sachen wider die N. gehen hierneben mit dem Bemerken zurück, daß das Justiz-Ministerium der Ansicht der königlichen General-Procuratur nicht beipflichten kann, sondern dafür hält, daß die General-Gouvernements-Verordnung vom 13. October 1814 auch für die Fälle der Concurrenz mehrerer, zwar nicht einzeln aber doch zusammen den Werth von 20 Franken erreichenden Diebstähle anwendbar ist. Bei diesem Umstande findet das Justiz-Ministerium keine Veranlassung, die Cassation des ergangenen Urtheils durch die General-Procuratur des rheinischen Revisions- und Cassationshofes in Antrag bringen zu lassen.

Berlin, den 8. April 1825.

Das Justiz-Ministerium.

Vermöge Allerhöchsten Auftrags:
v. Diederichs.

An den königlichen Herrn General-Procurator zu Cöln.

## 694.

**Gesetz über die den Grundbesitz betreffenden Rechtsverhältnisse und über die Realberechtigungen in den Landestheilen, welche zu dem ehemaligen Großherzogthum Berg eine Zeit lang gehört haben. Vom 21. April 1825.**

(Gesetz-Samml. de 1825 fol. 94. Stück 9. No. 939.)

## 695.

### Verfahren gegen die öffentlicher Unzucht nachgehenden Weibspersonen.

Indem Ihnen, Herr General-Procurator, Abschrift des Schreibens des königlichen Ministerii des Innern vom 7. dieses Monats,

das Verfahren gegen die öffentlicher Unzucht nachgehenden Weibspersonen in den Rheinprovinzen betreffend,

so wie der Verfügung desselben Ministerii an die Regierung zu N. vom nämlichen dato und des Antwortschreibens des Präsidenten und Ober-Procurators des dasigen Landgerichts vom 2. v. Mts. mitgetheilt werden, wird Ihnen eröffnet, daß das Justiz-Ministerium im Einverständnisse mit dem königlichen Ministerium des Innern die Competenz der Gerichte hinsichtlich der in dem dortigen Strafgesetzbuche Sect. 4. Tit. 2. Kap. 1. Art. 330 seq. characterisirten Vergehungen durch die Allerhöchste Kabinets-Ordre vom 15. Januar c. für unabgeändert erachtet und daß die Bekanntmachung der letztern durch die Gesetzsammlung keinen Zweifel wider ihre Anwendbarkeit von Seiten irgend einer Behörde zuläßt. Sie haben hiernach die Ober-Procuratoren bei den Landgerichten anzuweisen, im Falle besonderer Bedenken jedoch zu berichten.

Berlin, den 25. April 1825. Das Justiz-Ministerium.

An Vermöge Allerhöchsten Auftrags:
den königlichen General-Procurator v. Diederichs.
Herrn Ruppenthal zu Cöln.

### a.

Der Präsident und ber Ober-Procurator des Landgerichts zu N. sind, wie die dortige Regierung unterm 16ten v. Mts. einberichtet hat, der Meinung, daß durch die von Seiner Majestät dem Könige unterm 15. Januar d. J. an den Herrn Staats-Minister Freiherrn v. Altenstein und an mich erlassene, im zweiten Stück der diesjährigen Gesetzsammlung abgedruckte Allerhöchste Kabinets-Ordre, wegen des den Polizeibehörden in den Rheinprovinzen obliegenden Verfahrens gegen die, öffentlicher Unzucht nachgehenden Weibspersonen, in dieser Beziehung die Competenz der dortigen Gerichte nicht abgeändert worden sei. Ich habe heute die gedachte Regierung über diese irrthümliche Ansicht beschieden, und beehre mich dem königlichen Hochlöblichen Justiz-Ministerium hierneben den von derselben erstatteten Bericht nebst den Beilagen, so wie die darauf von mir erlassene Verfügung, mit dem ganz ergebensten Ersuchen in Abschrift mitzutheilen, zur Beseitigung aller ferneren Weiterungen wegen des in der obenerwähnten Allerhöchsten Kabinets-Ordre vorgeschriebenen Verfahrens gefälligst sowohl das Landgericht in N., als auch die übrigen Justizbehörden in den Rheinprovinzen mit der erforderlichen Anweisung versehen zu wollen.

Berlin, den 7. April 1825. v. Schuckmann.

An
das königliche Hochlöbliche Justiz-Ministerium.

## b.

Ich habe aus dem Berichte der königlichen Regierung vom 16. v. Mts. und dessen Beilagen ersehen, daß dieselbe nöthig gefunden, wegen der von mir unterm 20. Januar d. J. auf den Grund einer Allerhöchsten Kabinets-Ordre vom 15. desselben Monats, in Betreff der Bestrafung der in öffentlicher Unzucht betroffenen oder derselben nachgehenden Weibspersonen, erlassenen Verfügung mit dem Präsidenten und dem Ober-Procurator des dortigen Landgerichts in Communication zu treten, und daß diese die Gerichte noch zur Einschreitung in solchen Straffällen verpflichtet halten.

Da in der obgedachten Allerhöchsten Kabinets-Ordre lediglich von dem gegen lüderliche Weibspersonen statt findenden Strafverfahren die Rede ist, so ergiebt sich von selbst, daß der von dem Präsidenten und dem Ober-Procurator des dortigen Landgerichts angeführte Art. 330. und die folgenden des Strafgesetzbuchs überall nicht hierher gehören und ganz unberührt bleiben.

Der Einwand, daß dem Landgericht die in Rede stehende Allerhöchste Bestimmung nicht durch das königliche Justiz-Ministerium bekannt gemacht worden sei, erledigt sich auf das vollständigste dadurch, daß die Allerhöchste Kabinets-Ordre vom 15. Januar d. J. in die Gesetzsammlung aufgenommen und durch dieselbe in vim legis promulgirt worden, die Gerichtshöfe aber ein für allemal angewiesen sind, den in der Gesetzsammlung enthaltenen Vorschriften unerwartlich weiterer Verfügungen schuldige Folge zu leisten. Schon der Umstand, daß die mehrerwähnte Allerhöchste Verfügung überall nicht an das königliche Justiz-Ministerium, sondern an das königliche Ministerium der geistlichen, Unterrichts- und Medicinal-Angelegenheiten und an das Ministerium des Innern und der Polizei erlassen worden, hätte jeden Zweifel darüber beseitigen müssen, daß Seine Majestät diese Strafgewalt der administrativen Polizei übertragen haben. Noch mehr ergiebt sich dies aber aus dem unverkennbaren Inhalt der Allerhöchsten Kabinets-Ordre, indem

1) hiernach die in den älteren Provinzen in Beziehung auf das Strafverfahren bestehenden Vorschriften auch zur Norm für die Rheinprovinzen dienen sollen, nach denselben aber die Strafgewalt zu den Attributionen der administrativen Polizei gehört;
2) unter dem Ausdruck: „Polizeibehörden" keinesweges die correctionellen Gerichtshöfe, sondern die administrativen Polizeibehörden verstanden sind und endlich
3) Seine Majestät befohlen haben, daß diese Behörden „von dem Polizei-Minister" zu dem in Rede stehenden Verfahren authorisirt werden sollten, welches nicht allein hinreichend beweißt, welcher Gattung der Polizei diese Attributen beigelegt worden, sondern auch, daß die Competenz der gerichtlichen Polizeibehörden, bevor sie von dem Polizei-Minister jene Authorisation erhalten, die ihnen nicht ertheilt worden und nicht hat ertheilt werden können, überall nicht begründet und vorhanden ist.

Da der Bericht, auf welchen Seine Majestät die mehrmals angeführte Bestimmung erlassen haben, von dem Ministerium des Innern und der Polizei in Gemeinschaft mit dem Ministerium der geistlichen, Unterrichts- und Medicinal-Angelegenheiten erstattet worden ist; so wird der königlichen Regierung zu allem Ueberflusse eröffnet: daß darin lediglich von der administrativen Polizei die Rede gewesen ist und hat sein können.

Die königliche Regierung hat übrigens, da die Ausführung der von Seiner Majestät erlassenen Befehle nicht verzögert werden darf, nunmehr ungesäumt in Gemäßheit der Allerhöchsten Kabinets-Ordre vom 15. Januar d. J. und meiner durch dieselbe veranlaßten Verfügung vom 20. desselben Monats zu verfahren und hiernach die Polizeibehörden ihres Bezirks zu instruiren. Berlin, den 7. April 1825.

Der Minister des Innern und der Polizei
v. Schuckmann.

An
die königliche Regierung zu N.

## 696.

### Verfahren bei Beschlagnahme der Gehälter der Civilbeamten zur Bezahlung von Gerichtskosten.

Das Kammergericht hat in dem Bericht vom 10. v. M. welchen Sie nebst seiner Anlage anbei abschriftlich erhalten, sich darüber beschwert, daß der Ober-Procurator N. zu N. die von dem Grenzaufseher Lieutenant N. restirenden Kosten zur Kammergerichts-Salarien-Casse einziehen zu lassen verweigert, indem er nach den dort geltenden Gesetzen nicht dazu befugt zu sein glaubt.

Die Bekanntmachung der vormaligen Immediat-Justiz-Commission vom 5. März 1819, so wie das Ministerial-Rescript vom 6. Januar 1821 gründen sich auf das Conclusum des königlichen Staats-Ministerii vom 29. November 1818, welches in dem Rescript dieser Behörde an die Regierung zu Cöln vom nemlichen dato ausgesprochen ist, wonach

> bei Beschlagnahme der Besoldungen dortiger Regierungs-Beamten nicht die französischen Verordnungen, sondern nur die preußischen zur Anwendung kommen können.

Hiernach ist es unbedenklich daß die §. 160 bis 170 des Anhangs zur Allgemeinen Gerichts-Ordnung, desgleichen die spätern hierauf sich beziehenden Gesetze auch in den Rheinprovinzen zur Anwendung kommen, so wie denn im vorliegenden Fall auch der §. 169. Platz greift. Demzufolge haben Sie das Erforderliche an den rc. N. zu verfügen.

Berlin, den 9. Mai 1825.

Das Justiz-Ministerium.

An den königl. General-Procurator Herrn Ruppenthal zu Cöln.

In Abwesenheit des Herrn Chefs Excellenz: v. Diederichs.

## 697.

### Die Schulzucht betreffend.

Damit im ganzen Umfange der Monarchie die Schulzucht mit Erfolg gehandhabt und nirgend der Schulbesuch vernachlässiget werde; setze Ich, auf den Antrag des Staats-Ministerii, auch für diejenigen Landestheile, in welche das Allgemeine Landrecht bisher nicht eingeführt ist, in Uebereinstimmung mit den Vorschriften desselben, hierdurch fest:

1) Eltern, oder deren gesetzliche Vertreter, welche nicht nachweisen können, daß sie für den nöthigen Unterricht der Kinder in ihrem Hause sorgen, sollen erforderlichen Falls durch Zwangsmittel und Strafen angehalten werden, jedes Kind, nach zurückgelegtem fünften Jahre, zur Schule zu schicken;

2) der regelmäßige Besuch der Lehrstunden in der Schule muß so lange fortgesetzt werden, bis das Kind, nach dem Befunde seines Seelsorgers, die

einem jeden vernünftigen Menschen seines Standes nothwendigen Kenntnisse erworben hat;

3) nur unter Genehmigung der Obrigkeit und des geistlichen Schulvorstehers, kann ein Kind länger von der Schule zurückgehalten, oder der Schulunterricht desselben, wegen vorkommender Hindernisse, auf einige Zeit ausgesetzt werden;

4) die Schulzucht darf niemals bis zu Mißhandlungen ausgedehnt werden, die der Gesundheit des Kindes auch nur auf entfernte Art schädlich werden können;

5) Züchtigungen, welche in diesen der Schulzucht gesetzten Schranken verbleiben, sollen gegen die Lehrer nicht als strafbare Mißhandlungen oder Injurien behandelt werden;

6) wird das Maaß der Züchtigung, ohne wirkliche Verletzung des Kindes, überschritten, so soll dieses von der, dem Schulwesen vorgesetzten, Provinzial-Behörde durch angemessene Disziplinarstrafen an dem Lehrer geahndet werden. Wenn dagegen dem Kinde, durch den Mißbrauch des Züchtigungsrechts, eine wirkliche Verletzung zugefügt wird, soll der Lehrer nach den bestehenden Gesetzen, im gerichtlichen Wege, bestraft werden.

Ich trage dem Staatsministerio auf, diese Bestimmungen durch die Gesetzsammlung zur öffentlichen Kenntniß zu bringen. Berlin, den 14. Mai 1825.

An das Staatsministerium.

Friedrich Wilhelm.

## 698.

### Fortgenuß von Gnadengehältern und Wartegeldern solcher Invaliden, welche eine Civilstelle erhalten.

In Folge der Allerhöchsten Kabinets-Ordre vom 7ten October 1820,

betreffend den Fortgenuß von Gnadengehältern und Wartegeldern Seitens solcher Invaliden, vom Feldwebel und Wachtmeister ab, welche ein dauerndes oder vorübergehendes dienstliches Einkommen erlangen,

worauf sich das durch von Kamptz Jahrbücher bekannt gemachte Schreiben des königlichen Departements für die Invaliden vom 15. October 1807 — Band 16. pag. 15 — bezieht, hat das königliche Staatsministerium folgende Grundsätze aufgestellt:

1) Invaliden vom Feldwebel und Wachtmeister ab, welche eine Civilstelle im Staats- und Communal-dienste, definitiv, interimistisch, versuchsweise oder auf Kündigung erhalten, verlieren ihr Militair-Wartegeld oder Gnadengehalt, sobald ihr Einkommen aus der Stelle den doppelten Betrag dieses Wartegelds oder Gnadengehalts erreicht. Es ist dabei ganz gleich, ob das Einkommen unter dem Namen von Gehalt, Tantieme oder Remuneration u. s. w. gewährt wird, sofern es nur aus Königlichen oder Communal-Cassen wenigstens monatlich erfolgt; doch bleiben bei Berechnung des Einkommens alle diejenigen Ausgaben außer Ansatz, welche etwa für nothwendige Dienstbedürfnisse aus der Stelle bestritten werden müssen.

2) Ganz dasselbe findet Anwendung, wenn der Invalide, ohne in eine Stelle zu treten, bloß vorübergehend beschäftigt wird und für seine Arbeiten eine bestimmte, monatlich zahlbare Vergütung erhält, welche den doppelten Betrag seines Militair-Wartegeldes oder Gnadengehalts erreicht oder übersteigt.

3) Dagegen bleibt der Invalide in unverkürztem Genusse seines Militair-Wartegeldes oder Gnadengehalts, wenn er um Lohn arbeitet und nach Arbeitsstücken oder nach einzelnen Tagen und Stunden bezahlt wird.

Diese Grundsätze werden dem königlichen Appellations-Gerichtshofe zur Berücksichtigung mit der Anweisung bekannt gemacht, in den Fällen, wo Invaliden bei demselben beschäftigt werden, welche hiernach das Wartegeld verlieren, dem königlichen Militair-Oeconomie-Departement (Abtheilung für das Invalidenwesen) Nachricht davon zu ertheilen.

Berlin, den 28. Mai 1825. Der Justiz-Minister
An Graf v. Danckelmann.
den königlichen rheinischen Appellations-Gerichtshof zu Cöln.

## 699.

**Competenz der Militairgerichte zur Erhebung des corporis delicti in Fällen, wo Militairpersonen gewaltsam ums Leben gekommen sind.**

Beigehend erhalten Sie Abschrift des in Verfolg des Berichts der königlichen General-Procuratur vom 29. März dieses Jahres, die Competenz der Militairgerichte zur Erhebung des corporis delicti in Fällen, wo Militairpersonen gewaltsam ums Leben gekommen sind, betreffend,

an das königliche General-Auditoriat unter dem 2. d. Mts. erlassenen Schreibens und des Rückschreibens vom 20. des laufenden Monats, um hiernach das weiter Erforderliche zu veranlassen. Berlin, den 30. Mai 1825.

An den königlichen General-Procurator Herrn Ruppenthal zu Cöln.

Der Justiz-Minister Graf v. Danckelmann.

a.

Einem königlichen Hochlöblichen General-Auditoriat beehrt sich das Justiz-Ministerium, den Bericht der General-Procuratur zu Cöln vom 29. März c.,

die Competenz der Militairgerichte zur Erhebung des corporis delicti in Fällen, wo Militairpersonen gewaltsam ums Leben gekommen sind, betreffend,

in Urschrift unter Bitte der Rücksendung ergebenst mitzutheilen. Es wird kein Bedenken haben, den für die gedachten Fälle bei Gelegenheit einer Differenz zwischen dem Gericht der ersten Division des Grenadier-Corps einer Seits und der Criminal-Deputation des hiesigen Stadtgerichts andererseits im Jahre 1820 aufgestellten Grundsatz, nach welchem die Obduction des Leichnams einer Militairperson nur im Falle eines Selbstmordes vor das Militairgericht, sonst aber vor die Civilgerichte gehört, auch in den Rheinprovinzen zur Anwendung zu bringen. Hiernach hat die Obduction des Leichnams des im Berichte erwähnten Gefreiten N. dem Militairgericht gebührt, wobei es auf den Umstand, daß derselbe außerhalb der Kaserne gefunden worden, nicht ankommen dürfte. Hierdurch kann jedoch in den Bestimmungen der Art. 81. und 82. des in den Rheinprovinzen geltenden Civilgesetzbuchs nichts abgeändert werden, und es ist nur nöthig, daß die Militairbehörde von einer solchen bevorstehenden Obduction der Civilbehörde Nachricht ertheile, damit diese den ihr in Rücksicht auf die Civilstandsregister auferlegten Pflichten ein Genüge leisten könne. Ein königlich Hochlöbliches General-Auditoriat wird, im Falle des gehofften Einverständnisses ergebenst ersucht, hiernach das Erforderliche an das königliche Commando der 16ten Division zu Trier zu verfügen und das Justiz-Ministerium davon gefälligst in Kenntniß zu setzen, um den General-Procurator in Cöln demgemäß bescheiden zu können.

Berlin, den 2. Mai 1825.

An Das Justiz-Ministerium.

ein königliches Hochlöbliches General-Auditoriat.

b.

Ew. Excellenz und ein königliches Hochlöbliches Justiz-Ministerium ermangeln wir nicht in Erwiederung des geehrten Schreibens vom 2. Mai c. unter Wiederbeifügung der Anlage desselben ganz ergebenst zu benachrichtigen, daß wir das königliche Commando der sechszehnten Division unter Mittheilung des gedachten Schreibens heute ersucht haben, nach der darin enthaltenen Meinung, welcher wir völlig beitreten, bei künftigen Obductionen sich entleibter Militairpersonen zu verfahren, damit die Civilbehörden den ihnen in Rücksicht auf die Civilstandsregister auferlegten Pflichten ein Genüge leisten können. Berlin, den 20. Mai 1825.

Königl. preuß. General-Auditoriat.

An

ein königliches Hochlöbliches Justiz-Ministerium.

## 700.

### Gebühren der Gerichtsvollzieher.

Die Ausführung der auf einem Allerhöchsten Befehle beruhenden Verfügung Sr. Excellenz des Herrn Justiz-Ministers vom 8. April c., betreffend die Gebühren der Gerichtsvollzieher in Strafsachen, hat, wie sich aus den Berichten der Herren Ober-Procuratoren und der Correspondence mit den königlichen Regierungen ergiebt, Schwierigkeiten gefunden, welche kaum ohne unverhältnißmäßige Belästigung und Benachtheiligung der resp. Beamten zu beseitigen sind, und mich bestimmen, den Gegenstand nochmals Sr. Excellenz berichtlich vorzutragen. Da es indessen, selbst in der Unterstellung, daß auf diesem Wege eine Abhülfe erlangt werden kann, nothwendig erscheint, den Allerhöchsten Willen für jetzt auf eine gleichförmige, mindest beschwerliche und nachtheilige Weise auszuführen, so ersuche ich Sie, Herr Ober-Procurator, folgende Vorschriften den Gerichtsvollziehern und Gerichtsschreibern Ihres Amtsbezirks zu einstweiliger Befolgung bekannt zu machen, resp. mit der königlichen Regierung darüber eine Vereinigung zu treffen:

1) Die Gerichtsvollzieher trennen bei der Liquidation

der Gebühren unter jedem Act die definitiven und eventuellen Gebühren.

2) In gleicher Weise trennen sie solche in den Quartaletats, es erfolgt aber nach wie vor die Festsetzung des Ganzen, damit auch der eventuelle Betrag ratione quanti feststehe.

3) Es kann nachgegeben werden, daß die Gerichtsvollzieher ohne Rücksicht auf andere gleichzeitig in Civilsachen oder mehreren Untersuchungen abgemachten Geschäfte, für die, in jeder einzelnen Untersuchung gemachte Reise, den vollen Betrag der Reisekosten auswerfen, und zur Erstattung liquidiren, weil theils der Verurtheilte, von welchem allein die Zahlung gefordert werden kann, keinen besondern Anspruch auf die Fürsorge des Staats in Betreff der Kosten hat, theils aber, wie die Erfahrung beweiset, die bei weitem größere Hälfte derselben nicht wieder eingezogen werden kann, und dadurch eine Repartition an sich zerfällt, mindestens nicht, ohne die Comptabilität ganz unverhältnißmäßig und bloß im Interesse des Verurtheilten zu erschweren, ferner durchzuführen ist.

4) Die Gerichtsschreiber werden bei den der königlichen Regierung zuzufertigenden Erkenntnißauszügen die Berechnung der einzuziehenden Kosten ebenfalls trennen, und den einem jeden Gerichtsvollzieher zukommenden eventuellen Betrag einzeln mit Benennung des Berechtigten auswerfen.

(Sollte die königliche Regierung, wie z. B. zu Coblenz geschehen, darauf Gewicht legen, daß der solchergestalt getrennte Gebührenbetrag auf den Verzeichnissen, welche gleichzeitig mit den Urtheilsauszügen Behufs der Kosteneinziehung und Geldstrafen gefordert und ertheilt wurden, vermerkt werde, so ist dabei nichts zu erinnern, und bedarf es alsdann keines nochmaligen Vermerks auf dem Urtheile.)

5) Die Zahlung der solchergestalt in quanto bereits feststehenden eventuellen Beträge kann füglich, wie auch von den königlichen Regierungen zu Coblenz und Düsseldorf offerirt worden, von den, mit der Einziehung beauftragten Erhebern unmittelbar an die Gerichtsvollzieher geschehen, eine Controlle dieses Theils der Erhebung mag zwar Schwierigkeiten haben, und gehört jedenfalls zum Ressort der könig-

lichen Regierung selbst, indessen ist diesen doch der Vorschlag zu machen, daß die Erheber unter Androhung zweckmäßiger Disciplinarstrafen und Feststellung der eigenen Verantwortlichkeit und Entschädigungspflicht angewiesen werden, für die eventuellen Gebühren ein Separatconto anzulegen, in dieses jede einzuziehende Post, mit Bemerkung des Gerichtsvollziehers, der solche zu empfangen hat, einzutragen, demnächst auch den wirklichen Eingang sofort zu notiren, und dieses Conto, wenn es verlangt wird, den Gerichtsvollziehern zur Einsicht offen zu legen. Der Abschluß könnte alsdann von Quartal zu Quartal mit den einzelnen Gerichtsvollziehern erfolgen, deren eigene Sache es ist, durch Aufmerksamkeit, und bei etwa sich ergebendem Verdacht durch Einsicht des Registers, resp. der Acten den richtigen Eingang der ihnen bleibenden Einnahme zu controlliren.

6) Da bei dieser Einrichtung der Erheber nur einen unbedeutenden und bei Ausführung des Allerhöchsten Willens für ihn in gleicher Weise wie für die Gerichtsschreiber unvermeidlichen Zuwachs von Arbeit erhält, so ist die von einigen königlichen Regierungen gemachte Forderung einer Tantieme für den Erheber auf das bestimmteste abzulehnen. Eine solche Forderung rechtfertigt sich um so weniger, als früher dem Gerichtsvollzieher vom Ganzen kein solcher Abzug gemacht werden durfte, den er nun von dem Reste der Gebühren, deren Verminderung der Staatscasse allein zu gut kommt, dulden soll.

7) Es ist auch die Frage zur Sprache gekommen, wie es bei theilweiser Einziehung der Kosten zu halten und ob den eventuellen Gebühren des Gerichtsvollziehers ein Vorzug vor denjenigen Kosten, welche zur Casse fließen, zu bewilligen sei. Die Verfügung ist indessen hierüber klar, der Staat will die zweite Hälfte und die Reisekosten nur bewilligen, wenn der Verurtheilte zahlungsfähig ist; als zahlungsfähig aber ist er erst zu betrachten, nach Deckung der baaren Auslagen, und als solche stellen sich die Vorschüsse der Staatscasse dar. Wird dagegen mehr eingezogen, als dieser Vorschuß, so versteht es sich von selbst, daß dazu die betheiligten Gerichtsvollzieher verhältnißmäßig concurriren.

8) Was endlich die Einziehung der Kosten von auswärtigen Debenten anbetrifft, so wird, insofern solche auf Requisitionen der Erheber des Bezirks erfolgt, das eben Gesagte darauf ebenfalls ohne Weiteres anwendbar sein, dagegen dürfte bei dem, was für auswärtige Gerichtsvollzieher eingeht, insofern es ihnen nicht auswärts a Conto gestellt werden kann, ein Quartalabschluß nicht ausführbar sein, und es würde nur die unmittelbare Sendung offen bleiben, für welche, damit der geringe Vortheil nicht ganz verschwinde, die Portofreiheit in Anspruch zu nehmen ist. Cöln, den 21. Juni 1825.

An sämmtliche Herren Ober-Procuratoren.

Der General-Procurator Ruppenthal.

## 701.

### Anschaffung der Jahrbücher bei den Gerichten.

In der abschriftlichen Anlage erhalten Sie, Herr General-Procurator, zur weitern Veranlassung die, zum Abdruck in den v. Kamptz'schen Jahrbüchern bestimmte Circular-Verfügung vom heutigen Tage,

die Erhebung des Gold-Antheils gegen $13\frac{1}{3}$ pr. Ct. Agio, von neuen Gehalten und Gehaltszulagen rc. betreffend.

Da beim Justiz-Ministerium die Einrichtung besteht, daß Verfügungen, welche die Administration der Geschäfte betreffen, durch die Jahrbücher bekannt gemacht werden, so haben Sie dafür zu sorgen, daß das Appellationsgericht und die Landgerichte zum Gebrauch für die Procuratur aus den Bureau-Fonds, diese Jahrbücher halten, um sich von den administrativen, auch die rheinischen Gerichte interessirenden Verfügungen in Kenntniß zu setzen.

Berlin, den 24. Juni 1825.

An den königlichen Herrn General-Procurator zu Cöln.

Der Justiz-Minister Graf v. Danckelmann.

## 702.

### Die Ausstoßung beurlaubter Landwehrmänner und Kriegs-Reservisten aus dem Soldatenstande ist immer mit den in den Kriegsartikeln enthaltenen gesetzlichen Folgen verbunden.

In mehreren zur Allerhöchsten Bestätigung gelangten Fällen, wo gegen beurlaubte Landwehrmänner und zur Kriegs-

Reserve entlassene Soldaten auf Ausstoßung aus dem Soldatenstande mit den in den Kriegsartikeln ausgedrückten gesetzlichen Folgen der Unfähigkeit zum Erwerb des Bürgerrechts oder Grund-Eigenthums in erster Instanz von den Civil-Gerichten erkannt war, ist diese Bestimmung auf die weitere Vertheidigung in Ausstoßung ohne die genannten Folgen gemildert worden.

In Gefolge Allerhöchsten Befehls wird das königliche rc. darauf aufmerksam gemacht, daß ein solcher Unterschied zwischen der Ausstoßung aus dem Soldatenstande mit und ohne jene Folgen nicht im Sinne der Gesetze liegt, und soll daher die Ausstoßung, wo sie nach den Kriegsartikeln zu erkennen ist, allemal mit den genannten gesetzlichen Folgen begleitet sein, wonach sich das königliche rc. zu richten hat.

Berlin, den 15. Juli 1825. Der Justiz-Minister
Graf v. Danckelmann.

Circulare
an die königl. Oberlandesgerichte
und den General-Procurator
zu Cöln.

## 703.

### Die Mennoniten sind von der Uebernahme des Amts eines Geschwornen entbunden.

Beigehend erhalten Sie, Herr General-Procurator, das Immediat-Gesuch des Mennoniten N. vom 29. v. M. in Urschrift, und Abschrift der Allerhöchsten Kabinets-Ordre vom 9. d. M., um nach dem Inhalte derselben sowohl wegen Niederschlagung der gegen den N. erkannten Geldbuße, als auch zur Ausführung des Allerhöchsten Befehls, nach welchem die Mennoniten mit der Uebernahme des Amts eines Geschwornen zu verschonen sind, das Erforderliche zu veranlassen, insbesondere die Allerhöchste Kabinets-Ordre zur Kenntniß des königlichen Appellations-Gerichtshofes zu bringen, damit sich die Assisen-Präsidenten hiernach richten.

Das königliche Ministerium des Innern ist heute zugleich ersucht worden, die Regierungs-Präsidenten in den Rheinprovinzen dahin anzuweisen, daß sie keine Mennoniten auf die Geschwornen-Liste bringen.

Berlin, den 18. Juli 1825. Der Justiz-Minister
Graf v. Danckelmann.

An
den königlichen General-Procurator
Herrn Ruppenthal zu Cöln.

a.

Sie empfangen hiebei das Gesuch eines Mennoniten N. zu N., nach welchem derselbe in eine Geldbuße von 500 Franken verurtheilt ist, weil er den Eid der Geschwornen bei den Assisen, nach der Glaubenslehre der Mennoniten nicht hat leisten können. Ich finde dies auffallend; denn wenn auch Niemand sich dem temporairen Amte eines Geschwornen entziehen darf, so versteht sich doch von selbst, daß Niemand dazu gewählt werden kann, der zu einer im Staate geduldeten Secte gehört, die nach ihrer Glaubenslehre keine Eidesleistung gestattet. Ich will daher die gegen den ꝛc. N. erkannte Strafe nicht nur niederschlagen, sondern Ihnen auch die in diesem Sinne an die Gerichts-Behörden in den westlichen Provinzen zu erlassende Verfügung, nach welcher die Mennoniten mit der Uebernahme des Amts eines Geschwornen zu verschonen sind, anheim geben.

Teplitz, den 9. Juli 1825. Friedrich Wilhelm.

An
den Staats- und Justiz-Minister
Grafen v. Danckelmann.

## 704.

Ueber den Personenstand der in der geheimen Abtheilung der Gebähr-Anstalt zu Cöln gebornen Kinder.

Auf Ihren Bericht vom 21. April dieses Jahres über den Personenstand der in der geheimen Abtheilung der dortigen Gebähr-Anstalt gebornen Kinder ist das Gutachten des hiesigen rheinischen Revisions- und Cassationshofes erfordert worden, und nach demselben trete ich der Ansicht dieses Gerichtshofes bei, daß der §. 24. der Verordnung des Medicinal-Collegiums zu Cöln vom 17. Juli 1818 der bestehenden Gesetzgebung über die Personenstandes-Register nicht zuwider ist. Es kommt vielmehr alles bloß darauf an, ob die Geburts-Declarationen der in der geheimen Abtheilung der Gebähr-Anstalt Gebornen, von denjenigen, welchen diese Declaration vom Gesetz zur Pflicht gemacht war, gehörig verfolgt und die Geburts-Acten hiernach gesetzlich geführt worden sind? Daß aber hierbei die gesetzlichen Vorschriften nicht beobachtet worden, haben Sie selbst, Herr General-Procurator, nicht behauptet. Sollte dennoch in dergleichen Fällen das Gesetz nicht beobachtet sein, so erwarte ich hierüber specielle Anzeige. Es ist jedoch zu berücksichtigen, daß der Art. 58. des bürgerlichen Gesetzbuchs die

Bestimmungen über die Geburts-Acten der Findlinge enthält, und daß auch der Art. 323. l. c. insbesondere von dem Fall handelt, wenn das Kind als von unbekannten Eltern geboren, in die Register aufgezeichnet worden ist.

Die Motive zur Gesetzgebung über die Geburts-Urkunden ergeben insbesondere,

daß man absichtlich, um dem Kindermord vorzubeugen, den Personenstands-Beamten nicht das Recht gegeben hat, Nachsuchungen von Amtswegen darüber zu halten, ob die Namen der Eltern richtig angegeben sind?

Selbst wenn der Vater des unehelichen Kindes, indem er dessen Geburt anzeigt, den Namen der Mutter verschweigt, kann er eben so wenig als diese gezwungen werden, ihn anzugeben, wenn sie es nicht freiwillig thut.

Ginge dies Alles nicht aus der Tendenz und dem Zusammenhange der Gesetzgebung, so wie aus den Verhandlungen hervor, so würde es durch die von dem Staats-Rath gut geheißenen, den Civilstands-Beamten mitgetheilten Formularien für die Geburtsacte über jeden Zweifel erheben.

Aus allen diesen Gründen finde ich mich nicht bewogen, Ihrem Antrage:

mittelst Rücksprache mit dem königlichen Ministerium der geistlichen, Unterrichts- und Medicinal-Angelegenheiten die unbedingte Aufhebung des §. 24. der Verordnung vom 17. Juli 1818 zu erwirken oder Sie zu ermächtigen, ohne Rücksicht auf diese ganz ungesetzliche Bestimmung nach den Gesetzen zu verfahren, und amtlich einzuschreiten,

nachzugeben.

Berlin, den 25. Juli 1825. Der Justiz-Minister
Graf v. Dankelmann.

An
den königlichen General-Procurator
Herrn Ruppenthal zu Cöln.

## a.

### Verordnung vom 17. Juli 1818.

§. 24. Von den heimlich Schwangeren braucht keine bei ihrer Aufnahme ihren Namen zu sagen. In das über dieselben zu führende Register wird bloß die laufende Nummer und der Tag der Aufnahme eingetragen. Jedoch muß jede bei ihrem Eintritt ihren wahren Vor- und Zunamen und ihren Wohnort in einen von ihr selbst zu versiegelnden, auf der Außenseite mit der Nummer des entsprechenden Zimmers bezeichneten, von ihr selbst aufzubewahrenden Zettel schreiben, damit der Inspector, bei etwa erfolgendem Tod im Institut, ihren Verwandten ein Zeugniß darüber ausstellen kann. Ist der Ausgang glücklich, so behält sie den Zettel uneröffnet.

## 705.

Die Pensions-Abzüge müssen bei Beschlagnahme der Gehälter der Beamten berücksichtiget werden.

Der königlichen Regierung wird auf die Anfrage im Berichte vom 30. März d. J.

in welcher Art die Abzüge zum Pensions-Fonds bei den mit Arrest belegten Gehältern der Staats-Beamten zu berücksichtigen sind?

eröffnet:

daß in Gemäßheit eines Beschlusses des königl. Staats-Ministeriums vom 13. d. M. Gehalt, von welchem der gesetzliche Theil mit Arrest zu belegen ist, nur nach Abrechnung des vorschriftsmäßigen Beitrages zum Pensions-Fonds berechnet, mithin bei einem Gehalte

| | |
|---|---|
| von . . . . . . . . | 1000 thlr. |
| nach Abzug des Beitrags zum Pensions-Fonds à . . . . . . . . | 15 thlr. |
| das wirkliche dem Arrestschlage unterworfene Gehalt nur auf . . . . . . | 985 thlr. |
| angenommen werden kann, wovon . . | 400 thlr |
| frei bleiben, und die Hälfte der übrigen . | 585 thlr |

zur Befriedigung des Gläubigers zu verwenden ist.

Berlin, den 29. Juli 1825.

Der Justiz-Minister
Graf v. Danckelmann.

Der Finanz-Minister
v. Motz.

An
die königliche Regierung
zu Trier.

## 706.

Verordnung wegen des zu den Notariats-Urkunden zu adhibirenden Stempels.

Auf Ihren Bericht vom 18. Mai dieses Jahres,

in Betreff der Stempel zu den Notariats-Urkunden,

erhalten Sie, Herr General-Procurator, die dieserhalb unter dem heutigen dato abgefaßte Verordnung, um solche durch die rheinischen Amtsblätter zur Kenntniß der Notarien bringen zu lassen.

Gegen den von dem königl. Finanz-Ministerium im Schreiben vom 25. April c. gemachten Antrag,

daß den Notarien zur Pflicht gemacht werde, binnen acht Wochen bei Vermeidung der gesetzlichen Stempelstrafen, die bisher nicht verbrauchten Stempel unfehlbar zu ihren Notariats-Verhandlungen herbei zu schaffen,

haben Sie zwar in Ihrem Berichte vom 18. Mai mehrere Bedenken erhoben, ich kann jedoch solche nicht theilen.

Da Sie selbst einräumen, daß, da das Original nur in den Händen des Notars bleibt, es um das Stempel-Interesse zu sichern durchaus nothwendig ist, darauf zu halten, daß der Werthstempel zu dem Original (minute) verwandt werde, und daß es hierzu einer Declaration des Gesetzgebers nicht bedarf, so sind Sie offenbar der Meinung, daß diese Bestimmung schon in dem Gesetze liegt, welche Meinung ohne Zweifel richtig ist, so wie auch das Erkenntniß des hiesigen rheinischen Revisions- und Cassationshofes vom 9. März c. gegen den Notar N. diesen Grundsatz angenommen hat.

Unter dieser Voraussetzung ist aber das Verlangen des königlichen Finanz-Ministerii gesetzlich, daß wenigstens in solchen Fällen, wo der Werthstempel noch nicht zu einer Ausfertigung verbraucht worden, den Notarien zur Pflicht zu machen sei, binnen 8 Wochen die bisher nicht verbrauchten Stempel bei Vermeidung der gesetzlichen Stempelstrafen zu den Notariats-Verhandlungen herbeizuschaffen. Auch der Billigkeit ist dadurch genügt, daß noch eine Frist zur Herbeischaffung des Stempels bewilliget wird, und daß die Ausnahme für den Fall, da die Stempel zu einer Ausfertigung verbraucht worden, beigefügt ist.

Falls Sie von der Richtigkeit dieser Ansicht überzeugt sind, haben Sie hiernach die Notarien anzuweisen und wie dies geschehen, einzuberichten, eventualiter aber Ihre Gegen-Gründe anzuzeigen.

Berlin, den 1. August 1825. Der Justiz-Minister
Graf v. Danckelmann.

An
den königlichen General-Procurator
Herrn Ruppenthal zu Cöln.

a.

Da in den Rheinprovinzen nach der Publication des Stempelgesetzes vom 7. März 1822 darüber Bedenken entstanden sind, wie daselbst mit dem Verbrauch der Stempel zu den Notariats-Urkunden verfahren werden müsse, so wird in Uebereinstimmung mit dem königlichen Finanz-Ministerium Folgendes hiermit festgesetzt:

1) Bei allen Notariats-Acten ist der nach deren Inhalt nöthige Werthstempel zu dem Original (minute) zu verwenden; da in den Rheinprovinzen die minute als das Haupt-Exemplar zu betrachten ist, und der Vorschrift des §. 12. des Stempelgesetzes, wonach stempelpflichtige Verhandlungen in der Regel auf das erforderliche Stempel-Papier selbst geschrieben werden müssen, nach der rheinischen Gesetzgebung nur dadurch genügt werden kann, wenn der Stempel zu der minute verwendet wird.

2) Am Schlusse des Originals, desgleichen im Repertorium ist von dem Notar der verwendete Stempel zu vermerken.

Berlin, den 1. August 1825.

Der Justiz-Minister
Graf v. Danckelmann.

## 707.

### Anwendung des Diäten-Regulativs vom 28. Juni 1825. (Gesetz-Sammlung fol. 163.)

Der General-Advocat Baumeister hat in dem Berichte vom 4. März d. J. über die Anwendbarkeit des Diäten- und Reisekosten-Regulativs vom 28. Februar 1816 bei den rheinischen Gerichten angefragt. Diese Anfrage erledigt sich durch das neue Diäten-Regulativ vom 28. Juni d. J., welches vom 1. September d. J. an zur Anwendung kommt. Sofern Bedenken für einzelne Fälle bis dahin entstehen, so haben Sie, Herr General-Procurator, besonders anzufragen.

Berlin, den 1. August 1825. Der Justiz-Minister
Graf v. Danckelmann.

An
den königlichen General-Procurator
Herrn Ruppenthal zu Cöln.

## 708.

### Anzeige von jeder gegen einen Militairpflichtigeu eröffneten Untersuchung an den Kreis-Landrath.

Es ist dem Justiz-Minister angezeigt worden,

daß häufig militairpflichtige Individuen, während sie sich in einer Criminal-Untersuchung befinden, zum Dienste im stehenden Heere ausgehoben würden, weil die Aushebungs-Commission von dieser Untersuchung keine Kenntniß habe.

Sämmtliche königliche Ober-Justiz-Behörden und die

königliche General-Procuratur in Cöln werden daher hierdurch angewiesen, die Befolgung der Verfügung vom 17. September 1819, nach welcher von jeder gegen einen Militairpflichtigen eröffneten Untersuchung, der betreffende Kreis-Landrath in Kenntniß zu setzen, den ihnen untergeordneten Behörden in Erinnerung zu bringen.

Berlin, den 12. August 1825. Der Justiz-Minister
An Graf v. Danckelmann.
sämmtliche königliche Ober-Justiz-Behörden
und die königliche General-Procuratur
zu Cöln.

a.

Nach den bestehenden Vorschriften darf kein militairdienstpflichtiges Individuum, welches sich in Untersuchung befindet, eher eingestellt werden, als bis über dasselbe von Seiten der Civil-Gerichte erkannt und die Strafe in dem bürgerlichen Verhältnisse an demselben vollzogen worden. Ganz unzulässig ist ferner die Einstellung desjenigen, gegen den auf den Verlust des Rechts, die National-Cocarde zu tragen, erkannt worden ist. Damit nun diese Bestimmungen in allen Fällen zur Ausübung kommen mögen, werden die Gerichte hierdurch angewiesen, dem Landrathe des Kreises nicht allein von einer jeden Untersuchung, welche wider einen zum Kriegsdienste im stehenden Heere Verpflichteten eingeleitet worden, sondern auch von dem Ausfalle des Erkenntnisses Nachricht zu geben.

Das königliche Ober-Landesgericht hat hiernach zu verfahren, auch den Untergerichten seines Bezirks durch die Amtsblätter das Nöthige zu eröffnen.

Berlin, den 17. September 1819. Der Justiz-Minister
An v. Kircheisen.
das königliche Ober-Landesgericht zu Naumburg
und sämmtliche Landes-Justiz-Collegien.

## 709.

### Revision der Verhandlungen der Notarien.

Es wird Ihnen, Herr General-Procurator, bei Zurücksendung der Anlagen Ihres Berichts vom 28. v. M. in Betreff der Controllirung der Notarien eröffnet, daß ich bei der schon in der Verfügung vom 10. Januar 1823 ausgesprochenen Ansicht, welcher auch sämmtliche Ober-Procuratoren mit Ausnahme desjenigen zu Cleve beipflichten, verbleiben muß, daß eine Controlle der Notarien in der Beziehung, ob sie die mit Strafbestimmungen verpönten Vorschriften der Notariats-Ordnung befolgen, zweckmäßig ist.

Eine solche mit Beachtung der gehörigen Rücksichten angemessene veranstaltete Controlle ist weder schimpflich noch gefährlich, und es sind fast alle Staats-Behörden, auch die rheinischen Justiz-Behörden, Controllen unterworfen, wie denn die Ober-Procuratoren durch den General-Procurator, letzterer durch den Chef der Justiz controllirt werden.

Diese Controlle über die Notarien wird ohne besondere Kosten am zweckmäßigsten bei den jährlich durch die Ober-Procuratoren erfolgenden Visitations-Reisen geführt werden können, wo alsdann die Einsicht der Original-Verhandlungen in den Schreibstuben der Notarien vorgenommen werden kann. Daß die Notarien zu Vorlegung der Verhandlungen mit Ausnahme der Testamente und anderer Verfügungen auf den Todesfall an die Ober-Procuratoren wie früher an die Enregistrements-Empfänger, jetzt an die Stempel-Fiscale verpflichtet sind, darüber bin ich mit den Ober-Procuratoren zu Trier, Coblenz, Aachen und Düsseldorf einverstanden. Auch bei diesen Visitationen wird es nicht stets auf Einsicht und Revision sämmtlicher Verhandlungen ankommen, es bleibt vielmehr das Mehr oder Weniger nach den vorhandenen Umständen dem pflichtmäßigen Ermessen der Beamten des öffentlichen Ministerii überlassen, jedenfalls aber ist eine solche Visitation nicht auf eine Prüfung der Verhandlungen in Absicht einer Zweckmäßigkeit oder Rechtsgültigkeit zu erstrecken, sondern lediglich darauf zu beschränken,

ob ein Fall vorhanden ist, daß die Notarien in eine durch die Notariats-Ordnung vorgeschriebene Disciplinar-Rüge oder Strafe, oder durch die Strafgesetze verhängte Strafe verfallen sind?

Ungeachtet Sie ferner zu weit gehen, wenn Sie die Notarien in der gerichtlichen Hierarchie und in Beziehung auf ihre Qualification höher stellen als die Friedensrichter, so soll doch aus den übrigen von Ihnen und den Ober-Procuratoren angeführten Gründen von ordentlichen wiederkehrenden Revisionen der Notariats-Verhandlungen durch die Friedensrichter bei Gelegenheit der im Art. 45. vorgeschriebenen Registervorlegung abstrahirt werden. Vielmehr sollen die Ober-Procuratoren, insofern sie in einem oder andern Falle eine solche Revision der Notariats-Verhandlungen außer der Zeit ihrer gewöhnlichen Visitationen durch einen Friedensrichter für nöthig halten, demselben einen speciellen Auftrag für diesen Fall ertheilen.

Hiernach sind die Ober-Procuratoren anzuweisen.
Berlin, den 15. August 1825. Der Justiz-Minister
An Graf v. Danckelmann.
den königlichen General-Procurator
Herrn Ruppenthal zu Cöln.

## 710.

**Die Kinder gemischter Ehen sind in dem Glaubensbekenntniß des Vaters zu erziehen.**

In den Rheinprovinzen und in Westphalen dauert, wie Ich vernehme, der Mißbrauch fort, daß katholische Geistliche von Verlobten verschiedener Confession das Versprechen verlangen, die aus der Ehe zu erwartenden Kinder ohne Unterschied des Geschlechts, in der katholischen Religion zu erziehen, und darohne die Trauung nicht verrichten wollen. Ein solches Versprechen zu fordern, kann so wenig der katholischen, als im umgekehrten Falle der evangelischen Geistlichkeit, gestattet werden. In den östlichen Provinzen der Monarchie gilt das Gesetz, daß eheliche Kinder ohne Unterschied des Geschlechts in dem Glaubensbekenntniß des Vaters erzogen werden;

Declaration vom 21sten November 1803.

in diesen Theilen des Staats sind und werden ebenfalls gemischte Ehen geschlossen und von katholischen Geistlichen eingesegnet, und es waltet kein Grund ob, dasselbe Gesetz nicht auch in den westlichen Provinzen geltend zu machen. Demgemäß verordne Ich hiermit, daß die Declaration vom 21. November 1803 auch in den Rhein- und westphälischen Provinzen befolgt, und mit dieser Ordre in der Gesetzsammlung und in den Amtsblättern der betreffenden Regierungen abgedruckt werden soll. Die zeither von Verlobten dieserhalb eingegangenen Verpflichtungen sind als unverbindlich anzusehen.

Das Staats-Ministerium hat hiernach das Weitere zu verfügen. Berlin, den 17. August 1825.
An Friedrich Wilhelm.
das Staats-Ministerium.

### a.

Seine Königliche Majestät von Preußen haben in Erwägung gezogen, daß die Vorschriften des Allgemeinen Landrechts Th. 2. Tit. 2. §. 76., nach welchen bei Ehen zwischen Personen verschiedenen Glaubensbekenntnisses die Söhne in der Religion des Vaters, die Töchter aber in dem Glaubensbekenntnisse der Mutter bis nach zurückgelegtem 14ten Jahre unterrichtet werden sollen, nur dazu dienen, den Religions-Unterschied in den Familien zu verewigen, und dadurch Spaltungen zu erzeugen, die nicht selten die Einigkeit unter den Familiengliedern zum großen Nachtheile derselben untergraben. Höchstdieselben setzen aber hierdurch allgemein fest, daß eheliche Kinder jedesmal in der Religion des Vaters unterrichtet werden sollen, und daß zu Abweichungen von dieser gesetzlichen Vorschrift kein Ehegatte den andern durch Verträge verpflichten dürfe. Uebrigens verbleibt es auch noch fernerhin bei der Bestimmung des §. 78. a. a. O. des Landrechts, nach welcher Niemand ein Recht hat, den Eltern zu widersprechen, so lange selbige über den ihren Kindern zu ertheilenden Religions-Unterricht einig sind.

Seine Königliche Majestät befehlen sämmtlichen Landes-Justiz-Collegien und Gerichten, insbesondere den Consistorien und vormundschaftlichen Behörden, sich nach dieser Declaration gebührend zu achten, und soll selbige gedruckt und zur allgemeinen Kenntniß gebracht werden.

Berlin, den 21. November 1803.

Friedrich Wilhelm.

## 711.

### Beitreibung des Stempels nach Publication der Erkenntnisse in Civilsachen.

Auf den Bericht der königlichen General-Procuratur vom 30. vorigen Monats,

wegen Beitreibung der Stempel in Civil-Sachen für den Fall der nicht geforderten Expeditionen der ausgesprochenen Erkenntnisse,

ist zur Sicherstellung des Stempel-Interesses angetragenermaaßen resolvirt, die Gerichte in den Rheinprovinzen anzuweisen, bei Festsetzung des Stempels die 14tägige Frist zu dessen Beibringung sub praejudicio der verwirkten Stempelstrafe zu bestimmen und die auftretenden Advocaten und Anwälde, insofern sie den Stempel nicht vorschießen wollen, zu verpflichten, ihre Parthei unmittelbar nach dem Erkenntnisse von dem Betrage des Stempels sowohl, als von der Frist zur Beibringung und den Folgen des Verzugs in Kenntniß zu setzen, sub praejudicio des begründeten Regreß-Anspruchs für jeden Uebertretungsfall.

Demgemäß werden Sie authorisirt, die dieserhalb erforderliche Bekanntmachung und resp. Verfügung an die Gerichts-Behörden so wie an die Anwälde und Advocaten zu erlassen.

Berlin, den 19. August 1825. Der Justiz-Minister
An Graf v. Danckelmann.
den königl. ersten Herrn Appellationsgerichts-Präsidenten und den königl. Herrn General-Procurator zu Cöln.

## 712.

Wegen Insinuation diesseitiger Vorladungen an Steuer- und Zoll-Contravenienten im Auslande.

Ew. Excellenz beehrt sich das unterzeichnete Ministerium einen von dem königlichen General-Procurator Ruppenthal zu Cöln zur Beförderung im gesandtschaftlichen Wege eingereichten Appellact nebst Vorladung für das Handlungshaus N. zu Chemnitz in Sachsen in der Untersuchung wider dasselbe wegen Zolldefraudation anliegend mit dem ganz ergebensten Ersuchen zu übersenden, den General-Procurator in Gemäßheit der mit dem königl. Justiz-Ministerium unterm 16. Juni 1821 und 14. October 1822 getroffenen Verabredung wegen des bei Vorladungen in dergleichen Untersuchungssachen zu beobachtenden Verfahrens mit der erforderlichen Instruction gefälligst versehen zu wollen.

Berlin, den 27. August 1825.

Ministerium der auswärtigen Angelegenheiten.

An
den königlichen Staats- und Justiz-Minister Herrn Grafen v. Danckelmann.

---

Herr General-Procurator Ruppenthal erhält brevi manu sub transmissione der Anlage, Abschrift des gegenwärtigen Schreibens und dieser Verfügung, mit der Anweisung sowohl für den vorliegenden Fall, als in der Zukunft nach Vorschrift der Circular-Verordnung vom 23. Juni 1821 zu verfahren.

Berlin, den 4. September 1833.

Der Justiz-Minister
Graf v. Danckelmann.

a.

Da sich oft Fälle ereignen, wo Insinuationen diesseitiger Vorladungen an Steuer- und Zoll-Contravenienten, welche sich im Auslande aufhalten, von den fremden Regierungen verweigert werden, obgleich für die, die Denunciaten treffende Strafe eine eventuelle Caution von den letzteren gestellt worden ist, so wird, damit einerseits die diesfallsigen Vorschriften der Allgemeinen Gerichts-Ordnung Th. 1. Tit. 7. §. 11 seq. beobachtet, andererseits aber Collisionen mit dem Auslande möglichst vermieden werden, Folgendes im Einverständniß mit dem königlichen Ministerium der auswärtigen Angelegenheiten verordnet:

1) Wenn diesseitige Gerichte fremde Gerichts-Obrigkeiten um Insinuation einer Vorladung an einen im Auslande sich aufhaltenden Steuer- und Zoll-Contravenienten requiriren, so muß stets dieser Requisition zugefügt werden:

daß die Vollstreckung der Strafe durch Beschlagnahme eines Objects sicher gestellt sei, und daher die Vorladung allein im Interesse des Denunciaten geschehe, damit er nicht ungehört bleibe und in contumaciam wider ihn erkannt werde. Deshalb ersuche man das N. Gericht um seine Mitwirkung, daß die Vorladung ihm gehörig insinuirt, und er so von der wider ihn schwebenden Untersuchung unterrichtet werde.

2) Verweigert das requirirte Gericht die Insinuation oder giebt es gar keine Antwort, so ist nach Verlauf einer zu bestimmenden Frist, eine unmittelbare Citation über die Post an den Denunciaten zu wiederholen, und die bloße Bescheinigung der richtigen Abgabe auf der hiesigen Post, ohne ein Recipisse von dem Denunciaten weder zu fordern noch zu erwarten, zu veranlassen. Zugleich ist dem Denunciaten in der wiederholten Citation zu eröffnen:

Es sei bereits seine ordentliche gerichtliche Behörde ersucht, ihm die Citation zu insinuiren. Da dieselbe es aber verweigert habe, und er, um sich nicht einem Contumacial-Urtheil auszusetzen, wünschen möchte, vollständig gehört zu werden, so wolle man ihm hierzu noch Gelegenheit geben.

3) Wenn der Denunciat sich dennoch hiernächst nicht meldet, so ist alsdann die im §. 11. Theil 1. Tit. 7. der Allgemeinen Gerichts-Ordnung im vierten Absatz vorgeschriebene Citation durch die öffentlichen Blätter zu erlassen, ohne erst auf die Notarien oder auf die Postämter an den Orten, wo die Denunciaten wohnen, zu recurriren, indem eine Insinuation, die nach den Grundsätzen einer ausländischen Regierung überhaupt verweigert wird, weder den Notarien noch den Postämtern, welche als öffentliche Behörden von ihr abhängen, und in ihrem Sinne handeln müssen, angemuthet werden kann.

Hiernach haben sich sämmtliche Gerichts-Behörden zu achten. Berlin, den 23. Juni 1821.

Der Justiz-Minister
v. Kircheisen.

## 713.

### Zwangszahlung in Cassenanweisungen bei Gerichtskosten und Geldstrafen.

Die Regierung zu Trier hat unter dem 8. v. M. angefragt, in wie fern die §§. 6 und 7. der Kabinets-Ordre vom 21. December v. J. rücksichtlich der Zahlungen in Cassen-Anweisungen auf die in Straf-Justiz-Sachen zur Wiedereinziehung gelangenden Gerichtskosten und von den Gerichten erkannten Geldstrafen anwendbar seien. Es ist derselben hierauf mittelst der in Abschrift beigefügten Verfügung vom heutigen dato die darauf Bezug habende, hierneben ebenfalls abschriftlich beiliegende Circular-Verordnung an die Ober-Landesgerichte vom 8. pr. mitgetheilt worden. Indem Ihnen beide communicirt werden, erhalten Sie zugleich die Anweisung, die gedachte Verordnung vom 8. August c., insofern sie dort Anwendung findet, nöthigenfalls zu benutzen.

Berlin, den 5. September 1825. Der Justiz-Minister
Graf v. Danckelmann.

An
den königlichen General-Procurator
Herrn Ruppenthal zu Cöln.

### a.

Da die königliche Hochlöbliche Regierung in dem Schreiben vom 8. v. M. nähere Bestimmung darüber zu haben wünscht,

> in wie fern die §§. 6 und 7. der Allerhöchsten Kabinets-Ordre vom 21. December v. J. rücksichtlich der Zahlungen in Cassen-Anweisungen auf die in Straf-Justiz-Sachen zur Wiedereinziehung gelangenden Gerichtskosten und von den Gerichten erkannten Geldstrafen anwendbar seien?

so übersende ich derselben Abschrift der dieserhalb an die königlichen Ober-Landesgerichte am 8. pr. erlassenen Verfügung, um solche, insofern sie dort Anwendung findet, auch ihrerseits zu benutzen.

Berlin, den 5. September 1825.

Graf v. Danckelmann.

An
Eine königliche Hochlöbliche Regierung,
2te Abtheilung, zu Trier.

## b.

Durch die Allerhöchste Kabinets-Ordre vom 21. December 1824 ist §§. 6 und 7. verordnet, daß alle Zahlungen an Königliche Cassen, wenn sie die Summe von 2 thlr. Courant erreichen oder übersteigen, zur Hälfte in Cassen-Anweisungen geleistet werden sollen, und es ist für den Unterlassungsfall ein Straf-Agio von 2 Sgr. für den Thaler festgesetzt.

Die Anwendbarkeit dieser Verordnungen auf Zahlungen an die königlichen Salarien-Cassen der Gerichte ist in Zweifel gezogen. Zur Beseitigung derselben ist an des Königs Majestät Bericht erstattet und es ist hierauf durch die Allerhöchste Kabinets-Ordre vom 22. Januar c. festgesetzt, daß es nicht angehe, die gerichtlichen Salarien-Cassen von den durch die Verordnung vom 21. December v. J. vorgeschriebenen Zwangszahlungen in Cassen-Anweisungen zu befreien. Zugleich haben aber Seine Königliche Majestät zu bestimmen geruhet, daß, da Fälle eintreten könnten, wo die Ausführung der Zwangszahlung in Cassen-Anweisungen mit unverhältnißmäßiger Schwierigkeit verknüpft sein würde, der Justiz-Minister ermächtigt sein solle, die nach seinem Ermessen erforderlichen Ausnahmen zu bestimmen.

Dieser Allerhöchsten Bestimmung zufolge, hat das ꝛc. sowohl bei sich, als auch bei den ihm untergeordneten Gerichten die Salarien-Cassen-Beamten anzuweisen, sich bei Annahme der Zahlungen, nach der Verordnung vom 21. December v. J. zu achten, und in ihren Rechnungsbüchern einen Vermerk über die in Tresorscheinen erfolgten Hebungen zu machen, auch das etwa einzuziehende Straf-Agio besonders zu verrechnen.

Damit aber auch dieser Allerhöchste Befehl zur allgemeinen Kenntniß an alle Zahlungspflichtige gelangt, ist durch die Amtsblätter bekannt zu machen, daß die Bestimmungen der §§. 6 und 7. der Kabinets Ordre vom 21. December v. J. auch auf Zahlungen an die königlichen Gerichte Anwendung leide, und die Zwangszahlung in Cassen-Anweisungen in den hiernach geeigneten Fällen die Regel bleibe. Außerdem ist jeder Parthei, welche Kosten zu zahlen hat, bei Zufertigung der Rechnung zu eröffnen, wieviel bei Bezahlung der Rechnung in Cassen-Anweisungen zu berichtigen ist, auch müssen zur Verhütung von Strafen, Landleute, oder Leute gemeinen Standes, wenn sie Zahlungen offeriren, befragt werden, ob sie auch mit den erforderlichen Zahlungsmitteln versehen sind, und sie müssen, insofern sie nicht mit den nöthigen Cassen-Anweisungen versehen sind, belehrt werden, sich diese zuvor zu verschaffen, und ihnen zu deren Erwerb möglichst Unterstützung geleistet werden.

Bei den Schwierigkeiten, die dennoch bei der Ausführung dieser Maaßregel bleiben, bestimmt der Justiz-Minister, vermöge der ihm Allerhöchst ertheilten Ermächtigung, daß die Gerichte befugt sein sollen, Zahlungen ohne Cassen-Anweisungen und ohne Straf-Agio anzunehmen:

1) wenn Vorschüsse von den Partheien eingezahlt werden,

2) wenn die Kosten durch Execution beigetrieben, oder gleich bei Insinuation einer Verfügung vom insinuirenden Boten oder durch Postvorschuß eingezogen werden,

3) wenn die Zahlung aus einer Königlichen oder gerichtlichen Depositen-Casse erfolgt,

4) wenn die Geldsendung von einem Ausländer erfolgt oder durch die Post eingeht,

5) wenn die einzelnen Posten, aus welchen die Rechnung zusammengesetzt ist, nicht zwei Thaler betragen, und ist dies immer vorauszusetzen, sobald die ganze Rechnung nicht über zehn Thaler beträgt.

Diese nur zur Direction der Cassenbeamten bestimmten Ausnahmen bedürfen keiner allgemeinen Bekanntmachung.

Berlin, den 8. August 1825. Der Justiz-Minister
An Graf v. Danckelmann.
sämmtliche königliche Ober-Landesgerichte.

## 714.

Von Urlaubsertheilungen an Justiz-Beamten über 4 Wochen braucht wegen des Gehalts-Abzuges den Regierungen keine Anzeige gemacht zu werden.

Nach Ihrem Berichte vom 2. d. M. verlangt die Regierung zu N., daß die Ober-Procuratoren angewiesen werden sollen, von jedem Urlaub über 4 Wochen der Regierung Nachricht zu geben, damit diese in den Stand gesetzt werde, den gesetzlichen Gehaltsabzug zu machen. Ich pflichte Ihnen jedoch darin bei, Herr General-Procurator, daß zu einer solchen Anweisung kein Grund vorhanden ist. Es genügt, wenn in jedem einzelnen Falle, da einem Justiz-Beamten, nach der ausdrücklichen Bestimmung seiner vorgesetzten Dienstbehörde ein Theil seines Gehalts abgezogen werden soll, die Regierung hiervon in Kenntniß gesetzt wird.

Berlin, den 20. September 1825. Der Justiz-Minister
An Graf v. Danckelmann.
den königlichen General-Procurator
Herrn Ruppenthal zu Cöln.

## 715.

Die an das Justiz-Ministerium einzusendenden Untersuchungsacten müssen foliirt werden.

Seit einiger Zeit sind mehremale Untersuchungs-Acten eingesandt worden, welche nicht foliirt sind. Sie haben daher die Verfügung zu treffen, daß jedes Actenstück, welches an das Justiz-Ministerium eingesandt werden soll, zuvörderst foliirt werde.

Berlin, den 23. September 1825. Der Justiz-Minister
An Graf v. Danckelmann.
den königlichen General-Procurator
Herrn Ruppenthal zu Cöln.

## 716.

Berechnung der Strafzeit eines wegen Wahnsinns in der Irrenanstalt untergebrachten Verurtheilten und Bestreitung der Kosten für denselben.

Auf Ihren Bericht vom 10. Mai d. J. wird Ihnen zur Nachricht Abschrift der von den königlichen Ministerien der Justiz und des Innern an den königlichen Ober-Präsidenten Herrn Staats-Minister v. Ingersleben zu Coblenz unter dem 7. August c. erlassenen Verfügung, in Bezug auf den eintretenden Wahnsinn eines in den Rheinprovinzen Verurtheilten und im Gefängnisse detinirten Verbrechers, und dessen Einfluß in Hinsicht auf Strafzeit und Kosten, mitgetheilt.

Berlin, den 3. October 1825. Der Justiz-Minister
An Graf v. Danckelmann.
den königlichen General-Procurator
Herrn Ruppenthal zu Cöln.

### a.

Von der Regierung zu N. ist hier aus Veranlassung eines unterdessen beabsichtigten Specialfalles der Antrag gemacht worden, die Suspension der gegen einen Verurtheilten erkannten Gefängniß- oder Reclusions-Strafe in den

Rheinprovinzen für den Fall, wo derselbe wahnsinnig wird, eintreten zu lassen.

Im Allgemeinen würde nun aber das Princip, daß eine Strafe an einem Wahnsinnigen gar nicht fortgesetzt werden könne, und die Detention des letzteren, als solchen, auf die Strafe gar nicht anzurechnen sei, ein zu harter Grundsatz bei einem Krankheitszustande sein, der, weil er zu den unglücklichsten gehört, den damit Behafteten mit Recht zu einem Gegenstande des höchsten Mitleidens und schonender Berücksichtigung macht, und kann deshalb auch jener Antrag nicht statt finden. Nicht allein des dabei zur Sprache kommenden Kostenpunkts halber, sondern auch in allgemeinen Rücksichten finden die unterzeichneten Ministerien es jedoch nothwendig, die Administrations-Beamten mit einer bestimmten, dieselben gegen diesfällige Ausstellungen rechtfertigenden Anweisung dahin versehen zu lassen, daß zwar der Zeitraum, während welchem ein Sträfling in einer Irrenanstalt zur Heilung, oder um nicht sich und anderen zu schaden, aufbewahrt werden muß, demselben auf die richterlich festgesetzte Dauer der Strafzeit zur Anrechnung zu bringen sei, für die diesfälligen Kosten aber nicht der Etats-Fonds der Gefangenanstalt, sondern das eigene Vermögen des Sträflings, oder in Ermangelung desselben die subsidiarisch Verpflichteten aufzukommen haben. Euer Excellenz werden hiervon in Kenntniß gesetzt, und wollen Sie demgemäß den Regierungen Ihres Ober-Präsidial-Bezirks das Erforderliche gefälligst zugehen lassen.

Dem General-Procurator am rheinischen Appellations-Gerichtshofe zu Cöln wird davon ebenfalls Mittheilung gemacht werden. Berlin, den 7. August 1825.

| Der Minister des Innern | Der Justiz-Minister |
|---|---|
| v. Schuckmann. | Graf v. Danckelmann. |

An
den königlichen Ober-Präsidenten Herrn Staats-Minister v. Ingersleben Excellenz zu Coblenz.

## 717.

### Ablieferung falscher Münzen nach ergangenem Erkenntnisse an die königlichen Regierungen.

Unter abschriftlicher Mittheilung des Schreibens des königlichen Staats-Ministers Herrn Grafen v. Lottum Excellenz vom 15. d. Mts. werden Sie, Herr General-Procurator, mit Beziehung auf die Verfügung vom 23. Juni 1823 aufgefordert, die königlichen Ober-Procuratoren anzuweisen, alle falsche Münzen, welche bei den Untersuchungen als Ueberführungsstücke gedient haben, nach erfolgtem Erkenntnisse an die resp. Regierungen abzuliefern.

Berlin, den 24. October 1825. Der Justiz-Minister
An Graf v. Danckelmann.
den königlichen General-Procurator
Herrn Ruppenthal zu Cöln.

a.

Euer Excellenz beehre ich mich, hierneben einen Bericht der Regierung zu Trier nebst dem damit eingesandten Verzeichnisse beim Landgerichte daselbst befindlicher falscher Münzen, welches ihr der dortige königliche Ober-Procurator mit dem Antrage übergeben hat, das Einschmelzen und den demnächstigen Verkauf der Letzteren zum Besten des Criminal-Justizfonds, gemäß der Verfügung des königlichen Justiz-Ministerii vom 23. Juni 1823 zu veranlassen, abschriftlich mitzutheilen.

Ich bemerke dabei ganz ergebenst, daß bekanntlich alle in Beschlag genommenen falschen Münzen Gegenstand der Confiscation sind, und zur hiesigen Hauptmünze abgeliefert werden müssen. Hierzu gehören mithin auch diejenigen Münzen, welche bei den Untersuchungen als Ueberführungsstücke gebraucht sind, und es kann daher auf solche die vorangeführte Verfügung nicht bezogen werden, in welcher auch schon die, einer Confiscation unterworfenen Gegenstände ausdrücklich ausgeschlossen worden.

Außerdem wird aber auch wenig Gewinn aus dergleichen falschen Münzen zu ziehen sein, da sie im Allgemeinen aus Zinn, Blei und andern schlechten Metallmischungen bestehen, welche keinen Werth haben; wie denn selbst im vorliegenden Falle der Metallwerth sämmtlicher verzeichneter falschen Münzen nur zu 23 sgr. 6 pf. ermittelt ist.

Euer Excellenz ersuche ich daher ganz ergebenst, hiernach die königlichen Ober-Procuratoren gefälligst anweisen zu wollen, alle falsche Münzen, welche bei den Untersuchungen als Ueberführungsstücke gedient haben, nach erfolgtem Erkenntnisse an die königlichen Regierungen abzuliefern. Von dem Verfügten erbitte ich mir zugleich eine geneigte Benachrichtigung. Berlin, den 15. October 1825.

An v. Lottum.
des königlichen Geheimen Staats- und Justiz-Ministers ꝛc. Herrn Grafen v. Danckelmann Excellenz.

## 718.

Diäten und Zehrungskosten der Justizbeamten im ostrheinischen Theile des Regierungsbezirks Coblenz bei Criminal-Untersuchungen.

Indem dem ostrheinischen Senat des königlichen Appellationsgerichtshofes die mittelst Berichts vom 4. d. Mts. eingesandten Acten des Justiz-Senats zu Coblenz,

in Betreff der Diäten und Zehrungskosten der in den vorhin Churtrierschen Aemtern rechter Rheinseite angestellten Justizbeamten bei Criminal-Untersuchungen,

remittirt werden, wird dem Collegio eröffnet, daß der Justiz-Minister keine Veranlassung findet, die unter dem 29. November v. J. getroffene Bestimmung,

wonach bei Commissionen den Beamten, welche Reisen machen, außer den ihnen nach Churtrierscher Verordnung vom 16. September 1801 zustehenden Diäten und Zehrungskosten keine weitere Vergütigung und daher auch keine Fuhrkosten bewilligt werden können,

zurückzunehmen. Im §. 10. der letztgedachten Verordnung werden bloß die diätarischen Gebühren und außer diesen die Zehrungskosten bewilligt, und die ersten ausdrücklich ohne alle Rücksicht auf die Nähe und Ferne des Orts festgesetzt. Man muß daher annehmen, daß besondere Transportkosten nicht passiren sollen, weil solche sonst ebenso wie die Zehrungskosten erwähnt worden wären. Die Verfügung der nassauischen Regierung zu Ehrenbreitstein d. d. den 21. Juni 1803 ist nicht vom Landesherrn selbst, sondern nur von einer Verwaltungsbehörde ausgegangen, welche daher der obigen Interpretation des §. 10. der Verordnung vom 16. September 1801 nicht im Wege steht, um so mehr da deren Existenz, wie im Bericht vom 11. Januar c. angeführt worden ist, auch aus den Acten des Justiz-Senats sich ergiebt, dem letzteren so wie der Regierung unbekannt gewesen ist, und sie daher nicht einmal zur Ausführung gekommen zu sein scheint. Berlin, den 28. October 1825.

An den ostrheinischen Senat des königlichen Appellationsgerichtshofes zu Cöln.

Der Justiz-Minister
Graf v. Danckelmann.

## 719.

Einsendung der Criminal-Erkenntnisse gegen beurlaubte Landwehrmänner, wenn auf lebenslängliche Freiheitsstrafe erkannt ist, an das Justiz-Ministerium.

Das von Ihnen, Herr General-Procurator, mittelst

Berichts vom 20. v. Mts. eingereichte Straf-Erkenntniß wider den Landwehrmann N. ist dem königlichen General-Auditoriat, nebst den Acten mitgetheilt worden, indem demselben nach Bestimmung des §. 6. der Verordnung vom 22. Februar 1823 die weitere Veranlassung zur Einholung der Allerhöchsten Bestätigung zusteht. Sie werden aber angewiesen, in den Fällen, da es nach diesem §. der Königlichen Vollziehung bedarf, in der Folge die Erkenntnisse nebst den Acten unmittelbar an das königliche General-Auditoriat zu übersenden, sofern nicht auf lebenslängliche Zwangs-Arbeit oder Festungsstrafe erkannt ist. In diesem letzteren Falle sind die Acten an das Justiz-Ministerium einzusenden, da solche alsdann durch dasselbe Seiner Majestät dem Könige vorgelegt werden müssen. Berlin, den 4. November 1825.

An den königl. General-Procurator Herrn Ruppenthal zu Cöln.

Der Justiz-Minister Graf v. Danckelmann.

## 720.

### Wegen des zu den Notariats-Urkunden zu adhibirenden Stempels.

Indem ich Ihnen Abschrift des Schreibens des königl. Finanz-Ministerii vom 19. vorigen Monats,

> wegen der zu den Notariats-Urkunden zu adhibirenden Stempel

mittheile, bemerke ich daß ich der darin geäußerten Meinung vollkommen beipflichte und gegen den wiederholentlich gemachten Antrag,

> den Notarien die Pflicht aufzuerlegen, den Werthstempel in den Fällen, wo solcher nicht zum Original, noch zu einer Ausfertigung bereits verbraucht worden, binnen Acht Wochen, bei Vermeidung der gesetzlichen Stempelstrafe, zu dem Original der Urkunde beizuschaffen,

um so weniger Bedenken finde, als die Notarien, mit Hinsicht auf die gegenwärtig von dem königlichen Finanz-Ministerium hinzugefügten Modificationen, gar keinen Grund haben, sich über eine gesetzwidrige Belästigung zu beschweren. Sie haben daher die Verfügung an die Notarien demgemäß zu erlassen. Berlin, den 4. November 1825.

An den königl. General-Procurator Herrn Ruppenthal zu Cöln.

Der Justiz-Minister Graf v. Danckelmann.

a.

Extract.

Die von dem General-Procurator am rheinischen Appellationsgerichtshofe zu Cöln nach der mir von Euer Excellenz mit dem geehrten Schreiben vom 8. d. M. mitgetheilten, hier wieder beigefügten Anlage in Vorschlag gebrachte Anordnung, daß die Steuer-Verwaltung den Stempelbetrag für diejenige Notariats-Verhandlung einziehen solle, zu deren Minute so wenig, als zu etwanigen Ausfertigungen bisher der gesetzliche Stempel verbraucht worden, würde die Steuer-Verwaltung mit einem ihr ganz fremden Geschäfte belästigen, bei dessen Ausführung sie wegen der Beschränkung, welcher die Befugniß der Administrations-Behörde zur Vollstreckung von Executionen in den Rheinprovinzen unterliegt, ohnehin sehr gehemmt sein würde. Auch läßt sich nicht verkennen, daß in sehr vielen Fällen, überall nämlich, wo die bloße Aufforderung des Notars an die Interessenten zur Berichtigung der Stempellösung hingereicht haben würde, das Geschäft der nachträglichen Cassation ohne Noth weitläuftig gemacht werden würde, falls nach dem in Rede stehenden Vorschlage die Notarien erst der Steuer-Verwaltung Namen und Aufenthalt der Interessenten und den Inhalt der Verträge, oder gar Abschrift der letztern mittheilen müßten, die Steuer-Verwaltung aber demnächst die Stempel einziehen, und den Notarien zufertigen sollte, um solche zu den Acten zu bringen. Auch würde sich bald aus dieser ersten Abweichung von der gesetzlichen Regel Anlaß zu einer ganzen Reihe ergänzender Bestimmungen entwickeln, beispielsweise schon die Festsetzung, wer die Berechnung des zu cassirenden Stempels anlegen, und deren Richtigkeit vertreten solle.

Allerdings erfordert die Billigkeit, Rücksicht darauf zu nehmen, daß das Verfahren der Steuerbehörde vielen Notarien Anlaß gegeben haben mag, die Stempel zu der Minute von den Interessenten nicht einzuziehen und zu cassiren. Erwägt man aber, daß wie das unterm 25. August c. mitgetheilte Erkenntniß des Revisions- und Cassationshofes ergiebt, dieser gegen solche Notarien die volle Stempelstrafe zur Anwendung bringt; die Steuer-Verwaltung daher nur die in den Registraturen der Notarien bemerkten Stempeldefekte gerichtlich verfolgen darf, um die Notarien zur Berichtigung der Stempel und Erlegung der Stempelstrafe zu nöthigen, so dürfte nicht zu läugnen sein, daß der Antrag des General-Procurators die Rücksichten der Billigkeit zu weit ausdehnt ꝛc. Berlin, den 19. September 1825.

An v. Motz.

den königl. Wirklichen Geheimen Staats-Minister Herrn Grafen v. Danckelmann Excellenz.

## 721.

### Befugniß des Justiz-Ministerii zu Strafermäßigungen.

Auf Ihren Antrag vom 12. d. M. will Ich die Dauer der gegen den Bäckergesellen N. erkannten Zuchthausstrafe von fünf Jahren bis auf ein Jahr ermäßigen. Zugleich ermächtige Ich Sie, in allen Fällen, wo wegen geringer Verschuldigung, insonderheit wegen unbedeutender Entwendungen, oder Betrügereien, auf unverhältnißmäßige Strafen nach den in den Rheinprovinzen noch geltenden Criminalgesetzen erkannt wird, diese Strafen, sofern sie durch Begnadigungsgesuche oder sonst zu Ihrer Kenntniß kommen, nach Ihrem Ermessen ohne Anfrage zu mildern. Damit indessen hierdurch die der Sicherheit des Eigenthums so schädliche Meinung in der Provinz nicht aufkomme, daß jetzt diese Verbrechen milder als zuvor geahndet werden, so darf bei jenen Strafermäßigungen nicht unbeachtet bleiben, daß das dort noch geltende Strafgesetz im Allgemeinen die genannten Verbrechen härter, als das Landrecht, verpönt hat.

Berlin, den 17. November 1825.

An Friedrich Wilhelm.

den Staats- und Justiz-Minister Grafen v. Danckelmann.

## 722.

### Gebühren drr Advocat-Anwälde bei den Handelsgerichten.

Mit der von Ihnen, Herr General-Procurator, in dem Berichte vom 14. Mai c. gemachten Aeußerung,

daß es nicht erforderlich gewesen wäre, eine besondere Verordnung ergehen zu lassen, um die Advocat-Anwälde als Bevollmächtigte für Proceßführende Partheien bei den Handelsgerichten, auf die Taxe vom 16. Februar 1807 für summarische Sachen zu beschränken,

kann ich mich nicht einverstanden erklären, indem die dafür angeführten Gründe mich nicht überzeugt haben; ich pflichte vielmehr der Ansicht Ihres Herrn Amtsvorgängers im Berichte vom 21. Mai v. J. aus den darin vorgetragenen Gründen bei.

Da Sie jedoch das Bedenken aufgestellt haben,

ob die Gerichte gegen die Advocaten und Anwälde, welche der Ministerial-Verfügung vom 4. Juni v. J. zuwider handeln, eine Disciplinarstrafe erkennen werden,

so habe ich die Allerhöchste Genehmigung der Verfügung nachgesucht, und erhalten Sie die deshalb ergangene Allerhöchste Kabinets-Ordre vom 14. d. Mts. in beglaubter Abschrift zur öffentlichen Bekanntmachung durch die Amtsblätter. Auch haben Sie die Ober-Procuratoren aufzufordern, jede Ueberschreitung der vorgeschriebenen Taxe auf dem gesetzlichen Wege zu verfolgen.

Mit dem Grundsatz, den die Handelsgerichte nach Ihrem Berichte annehmen,

daß die Summe, welche der Anwald von seinem Clienten fordern darf, dem letztern im Falle eines günstigen Ausganges von dem unterliegenden Gegner ersetzt werden muß,

bin ich ganz einverstanden. Dies ist den Handelsgerichten zu eröffnen, mit der Auflage, demgemäß zu verfahren.

Auch nach der preußischen Gerichtsverfassung hat keine Proceßführende Parthei die Verbindlichkeit, einen Mandatar zu erwählen, sondern die Partheien sind dazu bloß berechtiget. Nichts desto weniger hat der Obsiegende das Recht, die Erstattung der Mandatarien-Gebühren von dem unterliegenden Theile zu verlangen.

Es verdient zwar allerdings eine Erwägung,

ob nicht vielleicht das Erscheinen in Person in Handelssachen und die Entfernung der Advocaten dadurch zu befördern wäre, daß ein Anspruch auf Erstattung der Mandatarien-Gebühren nicht nachgelassen werde.

Allein die Erfahrung aller Zeiten hat ergeben, daß die Bestimmung wegen Ausschließung der Mandatarien im Civil-Processe nicht zum Ziele geführt hat, wie denn auch Ihr Herr Amtsvorgänger einberichtet hat,

daß fast in allen Sachen Advocaten für die Partheien bei den Handelsgerichten auftreten.

Berlin, den 18. November 1825. Der Justiz-Minister
Graf v. Danckelmann.

An
den königlichen General-Procurator
Herrn Ruppenthal zu Cöln.

---

Durch eine Ministerial-Verfügung vom 4. Juni v. J. ist festgesetzt worden,

daß die Advocaten oder Anwälde, welche es übernehmen, als Bevollmächtigte für Proceßführende Partheien bei den Handelsgerichten aufzutreten, bei Vermeidung der gesetzlichen Disciplinarstrafen von ihren Clienten nur die im Tarif vom 16. Februar 1807 für summarische Sachen festgesetzten Gebühren zu fordern berechtigt sind.

Da der General-Procurator am rheinischen Appellations-Gerichtshofe indeß das Bedenken geäußert hatte, ob die Gerichte gegen die Advocaten und Anwälde, welche der Ministerial-Verfügung zuwider handeln, eine Disciplinarstrafe erkennen würden, so habe ich die Allerhöchste Genehmigung dieser Verfügung nachgesucht und es ist solche erfolgt. In der Anlage erhalten Sie, Herr General-Procurator, eine beglaubte Abschrift der deshalb ergangenen Allerhöchsten Kabinets-Ordre vom 14. d. Mts., um solche zur Kenntniß des königlichen rheinischen Revisions- und Cassationshofes zu bringen. Berlin, den 18. November 1825.

An den königlichen General-Procurator am rheinischen Revisions- und Cassationshofe Herrn Eichhorn hieselbst.

Der Justiz-Minister
Graf v. Danckelmann.

a.

Auf Ihren Bericht wegen der Gebühren der Mandatarien bei den Handelsgerichten in den Rheinprovinzen genehmige Ich die von dem Staats- und Justizminister von Kircheisen getroffene Verfügung vom 4. Juni 1824, wonach diejenigen Advocaten oder Advocat-Anwälde, welche es übernehmen als Bevollmächtigte für Proceßführende Partheien bei den Handelsgerichten aufzutreten, bei Vermeidung der gesetzlichen Disciplinarstrafen von ihren Clienten nur die im Tarif vom 16. Februar 1807 für summarische Sachen festgesetzten Gebühren zu fordern berechtiget sind. Berlin, den 14. November 1825.

An den Staats- und Justiz-Minister Grafen v. Danckelmann.

Friedrich Wilhelm.

## 723.

Zur Beitreibung der Untersuchungskosten darf Zwangshaft nicht eintreten.

In Ihrem mit dem Berichte vom 4. d. Mts. eingegangenen Entwurf des Strafmilderungsgesetzes, worauf zu seiner Zeit besondere Verfügung ergehen wird, haben Sie im §. 13. auch Bestimmungen vorgeschlagen, wie es wegen der Geldbuße und der Kosten im Falle der Unvermögenheit der zu Verurtheilenden oder Verurtheilten gehalten werden soll. Bis dahin, daß die Allerhöchste Verfügung auf die Seiner Majestät dem Könige vorzulegenden Vorschläge ergehen wird, muß indeß sofort der in der Kabinets-Ordre vom 20. October (welche Ihnen mit dem Rescripte vom 24. desselben Monats in der Untersuchungs-Sache wider N. zugefertigt worden) Allerhöchst ausgesprochene Befehl befolgt werden.

Des Herrn Finanz-Ministers Excellenz ist daher ersucht worden, die rheinischen Regierungen anzuweisen, zur Beitreibung von Untersuchungskosten nie mehr die Zwangshaft eintreten zu lassen, sondern in Absicht der Untersuchungskosten nach Vorschrift des §. 622. der preußischen Criminal-Ordnung zu verfahren. Hiernach werden auch Sie Ihrerseits, Herr General-Procurator, sich richten und sowohl den Appellationsgerichtshof als die Ober-Procuratoren von dieser Allerhöchsten Bestimmung in Kenntniß setzen.

Berlin, den 19. November 1825. Der Justiz-Minister
An Graf v. Danckelmann.
den königlichen General-Procurator
Herrn Ruppenthal zu Cöln.

a.

Ich kann es, in Beziehung auf die anliegende Bittschrift des N., der deshalb Arrest erleiden soll, weil er die Kosten der gegen ihn eröffnet gewesenen Untersuchung nicht bezahlen kann, nicht angemessen finden, Sträflinge, die ihre Strafe verbüßt haben, aus dem angeführten Grunde von neuem einzusperren und sie auf Kosten des Staats im Gefängniß zu verpflegen, wenn schon dies das in den Rheinprovinzen geltende französische Gesetz bestimmt und von mancher Gesetzgebung angenommen sein mag, daß die Entrichtung der Kosten der Untersuchung als Theil der Strafe anzusehen sei; und Ich will daher, daß der Supplicant mit dem ihm angedroheten Arrest verschont und in Absicht des Kostenpunkts bei Verurtheilten ebenso in den Rheinprovinzen verfahren werde, wie in den andern Provinzen der Monarchie, wo das französische Recht keine Anwendung findet. Ich überlasse Ihnen hiernach das Weitere zu verfügen.

Potsdam, den 20. October 1825.

An Friedrich Wilhelm.
die Staats-Minister Graf v. Danckelmann
und v. Motz.

## 724.

### Hypothekarische Eintragungen von Forderungen an den Staat sind unzulässig.

In dem §. 3. der Allerhöchsten Kabinets-Ordre vom 2. November 1822 wegen Regulirung des von der Hauptverwaltung der Staatsschulden übernommenen Provinzial-Staatsschuldenwesens (Gesetz-Samml. fol. 229.) ist bestimmt, daß, da den dort genannten Capitalien in der Verordnung vom 17. Januar 1820 eine allgemeine Sicherheit verschrieben ist, alle Ansprüche auf Einräumung einer besondern oder Verbesserung der bestellten Sicherheit wegfallen sollen.

Diese Bestimmung ist, wie sich bei einem einzelnen zur Sprache gekommenen Falle ergeben hat, mißverstanden worden, indem man die, durch Inscription zu bewirkende, Conservation früher constituirter Hypotheken, als einen dritten, in der angeführten Verordnung nicht vorgesehenen Fall betrachtete, und deswegen, jener Allerhöchsten Bestimmung ungeachtet, frühere Hypotheken auch noch später inscribirte.

Das Irrthümliche dieser Ansicht liegt klar am Tage, wie sich aus den in dem angeführten §. 3. der Allerhöchsten Kabinets-Ordre vom 2. November 1822 befindlichen Worten:

> insofern sie (die Ansprüche) bei Verkündigung dieser Verordnung nicht durch hypothekarische Eintragung oder Uebergabe bereits realisirt waren,

ergiebt. Es sind daher nach Bekanntmachung der Allerhöchsten Kabinets-Ordre vom 2. November 1822 alle hypothekarischen Eintragungen der Forderungen an den Staat ganz unzulässig, und ohne Erfolg, und da es nach dem, über die Amortisation der Staatsschuld Allerhöchst genehmigten Plane von der höchsten Wichtigkeit ist, alle Domainen frei von hypothekarischen Lasten zu sehen, so finde ich mich veranlaßt, die Hypothekenbewahrer hierauf ausdrücklich aufmerksam zu machen, weil sie im Falle einer Zuwiderhandlung sich persönlicher Verantwortlichkeit aussetzen würden.

Cöln, den 23. November 1825.

Der General-Procurator Ruppenthal.

## 725.

### Verfahren bei Dienstvergehen von Verwaltungsbeamten.

Auf Ihre Berichte vom 9. August und 1. September d. J., worin Sie mich von den Ressortstreitigkeiten unterrichten, welche sich bei Gelegenheit der Verhaftung des Steuereinnehmers N. zwischen der königlichen Regierung und dem königlichen Ober-Procurator erhoben haben, erwiedere ich Ihnen, wie ich der Regierung darin beipflichte, daß, da von dem Dienstvergehen eines Verwaltungsbeamten die Rede ist, und mithin die Vorschriften der Allerhöchsten Kabinets-Ordre vom 6. März 1821 zur Anwendung kommen, die vorliegende Differenz zwischen der Justiz und Verwaltungsbehörde nicht nach dem Art. 609. der rheinischen Criminal-Proceßordnung, dem Art. 119. des rheinischen Strafgesetzbuchs und dem §. 37. des rheinischen Ressort-Regulativs beurtheilt werden kann, sondern, daß es hier auf die Bestimmungen der preußischen Gesetze ankommt, so wie sie in den Provinzen gelten, in welchen das Allgemeine Landrecht und die Allgemeine Gerichts-Ordnung Anwendung finden. Im §. 11. der Instruction vom 23. October 1817 (Gesetzsammlung pag. 254) sind die Regierungen, in Beziehung auf die Befugniß, ihren Verfügungen durch gesetzliche Straf- und Zwangsmittel Nachdruck zu geben, so wie in Betreff des Verfahrens bei Polizei-, Finanz- und Dienstvergehungen, auf diejenigen Bestimmungen der Verordnung vom 26. December 1808 (Gesetzsammlung pag. 464) verwiesen, welche jener Instruction im Auszuge angehängt sind. Hierbei sind nun zwar diejenigen Regierungen, in deren Verwaltungsbezirken annoch die, unter der vorigen Landesherrschaft stattgefundene Gerichtsverfassung besteht, bis dahin, daß eine andere angeordnet sein wird, ausgenommen worden. Die Anordnung einer andern Gerichts-Verfassung ist jedoch in Absicht der Dienstvergehen der Verwaltungsbeamten durch die oben allegirte Allerhöchste Kabinets-Ordre vom 6. März 1821 in der That bereits erfolgt, daher in Beziehung auf Dienstvergehungen der Verwaltungsbeamten, die Bestimmungen der Verordnung vom 26. December 1808, so weit sie sich in dem, der Regierungs-Instruction vom 30. October 1817 angehängten Auszuge befinden und überhaupt die, in den diesseitigen Provinzen geltenden Gesetze zur Anwendung kommen müssen. — Nun steht aber nach §. 46. jener Verordnung vom 26. December 1808 den Regierungen das Recht der Dienst-Disciplin über sämmtliche Officianten ihres Ressorts, ohne Einmischung der Landes-Justiz-Collegien zu, und wenn nach §. 12. Tit. 17. Thl. 2. des Allg. Land-Rechts die Polizei-Gerichtsbarkeit das Recht des ersten Angriffs hat, so kann es nach den diesseitigen Gesetzen nicht bezweifelt werden, daß den Regierungen das Recht zusteht, die ihnen untergeordneten Beamten wegen Dienstvergehen auf ihre Verantwortung vorläufig verhaften und die Haft so lange fortsetzen zu lassen, bis das vorgesetzte Ministerium die Ueberlieferung des Beamten an die Gerichtsbehörde genehmigt.

Hiernach haben Sie für die Erledigung des vorliegenden Ressortstreits zu sorgen und auch für die Folge zu verfahren und resp. die Ober-Procuratoren und Landgerichte anzuweisen, zu welchem Ende Sie den Bericht des Ober-Procurators vom 6. August d. J. nebst den damit eingegangenen Acten anliegend zurückerhalten.

Berlin, den 28. November 1825. Der Justiz-Minister
An Graf v. Danckelmann.
den königlichen General-Procurator
Herrn Ruppenthal zu Cöln.

## 726.

Unmittelbare Correspondence der General-Procuratur des Appellhofes mit dem königl. Ministerium der auswärtigen Angelegenheiten, bei Insinuationen, Requisitionen, Legalisationen 2c.

Zur Vereinfachung und Beschleunigung des Geschäftsganges ist zwischen den königlichen Ministerien der Justiz und der auswärtigen Augelegenheiten die Uebereinkunft getroffen:

fortan die auf Insinuationen, Requisitionen, Legalisationen von Attesten 2c. so wie auf alle, das höhere Aufsichts- oder das allgemeine Justiz-Interesse nicht berührende Gegenstände sich beziehende Correspondence, zur unmittelbaren Austauschung zwischen dem königlichen Ministerium der auswärtigen Angelegenheiten und den betreffenden Obergerichtsbehörden zu verweisen.

Diese unmittelbare Correspondence soll auch dann eintreten, wenn das königliche Ministerium der auswärtigen Angelegenheiten auf die von einer auswärtigen Regierung erhaltene Veranlassung, über die Lage eines Processes Auskunft zu erhalten wünscht.

Nach erfolgter Verwirklichung wird es sich übrigens im Fortlaufe des getroffenen Arrangements noch näher ausweisen, ob und auf welche Gegenstände solches in noch ausgedehnterer Art angewendet werden möchte.

Ew. Hochwohlgeboren wird solches zur Nachricht hierdurch bekannt gemacht, mit dem Befehl, sich in den bezeichneten Fällen künftig nicht nur unmittelbar mit Ihren Anträgen an das königliche Ministerium der auswärtigen Angelegenheiten zu wenden, sondern auch gegenseitig den Aufforderungen desselben unverzüglich zu genügen.

Wo sich dabei besondere Bedenken zeigen, oder die fernere Einwirkung des Chefs der Justiz nöthig sein sollte, wird darüber Bericht gewärtiget.

Da übrigens jene Communication nach der oben gemachten Andeutung, nur mit den Obergerichtsbehörden statt findet, so versteht es sich von selbst, daß die von denselben ressortirenden untergeordneten Stellen sich vor wie nach jederzeit zunächst an Sie mit ihren Anträgen wenden müssen.

Bei der etwa eintretenden Nothwendigkeit, unerledigte Anträge in Anregung zu bringen, ist, mit Hinsicht auf die entfernte Stellung der dabei concurrirenden Gesandtschaften jederzeit eine Frist von 4 Monat zu beobachten.

Berlin, den 16. December 1825.

An den königlichen Herrn General-Procurator zu Cöln.

Der Justiz-Minister
Graf v. Danckelmann.

## 727.

Gültigkeit der zwischen preußischen Militairpersonen und Eingebornen der Rheinprovinz bloß kirchlich geschlossenen Ehen.

Der von Ihnen in den beiden Berichten vom 9. und 28. Juli d. J., betreffend die Gültigkeit der bloß kirchlich geschlossenen Ehen und resp. die Beschwerde der verehelichten N., aufgestellten Ansicht, daß der §. 3. des Edicts vom 27. Februar 1816 eine Bedingung der in dem §. 1. desselben erklärten Gültigkeit der in den Rheinprovinzen bloß durch kirchliche Trauung geschlossenen Ehen enthalte, kann der Justiz-Minister nicht beitreten. Wenn auch die Fassung des §. 3. die Sache einigermaaßen zweifelhaft macht; so ergiebt doch der Geist der Verordnung sowohl als auch die unbedingte Disposition des §. 1., daß die Gültigkeit einer kirchlich geschlossenen Ehe nicht von der Willkühr der Eheleute und von der Beobachtung einer bloßen polizeilichen Maaßregel hat abhängig gemacht werden sollen. Dieses geht ganz unzweideutig aus den Verhandlungen hervor, welche der Abfassung des gedachten Edicts vorangegangen sind. Auf eine Abänderung des §. 3. kömmt es daher um so weniger an, als die Wahrscheinlichkeit nicht dafür spricht, daß es der Fälle mehrere giebt, in denen die Eheleute nicht auch der ihnen im §. 3. vorgeschriebenen Pflicht genügt haben sollten. Wäre diese Abänderung, oder doch eine Declaration überall nothwendig, so würde selbige doch nicht bloß auf die in Gemäßheit des Tagesbefehls des Fürsten Blücher von Wahlstatt (No. 289.) ohne Vollziehung des Civil-Acts durch kirchliche Trauung geschlossenen Ehen zu beschränken, sondern als Abänderung oder Declaration des Edicts vom 27. Februar 1816 auf alle diejenigen Ehen auszudehnen sein, die vor der Bekanntmachung dieses Edicts bloß kirchlich geschlossen worden sind.

Die Ehe der N. ist hiernach, der unterbliebenen Befolgung der Vorschrift des §. 3. des Edicts ungeachtet, als eine gültige zu betrachten, deren Trennung im gesetzlichen Wege vorausgehen muß, wenn die Supplicantin zu einer anderweiten Ehe schreiten will. Hiernach haben Sie auf die Vorstellung vom 16. Juni c., das Erforderliche zu verfügen und die Supplicantin zu bescheiden.

Berlin, den 19. December 1825. Der Justiz-Minister
Graf v. Danckelmann.

An
den königlichen General-Procurator
Herrn Ruppenthal zu Cöln.

## 728.

**Beneficium competentiae bei executivischer Einziehung aller Arten von öffentlichen Abgaben und Gerichtskosten.**

Des Königs Majestät haben mittelst Allerhöchster Kabinets-Ordre vom 30. November d. J. zu bestimmen geruhet, daß bei executivischer Einziehung aller Arten öffentlicher Abgaben und der Gerichtskosten, ohne Rücksicht auf die Zeit, in welcher die Zahlungsverbindlichkeit entstanden ist, dem Schuldner:

1) das für ihn und die bei ihm lebenden Kinder und Eltern desselben nothwendige Bettwerk;
2) die nothdürftigen Kleidungsstücke derselben und
3) ein für das eigene Lebensbedürfniß unentbehrliches Stück Milchvieh

belassen und von der Auspfändung ausgenommen sein sollen.

Berlin, den 27. December 1825. Der Justiz-Minister
Graf v. Danckelmann.

An
den ersten Herrn Präsidenten und den Herrn General-Procurator bei dem Appellations-Gerichtshofe zu Cöln.

## 729.

**Die mit einem höhern Rang versehenen Appellationsgerichts-Räthe können, wenn ihnen Assisen-Präsidien übertragen werden, keine erhöheten Reisekosten liquidiren.**

Wenn den, bei dem königlichen rheinischen Appellations-

Gerichtshofe fungirenden Räthen, welchen aus ihren früheren Verhältnissen oder in der Folge ein höherer Rang als den Appellationsgerichts-Räthen beigelegt worden ist, das Präsidium bei den auswärts abzuhaltenden Assisen-Sitzungen übertragen wird, so sind diese unbezweifelt befugt, die ihnen hierdurch entstehenden Reisekosten nach den, für dies höhere Rangverhältniß bestehenden Sätzen erstattet zu verlangen. Hierdurch entsteht aber für die Criminalfonds eine Mehrausgabe, welche eben so leicht dadurch vermieden werden kann, daß nur solchen Appellationsgerichtsräthen, welche auf einen höheren Rang keinen Anspruch haben, der Vorsitz bei den auswärts statt habenden Assisen übertragen wird. Ich veranlasse Sie daher, hiernach für die Folge zu verfahren, und die mit einem höheren Range versehenen Appellations-Gerichtsräche nur dann zum Vorsitz bei einem auswärtigen Assisenhofe zuzulassen, wenn sie sich freiwillig mit den, den Appellationsgerichts-Räthen zuzubilligenden Reisekosten begnügen wollen.

Berlin, den 29. December 1825. Der Justiz-Minister
An Graf v. Danckelmann.
den königl. ersten Appellationsgerichts-Präsidenten,
Herrn Geheimen Staats-Rath Daniels zu Cöln.

## 730.

### Instruction zur Ersparniß der Criminalproceßkosten. (Genehmigt durch Ministerial-Rescript v. 18. Novbr. 1825).

Eine Verfügung Seiner Excellenz des Herrn Justiz-Ministers macht es mir zur Pflicht, die Herren Ober-Procuratoren, so wie auch die Herren Untersuchungsrichter auf die verschiedenen Mittel aufmerksam zu machen, deren Anwendung, ohne der Rechtspflege nachtheilig zu werden, die Erreichung des Zwecks möglichster Ersparniß der Criminalkosten wahrscheinlich sehr erleichtern wird.

Die Controlle der einzelnen Gebühren-Sätze, so wie diese Sätze selbst, beruhen auf hinlänglich bekannten gesetzlichen Vorschriften, deren Wiederholung es deswegen hier um so weniger bedarf, als mir von keiner Seite in dieser Beziehung Mängel der Aufsichtsführung bemerklich geworden sind, vielmehr Beweise rühmlicher Anstrengung und der durch dieselbe erreichten Ersparnisse vorliegen.

Der Art. 83. des Decrets vom 18. Juni 1811 hat hin und wieder in der Anwendung Schwierigkeiten gefunden und den von dieser Art der Controlle erwarteten Nutzen nicht bewährt.

Der Zweck des zu führenden Registers erledigt sich aber gegenwärtig fast gänzlich durch die, auf Allerhöchster Verfügung beruhenden, Beschränkungen der Gerichtsvollzieher-Gebühren, nach welcher Unterschleife der Reisekosten mit der Repartition derselben auf einzelne Untersuchungen von selbst wegfallen, und die Acte eine gewissere, weniger beschwerliche, Uebersicht des zu liquidirenden Betrags gewähren, als ein Register und dessen Vergleichung mit dem Repertorio, wenn ich auch annehmen will, daß solches stets und überall ganz der gesetzlichen Vorschrift gemäß geführt worden.

Es scheint mir daher zur genauern, jetzt noch nöthigen Controlle zweckmäßig, wenn dieses Register ganz beseitigt, dagegen aber die Liquidation des Gerichtsschreibers in den, bei dem Landgerichte anhängigen Sachen, bevor sie zum Zwecke der Einziehung an die königliche Regierung gelangt, dem Ober-Procurator mit den Acten vorgelegt wird; jedoch will ich hierüber zuvörderst die Mittheilungen der Ansichten der Herren Ober-Procuratoren, so wie ihre Vorschläge einer ähnlichen Controlle bei der Polizeigerichten erwarten.

Wichtiger sind die Ersparnisse, welche aus richtiger Anwendung der Gesetze bei Verhandlung der Untersuchungen selbst hervorgehen müssen, und hier sind zunächst insbesondere die Zeugengebühren einer Betrachtung werth. Häufig geschieht es, daß bei der ersten Anzeige eines Vergehens viele Zeugen namhaft gemacht werden, ohne das genauere Verhältniß ihrer Wissenschaft anzugeben. Sie werden geladen, und nun findet sich, daß sie nur de auditu, oder gar nur durch den Denuncianten Kenntniß des Vorfalls erhielten; es entdecken sich Verwechselungen der Personen u. dergl.; die Ladung ist aber einmal erfolgt, und der Staat trägt die ohne Nutzen gemachten Kosten derselben. Daraus ergiebt sich die Nothwendigkeit, sogleich bei Aufnahme der Denunciation auf das Genaueste die Persönlichkeit der Zeugen und die Art ihrer Wissenschaft auszumitteln. Wenn mehrere Zeugen benannt werden, von welchen einige bei dem Vorfalle gegenwärtig waren, also mit voller Bestimmtheit darüber Auskunft geben können, andere nur de auditu deponiren, oder nur Nebenumstände bewahrheiten können, so ist vorerst nur die Vernehmung der erstern in Antrag zu bringen, und dann erst nach Lage und Wichtigkeit des Falls zu beurtheilen, ob es weiterer Vorladungen bedürfe.

Die vorläufige Information durch die Bürgermeister giebt dem öffentlichen Ministerio das Mittel, den Fall zu übersehen, bevor überhaupt noch Kosten entstanden sind, und erleichtert die Prüfung der Frage: ob solcher auf sich beruhen könne, oder wenigstens sich zu einer directen Vorladung eigne. Eine solche vorläufige Information, zu der auch die Friedensrichter als Hülfsbeamte verpflichtet sind, wird besonders da als Regel eintreten, wo es keiner eigentlichen Feststellung des Thatbestandes, sondern nur einer Vernehmung bedarf, und der Fall nicht an und für sich von solcher Bedeutung ist, daß durch Aussetzung des sofortigen officiellen Einschreitens wichtigere Staatszwecke gefährdet werden könnten.

Oft geschieht es, daß bei Appellationen in Correctionellsachen die sämmtlichen in erster Instanz vernommenen Zeugen nochmals vorgeladen werden; dies kann allerdings in einzelnen Fällen, besonders Behufs der Confrontation mit neuerdings vorgeführten Defensional-Zeugen seinen Nutzen haben, aber solche Fälle werden stets zu den Ausnahmen gehören, wenn das öffentliche Ministerium darüber wacht, daß in der ersten Instanz das Audienz-Protocoll oder die note sommaire des Gerichtsschreibers möglichst vollständig aufgenommen werde, und nicht, wie so häufig geschieht, nur eine unvollständige, flüchtige, unzusammenhängende Berührung dessen, was in der Audienz vorging, enthalte.

Sowohl in den Correctionell-, als besonders in Assisensachen ist darauf zu sehen, daß die Zeugen in einer zweckmäßigen Reihefolge producirt und abgehört werden können.

Werden die Zeugen über jedes einzelne Factum, diese über Verdachtsgründe, welche gegen den Beschuldigten vorliegen, diese über allgemeine, denselben treffende Vorwürfe oder erschwerende Umstände rc., in einer richtigen, von dem fungirenden Beamten des öffentlichen Ministeriums selbst durchdachten Reihenfolge vorgeführt, so ist dadurch das Geschäft des Präsidenten sehr wesentlich erleichtert, die Klarheit der Uebersicht, welche der Richter oder Geschworne erhalten soll, befördert, und es kann auch die Vorladung mancher Zeugen erspart werden.

Es wird aber dies nur dann möglich, wenn der Beamte des öffentlichen Ministeriums, welcher in der Sitzung fungirt, sich selbst mit Anfertigung der Zeugenliste befaßt, und in voller Kenntniß der Verhandlungen die Ordnung bestimmt, in welcher die Zeugen verhört werden sollen. Auch mit der Vorladung der Defensional-Zeugen auf Kosten des Staats wird häufiger Mißbrauch getrieben.

Es liegt allerdings in der Natur der Sache, daß die gerichtliche Untersuchung den Zweck hat, nicht die Schuld des Angeklagten, sondern die Wahrheit zu entdecken. Ist also zu diesem Zwecke und um die Unschuld des Angeklagten zu finden, die Vernehmung von Defensionalzeugen nöthig, und kann der Beschuldigte die Kosten der Ladung selbst nicht bestreiten, so muß der Staat allerdings hinzutreten. Es ist aber nicht zu übersehen, daß dies nur geschehen darf, wenn man Ursache hat, anzunehmen, daß ihre Aussage zur Ausmittelung der Wahrheit beitragen kann, wie der Art. 321. der Criminal-Proceß-Ordnung ausdrücklich sagt, und was niemals aus dem Auge verloren werden darf.

Besser ist es immer, im Laufe der Untersuchung den Beschuldigten aufzufordern, seine allenfallsigen Defensional-Zeugen zu nennen, und solche dann im Wege der vorläufigen Information zu vernehmen. Es lassen sich indessen in diesem Betreff keine bestimmten allgemeinen Vorschriften geben, und ich begnüge mich daher, die Herren Ober-Procuratoren darauf im Allgemeinen aufmerksam zu machen, und ersuche Sie, besonders darauf zu achten, daß jedesmal der Gegenstand, worüber der Defensionalzeuge deponiren soll, auf das Genaueste in der Vorstellung, welche dessen Ladung in Antrag bringt, vermerkt sei.

Ist in einer Untersuchung durch drei oder vier Zeugen das Factum vollständig ermittelt, oder gar noch außerdem von dem Beschuldigten eingeräumt, so bedarf es selbstredend keiner ferneren Vernehmungen, die sich durch die Verhandlung schleppen; indessen versteht es sich von selbst, daß alsdann auch unter den vorzuführenden Zeugen eine gute Auswahl zu treffen ist, welche ich den Herren Ober-Procuratoren ganz besonders anempfehlen muß.

Nächst den Ersparnissen bei Vernehmung der Zeugen sind diejenigen zu beachten, welche durch unnöthige Wiederholung der Zeugenverhöre entstehen. Die Nothwendigkeit, Einen und denselben Zeugen über das nämliche Factum mehrmals zu vernehmen, kann in der Regel nur als Folge einer unvollständigen Vernehmung desselben bei seinem ersten Erscheinen betrachtet werden. In correctionellen Untersuchungen ist aber ganz besonders auf das Recht der directen Vorladung, welche der Art. 182. der Criminal-Proceß-Ordnung bewilliget, zu halten, und in allen Fällen mit Umgehung der Rathskammer, davon Gebrauch zu machen, welche sich zu einem sofortigen Vortrag eignen, als einfache Diebstähle, Betrügereien, Verletzungen, Injurien, Beschädigungen, Bettelei und Vagabondage, überhaupt solche Vergehungen, deren Thatbestand leicht zu übersehen ist, und welche sich entweder durch die Bündigkeit der vorliegenden Beweise, oder den Gegenstand der Beschuldigung selbst als einfach oder geringfügig darstellen.

Während meiner noch kurzen Amtsführung habe ich viele Beweise gehabt, daß das öffentliche Ministerium zu ängstlich in Verfolgung von Handlungen ist, welche bei ihm zur Anzeige kommen. Oft ist die Beschuldigung von haltbaren Beweismitteln ganz entblößt; oft ist bei derselben, nächst ihrer Geringfügigkeit, nur das Interesse des Beschädigten, welcher auch als Denunciant auftritt, vorherrschend, und die That von der Art, daß für die Gesellschaft nichts davon zu fürchten ist, wie namentlich bei den meisten einfachen Injurien, bei kleinen Thätlichkeiten, unbedeutenden Verletzungen, welche die Absicht zweifelhaft lassen; bei Prügeleien des Pöbels, bei welchen niemand bedeutend beschädigt worden; bei Zwistigkeiten in den Familien, welche in leichte Excesse ausarten. Allerdings hat das öffentliche Ministerium die Pflicht der Verfolgung, aber es darf auch dabei das Recht keinesweges aufgeben, zu prüfen, ob die zur Anzeige gebrachte Handlung wirklich die Gesellschaft und ihre innere Ruhe gefährdet, ob eine nachtheilige Folge davon zu besorgen ist, oder ob nicht vielmehr die Rüge derselben dem angeblich Verletzten zu überlassen sein möchte.

Die Fälle, wo das Eine oder das Andere eintritt, lassen sich mehr nach dem Gefühle, als nach bestimmten Vorschriften von einander scheiden.

So wurden an Einem Orte zwei Weiber aus der niedrigsten Klasse, welche sich im Innern des Hauses mit einigen Faustschlägen gegenseitig mißhandelt hatten; an einem anderen Orte zwei Schulknaben von 14 und 15 Jahren, welche einige Faustschläge gewechselt hatten; am dritten Orte ein betrunkener Mann, der, seiner selbst nicht mächtig, einen Vorübergehenden so heftig anstieß, daß er zu Boden fiel, von Amtswegen vor Gericht gestellt; so wurde wieder ein armer unbescholtener Hausvater, der in augenblicklicher Noth in einem Hause ein Allmosen forderte, als Bettler gerichtlich verfolgt; so muß ich täglich sehen, daß kleine Thätlichkeiten, im Rausche zugefügt, erwiedert, und vielleicht im nämlichen Augenblicke verziehen, zu Gegenständen kostspieliger amtlicher Verfolgungen gemacht werden, obgleich sie nach ihrer ganzen Charakteristik dazu nicht geeignet sind. Die Folgen davon sind entweder gänzliche Freisprechung oder so gemilderte Strafen, daß die Gesetze dadurch an ihrer Achtung mehr verlieren als gewinnen, weil oft, weil fast in der Regel die so geschehene Milderung der Strafe eine Kränkung der Gesetze in sich faßt.

Es lassen sich viele andere Fälle denken, wo ein augenblickliches amtliches Einschreiten, so formgerecht es auch sein mag, dennoch den Zweck der Strafgesetzgebung mehr erschwert als befördert. Wenn z. B. ein Vater Beschwerde führt gegen den Sohn, so wird unter zehn Fällen neunmal der Schritt eine Folge zu raschen Eifers sein, der Denunciant sich freuen, wenn es noch in seiner Macht steht, zurückzutreten. Alle Theile sind für den Versuch gütlicher Beilegung, ja selbst für ein weises Zögern, dem Beamten Dank schuldig. In Fällen solcher Art kann ein zu voreiliges Criminalisiren in der Regel kein anderes Resultat haben, als daß der Staat große Kosten verausgabt. Das Gesetz ahndet solche Vergehen freilich mit gerechter, gleichwohl oft unverhältnißmäßig harter Strenge; die Zeit hat aber inzwischen den Zorn gemildert, das Mitleid wird in Anspruch genommen, und, wie die Erfahrung lehrt, fast nie ohne Erfolg; denn wo der Vater verzeiht, will auch der Richter gern schonen. Bei einigen Arten der Diebstähle überzeugten sich die Gesetzgeber selbst schon von der Zweckmäßigkeit der Verweisung an die Correctionsgerichte, welche dann auch eine Milderung der Strafe einschließt, namentlich ad Art. 386 und 388. Auch in Frankreich folgte man noch neuerlich durch die Verordnung vom 25. Juni v. J. dem durch die preußischen Gouvernements gegebenen Beispiel mit größerer Ausdehnung der milderen Bestimmungen. Ein Beweggrund derselben ist der, daß das zu strenge Gesetz, gerade, weil es zu strenge ist, oft den Schuldigen entschlüpfen läßt, mithin seinem eigenen Zwecke entgegenwirkt.

Dasselbe Resultat wird sich ergeben, wenn, durch zu strenges Hervorheben zweifelhafter crimineller Charaktere der Handlung, die Assisenhöfe mit ganz unbedeutenden Diebstahlssachen behelligt werden, die in einer Correctionellstrafe schneller, angemessener, mit geringem Kostenaufwande abgemacht und der wohlverdienten Ahndung nicht entgangen wären. Fehlt daher in Betreff dieser Merkmale die Gewißheit, so würde auch auf den erschwerenden Umstand kein Gewicht zu legen seyn; ob sie aber erlangt werden können, gehört zur Beurtheilung des Beamten, welcher auch die hier in Beispielen gegebenen Andeutungen nicht als Regel betrachten darf, sondern stets der eigenen Ueberzeugung folgen muß.

Noch immer findet sich durch die mir vorliegenden Verhandlungen die Bemerkung begründet, daß von den Beamten die Reisen in Untersuchungssachen auf eine oft ganz unnöthige Art und Weise gehäuft werden.

Es muß als Grundsatz feststehen, daß ein Local-Termin nur da in Antrag zu bringen, wo

a) die Aufnahme des Thatbestandes denselben unumgänglich erfordert, indem es entweder auf eine genaue Bezeichnung der Localität oder schleunige Feststellung der sichtbaren Spuren des Vergehens ankommt, oder

b) sich im Laufe der Untersuchung ergiebt, daß der Local-Termin eine Kostenersparniß zu Wege bringt, in welchem Falle er alsdann auch stattfinden muß, oder

c) in besonders wichtigen Fällen der sofortige unerwartete eigene und schnelle Betrieb der Untersuchung an Ort und Stelle allein die Entdeckung der Mitschuldigen und näheren Umstände der begangenen That möglich macht.

In dem Falle ad a) kann, wenn nicht die Schwere des Verbrechens, wie bei Todtschlägen, Brandstiftungen und qualificirten Diebstählen, eine Ausnahme rechtfertigt, in der Regel der Friedensrichter beauftragt werden; ad b) ist stets den Acten eine detaillirte Nachweisung der bezweckten und erreichten Ersparnisse beizufügen, und ad c) die Ausnahme nur bei weit verzweigten strafbaren Verbindungen, Falschmünzerei, Aufhebung von Diebesbanden, Mordthaten und Untersuchungen gegen die Beamten selbst, oder solchen Partheiungen, die eine strafbare Connivenz befürchten lassen, so wie da, wo Verhinderung, Verwandtschaftsverhältnisse, Achtung für die öffentliche Meinung oder Verdacht, und ein begründetes Mißtrauen in die Fähigkeit des Localbeamten, diesen von dem Geschäft ausschließen, zu rechtfertigen.

Der hierauf in der Regel nur bei Eröffnung der Untersuchung vorkommende Antrag des öffentlichen Ministerii auf einen Localtermin, resp. die Weigerung einer desfallsigen Requisition des Untersuchungsrichters (Art. 62. der Criminal-Proceß-Ordnung) zu genügen, ist stets vollständig zu motiviren, und da das Gesetz die alleinige Verhandlung des Instructionsrichters nicht für ungültig erklärt (conf. Carnot ad Art. 62.), so kann es im Falle einer Meinungsverschiedenheit jedem der Beamten um so füglicher überlassen bleiben, seine Ansicht zu vertreten und den Ersatz der als nöthig bestrittenen Kosten von sich abzulehnen; dabei wird jedoch ausdrücklich bemerkt, daß, da der Instructionsrichter und der Beamte des öffentlichen Ministerii die Reise gemeinschaftlich machen, sie die Transportkosten nur Einmal zu liquidiren berechtigt sind.

Bei den Aufträgen an die Friedensrichter ist indessen dahin zu sehen, daß diesen nicht, wie leider! bisher nur zu häufig geschehen sein mag, die Leitung der ganzen Procedur übertragen wird, und nur die Einsendung der geschlossenen Acten erfolgt, wodurch die Mitwirkung des öffentlichen Ministerii zu einer bloßen nutzlosen Förmlichkeit ausartet, wodurch Unvollständigkeit, neuer Kostenaufwand und auch wohl ein demnächst unheilbarer Mangel der Procedur entstehen kann. Der Auftrag ist vielmehr nach dem Sinne des Art. 83. der Criminal-Proceß-Ordnung stets nur auf einen einzelnen Act zu richten, und darauf zu halten, daß demnächst die Procedur dem öffentlichen Ministerio nach Art. 61. der Criminal-Proceß-Ordnung zum weiteren Antrage vorgelegt werde. Dieser Antrag ist sodann stets schriftlich ad acta zu vermerken. Nur auf solche Weise ist das öffentliche Ministerium im Stande, mit gesetzmäßiger Einwirkung auf den Betrieb der Verhandlung auch die Controlle der Ausgaben zu verbinden und sich der unnöthigen Kostenhäufung zu widersetzen. Die Bemerkung greift daher auch Platz, wenn der Untersuchungsrichter ohne Zwischenaufträge sich in Person mit der Untersuchung beschäftigt. Der Art. 84. des Decrets vom 18. Juni 1811 erhält zwar die Befugniß aufrecht, Gerichtsvollzieher außerhalb ihres Kantons zu beauftragen, allein er deutet auch schon an, daß nur in sehr wichtigen Fällen davon Gebrauch zu machen. In Correctionellsachen kann die Ausnahme gar nicht vorkommen; denn nichts steht der Bestimmung der Termine in der Weise, daß die Ladung zeitig durch den Gerichtsvollzieher des Orts erfolge, entgegen; in Assisensachen wird sie nur gerechtfertigt, wenn eine Procedur so spät eingeht, daß nur durch Ladung vom Orte des Gerichts die Aussetzung vermieden wird. Ich behalte mir indessen vor, Einrichtungen zu treffen, welche auch in dieser Beziehung die Regel bestehen lassen.

Schließlich glaube ich eine Bemerkung hier einfließen lassen zu können, welche mir der Beachtung werth zu sein scheint:

Da die Gerichtsvollzieher die zweite Hälfte ihrer Gebühren, so wie ihre Reisekosten nur von den Verurtheilten zu erwarten haben, so wäre die Frage, ob man die Execution eines Urtheils nicht dem Gerichtsvollzieher übertragen soll, welcher von den Vorarbeiten in der nämlichen Sache noch einen Theil seiner Gebühren zu beziehen hat. Sein eigenes Interesse würde ihn, wie es scheint, auffordern, auch das Interesse des Staates gleichzeitig mitzubefördern.

Ich ersuche die Herren Ober-Procuratoren, Untersuchungsrichter und Procuratoren, diese Instruction, deren Ergänzung noch künftig folgen wird, zur Richtschnur zu nehmen, zugleich aber sich in einem ausführlichen Bericht über die Ihnen etwa bemerkbar gewordenen Mängel in Beziehung auf das Kostenwesen, separatim zu äußern, damit alsdann durch Zusammenstellung aller sich begründet darstellenden Vorschläge die Absicht Seiner Excellenz auf eine möglichst gründliche Weise befördert und alles erschöpft werden kann, was zur Erreichung des Zwecks beizutragen geeignet scheinen möchte.

Cöln, den 31. December 1825. Der General-Procurator
v. Ruppenthal.

Circulare
an sämmtliche Herren Ober-Procuratoren, Untersuchungsrichter und Procuratoren bei den auswärtigen Untersuchungsämtern.

# Inhalts-Verzeichniß

der in den Jahren 1820, 1821, 1822, 1823, 1824 u. 1825 ergangenen

## Gesetze, Verordnungen, Rescripte.

| No. | 1820 | |
|---|---|---|
| 362 | 26. März | Beschlagnahme der Handelsbücher bei Verdacht einer Steuerdefraudation. |
| 363 | 4. April | Errichtung von Schandpfählen zur Vollstreckung der Contumacial-Erkenntnisse gegen Deserteurs. |
| 364 | 12. April | Fortsetzung der vom Fiscus angestrengten Klagen wegen der in den von Frankreich abgetretenen Provinzen zum Vortheil des französischen Schatzes von Holzkäufern ausgestellten Wechsel. |
| 365 | 16. April | Zahl der bei jedem Gerichte anzustellenden Advocat-Anwälde. |
| 366 | 22. April | Liquidirung und Anweisung der Strafuntersuchungskosten. |
| 367 | 11. Mai | Die Assisen-Präsidenten erhalten kein Natural-Quartier. |
| 368 | 29. Mai | Bezeichnung der Grundstücke bei Veräußerung und Theilung derselben nach Maaßgabe der Grundsteuer-Mutterrollen. |
| 369 | 9. Juni | Uebereinkommen mit der herzogl. holstein-oldenburgischen Regierung wegen wechselseitiger Beförderung gerichtlicher Insinuationen. |
| 370 | 17. Juni | Organisation der Landgerichte zu Cöln, Düsseldorf, Cleve, Coblenz, Aachen, Trier und des Stadtgerichts zu Wetzlar. |
| 371 | 19. Juni | Rechtliche Folgen bei Versäumniß der Appellationsrechtfertigungsfrist in den Proceßsachen aus dem Bereiche des Justiz-Senats zu Ehrenbreitstein. |
| 372 | 19. Juni | Uebereinkommen mit der herzoglich nassauischen Regierung wegen wechselseitiger Beförderung gerichtlicher Insinuationen. |
| 373 | 30. Juni | Einführung der Vorschriften des Allgemeinen Landrechts Th. II. Tit. 20. §. 12 bis 15 incl. und der Criminal-Ordnung §. 96 bis 98 incl. wegen der von preußischen Unterthanen im Auslande, oder von Fremden im Inlande oder auch im Auslande begangenen Verbrechen oder Vergehen. |
| 374 | 4. Juli | Auflösung des Kreisgerichts zu Crefeld. |
| 375 | 7. Juli | Uebereinkommen mit der herzoglich sachsen-koburgschen Regierung wegen wechselseitiger Beförderung gerichtlicher Insinuationen. |

Gedruckt bei C. Feister.

www.ingramcontent.com/pod-product-compliance
Lightning Source LLC
LaVergne TN
LVHW092112300926
849161LV00002B/116
* 9 7 8 3 1 1 2 6 6 6 5 1 7 *